U0131448

穿越五千年的人生智慧

超譯易經

【六十四卦三百八十六爻，全面解讀寶典】

王擎天博士 著

王博士，十年磨一劍

解密易經，玄之不玄

帶你突破「天、地、人」之制約，知命造運！

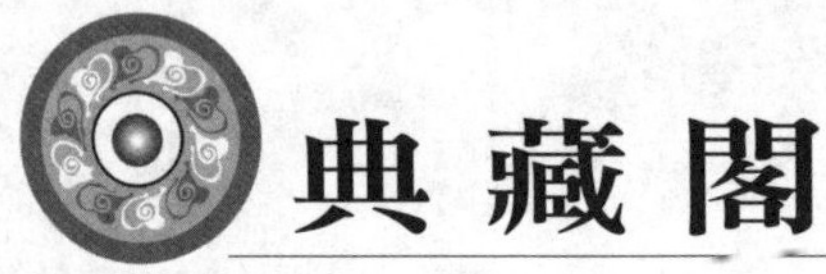

超譯易經

【六十四卦三百八十六爻，全面解讀寶典】

著作人▶王擎天
總編輯▶歐綾纖
副總編輯▶陳雅貞
王擎天博士易經研究小組
內文排版▶吳吉昌
美術設計▶陳君鳳、吳吉昌
特約編輯▶吳欣怡、蔡秋萍

郵撥帳號▶50017206 采舍國際有限公司（郵撥購買，請另付一成郵資）
台灣出版中心▶新北市中和區中山路2段366巷10號10樓
電話▶(02) 2248-7896　傳真▶(02) 2248-7758
ISBN▶978-986-87443-4-9
出版日期▶2017年10月三版第十二刷

全球華文共同市場總代理／采舍國際
地址▶新北市中和區中山路2段366巷10號3樓
電話▶(02) 8245-8786
傳真▶(02) 8245-8718

全系列書系特約展示門市
新絲路網路書店
地址▶新北市中和區中山路2段366巷10號10樓
電話▶(02) 8245-9896　網址▶www.silkbook.com

國家圖書館出版品預行編目資料

超譯易經：64卦386爻，全面解讀寶典
／王擎天編著—新北市：典藏閣，
采舍國際有限公司發行
民106.10　面；　公分
ISBN 978-986-87443-4-9 (平裝)
1.易經　2.注釋
292.1　103018464

線上pbook&ebook總代理／全球華文聯合出版平台
主題討論區▶www.silkbook.com/bookclub　● 新絲路讀書會
紙本書平台▶www.book4u.com.tw　● 華文網網路書店
瀏覽電子書▶www.book4u.com.tw　● 華文電子書中心
電子書下載▶www.book4u.com.tw　● 電子書中心 (Acrobat Reader)
歡迎上王擎天博士易經研究網
www.silkbook.com/activity/2013/12/1203yijing/index.asp

本書採減碳印製流程並使用優質中性紙 (Acid & Alkali Free) 與環保油墨印刷，通過綠色印刷認證。

貫古繼今真玄理
解密超譯即行易
承天起地是易經
知命造命不認命

不讀《易》不可為將相。

——唐代宰相虞世南

《易經》代表中國人的最高智慧。就人類心靈所創造的圖形和形象來找出之所以為人的道理，這是一種至高的業。

—— 德國哲學家黑格爾

中國古人講「一陰一陽之謂道」，不能只有陰沒有陽，或者只有陽沒有陰，這是古代的兩點論，形而上學是一點論。

——毛澤東

《易經》在過去五千年裡，千百萬東方人用書中的觀念來指導他決策和追求。男人和女人、皇帝或先知、將軍或農夫、富人或窮人，都從書裡的實用智慧中得到巨大的幫助。

——英國易經學家克・巴克特

談到世界人類的智慧寶典，首推中國的《易經》，在科學方面，我們所得出的定律常常是短命的，或被後來的事實所推翻，唯獨中國的《易經》亙古常新，相距六千年之久，依然具有價值，而與最新的原子物理學頗多相同的地方。

——瑞士哲學家榮格

假我數年，五十以學《易》，可以無大過矣。

——至聖先師孔子

《易經》是一座神祕的殿堂。

——史學家郭沫若

我國最早的純粹抽象的科學家理論著作應以《周易》為代表。直到現在，人們對於《易經》的研究顯然還是不夠的，但是可以斷定，它是人類最早的關於宇宙觀和一切事物發展變化之規律性研究的知識總匯。

——學者鄧拓

六十四卦卦卦都是一輪夕陽
你來了，你說：這部書我讀了千年
千年的未卜之辭
早已磨斷成片片竹簡，那黑鴉
俯瞰世界萬變而始終如一

——詩人楊煉

推薦序

十年磨一劍

有人說：「世界上唯一不變的真理，就是『沒有什麼是不會變的』！」此言道出了「世間乃不斷變化」的真相。然而，在諸多變異之中，其實也存在著一股規律，掌握此法則，便可以較為從容地度過簡易但幸福的生活。

上述的「簡易」、「變易」、「恆常不變」，就是「易」的三種涵義。宇宙萬物順乎自然，表現出「簡」、「易」兩種特質，且隨時處於一種「變」的狀態，這當中又存在著某種程度的「恆常」。《易經》就是在說明這樣的道理。

在大多數人的心中，「易」經，並不像它的書名，是門容易的學問。因此，耳聞其名就望之卻步者，大有人在。但以我多年接觸《易經》的經驗，一旦深入研究便無法自拔——它就是這麼一部充滿魅力的經典。如果你想透析命運、尋求指引，從《易經》一書中，便可獲得豐沛的人生智慧。

得知奉「實證」、「數據」為圭臬的統計學專家王博士，埋首研究《易經》，我相當高興。因為中國祖先的古老智慧「易學」，到了現代已被許多人束之高閣，甚至誤解為迷信之學。其實《易經》講解的人生道理十分貼近現實生活，但需要有人再次演繹、詳加說明，老祖宗的智慧才能綿延下去。因此，王博士加入了研究行列，讓我相當期待他能以科學的理性闡發易學，讓更多民眾理解、應用此學問。

果不其然！經過十年的鑽研，王博士將推出巨著穿越五千年的人生智慧《超譯易經，64卦386爻全面解讀寶典》，光是看到書名就讓人期待不已。書中用淺顯易懂的白話解釋原文，輔以小故事引導讀者想像思考，更難得的是，從現代人充滿煩惱的各個面向，逐一提供面對態度、前進指引的參考建議。雖然王博士本人謙稱僅是「小有體悟」，但我認為，以王博士數學、史學、國學深厚的涵養為底蘊，這樣一本有內涵又實用的寶典，搭配王博士即將開辦的相關課程，絕對值得舊雨新知前往一睹「文本」與「大師」的風采。

我想，經典本身不會被埋沒，這是「恆常不變」的道理。但在時代交替時，需有能者以「變通」的方式，「簡易」地重新闡述經典。從研究、闡釋、出書到講演，王博士這十年的「易經之路」，本身已經作為此經典道理的最佳註腳與見證。期待讀者展閱此書，將這千年智慧印證於生活之中，我相信，這本書一定能讓你真正認識、體會《易經》的魅力。

命理大師

雲飛山人

知「易」行易

吾友擎天兄早為當代之數學大師與史學大師，後來又成了創業大師與行銷大師。即日起，他可能又要成為易學大師了。甫聽聞擎天兄要編寫關於《易經》的著作時，一則以喜一則以憂，喜的是終於有人可以將這部謎樣的中國經典加以剖析，憂的則是以擎天兄自我要求甚高的態度，一旦他確定要踏入某個領域，就一定會排除萬難，那怕要耗費數年的光景也在所不惜。果不其然，在幾次聚會中，擎天兄對於《易經》不但侃侃而談，還有不少他個人的創見與高見，顯見他潛心研究的毅力、功力與其獨門見解。

或許你跟我一樣，覺得《易經》不過就是算命的一種方式，坊間也不乏許多知名大師對於《易經》的精闢見解，為什麼要特別推崇擎天兄的著作，我想你可能是對這位成功出版家了解得不夠透徹。擎天兄不僅是統計學博士，對於史學的涉獵與研究更是讓他勇奪非文學類暢銷書作家之冠，著作等身，由他獨創的成功學更是享譽國際，這樣的背景使得他所編寫的《易經》融合科學的分析、史學的歸納以及未來學的觀點，古代先賢的智慧與時俱進，內容完全符合現代人的需求，讓大家可以用來解決生活中的大小事。

《易經》的博大精深，在於其「廣大精微，無所不包，其大無外，其小無內」，因此舉凡哲學、文學乃至於自然與社會科學，都有其可解釋的特點。然而也由於其抽象與複雜的卦、爻理，因此一般人是無法輕易解讀，拜擎天兄無私地分享，我們才能輕鬆的進入這浩瀚的理學世界，你不需要花費數年的時間也能得到易學大師的真傳，真心跟您推薦這本《超譯易經》，自己的命運必能靠自己來掌握。

沈冰 博士

作者序

流傳千年的智慧寶藏

一直以來，世傳的《易經》版本以《周易》為一尊，相傳三易之《連山》、《歸藏》已亡佚。十多年前，筆者因公出訪中國大陸，因緣際會之下偶得《連山》與《歸藏》之古孤本，歡欣之情溢於言表，從此一頭栽進了易學的世界。公餘時間，「三易」已成了我書房裡的良伴，常發憤忘食，樂以忘憂，不知東方之漸白。研究著研究著，渾然不覺我的《易經》之道亦走了十餘年矣！

《易經》經過了數千年的後世傳承，經歷了兩個循環，即「簡單複雜化」與「複雜簡單化」。《易經》原文僅短短數千字，言簡而意深。孔門弟子為其作了十篇解經之「傳」，是為《十翼》，等於是幫這部典籍裝上了十隻能在天空翱翔的翅膀。而其後世歷朝歷代的學者為其作「注」、「疏」者更是多如過江之鯽，他們把《易經》加以註解、聯想後，一代傳一代，每一代都有其見解，讓這部原本極為簡短的一篇文章厚重、複雜了許多。而我們現代人要閱讀這部典籍，當然不可能皓首窮經，因此還必須將《易經》這「重量級」的經典，再次重新濃縮解讀，賦予其新時代的意涵。

在筆者研究《易經》的日子裡，漸漸能從中體悟到，所有學問的根源都是共通的，而且「大道至簡」。我常對我「王道增智會」的學員們說，做學問必須要複雜的學問簡單做，如果你做學問的歷程是愈做愈複雜，那麼你一定是走錯了方向。以筆者大學時主修的「經濟學」來說，在探討各個經濟體的生產效能時所使用的生產可能性曲線圖（Production Possibility Curve，PPF）即必須將各經濟體間的生產要素簡化，才有辦法做產能之比較，進而建構起學科的理論架構。以此角度來看，《易經》這套系統正也與此精神不謀而合，其內容至廣至深，究其根源，則始為陰與陽的概念。太極生兩儀，兩儀生四象，四象生八卦，進而八卦生六十四卦……。其實

《易經》的「易」就是「簡單容易」，我們學習《易經》必須從最簡單、最根本的概念著手，學習起來才有可能提綱挈領，事半功倍。

上述做學問之理與人生道理其實相通，生命中的任何行為，不論是家庭、事業、人際關係……其實都是一種「取捨」。現代人平時有太多的牽掛與迷茫，正是因為我們沒有走在「天地人」運行的大道上，因此迷失了人生的方向，所以不捨得、心有罣礙放不下。而所謂「為道日損」，就是要放下，讓複雜的事情愈做愈簡單。《易經》的卦爻辭與易理正能提供我們在取捨的過程中釐清核心問題，才能逍遙應物，周行不殆。

本書原為筆者研究《三易》隨手記錄之眉批與筆記，累月經年、積案盈箱，原並無出書的計畫。但隨著身邊知道筆者鑽研《易經》有成而向筆者請益的朋友愈來愈多，才逐漸興起將此些手稿編纂成書，更進一步開班授課的念頭。總而言之，本書主要是要讓對生命感到迷惘，希望能從《易經》得到人生方向的啟示者，能一窺《易經》之妙。全書分為四大篇，首篇「總論」帶讀者了解什麼是《易經》，以最簡明的文字介紹《易經》的構成與傳承，並融合現代的觀點對其進行闡釋；第二、第三篇為解經之各論，詳細分析六十四卦的卦辭與爻辭，並將其應用在現代生活中，如：事業、愛情、健康、人際等領域所提示的行動方針。文中佐以歷朝歷代的人物故事，讓《易經》不再是枯燥乏味的古文與如天書般的條條槓槓。

除了本書之外，筆者也潛心研發《易經》卜卦牌，藉此副卜卦牌，懷抱著誠心，讀者能很容易地占得對日常生活疑惑的指引。若有意對易學研究更上層樓者，也歡迎參與筆者每年一次的易經研究班。不過，師傅引進門，修行在個人。唯有按部就班去理解、融會貫通，才是熟悉任何一門學問的不二法門。相信本書能協助您以最輕鬆、愉快的方式進入《易經》的殿堂，進而通達天地人之道！

王擎天

于台北上林苑

目錄

第參篇　下經

第肆篇　附錄

第壹篇

總論

易經：解開宇宙祕密的鎖鑰

聽到《易經》這個詞，大部分的人旋即浮上腦海的畫面，不外乎是一個黑白兩色的太極圖，以及許許多多、重重疊疊的線條符號，感覺猶如電子機械的電路板一般，離普羅大眾生活很遠，卻不知《易經》這部人人望之怯步的典籍，事實上一直存在於大家的生活當中。

《易經》是中國遠古時期流傳至今的古老典籍，它是中國文化的精粹，同時也是群經之首、眾說之始。它被儒家尊為「五經」之首；並與《黃帝內經》、《山海經》共封為上古三大奇書，我們的老祖先靠著它緊緊的與大自然結合在一起，因此說它是中華文化的總源頭一點也不為過。孔子五十歲以後接觸到《易經》，深感《易經》是一部揭示天地萬物演變規律的書，大為慨嘆地說，我「五十而知天命」。此後，孔子孜孜不倦、數十年如一日地修習研究起《易經》來。而後馬王堆漢墓帛書《周易要義》便把這個故事記了下來：「夫子老而好《易》，居則在席，行則在橐。」

生長於華人圈的我們，人人都聽過這部經典，一般人對它抱著神祕的色彩。很多人既想親近它又畏懼它，但談起它，總蒙上了一層灰濛濛的面紗。事實上，大多數的我們誤會了這本傳承中華文化數千來的經典，或者說我們並未曾真正認識這部影響中國文化至深至遠的典籍，然而《易經》的精髓卻無處不在，一直影響著你我的生活。

為什麼會有《易經》這本書？

《易經》是華夏五千年智慧與文化的結晶，在中國古代經典十三經中，《易經》更是位列其首，被譽為「群經之首，大道之源」。這不僅是因為《易經》在時代上最為古老，更是因為它的內容涵蓋了天道、地道、人道；在古代是帝王之學，政治家、軍事家、商家的必修之術。

現代人們對《易經》的印象，大多認知它是一本與占卜相關的書；的確，《易經》的存在與發展，立基於「對未來事態的發展進行預測」，古代人不像現代，已能仰賴雷達、衛星等高科技儀器來確知氣象、地震等自然因素；也不像現代都市的基礎建設這麼發達，常常出個遠門、渡個河，便是冒著很大的生命危險，這也是為什麼孔子會說：「父母在，不遠遊，遊必有方。」因此古代人做任何事之前，便需要卜個卦，用意其實跟我們現在出門前，先上網查詢會不會下雨一般自然。《易經》便是這麼一個因應實際需求所產生的書，成為在大中華文化流傳至今最古老的卜筮書。

相傳《易經》的起源由三位偉大的人物寫成。約當西元前四千七百年左右，伏羲氏為華夏三皇之天皇，與女媧同被尊為人類始祖，傳說在那個年代，他教人們用獸皮縫製衣服以禦寒、結網打魚、投矛狩獵，另外還發明了陶塤、琴瑟樂器等。他非常善於觀察天地萬物。在閒暇之餘，伏羲時常坐在卦台山一方壇，仰觀日月飛禽，俯察山石走獸，耳聽八風之氣。有一天，伏羲正在方壇上苦思時，聽到一聲巨吼，山下河中有一兩翼振動的龍馬翻騰，背上紋采分明、熠熠發光，從水中浮了出來，這也就是傳說中的「河圖」（如下圖）。

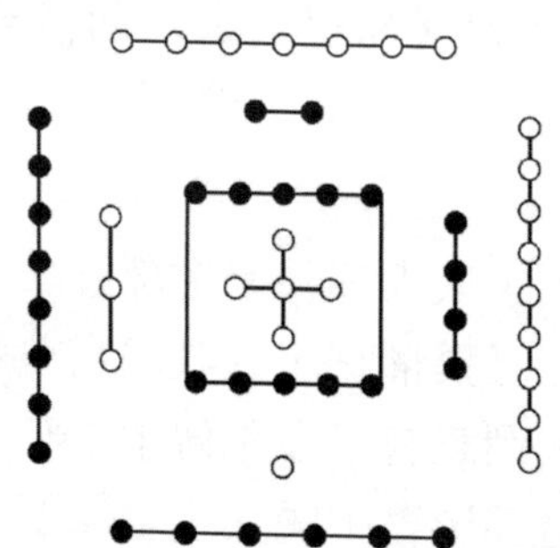

河中心有灘地數處，形似太極圖樣，灘河交界有一塊不方不圓的大石。此時龍馬背上圖案與河中之石交相映襯，幻化成了陰陽纏繞的圖示。伏羲從這個景象中頓悟，一畫開天，依龍馬之圖畫出了乾、兌、離、震、巽、坎、艮、坤為內容的卦圖，人們稱之為「伏羲八卦圖」。也就是我們現代所稱的「先天八卦」。

這則故事當然現已不可考，然多數考古與歷史學者認為，八卦確實出自伏羲時代，但並非全然為伏羲一人所作。它是上古時期中國人智慧的結晶，是當時人們對事物包括自然現象認識的總結，體現了一種樸素的自然觀。而伏羲作為這一時期智慧的代表，理所當然也就成為了《易經》與八卦之母。其後黃河氾濫時起，大禹治水經洛河，河中突現一神龜，龜殼紋路好似煥煥星斗，大禹將其記錄下來，這就是所謂的「洛書」，我們現今談的「後天八卦」即為此圖（如下圖）。

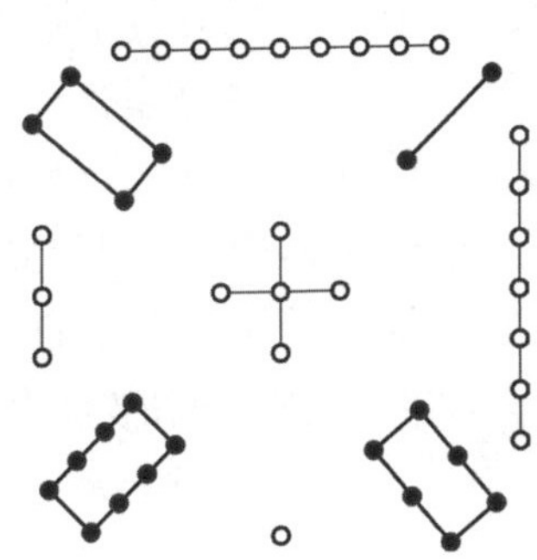

第二位對《易經》這本著作有卓越貢獻的人是商末周部落首領姬昌（後來被追封為我們所熟知的周文王）。時當殷商之末，殷紂在位，天下大亂，社會上人民對鬼神之信仰極為濃厚。西伯侯姬昌被商紂王囚禁在羑裏城（今安陽）期間，他以憂患之心，發揚《易經》哲學，將八卦圖推演為六十四卦，作卦、爻辭，歷史上稱此為「文王演《易》」。文王將《易經》哲學融入筮術占斷中，藉六十四卦及三百八十四爻之象，斷以吉、凶、悔、吝等語，來指導、教化人民提升生活，所以後來孔子稱讚周文王：「聖人以神道設教，而天下服矣。」講的就是周文王將伏羲氏的八卦哲學，進一步落實到民生日用上。

第三位則是影響中華文化深遠的至聖先師孔子。周文王之後過了五百餘年，孔子繼承伏羲、周文王的遺緒，他與他的門下弟子作了《十翼》來解釋周文王的六十四卦及卦、爻辭。什麼是《十翼》呢？我們現在看到的《易經》整本書，其實包含了「經」與「傳」兩部分。周文王的六十四卦象及卦、爻辭為「經」。而「傳」其實就是由孔門所著的《十翼》，其實就是十篇文章。「翼」從語義觀之為「鳥翅」之意，是對《周易》的注釋，用來輔助闡明「經」的意思。加上這《十翼》，《易經》摒除筮術占斷的氣氛，得以飛向更高的「哲學」層次，《十翼》用儒家的思想來補充《易經》，並說明了卦爻辭裡的吉凶之故，使《易經》形成龐大的思想體系，在這個體系中，宇宙、萬物，與人類都納入一大法則的「道」當中，從此易經的哲學意涵更上層樓，易學也益發宏揚。

至此《易經》已具雛形，但它的價值遠不只如此，它更是我國古代哲學、自然科學與社會科學相結合的一部巨著，是中國傳統思想的根源，中華民族智慧的結晶，對其後千千萬萬炎黃子孫的精神層面有著莫大的影響。其「廣大精微，無所不包」，其內容擁有抽象的卦爻與具體的義理，因為它具有的抽象性，後人得以擴充，注入活水，至今已應用至哲學思想、倫理道德、文學藝術乃至自然科學等各個領域；說它是貫通中國文化的百科全書也不為過。著名史學家司馬遷曾這樣評價它：「究天人之際，通古今之變，成一家之言。」對《易經》的讚歎之情溢於言表。

易經只是拿來算命用？

想到《易經》這本書，直覺反應就想到天橋下、廟宇旁擺攤算命的「仙仔」，似乎這本書的存在價值僅止於卜卦算命一途。雖然從本質上來講，《易經》的確是一本關於「卜筮」的書。但所謂的「卜筮」講白話一點，就是人們「對未來事態的發展進行預測」，而《易經》便是總結這些預測的規律理論的書，藉由其獨樹一格的邏輯與符號，加上前人聚積起來的智慧，讓這部橫亙數千年的古老典籍經過時代的洗鍊，當時的人們，藉由觀察萬物所歸納出來的生息道理，藉此以演繹未來事件發展的趨勢與可能性，指出可能圖景與將面臨的挑戰，並給予應當採取的對策，可說是中華文化中將「未來學」研究形之於文的第一書！

事實上，這本書一直流傳到現今仍熠熠含光，古時的生活型態至今已有很大的改變，以前的人們需要問天卜卦的事從國家大事的戰爭、宗廟祭祀到家庭裡的成員出遊、牲畜繁衍至現今社會已無足輕重。原本僅包含基本自然界變化、家庭成員、身體器官、周遭動物等內容。但由於《易經》本身獨具的「抽象」與「具象」並存，讓這本書得以不斷加入先人的智慧，與時俱進。讓一時迷失方向「山重水覆疑無路」的人們，藉由翻閱《易經》，了解它所傳導的智慧。現今在工商事業、理財投資、情感皈依……皆有其精闢的闡示，至今仍指導著芸芸眾生，協助人們得到「柳暗花明又一村」的豁然開朗，邁向一條通達的人生道路。

《易經》的三大版本

在古代，《易經》原本有三種不同版本，即《連山易》、《歸藏易》以及《周易》。雖然後來《連山易》與《歸藏易》相繼亡佚，但歷史上確實曾存有這麼兩本書，這點在《周禮・春官大卜》中便清楚的記載著：「掌三易之法，一曰連山，二曰歸藏，三曰周易。其經卦皆八，其別皆六十有四。」《山海經》中也說：「伏羲得《河圖》，夏人因之，曰《連山》」。鄭玄也在《周禮》中注引杜子春所言：「連山，宓戲；歸藏，黃帝。」《連山易》據傳是神農氏所創，成書於夏朝；黃帝時代的《易》則為《歸藏易》。三易都是六十四卦，其根本區別在於始卦的不同，因此產生了不同的理論體系。三易的卦序亦完全不相同，《連山易》為艮卦置首；《歸藏易》則是坤卦置首，而我們目前廣為流傳的以乾卦為始的《易經》其實是專指《周易》而言。

為什麼叫做「易經」呢？

我們知道中國古代圖書分類主要分為「經」、「史」、「子」、「集」四大部，這四類基本上囊括了中國古代所有圖書類型。古代各種體裁的歷史、地理和典章制度著作屬於「史」；而諸子百家及宗教著作等則為「子」；歷代作家的散文、駢文、詩、詞、散曲乃至於文學評論、戲曲等著作則收錄於「集」這一大類。除了以上三大類外，位於各類文章之首的「經」指的是包括政教、綱常倫理、道德規範的文章，計有儒學十三經：《周易》、《尚書》、《周禮》、《禮記》、《儀禮》、《詩經》、《春秋左傳》、《春秋公羊傳》、《春秋穀梁傳》、《論語》、《孝經》、《爾雅》、《孟子》。所謂「經」簡單來說其實就是道理：存乎天地的大道理，以及藏於人生的大道理。因此一切闡明天理、人道的書，即稱作「經」。「經」是中國古典文學中最神聖的典籍，權威的著作，也是一切真理的源泉。

那為什麼這本經典會以「易」為名呢？單純從字型拆解來看，「易」是由兩個部分所組成，上面是一個日，下面的「勿」字，其實是由甲骨文中的「月」變形而來。

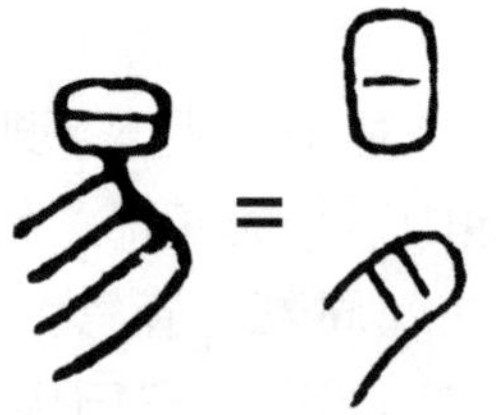

《詩經》中所言：「如月之恆，如日之升」，「易」這個字展現著從古至今不變的恆常法則，是一種非人為的自然狀態。而中華文化中，日為「陽」；月為「陰」，易這個字「日上月下」上陽下陰合而為「明」，是故「易」這個字本身即充分揭示中國文化「陰陽二元論」的哲學之外，也顯示其為後世的炎黃子孫照亮的一條光明之路。

而若從字意來說，東漢鄭玄的〈易論〉認為「易一名而含三義：簡易一也；變易二也；不易三也。」指出易這個字包含了「簡易」、「變易」、「不易」三種意涵：

首先，「簡易」指的是世界上的事物再複雜再深奧，也一定有其道理可循，有這樣一個現象，就一定有其邏輯在。一時無法參透只是我們的智慧不夠、經驗不足，還沒有找到它的應用原理而已。而《易經》的「簡易」也是最高的原則，宇宙間無論如何奧妙的事物，當我們的智慧修練夠了，就能深入了解這自然與人類社會的運作法則！能夠靈活應用以後，就能化繁為簡。這用古代的說法看起來很玄，但其實應用在現代的生活中卻一點也不假。現代人所習以為常的許多恆理，事實上在一開始僅為許多雜亂無序的「現象」，是經過許多前人的智慧結晶歸納這些現象，抽出其中的道理來，成為現在人們對這個世界可理解的運作法則。因此現今人們若能貫通《易經》的智慧，就可以把世間萬物的運作、更迭轉換成人們容易理解和處理的問題，當遇到解決不了的問題時，就往簡單的方面考慮，不要想太多，愈想愈複雜。當一個人掌握了天、地、人間的奧祕，便能夠用更豁達的胸襟來面對。

其次，「變易」是指世界上的人，乃至宇宙萬物，無時無刻都在變化發展著，沒有一樣東西是不變的。今天晴空萬里，說不定明天就傾盆大雨。人的肉體會經歷生、老、病、死；心境也會因時間不同、環境不同，人的體會亦會不同。如果離開這種變化，宇宙萬物就難以循環。佛學中

「無常」這個概念就是從此延伸而來。十年河東，十年河西，萬事萬物，隨時隨地都在變易中，而且非變不可。因此一個人若成功千萬不能得意忘形，失敗也不必垂頭喪氣。真正貫通《易經》的人知道，這本寶典從來不講宿命論，也不宣傳迷信的思想，人的命運是掌握在自己手中的，命運也是隨時因個人的決定而變化，人生的發展取決於正在做的事。

最後，「不易」是指在宇宙間萬物皆變的前提下，依然有唯一不變的東西存在，在萬變中也有不變的法則，如像四時更替，花開花落……。假如宇宙事物之變化毫無規律可言，則一切都是不可知、不可測的渾沌，人類文明無以發展。但若宇宙事物變化有必然的規律，人即可經由規律本身之必然性，藉由觀察而認知這個世界。《易經》的各卦也依自然的規律而寫成，其象徵的現象與事物，必然也符合此規律。由此延伸來看，人的一生也是有規律的，而且是有命運的，《易經》告訴我們：命運可以改變，只要不抱持著「宿命論」，生命的走向是掌握在自己手上的。「簡易」、「變易」、「不易」這三點看似互相衝突的特質在《易經》中被保存下來，這彰顯了中華文化的兼容並蓄，形成往後數千年來獨樹一格的傳統典範。

《易經》的精神

孔子認為《易經》最重要的是週期，六十四卦是一個大週期，每一卦內又有其小週期，彰顯大自然乃至於人間社會都有其規律，這是人類生存於其中必須探究的法則。因此人無論做什麼事，一定要懂得應變，千萬不要抱著比人定勝天還固執的想法，個人要去適應天道的變化，才能改善自己的命運。

在儒門孔家的《十翼》中，《繫辭傳》云：「乾坤，其易之蘊邪？乾坤成列，而易立乎其中矣。乾坤毀，則無以見易。易不可見，則乾坤或幾乎息矣。」乾坤也就是天地，它是《易經》的精蘊，乾坤既成列於上下，《易經》的道理也就肇定於其中了。如果乾坤這個基本的中心思維被毀滅的話，那麼《易經》的道理就不存在了。《易經》的道理不可被知解的話，則天地乾坤之道也幾乎要息滅了。這與前面提到，在漢字「易」中，上面是一個日，下面則為月正好不謀而合。從這裡我們可以看出，《易經》中心思維就是天地的概念。人存在於其中，所需探究的智慧就在不斷的變化中，找出一個能以此安身立命的「道」。

現代人平時有太多的牽掛與迷茫，正是因為我們沒有走在「天地人」運行的大道上，因此迷失了人生的方向，所以捨不得，所以心有罣礙放不下。而所謂「為道日損」，就是要放下，讓複雜的事情愈做愈簡單，《心經》上講「心無罣礙故，無有恐怖，遠離顛倒夢想，究竟涅槃」就是這個意思。

《易經》正是這將一切學問愈做愈簡單的根源，其道可延伸至倫理（儒學、禮樂、三綱五常）、生理（黃帝內經、養生學）、病理（中醫）、命理（算命、五行八字）、地理（風水）、管理（諸子百家、治國方略）等等，它們之間是本和體、道和術、理和用的關係。

《易經》「時」與「中」的概念

《易經》指導思想有兩個非常重要的概念——「時」與「中」。《繫辭》曰：「與天地合其德，與日月合其明，與四時合其序，與鬼神合其吉凶。先天而天弗違，後天而奉天時……」強調了「時」的概念。以中國傳統文化來看，「時」有六個解讀的面向。一個人要能成功，首先必須察覺時機的來臨，重視來到身邊的機會。其次，知道時機來臨時，如何抓住機會。另外，抓住了機會之後，要能善加利用來到身邊的機會，不要因錯過而後悔。再者，一旦時機到來，立即驅策自己有所作為、見機行動。此外，能夠看到時機的變化，並且隨著它的變化對自己的行為做出調整。最後，人的時行時止，在恰當的時機開始，恰當的時機結束，在與天地萬物相退相協中，順暢地實現人存在的意義。識時而變非常重要，違背這些規律在人生的旅途中，不論從事什麼樣的工作都會吃虧。

而關於「中」的概念，古代人常將中國境內的中心稱為「中原」，一直以來炎黃子孫也自居為「中國」，基本上就是要保持中間狀態。「中」在華人文化指的是中庸之道：在天地自然之道正中運行，既不太過，又無不及。舉例來說，假若人生是一條道路，那我們走在中間，前面有人開路，後面有人殿後，就非常安全。以中庸之道處事，能帶給我們安穩的一生。

而縱觀古今中外，時機可以說是解讀人類生命歷程的一把鑰匙，每個人都圍繞著時機上演著一齣戲。從某種意義上來說，除了個人之外，企業、公司、團體乃至於國家、民族……，抓住時機就是增強競爭力。發現時機、大力創造機遇、成功駕馭機遇，並允直厥中，言行不偏不倚，符合中正之道，才能達成自我實現。

《易經》入門心法

學習《易經》與學習任何一門學問一樣，要想入門必須先了解其基本概念。概念是最基礎也是最核心的東西，亦是進行各種推演的基礎。所以務必認真體會，不可忽視。

在實際進行各卦的分析之前，筆者先講一個簡單的類比。我們大家都知道，化學裡面有各種化學元素，不同元素有不同的化學鍵，有各自獨特的屬性。各種化學元素又組成更多不同的化合物，各種化合物在不同的條件下按照各種方程式，可以產生千變萬化的化學反應，使得生活中處處是化學。

不僅僅是化學、物理、數學等自然科學都有自己的概念和符號系統，也有自己的公式、公理、定理和定律。《易經》也是如此，並且沒什麼特別神祕之處，所以大家要以平常心來學習，要克服各種常見的謬思。比方說看到《易經》能夠應用在算卦占卜上，就以為《易經》是倡導宿命論，有鬼神在操縱人生，從而對期望而生懼，對這門學問感到茫然。學習《易經》不可避免的一個問題就是了解其背後的運作原理與關鍵性決定因素是什麼？由此才能了解為何用《易經》能夠預測未來。

說起這個問題其實各門學問也照樣處處存在，不獨《易經》有之，比如萬有引力定律，為什麼把物體往天上拋它會往下落？是誰讓它落下來的？有人會說是地心引力的緣故，但是引力的這種規律是誰設計或者決定的呢？各種規律的背後，什麼是終極的力量決定了這一切？

回答這個問題難免要涉及到更形而上的哲學層次問題，有興趣者可以深入探究，這裡暫不深入論述。但我們在學習《易經》之前，姑且先把《易經》當成物理、化學這樣的學科來學習，放下所有的神祕感，以平常心來看待。我們可以設想，假設你穿越時空到了舊石器時代，告訴那裡的人們說有一種叫做「化學」的學問，學成之後，除了可以生火、燒水之外，還能開山（便用炸藥）、製藥等，那原始人同樣會感覺非常神祕，就好比我們現在對《易經》的感覺一樣。我常說，《易經》不是天書，不是一本複雜的書，講《易經》應該要「老嫗能解」，如果講《易經》說得很複雜讓人聽不懂，那就不是在講智慧了，因為《易經》所提倡的是「大道至簡」的原則。

我們從事任何學習，都必須要有其實用性，易學最基本也是最主要的功用就是「定位」。我常說，做事情要先看情況，這個情況就是定位。無疑地，易學就是一個全面的「定位系統」。如果遇見一件事，能做好情況定位，可以準確的在《易經》中找到相對應的卦與爻，《易經》會精確地告訴你事態的發展，對方的態度與想法如何趨吉避凶，以及有可能如何變化、怎樣應對或換位思考等等，這就是具體應用。

因此，學《易》首先必須突破的第一個門檻是背誦為數眾多的卦名與卦義。但事實上，這些名詞可以慢慢來記憶，不是一朝夕可以立竿見影看到成效的。在還沒完全熟記前這些卦象前，讀者可將本書隨身在側，多看便能把這些規則潛移默化。

如果你深深體會到了《易經》的天地人之道，那你就已經形成了《易經》的思維模式，遇事自然就會懂得如何推理判斷，應付行動，而不必在卦象上的條條杠杠去尋求答案，達到「大道無形」的境界。中華文化在清末引進西方教育後，都是在學「知識」；然而知識是一個包袱，是只有理性的思維，是死的、沒有感性，更沒有靈性。西方人的思維，一切是從小的向大的發展；中華文化的思維卻是從大的向小的發展。比方說西方人寫地址，是從小到大的順序寫；而中國人，是從大到小的順序寫，愈寫愈細。現在的科學研究發展已經到了無法再細分的地步了；唯有《易經》的思維，可以分而合、合而分，無窮無盡，故能流傳數千年至今，古今中外尚無任何一本書能與之匹敵。

易經的構成與傳承

陰陽的概念與易經的組成

世界形成之初，遠古之時，盤古尚未開天闢地，宇宙處於最原始的無秩序狀態，此時天地宇宙是陰陽未分、渾沌一片，被稱為「無極」。老子將這種「視之不見、聽之不聞、摶之不得」的原始狀態稱之為：「夷、希、微」。「無極」逐漸衍生為陰陽兩分的「太極」，是為爾後形成萬物（宇宙）的本源。

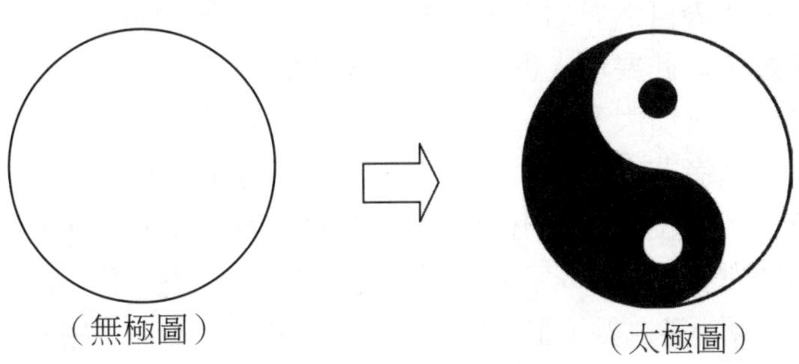

（無極圖）　（太極圖）

是故儒門強調：「易有太極，是生兩儀，兩儀生四象，四象生八卦，八卦定吉凶，吉凶生大業。」太極代表一，傳統的太極圖代表了陰陽互補的概念；一分為二，分開了陰和陽，即為兩儀；二分為四，即是太陽、少陽、少陰、太陰這四象；四分為八，即是八卦。陰與陽是二元的概念，萬物均可以二元看待，如天地、日月、暑寒、上下、剛柔、明幽、進退、前後、開合、貴賤、男女、盈虛、有無等，而這二元須同時存在才具意義，如若沒有「下」的概念，就無法指出「上」的方向，沒有「地」就不能體會何謂「天」，故二元看似相互對立卻是彼此依存。天地間，有二元的概念便能認識更豐富的現象，有日月星辰才能體會世界的遼闊，有寒暑交替才能感受季節的冷暖。小至日常吉凶占卜，大至一國興衰，中國人處處受到《易經》的影響，這就是此書歷經千年而不衰的祕密。

一畫開天，易經之始

在上一章已介紹了太古華夏的共主伏羲教民結網，漁獵畜牧，觀象於天，觀法於地，經由觀察眼前自然的現象，得出萬物的共性，於是貫通了這種陰陽二元的法則。因此伏羲一畫開天，這一畫便是《易經》的起源，易經這一套系統，便是由一條長的橫線「爻」作為最基本的單位：每一爻以一條長的橫線「▬▬▬」代表陽，稱為「陽爻」；而兩條斷開的橫線「▬ ▬」代表陰，稱為「陰爻」。「易」之一字，即是以陰陽兩元素組成。因此整部《易經》的爻卦就是這兩種不同的符號所構成。

八個爻卦的交錯輝映

伏羲以符號代表自然界的現象，再借符號的組合與移動，描繪自然界千變萬化的奧妙，以此展現人世間的吉凶禍福與因應之道。《繫辭傳》中提到「易之為書也，廣大悉備，有天道焉，有人道焉，有地道焉，兼三才而兩之，故六，六者非它，三才之道也。」中國傳統思想「重三」，凡事以三為一個完整的單位，反映出天地人之間的相生相成，於是由陽爻與陰爻經過三次的排列組合，形成了乾（天）☰、坤（地）☷、艮（山）☶、坎（水）☵、巽（風）☴、震（雷）☳、離（火）☲、兌（澤）☱，這八種圖形，形成所謂的「八卦」。再將這八個經卦兩兩重疊，於是我們可以看到64個卦，每個卦的形成分為上半部（上卦）與下半部（下卦）兩個部分。你可能會想，為什麼《易經》要把這些卦重疊？如果這些卦不重疊排列，那麼永遠就是這八個卦，不會有任何改變。由太極生出陰與陽兩儀，如不交互作用，那麼世界僅會是一灘死水，不會有任何變化與生息。《易經》是一套講世間變易的系統，所謂「一陰一陽之謂道，天地之大德曰生，生生之謂易。」藉由陰陽的交融，來表現宇宙運作的規律。

於是從最底層數起總共有六爻的卦象，而爻的順序是由下往上數的，分別為：初爻、二爻、三爻、四爻、五爻、上爻。陽爻稱作「九」，陰爻稱作「六」，因此以「雷天大壯」卦為例，最下爻為陽，稱初九，接著各為九二，九三，九四，六五，以及上六。如下圖所示：

你可能會想：「為什麼陰用六，而陽用九來表示？」一般的說法是八個經卦裡的唯一一個純陰卦，就是「坤卦」，它的卦象就是三條斷掉的直線，加起來一共六段，所以陰稱為六。而純陽卦「乾卦」的卦是三條連續的直線，照理說陽應該以三來表示，為什麼要改為九呢？我們都知道，陽統陰，天絕對不能沒有地，所以陽不能離開陰。陽三畫再加上看不見的陰六畫，三加六就是九，所以陽稱為九。

在學習《易經》的入門當中，這些卦爻是務必花點心思記起來的。《易經》與別的學問不一樣，它自成一套符號與術語。如果不先熟悉這套系統，就永遠只能在門外徘徊。坊間常用漢字「三求平未，斗非半米」這八個字來依序協助記誦「乾（天）☰、艮（山）☶、離（火）☲、巽（風）☴、震（雷）☳、坤（地）☷、兌（澤）☱、坎（水）☵」八卦符號。宋代的理學大師朱熹亦作《八卦取象歌》：「乾三連，坤六斷，震仰盂，艮覆碗，離中虛，坎中滿，兌上缺，巽下斷。」來連結文字與圖示的關係。

這八卦各有其象徵與意涵，舉例來說，從垂直思維觀之，在一個家庭當中，除代表天的「乾」為父、代表地的「坤」為母之外，其餘依序各卦可象徵：代表雷的「震」是長男、代表水的「坎」為中男、代表山的「艮」則是少男；代表風的「巽」是長女，「離」代表火，為中女，最後是代表湖澤的「兌」則象徵少女。除此之外，這八卦也用於其他方方面面，指示人的性情、方位、肢體、季節⋯⋯。

八卦的象徵意義

了解了《易經》由陰陽的概念所組成後，若想明白卦辭與爻辭在說些什麼，研究《易經》要從最基本的八個卦象與其象徵所指入門。

一、乾卦的象徵

乾卦為《周易》之第一卦，所謂「乾三連」指此卦由三條陽爻所組成。陽爻象徵著「主動」，為 切能量之首，是世界變化的主導因素。組成三條陽爻的乾卦，累積了純陽之能量，也是創造力的根源，為萬物萬象的動能與生機。在自然界指的是「天」，在中國人眼裡，天為萬物至尊，具有至高無上的主導權，是故古代皇帝名為「天子」。卦辭中有言：「天行健，君子以自強不息。」其基本性質為「健」，就是剛健不已的生命創造力。缺少此一生命創造力，萬物無從產生。在社會與家庭的結構當中，此卦象徵著「父」與「君」的領導角色。另，由於天圓地方，此卦在形狀存有圓的意象。

二、坤卦的象徵

坤卦由三個陰爻所組成，擁有純陰的特質。上述陽爻代表「主動」的能量，陰爻則為承載萬物的場域與力量。若世間萬物只有主動的能量的衝擊，而無承載這股能量的皈依，那麼世界萬物依然不會有任何發展；陽剛之氣過盛，僅有創造力而失去了發展，萬物盛極則衰，不會有變化的可能。卦辭言：「地勢坤，君子以厚德載物。」代表的是大地，若無平原沃野來承載生命，世界無以生生不息、循環不已。此卦在家庭中則為母親的角色，以及柔順、包容等德性。

三、震卦的象徵

「震仰盂」指此卦依序由兩陰爻與一陽爻組合而成，猛然一看就像一開口朝上的杯子。古來物以稀為貴，爻以少為主；因此在一陽二陰的組合中，陽為主，形成了在家庭中精神體能最旺盛，代表「長男」的角色地位。反映在自然界的意象當中，唯有「雷」能表示這個特點，震卦擁有陽爻的主動能，卻少了乾卦可長可久的性質。震字從雨從辰，辰為龍，龍吟陽氣動，在天地成形之後，平地一聲雷地爆發了開來，雷震而春雨至，喚醒世間萬物的生命力。

四、巽卦的象徵

巽卦依序由二陽爻一陰爻所組成所謂的「巽下斷」。在三爻中，上面二條陽爻代表穩健而不動如山的天，底下的陰爻則是空靈的場域，得以讓空氣流動，以致形成了大自然中的「風」。在自然界的所有元素當中，風虛無飄渺，無所不入，任何地方都有空氣的存在，因此這一卦象徵著

「入」的特質。後人卜卦時，將此特質衍生為順利之意。

在家庭中，巽卦代表一家中的長女。不同於象徵母親的坤卦相對於乾卦而生，巽卦本身存在無所依，沒有任何的立場。萬物在天地生成，為雷聲喚醒後，沒有空氣是無法維生的，因此哪兒須要它，它就存在於那個地方。但也因為這種柔順與無所堅持的特性，容易形成進退不定的情況。

五、坎卦的象徵

「坎中滿」是由上往下由一陰爻、一陽爻、一陰爻依序組成。由於古字為象形文字，故將坎卦九十度旋轉豎直起來，就是「水」這個字。「坎者，陷也。」古人行船走馬遇水表示需要冒險，容易陷入困境。行人看見水漥，必定避開它；由於水有時以肉眼觀之尚淺，但其實已深不可測，故渡河遊湖也有一定的風險存在。

坎卦在家庭中象徵著次男的角色，這是一個相當尷尬的地位，上有哥哥，下有弟弟，爹不疼、娘不愛，夾在中間容易產生進退維谷的情況，無法一展身手。事物發展至此，陷入危機。但是，危機同時也是轉機，人在憂患中才會提高警覺，由此轉危為安。

六、離卦的象徵

「離中虛」指此卦依序由一陽爻、一陰爻、一陽爻所構成。離卦與坎卦相對，所以代表了自然界的「火」。火是光明的象徵，火光燦爛，絢麗奪目，因此此卦特質為「麗」。但它一定是依附著其他物質存在，不可能獨自燃燒。

此卦一陰二陽，以陰爻為主，屬於陰性卦。陰爻在第二位，所以是一家中的次女，這個角色具有極欲展現自我的個性，離卦一陰爻居中，二陽爻在外，外剛內柔、美麗奔放，就像火一般的絢爛繽紛，有向上發展、向外表現之貌。但離為火，稍一不慎，火也能造成重大災難。

七、艮卦的象徵

艮卦的卦象下虛上實，猶如山之頂為陽光所照耀，如鑲上一條金邊的外表，光明爍爍但其下岩石磊磊，堅毅千年而不動，蘊藏陰質。因此，此卦的意象為「山」。朱熹在《八卦取象歌》中以「艮覆碗」形容此卦就像一個倒過來放置的碗盆一樣。「艮，止也。」一言道出此卦穩如泰山一般的靜止不動，而有阻滯、靜止、自我畫限、沉著、厚重等特質。

艮卦是一陽二陰的結合，陽希而陰盛，故以陽為貴，在一家之中代表少男的地位。

八、兌卦的象徵

「兌上缺」指的是此卦由一陰二陽所構成。此卦上方的缺口猶如人之口，開口言是為了溝通，開口笑便天下無難事，正是所謂「伸手不打笑臉人」，因此兌卦象徵地意涵為「悅」。兌卦在自然界中所代表的是大澤，所謂兩澤相連，兩水交流，上下相和，團結一致。因此此卦有左右逢源的意象。

兌卦在家庭中象徵著少女的地位。女兒總是父母的掌上明珠，尤其年紀最小的女兒更是如此。受盡父母的寵愛，但這並非一個穩定的狀況，若恃寵而驕，過度恣意妄為，恐盛景不再，自取衰敗。

八卦象徵示意表

卦名	自然	特性	家人	身體	動物	方位	季節	臟器
乾	天	健	父	首	馬	西北	秋冬間	腸
兌	澤	悅	少女	口	羊	西	秋	肺
離	火	麗	中女	目	雉	南	夏	心
震	雷	動	長男	足	龍	東	春	肝
巽	風	入	長女	股	雞	東南	春夏間	膽
坎	水	陷	中男	耳	豬	北	冬	腎
艮	山	止	少男	手	狗	東北	冬春間	胃
坤	地	順	母	腹	牛	西南	夏秋間	脾

整部易經除了上述八卦之外，八卦與八卦相疊，總計八八六十四卦，每卦有六畫，六畫成一卦。而這每一畫，就是一個陰爻或陽爻。《易經》如此一卦六爻的組成就是為了描述「變化」——不論是自然間亦或是人世間。世上的變化若與人的願望配合來看，就帶有吉凶悔吝的評價。由於變化一直在進行之中，人必須體認到「天道無吉凶」這個道理。《易經》中的這六十四個卦稱為六十四別卦，每一卦都有它特定的名稱。天道即為六十四卦所構成的萬物萬象的整體，任何事物都必須由整體觀之，萬不可「見樹不見林」，我們千萬不可偏聽，只取某些好的部分而排斥壞的部分。

易經六十四卦表

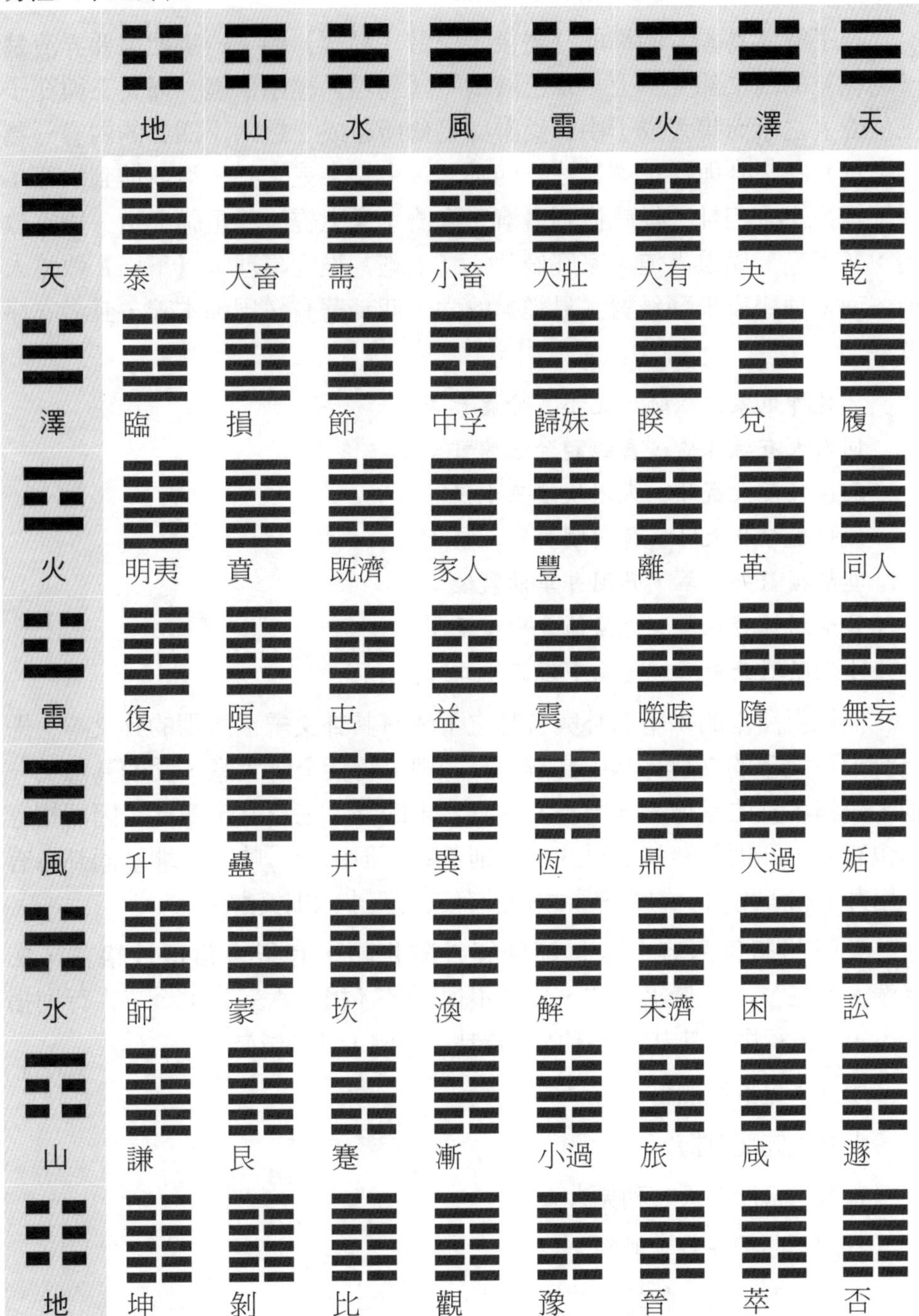

	地	山	水	風	雷	火	澤	天
天	泰	大畜	需	小畜	大壯	大有	夬	乾
澤	臨	損	節	中孚	歸妹	睽	兌	履
火	明夷	賁	既濟	家人	豐	離	革	同人
雷	復	頤	屯	益	震	噬嗑	隨	無妄
風	升	蠱	井	巽	恆	鼎	大過	姤
水	師	蒙	坎	渙	解	未濟	困	訟
山	謙	艮	蹇	漸	小過	旅	咸	遯
地	坤	剝	比	觀	豫	晉	萃	否

《上經》三十卦與《下經》三十四卦

在了解《易經》的構成符號後，學習《易經》的下一步便需要弄清楚《易經》的內文部分。上一章已談到，《易經》經由伏羲、周文王與孔子三位偉人之手而集大成，由卦爻辭與易傳所組成。這六十四卦的內容分為《上經》三十卦與《下經》三十四卦。《上經》三十卦，從乾坤到坎離；《下經》三十四卦，從咸恆到既濟、未濟：《上經》偏重講天道、國家政治；《下經》偏重人道、家庭倫常；《上經》推究事理，《下經》敘述人情。南宋理學家朱熹針對《易經》的六十四卦著有《周易本義・卦名次序歌》：

「乾坤屯蒙需訟師，比小畜兮履泰否；
同人大有謙豫隨，蠱臨觀兮噬嗑賁；
剝復無妄大畜頤，大過坎離三十備。
咸恆遯兮及大壯，晉與明夷家人睽；
蹇解損益夬姤萃，升困井革鼎震繼；
艮漸歸妹豐旅巽，兌渙節兮中孚至；
小過既濟兼未濟，是為下經三十四。」

而以上所指的六十四卦與各卦之下皆有其卦爻辭。所謂的卦爻辭，即為卦形符號下的文辭，其中卦辭每卦一則，總括全卦大意，爻辭為每爻一則，分指各爻的旨趣。《周易》共有六十四卦、三百八十四爻，因而相應的也有六十四則卦辭和三百八十四則爻辭，但由於「乾」「坤」兩卦各有「用九」和「用六」的爻辭，故總計有三百八十六則爻辭。

爻辭的體例內容、取材範圍與卦辭相類。有很多哲理性格言，如《泰・九三》：「無平不陂，無往不復」，《損・六三》：「三人行則損一人，一人行則得其友」等。以「乾卦」為例，其卦辭為：

用九：見群龍無首，吉。

上九：亢龍有悔。

九五：飛龍在天，利見大人。

九四：或躍在淵，無咎。

九三：君子終日乾乾，夕惕若厲，無咎。

九二：見龍在田，利見大人。

初九：潛龍，勿用。

《易經》不論卦辭或爻辭，一般分為兩部分。一部分是對卦象的分析，並依據卦象的內涵說明事理；另一部分是斷語，就是下結論，多用吉、凶、悔、吝等辭，表明這一卦或這一爻的吉凶。之所以由兩部分組成，一般認為是為了占問上的需要。在占問時，遇到某一卦或某卦中的某一爻時，先看卦爻辭取象部分，表示占問者的處境，然後看判斷結果。卦爻辭都十分簡練，由上面「乾卦」可看出個別卦中還使用四字句的韻文。

《易經》六十四卦

上經三十卦					
乾	坤	屯	蒙	需	訟
師	比	小畜	履	泰	否
同人	大有	謙	豫	隨	蠱
臨	觀	噬嗑	賁	剝	復
無妄	大畜	頤	大過	坎	離
下經三十四卦					
咸	恆	遯	大壯	晉	明夷
家人	睽	蹇	解	損	益
夬	姤	萃	升	困	井
革	鼎	震	艮	漸	歸妹
豐	旅	巽	兌	渙	節
中孚	小過	既濟	未濟		

怎麼看《易經》的卦辭？

《易經》的每一卦皆有其卦辭，舉第一卦「乾卦」來說，其卦辭為「元，亨，利，貞。」乾卦的卦辭僅有這四個字，此即為對乾卦所作的基本判斷與卦意所在。由於《易經》的微言大義，使得後世解經之士如多如過江之鯽。

依筆者鑽研《易經》十餘年之見，「元」為原始、創始之意，同時也是「大」；所以元代表時空位序上的最高點，為一切生命創造的本源。「亨」為亨通、開通之意；人天通、人際通、人事通達無阻。「利」為利益、適宜之意；表示有生產利益、有績效和實際貢獻。「貞」則為正固，堅守正道、固守行事的基本法則。從以上的意義來延伸，元，寓意事物的起始或基礎階段；亨，寓意事物的生長和壯大；利，寓意事物的收穫；貞，寓意事物的收藏與靜止，發展過程的結束。

事實上，這一連串的四個字，若將其視為各自獨立的四個詞來解釋並無法完備《易經》所要傳達給我們的深層意涵。因此，我們還可以將這四個字賦予連續性的意涵來看：元，指示著萬事需慎始，天道告訴我們不要輕率去開始做任何事，要多加盤算、考證、調查、商量，謀定而後動。這樣才會萬事亨通。亨，亨通、通達。人若要官運亨通、事業亨通、生意興隆，都來自慎始，實現充分的準備；同時照顧來自各方的關係，兼顧周圍的環境，自然會亨通。亨通以後就會獲利，所獲利益需要公正分享，公正合理才能關係和諧。我們華人常強調，家和萬事興，萬事興隆必能獲利，因此「利」的一種解釋就是「和諧」。貞，堅守正道、固守貞潔。這樣就會促使事物不斷向前發展，不會中途受挫導致失敗。這就是「貞下起元」，進入良性迴圈。貞所指的公正、正直，並非直線、直接之意，反倒是一條曲線。我們常強調「曲則全」，這條曲線正是太極圖中所呈現的那條曲線。

西方人看《易經》很有趣，把它當成代數學。筆者看「元亨利貞」這四個字也真的反映出代數學的一個公式：你可以代進春夏秋冬，也可以代進起承轉合。乾卦《彖傳》說：「大哉乾元，萬物之始乃統天。」這個用孔子在《論語》上簡單的話說是：「天何言哉；四時行焉；百物生焉，天何言哉。」天就是四時行焉。春夏秋冬四季的產生，主要是因太陽的變化。天有四時的變化，地上的百物也就依此變化來生息，這可以理解為「有天地然後萬物生焉」。世上一切事物運行皆有其固有的規律，人們學習《易經》，就是貫通這個運行之道。

錯卦、綜卦與交互卦

《易經》六十四卦每一卦都是由六畫（陰陽，或稱六爻）所構成。這六畫又可以把它分為上下兩個三畫卦，這也就是俗稱的八卦，分別叫上卦與下卦，或稱外卦與內卦。看起來錯綜複雜，實際上往往隱含著六十四卦中兩個卦之間的關係。常見的變化方式有錯卦、綜卦及交互卦。

錯卦，又稱「對卦」和「旁通卦」，指陰陽相對的卦；綜卦，就是把一個卦的初爻到上爻的位置依次調換，也就是換一個方向來看原卦，就得到了原卦的綜卦，就意義上來說，錯卦是正對，綜卦是反對。再來更複雜就是交互卦了，交互卦是由交卦與互卦組成，交卦是由三四五爻組成的卦，互卦是二三四爻組成的卦，互在下，交在上，組成一個新的六爻的卦就是原卦的交互卦了。

錯卦

錯卦，所謂「錯」即為陰陽交錯，也就是把一個卦的各個爻相反過來（陽變成陰，陰變成陽）就得到了該卦的錯卦。錯卦的道理是立場相同、目標一致，可是看問題的角度不同，所見也就不同了。如：「天風姤」卦，它的第一爻是陰爻，其餘五爻都是陽爻，那麼在陰陽交錯之後，就變成了「複」卦，第一爻是陽爻，其餘五爻都是陰爻，如複卦的卦象，它的外卦是坤，坤為地，內卦是震，震為雷，就是地雷複卦，所以天風姤卦的錯卦，就是地雷複卦。六十四卦中每卦都有錯卦。因此學了《易經》以後，以《易經》的道理去看人生，一舉一動，都有相對、正反、交錯，有得意就有失意，有人贊成就有人反對，人事物理都是這樣的，離不開這個宇宙大原則。

綜卦

綜卦，又稱「反卦」和「覆卦」，指將一卦反覆（顛倒）過來所得到的卦。綜卦的直接解釋是從對方的立場來看此問題，另一個作用則在於將我心換你心，希望能設身處地的為對方思考，不要凡事都只站在自己的立場上衡量。仍拿「姤」卦來說，如果把姤卦作180度倒轉，則成為「澤天夬」卦，這是姤卦的反卦，也即綜卦。綜卦是相對的，全部六十四卦，除了以下八個卦以外，沒有不相對的。這八個卦是乾、坤、坎、離、大過、小過、頤、中孚。

八個卦中的前四卦乾、坤、坎、離，是天地日月的宇宙現象，從任何角度看，天絕對是天，地絕對是地，太陽與月亮也仍是日月；後四卦，大過、小過、頤、中孚，是屬於人事的，但卻有其不變的性質，所以也沒有綜卦。除此之外五十六卦都有綜卦，這則表明宇宙間的事物大多是相對的。

交互卦

《易經》中複雜的道理，實際上就是指的交互卦。而這個交互是什麼意思呢？這是指在一個六爻卦中，除上卦與下卦兩個經卦外，又由二爻、三爻與四爻，三爻、四爻與五爻構成兩個新的經卦。這種由上下兩卦交互組成的新卦象，古人稱為交互卦，指的是事件未來的發展方向。

換句話說，這是告訴我們看事情，不要看絕了，不要只看一面，一件事情正面看了，再看反面，反面看了，還要從對立面看清楚。這樣還不算完備，因為內在還有變化，而內在的變化，又生出一個卦來。除了乾、坤兩卦外，其他各卦把中心拿出來交互，又變出了一種新的現象，可幫助我們預測未來。

《易經》六十四卦的本卦、錯卦與綜卦

本卦	錯卦	綜卦	本卦	錯卦	綜卦
䷀ 1. 乾卦	坤	╳	䷁ 2. 坤卦	乾	╳
䷂ 3. 屯卦	鼎	蒙	䷃ 4. 蒙卦	革	屯
䷄ 5. 需卦	晉	訟	䷅ 6. 訟卦	明夷	需
䷆ 7. 師卦	同人	比	䷇ 8. 比卦	大有	師
䷈ 9. 小畜卦	豫	履	䷉ 10. 履卦	謙	小畜
䷊ 11. 泰卦	否	否	䷋ 12. 否卦	泰	泰
䷌ 13. 同人卦	師	大有	䷍ 14. 大有卦	比	同人
䷎ 15. 謙卦	履	豫	䷏ 16. 豫卦	小畜	謙
䷐ 17. 隨卦	蠱	蠱	䷑ 18. 蠱卦	隨	隨
䷒ 19. 臨卦	遯	觀	䷓ 20. 觀卦	大壯	臨
䷔ 21. 噬嗑卦	井	賁	䷕ 22. 賁卦	困	噬嗑
䷖ 23. 剝卦	夬	復	䷗ 24. 復卦	姤	剝
䷘ 25. 無妄卦	升	大畜	䷙ 26.大畜卦	萃	無妄

䷚	27. 頤卦	大過	×	䷛	28. 大過卦	頤	×
䷜	29. 習坎卦	離	×	䷝	30. 離卦	坎	×
䷞	31. 咸卦	損	恆	䷟	32. 恆卦	益	咸
䷠	33. 遯卦	臨	大壯	䷡	34. 大壯	觀	遯
䷢	35. 晉卦	需	明夷	䷣	36. 明夷卦	訟	晉
䷤	37. 家人卦	解	睽	䷥	38. 睽卦	蹇	家人
䷦	39. 蹇卦	睽	解	䷧	40. 解卦	家人	蹇
䷨	41. 損卦	咸	益	䷩	42. 益卦	恆	損
䷪	43. 夬卦	剝	姤	䷫	44. 姤卦	復	夬
䷬	45. 萃卦	大畜	升	䷭	46. 升卦	無妄	萃
䷮	47. 困卦	賁	井	䷯	48. 井卦	噬嗑	困
䷰	49. 革卦	蒙	鼎	䷱	50. 鼎卦	屯	革
䷲	51. 震卦	巽	艮	䷳	52. 艮卦	兌	震
䷴	53. 漸卦	歸妹	歸妹	䷵	54. 歸妹卦	漸	漸
䷶	55. 豐卦	渙	旅	䷷	56. 旅卦	節	豐
䷸	57. 巽卦	震	兌	䷹	58. 兌卦	艮	巽
䷺	59. 渙卦	豐	節	䷻	60. 節卦	旅	渙
䷼	61. 中孚卦	小過	×	䷽	62. 小過卦	中孚	×
䷾	63. 既濟卦	未濟	未濟	䷿	64. 未濟卦	既濟	既濟

《易經》的傳承

《易經》傳承的歷史淵遠流長，研習的流派眾多，但總的來說可歸為兩派六宗。兩派指的是「義理派」和「象數派」兩個分流。六宗則是指占卜、禨祥、造化、老莊、儒理、史事。六宗中，占卜、禨祥、造化三宗為象數派，老莊、儒理、史事三宗為義理派。義理派強調卦的涵義，象數派注重卦的象徵。義理派開發它的人生哲學價值，象數派則有它的科學面向。象數和義理可看作是同一事物的兩面。譬如乾卦之所以為剛健之義，就是因為日月等天體的運行規律周而復始，從不間斷，且威力強大。

一、象數學派

象數這個詞原本是分開的兩個概念，在易學中被連起來用，「象」指形狀，是為「易象」；「數」則有計算之意，是為「易數」。

一般認為，「易象」有三個方面的含義：一、八卦、六十四卦及三百八十四爻的形狀，即卦象、爻象；二、八卦所象徵的事物，如乾為天為父、坤為地為母等；三、卦辭、爻辭所說的具體事物，如乾卦卦辭中的龍、坤卦卦辭中的牝馬。

「易數」也有三種含義：一、一卦各爻屬性的數，即「六、七、八、九」四個數，陽爻為奇數，陰爻為偶數，大數為老，小數為少，這四個數又分別稱為少陰六、少陽七、老陰八、老陽九；二、爻位元順序的數，依次為初、二、三、四、五、上，即爻的變化規律；三、占筮求卦的方法，即對占卦過程中，根據蓍草數量的計算推導出所需的卦象。從前述可知，此學派注重卦象、卦變的研究，以其所理解的道理推斷人事吉凶。象數學派代表人物有漢代的孟喜、京房、焦延壽，以及宋代的陳摶、邵雍等。

《易經》的「象數」常用於占卦，只要秉持「不誠不占、不義不占、不疑不占」這三項原則，再依循正確的程式進行，則占卦結果將能「無有師保，如臨父母」，意即：假使沒有導師與保護者，也會好像面臨父母在指導一樣。當然，人都希望趨吉避凶，但是《易經》也提醒我們「天道無吉凶」，吉凶的差異全存在於人的想法與做法。

二、義理學派

顧名思義，義即意義，理即道理。這一學派義和理無形無象，不能單獨存在，需要透過文字或圖形的描述方能顯示。義理學派注重《易經》的卦名、卦爻辭和卦象中所蘊含的意義和道理。此一學派的代表人物為創始者王弼，繼承其學說的則有宋代的胡援、程頤、楊萬里、李光等人。義理學派認為《易經》的「義理」告訴我們：宇宙萬物唯一不變的道理就是變，水無常形，兵無常勢，對人生、事業來說也是如此，企業所面臨的市場環境也不是固定不變的。因此我們學《易經》的一定要了解到，人生並非一「常數」，生命的主動權操之於己，如此生命也將變得充實而更有意義。

易經與奇門遁甲

「奇門遁甲」可以說是中國最偉大的一門祕術，也可以說是世界上唯一可以以隨心所欲控制人生局勢的命運學。在古代中國它被稱為帝王之學，其中奧祕不得洩露於外人，如果一般人盜用，經發現者斬首勿論，所以它可以說是祕傳中的祕傳。因此，它深深地埋沒在歷史的淵底，由於它的可怕，師父只親口傳授嫡系弟子，單線傳下來，至今真正了解它的人非常少。

奇門遁甲源起

相傳「奇門遁甲」起源於遠古時代的涿鹿之戰，黃帝陷入與蚩尤的苦戰，一直無法取勝，一晚九天玄女下凡傳授此術，終敗蚩尤。之後，黃帝乃命風后制定「奇門遁甲」。風后將之分為一百八十局。之後日益繁複，共發展出四千多種可能的局，經過周朝姜太公濃縮為七十二局、漢代張良精簡為三十六局，變成目前常見的《奇門遁甲》；而現今流傳的《易經》為周文王所著，又稱《周易》，兩者看來並無直接關係，實際上《奇門遁甲》是一門需以《易經》為基礎的高層次預測方法，涉及到星象學、干支學、風水學等，並利用洛書軌跡、九宮八卦（乾宮、坎宮、艮宮、震宮、中宮、巽宮、离宮、坤宮、兌宮為九宮，其中乾、坎、艮、震為四陽宮；巽、离、坤、兌為四陰 ，加上中宮共九宮。）、五行（金、水、木、火、土）相生相剋的道理，進而推演各種事態的未來發展，預測對自己最有利的方法或地理位置，為算命相術所兼用，由於具準確預測能力且有決策功能的數術，故在古時稱為「帝王之學」，此術關係國家安危，天下治亂，僅帝王才可擁有，每個朝代的君主皆嚴厲將其藏於宮中，多祕而不宣，深恐其流落民間，造成民心思變而造反。

此術與大六壬、太乙神數並稱「三式」，主要應用於國事、軍事、兵法方面。太古時代的黃帝以之用於作戰，打敗了蚩尤。周朝姜太公應用奇門，打敗了紂王。漢時黃石公傳授給張良，扶高祖得天下。三國時代諸葛孔明更活用奇門遁甲，布八陣圖，幫劉備三分天下。他們在作戰前均先算好最有利的時機，並選擇最佳的地點，然後出師行陣，布奇門以取勝。而他們的「神機妙算」，皆本於此術。

《奇門遁甲》以「奇」、「門」、「遁」、「甲」四字命名。「奇」指乙、丙、丁三奇，可視為領導者身邊最得力的三個助手，或比喻為三支奇兵，往往能藉他們出奇制勝，讓事情更加順利；「門」指的是人盤的八門（休門、生門、傷門、杜門、景門、死門、驚門、開門八者），「遁」即隱藏，「甲」為六甲（甲子、甲戌、甲申、甲午、甲辰、甲寅），在十干中最為尊貴。甲為首長、元帥之意，因此需隱蔽在幕後指揮大局，所以後兩字合為「遁甲」。由於《奇門遁甲》的體系龐大，不易學通，故宋代發明出《煙波釣叟賦》，為綱領性的著作，其文統整了《奇門遁甲》的精要。

《奇門遁甲》的理論

《奇門遁甲》由天、地、人、神四盤構成。天盤（由天蓬、天芮、天沖、天輔、天禽、天心、天柱、天任、天英此九星組成）象徵著宇宙中日月星辰運轉產生磁場對人間的作用，可以看出得不得天時，也是看運勢的重要參考。這點並非猶如西方占星術般虛無飄渺，而是古人長期觀察自然界發現並歸納出來的一種自然規律，與《易經》有著異曲同工之妙。

地盤是四盤中的最底層，為各種布局的基礎，地盤代表大地，所以表示固定、基本的元素，可構成「九宮八卦」。這九宮來自「河圖和洛書」，八卦則為後天文王八卦，即乾、坎、艮、震、巽、離、坤、兌八個卦象。這同時也是《易經》組成的基本要素之一。

人盤表示人世間需預測的事情吉凶，在《奇門遁甲》表示為「天地間的產物」。人生存於天地之間，由天所生成、由地所孕育。因此事物發展必受兩者之間的感應而影響。古時家國大事如戰爭、祭祀，乃至於個人的遠行、赴舉無不深受天候、地理因素的影響。現代人的生活型態已與往昔大大不同，但仍深受天地的影響。現代的「蝴蝶效應」研究就是在說在一個複雜的系統中，一個壞的微小的機制，如果不加以及時地引導、調節，將會給社會帶來非常大的危害。在氣象方面也好或股票市場也好，都已有具體的實證。人同此理，當一個人身處的環境一旦改變，可能對自己的情緒、思慮、健康、心態甚至境遇等方面有所影響，進而決定其成功與否。

天盤與地盤聽起來很玄，但就現代理論觀之，其實只是時間與空間的運用。「時間」的因素，也就是「吉日良辰」的選擇，「空間」的因素，也就是「方位」的選擇。人盤與其配合得好與不好，便會產生差異。配合得好，當然會有吉的影響，配合得不好，則反之為凶。

神盤（由值符、騰蛇、太陰、六合、白虎、玄武、九地、九天，共八者構成。）則為最頂端的元素，象徵宇宙間暗藏且無法定義的磁場力量且其力量極大，當預見無法以科學解釋的事件時，神盤多被解讀為「靈異鬼怪的反應」。另再加上六儀（戊、己、庚、辛、壬、癸），以四盤輔以「遁甲」規則，甲隱遁於六儀之下，原則是甲子藏於六戊，甲戌藏於六己，甲申藏於六庚，甲午藏於六辛，甲辰藏於六壬，甲寅藏於六癸，便可依據具體日時預測事物關係、性狀、動向及吉時吉方。

雖然就現代科學而言，「神盤」難以解釋，因此現代人總將這些老祖宗的智慧視為怪力亂神、無稽之談。事實上，不論科技如何發展，人在一生當中難脫離開一種有規律的發展，一個人不管要求的目標是什麼，他的付出與收穫必然就如同數學的一個函數關係，我們的一舉一動就如同放進函數的自變項，若能通曉這個函數的運算邏輯，就能輕易的了解結果為何，進而達到趨吉避凶的功能。我們的老祖宗藉由觀天象、法自然得到這些規律，舉例來說，如在地表上「山」不動，永遠在同一處，那就是函數的常數，而水會動，因此水就是變數，而宇宙星體中，「日」不動而「地球」動，因此有了日夜與四季的變化；「日」不動「月」動，因而有了月光的陰晴圓缺與潮汐的變化。藉由這種動靜的歸納出這個函數的運算模式，體會到這種函數關係冥冥之中存在於宇宙大自然與人際關係甚至整個社會秩序的運作體系當中。一切都必需相互組合，也就是不管主觀、客觀的因素，都離不開這些因素而產生正負作用、陰陽作用、好壞作用，這就是《奇門遁甲》要告訴我們的生活智慧。

《奇門遁甲》與《易經》的關係

《奇門遁甲》與《易經》皆能讓人預測未來的事情發展，達到趨吉避凶之效，且實際應用上有相似之處。奇門遁甲是一門指導人生，把握時空要素，發揮無形力量，創造機運，且富進取性、挑戰性、創造性的學問。相對於《易經》，《奇門遁甲》較適用於當下的應對，具體的讓人明白怎樣做才能趨吉避凶，如前所述孔明借東風而克敵，因此《奇門遁甲》在現今也常用於預測天候、商業決策、市場營銷及管理等各方面，而《易經》通過基本原理讓人明白天地萬物的發展規律，依其道理行事，指導人的行動，著重大方向的概念、心態或想法，改變人的運勢！比如以《奇門遁甲》算得「死門」，代表運勢最為兇險，除弔喪捕獵之外，其餘諸事不宜；而《易經》中的「否」卦雖然也象徵閉塞不通、滅絕等負面意義，但也表示「目前處於壞運氣中，若願意奮起振作，窮則變、變則通、通則久，不久後即會有好事發生」。

在傳統的中國「五術」中，「奇門遁甲」是一門牽涉很廣而且內容複雜的學問。奇門遁甲，在古代被認為是一門奪天地造化的學問；反觀《易經》一書則主要深入探討天地造化與人的輝映。《奇門遁甲》的神妙之處均藏在八卦和甲子之中，因此我們要想學好奇門遁甲，必須要有紮實的易學知識和深厚的五行干支基礎，才能夠以此進行更準確的運算與預測，將之使用於日常生活的應用。因此，雖學懂《易經》，也不一定能弄明白《奇門遁甲》；但若不懂《易經》，必不能了解《奇門遁甲》。

《奇門遁甲》的現代運用

《奇門遁甲》的結構獨特，從前多用於運籌帷幄、調兵遣將。現今社會則用於做生意、交易等，也是一種「運籌學」。在現今日本，有一派名叫「九菊一派」，他們將奇門遁甲改名叫「方位談判學」（或稱環境談判學），雖名稱不同，但內容毫無二致。

現代社會競爭激烈，人際關係複雜，我們生存在這個時代，要想脫穎而出、有所作為，除了自己不懈的努力外，本身的「運」與相對應的方位，也是相當重要的。選擇不同的方位，可以改變不同的人生方向。舉例來說，善用《奇門遁甲》於商海談判，能在預設的時空內進行，將有利於爭取對方的認同或對己方有利的條件，進而獲得最大的利益和預期目標。

環顧人一生的境遇，時常遭遇到求職失意、投資失策、遠行失事、聘用失當、決策失誤、考試失利……，種種的煩惱常困擾著我們，導致我們認為人生經營失敗。面對嚴酷的人生，需要有正確的分析、判斷，而《奇門遁甲》正是配合時間、方位，改變人生逆境的學術，應用天干、地支、八卦、九宮、九神、九星、八門等元素，來判斷掌握勝負關鍵的趨勢，利用時間、空間，分主客主導時機，只要走的是三奇吉門方位，不論在任何角落，都可運用好磁場，發揮功效，善用自然的力量，增強自己的能量、氣勢、人緣，永遠將自己處在制高點，即使在不利的情況下，也能作出明智的決定，扭轉劣勢。只要我們把它的效應，活用到現實人生上，進而開拓並掌握制勝關鍵，那將是自我人生價值的昇華，同時更具有對人類社會貢獻的深遠意義。

如何用易經卜卦

現代人壓力大，尤其面臨一些重要關卡或決定時，總是希望能借助神靈或宗教的提點，指引人生一條明路。常見的算命方式有紫微斗數、占星術、塔羅牌、測字、鳥卦等，每種方法皆有其傳承派別，而算命的過程更是五花八門，其實中國祖先數千年的智慧結晶《易經》，正是歷經許多先賢的整理，才逐漸形成一套相當完整的體系，它的影響遍及哲學、醫學、天文、算術乃至於軍事。

卜易又稱占卜，卜即代表預知未來之事情與現象。結婚嫁娶，會挑選黃道吉日；一家商店要開張，也要看吉日，可見《易經》跟我們的生活息息相關。《易經》的「易」字其中之一的解釋是「變化」的意思，取其上日與下月的結合，意指當生命遇到變化或選擇時，《易經》可以告訴你該如何處理與面對。《易經》中的爻有兩種，分別是陽爻與陰爻，此乃宇宙萬象的變化皆為陰陽互動所致，而六十四卦中的每一卦，皆由六個爻所組成，除了乾卦皆為陽爻，坤卦皆為陰爻外，其餘六十二個卦有陰有陽。因此利用《易經》來占卜問事，除了是向無形的天地神明求助，也是一種智慧之舉。

有句名言是這麼說：「有疑則卜，無疑則不卜。」當生命中遇到兩難的狀況時，往左也對，往右也行，究竟往哪個方向自己無法確定時，就會需要占卜。卜卦方式有抽取固定籤詩，以數目變化或是金錢之陰陽變化來論卦，其中數字卦、米卦、錢幣卦最為常見。

起卦

卜卦首重誠心敬意，只有心亂不信之人，未有不準之卦象。一般卜卦建議在安靜無人的環境中進行，客廳、辦公室或臥房皆可。算卦時，先要淨手（最好可以淨身，即沐浴全身並漱口），點炷檀香以安定身心，準備好卜卦所需的器具，例如占卜牌、米粒、硬幣、紙、筆、竹籤等。雙手合十，閉目冥思禱問欲求卜之事，然後進行起卦。

錢幣卦

古時候的帝王，早已利用占卜來了解國家運勢與個人發展，在叫天天不應，叫地地不靈的時候，只好靠卜卦來獲得解決。在當時，占卜師是用龜殼和三個外圓內方的錢幣進行算卦，古人認為烏龜隆起的背殼像天一樣，平坦的腹甲好似大地，彷彿背負著天地一般，相傳烏龜是上知天文、下通地理的靈物，因此龜殼常被用來預知存亡興衰與卜凶問吉的祥物。

占卜之前要先起卦，首先準備三枚一樣的硬幣，人像表示正面為陽，數字則表示反面為陰，正反兩面即代表陰陽兩儀，另外再準備一個龜殼（或是竹筒等）作為搖卦之用的工具。然後虔誠地默念自己要算卦的問題，集中精神把三枚硬幣放入龜殼（或是竹筒）內，雙手捧著龜殼，並用手指將龜殼的兩個洞口堵住，以防硬幣飛出。接著有規律地搖三下，緩慢且有次序地將硬幣倒出，倒出來的結果有四種：三個正面、兩正一反、兩反一正、三個反面，代表如下：

1. 正、正、反：是少陰，代表陰爻，畫虛線▬ ▬。
2. 反、反、正：是少陽，代表陽爻，畫實線▬▬▬。
3. 正、正、正：是老陽，代表陽極變陰，畫實線▬▬▬及○。
4. 反、反、反：是老陰，代表陰極變陽，畫虛線▬ ▬及╳。

當然，如果真的找不到龜殼或竹筒，亦可合扣雙手成空心掌，將硬幣直接放在手中來回搖晃數次後擲出，無須拘泥於工具的挑選，心思誠敬為要。聚精會神地連續搖六次，且每一次都要誠心祈禱，然後把所有結果記錄下來，每次搖出的結果稱為爻，第一次搖出的結果記在最下面，稱為初爻，第二次所搖的結果稱為第二爻，由下而上總共六個，第六次稱為上爻，次序不能顛倒。畫爻時要根據「陽極變陰，陰極變陽」的原則，將老陰變成陽、老陽變成陰，少陰與少陽則分別記為陰爻與陽爻，這樣就可得到一個完整的卦象，如此才能宣告起卦結束。例如：擲六次硬幣，結果如下：

1. 第一擲，一正二反是少陽，代表陽爻▬▬▬→初爻。
2. 第二擲，三個正是老陽，代表陽極變陰▬▬▬○→第二爻（動爻）。
3. 第三擲，一正二反是少陽，代表陽爻▬▬▬→第三爻。

4. 第四擲，一正二反是少陽，代表陽爻⚊→第四爻。

5. 第五擲，三個反是老陰，代表陰極變陽⚋✕→第五爻（動爻）。

6. 第六擲，一正二反是少陽，代表陽爻⚊→上爻（動爻）。

以上例子卜得的結果：本卦為大有䷍，其綜卦為同人䷌。

米卦

米卦是《易經》占卜的一種，也是目前坊間算命師最普遍使用的卜卦方式，其優點是工具容易取得。米卦利用上卦、下卦與變數，來求算出問卦者所卜問之事。上卦，命理上卦又稱為外卦，代表外在環境的影響，以問事業來說，外卦為問卦人所面對的情況，如競爭者多或有其他事件影響你的工作；下卦，算命的稱作內卦，代表自己條件的影響，如問工作的事，下卦為問卦人所具備的條件，像學歷、經驗、證照等。結合上卦與下卦，形成一個六爻卦（卦象），便是整個事件的情況；變數則為判斷結果的依據，即為卦象中的動爻。

米卦的起卦方式為將白米粒（或小寶石、小石子）以紅布袋（或碗、盤）裝好，然後虔誠地默念自己要算卦的問題，以右手拇指和食指依序捻出三把米，並將每一把米的顆粒數算出。

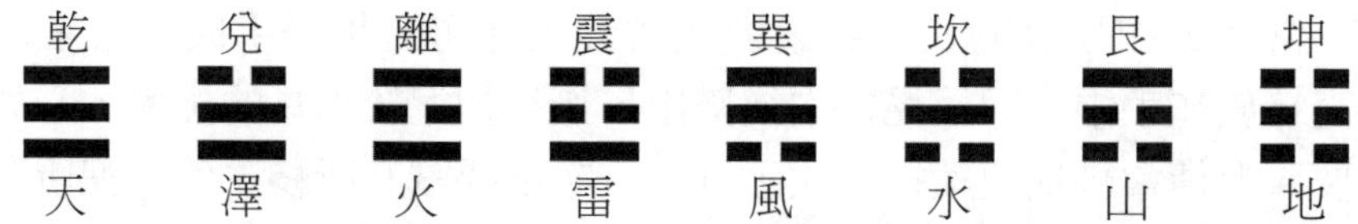

1. 下卦：第一把米的數量除以八，餘數即為下卦。卦有八個，依序為一乾、二兌、三離、四震、五巽、六坎、七艮、八坤。例：餘數為二粒米，即為二兌卦；餘數為五粒米，是為五巽卦。

2. 上卦：第一把米與第二把米的數量相加後除以八，餘數為上卦。卦有八個，判斷方式與第一點相同。

3. 卦象：上下兩卦相疊即為一個成卦的卦象。

4. 動爻：第三把的數量除以六，餘數即代表第幾爻為變爻，將有變化的爻「陰變陽或陽變陰」後，再畫出一個新卦，即為變卦。例如：捻出的三組米粒依序為17、5、16。

1. 下卦：17除以8餘數為1，為乾（天）卦☰。
2. 上卦：（17+5=22）除以8餘數為6，為坎（水）卦☵。
3. 卦象：上下兩卦相疊為成卦「水天需卦」䷄。
4. 動爻：16除以6餘數為4，亦即第4爻為變爻，陰變陽爻後，變卦為「澤天夬」䷪。

成卦代表所求問題或事情的吉凶現狀，變卦則為所問問題或事情將來的吉凶變化。因此若卜問感情，則可解為「目前的感情看似可往上發展，但一不小心就可能使關係破裂，應懂得用聰明的方法解決問題，並靜待時機，等待感情加溫的機會。」

數字卦

數字卦是根據可數事物而得到卦象的方法，是一種很簡單也很方便的卜卦方式，可以隨意翻書看頁數、抽撲克牌，或是看時間等，只要能取得數字就能起卦。

我們以翻書看頁數為例，翻書前要虔誠地冥思默禱要算卦的問題，然後翻出三組數字，或在紙上隨意寫出三組數字或三個文字（若寫的是文字則需另將其換算成筆畫數，切記三個文字不可為一既成單詞或人名，而需為隨機亂寫的三個字，如此才會準確）。取出的第一個數字除以八的餘數為內卦，第二個數字除以八的餘數為外卦，第三個數字除以六的餘數為動爻，比如17、25、20，其中17除以8餘1，得1乾為下卦；25除以8餘1得1乾為上卦，20除以6餘2，得初爻為動爻（動爻數餘1看初爻，即是第一爻；動爻數餘2看第二爻）。求出「乾為天」䷀，第二爻爻辭為九二：見龍在田，利見大人。龍離水出現在大地，便有機會遇見貴人，甚至發光發熱，因此若問卦者卜問的是事業，其卦義即為「天時、地利、人和，有貴人相助，蘊藏的能量能夠展現，遇到機會應大展身手，必有所為。」

對於爻辭含義的理解，不能單就字面望文生義，因為爻辭是古人根據當時的生活環境與理解所添加的註釋，時至今日，許多內容早已不符現代生活背景，因此需要與卜問的內容相互聯繫，才能因時制宜。

竹籤卦

竹籤（蓍草）卦為最傳統的《易經》卜卦法，《繫辭傳》言：「大衍之數五十，其用四十有九，分而為二以象兩，卦一以象三，揲之以四以象四時，歸奇於扐以象閏，五歲再閏，故再扐而後卦。」是說明用蓍草卜卦的方法。蓍草就是卜卦專用的草，《說文解字》曰：「筮，《易》卦用蓍也。」但現代人要找到這種草已很困難，也無須特地為了崇古而特地尋來。

「大衍之數五十」，所以要準備五十支竹籤，而且需要乾淨的地方收納，或是放在神壇前供奉皆可。古人比較講究，卜卦有專門的房間，所有用具都要恭敬的供奉在裡面，要取用卜卦前還需沐浴淨身。

卜卦第一步，向天表明欲問之事，敘事時要把五十支竹籤拿在手上誠心祝禱，卦象是誠感天地而來。「其用四十有九」，這句的意思是真正用到的只有四十九支，所以開始卜卦時，要從五十支中抽一支放回收納容器中。許多人會認為這是多此一舉，事實上並非如此，唯有與上天對應到正確的「數」，卜卦才會有感應。

其次，「分而為二以象兩」，用兩手把四十九支竹籤隨意分成兩堆放在桌上，象徵陰陽兩儀。「卦一以象三」，這個動作是用左手拿起左邊這一堆，用右手從右邊這一堆中任取一支，把這支竹籤放在左手的小指及無名指中間。「揲之以四以象四時」，這個動作指用右手把左手上的竹籤（不包含夾在小指與無名指中的那一支）分次拿到右手上，每次只拿四支，最後一定會有餘數，若是被四整除，那麼最後那四支就當餘數留在左手即可。

再者，「歸奇於扐以象閏」則指把餘下竹籤數，用左手無名指跟中指夾起來。然後把右手上的竹籤放回桌子左邊，用右手拿起桌上右邊這一堆竹籤。這次改用左手，一次拿取四支，把右手上的竹籤分次移到左手上，做此動作時，左手指上還夾著竹籤。

接著，把從右手移過左手的竹籤放回桌子右邊，然後把右手所餘的竹籤（餘數可以是四）跟左手上夾的竹籤並在一起，放到桌上去，這叫「扐」，「扐」的意思本來是夾在手指間，最早古人卜卦沒有桌子，就只能夾在手上。按理說，應該是夾在右手上，但現在有桌子，就放桌上即可。

最後，「五歲再閏，故再扐而後卦」是指把左右兩堆合而為一，重新分成兩堆。重複上述動作，左手取左堆，從右邊取一支掛在左手小指上，右手過數得餘數；右手取右堆，左手過數得餘數，合併餘數跟卦一，完成一扐，這就是「再扐」。最後還要再重複一次，再一扐，總共有三扐。

三扐完成後便是畫卦，三扐只能畫出一爻，三橫堆每堆的數字只會是四、八、五、九，把這些數字除以四，商數不是一就是二，商數一為奇，商數二則為偶。假設此結果是「奇偶奇」，以少數為準，這一組結果是「少陰」；若為「偶偶奇」，那就是「少陽」；如果是「偶偶偶」這叫「老陰」；「奇奇奇」則是「老陽」。只看組合，不看排列，一奇二偶是「少陽」，一偶二奇是「少陰」，三奇是老陽，三偶是老陰。這樣就得到一個爻。少陽畫一長槓，少陰畫二短槓，老陽畫個圈，老陰畫個叉，畫記方式並無嚴格限定，也可以用其他畫法。一扐又稱為一變，所以說三變得一爻，十八變得六爻，才是一個大卦。老陽、老陰為變卦：老陰變陽、老陽變陰，少陰少陽則不變。老陰老陽未變前畫一卦，稱為本卦；老陰老陽變後再畫一卦，稱為變卦。

用古法揲蓍卜卦至少要一至二刻鐘才能卜好一卦，十分費時。筆者在編纂此書之時組成一「易學研究小組」，筆者本人親自帶領小組研發出一副時下《易經》占卜最為便利且最貼近《易經》原意的占卜牌。此占卜牌與坊間之占卜牌最大的不同為後者僅以「卦」為單位，故占卜牌至多僅有六十四張牌；而筆者與小組潛心研發之占卜牌則深入剖析各「爻」所反映的意象，故占卜牌數達三百八十六張，使用者可深入了解各爻所反映之易理，得到在人生大道中各個面向（如：婚姻、錢財、事業、健康、人際……）的明確指引。使用者只需按照本書附錄之卜卦方法，即能以最便利的方法獲得所求問題的答案。

解卦

經由上述幾種卜卦方式，相信您現在應該已經找出卦名，接下來更重要的就是如何解卦，這也是卜卦最為困難的地方。事實上，卜卦就是在易經的六十四卦裡做研究，因此了解這六十四卦的卦辭，才能解釋卜卦結果。

易經裡的六十四卦皆是由上下兩個八卦重疊組成，上半部稱為外卦（或上卦），下半部稱為內卦（或下卦），因此8×8合計有64卦，後人以「無極生太極、太極生兩儀、兩儀生四象、四象生八卦、八卦生六十四卦」來解釋卦的構成。六十四個卦名皆有其卦辭，了解並熟記這六十四個卦辭，當卜完卦後便可直接利用卦名來解釋卜卦的結果，例如卜到䷋，為「天地否」，否卦，否為「不也，字形從口從不，即表示否定」的意思，財富好壞的情勢會連帶逆轉，無法完全避開風險，因此若做出不理智的決定，因而招致投資的失敗，甚至引發連帶的損失，故應等待更好的時機、仔細觀察，並運用靈活的手段達到最大的獲利目標。

六個爻辭代表事情不同階段的發展，因此得到卦象後必須確知是屬於哪個爻辭，才能更清楚知道卜卦結果，可遵循以下七個原則：

1. 六爻都未變：以本卦的卦辭來判斷吉凶。
2. 一爻變：六爻當中只有一個爻是變爻，用本卦變爻的爻辭為斷。
3. 二爻變：有兩個變爻，以本卦出現的第二個爻辭為斷。變爻的下爻可做為參考。
4. 三爻變：有三個變爻，以本卦的卦辭為斷，變卦卦辭可當參考。
5. 四爻變：有四個變爻，以變卦之兩個不變爻中的下爻為斷，上爻可做為參考。
6. 五爻變：有五個變爻，以變卦不變的那一爻為斷。
7. 六爻皆變，分兩種情況：一是六爻都是陽爻，即乾卦；或者六爻都是陰爻，即坤卦。如果是乾卦，就用乾卦「用九」的爻辭判斷吉凶。如果是坤卦，就用坤卦「用六」的爻辭判斷吉凶。除了這兩種情況之外的其他六爻全變的情況，就用變卦的卦辭為斷。以錢幣卦為例：

次數	結果	本卦	變卦
第六擲	三正	━━━○	━ ━
第五擲	三反	━ ━×	━━━
第四擲	一正二反	━━━	━━━
第三擲	三正	━━━○	━ ━
第二擲	三正	━━━○	━ ━
第一擲	一正二反	━━━	━━━
		䷍火天大有	䷐澤雷隨

因為有四個變卦，因此要以變卦的兩個不變爻中的下爻（初九）為斷，上爻（九四）可做為參考。

以上原則看似複雜，其實主要還是看動爻，畢竟原本平靜無波瀾當然不需卜問，就是因為要有動作所以才需提問，而一動便牽扯出吉凶等後果，所以要在動爻上看吉凶。

卜卦的注意事項

掌握《易經》占卜，可以算出命運如何發展，是否出現吉凶並如何轉化，才能掌握自己的人生，操縱自我的命運，讓生命活得更精彩。一開始接觸卜卦，可由卜問生活中的大小事下手，練習熟記六十四卦的卦象是初學易經的第一道難關，藉由不斷練習與體悟，才能激發出生活中的哲理。

如何讓占卜的結果更為神準，相信是每個人心底一定會存在的疑問，尤其對初接觸卜卦的新手而言，誠心問卜是相當重要的，無關迷信與否，也不是什麼神通魔力。然而，卜卦容易解卦難是一般大眾的心聲，要卜得一卦相當簡單，方法也很多，但是要解得出卦象，是需要練習與研究的，當然，有心潛學者，可以拜讀《周易》的各種譯本，融會貫通後進而悟出其義理，然而這是項大工程也須有相當好的邏輯能力，有些人終其一生研究也還停留在皮毛。本書便將六十四卦的卦象與卦辭，分成事業、創業、錢財、愛情、婚姻、子女、健康、旅遊、考運、人際、訴訟、遷居等大項，讓讀者可以輕鬆的解卦。

自古問占求卜即視為神聖之儀式，為相之大臣更不可不懂卜筮，而齋戒沐浴、焚香祭祀，更是占筮不可省略之過程。時至今日，不仿將這些視為平息心念與情緒的過程，反而更能達到誠敬以通靈慧之境。此外，明確的表達想要占問的事情，把握何人、何事、何時、何地、何物等方式，切記一次只能問一個問題，並盡量避免模稜兩可的問法。古人早有明訓：「一事不二問」，例如有人想轉職但還拿不定主意，於是問留在原公司有沒有發展，接著又問若選擇甲公司會不會後悔，又問去乙公司恰不恰當；或是卜問感情，一問該不該與A女約會，再問與B女適不適合交往，對一件事情一直以不同的問法或角度求卜，其實是沒有意義的。

雖然一件事情不可以重複求卜，卻也別忘了要虛心求教。當看到凶卦或解不出的卦時，別傻傻的不知所措或心灰意冷，應該趕緊換個不同的問法，再求卜下去，卦義是局勢的參考，萬法由心生，心態光明積極者，看待局勢會有其樂觀積極的想法；心態消極者，則哀莫大於心死，卦義隨人而解，如何採取下一步以趨吉避凶才是上上之策。至於靈驗與否？這是自古以來爭論不休的問題，端看問事者自己衡量了。

現代科學中的易經

如果說中國古代有科學，《易經》就是中國科學的源頭了。《易經》是六經之首，其深邃的哲學涵義指導著古人的自然科學研究。我們談到《易經》的中心思想，是以陰陽兩元的對立來呈現這個大千世界的生命與萬物，再透過組織化的符號系統，演示出天地萬物的變化狀態，表現了中國古典文化的哲學觀、生命觀及宇宙觀。其理「重道而不重器」，則顯示中華文化與大自然和諧相處的中和之道。

雖然《周易》的確不具備歐幾里德《幾何原理》的思維路向，它所重視的是取類比象的分類法與易象的模擬功能。《周易》是長期形成、不斷發展、與時俱進的理論。幾千年的《周易》歷了三次創新，即從符號到文字的第一次創新；從《易經》到《易傳》的第二次創新；從《易傳》到易學的第三次創新。

法國著名科學家拉普拉斯（P. S. Laplace，1749～1827）曾想：「如果有一種智慧能了解在一定時刻支配自然界的所有的力，了解組成它的實體各自的位置，如果它還偉大到足以分析所有這些事物，它就能用一個單獨的公式概括出宇宙萬物的運動，從最大的天體到最小的原子，都毫無例外，而且對於未來，就象對於過去那樣，能一目了然。」《易經》系統便與這樣的思維不謀而合。其分為《上經》三十卦，《下經》三十四卦，短短六十四卦，包含了由爻的變動所交織而成三百八十四種複雜情境，這套系統除了應用於占卜外，也對炎黃子孫的科學研究起了主導性的作用。

在科學界中，旅美華人楊振寧、李政道從《易經》的陰陽消長的原理中得到啟發，提出了原子能態二組的奇偶性雖是不滅的但不是不變的理論，而且存在著盛衰消長的變化，這一重大發現使他們獲得了諾貝爾物理獎。量子力學的創始人尼爾斯・波耳（Niels Bohr）選擇太極圖作為他的爵士徽章不是偶然的。量子力學有一條「測不準原理」，李政道指出，這個原理與《易經》和老子學說有相近似的的地方。著名物理學家楊振寧博士在學習《易經》以後，對奇偶性不滅定律也產生了懷疑。

易經與大自然的現象

前面我們談了《易經》起源於古人觀察世界萬物的變化，以符號的組合來歸納這些觀察與歸納的總結。舉例來說：古人觀察物體受熱體積會變大，事實上這種現象就是我們所熟知的「熱膨脹」，而空氣受熱的膨脹現象比固體、液體更為顯著。氣體熱膨脹後體積變大、密度變小，因此同體積的熱空氣比冷空氣重量為輕，會往上升。自然界的現象，我們可以這麼理解：在《易經》中，陰爻代表著「冷氣」、「靜止下沉」的狀態；陽爻代表著「熱氣」、「攪動上升」的狀態。我們先觀察「乾」卦，它是由全是熱氣的三個陽爻所組成，想像這些熱氣一直上升，上升到極頂，也就是天上的位置，因此三個陽爻形成了天，象徵著剛健果決的特性。反過來看，「坤」卦，它是由全是冷氣的三個陰爻所組成，想像這些冷氣全部靜止下沉，下沉到底，也就是地底的位置，因此三個陰爻形成了地，大地孕育萬物，因此象徵著柔順、包容的特性。

當底下是一個陽爻，上面兩個陰爻組成「震」卦時，可以想像上面這些冷氣要下沉，而底下的熱氣要上升，須上升兩層才能達到頂部，整體形成一個急速變動的意象，古人覺得自然界的打雷又快又急，此卦形成了雷，象徵著積極但躁動的特性。反過來看「艮」卦，上面一個陽爻，下是兩個陰爻，該上浮的，該下降的，都已到達定位，整體形成一個靜止不動的狀態。所謂不動如山，古人覺得靜止不動的應以山來作代表，因此上面一個陽爻加上下面兩個陰爻形成山，山亙古不動，也會阻擋人們的南來北往，對人類而言象徵著阻礙。

至於「離」卦，底下和上面皆為陽爻，中間陰爻，這種空氣的組成狀態，中間的冷空氣要下降，下方的熱空氣要上升，不若「艮」卦完全動彈不得，也不像「震」卦會造成翻雲覆雨的巨大變革。就像是在一個穩定的系統裡進行的活動。想像它形成一種內在虛無而外表光亮華麗的意象，古人覺得這像是火，火焰本身外面看起來光亮，裡面卻沒有東西，雖然從外觀之象徵著光明煥然的特性，但常為虛有其表。而反過來則是「坎」卦，底下和上面皆為陰爻，中間陽爻，這時中層的熱空氣要上升爬到最頂端，但這樣的活動常因動能不足而無法達到。因此它形成了一種外虛而內實、向內縮斂的意象，古人覺得這如同水一般，自外觀之不覺其深，但卻會讓人陷身其中，象徵著險陷的特性。

說到上面是一個陰爻，底下兩個陽爻組成「兌」卦時，代表的是池澤，因為上面冷氣要下沉，而底下的熱氣也要上升，雖然中層與下層的熱氣旺盛，這樣的活動不成問題，因此尚稱力有餘裕，但整體而言是一個緩緩變動的過程。古人覺得澤正好代表這樣的意象，因為澤可以成為大湖，亦有可能變為平地，而在池澤中，動物來喝水，植物蓬勃滋長，生機盎然，一片喜悅貌。因此一個陰爻加上底下兩個陽爻形成了澤，象徵著這個緩慢變動的特性。底下是一個陰爻，上面兩個陽爻組成「巽」卦，陰爻在二陽爻之下，空氣穩定隱伏，其特質無孔不入。譬如生物有如樹木將根深紮於泥中，具有生機盎然的意味，象徵著成長與不定的特性。

易經與宇宙的生成

「宇宙是如何形成的？」是所有的天文科學家極力要理清的一個問題。而由於太空科技的快速發展，根據近年的研究，科學家觀察並證實了「宇宙大爆炸」理論的正確性，這個理論最重要的貢獻在於發現了「有生於無」這一看似最為不可思議的客觀事實，這卻早在數千年前的《易經》中得到完整的闡述。

當代科學家最初推論宇宙的形成是由於「宇宙大爆炸」。宇宙萬物就是在擴張爆炸、引力相吸的不斷變化中形成的。大爆炸形成了宇宙中的各種物質，各種物質又在萬有引力的作用下相互吸引，運動不止，從而形成了各種星體和存在於宇宙中的萬物。某些星體又由於自身運轉速度極快，質量非常的大，向心的引力不斷加大，而最終導致自己「爆炸」，如此往復，宇宙中的各種元素，包括組成人體的各類元素，都是在「大爆炸」的變化過程中形成。

儘管太空中仍有眾多星系不斷在發生著大爆炸，但宇宙為什麼會大爆炸？大爆炸前是什麼樣？是什麼促使了大爆炸？

這讓科學家進一步思考：「太空最初應該是渾沌狀態，什麼都沒有，但在不斷運動中產生了物質——由運動與能量結合，由無到有，就是宇宙產生的過程。」這簡直不可思議，甚至會讓我們認為荒唐至極！但這個有理論基礎，那就是愛因斯坦狹義相對論的能量守恆公式：$E=mc^2$。

這個公式告訴我們，能量和物質可以相互轉化，這是現代科學的入門磚，但與《易經》有什麼關係呢？

宋代時的易學大師邵雍在其《皇極經世》中是這樣闡述宇宙極其萬物如何形成的：「物之大者，無若天地。然而有所盡也。天之大，陰陽盡之矣；地之大，剛柔盡之矣…… 。天生於動者也，地生於靜者也。一動一靜交，而天之道盡之矣。動之始，則陽生焉；動之極，則陰生焉。一陰一陽交，而天之用盡之矣……。是知『道』為天地之本，天地為萬物之本。以天地觀萬物，則萬物為物。以『道』觀天地，則天地亦為萬物……。然人亦物也，聖亦人也。……」

以上內容意思是說：宇宙間最大的物，再沒有比天和地更大的了。但是（透過抽象的方式來總結）還是可以窮盡（可以用陰陽剛柔等性質對其進行描述）。天有多大，用「陰陽」就可以對其窮盡描述了；地有多大，用「剛柔」就可以對其窮盡描述了。天是由於運動而生的，地是由於靜止而生的。動和靜交互變化的規律，就窮盡了天的道理。動開始，產生了「陽」；動到極致，產生了「陰」。陰陽交互變化，把天的運動變化規律及其作用（有什麼用、怎麼用）全部都包含了。由此可以知道，「道」是天地的根本，天地是萬物的根本。以天地的角度來看世間的萬物，則萬物都是「物」。如果用「道」來看天地，那麼天地也屬於萬物。人也屬於物，聖人也是人。

以上《皇極經世》理論完全來自於《易經》，但比當世所傳後天八卦版本《周易》內容更豐富，闡述了先天八卦和後天八卦的異同，更對易理延伸解讀，綜合易數及其推演方法、已有史實來闡述「道」。那我們該如何理解「動之極，則陰生焉」？邵子進一步解釋說：「太極動而生陽，動極而靜，靜而生陰，靜極複動，一動一靜，互為其根。」存在於宇宙之中的萬物都是相對的，從太空來看黑洞是一切星體構成的終結者，黑洞能使遙遠的恆星發過來的光線彎曲。舉例來說，室女座A星系（M87）位置的黑洞，是太陽質量的100億倍。它能將光線吸引，在其邊緣時間是靜止的，向黑洞方向看是靜止；然而，自黑洞向外看則是極速運動。

除此之外我們還可以知道，關於宇宙的形成和人的形成，兩者是完全相符的，簡單說就是：陰陽相交，不斷運動變化，從而形成了宇宙萬物，包括人類。《易經》把這過程稱之為「道」，用我們日常用語來說就是「自然規律」。回過來看《周易》之《繫辭・上》中描述宇宙形成與《易經》的關係：「是故易有太極，是生兩儀。兩儀生四象。四象生八卦。八卦定吉凶，吉凶生大業。」就是在講這個宇宙不斷運動變化、萬物生成茁壯的現象。《易緯・乾鑿度》也說：「夫有形生於無形，乾坤安從生？故曰：有太易，有太初。有太始，有太素也。太易者，未見氣也。太初者，氣之始也。太始者，形之始也。太素者，質之始也。」

曾經在英國劍橋大學召開的一次早期宇宙討論會上，把「宇宙創生於無」作為一個研究主題。當時蘇聯物理學家林德說：「宇宙創生於無的可能性，是非常有興趣的，應當進一步加以研究。有關這個研究最令人困擾的問題是：宇宙創生之前，究竟是什麼？這個問題似乎是絕對的形而上學，但是我們有關形而上學的經驗告訴我們，這類玄學的問題，有時卻由物理學給出了答案。」劍橋大學霍金教授也致力於發展「宇宙自足理論」。以當前已存在各方面的史料以及各類易學著作，對比當代科學，我們可以毫無疑問的說，《易經》的宇宙形成理論點出了宇宙萬物就是在不斷運動變化中從無到有產生著，是非常科學的論述。目前，中國的科學家王錫玉以《易經》為基礎，完成了「宇宙物質成因學」。王錫玉是在分析伏羲古太極圖之後，完成了拉普拉斯與愛因斯坦的「統一場論」，提出這一嶄新的科學系列理論。這一突破建立起了一整套新的自然科學理論的基礎，對當今世界科學觀念造成了根本性的大改造。

易經的二元性與現代科學

由上述我們可知古人創作易理的原動力源自對自然的觀察，並非憑空想像。他們在觀察自然的過程中，了解到宇宙運作的法則（道）乃是本著「陰陽」二個因數的排列組合進行（如化學的陰陽離子、電子學的正負電、電磁學的正負極、萬有引力與南北極等，都是以二元的現象表現出來）。簡而言之，天地萬物由「道」所創造，被造的萬物中都存有陰陽兩個因數，這兩個因數在本質上雖然相反相沖，但卻具有互相調和的功能；而且用二元論做為運演算法則或解釋自然現象的工具，不但符合邏輯，也是所有方法中最簡易的方法。

因此先賢把所觀察到的這些結果加以整理和分析，於是提出了「陰陽」二進位的理論，他們利用3組和6組「陰陽」的排列組合，導出了八卦和六十四卦。二進位是十進位以外人類最常用的數學運演算法則，其中最大的應用就是跟現代生活習習相關的電腦。電腦採用了電磁正負二元的原理做為運算的工具，在數學上等於是0和1的排列組合。以現代科技的角度來看，《易經》採用的符號「▬ ▬、▬▬」是圖形辨認（Pattern Recognition）的一種應用，而這種應用對《易經》的系統化和通俗化有莫大的幫助。

從二進位數學的角度來看，伏羲於六千前所創立的八卦可以說是3位元運演算法，因為$8=2^3$；而周文王於三千一百年前所推演的六十四卦，可以說是6位元運演算法，因為$64=2^6$。如果把「六十四卦」當做64個可能發生的事件（Events），也許我們可以試著用「定量」或「隨機」（Deterministic、Random）的統計程式去描述它們。

因此我們說現今電腦資訊的基礎是源自《易經》一點也不為過。說到電腦資訊的基礎「二進位制」，就要談到德國數學家萊布尼茲。萊布尼茲和牛頓同時發明「微積分」。他在1679年寫了「論二進位制」原稿，1697年出版了《中國最新消息》，他在序言中提到中國文化與歐洲文化是相輔相成的，要是他沒有看到法國傳教士白晉寄給他的伏羲八卦圖，他還未有信心發表自己的二元進位理論呢！沒想到中國在數千年前就已經有了！

萊布尼茲提出「二進位制」的創見，認為所有的數可用1和0表示，甚至進而將上帝用1表示，而無則用0表示。而在《易經》中，陰爻的記號為▬ ▬，代表著「無」的狀態，陽爻的記號為▬▬，則代表著「有」的狀態。《易經》六十四卦圖所謂太極生兩儀，而兩儀生四象，四象再生八卦，八卦推演成六十四卦的觀念，其實就是一種二進位制，以六個位元來表示六十四種資料或情況。康熙時派遣傳教士白晉回到法國，而白晉1701年寄了一封附上兩張《易經》六十四卦圖的信給萊布尼茲，萊布尼茲受到啟發，而後才有「二進制」的提出，萊布尼茲因此稱讚八卦是「世上流傳下來的科學中最古老的紀念物」。這概念流傳到今日，成為了電腦運算的設計基礎。

《易經》占卜，科學嗎？

《易》為一部中國的智慧之書，但是為何讓它從古至今多為占卜所用？其實這是有跡可循的，古代的權力一直掌握在皇帝的的手中，權力定義了知識，而皇帝最怕的就是人民造反，倘若《易經》這本書可以用來訓練人們的智慧，請問古代為政者是否還會讓這本書流入民間？因此古代官方解釋《易經》的人，故意將它解釋成占卜的書。

中國的占卜術主要分成兩個流派，一個是以天干地支為基本符號的「術數」，起源於中國古代天文學；另一個就是以八卦為基本符號的《易經》，起源於上古時代的龜甲獸骨占卜。《易經》是一個千古之謎，沒有人可以說完全的理解它。《周易》雖然被人用作占卜，但嚴格來說，《周易》並不能算是占卜的工具，它裡面沒有系統的占卜理論和方法，也沒有單單用作占卜的卜辭，它的八卦符號雖然被用作占卜，但八卦本身卻是一種測天記時的刻度符號，這種符號並不具備占卜的本質。也就是說，《周易》和占卜並不是依託存在的，而是能夠獨立的個體，《易經》占卜只是一種結合兩者的方法。

雖然《周易》的本質並不能算作占卜之書，但筆者認為，就世界現存的占卜術來說，沒有一項能超越《易經》占卜的邏輯性。從古至今，占卜這種行為就是想從隨機的事件中去尋求一種必然的結論。人生天地之間，逃不過自然規律的限制，也逃不過社會文明的約束。所以說大到天地之機，小到人們的行為，都是有一定的規律可循的，有時是可以被推測的，這也就是占卜的科學性所在。

《易經》作為國學，一直被尊為「群經之首，諸子百家之源」。上論天文，下講地理，中談人事，包羅萬象，對中國歷代的政治經濟，文化都有很大的影響，就算說它深深地影響了中國人的民族性和民族精神也不為過。就時間上來說，占卜術起源比《周易》更早。但中國占卜術這門學問，追根溯源卻是離不了《易經》，這就是所謂的萬變不離其宗。把《易經》用作為占卜的工具，它本身就有了很大的包容性，能容納無數變數，在契合天地法則的同時，也符合了華人的民族文化。

《易經》的思維是我們古人長期總結經驗，制定出一種具有普遍規律性的記錄。它揭示了一切事物的變化都有一定的規律性。我們可以說，以

《易經》為主軸從而延伸的五行八字算命術及整套理論體系而論，裡面蘊含著一定的學術理論思想，這套系統的思維架構絕對符合科學，但後世人們的應用方法卻可能使其道偏離了正軌。目前社會上許多從事算命研究的人將其與許多怪力亂神的因素連結，如此單憑眼前的主觀依據來斷定人生的命運和未來的發展趨勢，這本身也違背了《易經》一切的事物無不時刻都在產生變化，而在變化中而得以不斷發展這一哲學理論思想，以致誤導了人們對《易經》客觀而正確的認識。

我們能肯定的說《易經》是世界文化寶庫中一部取之不盡、用之不竭的思維邏輯系統與文化寶藏，也是我們中華歷史文化的起源和根基，世間萬物無不包羅其中。《易經》用於算命之上是科學的，但其所能帶給我們的是在特定的時間與空間中，所該採取什麼樣行為之準則方針，但這些指示絕非命定論。要怎麼收成，先那麼栽！世間萬物未來的發展與目前自身所採取的對策與行為，才是絕對的正向相關。所謂先有「德」，才有名利是也。

第貳篇

上經

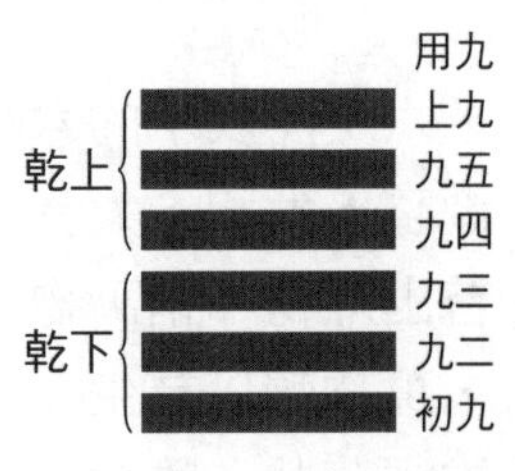

乾卦

卦序▶1　錯卦▶坤為地
卦數▶63　綜卦▶乾為天
卦向▶西北　互卦▶乾為天

卦揭

乾，學者聞一多考定為「晶」之意，其字形從三日，是古人仰望天空後而有的字形，而乾字的義符為乙、聲符為倝，乙代表了植物向上生長的樣子、倝是日之初。《易經》中的乾不論為晶與否，都可以看出此卦遙指天的意象，是明亮綻放的生長，訴說著鬱鬱浩然的意志。而「自強不息」是人類從天體會到的意義，也正是人們希望可以延伸到自我發展歷程上的方向。

此天象之祕方非尖銳襲人，卻是包含了無限的彈性伸展。正如越王勾踐，敗於吳王夫差之麾，尚能赴其營為質、嚐吳王之糞以為其治病，這是乾卦中柔性的強，強在於厲其心。在獲釋回國後，將柴草作褥，臥薪嘗膽以復國，終成春秋末代霸主，如飛龍游躍於雲間。因此人以心自強不息，拂明鏡以熙照萬物，能親人親世，此即是「乾」。

卦辭

【卦辭】元，亨，利，貞。

元，始也，本義指人首，物之開端也。亨，引申義通也，字形象古祭品器形，本義祭獻，因可通過祭獻聯繫天意，故有通達之義。利，宜也，以刀割禾，本指鋒利之義，此因以刀得秋收，而取吉、順之義。貞，正且固，以貝為鼎而卜，本義占卜，後假借為正、定之義。

〈彖〉「大哉乾元，萬物資始，乃統天。云行雨施，品物流形。大明始終，六位時成，時乘六龍以御天。乾道變化，各正性命，保合大和，乃利貞。首出庶物，萬國咸寧。」乾，天，本義取乙之形，上出也，健之義生於上出，故孔子釋曰健也，此作卦名同天義。元，開始、創始。資，憑藉、依賴。統，統率。統天，萬物由天統率。品，種類，此作動詞，有繁殖義。流形，使擁有可流動的形體。大明，日也。六位，六爻所表示的六個時位。禦，使車馬行於道中，行也。保，保持。合，調整。大和，大音讀太，指諧和調順的關係。庶，眾。庶物，猶言萬物。首出庶物，指萬物有條不紊。咸，皆，周遍。天道為蓬勃盛大的乾元之氣，萬物賴以為生。初始之氣亨通於天地間，化雲為雨而下，萬物受其養後滋潤茁壯。隨六爻變化而循序發展，如承六龍以行天道，使萬物各稟性命，保持和諧條順，能使天地之氣平衡正固。君子依此以為用，領萬物以保安寧。

〈象〉「天行健，君子以自強不息。」行，道路，此作動詞指運行。健，厚實和順。天道運行剛健有力，君子當習天道剛強堅定、修養學習永不鬆懈。

乾一字其聲符中之「日」，亦說明了乾卦包含了太陽、天的意思，即是一種自然之氣，此氣磅礴通順而無礙，世界在其照拂之下呈現生之象、充滿無限創造力，不斷推陳出新，使萬物之性剛中亦柔，可永不止息。

【初九】潛龍，勿用。

潛，沒入水中，且在水下活動，為藏也。龍，君子。用，施行。勿用，不得施行。

〈象〉「潛龍勿用，陽在下也。」陽在下也，指初九為陽爻，陽爻位於最下方，猶如龍潛於水。

君子勿急於有所作為，當韜光養晦、累積自身才學修養，以待時機。

【九二】見龍在田，利見大人。

見，顯現。田，田地，指陸地。見，拜見、會見。大人，才德兼備者、貴人。

〈象〉「見龍在田，德施普也。」普，溥大、周密。德施普也，君子可以廣施恩則。

龍出現在大地上，有利於會見其貴人。即指君子初放光芒，如潛龍離水而見於地上，可以開始施其德澤、行其道，以謀取社會地位。

【九三】君子終日乾乾，夕惕若厲，無咎。

乾，上出也，乾乾則如勤奮努力。夕，暮也。惕，戒慎、恐懼。若，語助詞。厲，危險，厂象山崖形，本義為磨刀石，若行遇礪石是有禍患，故引申為危險。咎，災禍、過失。

〈象〉「終日乾乾，反復道也。」反復，來回不舍。道，正道。反復道也，指君子行道而日夜不舍。

君子當終日自強不息，勤奮努力而不懈。至日落西山之時，即居安喘息之際，亦懷警惕戒慎之心，則若遇有危難，也可避開禍患。

【九四】或躍在淵，無咎。

或，或者，表示欲進未定之辭。躍，此強調跳躍離地而未至飛也。淵，深潭。躍在淵，指躍於潭邊，可以潛於地，亦能隨時入於水。

〈象〉「或躍在淵，進無咎也。」進無咎也，積極向前也能無災難。

立地處事於將進而未必進之際，並且進退遵循正理，是用之則行，舍之則藏，如此自能免除災禍。即是君子當隨時保持在「準備」的狀態，以利機會的來到，但要時時謹記本分，進則不吝於施展、退則養其心性，可謂收放自如。

【九五】飛龍在天，利見大人。

飛，字形象展開之雙翼，如鳥飛也，大人，此別九二「大人」之義，指具備德性、作為並居高位者。

〈象〉「飛龍在天，大人造也。」造，為也、作也。大人造也，說明龍可以借助大人之勢，扶搖直上、成就功業。

九二爻至九五爻的爻辭中，由「潛龍」到「飛龍」是君子的態度由守成至積極，施展抱負的範圍從「在田」擴大到「在天」，一路秉持剛健中正之德，飛騰而居高位。此時君子宜於交會有德、勢之大人，同舟共濟達成目標。

【上九】亢龍有悔。

亢，窮高也，本象人頸之形指喉管，因抬頸後引申為高、舉，此強調極高而不能退。悔，內心遭受覆蓋，即苦恨。

〈象〉「亢龍有悔，盈不可久也。」盈，滿。盈不可久也，事物處於滿的狀態，則無法居久。

當居於高位而不稱其職時，是驕傲自負且不知自省，則無法將狀態保持長久。萬物至極必反、凡事盛極必衰，過於剛強是知進不知退，逾中則能上不能退，終將招致衰敗悔恨。

【用九】見群龍無首，吉。

用九，表示六爻皆為九，則全陽變為陰。群龍，指六陽爻。無首，六爻純陽而周正，但忌極剛以待物、為物首。吉，字形為兵器置於器物中，指沒有戰爭，義為吉利。

〈象〉「用九，天德不可為首也。」天德，剛健之德。天德不可為首也，剛健不可在物之前，故使六陽變陰而無首。

指君子之間當各司其職，無越俎居代庖者，使能各得其所而保太平。個人自掃門前雪，則天下無雪矣！故立身於世，需剛而能柔，秉中正之德，方能生生不息。

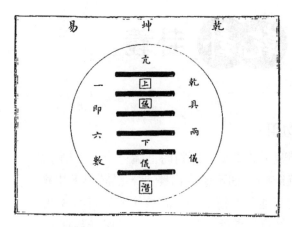

卦圖

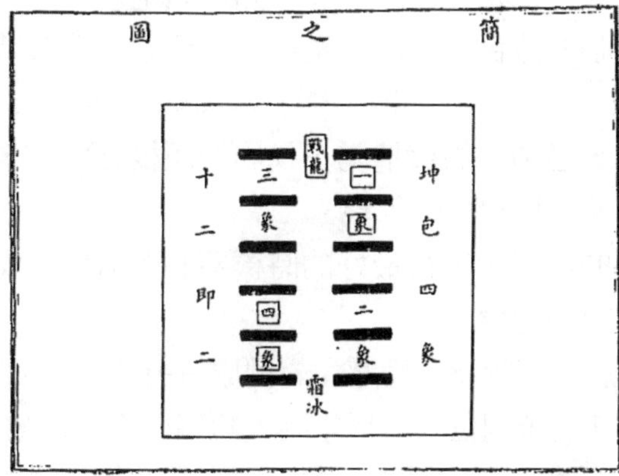

乾坤在數字上分別代表一和二，在形體上代表天圓和地方，於性質上表示動和靜，代表生長和收藏。乾卦上下區分，作為陰陽兩儀；坤卦則包括南、北、東、西四象。乾卦、坤卦、加上兩儀四象，即為八卦的整數。

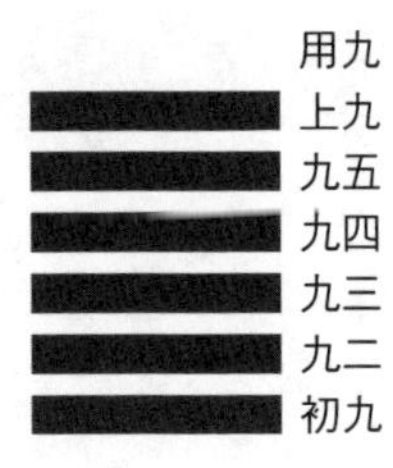

乾卦 卦義

1【初九】潛龍，勿用。

- **事業**：處於充滿競爭的環境，應暫時低調行事，養精蓄銳。
- **創業**：雖有明確志向，卻不應妄自躁進，應該再多累積一些創業所需的能力，並且等待更好的時機，才能有所成就。
- **錢財**：暫時不要從事高風險的投資行為，以保守為宜。
- **愛情**：可能身處緊張的關係中，應該稍微降低姿態，等待時機做良好溝通。
- **婚姻**：衝突發生時，必須先觀察情勢，找出問題根源所在，才能進行有效的溝通，順利化解危機。
- **子女**：要加強自己的修養，等待最好的時機平心靜氣與子女溝通，才能抒解目前的窘境。
- **健康**：適合修養生息的好時機，應避免對健康有所威脅的活動。
- **旅遊**：因所有事物都還未到位，時機未到，短期內不適合遠行。
- **考運**：才剛剛起步，實力尚未累積，此時應安穩地儲備底蘊，等待發揮的時機。
- **人際**：縱然有高超的交際手腕也無從發揮，目前不適合顯露頭角，宜保守行事。
- **訴訟**：目前的能力尚不足以掌握勝算，必須多方蒐集資訊，加強自身能力，才能在最好的時機一舉得勝。
- **遷居**：必須考慮到自己目前的能力是否足以負擔搬遷的財力與心力，應該等待時機成熟再行規劃，才能避免陷入艱困的處境之中。
- **尋人**：往西北方尋找，必有所獲。

❷【九二】見龍在田，利見大人。

- **事業**：天時、地利、人和，有貴人相助，蘊藏的能量能夠展現，遇到機會應大展身手，必有所為。
- **創業**：事業剛起步且時機正好，應把握機會讓自己初試啼聲便能一鳴驚人，只要付出努力，就會有好的回報。
- **錢財**：低迷的財運出現好轉跡象，若能做好準備，全力出擊，會有意想不到的收穫。
- **愛情**：心儀之人也許會對你釋出善意，僵持的關係也會出現轉圜餘地，應把握良機，促成良緣。
- **婚姻**：僵局能見化解的曙光，應全力以赴促使情況好轉，只要有好的起步，往後的溝通就能順利無礙。
- **子女**：將出現脫離困境的機會，但前提是要主動付出努力，若能好好把握，親子關係就能獲得改善。
- **健康**：找到適合的保健與運動方式，一直困擾著你的病痛有望得到抒緩。
- **旅遊**：時機逐漸成熟，先前所做的計畫可以實行，旅途中將有貴人出現，助你遠離困厄。
- **考運**：蘊藏的實力該是時候展現，持續努力，方可見佳績。
- **人際**：人事上遇到大力的幫助，讓你在團體間漸入佳境。
- **訴訟**：能夠遇見莫大的助力，幫助你突破目前的僵局，有望取得優勢。
- **遷居**：現在正是搬遷的好時機，所有要素都到了完美的階段，搬遷將能順利。

❸【九三】君子終日乾乾，夕惕若厲，無咎。

- **事業**：從早到晚忙碌不停，到了夜晚才有喘息空間，但休息時間也不能輕忽，仍須兢兢業業才能避免失誤或受人責備。
- **創業**：草創初期必須全心投入，可能終日忙碌不得閒，且必須保持警覺之心，避免競爭對手趁虛攻訐。
- **錢財**：為了錢財勞碌，若有所懈怠便容易做錯決定，導致喪失錢財。

- **愛情**：盡最大的努力維持關係，要花費更大的努力為另一半付出，才能修成正果。
- **婚姻**：必須付出更大的努力，抱著戒慎的心對待另一半，才能使婚姻關係免於毀敗。
- **子女**：可能會為子女的事終日奔走，但只要保持警覺而有所提防，就能避免更大的災禍。
- **健康**：戶樞不蠹，流水不腐，需要經常活動身體，才能免除疾病上身的危機。
- **旅遊**：你有謀畫的能力，但要能順利完成你的計畫，必須要努力不懈，預先設想應變方案，才能順利成行。
- **考運**：具有良好的資質與頭腦，但不可因此自視甚高而荒誕度日，想要在成績上有所收穫，就必須付出對等的努力。
- **人際**：想拓展人際，必須努力而不懈怠，並對人際保持戒慎的態度，如此將能使小人遠離，迎來美好的人際關係。
- **訴訟**：必須為這場爭訟付出極大努力，但只要盡力並保持謹慎的態度，就有望無咎地度過難關。
- **遷居**：為了尋找理想的地點而終日奔走，儘管有些勞累，但努力將會有所收穫。

4【九四】或躍在淵，無咎。

- **事業**：處於成功與失敗的中間位置，雖無法施展身手，卻還不致招來凶險。此時應虛心向他人學習，將鋒芒收起，等待向上爬的機會。
- **創業**：應使自己處於隨時準備好的狀態，遇見良機就傾全力而出，遇見不利局勢便蟄伏退隱，保持彈性才能使自己立於不敗之地。
- **錢財**：身處困局，不知該不該出手，此時應按兵不動，因出手與否都不致有大好或大壞的結果。
- **愛情**：對於另一半適不適合自己感到疑惑，或對目前的處境與未來沒有太多頭緒，目前來說維持現狀是最好的辦法。

- **婚姻**：情況尚未完全明朗，於此階段必須敏銳觀察局勢，等待好時機主動進行溝通了解，就能使婚姻的危機有所化解。
- **子女**：看似開啟了溝通的契機，但事情仍可能有相當大的變化，只要進退依循正道，就不會有大災禍。
- **健康**：處於停滯的狀態，即使做了努力，身體狀況也不會好轉，好消息是也不會繼續惡化下去。
- **旅遊**：旅途中遇見關鍵時刻，困境即將有所進展，但必須謹慎行事，只要依循正道決策，災害自然遠離。
- **考運**：成績既無太大起色，卻也不算太差，此時更應努力備考，等待展現努力成果的機會。
- **人際**：人際關係起伏變化較大，容易動輒得咎，要懂得觀察局勢以自保。
- **訴訟**：謹慎觀察情勢變化，進退依照正道，就能免於爭訟帶來更大的損失。
- **遷居**：在事情將成之際，必須依據情勢變化而有不同的應對方式，保持靈活的處事方式，將有助搬遷之途順利無礙。

5【九五】飛龍在天，利見大人。

- **事業**：態度要從保守轉為積極，只要抓住時機大展身手，就能一躍而上，此時若能得到有德有勢之貴人的協助，將一鳴驚人。
- **創業**：過往以保守的信念經營，如今適合轉為積極創新，若能結交有力的合作夥伴一同努力，成就將難以限量。
- **錢財**：此時應大膽表現，不妨試試高風險的投資，成效不可限量。
- **愛情**：做而言不如起而行，現在正是放開心胸踏出第一步的好時機，求婚或告白成功機率都相當高。
- **婚姻**：正是改善婚姻關係的好時機，應與另一半同舟共濟，將能順利度過難關。
- **子女**：應以積極的態度主動出擊，對方也將給予正面回應，將使親子關係融洽和諧。
- **健康**：可以感受身體處於良好的狀態，若病痛纏身，不妨嘗試一些新的治療方式，就能夠一掃宿疾。

◆ **旅遊**：可以考慮參加一次大膽的無計畫旅行，也許會有意想不到的收穫。

◆ **考運**：累藏已久的實力終於能夠展現，考運到了極高的狀態，只需放手一搏，等著摘取勝利的果實。

◆ **人際**：苦心經營的人際終於有了成果，且有展現人脈的機會，應好好把握，會有美好的成果。

◆ **訴訟**：將能藉助他人之力破除危難的局面，只要依循中正之德，就能無往不利。

◆ **遷居**：籌備的工作告一段落，將進入順利無礙的搬遷計畫，可能在他人的幫助下以最省力的方式達成目標。

6【上九】亢龍有悔。

◆ **事業**：雖然意氣風發，但若驕矜自滿，不知反省，必定會招來衰敗，要鞏固自己的地位，需步步為營，懂得自省。

◆ **創業**：若成就到了頂點就停止自省，必須為可能的衰退做好準備，若過於自負，則必定跌入無底深淵難以翻身。

◆ **錢財**：財運到達極高的狀態，但若不知節制，則必定大有所傷。

◆ **愛情**：春風得意，與另一半的關係如膠似漆，但要小心關係可能自此進入分歧點，若不謹慎待之，則會日益惡化。

◆ **婚姻**：因為婚姻沒有風浪就自覺無可改正之處，則不久後必定引來災厄。

◆ **子女**：面對衝突若不檢討自己的過失，則關係必定持續惡化，必須退後一步，以同理心與子女溝通，才有機會達成共識。

◆ **健康**：感覺自己的體態到了完美的地步，但此時才更要小心，若因太過自信而恣意妄為，可能導致健康崩壞。

◆ **旅遊**：只是旅途順利無礙，就以為是自己的功勞而驕矜自負，則失敗必定等在眼前，出門在外須小心謹慎，以免招致悔恨。

◆ **考運**：考運逐漸下降，可能因為外務而導致分心、懈怠，切不可過於自信而輕敵，以免落敗而悔不當初。

◆ **人際**：良好的人際關係到了頂峰，可能往下坡走去，應收起過度的自信，好好掌握現有的關係。

◆ 訴訟：不可因先前的優勢而感到自滿，爭訟尚未落幕，必須打起精神，更加謹慎面對接下來的難關。

◆ 遷居：過於堅持己見而看不見自己的問題，即使搬遷順利也只是短暫的，要懂得物極必衰之道，才能使搬遷順利無礙。

7 【用九】見群龍無首，吉。

◆ 事業：遇到大的變局，反而不可妄動，看清時勢潮流，順應變化才會有好的結果。

◆ 創業：善用人才，使眾人各司其職，將能使事業運作達到最高效益，做生意秉持中正之德，事業就能永續經營。

◆ 錢財：雖然氣勢旺卻不要採取行動，仔細觀察整體環境，採取守勢才能保持好的財運。

◆ 愛情：感情有了大的變故，或是有了立場交換的情況發生，不要急著做出改變情勢的決定，順應自然情況就會好轉。

◆ 婚姻：應給予對方足夠的信任，盡到自己本分，如此就能弭平紛爭，使婚姻關係無所波瀾。

◆ 子女：若能擔任好自己的角色，不過分干涉對方的作為，則能夠保持親子關係的平衡而維持良好的互動。

◆ 健康：身體狀況可能有所不同，但不一定是不好，只要順應自然，就會有好結果。

◆ 旅遊：策劃之人應各司其職，做好分內的工作，並且仔細觀察計畫的走向，沒有變故就是好事。

◆ 考運：必須盡到自己的本分，在自己應做的範圍內付出最大努力，如此就能避免因偏離正軌而引來名落孫山的結果。

◆ 人際：人際上產生變動，有可能化敵為友，也可能樹敵，此時對於人際更應仔細觀察，不輕舉妄動才能保身。

◆ 訴訟：在自己的能力範圍內盡最大的努力，不插手他人的事務，能保全自身，使訴訟安然落幕。

◆ 遷居：做決定時要剛健堅定，過程中要以柔軟的態度面對阻礙，如此一來任何阻礙都無法成為絆腳石，搬遷得以順利進行。

◆ 尋人：往西北方尋找，必有所獲。

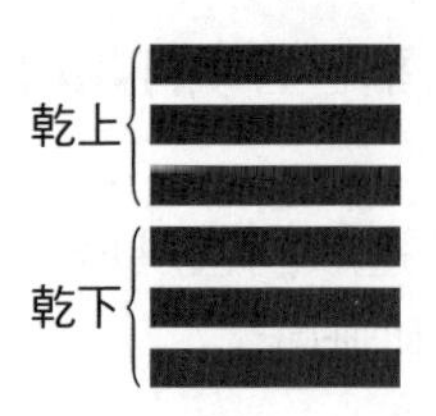

居易經六十四卦之首的乾卦，以「龍」為其象徵意涵，指示方位為西北，也就是以「君」、「父」為首之大位。由於其卦象中六爻均為陽爻，因此在太極中代表純陽。從卦象來看，乾卦是易經中的至陽之卦，所以在古時若占卜的事物與自然有關，得到乾卦即是代表天；若卜問的是人的性情，則是代表剛健不屈、正直不阿之意；而若是卜問家族之事，指的就是代表一家之主的父親。

由其卦名來看，「乾」代表的是萬物之始，擁有源源不絕的能量，所以卜到此卦者通常具備豐富的創造力，但也因為過於陽剛，所以會有過於高傲、頑固不知變通之慮。問卜之人若是卜到這一卦，代表自身能力極強，但行事需具備一定的彈性，要能掌握時機、隨機應變，方能成事，因此卜卦時無法單純的論斷吉凶，需要審時度勢，才能真正看清當前所面臨的問題。

乾卦的意象為中國傳統的「龍」。傳說中，龍是一種善於變化，能興雲雨、利萬物的神靈，更是古時帝王的象徵，而在易經經文中即以龍的變化來詮釋乾卦的發展過程。乾卦中的六爻各自代表不同「龍」的形態變化：初九為潛龍，需隱藏自己，低調行事；九二為見龍在田，看見龍在田間出沒，則表示出頭的時機到了，若是懂得借貴人之力，拓展人脈，則可以受到提拔；九三為乾乾終日的君子，代表當下雖然情況艱苦，仍應堅持到底，方能免於憂患；九四則或躍在淵，努力已小有所成，但也因此感受到龐大的壓力，處於要上不上、要下不下而進退兩難的窘境；九五為飛龍在天，表示帝王之相，在眾人之上位居尊位，可以說是最為發達的時候，在這時若是順勢而為，就可以受天命之重用；上九即亢龍有悔，原本就已到達顛峰，若還硬要出頭，就極有可能失足摔落谷底，所以更需要萬分小心；最後獨特的用九為群龍無首，表示一群龍但無一可以為首，可避免過於剛毅，而能持守中庸之道。

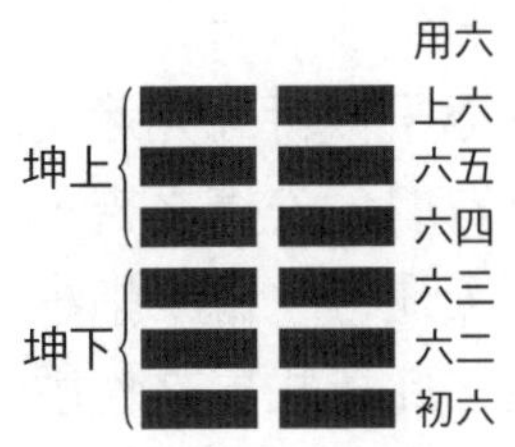

坤卦

卦序▶2　錯卦▶乾為天
卦數▶0　綜卦▶坤為地
卦向▶西南　互卦▶坤為地

卦揭

坤字從土，學習大地的精神，將之轉化為人的品性修養，即是坤的精髓。其實「人」與「地」的關係密不可分，女媧用泥造了人，在尚未有履的發明前，用赤腳在大地上奔走，以軟土為床、將動植物作食物，至死再回歸大地。地是那麼地大，如此的溫暖與包容，若要平順地完成我們在世界上的使命，則以地為心，未可不說是最好的方法。

春秋時期爭霸天下，鮑叔牙輔佐公子小白，其好友管仲則擇公子糾為主。公子小白成為齊桓公後要論功行賞時，問鮑叔牙為相，鮑叔牙卻回以管仲更有相之才，並且依然恪守其責，忠於其主。甚至在早年和管仲合作事業時，管仲分得較多的錢財，鮑叔牙也能體諒其家貧，而不以為意。以鮑叔牙說明「君子以厚德載物」，能明事理、有開闊的胸襟以包容，不為名利所惑，且能了解自身的價值，是如地，直，方，大。

卦辭

【卦辭】元，亨，利牝馬之貞。君子有攸往，先迷，後得主，利西南得朋，東北喪朋。安貞，吉。

牝，指鳥獸的雌性，右匕旁是代表雌性的符號。牝馬，母馬，以母馬形容坤之性，取母之親順、取馬之忠貞。攸，所。迷，迷失，在尋找主人、駕馭者的路上感到迷惑。主，主人、領導者。西南，此卦為陰，又向西南得陰，是得同類。東北，向東北得陽，是得主。朋，朋類，字形兩串貝相繫，指同性質的夥伴。

〈彖〉「至哉坤元，萬物資生，乃順承天。坤厚載物，德合無疆。含弘光大，品物咸亨。牝馬地類，行地無疆，柔順利貞。君子攸行，先迷失道，後順得常。西南得朋，乃與類行；東北喪朋，乃終有慶。安貞之吉，應地無疆。」承，奉也。乃順承天，地養萬物，而又順天運行。德，指事物本性的一個哲理性概念。合，及也。弘，光大。利貞，此指牝馬之性敏捷貞正。光，借為廣。常，常道、正途。朋，朋類。地之初始渾大以育萬物，且承天道變化而動。大地厚實以容萬物，其性廣博且無邊無界。蘊藏豐富、地面遼遠，各類生物得以順暢亨通。牝馬屬地類，可在廣闊的地上奔行，其生性柔和、順服、敏捷、貞正。君子遠行先受到迷惑而偏離，後又順利的找到目的。往西南去可以得到同類的結伴同行，往東北則會失去同類，但終會因得主而有吉慶。心性能如牝馬、如地順和以應，則無往而不利，於是有安於正道的吉祥。

〈象〉「地勢坤，君子以厚德載物。」勢，字形從力，本指權力，此指姿態、形勢，即大地所表現出來的樣子。厚，深、重也。載，承，此指以廣大的胸襟去認識、包容世間萬象。大地平穩柔順，坤卦取其理，期君子以深厚的德性、海納百川的氣量以應對萬物。

坤為地，是生之母，平和、沉穩、慎重是其特性，也正是君子可以效法之處。物行於世，從腳踏實地起始，大地是不變的依憑，待身體消去逝亡，仍然要回歸大地，地之母生萬種物、養萬種靈，不分白晝夜晚承天繫陰陽平衡。為人臣、為子弟、為人妻，若能持地之性，開闊胸襟以修養身心，並尋其天找出前進的方向，自能穩固所在位置、且無堅不摧。

爻辭

【初六】履霜，堅冰至。

履，踐踏。霜，字形從雨，雨露凝而為霜。冰，水凝固而成堅冰。至，字形如鳥向下飛，將要到達地面，義來也。

〈象〉「履霜堅冰，陰始凝也。馴致其道，至堅冰也。」陰，闇也，字形從雨，表示將要雨前天暗水集，或指山北水南之面即陽光不到之處，此指水氣，暗處水氣不易散失。馴，字形中之川指歸向大海的水流，馬與川合形則為野馬為人類所馴服，此取順服之義。致，推也。

當腳下踩到薄霜碎冰時，代表陰冷的溼氣正開始凝聚。則依順自然規律推知，嚴寒將伴隨著大地結成堅厚的冰層而至。此道理即謂事物的發生皆有其樞紐、有跡可循，人事的吉凶禍福自有由來。

【六二】直、方、大，不習無不利。

直，古字形表示十目視，無所隱，正見也。方，字形象兩艘小船的舵，本義為並排，此引申義為方正。大，形象正面張開人形，《道德經》「人法地，地法天，天法道，道法自然」，故以人形表示大、無邊之義。習，字形從羽，雛鳥離巢時不斷拍打翅膀以試飛，為學習熟悉也。

〈象〉「六二之動，直以方也。不習無不利，地道光也。」以，做連接詞，如且。光，明也，古字形為火於人上，猶如白天一般明亮的狀態，又光之性質可披於四表、廣布於天地之間，又有廣義，此即是。

六二爻象為陰，其質直且方。即使往不熟悉的方向前去，也沒有什麼不好，因為地道是如此的寬廣宏大。若人在生活中能保有地之性，即順謙廣納，則面對著無邊世界、多彩萬物而邁向未知領域時，即使有所波盪，但能不為外物所擾、心境則就身立。

【六三】含章可貞。或從王事，無成有終。

章，本為樂章，又引申為色彩圖樣，如《周禮》「赤與白謂之章」，此指文采、美質。從，跟隨。王事，王賜令的大事。無成，不為事始。

〈象〉「含章可貞；以時發也。或從王事，知光大也。」時，時機。知，識也，字形由口、矢組成，指識敏者因為知事物，所以話語如箭矢般從口中射出。

保有自己的能力，含藏美質，並且不隨便起事以求作為，而是等待時機。接收到上位者發布命令時，能不終含藏，亦不以己為首，事終而將成之美歸於上，謙和不居功，此是處下者之智識弘大。

【六四】括囊；無咎，無譽。

括，束也。囊，大袋，字形象一個紮起的袋子裡頭裝兩個貝。括囊，以束口的囊袋比喻謹密。譽，讚美。無譽，相對於無咎自然也無譽。

〈象〉「括囊無咎，慎不害也。」慎，謹慎、慎重，從心旁，表示慎是由心而發，將心性維持在平衡點，外在的行為才能由衷不偏。害，傷也，字形宀、口，宀表示房屋，此可延伸解釋為家、自己，表示禍由自身言行招致，並非無端降臨。

為下位者，則謹守臣道，束其行、藏其知，如金屬藏於袋中不露鋒芒，可以避免他人的猜忌，而免去禍端，亦無他人的吹捧，不為眾矢之的。個人於世中，於不同人生階段、空間所擁有的身分都不同，需明白何為上下、何為前後。當於下者，守其言行自能保有現狀，也相對地不會有招人耳目之美譽

【六五】黃裳，元吉。

黃，地之色也，是為中色能通四方。裳，衣也，古時穿在上身作為外服的稱為「衣」，遮蔽下身的謂「裳」。元吉，若為人者如黃裳，可以有大吉大利。

〈象〉「黃裳元吉，文在中也。」文，紋理、條紋，甲骨文字形如線條縱橫交錯。中，和也，字形為一面旌旗左右周正的豎立在其上。文在中也，謂能獲元吉，是因為人能如黃裳，守中且通達。

六五爻為陰，相對於九五，是於跟隨之位，為地、為臣、為下，居此者因以柔順應對，如著衣時穿於內層的黃裳，不以示人為目的，且順勢為法則，並服於上者。可以不生禍事，則無大起大落者，就是最好的吉事。

【上六】龍戰於野，其血玄黃。

戰，鬥也，單形義為捕捉工具、戈形象作戰之聲。野，野外，《說文》「邑外謂之郊，郊外謂之野」謂偏遠於市的寂寥之地。玄黃，天地之色，上六之龍代表地，與代表天的上九之龍相戰，而天玄地黃且二者血水交雜，故血玄黃。

〈象〉「龍戰於野，其道窮也。」窮，極也、竟也，字形如身體壓於穴下，表示有力而使不出，義為窮盡、完結。其道窮也，指因陰氣過剩而與陽氣發生相爭，天道無法平衡，使龍戰於野，即爭執源於過於顯露，超過飽和的界線，使與他者無法相容而產生災難。

坤卦為地，本應隨地，但因位於上六爻，其象過極，逼陽即天與其相抗。此說明人當守本分，下位者順於上位者，聽其指令，當言行舉止不符合身分時，是有所偏差，將引起上位者的忌疑，紛爭侵擾由此產生。坤，應固其柔順之道以從陽，才能陰陽相融，否則陰極而陽弱。

【用六】利永貞。

〈象〉「用六永貞，以大終也。」用六，六爻為陰，可變為九，為陽。大終，因一卦六爻皆陰而終，變為用六方能固永貞，故曰大終。

儘管坤卦以柔順為則，但陰柔不足以固守道，需以陽剛濟之。用六在於可變為九，陰極至陽，利於常永貞固，是坤卦終之達。如人若一味順上，易成諂媚，尚需堅其志、守品行，才能周正於臣道之中。

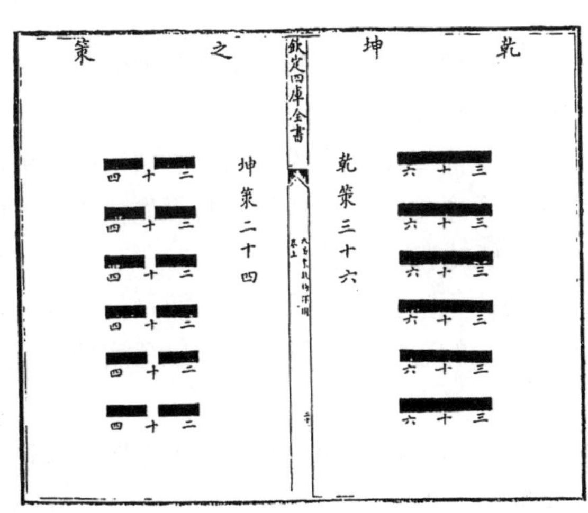

乾坤之策

五十根蓍草用四十九根為策，經由計算三變可得一爻。

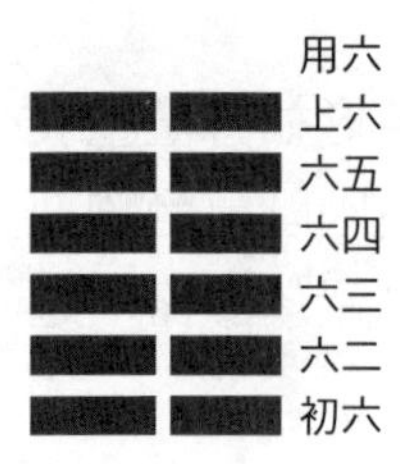

坤卦 卦義

8【初六】履霜，堅冰至。

◆ **事業**：可能有機會接手一個全新的工作或企畫，而成功之鑰就在於能預先知悉整體局勢與走向，觀察細微的跡象，懂得防範於未然。

◆ **創業**：遇到問題如果不積極解決，放任其蔓延滋生，最終將導致營運不佳，資金週轉不靈的困境。

◆ **錢財**：目前的景氣局勢轉為極端，若能預先看清楚景氣走向，就能把握機會大賺一筆或避免資金動彈不得的情況發生，宜洞悉局勢。

◆ **愛情**：單身者可以從建立良好關係一步一步做起，抱持不強求的心態，順其自然；有另一半的人，不要因為心存僥倖而做出對兩人關係有害的行動，小裂痕最後可能會演變為關係破裂的肇因。

◆ **婚姻**：夫妻兩人的互動出現嫌隙，並非一時半刻就能弭平，應尋找雙方溝通的機會，慢慢化解彼此的心結。

◆ **子女**：可以感受到子女對你漸漸疏遠的氛圍，必須檢討先前的互動中是否讓你與子女產生誤解的情況，必須先自省，才能掌握消除目前冰冷狀態的有利線索。

◆ **健康**：健康狀況走下坡的原因並非一朝一夕，而是長時間的累積，應檢視自己生活上的惡習並加以改正，以免病情突然發生而導致措手不及。

◆ **旅遊**：需要針對可能發生的問題做好全盤的計畫，如此才能避免到時因準備不足而陷入困境。

◆ **考運**：心裡明白自己對於即將到來的考試沒有太大的把握，但若能因為意識到自己的準備不足而開始積極準備，還是會有不錯的成效。

◆人際：冰凍三尺非一日之寒，或許你該思考自己有哪些地方得罪了朋友因而造成目前的態勢，即便無法立即改善，也應該展現出你的誠意，才有機會恢復往日情誼。

◆訴訟：現在局勢對你不利，即便你有心想力挽狂瀾也會受限，此時宜培養實力，以靜待變，找出扭轉頹勢的機會。

◆遷居：像無頭蒼蠅一般東奔西走，卻毫無所獲，建議你停止前行的腳步，先觀望一下目前的發展，再做出定奪。

◆尋人：往西南方前進會得到貴人相助，必有所獲。

9【六二】直、方、大，不習無不利。

◆事業：若能秉持方正、大方、正直的行事風格，則將無往不利，有機會獲得上司重用。

◆創業：即便接觸的是未知的領域，但只要懂得隨機應變，順勢而為，就能不被大環境所迷惑，不被困境所擊倒，帶領公司創業順利。

◆錢財：想靠偏財致富似乎不太可能，但能保有謙遜廣納的心態，則多多嘗試其他開源方法也無不可。

◆愛情：在雙方關係中處於有利的地位，若能充分展現自己的優點，則會有更多的發展機會。

◆婚姻：夫妻相敬如賓，宛似佳偶，只要用平常心跟另一半相處，不用刻意逢迎退讓，婚姻之路自然就能走得長久。

◆子女：你的教育方式如沐春風，讓子女身心都得以健全發展，因此親子關係能夠和諧融洽。

◆健康：適當保持良好的生活習慣即可，暫時不需特別注重身體的保健，以免適得其反。

◆旅遊：想法不要反覆無常，決定了的計畫就安穩地執行，也可多多嘗試從未到訪的國家。

◆考運：若能保有謙遜安穩的性格，穩定自己學習的腳步，便能夠不受外物干擾，堅定在想走的道路上。

◆人際：只要秉持正直謙和的態度與人相處，無須花言巧語或逢迎拍馬，就能獲得周遭友人的欣賞。

◆ **訴訟**：只要做得正，行得直，就無須擔憂麻煩事找上門，不必花費過多心思，困難自然而然就能化解。

◆ **遷居**：搬遷過程將非常順利，即使尚未熟悉新的環境與新鄰居也不用擔心，你將能和樂的融入，擁有美好的生活。

10 【六三】含章可貞。或從王事，無成有終。

◆ **事業**：目前的處境對自己不利，若搶著出頭或居功，可能會招致不好的結果，所有事物了然於心即可，守愚藏聖才是上策。

◆ **創業**：懂得觀察環境動向，不因周遭鼓動而隨之起舞，只要在有把握的時機點放手一搏，盡情揮灑自身的實力，就能立於不敗之地。

◆ **錢財**：不應做出急躁的決定，應等待最好的時機，以守住財富為最高準則。

◆ **愛情**：太過急切的表現反而會導致不好的結果，不妨保持距離，即使無法更進一步，至少能夠成為好朋友。

◆ **婚姻**：察言觀色也是一種體貼，在另一半需要的時候給予扶持與應援，並懷有感謝對方的心，就能維持良好的婚姻關係。

◆ **子女**：可以向有經驗的人士學習教養之道，出於無知的自以為是只讓親子關係更加岌岌可危。

◆ **健康**：不宜暴飲暴食、過度勞累，此時修養生息方為上策。

◆ **旅遊**：只有在紛爭僵持不下、待決定的事項一直懸而未決時，才將醞釀已久的想法或建議發表出來，若事情安然解決也不要急著居功，才會有好的結果。

◆ **考運**：穩健的性格能幫你在課業上獲得成就，遇有同學求助也不要吝於指教，如此才能獲得雙贏的局面。

◆ **人際**：滿招損，謙受益，行事保持低調，才能避免是非爭議。

◆ **訴訟**：要將目光放遠，如此必能找出可助你一臂之力的貴人，等待事情落幕，也要抱持感恩的心情，才能保持吉祥。

◆ **遷居**：只要事情規劃良善，提早思考可能發生的情況並做好準備，就不愁無法達成目標。

11【六四】括囊；無咎，無譽。

- **事業**：不是一展長才的時機，此時應該把自身的鋒芒收起，行為收斂、才智隱藏，如此就不會招來口舌是非，也不會有招嫉的風險。
- **創業**：避免過於展現自己的鋒芒，以免招來競爭對手的嫉妒，因而惹禍上身，只要安於本分，事業自然能夠有所發展。
- **錢財**：把既有的錢財收起，不顯露於外，謹慎行事，就能避免他人的覬覦，應避免所有暴露錢財的動作。
- **愛情**：與其大肆展露自己的優點，不如退一步表現自己低調沉靜的一面，雖然不至於使雙方的關係突飛猛進，卻也不會持續惡化下去。
- **婚姻**：要能找到自己內心的平衡，展現於外的才會是和諧的姿態，也才能維持婚姻的平和，免於災禍降臨。
- **子女**：行事必須合於自己的角色，才能要求子女依順，並且免於無謂的爭端。
- **健康**：若對自己的身體謹慎維護，就不會招致惡疾。
- **旅遊**：你可能在團體中一直擔任策劃行程的角色，這一次的旅行不妨讓他人主導，你會發現有更大的樂趣。
- **考運**：只要不偏離正軌，忘失自己的本分，就能安然的完成考試且有好的表現。
- **人際**：謹慎待人，不誇耀自己也不爭著出鋒頭，細心觀察身邊的人事物，以便找到人際中適合自己的角色。
- **訴訟**：即使有勝算，也不應得意忘形，以免樂極生悲，必須謹守本分完成該做的事，自然能使訴訟順利落幕。
- **遷居**：若有災害降臨導致搬遷不順利，也是因為自己的言行不當所招致，若大肆鋪張、炫耀，就容易引來閒言閒語，使你不得安寧。

12【六五】黃裳，元吉。

- **事業**：寧居下、不居上，在上位者應以懷柔之姿行事，做事要果決而不強勢，在下位者則是不強出頭，並保持應對的彈性。

- **創業**：避免以強勢的手段與合作對象往來，抱持柔軟而彈性的態度反而有助於事業的開展。
- **錢財**：以中庸的態度管理財富，若能彈性應用各種投資工具，會有不錯的收穫。
- **愛情**：若以柔軟的身段與態度對待對方，就能無往不利。
- **婚姻**：儘管在婚姻關係中暫居下位，卻因為能以柔軟的身態進行溝通而避免更大的衝突。
- **子女**：當衝突發生，避免以強勢的態度應對，才能化解僵局。
- **健康**：保持原有的生活習慣，靜靜的調養生息，疾病將有起色。
- **旅遊**：旅途中若遇見困難，要避免以強硬的態度應對，以免惹上更大的麻煩，保持彈性，不高調行事，就能明哲保身。
- **考運**：遇見瓶頸時，強逼自己跨越難關並非最好的解決方式，應該退一步檢討自己的缺失，循序改進，才能有所突破。
- **人際**：當人際出現衝突，不要急著改善，以免捲入更大的紛爭之中，先以中庸的態度應對，找出問題關鍵才能圓滑地解決困境
- **遷居**：不用太積極的尋找新居，若購屋則不必太強勢壓低價格，採取被動的姿態反而會有好結果。

13 【上六】戰龍於野，其血玄黃。

- **事業**：容易因自身的氣場強盛而做出忤逆上位之舉，導致兩方爭鬥、產生嫌隙，即便對上司或下屬有所不滿，也應採取軟性的方式溝通，方能避免兩敗俱傷。
- **創業**：若以強勢的手段達成目的，很有可能得罪將來的貴人，反而限制了事業的發展。
- **錢財**：應避免因一時昏頭而做出的決定，可能因衝動行事而導致財運走低。
- **愛情**：可能與情人發生爭執或陷入僵局，千萬不要因為拉不下臉道歉而造成不可挽回的結果。
- **婚姻**：不要因一時的情緒而做出錯誤決定，面對困境要能以理性的

方式溝通，才有助於破除僵局。

- **子女**：近期容易出現意見不合的情況，必須以和善柔軟的態度應對，才能免於更糟的局面。
- **健康**：小心突如其來的病痛，可能是由平時的壓力累積而成，不妨以運動等方式抒壓，健康會有起色。
- **旅遊**：可能會是一趟充滿負壓的旅程，與旅伴、導遊等相關人員之間會有不愉快，若旅程途中遇到衝突，可試著以委婉的態度溝通，以此化解衝突局面。
- **考運**：可能陷入困窘，若能以和緩的方式逐漸改變自己的不足，情況將會有所改善。
- **人際**：容易與和你個性相反的朋友發生衝突，在聽到與自己不同意見的時候，若能以寬廣的心胸傾聽，友誼才會長久。
- **訴訟**：不要忘了原本的目的而偏離正軌，若自己的行為有所偏差，則容易成為對方攻訐的弱點，引起更大的紛爭。
- **遷居**：搬遷過程可能與人發生衝突，使進度受到阻礙，要以和善的方式進行溝通，才能突破困境，使搬遷順利落幕。

14【用六】利永貞。

- **事業**：雖以柔軟的姿態處世，但要小心不應走向諂媚的歪路，若能堅持正道，以公正的態度做好自己的本分，才會有好的結果。
- **創業**：需要廣納民意，聽取創業同伴、員工或是廠商的建議行事，切勿一味由自己定奪，公司才能順利踏上坦途。
- **錢財**：不要一直三心二意，輕易聽信他人建議就改變自己的投資計畫，確定什麼是對自己最好的方法，就堅持下去。
- **愛情**：過與不及都不好，無止盡的付出也要有所節制，偶爾也讓對方為你做些事，兩人的感情會更加鞏固。
- **婚姻**：要聆聽另一半的心聲，婚姻是兩人的事情，若有一方過於強勢，將破壞婚姻生活的和諧，不可不慎。
- **子女**：一直包容子女的任性並不算是稱職的父母，應該剛柔並濟，時而懷柔時而威嚴，如此一來，才能建立良好的親子關係。

- ◆**健康**：誤以為對身體很好就過量攝取，可能會導致營養過量、補過頭的結果。
- ◆**旅遊**：旅行若是結夥同行，難保不會出現意見分歧的時刻，因不想引起衝突而讓步，只會讓自己遊興大減。適時發表意見，讓團體不會淪於某人專制主導的局勢，才能彼此都玩得盡興。
- ◆**考運**：課堂上所學的知識要加以應用，只是強記而不加以消化吸收，就無法真正獲得學問的精髓。
- ◆**人際**：因為其他的事情疏忽了知心好友，別忘了對友情忠貞也是很重要的。
- ◆**訴訟**：小心人多嘴雜，有時候過多的資訊反而會阻礙你的判斷，影響你做出正確的選擇，相信自己的直覺，必能找出突破的關鍵。
- ◆**遷居**：處於模稜兩可的局面，必須花費更多心力找出適合自己的方式，才能導向最佳的結局。

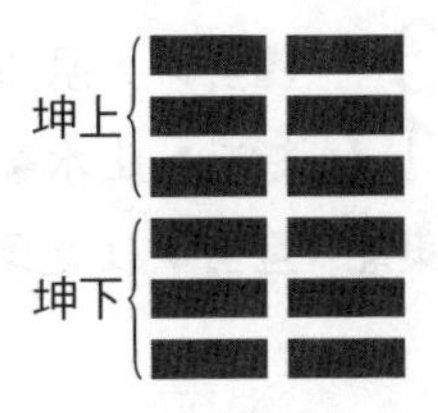

卦理

相對於至陽的乾卦，坤卦為純陰之卦，其卦象中六爻皆為陰爻。這一卦的象徵意涵為「牝馬」（「牝」讀作ㄆㄧㄣˋ，母馬之意），以喻其謙和柔順、吃苦耐勞的特性。坤卦在自然界中代表地，指示方位為西南，即「后妃」、「母親」之位。所以若卜卦時卜到此卦，則有利於性格謙恭、處世柔軟之人，而若是卜問家族之事，指的就是母親或家族中已婚之婦女。

此卦之卦名「坤」，代表的是大地與母親，也有根基之意，因此陰柔是這一卦的特質，卜到這一卦的人，則通常具有十足的包容力，個性慈愛而謙和，但也因此不利於積極與主動，故若能踏著前人的腳步穩紮穩打，不爭先，不恐後，則是大吉。

坤卦的意象是「母馬」。相較於勇猛的公馬，母馬則非常溫馴、不躁進，故在行路之時雖然步伐緩慢，卻能走得既長且久。但與此同時，也須注意若是沒有人引導，就很容易迷失，所以凡事要謹記適時退讓、不標新立異，只要尋找到能夠幫助自己的導師，堅持到底，就能獲得成功。而在這一卦的卦辭中也點明，西南為吉位，因此往西南方，可以獲得貴人或朋友的協助，但若朝反方向的東北，則可能會失去朋友。母馬是坤卦的代表，而其六爻的爻辭，則可以視為此馬行路的歷程：初六時行走至結霜之地，表示秋天已至，寒冬將臨，因此行事需小心謹慎，以防止事態惡化；六二時直方為大，意指為人正直而能持守中庸，但切記不可耽溺於過去的安逸中；六三時含章可貞，因具備美德而能跟著別人成就大事，但由於自己配角的身分，不論成敗都不會歸於自己；六四時行至憂患之處，因此需持守本分，謹言慎行；六五著黃裳，一人之下萬人之上，因自身美德顯現於外，即便無所作為也能受人景仰；到了上六，則因為本是性格柔順之人，卻硬要與他人爭先，所以可能引起爭端；用六則為從一而貞，表示此時利於謹守堅貞的美德。

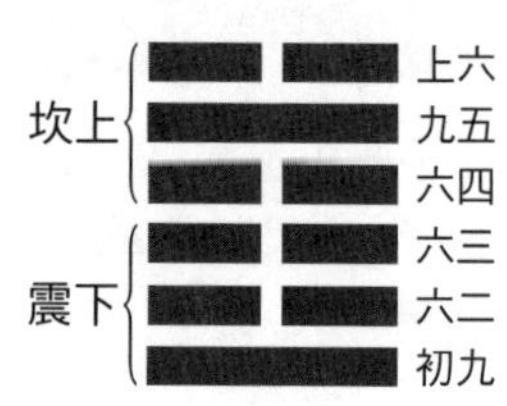

屯卦

卦序▶3　錯卦▶火風鼎
卦數▶17　綜卦▶山水蒙
卦向▶東北　互卦▶山地剝

卦揭

草初露於土，畫出了屯字，而屯卦的意義也正於此。小草根伸得淺，儘管雨露可以滋養，但一遇傾盆大雨，則易受吹損，若有害蟲侵蝕其根，則根本受到動搖難以復原。萬事起頭難，因為在剛建立的事業中，需有巨大的決心，方能迎接面臨的考驗，熟慮行事，且不妄動、不躁進，是於屯險之中處世的方法。

發明飛機的萊特兄弟，即是對飛行充滿了熱誠，終能完成願望。不但努力掌握前人的研究成果，甚至會花好幾個小時躺在地上，就為了觀察鳥類在空中飛翔的奧祕。他們一步步、一點一滴前進，即使飛機的第一次成功飛行不被人們所承認，也仍是按照計畫繼續實驗。這是萊特兄弟於屯之中的勇氣，不驕不餒的步伐使他們通過階梯、取得成就。

卦辭

【卦辭】元，亨，利，貞，勿用，有攸往，利建侯。

勿，甲骨文字形表示旌旗，右邊是柄、左邊三撇是飄帶，現今多假借為不，表示否定的意思。用，可施行也，字形畫一桶樣，因有桶而可以施作。攸，所也，字形象人持手杖渡河，段玉裁注「水之安行為攸」，本義為水流的樣子，此取引申義為依、順。

〈彖〉「屯，剛柔始交而難生，動乎險中，大亨貞。雷雨之動滿盈，天造草昧，宜建侯而不寧。」險，阻難也，字形從阜，為高起的土堆，即地勢落差大、難於通過。草，草創。昧，昏暗不明，表示太陽初露、光線隱微。草昧，秩序尚未底定前的朦朧之時。屯卦，是剛柔開始交會而生出困難的時候，動於困難之中，宜持正道以大通。上卦坎為雨，下卦震為雷，雷而後雨帶來天地間的一股生機，此時萬物草昧，有利於網羅人才，因為情況尚未明晰安寧。

〈象〉「雲雷屯。君子以經綸。」經，編織物的縱線。綸，絲線製成的綬帶。經綸，此指用事的才能、準則。雲和雷交會成屯卦，君子當從中學習，以進德修業。

屯，以雷雨兩卦組合而成，展示了天陰氣悶的景象，此是一種屯。而在雨終落下，使大地甦醒，這也是一種屯。所以此訴說的是剛轉到另一種狀態，其特性尚薄，不可急功近利，否則如揠苗助長功虧一簣，能習習滋養己者，才可在屯之下穩當地成長。

【初九】磐桓，利居貞，利建侯。

磐，大石貌。桓，古時立於驛站、官署等建築物旁作標示的木柱。磐桓，堅定也，因如大石梁柱般堅立，亦解釋為無法前進的徘徊樣。侯，字形象一人張著布、弓矢於其下，本意為箭靶，後多用作古代官階名稱。建侯，此指的是廣納良才。

〈象〉「雖磐桓，志行正也。 以貴下賤，大得民也。」貴，物不賤，字形從貝表示價值重也，臾（古文蕢）作聲旁則表善豐也。賤，價低，聲符從二戈，傷貝也。大得，可得民心，或是有功。

初九陽爻位於陰爻下方，尚不足備條件以過險關，而只能進進退退、盤桓流連。此時當堅守崗位，持中正之道，招納賢才，禮服下人，伺機而動，而後方能有所得。

【六二】屯如邅如，乘馬班如。匪寇婚媾，女子貞不字，十年乃字。

屯，初之難，字形上方橫豎表土地，中則是小草，指草木初生困難。邅，難進也，難於行走也形容境遇不順。班，象以刀割玨，本義為分割，此取引申義為分布排列也。匪，通「非」。寇，賊人，象人持刀械侵入家室。婚媾，婚姻、嫁娶。貞，正道，此指女子不隨便託付他人，延伸釋為不妄下定論。字，女子出嫁也，字形宀表示內，屋內育子，即表女子已嫁做人婦。

〈象〉「六二之難，乘剛也。十年乃字，反常也。」六二陰爻乘於初九之上，是為相逆，故有難也。十年才有所育，是返回常規。

六二之爻，陰陽始交，事物萌發、狀態尚未穩固，此時遇到有人乘馬列隊而來，並不是不懷好意的賊寇，而是來求親的男人，女子堅守正道不出嫁，十年後才出嫁。當事物初興時，因底蘊尚淺，即使有機會也不可輕易嘗試，應充實自己至根基深厚不可催，待時機成熟後而伸展。

【六三】既鹿無虞，惟入于林中，君子幾不如舍，往吝。

既鹿，逐鹿。虞，神話傳說中的獸名，外型如虎，後引指掌管山林野澤的官吏。幾，事物發生的樞紐，能識變化之苗頭者，是有智慧之人，此義為智。舍，捨也。

〈象〉「既鹿無虞，以從禽也。君子舍之，往吝窮也。」從，跟隨，字形象二人相隨，有依順之義。從禽，跟隨野獸進入深林。吝窮，遭遇惡劣的處境、受到恥辱。

追逐野鹿卻沒有嚮導作指引，將會迷失於深林野叢之中。有智慧的君子，應適當地捨棄追逐，因為再往前走會陷於險境。當前方出現利益或是好處時，若事先沒有周全的計畫，或是完備配套方案時，明智的人不會冒然的前去尋求，以避免發生災禍。即是君子當明察秋毫，處靜知動之將至、於動知靜的變化，才能明辨取捨。

【六四】乘馬班如，求婚媾，往吉，無不利。

六四陰爻與初九陽爻相和，同時也上乘九五陽爻，使此爻動搖不定，故曰「乘馬班如」，表示乘於馬上進退兩難。

〈象〉「求而往，明也」。求，古字通「裘」本意為罩在外層的皮衣，此釋為謀求、追求。明，清晰明亮，字形中以發光的日、月表示明亮。

此爻又因乘陽爻，為過渡之際，若繼續努力以向前邁步，則吉而無不利也。當處於難以抉擇之地時，應保持積極的態度，向前追求，才能使路途明朗。

【九五】屯其膏，小貞吉，大貞凶。

膏，恩澤也，字形從肉，表示動物融化的油脂，古時富人以動物油脂下菜，使食物香氣更勝，有物之精華的意思，此取引申義恩澤。小貞，以漸進的方法得正位。大貞，以驟然的方式取正位。

〈象〉「屯其膏，施未光也。」施，施行。光，廣也。此陽爻居於坎險之中，而初九又於下得民，表示陷於險中而無援，且又被初九壓制，使得伸展不開，恩澤無法廣布，謂「屯其膏」。

因恩澤未施，使情況蒙昧不清，此時當修德聚賢，以正道克服困難，逐漸地發展。若以剛猛克之，則易壞事，故不可強為也。也就是當孤立無援時，應避免強然冒失前進，當守正以應變。

【上六】乘馬班如，泣血漣如。

泣，無聲出涕也。漣，風吹水面引起的波紋。上六陰爻卻盈於最上，既無法前進，亦無援相助，造成「泣血漣如」，此時乘馬班如是一種徘徊無由的悲象。

〈象〉「泣血漣如，何可長也。」長，長久。在屯的狀態，卻以陰柔之姿，急切地想要跨越，此將會破壞固有的基礎，使人無法長久。

屯象之圖

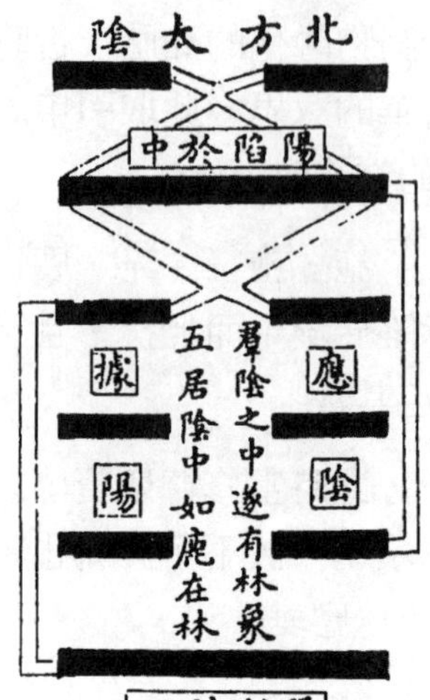

東方少陽

北方之坎
是謂太陰
東方之震
是謂少陽
少陽之氣
入於太陰
陽動而陰
陷斯所以
為屯也

上卦坎為水，下卦震為雷。水與雷組成了屯，指天陰欲雨而未雨時，空中水氣集結、伴隨雷聲，正是萬事起頭之際。

屯卦 卦義

15【初九】磐桓，利居貞，利建侯。

◆ **事業**：很多事都還在草創階段，導致工作窒礙難行，若能堅定目標，做好本分，並且能夠放下身段，接受自己高才低就的現實，將能得到許多賢才之人的幫助，情況會逐漸好轉。

◆ **創業**：尚無足夠能力大幅發展，故只能在目前的階段徘徊，儘管如此仍應固守本分，以中正的態度經營，等待時機一到，就能有大幅的成長。

◆ **錢財**：不知該進該退，並非值得冒險的時候，此時應以固守為本，等待良好時機。

◆ **愛情**：感情遇見阻礙，對於彼此的關係拿捏不準，不如先停止積極的動作，先秉持虛懷若谷的心態多方充實，適當的時機終會到來。

◆ **婚姻**：目前的狀態尚無法有所改善，但不必灰心，只要秉持良善德行持續付出努力，終能化解困局。

◆ **子女**：親子之間的困局還不到解除的時機，但若能盡到自己的本分，化解的時機就會來到。

◆ **健康**：病情時好時壞，但目前是調養身體的好機會，對健康有益的習慣若能夠持續，就會有好轉的機會。

◆ **旅遊**：準備不夠充分，遇見困難時必須先觀察情勢，避免貿然行事而帶來更大的危機。

◆ **考運**：剛開始接觸新的學習內容，遇見相當大的挫折。此時不應自亂陣腳，堅定的執行自己的讀書計畫與方式，有疑惑之處也應求助他人，會是累積實力的好機會。

◆ **人際**：剛開始拓展人際必定會遇見許多困難，必須先穩定自己的內心並培養實力，才有餘力拉攏人心，故不必太過著急，做好自己的本分，就能夠有所進展。

◆ **訴訟**：剛開始就陷入苦戰，這是因為自己的實力尚無法占得上風的緣故，要先穩住陣腳，才能逐漸找到自己的優勢。

◆ **遷居**：尚未準備完善，故搬遷過程處處受到阻礙，若能不畏困境，請他人給予協助，阻礙終能消除。

◆ **尋人**：往東北方尋找，必有所獲。

16【六二】屯如邅如，乘馬班如。匪寇婚媾，女子貞不字，十年乃字。

◆ **事業**：進入長時間的停滯期，這段時間雖然難熬，短時間內也看不見有好轉的趨勢，但必須咬牙苦撐、耐心等待，經過這段時間的淬鍊，將有所成長。

◆ **創業**：草創初期一切都還未穩固，即使有莫大的業務機會前來洽談，也不應草率應允，因自身能力不足，很可能將大好機會搞砸，反而對未來發展有不良影響。

◆ **錢財**：因初次投資不熟練而導致財務陷入膠著，這段時間不應輕舉妄動，要靜下心好好充實自己的知識與能力，待有了根基才能再次出手。

◆ **愛情**：桃花運低迷，與目前的感情對象陷入苦戀，應進行緩慢而確實的改變，增加自己的好感度，才有機會迎來桃花。

◆ **婚姻**：要避免一時昏頭而驟下判斷，目前需要放慢腳步，才能釐清現況，做出最好的決定。

◆ **子女**：可能是初次面對目前的困境，因此更需謹慎以對，以免輕率的舉動造成更大的誤解。

◆ **健康**：病情長久未見好轉趨勢，深受困擾，目前的病痛需要較長的復原期，應小心靜養，慢慢調養身體。

◆ **旅遊**：因為準備不足，旅途中若有不確定的事物就不要輕易嘗試，以免得不到好處反而引發重大損失。

◆ **考運**：成績未見起色，經過幾次的考試都沒有太好的結果。好成績需要靠時間與努力累積，不應太過心急，先穩健的培養自己的實力，準備面臨下一次的挑戰。

◆ **人際**：人際始終無法開展，交新朋友也面對阻礙，應多多充實自我，累積自己的內涵與交際技巧，等待好時機。

◆ **訴訟**：目前的時局不穩，加上自己經驗不足，看似能幫助你的事物也有可能演變為禍害，故更需謹慎行事，避免弄巧成拙。

◆ **遷居**：目前看似有搬遷的大好機會，但因為你尚未做好準備，強求機緣對你並沒有好處，不妨退一步等待更好的時機。

17【六三】既鹿無虞，惟入于林中，君子几不如舍，往吝。

◆ **事業**：遇到升遷的機會，但自身的能力尚未成熟，若急於得到高升的職位，只會將自己限於困境之中，應明智的婉拒，在下一次機會到來前做好充實的準備。

◆ **創業**：急躁前進容易失去方向，反而不利於事業發展，若能謹慎觀察局勢，在自己能力足夠的範圍內追尋發展機會，才能使事業鴻圖大展。

◆ **錢財**：景氣一片繁榮，眼看是大好的投資機會，但若真正出手，可能會招來不好的結果，千萬不要因為一時的利慾薰心而貿然嘗試，確定自己有足夠的資源與經驗再進行比較穩當。

◆ **愛情**：戀情有進展的機會，但欲速則不達，確定自己有能力經營這段感情後，才能再做進一步的舉動。

◆ **婚姻**：不應貿然行動，要突破目前的僵局需有周全的計畫，才能安然地度過難關。

◆ **子女**：有突破困境的機會，但若沒有完善的考量就做出輕率的決定，只是使狀況更趨艱難。

◆ **健康**：病痛似乎可以有完全痊癒的機會，但眼前的美好願景並不穩當，切勿病急亂投醫，可能會造成反效果。

◆ **旅遊**：乍看似乎天時、地利、人和，但你並未做好萬全準備，無論多麼想立刻實行，也要緩住，確認自己各方面都完備，才能信心滿滿的出發。

◆ **考運**：有功成名就的機會，但因底蘊不足，目前還無法迎接這項挑戰，宜韜光養晦，培養實力，才能真正達到心中所望。

◆ **人際**：若具備足夠才識，就會知道眼前的人際不是你能掌握的，要避免不自量力而使自己難堪。

◆ **訴訟**：不要急躁地行動，應暫時靜觀其變並謹慎規劃，等到對自己有利的時機出現，就能大獲全勝。

◆ **遷居**：在做好完善的規劃之前不應貿然前進，若執意進行搬遷，則可能發生憾恨之事。

18【六四】乘馬班如，求婚媾，往吉，無不利。

◆ **事業**：即將由辛苦的階段邁向順遂，若能不掉以輕心、堅持不懈，就能收穫甜美的果實。

◆ **創業**：正是創業的大好時機，應廣納人才，主動找尋發展的機會，定能使事業發展茁壯。

◆ **錢財**：艱苦的財務僵局即將過去，只要能撐過這段期間，就能迎向大幅的成長。

◆ **愛情**：歷經辛苦的階段，兩人的關係逐漸修復，但尚未完全，此時更應細心對待對方，共同經營這段感情。

◆ **婚姻**：雙方能夠找到相處的平衡，故先前的衝突將獲得化解，保持積極的態度，就能攜手踏上坦途。

◆ **子女**：經過一段磨合的時期，已經能夠順利溝通，只要繼續積極營造親子關係，就能保持良好互動。

◆ **健康**：最辛苦的時候已經過去，快要可以看見大雨後的晴朗，但太陽尚未露臉，健康狀況雖不至於回到最糟的狀況，但仍有可能往不好的方向發展，需小心照顧自己的身體，做好痊癒的準備。

◆ **旅遊**：長久的辛勤過後，就要進入享樂的時候，但時機還未完全成熟，再堅持一下，就能享受豐碩的成果。

◆ **考運**：最辛苦的準備時間即將結束，準備的最後階段更是不可掉以輕心，要能堅持到底，才能在最後一刻全力以赴。

◆ **人際**：人際關係逐漸解凍，與他人逐漸建立起良好關係，但關係仍不算完全穩固，要再加把勁，度過這段過度期後就能如魚得水。

◆ **訴訟**：最艱難的時刻已經過去，但仍須謹慎行事，最終會有好的結局。

◆ **遷居**：已經度過艱困的籌備初期，但過程中仍須付出努力，才能使搬遷圓滿落幕。

19【九五】屯其膏，小貞吉，大貞凶。

◆ **事業**：距離前景光明僅有咫尺之遠，但切不可因成功在望而驕矜自大，愈是這種時候，愈是應該謹慎小心，切勿急躁進取。

◆ **創業**：遇見困難若強硬行事，只會使情勢敗壞，只要持守正道，逐步克服困難，則可避免大難臨頭。

◆ **錢財**：累聚了多日的實力與經驗，正是大展身手之時，但若是以橫衝直撞、毫不克制的方式進行，則容易功敗垂成。

◆ **愛情**：熬過了最辛苦的時期，好不容易走到這一步，兩人之間累積了一定的感情基礎，此時若能小心對待、努力經營，感情便能走得長久，若因認為感情深厚而隨意待之，則導致情感破碎也並無不可能。

◆ **婚姻**：陷於困境而使情況渾沌不明，但只要行走於正道之上，謹慎行事，就能使未來之路逐漸明朗。

◆ **子女**：面對衝突避免以強硬態度待之，只要依循正道謹慎處理，就能化解當前的僵局。

◆ **健康**：艱難的時刻已進入尾聲，此時應該靜心修養，不應因身體狀況有了起色便過於放心。

◆ **旅遊**：在旅途中遇見困境而不知如何應對時，要依循正軌逐漸克服，避免用強硬的方式應對，就能免於更窘迫的境地。

◆ **考運**：所謂養兵千日，用在一時，在苦讀期間累積的實力到了一定程度，若謹慎應試將會有好成績，但若自視甚高，輕忽大意，則之前的辛苦都將白費。

◆ **人際**：辛苦累積了人脈，但卻施展不開，此時應以一貫的正直勤懇待之，則順境自然到來；若魯莽冒失，則會面臨危難。

◆ **訴訟**：遇見困難時，要以正直的態度應對，訴訟過程中要保持謹慎，以免一波未平、一波又起。

◆ **遷居**：容易遇見阻礙而孤立無援，但只要秉持正直德行，做好周全的計畫逐步克服困難，最終不會有大礙。

20【上六】乘馬班如，泣血漣如。

◆**事業**：欲追求的事物遇見阻礙，徘徊不前，在自保的同時，也要積極尋求解決方法。

◆**創業**：該主動時沒有採取行動，卻在應謹慎時急躁地前進，如此可能使過去的努力化為烏有，必須從長計議，在適當時機讓成效發揮到最大。

◆**錢財**：太過強硬的求財會得不到相對的回饋，若一時心急而沉不住氣，則先前所累積的財富也會盡數散佚。

◆**愛情**：關係停滯不前，雖積極彌補成效仍不大，但此時不應魯莽行事，若過於急切修復關係，則可能消耗先前建立的情感。

◆**婚姻**：要對目前的情況做好周全的考量，並且主動化解紛爭，就能使夫妻間的矛盾獲得解決。

◆**子女**：不應莽撞行事，要在恰當的時機主動解決問題，就能使目前的僵局獲得改善。

◆**健康**：狀況沒有太大的長進，情緒受到影響，要小心低潮的情緒影響生理，反而損害之前平衡的狀態。

◆**旅遊**：覺得自己似乎為了遠行而窮忙，沒有太大進展，即使如此，也不要因為內心急迫而損害了先前努力的成果。

◆**考運**：蘊藏了許久的實力必須在正確的時機發揮，若徘徊猶豫而錯失好時機，則將功虧一簣而悔恨不已。

◆**人際**：積極與人為善，卻得不到回應，應反過來放慢步調，不要讓原本和善的關係轉惡。

◆**訴訟**：要採取積極的姿態，但不能莽撞行事，做好周全的準備在適當時機一舉成擒，就能獲得勝利。

◆**遷居**：不要太過急切，放慢腳步穩當地進行搬遷，才能有好的結果。

屯卦卦理

屯卦之卦象，上為水，下為雷，因此水卦在外，表示外在環境存在著危險，而雷卦在內，則指內在的行動，合起來就是「存在著危險的行動」。

從卦名來看，屯就是小草初萌芽，剛從土壤中冒出頭的樣子。此時由於根基尚未穩固，一陣稍大的風就容易將其連根拔起，所以必須想盡辦法將自己的根系拚命往外延伸，處境可說既危險又艱難，正所謂「萬事起頭難」。但也因為處於一團混亂之中，什麼都還不明確，所以是從頭開始紮穩根基的最好機會。若是能把握這個時間點，建立或創造出穩固的制度或系統，則未來的成就指日可待。

另外，屯的文字釋義中，有集結、囤積的意思，亦即不應輕舉妄動，要趁現在累積足夠的實力，養精蓄銳，才有能耐應付即將到來的挑戰。

由於易經各卦中的六篇爻辭，均可以被視為符合此卦含義的發展過程，故屯卦的爻辭，就是一個草創、從無到有的歷程：初九有磐桓（大石與堅硬的大柱），亦即具備建立穩固基礎的材料，所以利於靜待原地，打好基礎；六二則屯如邅如，表示徘徊不前，因有險阻而難以前進之意；六三雖可既鹿無虞，前往山裡狩獵，卻沒有準備妥當，徵求嚮導的指引，因此宜速返回，擇期準備妥當後再戰；六四則乘馬班如，表示舉步不前之貌，但若能鼓起勇氣，敢於前進，則可以獲得成功；九五時屯其膏，雖然本身實力堅強，但因外圍有小人環繞，故不宜過於張揚，需從不太引人注目的小事著手；上六時則因自己尚未準備穩妥，就貿然前進，不僅沒有應付危險的能耐，後頭也無人可以提供協助，只能在原地驚慌打轉、欲哭無淚。

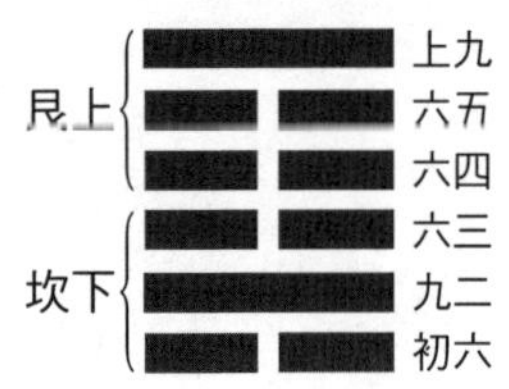

蒙卦

卦序▶4　錯卦▶澤火革
卦數▶34　綜卦▶水雷屯
卦向▶西南　互卦▶地雷復

卦揭

蒙，本義為菟絲草，其外觀細小，可見蒙字中渺小、脆弱之涵義，且其在生長過程中，慣於吸附纏繞他物，又衍申出了蒙蔽、覆蓋、無知等意思。在蒙卦中常出現的「蒙童」，非指以年齡作區分的兒童，而是專指人的精神處於渾渾噩噩的狀態。而相比於屯卦的烏雲密布之象，艮上坎下的蒙，表示雨水已經落下，萬物獲得養分與滋潤，在天道中成長茁壯。

孟子幼年失怙，其母重於教。初時居於墓地旁，孟子便學人跪拜、哭嚎，使母決定搬遷。居於市集，孟子學人宰殺雞羊，母決定再遷。繼而居學宮之旁，孟子學官人以禮相待，母終滿意此所。孟子若無母教導，是否能成為儒家一代宗師，尚未可知也。亦得以啟蒙學習之途，會影響往後的人格特質與興趣，物之發也難、物之養更是學問也！

卦辭

【卦辭】亨。匪我求童蒙，童蒙求我。初筮告，再三瀆，瀆則不告。利貞。

匪，非也。我，指九二爻的啟蒙之師。蒙，愚昧。筮，占卜，字形中巫即表占卜，從竹是因古人也有以草問神的習性。告，說明，字形象人在祭廟中獻上牛隻，向神提出請求。瀆，輕慢。

〈彖〉「蒙，山下有險，險而止，蒙。蒙亨，以亨行時中也。匪我求童蒙，童蒙求我，志應也。初筮告，以剛中也。再三瀆，瀆則不告，瀆蒙也。蒙以養正，聖功也。」時中，順應時序和中庸的原則。剛中，指九二陽爻於下卦之中，是剛而不過。蒙卦，上卦為艮代表山，下卦為坎代表水，山下水險而止。其能順暢亨通，是因符合道中之理。並不是我去求童使之啟蒙，而是蒙童來請教我，如此志合教導才得以開始。當蒙童第一次來問時，應和顏悅之。若反復來問，是態度鬆懈，則不予以告知。對於在啟蒙路途上的人們養其純正，這是一項偉大的功業。

〈象〉「山下出泉，蒙。君子以果行育德。」君子學習蒙卦，以果敢的智慧來培養自身的道德修養。

在屯卦難產初生之後，面臨的即是初育，即是啟蒙。剛長初的柔嫩幼苗，需要恰當的培育，恰如其分的陽光、適量的水源。蒙童亦需要良師的教導，懷自主向學之心以求教，但若心態軟弱懷疑而於一個問題上多次求問，是教亦無用。為師者須能視人施教，持威而不猛之態，開啟蒙童的智慧，使之成有德之人。在蒙卦中，陽爻表示為師，陰爻為神智未開之人，持正道以交會，則利貞。

【初六】發蒙，利用刑人，用說桎梏，以往吝。

發，開展，字形從弓，本義為放箭，今多取其動作中開始、發生之義。刑，通「型」，本指用以塑造他物泥土模型，表示型塑、範塑。說，同「脫」，解脫。桎，木製腳鐐。梏，木製手鐐。桎梏，通指處罰犯人的刑具。

〈象〉「利用刑人，以正法也。」正，不偏，從止代表步伐，從一表示固定方向，一直向同一方向行走是不歪也。法，法度，字形從水表示其性質公平不偏，從廌，以古代神獸的特徵形容能明辨是非。教導他人之方法，應遵循正道、不偏不倚。

以禮教啟發尚處於蒙昧狀態的人，穩固其人格、明白做人處事的道理，知理則不會因犯罪而受刑罰，若任其愚昧滋長，將會有禍事發生。人、事、物在初生的階段時，需謹慎維護栽培，去其小惡、導其正，使其秉中正之理成長。

【九二】包蒙，吉。納婦，吉。子克家。

包，包容，巳象未成形的胎兒，勹則表示包覆，知其義為裹。包蒙，九二爻教導初六爻，是包容未開化的人。納，接受、收入。納婦，九二爻與六五爻相應，是陽爻接納代表婦之象的陰爻。克，勝任，自行象人肩膀載物，本義為肩膀，又引申有能夠、勝任之義。子克家，此爻居下卦之中，卻可作為全卦之良師。

〈象〉「子克家，剛柔接也。」剛，堅毅，字形從刀可以彊斷貨物，表示有力。柔，軟，本義為樹木可曲可直。接，交、合也。剛柔接也，六爻從上至下由陰、陽位相交而成，而九二陽爻居陰位，故曰「剛柔接也」。

九二爻處坎卦之中，堅毅而不失柔軟，對於不同的對象能因材施教，卻又不威嚴過甚，表現出為人師表的平衡點，可說是「望之儼然，即之也溫，聽其言也厲」。

【六三】勿用取女，見金夫，不有躬，無攸利。

取，通「娶」，本義為戰場上取下敵人的耳朵表示勝利，後加上女形，以區別婚嫁中的取得之義。女，指六三陰爻。金夫，指九二爻。躬，身體。不有躬，遇險而無法善保其身。攸，所。

〈象〉「勿用取女，行不順也。」順，合適，頁畫頭，和代表水流的巛同一個方向，因順向合理，而引申為適當。行不順也，指六三爻行為不當，其本該對應於上卦的上九爻，但卻又和九二爻相逆比。

此爻因和九二爻鄰近，拋棄了上九爻，其形式不合正理，無有善終，是不利之象。爻辭用以比喻求教化之路上，若學習不以正道，只以近利為目標，不堪教化，則無法脫離愚昧。

【六四】困蒙，吝。

困，陷於難也，本義為廢棄的屋子，字形象一木受四壁包圍，無法伸展。吝，恥辱。

〈象〉「困蒙之吝，獨遠實也。」獨，單一，字形從犬，犬性獨行、不從群。遠，遼也，字形從辵旁，表示走走停停，走得很遠。實，富足，從宀表示房屋、貫則為貨貝，家中貨物滿盈，是富有充實之景。

六四陰爻居陰位，又夾於二陰爻之中，且亦對應於初六陰爻，不見剛強。智識不足、昏昧有餘，又無師長之教化，困於蒙中而無援，使有鄙吝。

【六五】童蒙，吉。

童，本義為男僕，此指尚未受到啟發的人，其純然、有潛力的美好的一面。

〈象〉「童蒙之吉，順以巽也。」巽，風，恭順也。順以巽也，童蒙之所以為美，正是因為其心無旁騖，對一切事物還在摸索階段，因此易於教育以利成長。

未曾受到啟蒙的人，醇美而溫順，儘管有無知，為師者應予以教導和保護。

【上九】擊蒙，不利為寇，利御寇。

擊，敲打，字形中轂象車相撞，而從手旁表示用手敲擊。禦，抵擋。

〈象〉「利用御寇，上下順也。」上下順也，指上九爻下乘陰爻，又對應於下卦中的六三陰爻，有震服作用，可止恥辱之至。

上九陽爻艮卦最上，猶如位於山頂的位置，此時治蒙過剛，對蒙者而言，可比擬為盜寇，對啟迪蒙昧無所利。但若剛嚴能謹慎為之，可以去蒙者悖道之心，有利於制止其為盜。

蒙象養正圖

上卦為艮，艮為山為止；下卦為坎，坎為水為險。山有水出，是疏通之象，遇險有止，則水流不偏，此即啟蒙。

卦義

21【初六】發蒙，利用刑人，用說桎梏，以往吝。

- **事業**：事業還在懵懂未知的起創期，此時應虛心求教，遵循前人的規則與教條，要求自己嚴以遵守，此時的嚴厲要求將有利未來的發展。
- **創業**：剛開始創業，必須先參考前人的經驗，逐漸建立事業的規範與目標，建立良好的根基，才能有最好的發展。
- **錢財**：較為欠缺理財觀念，對自己的財務狀況不甚熟悉，此時正是做足基本功的時期，必須按部就班，以免造成損失。
- **愛情**：還無法完全掌握彼此的喜好與脾氣，要藉著這段時間彼此磨合，訂出相處的規矩，循序漸進地發展。
- **婚姻**：可能還在調整彼此的相處模式與習慣，若能在這段時間就做好良善溝通，培養好默契，則之後便可免於這方面的爭執。
- **子女**：子女尚在懵懂階段，此時若不能教導他明辨是非而採取放任，則之後必定後患無窮。
- **健康**：進入一個新的階段，對於自己的身體變化還不能完全適應，此時更應訂下規律的作息，若就醫則應嚴格遵從醫生的指示，才能使健康有所改善。
- **旅遊**：無論是否初次前往，都應遵守某些規範，遇見困難要向他人虛心請教，才能避免旅途中陷入困窘。
- **考運**：剛剛開始接觸新的學習內容，為了新的目標做準備，可以多參考前人的叮嚀或指示，為自己訂立一套完整的作息表與讀書計畫並確實地實行。
- **人際**：進入新環境，對目前的人際情況都還不甚熟悉，欠缺經驗與能力，此時應放慢腳步，了解這個社群的規範，穩定基礎。
- **訴訟**：若情況仍渾沌未明，必須向前人請教，定能有所收穫，以應付目前的訴訟難題。

◆遷居：初入新的環境，必須依循一定的規範，若無視規矩而愚昧行事，則能為自己招來禍事。

◆尋人：往西南方尋找，必有所獲。

22【九二】包蒙，吉。納婦，吉。子克家。

◆事業：被包圍在蒙昧的人才當中，若能包容且主動教導，則其日後能夠成為得力助手，此時人才的培育極為重要。

◆創業：應主動接近有能力的對象，從對方身上汲取經營的才識，將能幫助你在創業時避開許多可見的風險。

◆錢財：受到初學者的影響，財務出現波動，這時候若能接納、包容，以柔性的方式教導對方，則之後未必不會是你的福星。

◆愛情：有人盲目的對你表示好感，但他卻對你一點都不了解，不要急著拒絕，若能開闊心胸，與其交流，他有可能會是日後的好伴侶。

◆婚姻：彼此互為學習對象，在婚姻關係中一同成長，才能使婚姻長久而沒有咎害。

◆子女：在適當的時刻主動教導孩子是非對錯，能夠促進親子間的良好互動，在端正子女行為的同時，也能構築良好的溝通管道。

◆健康：有人對於你的病痛給予毫無根據的建議，對這些建議雖不必真的去執行，但可藉此感受對方的關心，也是美事一樁。

◆旅遊：因為搞不清楚狀況的人太多，讓你的計畫有所窒礙，但也不必因此攬下所有的事，若能抱著善意教導他們，將會成為你的一大助力。

◆考運：當他人都來向你請教時，代表你已經有充足的學識，此時若能教導他人，對自己也會有莫大的幫助。

◆人際：被許多初出茅廬的朋友圍繞，身為當中最有經驗與智慧的人，要能帶領他們成長。

◆訴訟：身旁的人可能沒有足夠的能力給予你幫助，但若能耐心引導，則能成為你訴訟過程中很大的助力。

◆ 遷居：與新的鄰居主動交流，分享自己所知所學，能夠創造鄰里間的良好互動，搬遷不會有害。

23【六三】勿用娶女，見金夫，不有躬，無攸利。

◆ 事業：工作剛剛起步，應循序漸進、一步一步學習，若貪圖一時之快，能力不足便急於升遷，則會事與願違。

◆ 創業：想學習他人的經驗卻用了不正當的方式，如此只為自己利益著想，只會為自己帶來災害。

◆ 錢財：財務剛剛上軌道，面對誘惑要能秉持正道，切勿利欲熏心，高估了自己的能力，否則將招致更大的損失。

◆ 愛情：面對感情的態度還不是相當成熟，遇到困惑的時候，可向有經驗的人請教，明知對感情有害的事若執意去做，也無怪乎感情產生裂痕。

◆ 婚姻：溝通要能循序漸進，若好高騖遠則可能造成反效果，無助於情感的建立。

◆ 子女：想改善與子女的關係卻不依循正道，則彼此間的誤會無法解除，甚至會引發更大的衝突，必須三思。

◆ 健康：身體仍在復原當中，切勿急進行事，若三心二意，使身體增加太多負擔，將對身體有害。

◆ 旅遊：希望學習他人經驗來幫助旅行的規劃，採用的方式卻並非依循正道而行，如此將為你招致禍害，連帶影響了旅途的進行。

◆ 考運：要穩定且踏實的學習，妄想一步登天是不可能的事。

◆ 人際：還在摸索的階段，依照正常的速度與人逐漸深交會是較好的方式，不可為了急於融入而跨越人際間適當的的界線，會導致適得其反的結果。

◆ 訴訟：情勢尚未明朗，此時若急於看見成果而偏離正軌，只會陷入更漫長的訴訟糾紛當中。

◆ 遷居：要循序漸進地進行，若貪快而不擇手段，結果必定事與願違，還不如依循正軌踏實進行，才能順利完成搬遷。

24【六四】困蒙，吝。

- **事業**：不聽從前人的教導，因而失去方向，我行我素的行為讓你失去了能端正行為的導師，而這將使你陷入更大的困境，唯有虛心接受他人的指導，才能免去困窘。
- **創業**：在自己的實力還不夠時，若只是埋頭苦幹而不向優秀的對象取經，則容易陷入窠臼，最終招致失敗。
- **錢財**：不採信有經驗之人的建議，造成財務上的起伏，因而陷入了僵局，此時應積極尋求援助，方能穩定局勢，將情況導回正軌。
- **愛情**：所作所為偏離了招來桃花的正途，應找個值得仿效的對象，試著學習他招來桃花的方式。
- **婚姻**：自己的想法有所偏差，卻沒有導正的對象，如此可能在婚姻中言行失當導致情感的裂痕。
- **子女**：沒有足夠的能力面對目前的困局，卻又不願向他人求助，只會使情況持續惡化而沒有解套的方法。
- **健康**：因為自己的昏昧無知，使能夠端正你習慣的人暫時遠離你，健康狀況一直無法有起色，應多聽從他人的建議，接受幫助，才有恢復的可能。
- **旅遊**：能力不足又不願學習，會使自己在旅途中陷入困境而難以脫身。
- **考運**：自己的能力不足，耳根子又硬，將願意教導你的人推離，如此只會招來落敗的結果。
- **人際**：性格軟弱又抓不到訣竅，只願閉門造車而不主動向他人學習，如此只會使情況更加敗壞，唯有提起勇氣尋求協助，才有好轉的可能。
- **訴訟**：處於昏昧的狀態又缺乏能夠給予你幫助的對象，若不主動向他人尋求幫助，落敗的下場已可預見。
- **遷居**：自己的才識不足，無法做出好的判斷，要能主動尋求協助，才能避免錯誤的決定帶來悔恨。

25【六五】童蒙，吉。

- **事業**：儘管自己有所不足，卻能虛心聽從上司教導，這將使你獲得認同，也有助能力快速提升，升遷也指日可待。
- **創業**：儘管還未有足夠能力，但能夠虛心接受他人的指導與建議，故能使事業有長足的進步，最終能夠邁向成功。
- **錢財**：雖然欠缺專業知識，但卻願意從頭學習，接受他人的指導，這將有助往後的求財之路順暢無阻。
- **愛情**：抱持著良好的心態，也遇上好的對象，兩人從相處中學習，就能形成一段好的姻緣。
- **婚姻**：能夠以正確的心態進一步了解對方的想法，故能夠在婚姻中彼此學習，使婚姻關係溝通無礙且和諧。
- **子女**：願意接受不同的意見與看法，故能夠順利和對方溝通，如此將可避免許多可能的衝突，建立良好的親子關係。
- **健康**：保持開放的心胸，吸收有益的資訊，對自己的病情謹慎待之，必有所獲。
- **旅遊**：願意不斷學習以彌補自己能力上的不足，開放的心胸也會使你的旅途順利且富有收穫。
- **考運**：雖覺自己資質駑鈍，但也正因意識到自己的聰穎不足，面對教導自己的人更能虛心學習，使得成績有所提升。
- **人際**：對於人際關係無法掌握，但卻勤懇學習，良好的態度使你獲得貴人相助，有著人脈的開展。
- **訴訟**：願意接受他人的建議，不斷修正自己的作法，方向正確了，自然能夠取得優勢，贏得勝利。
- **遷居**：能夠虛心聽從他人的建議，免於頑固昏昧可能帶來的災禍，搬遷必定能夠順利進行。

26【上九】擊蒙，不利為寇，利御寇。

- **事業**：上司嚴厲的指導方式讓人產生反感，在上位者應溫而厲，威而不猛，以排除困難的方式使下屬學習，非一味急進的強硬要求，在下位者則應謹守本分，避免衝突。

◆ **創業**：要以合理的方式帶領員工，適切的給予指導，才能讓員工打從心裡願意為公司效勞，若只是以高壓的方式給予壓力，則必定招致反彈，影響公司的發展。

◆ **錢財**：避免不合情理的期望與要求，否則只會為周遭的人帶來壓力，卻無利於現在的財務狀況。

◆ **愛情**：若以強硬的方式對待這段關係，將使對方感到退縮，對感情會有不良的影響，應以排除感情中障礙的方式來維護，關係才能長久。

◆ **婚姻**：婚姻中有所衝突，要以冷靜合理的方式處理，避免正面衝突，才能將傷害減到最小。

◆ **子女**：管教方式要嚴謹但不需嚴格，保持一定的彈性，才能使雙方的相處和諧無咎，並且使管教達到最好的效果。

◆ **健康**：嚴格的治療方式不但收不到成效，反而使壓力增加，若能保持適當的彈性，才能使治療意願提高，進而有效果顯現。

◆ **旅遊**：旅途中若遇見阻礙，要以理性的方式面對並處理，若只是怨天尤人、以憤怒的情緒應對，問題終究不會獲得解決。

◆ **考運**：學習的方式要有規劃，但不必強制按表操課，只要自己心中有定見，保持彈性的學習方式，會比嚴厲執行更為有效。

◆ **人際**：對方強硬的態度讓你倍感壓力，下意識地產生逃避心理，雙方應作良好溝通，避免方鑿圓枘的僵局。

◆ **訴訟**：避免以暴力或不合情理的方式解決爭訟，在訴訟時為對方留一分情面，將能避免後患無窮。

◆ **遷居**：過程中若遇見困難，要以合情合理的方式應對，若過於強硬不講理，則必定帶來更大的災禍。

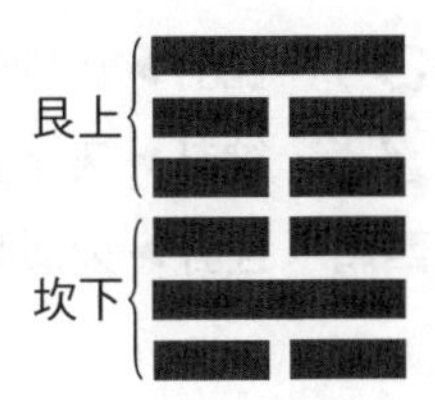

蒙卦卦理

蒙卦承繼屯卦之後，為經過了開天闢地，雖然出具雛形但仍然處於蒙昧不清的狀態，如同幼童般懵懂無知，尚不能成氣候。

蒙卦的卦象為山卦在外，水卦在內，表示剛從山下冒出的泉水。可以想像河的源頭，由於泉水剛露出地表，因此水勢不大，流向也不固定，不足以匯聚成能到達海洋的大川大河，所以還需要相當長時間的學習才能成事。另外，卦象中有艮為山，象徵停止的意思，有內水險，則表示遇上了危險，因此面臨危險時，應當立刻停止，不再前進。

此卦的卦名「蒙」，有啟蒙之意，象徵幼童涉世未深，什麼都不懂，能力也不足以應對外在環境的危險，因此需知曉自己的能力極限，不可貿然行動，應該靜觀其變，多加學習累積知識與能力。而面對危險時，除了按兵不動外，也須主動向年長有智慧、經驗豐富的長者或前輩虛心求教，而非坐著等待別人來給予建議，如此才是增廣見聞的最好辦法。

然而蒙卦的卦辭中也說明，求教於人時要誠心向學，初次問事就應該要將問的內容牢記在心，不可拿同樣的事情一問再問，否則就是汙辱了費心指導自己的求教對象，而且無法獲得解答。

在蒙卦這一卦的爻辭中，提出了幾種古人認為是「蒙昧無知」的狀況：初六為發蒙，意指人民正處於不知事的階段，因此要嚴格管理，最忌姑息養奸，此時利於用刑罰來警醒世人；九二指出包蒙吉，若是能包容與協助指導年幼不知事的人，則為吉相；六三告誡人們勿用取女，不可以過分貪慕錢財與美色，否則會因小失大，固執眼前而失去長久的利益；六四則是困蒙則吝，由於自身的無知愚昧已讓自己深陷險境，又只知結交小人，因此無法脫離黔驢技窮的窘境；六五為童蒙則吉，雖然沒有足夠的才學，但因擁有天真單純的無私之心，因此吉人自有天相；最後是上九，由於年紀或時間已到，應是時候突破自己的蒙昧無知，將被動的等待化為主動的學習，積極讓自己覺醒。

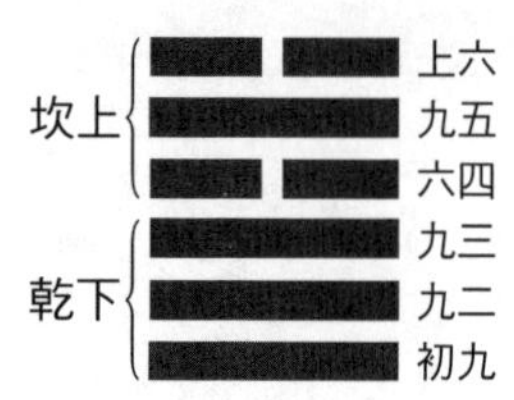

需卦

卦序▶5　錯卦▶火地晉
卦數▶23　綜卦▶天水訟
卦向▶西南　互卦▶火澤睽

卦揭

需字從雨而聲，表示遇雨不進，其所訴說的是停頓、止待，而不失剛健的涵養。但也不等於一直不動，其實暗藏著一股花香待撲鼻。等待之後前進，前進之後等待，此需是動靜交相乘，佐之以誠信，在遇困難之時，守來柳暗花明又一村。

張良正是一位將「善守度險」演繹的恰到好處之人。其刺秦王未遂，匿於下邳，於圯上遇見粗布短袍老翁，令張良撿拾遺落橋下之履，且使張良跪伺。又命張良明日來候，首日張良來赴老翁已在，次日來赴遲老翁一步，三日張良於夜半前往赴以待，得老翁授以兵書《太公兵法》。竭誠隱守而獲助，終滅秦以報覆國之恨。

【卦辭】有孚，光亨，貞吉。利涉大川。

孚，誠也，字形象鳥爪覆蓋於卵之上，本義為孵卵，又鳥皆孵卵不失信，有誠義。涉，渡水，字形如兩隻腳各站一河的兩邊，表示依腳過河。

〈彖〉「需，須也。險在前也。剛健而不陷，其義不困窮矣。需有孚，光亨，貞吉。位乎天位，以正中也。利涉大川，往有功也。」需卦，即等待。性格剛健之人在險難之前等待，可以不陷於窮途之境。需卦表示誠信，光明而通達，中正而有吉祥。因為九五爻居天位，且依然守正的緣故。此時可以越過大川，度過劫難，在前進之處建立事業。

〈象〉「雲上於天，需。君子以飲食宴樂。」需卦卦象為天上有雲，正等待雨過天晴，君子以此借鑑，在飲食宴樂的生活中守正以待。

需卦精於教人等待，並且待而後進。屯卦是初萌之難，蒙卦是啟蒙的謹慎，而需卦是成長的耐心。天地依循春夏秋冬節氣的變化，按固定步驟交替輪環，人習天道作為澆灌成長的方式，在每一步等待成長之機養誠修心，於具備足夠能力之後向前邁進。

【初九】需于郊。利用恆，無咎。

郊，城外曰郊，郊外遠於市也，阜形為邑，口為城市圍牆、巴畫人民跪拜樣，交為交錯，即是城外而未到鄉野之處，《爾雅》「邑外謂之郊，郊外謂之牧，牧外謂之野，野外謂之林」。恆，常也，字形從二，上下橫畫分別代表天地，有永久之義。

〈象〉「需于郊，不犯難行也。利用恆無咎；未失常也。」犯，牴觸，本義為犯人，後轉注作違逆。失，捨也，字形如物從手中丟棄。常，規律，字形本象下裙也，方巾用作遮蔽自體，修飾身形以示人為常態也。

在郊外生活以等待，遠離人世嘈雜之地，不易招致人禍，利於保全生命。若生活平淡清苦，宜耐心等待轉變的契機，儘管無法一展長才、建立事業，卻能免去災禍。

【九二】需于沙。小有言，終吉。

沙，灘也，字形從水從少，當水少時則沙現。言，直言也，字象舌頭嘴巴露出，表示說話。小有言，指遇如口舌是非般的小災。

〈象〉「需于沙，衍在中也。雖小有言，以終吉也。」衍，延展，表示水順著方向流動，歸宗於海，有平穩、順象的意思。以終吉也，指儘管有小災，但是因尚未深陷於險處，堪能過關，終有吉祥。

九二陽爻，質剛處陰，居於乾卦中，展現寬厚中立的景象，雖有小禍，但最終是吉祥的。當足立於沙，只要將腳上沙粒輕拍，即可遠水避災。小禍即如是，將沾沙的雙足清淨，便能還原初色，回歸身心穩靜的狀態。

【九三】需于泥，致寇至。

泥，泥水。寇，賊盜。致寇至，人遇金錢外露則易起賊寇之心，而陷於泥中之人是喪失了一部分自我保護能力，將招致賊人的覬覦。

〈象〉「需于泥，災在外也。自我致寇，敬慎不敗也。」災在外也，指在泥水中等待，離險過近，如同災難就在自家門外。敬慎不敗也，懷認真謹慎之心，可以繞開失敗之境。

九三爻位於乾卦上爻，正交於坎險，是曝於難中，但因與上六陰爻相合，尚能度險，故敬慎以避敗也。相較於前兩爻在「郊」或「沙」處等待，此時浸於「泥」中是在較為靠近核心處企望，更接近名與利，卻也因而易招風損。

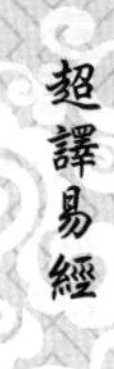

【六四】需于血，出自穴。

血，同「恤」，憂也，指憂患聚集之地。需于血，六四爻以柔居陰，又入坎險之中，得正而能待。穴，土室也，宀形屋頂、八形洞口兩旁的支柱，合作地洞。

〈象〉「需于血，順以聽也。」順以聽也，指柔順聽從時機變化，以給予應對。

入於穴中，充滿憂患，儘管得安居所，卻是以身試險，但保持順和可以維繫在憂患中的需待。「不入虎穴，焉得虎子」，以冒險換取獲得的機會，此時當順著環境變化，眼觀八方耳聽四面，莫躁進妄動。

【九五】需于酒食，貞吉。

酒食，此指舒適的生活方式，能以酒食生活，表示生活的環境優良，亦是因達成人生中的某一項期望，心情開闊帶動生活變得舒坦。

〈象〉「酒食貞吉，以中正也。」以中正也，指於酒食生活，仍須有中正之心，才有貞吉。

九五爻居正位為尊，達成目標，可享酒食之樂。然亦需待，心懷感恩、秉守正道，若妄自向前則成酒池城林之亂象。

【上六】入于穴，有不速之客三人來，敬之終吉。

有不速之客三人來，指下卦三陽爻。敬之終吉，對待處於低勢的他人予以尊敬，可以脫險獲吉。

〈象〉「不速之客來，敬之終吉。雖不當位，未大失也。」雖不當位，上六爻太過，已深於水中。未大失也，指能存尊敬謹慎之心，雖有害，卻非大失也。

已入於穴卻至極處，是逢禍之端，然衷懷敬謹，有小過，也不致身害也。即人於高處，不以己優為傲，應持尊敬以處世，遇尚未發達之人，則不吝分享。

需須之圖

上卦坎為水、下卦乾為天，水於天上，正待雨過天晴。需即為待，強調待而後進，以充足的守候為長成之條件，方能不偏而中正。

27【初九】需于郊。利用恆，無咎。

- ◆事業：目前的環境不適合尋求突破，要避免災禍，除了盡力維持目前的工作，還要遠離中心團體，避免招來不必要的麻煩。
- ◆創業：現在的局勢不利於太冒險的決策，相較於尋求突破，目前更需要的是鞏固原本的業務，應穩定地等待發展時機到來。
- ◆錢財：目前不適合做冒險的投資，應掌控好目前手上現有的資源並盡力維持，靜待局勢轉好。
- ◆愛情：兩人的關係禁不起波瀾，應避免橫生枝節，盡力維持現有的關係，以免產生情感糾紛。
- ◆婚姻：保持現在的相處模式，盡量避免太大的變動，以免使不安穩的關係產生更大的波動，謹慎觀察情勢的變化，要等到良機出現才能有所行動。
- ◆子女：不要貿然地採取變革，必須先穩固你與子女間的關係，才能在良好的時機進行改變。
- ◆健康：對於來路不明的醫療方法要保持懷疑的態度，此時不應採取大膽的治療方式，僅需對目前的良好健康習慣持之以恆。
- ◆旅遊：現今情勢不適合前往治安狀況較差的國家，對於旅遊計畫應從長計議，靜待局勢轉好，避免冒險妄動。
- ◆考運：與其積極嘗試各種旁門左道，不如以穩定地姿態一步步累積實力，循序漸進才能在正式上場時發揮最大的能力。
- ◆人際：避免讓自己成為人際的中心，應低調行事、靜觀其變，只要穩固目前的人際關係，就能避免災厄。
- ◆訴訟：不要冒險行事，要穩當地掌握所有線索，在適當的時機採取決定性的動作，才能使紛爭順利落幕。
- ◆遷居：不要妄做決定，要保持耐心與恆心並觀察局勢，最終才做出最有利的決策，才能避免妄動帶來的悔恨。

◆ 尋人：往西南方尋找，必有所獲。

28【九二】需于沙。小有言，終吉。

◆ 事業：處於嚴峻的環境，工作上容易招來他人的閒言閒語，此時應保持心境清明，不受干擾，災厄自然遠離。

◆ 創業：雖然處境仍不是十分對你有利，但即使遇見小挫折，只要努力克服，還是能有非凡的成就。

◆ 錢財：財務陷入對你不利的情況，但應避免急躁，靜待時機，若能以冷靜的態度面對，就能使困厄轉為平順。

◆ 愛情：感情容易因他人的言語影響，使兩人關係產生動搖，此時更應以平常心看待，盡力維持關係的平穩。

◆ 婚姻：可能產生口角紛爭，但只要保持心境上的寬裕，彼此之間達成共識，就能攜手度過難關。

◆ 子女：與子女的情感可能因言語受到傷害，必須放寬心胸，一同面對衝突，就能化解目前的僵局。

◆ 健康：因胡亂聽信他人的意見而使健康亮起紅燈，應保持平靜心態，才能使健康回到穩定的狀態。

◆ 旅遊：眾多的意見與惡言可能使你失去信心，應調整心態、以平常心應對，堅定地實施自己的計畫。

◆ 考運：處境仍處在危險的邊緣，必須以堅定的內心應對，避免急躁行事，就會有所收穫。

◆ 人際：儘管已經低調行事，但仍招致言語中傷。要避免因此而亂了陣腳，應穩定心情，平靜以對，就能度過災難。

◆ 訴訟：訴訟過程中將會有所損失，但只要保持寬大的思想，以堅定的態度面對爭訟，終究能夠獲得平反。

◆ 遷居：過程中會受到一些阻礙，但不會對搬遷本身產生太大的影響，最終還是能保有吉祥。

29【九三】需于泥，致寇至。

◆ 事業：目前的處境不甚理想，在靜心等待局勢轉好的途中，遭逢他人的攻訐，容易陷入不利的境地，行事必須相當謹慎小心，才有辦法避免災禍。

◆ **創業**：處在危險的境地，可能招來競爭對手的攻擊，故行事必須謹慎，避免為了追求利益而妄進躁動。

◆ **錢財**：為追求利益而深陷困局，此時應小心遭到競爭對手的落井下石，造成財產的損失。

◆ **愛情**：感情停滯不前，引來第三人的覬覦，此時應謹慎對待這段關係，避免爭執及誤會的發生。

◆ **婚姻**：在感情失睦下還可能引發更大的衝突，面對問題要謹慎看待，以戒慎的心態處理，還是有可能避免更大的災害。

◆ **子女**：與子女的關係可能有所損傷，但不要因此妄自行動，必須先謹慎思量，才能避免引發更大衝突。

◆ **健康**：健康狀態不佳，病情上可能節外生枝，讓你心力交瘁，需要比平常更加注意身體的狀態，避免疾病的惡化。

◆ **旅遊**：離危難的距離相當近，更可能遭遇接二連三的困難，故必須抱持戒慎的心態謹慎做好準備，當災禍來臨才不會措手不及。

◆ **考運**：處於危險的周遭，可能白費先前的努力而功虧一簣，必須以更加謹慎的態度面對這場考試，才可能避免最糟的情況。

◆ **人際**：與周圍的人關係僵持不下，讓你如同身處泥濘之中，動彈不得，應靜心等待時機，對於應對進退需要更加費心。

◆ **訴訟**：陷於紛爭的泥濘之中，還可能遭受對方進一步的攻訐，要以謹慎的態度面對爭訟，以免受困險境而無法逃出。

◆ **遷居**：遇見困難而難以前進，此時還可能發生讓你更加苦惱的意外，故應步步為營，小心戒慎能讓你避免不必要的麻煩。

30【六四】需于血，出自穴。

◆ **事業**：現今所處的位置看似安穩，實際上卻是與危險相伴，因此產生許多憂患，但不必急於逃出，保持柔順的姿態，伺機而動，可從險處一躍而上。

◆ **創業**：在危難四伏的環境中要避免輕率的舉動，必須順應情勢，仔細觀察環境的變化，等待突破的良機。

- **錢財**：目前的投資風險極高，應順著局勢靜觀其變，不可任意妄為，等待從困難之處逃出的機會。
- **愛情**：目前的感情看似可往上發展，但一不小心就可能使關係破裂，應懂得用聰明的方法解決問題，並靜待時機，等待感情加溫的機會。
- **婚姻**：處於困境之中，雙方的關係帶有憂患，應避免急躁的態度，順應目前的狀態逐漸找出溝通的機會，才能使情況漸漸改善。
- **子女**：目前的親子關係不甚理想，稍有不慎就可能帶來災難，故應謹慎面對，做好全面的考量才能採取行動。
- **健康**：儘管因想積極解除病情而嘗試高風險的醫療方式，成功機率雖高，卻也免不了憂慮，此時不妨靜待其變，以耐心等待病情轉好。
- **旅遊**：目前的情勢不適合旅遊，若非得前往，則可能遇上災禍，必須相當謹慎行事，保持高度警戒，以免引發更多困厄。
- **考運**：為了提高成績而採用不同的讀書方法，這項方法也許能將成績一舉拉抬，卻也可能因非慣用的學習方式而導致完全無法吸收，應潛心學習，等待機會好好展現學習成果。
- **人際**：你想拉攏的人脈可能比你想像中的危險，唯有保持和順的態度，察言觀色，才能避免將自己捲入麻煩之中。
- **訴訟**：局勢對你不利，避免冒著風險妄想取勝，應以謹慎的心態應對，將損失減到最低。
- **遷居**：要以戒慎的態度面對目前的困境，若掉以輕心，則會使自己陷入更加難以脫身的局面，搬遷的進行也會更加困難。

31 【九五】需于酒食，貞吉。

- **事業**：即將達成你想達到的目標，一切事物都水到渠成，在成功到來之前，仍須耐心等待，等著接收豐碩的成果。
- **創業**：只要耐心等待良好的時機，在那之前先做好完善的準備，就能在對的時機達到最大的成效，使事業有極大的發展。

◆錢財：秉持良正的投資方法，靜待良好的時勢到來，財務就能蒸蒸日上。

◆愛情：感情發展順遂，但在關係穩固之前仍須用心對待，等候關係更進一步的時機。

◆婚姻：目前的僵局有望突破，但必須小心對待對方，等待最佳時機，就能有所進展。

◆子女：在時機到之前要有足夠的耐心，並在做好周全的考量之後再行動，才能有助改善親子關係。

◆健康：健康狀況持續轉好，盡心維持現在的良好作息，靜待痊癒的那天。

◆旅遊：萬事具備，遠行將順利無虞，若能耐心等待，會有更大的助力，使旅程更臻完美。

◆考運：學習情況良好，幾次考試下來也有不錯的表現，但仍須穩定自己的學習步調，堅強自己的實力，面對任何考試都能無所畏懼。

◆人際：人脈逐漸養成，與周圍人際互動也相當順利，只要再靜心等待一段時間，人際網絡會有更大的進展。

◆訴訟：目前的情勢對你有利，但在真正的勝利到手之前，必須保有耐心，做好萬全的準備面對爭訟，就能化解危機。

◆遷居：提前做好規劃與準備，儘管時機尚未到來，但如此能讓你在最佳的時機順利進行搬遷。

32【上六】入于穴，有不速之客三人來，敬之終吉。

◆事業：在等待局勢好轉的途中，會遇見許多顛簸意外，但不需因此感到慌張而自亂陣腳，以恭敬謹慎態度待之，雖不能完全免除其害，但能將傷害程度控制到最小。

◆創業：創業過程會有需多意想不到的問題接踵而來，必須以正面的心態面對，就能避免災禍的降臨，讓事業順利發展。

◆錢財：會遇上許多障礙與麻煩，對你的財務有些小損害，但不至於造成太慘重的損失，只要比之前更加小心，最後還是會有好結果。

◆ **愛情**：感情中出現了阻礙或是攪局的人，不可等閒視之，應加強雙方的溝通，避免產生誤會，讓外人介入。

◆ **婚姻**：在問題解決的過程中還會有許多意料之外的情況發生，必須沉著以對，只要用心面對困境，情況就會逐漸好轉。

◆ **子女**：在等待溝通的時機前，會有許多無法預料之事發生，但只要以正確的心態面對，終能避免災難。

◆ **健康**：等待身體狀況恢復的過程中，仍會有些小狀況出現，但不會造成不可挽回的結果，只要謹慎以對，就不會對病情的恢復造成太大的影響。

◆ **旅遊**：旅遊途中可能發生許多意外的情況，但不必過於驚慌，只要秉持正直的本性面對，災禍並不會降臨。

◆ **考運**：準備的過程中可能受到不速之客的影響，打亂你原有的計畫，若是來向你請教學問之人，就大方教導，儘管對讀書進度有小小影響，最終卻會對你有利。

◆ **人際**：對於影響你人際的人，仍要以禮待之，不因自身地位較高就自驕自傲，以免釀成大禍。

◆ **訴訟**：搬遷過程儘管陷入膠著，但已經接近突破困境的時機，此時就算有意外情況發生，也要冷靜以對，事情將會逐漸好轉。

◆ **遷居**：在困境中等待脫身的良機，即便有許多突發狀況，也不必擔憂，脫離困境的時機即將到來。

需卦 卦理

需卦，可以解做「須」，表示耐心等待時機的意思，有如一條被困於淺灘的龍，雖具備足夠的實力，但潮水未來，因此身陷險境，顯示條件不足無法發揮實力，所以必須等待適合的時機，才能一展長才。

需卦的卦象，是水卦在天卦之上，表示雲在天上，但還未到達下雨的條件，因此無法成雨；但有雲，就表示快要下雨了，因此需找地方避雨，等待雨過天晴。雨有滋潤、涵養萬物的功用，為自然界生物生存之必須，因此等待雨水落下，有等待成長的意思，也代表要先滿足基本的生活需求，如食物及飲水，養精蓄銳之後，才能應付即將來臨的危險。水卦在外，天卦在內，其含意則是雖然本身具備剛健的德性與能力，但外有水險阻擋，因此不宜前進。故《雜卦傳》說：「履不處也，需不進也。」即指占卜到需卦，就必須等待。

然而等待並不等於停止。需卦的卦辭說：「有孚，光亨，貞吉。利涉大川。」以白話解釋，是具備誠信，前途則會光明而亨通，只要堅守正道則吉，因此有利於渡過大河，穿越險阻。當需卦發展到第五爻（九五）時，由於居於天子之位，又能守正，所以適合突破險阻，並且能建功立業。

需卦六爻的爻辭說明了等待的歷程：初九時需於郊，在郊外等待，因此能避免危險，可以持守正道；九二時需於沙，停留在水邊的沙地，雖然會遭受譏笑，但因本身具備的剛健德性，因此問題能夠獲得解決；九三時需於泥，雙腳因為勉強前進而深陷爛泥之中，吸引了盜賊前來，所以必須更小心謹慎，才能免於災難；六四時需於血，血為「恤」，有憂患之意，表示進入憂患與危險之中，但因聽從他人的建議躲避，得以逃過一劫；九五時需於酒食，在酒食宴樂中養精蓄銳，準備時機來到就立刻前進；最後上六則是即將脫離危險的階段，但卻入於穴，跑到洞穴中躲避，因此遇上不請自來的三位客人，但卻是你的貴人，所以禮敬他們，最終就能化險為夷。

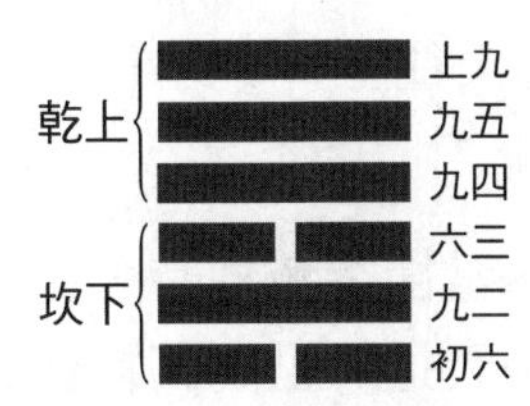

訟卦

卦序▶6　錯卦▶地火明夷
卦數▶58　綜卦▶水天需
卦向▶西南　互卦▶風火家人

卦揭

當事物不相容、所行方向相逆，爭執便應運而生，即為訟。訟，本義為訴諸言行的爭執，然而當想法相違背，心生不滿，自然就有言語的衝突，因此「訟」也是指世間的各種紛爭，如物與物爭、人與人爭、國與國爭、人與物爭、人與天爭……。而秉正理以主持爭訟，可以撫平爭鬧，剷去對立關係間的崎嶇，使正道得以順行。

在爭訟尚未爆發之前，能辨明以避禍，更是為佳。春秋時期，齊景公因愛馬猝亡，要把飼馬人賜死，晏嬰見此，曰飼馬人有三罪，一是養死了馬，二為此馬為君所愛，三則人死將毀君之仁義。齊景公聽後，便將此事作罷。晏嬰從正理，憑明辨，預防或死或傷，也有如包拯、狄仁傑持公正以斷案，總之心不倚方能從爭訟中走過。

卦辭

【卦辭】有孚窒。惕中吉。 終凶。利見大人，不利涉大川。

孚，誠信。窒，窒息，字形象洞穴狹小難以通過。惕中吉，保存警惕可以有吉祥。

〈彖〉「訟，上剛下險，險而健，訟。訟有孚窒，惕中吉，剛來而得中也。終凶；訟不可成也。利見大人；尚中正也。不利涉大川；入于淵也。」訟卦，上為乾下為坎，因剛健與陰險相逆產生了紛爭。九二爻其質陽剛，雖處陰位而有窒礙，但險中終能存警惕，有吉。上九爻用剛過極，爭訟無已，為凶。若遇居九五爻的大人，則可依中正之道決斷爭訟。然爭訟實乃險事，必不得已而為之，因此不利涉大川。

〈象〉「天與水違行，訟。君子以作事謀始。」天往上升、水往下流，相違而有爭訟；君子習訟卦，於事前便先有打算謀略。

在爭執萌發之初，發現癥結所在，尚能趨吉避凶。當衝突漸烈時，公正清廉的大人帶著天秤，還原事理，而最終的大人則是天道，世間萬物皆在因果輪迴之中，不愧於心能無畏無懼。於訟而勝亦傷，若能大事化小、小事化無，才是此中的吉道。

【初六】不永所事，小有言，終吉。

永，長也，字形象水流曲折不斷的樣子。小有言，指如言語般的爭辯，即災小也，而不曰「不永訟」，以「不永所事」表之足矣。

〈象〉「不永所事，訟不可長也。 雖有小言，其辯明也。」訟不可長也，指爭訟無法長存。其辯明也，說明雖有小禍，但是通過明辨可以撥雲見月。

初六爻與九四爻相爭，材質柔弱不敵陽剛之君，故僅有言辭上的爭辯。但是予以辨明，可以平息是非，終能得吉。

【九二】不克訟，歸而逋，其邑人三百戶，無眚。

克，致勝。逋，逃跑，本義為奴隸逃亡。眚，疾苦，本義為眼生翳病。無眚，此特別指「邑人三百戶」因九二爻已逋，不會受到連累而無自取之災。

〈象〉「不克訟，歸而逋也。自下訟上，患至掇也。」歸而逋也，於爭訟之中失敗，因此歸逃。掇，拾取。患至掇也，指九二爻與九五爻相爭，是「自下訟上」，自招禍也。

九二爻自下位與上相爭，雖勢相當，仍是致凶之道。幸居陰處柔，又於下卦之中，宜剛柔並濟，不與他爭，而有歸逃之餘裕，且不帶累至左右鄰舍。即此時若有紛爭，不應硬氣相抗，當退而守己，可避免紛爭。

【六三】食舊德，貞厲，終吉，或從王事，無成。

食，飯食，字形表示集米成吃食，此指所享受。舊德，舊有之得業，指俸祿之得。貞厲，於危厲之地守正道。

〈象〉「食舊德，從上吉也。」從上吉也，舊德從祖上庇蔭而來，強調六三爻不妄爭、不出事，以守成為己任。

六三陰爻於坎卦之上，是於危境之中，且屬陰而不擅與上九爭，而安守本分能有善終。或是執行任務，事成不居功。若處於爭訟之中，而資質尚未足備，以固守既有之成就，為明哲保身的最佳處方。

【九四】不克訟，復自命，渝安貞，吉。

復，往來也，本義為返回行走。自，就也。渝，改變，字形代表水由清澈變為汙濁。

〈象〉「復即命，渝安貞；不失也。」不失也，指變得安守正道才不會有損失。

九四爻以剛居陰，有失中正，露好勝之象，若能善用其陰勢且用柔，可以尋回正理。因為不正當的理由引起爭訟，故無法開花結果，敗訟而返後認清本分，變其好爭之心，改守貞正，得吉。

【九五】訟元吉。

訟，爭也，字形從言，本義為以言論相爭，此泛指各種是非爭辯。元吉，大吉。

〈象〉「訟元吉，以中正也。」以中正也，指依中正之理以斷爭訟，能分清濁、辨黑白，而有大吉。

九五爻於乾卦居中，即遇有威望之大人，予爭訟公平的決斷。其中持理者，理可得申，事得圓滿，因九五爻之大人而盡善大吉。

【上九】或錫之鞶帶，終朝三褫之。

錫，通「賜」。鞶帶，古時代表官員身分的腰帶。褫，剝奪，本義為奪去衣服。

〈象〉「以訟受服，亦不足敬也。」以訟受服，說明「錫之鞶帶」，指因官司勝利而得到獎賞。

上九爻居高用剛，爭訟不休，是取禍喪身之道也。即若從中勝出，得到金錢或地位，終將一日而三見奪。故爭訟當適可而止，敗則敗，而勝亦有損失矣。

訟象之圖

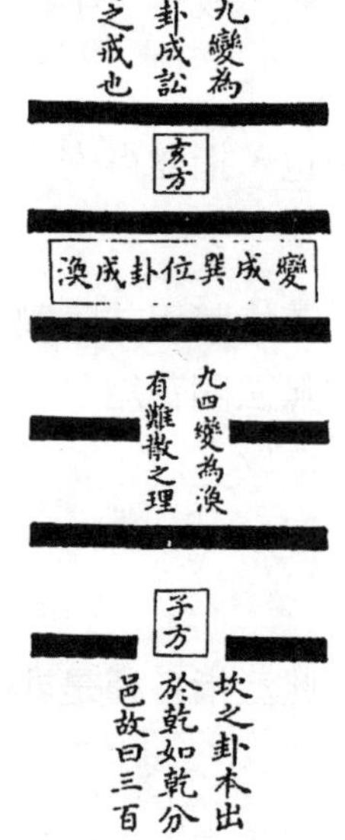

上卦為乾，代表天、性屬陽；下卦為坎，代表水、性屬陰。而天的本質向上，水質向下，兩者相違，有爭鬧之象。

卦義

33【初六】不永所事，小有言，終吉。

- **事業**：工作上會遭受言語的攻訐中傷，容易與他人有所爭辯，此時應避免意氣用事而與他人產生不必要的爭執，事情將會圓滿解決。
- **創業**：此時容易有與人發生糾紛的情況，若爭訟已經發生，則明確地為自己辨明真理，最終還是能讓事業順利發展。
- **錢財**：容易出現財務上的糾紛，避免與對方起正面衝突，只有自身秉持正道，才能避開爭端。
- **愛情**：可能與心儀對象發生口角，導致感情的小摩擦，若能保持理智溝通，則不至於影響到兩人的關係。
- **婚姻**：夫妻之間有所爭吵在所難免，但一旦引發爭執，要能以理性的態度面對，如此就不致使情感受損。
- **子女**：與子女間易有意見不和導致爭吵的情況，應就事論事，依照正確的方式進行理性溝通，最終能夠化解衝突。
- **健康**：關於你的疾病招來許多閒言閒語，甚至可能出現無謂的爭吵，唯有退一步，不隨之起舞，才是平息爭端的方法，也應避免受攻擊言詞而影響病情。
- **旅遊**：旅行途中會遇到口舌之爭，讓你的心情受到影響，但只要在衝突發生之前，以退讓的方式巧妙避開，就能避免引起更大的爭吵。
- **考運**：處於容易招來爭執的情況，與他人會有言語上的辯論甚至爭吵，雙方若能理性溝通，可以避免事端擴大。
- **人際**：可能受到對你不利的流言影響，造成輕微的人際關係損害，應該保持謙遜低下的姿態，避免捲入爭吵的暴風圈，就能安然度過危機。

◆ **訴訟**：爭訟無可避免，但只要秉持正道，明辨是非，就能安然無事，避免過大的損失。

◆ **遷居**：因為搬遷而與鄰居、親友有所衝突，只要依照正道為自己辯護，搬遷仍能順利完成。

◆ **尋人**：往西南方尋找，必有所獲。

34【九二】**不克訟，歸而逋，其邑人三百戶，無眚。**

◆ **事業**：因為自己的不加防範而引起衝突，此時若能及時改變咄咄逼人、據理力爭的行事風格，轉為低調，才能將傷害減到最低，不至於牽連他人。

◆ **創業**：雖然與他人產生糾紛，但仍然有躲避的空間，只要放軟身段，就不至於連累到其他人事物。

◆ **錢財**：看見糾紛的跡象卻不懂得防範未然，等到真的發生了，只能帶著損失暫時躲避，才能及時止血，以免損失蔓延。

◆ **愛情**：在雙方的爭執中處於敗勢，儘管如此兩方都已經受到傷害，暫時給彼此空間，才能避免擴大爭端。

◆ **婚姻**：在爭吵中處於弱勢的一方，應自知理虧，不以強勢的態度面對，而是柔和的解決爭端。

◆ **子女**：與子女的衝突還不算太嚴重，只要避免用高姿態、強硬的態度進行溝通，事情都會有轉圜的餘地。

◆ **健康**：敗給因自己的健康狀況而引起的言語糾紛，此時更應隱匿修養，除了避免延續爭吵的局面，也是避開讓自己健康狀況走低的可能。

◆ **旅遊**：此趟遠行可能產生與相關人士的衝突，影響原定計畫，此時不應該強硬以對，如此只會讓事情往壞處發展，多一些退讓，就少一些紛爭。

◆ **考運**：與人相爭反而會使自己意氣用事，導致不好的結果，不如先顧好自己的基本功，不因一時的爭鬥而本末倒置，專注在考試的準備上，才能有好的表現。

◆ **人際**：在兩方的攻訐中已經落敗，應保持柔軟的身態，才能及時避免傷害擴大。

◆ **訴訟**：在爭訟中，若一直保持強勢剛硬的態度，反而會陷你於不利，唯有保持身段柔軟，順應局勢改變做法，才能為你減少敗訴的可能性。

◆ **遷居**：在搬家引起的糾紛中，唯有態度柔和、以退為進，才能避免事端的惡化。

35 【六三】食舊德，貞厲，終吉，或從王事，無成。

◆ **事業**：處於容易招來攻訐的危境之中，此時最重要的是安分守己，若是協助上位者做事，則完成後不應居功，如此才能避免災禍來臨。

◆ **創業**：不適合做出太過冒險的決策，短期內先保有目前的規模就好，只要依循正道經營，都還不至於虧損。

◆ **錢財**：不因一時的好大喜功而妄為，在容易陷入糾紛的時期，應該秉守正道、保持低調，此時應以守本為先，才能避免財務紛爭而損失錢財。

◆ **愛情**：兩人的關係容易因爭執而陷入困境，故應以鞏固目前的感情為首要，避免節外生枝。

◆ **婚姻**：現在的爭吵不至於有太大影響是因為之前的感情累積深厚，但也不可憑恃於此而放任衝突擴大，宜安分行事。

◆ **子女**：目前的爭執不算太嚴重，還有挽回的機會，此時應先穩定雙方的情緒，避免爭執擴大。

◆ **健康**：身體狀況不算太好，因而無法承受勞心費神的口舌之爭，應避免與他人發生爭執，以安定目前的身體狀況為最優先。

◆ **旅遊**：如果做好自己的本分，就不會引來他人的攻訐，而旅遊完美落幕後，也不因為你的貢獻最大而居功，唯有低調才是保身之道。

◆ **考運**：因為爭訟之事容易混淆心神，要能避免與他人爭高下的競爭心態，先顧好自己應該做到的本分，藉此累積實力，才會有好表現。

◆ **人際**：強出風頭只會為你招來不好的結果，尤其是現在正處於容易引起紛爭的狀態中，唯有保持低下，才會有好事發生。

◆ **訴訟**：好大喜功或得理不饒人，都只會讓你更加無法從爭訟裡脫身，此時更應比平時柔軟行事，爭訟才有結束的機會。

◆ **遷居**：在過程中若產生紛爭，目前的你尚無法處理，因此在面對可能展生糾紛的情況時，應極力避免，以和待人才能使搬遷無災無險地順利進行。

36 【九四】不克訟，復自命，渝安貞，吉。

◆ **事業**：因為好強而在工作上與他人發生衝突，導致落敗的結果，事後應好好反省，認清自己的不足，不可再以強硬的姿態處事，若能改變好鬥之心，則會招來順遂。

◆ **創業**：為了競爭而使用了不正當的方法，因而引起紛爭，事業上也不會有好的成果，在失敗之後，要好好檢討，重新體認自己的能力，改回正道才可能順利發展。

◆ **錢財**：財務糾紛的結果對你是不利的，要勇於承認自己的失敗，而非繼續與對方纏鬥，只要看清事實，接著依正道而行，則這次的失敗會為你帶來好的結果。

◆ **愛情**：在感情中用強勢的態度對待對方，只會加速情感的劣化，爭吵過後要能從中醒悟並改正，不要因意氣用事而造成無法挽回的結果。

◆ **婚姻**：因為不服輸的個性而使得爭吵愈演愈烈，最後吃虧的還是自己，要重新想想自己的缺失，再以和善的方式進行溝通，才能有良好的夫妻關係。

◆ **子女**：若親子之間誰也不肯讓步，僵持的局面不會結束，不妨由你踏出第一步，若能以柔和的態度與孩子溝通，必能得到良好回應。

◆ **健康**：要以正面的態度面對失敗的結果，只要能夠繼續堅持正確的醫療方式，則這次的失敗只會是短暫的。

◆ **旅遊**：即使與他人爭鬥失敗，仍須正面以對，改以柔軟的姿態執行，則計畫才能順利推動，也能避免同樣的事再度發生，旅行才能順利無礙地進行。

◆ **考運**：因為沒有依照正確的方式面對考試，無法有好的結果，但只要在失敗之後體認到自己的能力不足，改變好高騖遠的作法，成績將會大有斬獲。

◆ **人際**：因自己的好勝而引發爭執，且敗下陣來，要知道強勢的行事方法並不能使你有好的人緣，需快快體認現實，改變自己的身段，才能讓人際回到正軌。

◆ **訴訟**：因為不正當的原因而引來紛爭，自然不會獲勝，但就算輸了也無妨，只要借此契機好好反省檢討，類似的情形自然不會再發生。

◆ **遷居**：因為好強而引發爭吵，使得搬遷計畫無法順利執行，需要利用這次失敗的經驗來看清自己，如果可以改變好強的個性，事情一定會往好的方向前進。

37【九五】訟元吉。

◆ **事業**：即使在職場上發生糾紛，只要自己是秉持良正的原則、以合理的態度來爭取，在爭執的最後，真相將會顯露，你剛正不阿的形象將烙印在眾人心中，為你帶來正面的影響。

◆ **創業**：與合作對象有些意見不合，引發爭辯，但也因為如此而分清是非，最終事情能獲得完美的解決。

◆ **錢財**：儘管因財務問題面臨爭訟的意外，如果你手段正當、心術正直，則應無所畏懼，要為自己的利益據理力爭，最終將迎來勝利。

◆ **愛情**：雖然兩人之間的爭吵無可避免，但若拿出誠意、保持理性的溝通，就能化解兩人之間的誤會，盡釋前嫌。

◆ **婚姻**：爭吵也是一種溝通方式，透過爭吵明白彼此的想法，有理之人自然顯現，可加速瓦解誤會。

◆ **子女**：雙方也許有各自的想法，因而引發某些衝突，此時會有他人為你們評斷是非，幫助你們了解對方、化解僵局，使親子的情感加深。

◆ **健康**：因為你堅守正當的醫療方式，也積極面對自己的病情，即便先前有些紛爭，最後仍可獲得完美的解決。

◆ **旅遊**：你的計畫也許一開始就因各方不同意見而引起爭端，但是只要你計畫的本意良善，則短暫的爭吵將促進彼此的了解，在誤會冰釋後，計畫將能更加順利的執行。

◆ **人際**：若你在與他人相處的途中產生衝突，只要是依理而辯、行事正當，就不必過於憂慮，當事情逐漸明朗，你的好感度也會跟著水漲船高。

◆ **訴訟**：訴訟能將真理導出，這次你會遇到能夠明辨事理的評斷人，只要問心無愧，訴訟就能還你清白。

◆ **遷居**：儘管因為搬遷而與周圍的人產生許多誤解與衝突，但因為有人出面協調、明辨是非，最終事情能夠妥善地處理。

38【上九】或錫之鞶帶，終朝三褫之。

◆ **事業**：工作上的糾紛不斷，儘管費盡力氣占了上風，但在對立的過程中已經對你的形象造成影響，如此得來的勝利太過表面，故遇到衝突只需追求合理，不要窮追猛打。

◆ **創業**：因為你在合作糾紛中較具優勢，容易在過程中得理不饒人，只要在訴訟中得到屬於自己的正義，就要懂得放手，繼續糾纏並不會有好處。

◆ **錢財**：在財務糾紛中贏得補償，雖然有所獲，卻是留不住的財富，故在糾紛衝突的處理過程中，要懂得適可而止，否則就算勝利了也不盡然有好處。

◆ **愛情**：相處過程中意見不合，應站在對方立場著想，進行理性溝通，若以得理不饒人的方式解決爭端，則看似說服對方，實則已經破壞彼此的關係。

◆ **婚姻**：爭吵無可避免，而就算在爭吵中獲得了你想要的東西，也不會長久，若能以理性溝通的方式交換意見，才可避免因爭吵而造成的感情損傷。

◆ **子女**：也許藉由斥責成功地讓子女依照你的意志行事，但如此只是加深他們反叛的想法，不是長久的相處之道，應進行理性和善的溝通，才能真正改善親子關係。

◆ **健康**：治療的過程中遇見紛爭，儘管你多次說服了他人，乍看病情有所好轉，但卻不是依循正確方法進行醫治，目前的好景可能不長。

◆ **旅遊**：透過激烈的爭論，你成功地讓自己的意見被採納，但由於大家並非真的信服於你，後續的問題還是會不斷衍生，最好的方法是傾聽眾人意見後，做公開公正的討論，旅遊才能順利進行。

◆ **考運**：因競爭心理過於強烈，勉強自己有好的表現，但是臨時搭建出的高台根基不穩，就算有好的表現也只是暫時的，還是回歸自我，依照自己的步調準備才是最為扎實。

◆ **人際**：人際上的衝突接二連三出現，要在衝突中擊敗對手並不困難，難的是如何挽回在過程中造成的額外傷害，與其事後補救，不如在解決衝突時就得理饒人。

◆ **訴訟**：透過訴訟得來的利益不會久存，故應避免經常使用訴訟的手法解決紛爭。

◆ **遷居**：搬遷引起的糾紛影響周圍的人甚多，即使贏了爭辯，所帶來的好處也不會長久，故試著避免正面衝突，改用溫和態度商談，才是正道。

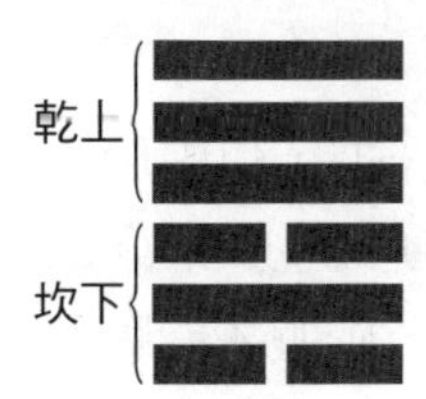

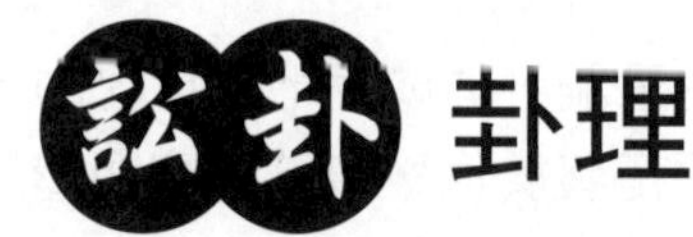

訟卦 卦理

此卦卦名「訟」，代表會發生爭吵、爭議或與人有官司糾紛。其卦象內有水險而外剛健，象徵內在正醞釀著危險的想法，對外又表現出行事強硬的作風，爭強好勝，不聽從旁人的見解而一意孤行，因而和人起爭執。所以若卜到這一卦，最好的作法是放棄心中的堅持，以避免無謂的紛爭。

又這一卦上為天，下為水，有頂頭上司以其權勢威逼下屬，下屬又以備受爭議之危險行為來抵抗，兩者無法得出共識，只會導致情況愈趨凶險。若想化險為夷，則需從分歧之根源中尋求解決之道。因此訟卦雖凶，卻體現了易經中循環往覆、福禍無常的哲理。若興訟之初，形勢對自己有利，反而助長了自身的氣燄，增強與人爭執到底的想法，因此遭致他人不滿，與人結怨，是先吉而後凶；但要是剛開始便於己不利，卻會消磨意氣用事的想法，最終釋懷而放棄堅持，從而避免與人僵持，所以可逢凶化吉。「忍一時風平浪靜，退一步海闊天空」，就是此卦的最佳寫照。

訟卦之六爻爻辭便是勸人放棄爭執，就能得吉：初六時小有言，雖與人起口角，但因自身性情平和，不喜爭端，故爭執並不持續太久；九二則因不克訟而歸返，知道無法辯贏對手，故將自己藏匿於家中，以躲避紛爭，從而能避免災禍；六三時因食舊德而惹人非議，受到祖先庇蔭得以位居高位，名不正言不順故無法有所成就，但若能安分守己，則得吉；九四時已知不克訟，因此打消與人爭執的念頭，所以最後應可平安無事；九五時因以公正不阿之態度處理爭訟，最終得吉；到了上九，表示力爭到底而得勝，獲得許多利益但卻失去人心，因此即使好也無法持久，爾後甚至可能失去更多。

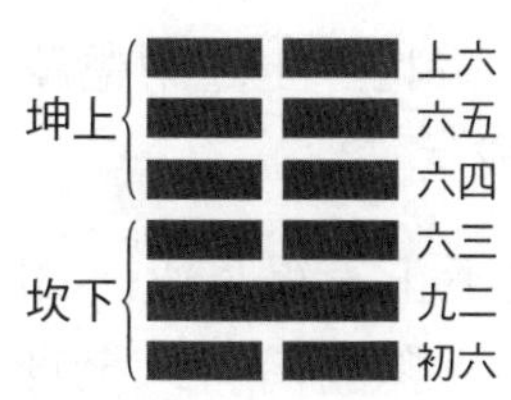

卦序▶7　錯卦▶天火同人
卦數▶2　綜卦▶水地比
卦向▶東北　互卦▶地雷復

卦揭

「師」本是軍隊的編制，按《周官．大司馬》記載，藏兵於農，每戶出一人，五人為一伍，五伍為一兩，四兩為一卒，五卒為一旅，五旅為一師。可知師有二千五百人，以眾人為軍隊，並用以作戰，故師卦囊蓋了領導眾人、戰爭的涵義。當如訟卦爭訟亦無法解決困難時，便啟動了師卦，發生戰爭，言語溝通已無效用，只能通過武力來突破險境。

出兵須名正言順，若無事生非，即反常為妖，且要能命將得人，此是師卦所言之理。商朝末年紂王暴虐無度，施嚴刑酷法，人民痛苦不堪。周武王奉天承運，東進討伐，於牧野莊嚴誓師，聲討紂王種種罪狀，並鄭重宣布作戰行動要求和軍事紀律，嚴禁殺害降者。令善軍事戰略的呂尚率精兵衝鋒，武王率虎賁等精銳武士，向商軍挑戰。而商軍中的奴隸和戰俘，亦紛紛起義，幫助武王伐紂，終滅商朝開啟周代的禮樂文明。

【卦辭】貞，丈人，吉無咎。

丈，長也，此處作對男性長輩的尊稱。丈人，指九二爻居中有將帥之象。貞，丈人，吉：秉持正道而出師，且任用適合的良才。

〈彖〉「師，眾也，貞，正也，能以眾正，可以王矣。剛中而應，行險而順，以此毒天下，而民從之，吉又何咎矣。」毒，通「督」，治理。師，正因聚眾而成。堅守正道，可以洽當地帶領眾人，呈現興旺繁榮。上坤下坎的地中之水象，是行於險中而能無咎，以此法治理天下，人民會表現順服，避災而吉祥。

〈象〉「地中有水，師。君子以容民畜眾。」畜，養也。土地中蘊藏水源，此是師卦之象，君子學習師卦，以廣納人民可以成兵。

師之道，以正為本，既出師有因，又用以正人之不正。得良人，如九二君善專才，有識人之明，棄小人而勿用。如此為戰，無勝時可以全身而退，得勝時是承天吉祥。

【初六】師出以律，否臧凶。

律，法律、規則，本為行軍之樂器，吹律以振士氣、士卒同心，又引申為律令、法令。師出以律，鳴律隨軍表示出師進退有節，出師之義也正，行師之道也謹。否臧，不善。

〈象〉「師出以律，失律凶也。」失律凶也，指軍隊失去紀律會有凶險。

為制止暴亂、矯正人之不當，軍隊即將遠行，一旁律聲響起，提醒眾士兵明紀律，若失令而暫時有功，卻也是致凶之途。

【九二】在師中，吉無咎，王三錫命。

在師中，指九二陽爻居陰，剛柔並濟於下卦之中，是為師之主。吉無咎，指具中正之德而統令重兵，可以吉而無咎。錫，通「賜」。三，表示多數。王三錫命，表示君主對六二「丈人」極為信任，故王賜寵命至於三。

〈象〉「在師中吉，承天寵也。王三錫命，懷萬邦也。」承天寵也，指統帥之人因備正德，而受到君王的重用。懷萬邦也，指將帥因鎮邦興國有功，而得到王的賞賜。

九二爻作為三軍主帥，得理居正，出師能從天道，可以安邦退敵，完成重任而無災難，並得到天子的信任與寵愛。

【六三】師或輿屍，凶。

輿，車輿也，字形如車中裝載東西的部分，此處作動詞，義為運載。

輿屍，以車載送屍體，表示戰場上狀況之惡劣。

〈象〉「師或輿屍，大無功也。」大無功也，指大敗而無功。

此爻質柔用剛，是才氣不足、有勇無謀之象，若以稗官比擬，則是無法辨清形式、擅自布兵，而出師不利，導致屍首橫野。當能力尚未足備，遇事時不應強行用剛而出戰，另一方面來說，主事者若選才不當，將大有所失。

【六四】師左次，無咎。

左，降、退，古人畫手表示輔佐，既佐而非主，且古人尚右，使其引申有遷退的意思。次，不前、不經也，字形象臨時的住所，表示行經半途而止步，故有止、捨之義。師左次，指因不足致勝而撤退以保全。

〈象〉「左次無咎，未失常也。」未失常也，說明若能力無法匹敵，選擇收兵遁走，並不是違反常道的事情；反之，有機會能力得勝卻退卻，則有罪咎。

六四爻以柔居陰，儘管位於上卦最底，不中但得正，雖才不足以克敵，卻能退而保全師。即在心有餘卻力有未逮的情形下，能審明情況，知走為上策，可以安全無虞。

【六五】田有禽，利執言，無咎。長子帥師，弟子輿屍，貞凶。

田有禽，飛禽本於山林之中，今入於農村、侵人稼穡。執言，指奉辭討伐，因莊稼受擾，則宜畋獵田中之禽，表示出師當循正理。

〈象〉「長子帥師，以中行也。弟子輿師，使不當也。」以中行也，指九二長子表現中正，可以帥師。使不當也，指六三弟子非將才，不宜率眾。

六五爻柔順而中正，唯遇險難才出兵，不依勢欺人，及卦辭所言「師貞」但使用人不當而「弟子輿屍」，即使有擅長帶兵作戰的將才，亦無法彌。缺失，將有憾恨。

【上六】大君有命，開國承家，小人勿用。

命，命令。開國，表示開國有功而封之為諸侯。承家，指安家興族可封以卿大夫。

〈象〉「大君有命，以正功也。小人勿用，必亂邦也。」以正功也，君主正名有功者，賜以爵位或錢財。必亂邦也，用小人會擾亂國家的秩序。

此時大局已安定，君主論功行賞時，不忘有所貢獻的人，同時不用小人以梳理國事，使百事得以順利進行。完成任務之後，謹記需要償還的恩情，並保持心之雪亮，不用能力有所不及者。

師比御衆圖

後夫之凶
位
乾
北向有征伐之象
南方有朝諸侯之象
德
乾
先出之律

上卦為坤，下卦為坎，表示地中有水。地喻農，水喻兵，土地涵養水源，是兵生於農，無事務農，遇戰則成兵，乃兵農合一之意。且坤為順，坎為險，如不測藏於至靜之中。

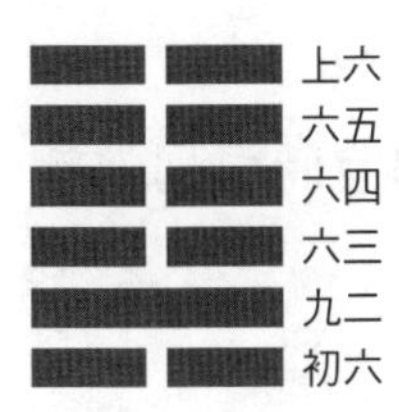

師卦 卦義

39【初六】師出以律，否臧凶。

- **事業**：在職場上應該遵守公司基本的規定，展現你的高度配合性，特立獨行將引來不必要的災禍。
- **創業**：無論要開創哪個行業，都有一定的基本程序與規則，若偏離正道，就算初期有不錯收入，往後也只會每況愈下。
- **錢財**：要清楚買賣市場的基本規則且明白遵守，不要想以鑽漏洞的方式獲利，以違反規定的方式行事只會招來反效果。
- **愛情**：隨著兩人之間逐漸了解，摩擦也隨之而來，此時需要訂立一些條約讓彼此遵守，才能避免衝突。
- **婚姻**：夫妻間應有適當進退，依照彼此制定且同意的規則行事，可減少紛爭。
- **子女**：應替孩子制定出恰當的規矩，要求他予以遵守，藉此以矯正不當的行為。
- **健康**：對於醫生囑咐的注意事項要盡力遵守，若是抱著僥倖的心態，不斷違背，健康狀況將會大大損壞。
- **旅遊**：遠行中會遇到的交通住宿等事宜，最好都是依照規定執行、辦理，一旦違反了規定，事情會變得更加複雜難行，使你的計畫延宕。
- **考運**：無論是學校老師定下的規定，還是你自己做的學習計畫與讀書規範，乍看不覺得會為你帶來多大幫助，但這些小小的習慣動作能慢慢導正你的讀書方式，只要能夠確切執行，考試時就能如魚得水。
- **人際**：人際相處雖然沒有明確的章程，卻有潛規則，一旦觸犯，就可能就讓你的人際關係受損，也會為你留下不好的名聲。
- **訴訟**：只有能夠按部就班，依照一定的程序爭取自己的利益，贏面才會大。

◆ **遷居**：古老的規矩與禁忌也許其來有自，準備搬遷事宜時可列入參考。

◆ **尋人**：若往東北方找尋，可有所獲。

40【九二】**在師中，吉無咎，王三錫命。**

◆ **事業**：以公正無私的態度統領下屬或組員，可以安定人心，避過災難，且受到上司的獎賞。

◆ **創業**：帶領員工要能不偏不倚，使其沒有紛爭，而面對市場的快速變化要能靈活變通，如此才能在競爭激烈的市場中占有一席之地。

◆ **錢財**：若能依循正道，以穩當的方式投資，如此便能得到前人幫助，成為獲利的助力，不會有虧損的情況發生。

◆ **愛情**：根據對方的個性，展現出你最具吸引力的一面，若能讓他對你產生好感與信任，便會有好的發展。

◆ **婚姻**：立於主導的一方要避免剛愎自用，應能體貼伴侶、引導兩人共同向上發展，一同成長。

◆ **子女**：以不偏私的態度對待孩子，才能避免他們心理不平衡產生的紛爭。

◆ **健康**：要依循安全、正確的管道醫治病情，依照身體的情況尋求相對的協助，才能有所起色，也可避免因胡亂求醫而使病情加重的危險。

◆ **旅遊**：這次的遠行由你負責統籌全局，面對眾多行前準備，要能妥善分配每個人的負責事宜，如此不但能讓計畫順利進行，還能受到大家的讚賞。

◆ **考運**：面對不同的考試類型與範圍，要能迅速調整自己的讀書方式，才能百戰百勝。

◆ **人際**：居於領導位置，最重要的便是公正無私，不因個人私情而影響決策，如此才能避免人情的糾紛。

◆ **訴訟**：以正直的態度待人，若能持中不偏，就能避免糾紛的擴大，使訴訟順利落幕。

◆ 遷居：只要依照正確的程序，就能安心搬遷，不會節外生枝。

41【六三】師或輿屍，凶。

◆ 事業：目前面臨險峻的局勢，若貿然啟用、調派人才，不但無法獲得預期的成果，還可能引起事端。

◆ 創業：商場如戰場，若無法明白現今情勢而妄動，則會因此導致經商失敗。

◆ 錢財：現在的環境即使是小失誤都會導致困局，因此在出手前更需做好充分準備，如果不自量力地胡亂投資，則可能造成巨大虧損。

◆ 愛情：兩人相處，不應只是憑藉自己的感覺，要先充分了解對方，才能發展出對雙方都好的相處模式，若單方面的強硬行事，只會讓彼此漸行漸遠。

◆ 婚姻：因為某些原因，使得夫妻倆人陷入僵局，此時應採取柔軟姿態，強硬行事只會讓情感有所損失。

◆ 子女：與子女的溝通遇到困難，應多了解他們的想法，才有轉圜的機會。

◆ 健康：要對自己的健康狀況謹慎以對，稍有不注意，就可能導致無法挽回的結果。對抗病魔，要先從了解開始，如此才能對症下藥，也可避免走遠路、延誤就醫時機。

◆ 旅遊：在啟程之前，要先確認自己是否做好全盤的規劃，並且設想好各種可能發生的情況，面對任何突發狀況都要謹慎以對。

◆ 考運：要克服目前的困境之前，先要了解自己的弱點所在，不妨多做點練習題，針對自己的弱項多多加強，如果沒有完整的準備就上考場，絕對不會有好的結果。

◆ 人際：還沒充分了解事情發生的原因，就淌了渾水，導致人際關係受到牽連。

◆ 訴訟：自己的能力不足，若貿然與他人爭訟，只會以失敗收場。

◆ 遷居：尚未做好完全的準備，不要擅自安排，目前還不是遷居的好時機。

42【六四】師左次，無咎。

- 事業：在職場上不是隨時都要以蠻力爭鬥，隨著情勢的不同，有時採取退讓的姿態才能夠保全自己，並且使工作更加順遂。
- 創業：在情勢不利的情況下，比起衝鋒陷陣，有時保全其身反而是首要之務。
- 錢財：在能力不足的情況下不要強出頭而胡亂投資，暫時退居保守，可以幫助你看清局勢，等待更好的時機。
- 愛情：感情遇到瓶頸時，要懂得以退為進，細心觀察兩人的問題所在，才能使感情更加穩固。
- 婚姻：若夫妻關係僵持不下，則退一步可暫緩兩人之間的緊張，使困境獲得更圓滿的解決。
- 子女：有心想了解孩子卻不得其門而入，不如先給孩子一些空間，也許他會主動來找你。
- 健康：一直以來積極治療可能使你感到些許疲累，在治療成效停滯的時候，不妨讓自己稍稍停下腳步，好好養足精神再出發。
- 旅遊：在計畫的過程中遇見阻礙，遇見想越俎代庖的人，不妨退一步靜觀其變，說不定會有意想不到的好結果。
- 考運：知道自己還沒有做足準備，就不要硬逼自己上場，如此只會增加自己的負擔。
- 人際：出現有人想與你競爭的情況，但目前你的能力還不足以與之對抗，冷處理才是最好的選擇，在此同時好好增強自己的能力，並細心觀察對手，等待能夠與之抗衡的時機。
- 訴訟：在不是完全站得住腳的情況下，退一步才是明智之舉。
- 遷居：在遷居的過程中有所窒礙，不妨暫緩計畫從長計議，等待更好的時機。

43【六五】田有禽，利執言，無咎。長子帥師，弟子輿屍，貞凶。

- 事業：遇到要與人競爭的情況，不到最後一刻不輕易表態，就算占了上風也不仗勢欺人，然而在此過程中，若採用不適當的人選，則將大敗。

◆ 創業：正是創業的好時機，但要選擇良好的人才輔助你，才能夠順利發展。

◆ 錢財：看見利益想要快速取得，此時最容易走旁門左道，但這些利益若不是用正道取得，則可能後患無窮，行動前務必三思。

◆ 愛情：要找到好姻緣必須用正當的方法，若找親友協助，則要慎挑人選，避免弄巧成拙。

◆ 婚姻：兩人的關係陷入僵局已經有一段時間，現在正是改變的好時機，趁此機會尋求諮詢途徑，將有助修復關係。

◆ 子女：不應該用父母的身分壓迫子女，遇到意見不合的情況，可尋求他人的協助，但須審選對象。

◆ 健康：要恢復健康的身體，好的醫療人員扮演相當重要的角色，若病急亂投醫，恢復進度將大打折扣。

◆ 旅遊：在計畫的階段，要慎選協助成行的幫手，挑錯對象，只會讓你敗興而歸。

◆ 考運：正好是改變準備方式的時候，但要依照自己的特性挑選適合自己的輔助工具，才會事半功倍。

◆ 人際：正是乘勝追擊、擴張自己人際關係網絡的好時機，若能選到好的幫手，將有更大助益。

◆ 訴訟：贏面極大，但千萬不可仗勢欺人，依循正道取得真理才會有好的結果。

◆ 遷居：因為某些原因讓你順理成章地完成搬遷的目的，但無論是挑選住處或是搬家公司，都要仔細比較。

44 【上六】大君有命，開國承家，小人勿用。

◆ 事業：在下位者，先前的努力將得到報酬；在上位者則要注意除了論功行賞，對奸邪小人要清楚辨明，不能隨意行賞免得引起糾紛。

◆ 創業：新創的產業已經到了穩定的階段，別忘了犒賞曾幫助過你的人，這個時期要特別注意選賢與能，能力不足者應捨棄不用。

◆ 錢財：到了回收成果的時候，對於表現不錯的投資方式應該納入接下來的財務考量；表現不佳的投資對象，則要考慮捨棄。

◆愛情：對於感情付出真誠的心，因而有好的回報，至於那些投機取巧的人，看似受到歡迎，實際上感情都只是流於表面，不會有好的結果。

◆婚姻：努力維繫有了成果，別忽略了對方的貢獻，甚至要對這段時間使你們關係改善起正面作用的人也報以感謝。

◆子女：逐漸能與子女取得共識，過去讓子女產生反彈的作法應該停止，有益於彼此關係的活動則應經常舉行，藉此使親子情感加溫。

◆健康：身體將恢復到一定的程度，對於養病期間幫助過你的人應該一一報以感謝，而那些對你的病情不聞不問甚至是給予不負責任意見的人，則應趁此機會疏遠之。

◆旅遊：先前嚐的苦頭如今都變成甜頭，回顧這段過程中曾經幫助你的人要給予感謝的回饋，而對阻礙你的人則要懂得遠離。

◆人際：若你一直都以誠懇待人、對他人熱心相助，則在近期將會有受過你恩惠的人對你表示感謝之意。

◆訴訟：情勢已經明朗，對於曾經幫過你的人要心懷感激，落井下石之人則應遠離。

◆遷居：大部分的變動已經轉趨安定，對於提供你幫助的人，都要給予一定的報酬，但不要礙於情面而邀請只是口頭說空話的人，否則將帶給其他人不好的感受。

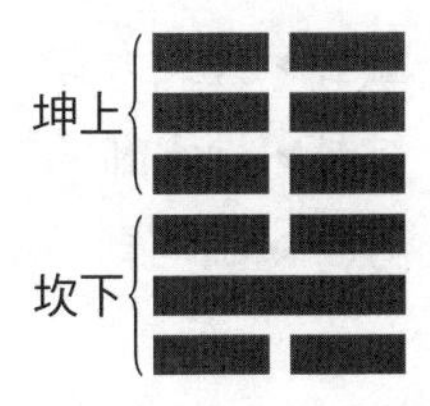

師卦 卦理

「師」為「出師」，領兵征戰的意思。師卦承繼訟卦而來，意指為了解決糾紛，因此由將帥聚集人馬，以寡御眾一決高下。所以《序卦》中有言：「訟必有眾起，故受之以師，師者，眾也。」由於出師是由一人帶領眾人出兵打仗，人多必定事雜，故為首者責任重大，需要顧慮的問題也很多，所以碰到與人事相關的狀況，最好請經驗老到、處事賢明的長者出面，較容易成功；若是派遣毫無經驗的年輕人，則可能因思考與行事不周全，而招致失敗。

師卦的卦象，上為地而下為水，表示身處危險卻能以穩重的姿態應對，象徵行事沉穩的君王授命於勇健的將領，師出有名。若是以外有地眾內有水險來解，便是引眾犯險，可能帶來大量的傷亡，即是戰爭。象辭曰：「地中有水，師。君子以容民畜眾。」由於兵源於民，也代表需廣納天下百姓，才得以聚眾養兵。

師卦的六爻爻辭即為興兵征戰的過程：初六時表示剛開始領兵出征，因此一定要師出以律，用嚴明的軍紀整肅部隊，若放任不管以致兵將散亂無章，就會招來禍事；九二為此卦唯一的陽爻，代表統領三軍的將帥極受君王重用，因此擔當大任，故為吉；六三表示軍隊出師不利，可能載運大批屍首，大敗而歸；六四時因評估此役無法取勝，故暫且退避，以保全兵馬，雖無功卻也無傷亡；六五時外敵來犯，此時應由年長且經驗豐富者起兵禦敵，才能免於罪咎，若是由年紀輕者領兵，則為大凶；上六時表示戰爭結束了，應論功行賞，但此時切記勿重用小人，以防動搖國家安寧。

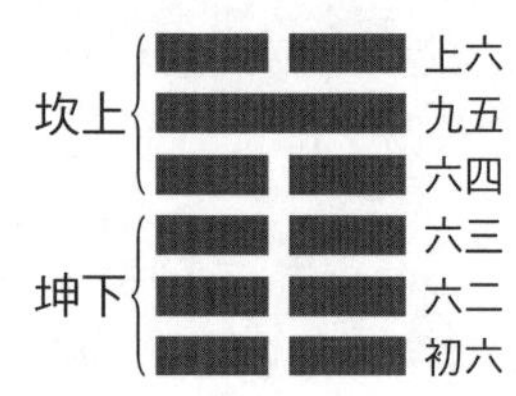

比卦

卦序▶8　錯卦▶火天大有
卦數▶16　綜卦▶地水師
卦向▶西南　互卦▶山地剝

卦揭

比，等列也，匕本義為用匙把食物放入口中，引申為美味，兩匕則表示同樣的美味，而有了排比、相從的意思。比卦由水、地組成，展演出水從地流、地從水養的精神，即事物之生長皆賴周圍環境的影響，若有遺落於道法之外者，便難以再有突破了。轉移至人類的社會之中，相對於師卦所言戰爭之道，當征戰結束之後，需要開始整頓治理國家事業，以「比」說明此時當任賢輔佐，齊心共創新的里程碑。

經過五代十國的動亂之後，開創唐朝的唐太宗，深知人民為國家的根本，而留心吏治，選賢舉能。太宗開朗明斷，對待臣屬的直諫可以克己接納，或擇善而從，使群臣勇於上諫，如房玄齡、杜如晦、李靖、魏徵、尉遲恭等，一時間人才濟濟，賢人輩出。任用標準不計出身、不問恩怨，端看有才與否，魏徵即曾當過道士，尉遲恭是降臣且曾為鐵匠，但都受到重用。正因君主睿智寬容，能聚賢臣輔國，使吏治清明，四夷皆來服，國家呈現安定繁榮。

【卦辭】吉。原筮元永貞，無咎。不寧方來，後夫凶。

筮，用蓍草占卜的行為。原筮，原來的筮辭。不寧，不安寧。方，各方諸侯。後夫凶，指如上六爻，驕滿而不願比輔君王，有凶端。

〈彖〉「比，吉也，比，輔也，下順從也。原筮，元永貞，無咎，以剛中也。不寧方來，上下應也。 後夫凶，其道窮也。」比卦代表輔佐、順從，會有吉祥。九五爻周正且剛健駿邁，對待事情真誠恭敬，能守原筮。不安寧的諸侯從各方前來依比，如陰爻來歸九五。而不來親比的人如上六爻，終將走投無路，而有凶險。

〈象〉「地上有水，比。先王以建萬國，親諸侯。」比卦由上為水、下為地，地上有水是其象。先王能承比勢建國開業，親和臣民。

從筮辭獲得指示，事業的建立必須一開始就固守正道，能人將來，賢者將至，而若無頭蒼蠅又不願順者，禍之將至不遠矣。由「比」之概念理解華夏文明的初始，黃帝號召零散的部落，形成有組織的聯盟，在社會的穩定發展之下，隸首作數，倉頡造字，伶倫定律。比卦闡明凝聚相成的力量，上位者以德服人，下位者願意盡心輔佐，藉彼此的力量相互成長，為人主可以壯大勢力，為人臣得以展現價值。

【初六】有孚比之，無咎。有孚盈缶，終來有他，吉。

孚，心中有誠。盈，滿溢也，及義為連續添加，往器皿中不斷加入，使容器表現出盛滿的樣子。缶，圓腹小口的瓦器。有他，指預期之外的事情。

〈象〉「比之初六，有他吉也。」有他吉也，指因誠信滿盈會招來吉祥的親附。

初六爻位居不正，雖與九五爻相去甚遠，但有誠信比之於心，如無文飾的素器內容滿盈，可與九五相親，帶來意外的吉祥。即使處於弱勢之中，但心存忠信，則他人願意與之相交，獲得他人賞識，而得到新的機遇。

【六二】比之自內，貞吉。

自內，由己也。比之自內，謂此爻質柔，中正之道出於心，與九五爻自然相應。

〈象〉「比之自內，不自失也。」不自失也，指忠敬發於內心，使自己不會受到折損。

六二爻居中守柔，又與九五陽爻相和，能由衷中正地與人親比，固守正道，則得吉。正因為是發自內心的與人相交，並且行為不偏不倚，使親人者與受親比者可以相輔相成。

【六三】比之匪人。

匪，盜賊，本義為盛物的竹器，假借為非的否定意思之後，字形猶如圍捕匪徒。

〈象〉「比之匪人，不亦傷乎！」不亦傷乎，指與盜匪結交必定會受到傷害。

六三的爻上下爻為陰，同性相斥而無法和諧相處，且又迎坎險之處，可見危機四伏。於此爻者，呈現近墨者黑，所相好者如狐朋狗友。揀盡寒枝不肯棲，正是因為害怕所遇非人，反而失了中正之道，無法自我把持，而受到傷害啊！

【六四】外比之，貞吉。

外比之，結交外面的朋友。

〈象〉「外比於賢，以從上也。」以從上也，指與賢者相交以共同輔佐君主。

六四爻以柔居陰，得正位，對下可與有賢之人結交，對上能一起從於明主，接受庇護，並且與主相親，因此有明亮吉祥之景。

【九五】顯比，王用三驅，失前禽。邑人不誡，吉。

顯，明也，此指光明正大，字形右旁頁表示頭，左旁㬎則畫頭飾，掛戴於首的飾物表示顯明無所藏。三驅，三驅之禮用於古代狩獵，於打獵時只圍三面，前開一路，而不趕盡殺絕。邑，都城。誡，警告。邑人不誡，人民安心居住不感到戒慎害怕。

〈象〉「顯比之吉，位正中也。舍逆取順，失前禽也。 邑人不誡，上使中也」。位正中也，指九五爻位居中正，磊落無私地與民親和。舍逆取順，指用三驅之禮而往者不追、來順者不拒。上使中也，藉田獵以明人主親比天下之道，使百姓無戒而附。

九五爻中正以比輔重陰爻，行為如用三驅之禮舍逆取順，其德仁民愛物、正大廣明。人民因此順其自然地團結在君王周圍，受上位者的明德而得教化，後備中庸之德，如此吉祥。

【上六】比之無首，凶。

首，始也，字形畫人頭，引申有起始之義。

〈象〉「比之無首，無所終也。」無所終也，指無所依比則無善終。

上六爻居坎之極，上無所親附，又與九五相逆，孤處於外，所以招致窮凶惡極。始而不以正道，自然無法維持正德，而不正將有失，其凶必矣。

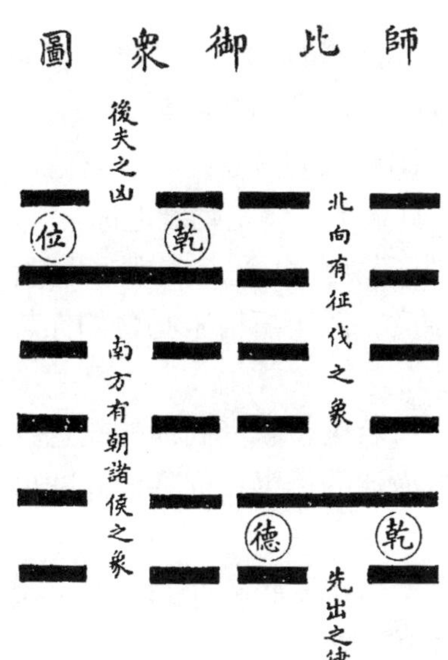

上卦為坎有水，下卦是坤為地。水流經行大地，親密無間。因地形有高低，水有方向、粗淺；因水的滋潤，地以養萬物。

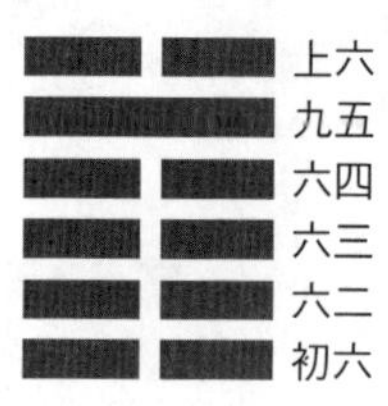

比卦 卦義

45【初六】有孚比之，無咎。有孚盈缶，終來有他，吉。

- 事業：要能夠以誠信待人，如此便能得到他人的信任與好感，在工作上可得到助力。
- 創業：面對任何情況都拿出最大的誠意待之，便可避掉凶險，更可進一步得到難得的合作機會。
- 錢財：任何投資都要以誠信進行，如此將有意外的收穫，縱使一時陷入虧損，也將因為心懷誠信而有翻身的機會。
- 愛情：面對心儀的對象，要能夠拿出最大的誠意追求，答應的事必定做到，對方若感受到你的真誠，必將主動親近你。
- 婚姻：夫妻間若不能以誠相待，則容易產生疑心、嫌隙，影響夫妻間的感情，不妨以誠實的態度相談，事情未必會如你想像的糟糕。
- 子女：親子間誠信的溝通相當重要，若孩子感受到你的誠意，必也將如實以報，如此便能開啟溝通的橋梁，促進彼此關係的親密度。
- 健康：與其一個人煩惱，不如如實地與親友談論你的病情，親友的支持將對你的病情產生正面的影響。
- 旅遊：這趟旅遊的行程、目的與相關安排，若能秉持著誠意、為大家著想而規劃，眾人也會對你報以信賴。
- 人際：打造良好關係的基本方法就是保持誠信，只要對方感受到你的真誠，自然就會親近你。
- 訴訟：要秉持著誠信的態度進行訴訟，因為你的良正態度，將吸引更多人前來幫助你。
- 遷居：只要不欺瞞、不僥倖行事，搬遷將會安然無恙的進行。
- 尋人：往西南方向尋找，必有所獲。

46【六二】比之自內，貞吉。

- 事業：無論對內或對外都拿出最大的誠心輔助，上司或下屬都將感受到你的用心，如此將有助你在事業上的發展。
- 創業：要能打從心底誠信地與人建立關係，有機會遇見值得你追尋的對象，密切地與其學習，將對你開創的新事業有幫助。
- 錢財：把握正直的原則進行投資，以你崇拜的對象作為目標，如此就能無往不利。
- 愛情：除了表現出正直的態度與誠心，若能成為對方各方面的扶持力量，能使感情更快速加溫。
- 婚姻：對待另一半要發自內心地為對方著想與付出，夫妻之間彼此扶持，感情才能長久。
- 子女：父母要能成為子女的信賴對象，在生活中給予他們各種幫助，態度公正卻不寵溺，如此雙方皆能成長，感情也會更加親密。
- 健康：真誠的面對自己的病情，並尋求正當的醫療途徑，則不至於使病情惡化。
- 旅遊：對於旅遊的計畫能夠誠心誠意地幫忙，且公正不偏私，對於這趟旅行會有相當大的正面效益。
- 考運：正因打從心裡想認真學習，而能持續依照正確的方法準備，讀書成效將比以往來得大。
- 人際：與人交往能夠由衷地以誠待人，為人能公正自持，如此便能招來好人緣。
- 訴訟：內心有正道，行為也不偏差，則訴訟的災禍就會遠離。
- 遷居：心裡有了想法，並能用心的去實現，只要是依照正當的方式行事，則沒有什麼災害會發生。

47【六三】比之匪人。

- 事業：目前處於危難的處境，偏偏周圍的人無法為你帶來正面的協助，應該謹慎挑選適當的人選與之為伍，才能為你的困境帶來逃脫的一絲生機。

◆ 創業：目前的合作夥伴可能不是恰當的人選，繼續與之相親可能會為你帶來損失。

◆ 錢財：你所投資或合作的對象並不優良，不會對你有正面的幫助，只會對你的財務造成傷害。

◆ 愛情：你想親近的對象可能不如你想像中的品德優良，與他過從甚密會損害你自身的品德。

◆ 婚姻：目前的另一半可能在思想或行為上有所偏差，不適合隨之起舞，應謹慎以待。

◆ 子女：與子女的關係已經陷入困局，卻又出現使你們之間的關係造成更大損傷的人，應懂得遠離。

◆ 健康：健康狀況亮起紅燈，周圍的人也許出於好意給予協助，卻會帶來壞的影響，應該慎選往來的對象，對於他人的意見也應保持懷疑的態度。

◆ 旅遊：過程中會遇到許多不利的情況，偏偏協助你的人只會雪上加霜，若出現這種情形，應暫時遠離。

◆ 考運：近來的準備成效不彰，也許是因為周圍的人影響了你讀書的心志，要能把持自己，並暫時讓自己脫離那些朋友。

◆ 人際：人際關係危機四伏，就連你原本認為可以親近的對象，也顯露出品德的缺失，此時應慎選交際對象，以免惹上不必要的麻煩。

◆ 訴訟：在爭訟中占了下風，而周圍協助你的人並不會為你帶來正面的幫助，在尋求協助時不可不慎。

◆ 遷居：途中遇見困難，而旁邊的人卻只是幫倒忙，影響你的判斷，故應慎選協助對象。

48【六四】外比之，貞吉。

◆ 事業：若能向外尋求賢明的人才，一同輔佐上位者，將有助你的事業發展。

◆ 創業：目前的階段需要向外尋求幫助，若能找到適當的人選，將有助於開創新的發展路線。

◆ 錢財：需要往外尋找更適合的人並向其學習，將幫助你開闊視野，有助於做出更恰當的財務決定。

- **愛情**：應該將眼光離開目前的生活圈，往外尋找更多的發展機會，才會遇到適合的對象。
- **婚姻**：若關係陷入困局，則對外徵詢第三者的意見，也許可以幫助你們認清目前婚姻中所遇問題的癥結點。
- **子女**：擴大彼此的生活圈，如一同參加社團活動或學習某種課程，除了各自能夠交到新朋友，也能增加親子間的共同話題。
- **健康**：可以考慮往外尋求不同的意見，會出現比現在更好的醫療建議或方式。
- **旅遊**：若對於計畫有所疑慮，目前手上的資源不夠多，往外尋求有經驗的人的意見，將會對你有相當大的助益。
- **考運**：若能往外結交一同念書、能夠彼此砥礪的朋友，則可提高讀書的效率。
- **人際**：若能往外積極開發新的人脈，將有助你突破目前的人際關係困局。
- **訴訟**：需要向外尋找有能力的人幫助你度過這次的爭訟，成果會比獨自奮鬥來得好。
- **遷居**：目前身邊沒有人可以給予你實際的幫助，不妨往外尋找優秀的人，將會協助搬遷順利地進行。

49【九五】顯比，王用三驅，失前禽。邑人不誡，吉。

- **事業**：上位者能夠公正無私、依循正道行事，且與下位者親近、不擺架子；下位者明白上位者的心思，兩者相得益彰，將使工作順利進行。
- **創業**：與目前的合作對象皆能合作無間，彼此信賴，只要行事正當、以無私的態度與他們合作，就能使事業順利發展。
- **錢財**：目前的投資對象都能合你的心意，只要能夠以正當的途徑投資，獲利不成問題。
- **愛情**：心儀的對象品德良好、容易親近，而你總是能猜中他的心思，兩人的互動良好，有機會修成正果。
- **婚姻**：夫妻之間能夠了解彼此的心意，也有良好的默契，若能相互包容體諒，情感的累積會更加深厚。

◆ 子女：做父母的要能公止行事，不做出偏心的舉動，不總是端出父母的架子，如此一來孩子才能將你當作交心的對象，促進親子關係的和諧。

◆ 健康：與治療者之間的默契良好，對方不會讓你感到疏離或是高不可攀，因而增快了恢復的速度。

◆ 旅遊：規劃的人不以主導者自居，行事不偏不倚，協助的人也能給予適當的意見，有助於旅行的順利進行。

◆ 考運：受到其他人的協助，可望增進準備的效率，最終上考場時會有好的表現。

◆ 人際：與目前的交際對象皆能有默契地相處，熟悉彼此的步調，人際關係會愈來愈穩固。

◆ 訴訟：秉持公正且光明正大的態度進行爭訟，受到他人協助，將會有好的結果。

◆ 遷居：若進行搬遷，與新住所的居民將能和平共處、有良好互動。

50 【上六】比之無首，凶。

◆ 事業：想要親近有賢德的人才，卻猶疑不定，想走旁門左道，但若一開始就用不公正的方法接近對方，則親近後也不會有好的結果。

◆ 創業：好的合作對象出現，應把握機會，以光明正大的途徑認識對方；反之，以取巧的方式只會使你與對方失之交臂，不會獲得任何幫助。

◆ 錢財：遇見好的投資對象當積極行動，若錯失良機，造成的損失將難以計量。

◆ 愛情：想親近心儀的對象卻總是無法行動，心一急就可能走向偏途，反而會讓你失去一段好姻緣。

◆ 婚姻：想增進感情卻不得要領，容易讓他人有機會介入，不如開誠布公的與對方好好溝通。

◆ 子女：明明想關心對方卻弄巧成拙，與其透過間接方式詢問小孩的心思，不如面對面溝通，迂迴而不正當的方式只會讓情況更糟。

- **健康**：有好的醫療方式出現，卻拿不定主意，若只是一味地想尋求未經證實的祕方，健康狀況不會有起色。
- **旅遊**：有好的機會可以成行，卻因為你的猶豫而讓大好機會溜走，期間所付出的時間和心力都是無謂的損失。
- **考運**：妄想一步登天只會使你一步步走入失敗，唯有腳踏實地才能邁向成功。
- **人際**：在人際中無所依靠，將招來凶險，要擴展人際唯有尋求正道才能有所得。
- **訴訟**：因為採取不正當的手段，使得情況對你不利，只有走不違背正理的途徑，才有機會獲勝。
- **遷居**：好的住所競爭者為數眾多，只有依循正當途徑、積極爭取，才能得手。

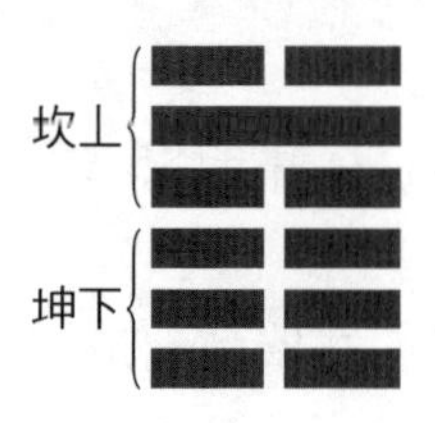

比卦 卦理

「比」代表下對上，親近、輔佐的關係，就像部屬親近主管、下屬輔佐上司，是一種不平等互動的狀態。周圍的人向得勢者靠攏，位居下位者需主動討好上位者，以明哲保身，所以這一卦最主要的精神就是「積極主動」。有權有勢者地位穩固，自然不必刻意拉攏人心，反倒是周圍的人必須不落人後，自動自發向其靠攏，表現出輔佐君主捨我其誰的氣勢，才不會因一時不查而違逆上意。卦辭中明確點出「不寧方來，後夫凶。」若是因為看到別人都去和上司親近，心生不安後才表現得趨炎附勢，對這種落後者而言，此卦為凶。

比卦卦象中僅一爻為陽爻，位於九五，即是五個陰爻同時親近一個陽爻，表示掌權之人現今權傾一時，並且為眾人所敬仰。相對於同樣只有一陽爻的師卦，陽爻位於九二，表示領兵打仗、眾人跟隨，雖同樣是承攬大權，但師卦陽爻位置偏下，因此其上仍有位階更高的管理者，故沒有比卦中的陽爻來的更尊貴。

比卦六爻爻辭為比附的六種行動：初六表彰應該以誠信與人親近，若還能帶著滿滿的誠意感動對方，則最終會轉吉；六二是以自身內涵與他人結交，只要持守正道，就得吉；六三處於多憂之位，有攀比的舉動但卻親近到不當之人，例如無實權者或小人，雖然爻辭中無吉凶論斷，但可知其中凶險；六四指得是不受旁人影響，親近真正有權勢或品性賢德的人才，故吉，但仍盡量設法利用近水樓台之勢贏得上司的心；九五是比卦的主位，秉持公正的精神接納前來攀比之人，願意歸順則歡迎，反抗則一律捨棄，即順我者昌，逆我者亡之理；上六表示在主位之上，壓過九五，自視甚高，且無法與九五親近，可說完全背離比卦正道，所以是大凶。

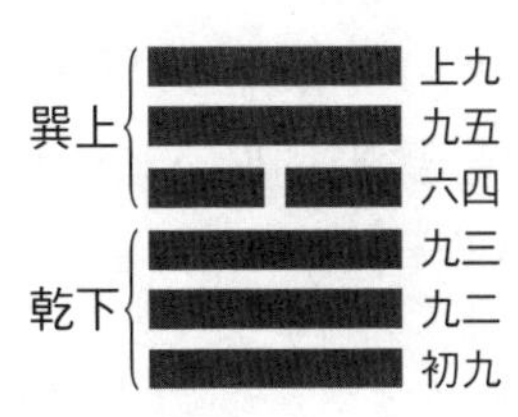

小畜卦

卦序▶9　錯卦▶雷地豫
卦數▶55　綜卦▶天澤履
卦向▶東南　互卦▶火澤睽

卦揭

畜，田畜也，畫吐氣的牛鼻子形狀為字形玄，即牽著牛鼻以犁田，其意為被人類馴服眷養的家畜。有力田之蓄積，即為財富的累積，始禦冬之備。於比卦君臣相輔以治國之後，國民漸安，開始有所積畜，以求更舒適的生活。而「畜」並非只指實物的累積，可以是修身養性，或是才學的累積，總之說明了以柔畜養的精神。

荀彧曾經上勸曹操，南征前應該先養精蓄銳，儲備糧草，騎兵才能在發動突襲之後，有足夠的力量一鼓作氣逼降孫權。蘇轍《上樞密韓太尉書》中提到「將歸益治其文，且學為政」，於將來為官為政，先充實自我。或如大書法家王羲之，為了臨摹字帖，用筆如山、洗墨成池、食墨而不自知，以汲取前人大家的精華，替個人風格的創造作鋪墊。因此以畜養氣，是裨補闕漏，有所廣益也。

【卦辭】亨。密雲不雨，自我西郊。

密雲不雨，於畜養未用之時，如雲之漸聚，雖密而未雨。西，陰方，表示小畜之力來自於以陰儲陽。

〈彖〉「小畜，柔得位，而上下應之，曰小畜。健而巽，剛中而志行，乃亨。密雲不雨，尚往也。自我西郊，施未行也。」小畜卦中六四陰爻得位，上下陽爻以誠相應。上卦為巽為順，下卦為乾為健，因此剛健順行，九五爻於上卦居中且足志以率眾人，所以亨通。積雲未雨，是因為以陰畜陽，使陽氣凝聚的緣故。自我西郊，是陰陽初合尚未暢行。

〈象〉「風行天上，小畜。君子以懿文德。」風在天上，此是小畜。君子由此觀之，以畜養氣質德性。

由小養大乃小畜之精神，上卦為乾為天，本應在上，今卻反在巽下，是以陰柔巽順之德，畜止乾陽。陰雲密布的景象，則如畜養未用時，一切待足備而發，此時宜行坤陰柔順之道以自勉，並不忘心誠守正。

【初九】復自道，何其咎，吉。

復，返也，夂表示終止，日在西方宣告一天的結束，而隔日將再回到東方的起點，再度出發。

〈象〉「復自道，其義吉也。」其義吉也，指九四爻與六四爻相和，畜其陽剛、止於躁動之前，故能保有平安。

小畜之始，以陽爻居下，本志欲往上，然受陰爻牽應而自守以正，安處於其位。當及積蓄、養身之時，需持靜且循正道，則能順行於初始之境。

【九二】牽復，吉。

牽，牽連也，冖形示牽牛的繩子，即牛依繩子的方向指引向前行。

〈象〉「牽復在中，亦不自失也。」亦不自失也，指九二爻受初九爻的影響可堅守不躁進，是不失道也。

位置居中，且與九五爻無應，能自審進退而不失其中，因此有吉。此時乘著初九爻向上，在養畜之途中能持心境穩定，使其以剛中之德固守本位。

【九三】輿說輻，夫妻反目。

輿，車也，以本義車廂擴稱指車子。說，同「脫」。輻，指輪子上的外圍圓圈木條，用以堅固輪子的轉動。

〈象〉「夫妻反目，不能正室也。」不能正室也，指內部失衡猶如家室關係不正。

此時居於下卦之上，且乾屬金，巽屬木，金剋木使得九三爻急欲往上，造成先後失序的亂象，猶如家中夫不夫、妻不妻的情景。即此時當收斂頤養，卻因不知拿捏輕重，如臣先於君、妻剋於夫，表現出剛亢躁動，使行於路上的大車將因失去車輻，而無法前進。

【六四】有孚，血去惕出，無咎。

孚，誠也。血，通「恤」，憂慮、憂患也。血去，遠離殺傷之地。惕，敬也，字形從心，表示從內心感到畏懼。惕出，危懼離去，可以舒適無虞。

〈象〉「有孚惕出，上合志也。」上合志也，指心懷誠信可以與九五爻相合。

六四爻以柔居陰德正，又與九五順比，雖以一陰畜五陽，如一柔敵眾剛，易於見傷，然能盡誠孚、行柔順之道，取信於九五君主，而可以遠傷害、免危懼。儘管畜養之道柔弱易折，但是忠信不移，對外可與上位者同心向前、包容臣屬，於自身則可不惑而立。

【九五】有孚攣如，富以其鄰。

攣，連綴，字形從手表示牽繫不斷。富，指可以統帥陽爻的九五。鄰，指可以畜止眾爻的六四。

〈象〉「有孚攣如，不獨富也。」不獨富也，說明誠信綿延，是因為不想自己獨自富有。

居尊位而乘六四，此時六四爻以誠信畜止九五，九五爻亦能自養其德，用誠以待下。因此上下相孚，同舟共濟，九五爻以陽剛中正之勢，領群陽接受六四爻的畜止，圓融而成小畜。

【上九】既雨既處，尚德載，婦貞厲。月幾望，君子征凶。

既，已經，字形左旁畫盛食器，又旁表示人食畢，代表已經用餐結束。處，停止。尚德，此指六四爻的柔順之德。婦，陰也，以已婚的女子象徵陰。月望，月滿之時。月幾望，月亮幾乎滿盈。

〈象〉「既雨既處，德積載也。君子征凶，有所疑也。」德積載也，指六四爻畜至上九爻，積德已滿，故止而化雨。有所疑也，指於上卦之極，不能安定的接受畜止，欲再向上時，則衝突應勢而生。

至此畜道滿盈，密雲成雨而降，將迎來虧損。畜止當有度，過則漸失陽剛之氣，以柔敵剛不宜久用，久則有疑無法前行，將有凶矣。雖然眾爻和諧用心正當，但畜極必反，當知時而強以為用。

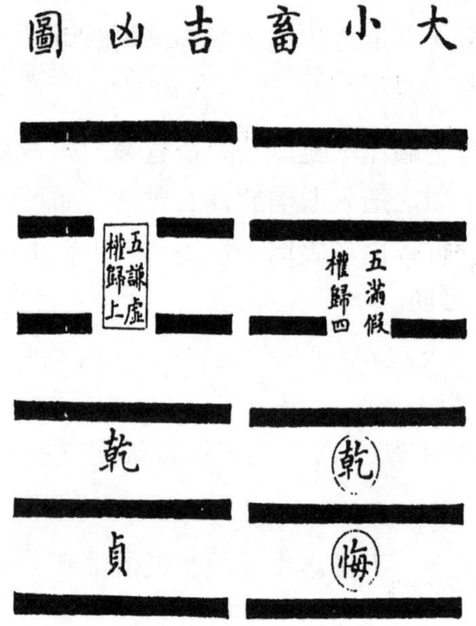

巽為風、乾為天，風行於天上，尚未即地，是不急於拂照萬物，而重在積聚實力之象。

小畜卦 卦義

51【初九】復自道，何其咎，吉。

◆ **事業**：雖然有志向上，但目前應該堅守本位，韜光養晦，如此便能漸入佳境，以穩定的步調向上爬升。

◆ **創業**：可能遇到不少阻礙，總是無法順心，這是因為還不知道自己的不足的緣故。在不足的情況下又貪心地想要涉足所有領域，自然無法順利發展，建議堅守自己的本位，在同一個位置持續努力，則可避免走上顛簸之路。

◆ **錢財**：目前的情勢做高風險的投資只會有所損失，若先前已經因為投資失利而大量失血，只要暫時以固守本金為優先，便可無事度過危難。

◆ **愛情**：面對心儀的對象應該採取守勢，追求攻勢不過分張揚，觀察對方的喜好，依其興趣投其所好，將會有好的發展。

◆ **婚姻**：因為對方或自己不安於室而造成兩人之間的衝突，要使家庭和諧，必須每個成員都扮演好自己的角色，多花點時間在家庭營造，才有可能改善目前的情勢。

◆ **子女**：只要依循適當的方式傾聽、了解孩子的需求與想法，並用恰當的方式表現出對孩子的關心，親子關係是不會不好的；若子女已經對你產生排斥心理，則不妨給彼此足夠空間，對雙方的關係會有正面影響。

◆ **健康**：目前正是適合安養的時機，找到適合自己放鬆的方式，待元氣恢復到一定程度，之後的進展會愈來愈快。

◆ **旅遊**：不適合從事危險度太高的旅遊行程，若是療癒之旅則相對會發展得相當順利。做旅遊計畫應該穩紮穩打，急躁行事只會弄巧成拙。

◆ **考運**：在一鳴驚人之前總是有段沉寂的時候，這時適合靜靜的充實自己，待做好充分的準備，成功的機率才會提高。

◆ **人際**：應該緊抓目前的人脈，暫時不再高調行事或主動擴充人際，躁進只有適得其反。

◆ **訴訟**：若是依循正道行事，則目前的訴訟便能安然無事，即使獲得平反，也不要大聲吵嚷，低調為宜。

◆ **遷居**：現在只適合安居，不適合搬遷，但若因某種因素不得不搬，則要注意低調安穩地進行，避免與他人產生爭執，則不會引來災禍。

◆ **尋人**：往東南方向尋找，必有所獲。

52【九二】牽復，吉。

◆ **事業**：工作上容易有許多犯錯的機會，若能審慎以對，以正道處世，便可避免過失。

◆ **創業**：在發展事業的過程中要能堅守正道，一路朝著目標前進，唯有堅守本位，才能避免輕妄導致的過失。

◆ **錢財**：在瞬息萬變的投資環境中，唯有堅守自我才是成功的不二法則，許多看似高獲利的投資方式背後必定隱藏著高度的風險，必須謹慎冷靜地判斷與操作，才能從中獲利。若財務上的損失已經造成，也不用太過心急，採取守勢，運勢將會慢慢好轉。

◆ **愛情**：對於心儀的人專一不移，以緩慢不易察覺的方式與對方變得親近，會是讓戀情成功的最佳方式，要注意避免因為太過積極而使對方產生反感的情況。

◆ **婚姻**：夫妻之間的溝通需要和緩地進行，若過於急著解決問題，欲速則不達，只會加深雙方的誤解。

◆ **子女**：面對孩子的變化不要反應過度，若先前已經跟孩子建立良好的溝通管道，只要依循之前的模式與他們相處，便可尋求正確的相應之道。若與孩子溝通困難，也不應躁進，先從了解開始，關係可逐漸獲得改善。

◆ **健康**：在養病的過程中要保持心情平靜，不要因旁人的意見而四處亂轉，堅守正當的醫療方式便可使健康逐漸恢復。

◆ **旅遊**：籌備的過程要能心無旁鶩、穩定地進行，旅途成行後要能依照先前的規劃執行，避免橫生枝節。

◆ **考運**：在有限的時間內，若已經有一套自己的讀書方法就持續依循，如此可避免不斷嘗試新方法而浪費時間。

◆ **人際**：固守自己的行事風格，即使他人不認同也沒有關係，若能在混亂的人際中保持心情平靜，最終能獲得他人的好感。

◆ **訴訟**：掌握正道就持續堅持下去，即使情況一時不利也不受影響，堅定往目標前進，最終真理將會顯現。

◆ **遷居**：做好計畫就穩定地執行，切勿像無頭蒼蠅般找不到目標與方向，如此只會錯過搬遷的好時機。

53【九三】輿說輻，夫妻反目。

◆ **事業**：工作上因為各種狀況發生使得秩序大亂，引發內部產生許多衝突與糾紛，愈是想解決情況愈是混亂，此時應當避免強出頭，等待風波平息。

◆ **創業**：預想的事物發生激烈的變化，內部人員也因為各種小事發生衝突，是非常不適合創業的情況，此時應該以退為進，在等待的途中觀察局勢變化。

◆ **錢財**：外在環境變動太大，此時做任何投資都相當冒險，除非你能掌握時勢變化，否則還是以守本為宜。

◆ **愛情**：無法掌握對方的想法與態度，導致你身心俱疲，卻仍無法得到對方的青睞，也許對方並不適合你，或是有許多需要磨合之處。仔細確認自己的想法，可以的話，盡量避免讓自己陷入這段感情。

◆ **婚姻**：因為外來的事物使婚姻起了波瀾，愈是想解決就衍生出愈多的問題，產生家庭失衡的情況，此時應該避免衝突，雙方各退一步，針對這段婚姻的走向從長計議。

◆ **子女**：目前的困境暫時無法解決，若強行釐清只會使情況更糟，但若能冷靜下來，不讓情緒左右，藉由理性的溝通，就能找出解決之道。

◆ **健康**：突如其來的病況讓你措手不及，且因為病情引發了更多問題，讓你心力交瘁。此時應先穩定心神，先解決病情這個根本的問題，再依據情勢的變化臨機應對。

- **旅遊**：從企劃階段就遇到許多問題，種種困難接踵而來，若因此想放棄遠行也無可厚非，應審慎評估其中的損益，若不得已要成行，則更應謹慎行事。
- **考運**：用錯方法導致成績跟著一落千丈，此時應該穩定自己的步調，找回適合自己的準備模式，同時也要保持信心，不要因此輕言放棄。
- **人際**：人際的情況相當混亂，因無法掌握適當的相處方式，甚至導致反目成仇的情況出現，此時應盡量退出人際中心，避免捲入更大的人際風波。
- **訴訟**：事情的發展並不如你預期，情況轉為對你不利，若不願意針對目前的條件妥協，恐怕會帶來更多損失。
- **遷居**：搬遷的過程中問題層出不窮，不只無法順利完成，甚至可能與相關人士發生無法解決的衝突，此時應暫緩搬遷計畫，等待風波平息。

54 **【六四】有孚，血去惕出，無咎。**

- **事業**：在工作上以誠信待人，故得到上司或前輩的幫助，免去了許多困難，此時應保持身段柔軟，則災厄自然遠離。
- **創業**：在起創的階段受到許多前人的協助，而這都是因為能夠表現出誠信和善的緣故，也因為受到幫助，可遠離許多困難，使創業之路順遂。
- **錢財**：儘管投資小有失利，但會有貴人出現給予你協助，讓你無後顧之憂。
- **愛情**：因為你的虛心誠懇，讓許多人願意協助你，讓你與心儀對象有所進展。
- **婚姻**：面對婚姻關係若願意表現出努力經營的誠意，則周遭的人都會化為你的助力，即使出現衝突也能馬上化解。
- **子女**：對於目前的困境不需要感到憂愁，只要你對自己的言行能夠保持誠信，則會出現能夠為你與子女緩頰的人，幫助你們突破代溝的高牆。

◆ **健康**：誠實面對自己的病情，不需為了任何原因隱瞞，如此才能接受眾人的協助，助你走過治療的低潮期。

◆ **旅遊**：不要一個人埋頭策劃，唯有讓大家知道你的難處，才能得到相對應的協助，也因為眾人能夠一同努力，才能使旅遊順利進行。

◆ **考運**：也許在目前的準備階段會遇到瓶頸，但若能展現出你的決心與毅力，將會有前人出手相助，幫助你完成目標。

◆ **人際**：因為具備誠信，且待人處世皆溫和以對，將因此出現許多志同道合的朋友，在人際網絡上給予你相當多的協助。

◆ **訴訟**：儘管一度看似沒有贏面，但因為你堅行正道，態度真誠，即使沒有報酬，也會有有力人士出面為你撐腰，使你的冤屈能夠得到平反。

◆ **遷居**：因為平常在親友間累積的誠信，在搬遷過程中若需要幫忙，眾人皆會毫不猶豫的相助，使搬遷無事落幕。

55【九五】有孚攣如，富以其鄰。

◆ **事業**：面對工作上的困境，因為眾人能夠一同努力，無論職位的高低皆願意共同承擔，如此將使困難降至最低。

◆ **創業**：帶領者必須捨去獨善其身的作法，因為你願意與所有員工共體時艱，他們才會願意為了你的事業盡心付出，只要培養出上下的信賴關係，就可使事業扶搖直上。

◆ **錢財**：目前的投資不只關係到你個人的損益，也因為如此，必須結合眾人的力量，一同在低迷的景氣中創造更多利潤。

◆ **愛情**：就算戀愛運看似不佳，只要你願意對心儀對象時刻表現出關心與誠意，對方也會給予你相對的回應，如此可促進兩人之間的信任，對於成就戀情會有相當大的幫助。

◆ **婚姻**：只要夫妻之間出現困境，就必須一同承擔、解決，秉持著有福同享、有難同當的心態，沒有什麼能夠破壞你們之間的信任與情感。

◆ **子女**：親子關係不佳有時不是單方面的問題，因此遇見困難時也必須一同面對，化解彼此的誤會，並藉由這樣的模式一步步建立信任與良好的互動，如此一來面對任何情況，都能在第一時間開誠布公，避免因誤解而造成的衝突。

- **健康**：疾病的治療不能只靠一個人面對，敞開心胸，讓親友們也能對你表示關懷與協助，對你的病情將大有幫助。
- **旅遊**：縱使你的能力非凡，但獨自一人承擔所有事務並非聰明的作法，你應該更加信任你的夥伴，適時地與他們共同分擔，才能使這次的遠行完美進行。
- **考運**：雖然別人並不能幫你念書，但遇見任何的困難若能尋求他人的協助，將可加速問題的解決，也能讓你的學習更有效率。
- **人際**：與人交往必須拿出最大的誠信，若對任何人都能樂於分享、不吝給予幫助，則建立的良好關係在你遇見困難的時候，就會展現出他的效力。
- **訴訟**：只要抱持誠信，與給予你幫助的有力之士能夠建立起信賴關係，將使訴訟造成的傷害減到最低。
- **遷居**：搬遷期間雖然遇到許多不愉快之事，但因為你能夠以誠待人，間接消弭許多衝突，最終將會讓搬遷順利結束。

56【上九】既雨既處，尚德載，婦貞厲。月幾望，君子征凶。

- **事業**：工作上由於先前的過失累積，造成的負面影響將一次爆發，而解決問題的最好時機已經過去，對你的前途將造成相當大的影響，故此時更應小心謹慎，面對任何情況要能靈活變動，不能再維持之前的行事作風。
- **創業**：目前的時局要創業成功有相當的難度，若執意要開創新事業，只會招來凶險，應潛心等待，不要一意孤行。
- **錢財**：先前的財務困境到此才是高峰，此時再做其他投資是相當冒失的行為，不要相信能孤注一擲而翻身，現在能做的就是逐漸減少虧損，待財運轉正。
- **愛情**：因為已經錯失了適合你的對象，近期遇到的戀情只會無疾而終，此時應該與心儀對象保持朋友關係，也許之後還有轉變為戀情的機會。

◆ **婚姻**：感情的磨損逐漸累積，近期可能會有較大的爭執，但只要保持理性，試著理解對方的心情，做良好的溝通，婚姻關係不至於破裂，也要趁此改變自己的行事態度，否則同樣的情形只會再度發生。

◆ **子女**：子女有自己的想法是很好的事，若要事事介入，只會使親子關係更加疏離，只要適度對孩子表示關心，善於傾聽，對方就會逐漸敞開心胸。

◆ **健康**：因為不良習慣的累積，使得疾病一下子全找上身，治療要能循序漸進，太過心急只會適得其反，只要能夠依照醫生的指示好好接受治療，病情將會有所改善，更重要的是改變先前的惡習，才能斬草除根。

◆ **旅遊**：能夠順利成行的良好時機已過，現在的準備工作將會非常辛苦，也可能遇到許多不可預測的狀況，若是非去不可的旅行，只能盡力謹慎行事，以求平安度過。

◆ **考運**：因為準備不足與許多不可抗力的因素，將導致考運低下，儘管沒有拿到好成績，仍不必妄自菲薄，只要能夠記取教訓，加倍努力，成績會如倒吃甘蔗般漸入佳境。

◆ **人際**：人際關係觸礁，即使極力挽回也於事無補，目前只能從小處做起，逐漸修復人際脈絡，要避免因魯莽行事而加深目前的困境。

◆ **訴訟**：敗訴的機會很大，儘管如此，應盡力使傷害降到最低，若為了勝利而不擇手段，只會加速敗勢。

◆ **遷居**：進度停滯不前，且引發不少難以解決的難題，不妨暫緩搬遷計畫，等待良好時機的到來。

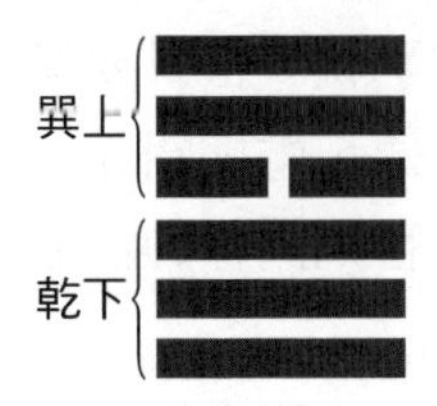

小畜卦 卦理

「畜」有眷養的意思，所以「小畜」便是指小人眷養君子，或指女子眷養男子，亦即目前所處的情勢雖平穩安順，卻遲遲未見出頭天，因此還須耐心等待。「小畜」也有家戶眷養牲畜之意，既然能畜養牲口，代表已經開始積聚財富，所以家財亨通。

另外「畜」也有聚集之意。小畜卦之卦象上為風，下為天，表示風在天上吹拂，將雲全聚集至西郊，卦辭中說「密云不雨」，聚集了濃密的雲卻未下雨，意指事情未完結或者尚有疑慮，因此「畜」又有障礙、阻礙的意思。易經中通常「遇雨則吉」，然而有雲卻無雨，代表條件尚未齊備，故需靜待時機成熟。而風行天上之卦象，也代表所下達的命令尚在普及階段，尚無法施行。

在「小畜」卦中，唯一的陰爻居於六四之位，有單一陰爻畜養五個陽爻的狀況，也可看作是六四的陰爻壓制下方三個陽爻，因此在下位者無法直接與在上位者（九五）接觸，故可以做些與個人、家庭、地方之類的小事，但無法成大事。雖然當前大局不甚明朗，但只要不逾越分際，謹慎自守則能亨通。

小畜卦的六爻爻辭便是在彰顯此一謹慎自守之道：初九時君子復自道，謹守自身原則，回歸屬於自己的位置或正確的道路繼續努力，故得吉；九二時君子帶領他人同回正道，居於牽復中引導初九與九三的地位，因此得吉；九三時因尚有陰爻，代表妻居於夫君之上，妻畜養夫君導致夫妻反目，家庭分工失序，導致事情無法順利運作；六四時因居於近君之位而險象環生，但只要持守正道就不會有罪究；九五為君位，雖用小人但不為小人所蒙蔽，以誠信提攜他人，富以其鄰故大吉；上九時既雨既處，積蓄的雨水終於落下，但也已經下完了，這時雖能出門，但是大雨之後地面必然積水，因此仍不利出征，為凶。

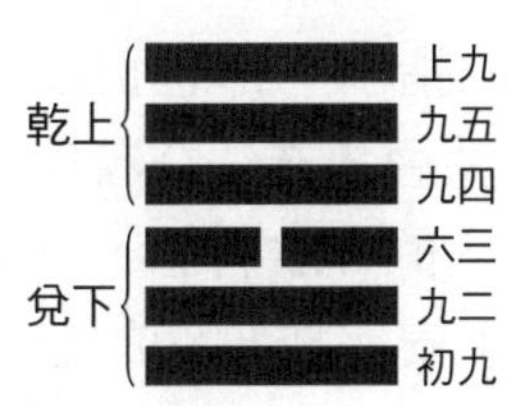

履卦

卦序▶10　錯卦▶地山謙
卦數▶59　綜卦▶風天小畜
卦向▶東北　互卦▶風火家人

卦揭

履，字形中從彳從夂，皆表示行走，且又畫鞋子之狀為舟，本義作動詞的行走。故於此卦中，說明謹慎有禮為實踐、行動所應具備的原則。在變動不安定之時，對於每一次的判斷需審慎小心，並且依禮守本分而行正道，此為履道。

當世人以天才來名號科學家牛頓時，熟不知也是因其履之有道的緣故。牛頓十六歲時對數學知識的了解仍處於淺顯的階段，但對數學的熱愛使他決心從基礎知識、基本公式重新學起。因能勤奮扎實地學習，而奠定其科學高塔的深厚基礎。同時也對自己的行為，表現出嚴謹負責的態度，新原理總是經過長時間的反覆驗證和計算後，才發表於世。他曾言「假如我看得遠些，那是因為我站在巨人們的肩上」，如此謙虛得禮，卻是牛頓偉大之處。

【卦辭】履虎尾，不咥人，亨。

虎，老虎，以喻強大卻隱藏危險的事物。尾，本為動物的尾巴，此指微隱之處。咥，咬也。

〈彖〉「履，柔履剛也。說而應乎乾，是以履虎尾，不咥人，亨。剛中正，履帝位而不疚，光明也。」說，通「悅」，兌於卦德來說，表現的是悅。履卦以柔澤接於天，悅以應乾之健，猶如踩在老虎的尾巴後方以前進，因能用柔謹慎相應對，而不致受老虎的撲擊，可以通暢順行。行至九五處的尊位，不失中正陽剛而無愧於天地，能成光明廣達的領導者。

〈象〉「上天下澤，履。君子以辨上下，安民志。」履卦的卦象上天下澤，君子習之，知執禮以進退得宜，可以使其管理之民安定志向。

在深山裡跟隨著老虎的尾巴前進，雖然獲得明路的指引，卻也需要小心謹慎不引起猛獸的反噬。在啟程前進的路上，若能執禮謙恭、踐履卑遜，儘管離危險之地雖近，也能避開災害。並且善用前人的經驗智慧，在一步一腳印之後，檢視自身行為是否合理合宜，以此平安完成實踐的旅程。

【初九】素履，往無咎。

素，質樸無文也，字形畫織物垂墜的樣子，本義為無經染色的絲綢。素履，以無綴飾的鞋子比喻赤誠之心。往，從土從止，表示啟程前進至目的地。

〈象〉「素履之往，獨行願也。」獨行願也，說明素履之往是自己堅持的原則。

初九爻於卦之始，剛則上往，同時心無雜念、循禮慎行，宜其無咎。此時向上乃心中夙願，因用誠踐履，不為情牽、不為物累，可以避免過失。

【九二】履道坦坦，幽人貞吉。

坦，平而寬廣。幽，隱也，從山表示被山包圍，看不清初面貌。幽人，與六三爻「武人」相對，喻人與世無爭、幽靜安適。

〈象〉「幽人貞吉，中不自亂也。」中不自亂也，能夠貞吉是由於居中且不懷亂之意。

九二爻居中用柔，履道能得其平坦。即行於道路者，由中則平坦無不利，旁行則奇險難測。當欲往前、又尚未步入軌道時，若能居中守正、備足計畫以行事，是貞固而獲吉祥。

【六三】眇能視，跛能履，履虎尾，咥人，凶。武人為于大君。

眇，一目不能視，字形從目從小，表示一隻眼睛比較小。跛，行不正也。武人，喻剛愎自用、恣行罔顧之人。

〈象〉「眇能視，不足以有明也。跛能履，不足以與行也。咥人之凶，位不當也。武人為于大君，志剛也。」不足以有明也，指所視不清、無法辨明情勢。不足以與行也，指無法遠行、堅持路途。位不當也，即行不正也。志剛也，此處指思慮不足，僅有心志剛強。

六三爻以柔居陽，失正不中，表現出視不正、履不中。因其質柔，而不善履危地，若履虎尾而進將見咥。欲有所作為，卻不能謙遜行事，急於用而計畫不足，造成目光短淺且採用短利之法。此人想成大君，是有勇無謀、暴虎馮河，自知之明不足也。

【九四】履虎尾，愬愬終吉。

愬，恐懼的樣子。

〈象〉「愬愬終吉，志行也。」志行也，指能戒慎謹懼地實踐自己的抱負。

九四爻居剛用柔，臨九五爻、近君多危之地，但是能使柔而戒慎恐懼，可以免於禍事且獲吉。雖然在實踐的路上已經稍有成果，同時也因此使自己暴露於眾人的視線中，故當更加謹慎，時時內自省，終能度過夷險之時。

【九五】夬履，貞厲。

夬，同「決」，行流也，本義為疏通水道。

〈象〉「夬履貞厲，位正當也。」位正當也，指九五爻於上卦居中，其特質為中正、剛斷果決，因此才能夬履而貞。

九五爻居尊，然而與九二爻相斥，與上下爻也不相合，猶如無得良臣之君。雖有凶險但能踐履執禮，懷危厲之心，使堵塞之處恢復生機，改善困境。

【上九】視履考祥，其旋元吉。

考，審查，本象老人拄拐杖而行，此轉注為檢視的意思。祥，善也，字形從示羊聲，本為祭祖時的供品，代表誠善，此處指善之事。旋，周旋完備。

〈象〉「元吉在上，大有慶也。」大有慶也，能有慶是因為上九爻於卦之終，可以視其所履行，作出周詳的考慮。

處於所行之途的端點，從剛轉柔，且回顧自身的言行，可以明辨是非，了解何者能帶來益處、何者將成為禍端。正因為居於上位，或是發展已經漸趨成熟，所以更因該具備周詳的思慮，以精密的審視經營下一步的規劃，如此即能大吉而歸。

履虎尾之圖

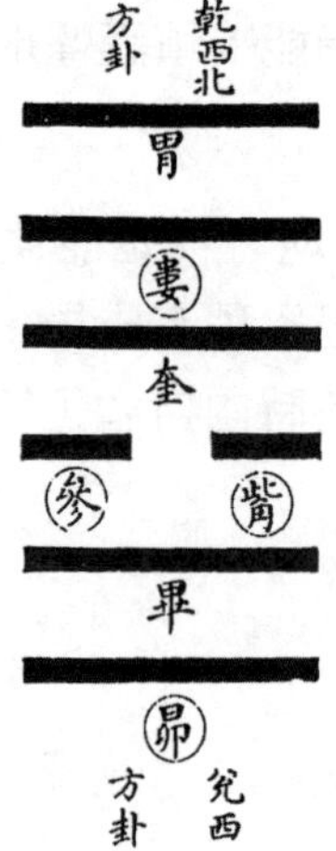

乾為天、兑為澤，上天下澤為固有之現象，表示各定有分，執禮無逾。天健、水柔，以柔置健後，當如履薄冰方能遠禍，及循禮而行以避危害。

卦義

57【初九】素履，往無咎。

- **事業**：你對工作有向上的企圖心，能夠專心致志地往自己的目標邁進，若能持續穩定的勤懇前進，工作上會有所成就，但行進的路途中仍須謹慎小心。
- **創業**：創業之路有其艱險之處，要能一步一步扎實地前進，以誠信行事，才能免去風險，做任何重大決定之前，應審慎做好評估，避免一時失足。
- **錢財**：若是以正當的方法獲取金錢，則不會惹出事端，在賺取金錢的過程中，應該謹慎行事，注意自己的言行舉止合乎禮法，就能沒有災禍。
- **愛情**：面對剛萌芽的感情，必須要謹慎呵護，若能以最大的誠意善待對方，則可期待開花結果。
- **婚姻**：目前的婚姻狀況不是可以以逸待勞的時候，夫妻之間要能以誠相待，彼此都盡最大的努力維護婚姻，方可度過難關。
- **子女**：儘管子女對自己的人生道路與你有不同的見解，現在不是強硬改變他們的時機，在與子女溝通時必須小心保守，避免加速兩代間的隔閡。
- **健康**：儘管目前病情不見太大的起色，只要不輕言放棄，專心進行醫療，不因他人的言語而有所動搖，最少能夠避免病情的惡化。
- **旅遊**：依照禮節來進行旅遊計畫，在旅行的途中，表現出真誠的態度，對於所有的事都謹慎而行，則不會遇上災禍，旅行能夠圓滿結束。
- **考運**：此時若三心二意、受他人的影響而不能專心準備考試，即使到後來臨時抱佛腳也難以挽回，故應讓自己處於無所侵擾之境地，以當前的準備為優先。

◆人際：若能保持赤子之心，以真誠的態度與人為善，則人際關係不會起太大的波瀾，而在與人相處的分際需小心拿捏，避免僭越禮節。

◆訴訟：若你是依循正道行事，則敗訴的可能性便大幅減少，在訴訟的過程中，必須謹慎行事，如此可避免因冒失出錯而節外生枝的風險。

◆遷居：必須抱有強大的信念，配合謹慎的態度，專心一意地進行，儘管身邊有眾多耳語，也要堅定執行，才能順利搬遷。

◆尋人：往東北方向尋找，必有所獲。

58【九二】履道坦坦，幽人貞吉。

◆事業：儘管你有雄心壯志，卻也不可妄想一步登天，保有高度的目標是很好的，但若操之過急，偏離正道想達成目標，則只會嘗到失敗的滋味。

◆創業：雖然前景未明，無法保證一定是條康莊大道，但只要端正行事，做好充分的準備，則不會有壞事降臨。

◆錢財：你無法判斷目前的投資是不是好投資，若不畏風險，想繼續堅持下去，則務必謹慎決斷、做好萬全的準備工作，且避免走上奇險的道路，方可保身。

◆愛情：儘管不能保證你的付出一定有對等的收穫，但是抱以最大的誠意，充分做好追求的準備，則兩人之間會有一定的進展。

◆婚姻：夫妻關係尚未完全修復，此時更應該謹慎以對，多為對方著想一些，面臨衝突應正面以對，消極的處理只會加速感情的劣化。

◆子女：親子間的衝突尚未平息，若依循正面的管道與之溝通，則會有好的結果，但若用以旁門左道、甚至置之不理，則不會有解決的機會。

◆健康：病情尚未看見痊癒的曙光，但此時更應保持心情穩定，聽從醫師的指示，專心且堅定的進行治療，千萬不可病急亂投醫，如此不但妨礙痊癒，更可能使病情惡化。

◆ **旅遊**：儘管前期準備期間遇到一些小風波，讓你對這趟旅程有所擔憂，但只要依照計畫進行，就不會出太大的差錯，不用太過擔心。

◆ **考運**：擔心自己付出的辛勞是否能夠完全反映在成績上而感到不安，也許前幾次成績並不理想，但只要繼續堅持下去，依照正確且適當的學習方式充實自己，就會漸入佳境。

◆ **人際**：即使無法完全脫離糾紛的暴風圈，由於你能夠依循正道與人相處，而不是暗地裡做小動作以博取好感，旁人能夠逐漸看出你的優點，進而與你親近。

◆ **訴訟**：情況一時對你不利，但也不用過度擔心，只要你問心無愧，那就繼續堅持自己的想法，走在正道之上，遲早能夠撥雲見日。

◆ **遷居**：欲搬遷的住處好壞難以預料，但只要過程中一切依照正道行事，事先調查、做好所有準備，則好運自然降臨。

59 【六三】**眇能視，跛能履，履虎尾，咥人，凶。武人為于大君。**

◆ **事業**：在工作上容易自以為是，導致行事前思慮不周，闖下大禍又沒有解決的能力，因此應避免自視甚高，以謙卑的態度多多學習，才能穩定的成長，最後有所作為。

◆ **創業**：不知道自己的能力到哪裡，因而盲目行事，情況如履薄冰，將會導致經商失敗。應改變心態，重新體認自己的不足，從頭學起，等到有一定的概念與能力後，再開創事業也不遲。

◆ **錢財**：無法辨明目前的情勢而不自知，將導致財務上的嚴重損失，聰明的作法是暫停目前的投資，從頭學習，等到能夠認清全局時再上場。

◆ **愛情**：過於自視甚高，看不見自己的缺點，還當作優點來展現，如此只會引起對方的反感。要改變有勇無謀的作法，將積極的態度用在對的地方，並且保持謙遜，收納自己的缺點，才能使桃花綻放。

◆ **婚姻**：慣於指責對方的缺點而不懂得反省自己，只會加深彼此的誤解、拉遠彼此的距離，若個性剛強，則更要懂得低下，若對方態度強硬，不妨由你開始化開寒冰，開啟溝通的橋梁。

◆ **子女**：不可因為自己的父母身分而自認自己永遠正確，孩子的想法與你不同一定有他的道理，若願意放下身段、俯身傾聽，則可避免雙方尖銳以對，可改善緊繃的親子關係。

◆ **健康**：若因自己的知識不足、判斷力低下，而選擇了毫無根據的醫療方式，疾病難以治癒，不要僭越病人的身分而試著以旁門左道的方法醫治自己，帶著寬闊的心胸尋求正當的醫療協助，才是病癒的不二法門。

◆ **旅遊**：只憑著一股衝勁就踏上未知的旅途，卻沒有基本的安全常識與足夠準備，只會將自己帶入無法逃離的困境，有衝勁、有熱情很好，前提是必須做好各種意外狀況的設想與準備，帶著計畫上路並不會減低旅程的精采。

◆ **考運**：因為習慣不多加思考，無法掌握自己的不足，若不改變自己的作法，帶著不充足的準備上場考試，成績並不會理想，唯有徹底檢視自己的程度，並針對弱項加以改進，才有提升成績的可能。

◆ **人際**：你在眾人的眼中並非你所想像的萬人迷，若以此自居只會讓人對你產生反感，待人要以謙遜為先，才能讓個人魅力為人所見，如此人際關係自然良好。

◆ **訴訟**：因為覺得自己吃了大虧而與人起了爭執，殊不知這一切只是因為你自以為是的緣故，若持續這樣有勇無謀的行事方式，終究會引來災禍。

◆ **遷居**：沒有綜觀全局就妄下決定，將帶來難以收拾的殘局，在做決定前，應該多方蒐集資料，謹慎評估，才不會因一時的盲目衝動，帶來不好的後果。

60【九四】履虎尾，愬愬終吉。

◆ **事業**：因為明白自己岌岌可危的處境，反而能夠戒慎恐懼的地好每一件事，如此將使你免於陷入困境，最終能夠有好的回報。

◆ **創業**：清楚知道自己的能力界線與當前時局，因而能夠小心地往目標邁進，若能繼續保持謹慎的態度，則可安然步上軌道。

◆ **錢財**：因為能夠時時自省、檢討自己的過失，因而累積了一筆不小的財富，此時容易因此而得意忘形、揮霍無度，將先前的成果化為虛無。因此在求財之路上，必定要能保持高度警覺，努力開源，也要能守住財富。

◆ **愛情**：心儀對象對你已經有一定的好感，然而此時更是對方加強觀察、以判斷兩人之間可能性的時期，因此在心上人面前的言行舉止更要小心謹慎，如此關係才有可能更進一步，最終使親情順利開展。

◆ **婚姻**：曾經破損的情感雖已大致修復，但兩人之間可能還是存在些許的不信任感，故在容易引起誤解的時刻，要更加小心以對，避免問題再度發生。

◆ **子女**：面對子女有反叛行為時更應自我反省，思考有沒有可能是因為自己的態度影響了他們的行為，若能理性地思考親子關係中哪裡出了問題，針對癥結點謹慎做出改善，則問題可望獲得解決。

◆ **健康**：因為知道自己的身體狀況，能時時謹慎待之，不讓身體超過負荷，故能繼續維持良好的健康狀態，避免疾病侵襲，若因一時大意而讓疾病上身，則更應保持嚴謹的生活習慣，病情會逐漸好轉。

◆ **旅遊**：對於即將前往的地區有全盤了解，因而保持高度的謹慎，能夠未雨綢繆，因此實際踏上旅程後將能無事而順利地進行。

◆ **考運**：面對強大的競爭，能夠維持適度的緊張感，才能因此做好最全面的準備，時時砥礪自己，激發自己的鬥志，如此才能夠有最好的表現。

◆ **人際**：因為對自己的人際狀態危如累卵有所覺察，能夠放下身段，以真誠和善待人，若能保持謹慎態度，則可望日漸找回良好的人際互動。

◆ **訴訟**：深刻體會到現在的情勢如臨深淵，故能由原本的強勢態度轉為和善，如此將有助訴訟的進行，即使最後敗訴，也能將衝突造成的損傷減到最低。

◆ **遷居**：能夠明白目前的狀況不利於你，故在執行搬遷時能夠謹慎小心，將各步驟的風險都降到最小，故搬遷計畫能夠順利進行，不需擔憂。

61【九五】夬履，貞厲。

◆ **事業**：在公事上要能保持中立，並且果斷行事，面對任何事物都謹慎小心，才能疏通目前的困境。

◆ **創業**：局勢不利創業，故面對任何情況都要在公正合理的前提下果斷行事，謹慎地下每一個決定，緩慢且踏實地做出成績，事業才能長久。

◆ **錢財**：財運陷入低潮，如果能夠看準目標、謹慎分析並快速出手，則有望抒解目前的困境。

◆ **愛情**：與心儀對象的交流停滯不前，這是因為你沒有徹底了解對方，無法針對他的喜好給予回應的緣故，若能改變以往的相處模式，做好充足準備並果斷地邀約對方，則可望破解目前的僵局。

◆ **婚姻**：近日兩人的相處有些緊繃，若為了避免衝突而持續拖延，只會使目前的僵局無限延續，還不如破釜沉舟，面對面把話說開，則誤會可望冰釋。

◆ **子女**：面對親子關係的危機，如果只是一味剛強以對，則孩子也只會以相同的方式回應，不如換個方法，以柔性的方式進行溝通，對於孩子提出的疑問果決回應，則可促進雙方的情感交流，解除僵局。

◆ **健康**：面對逐漸轉衰的健康狀況，要能夠果斷地做出醫療決定，時間拖得愈長、痊癒的機會愈小，而面對自己的病情，要保持正面積極的態度，謹慎地對待自己的身體，將有助病情逐漸轉好。

◆ **旅遊**：旅遊運不佳，故從事前的準備到旅程途中，都要謹慎地計畫執行，遇見突發的危機要能夠果斷地做出判斷，方可安然完成旅程。

◆ **考運**：在準備的過程中只有你獨自一人，沒有得到他人的助力，雖然即將面對的考試門檻極高，但只要你懷有危惴之心，嚴謹地做好準備，不拖泥帶水，則可能有亮眼的表現。

◆ **人際**：沒有他人相助幫你快速融入新的人際關係裡，但只要你保持和善中庸地待人處世，就算不能變成人際中心的焦點，也會累積起不少他人對你的好感。

◆ **訴訟**：進入纏訟的階段，必須要能在謹慎思考的前提下快刀斬亂麻，以免夜長夢多，只會增加你的負擔。

◆ **遷居**：目前不是遷居的最好時機，可先採取保守的態度，仔細評估，到了必要的關鍵時刻，就立即做決定，則後續事宜皆會順利進行。

62【上九】視履考祥，其旋元吉。

◆ **事業**：在工作上已到達一定的階段，此時回頭檢視自己在工作上的得失，更能清楚看見過往的成敗，若能從中吸取教訓，審慎抉擇未來方向，則必能有所成就。

◆ **創業**：雖還未踏上成功的頂端，但已累積相當的經驗，若能日知其所亡，月無忘其所能，則在未來的發展更能蒸蒸日上。

◆ **錢財**：失利時要能記取教訓、獲利時更要能知所檢討，這段時間累積的知識與經驗，將有助你進一步的擴增財富。

◆ **愛情**：經過一段時間的彼此了解，逐漸知道對方的喜好與習性，因此在日後的相處中，能更加無所障礙地增進好感，有機會終成眷屬。

◆ **婚姻**：隨著婚姻年數的增加，每一次的衝突與和解，都更加深情感的羈絆，當遇見新的衝突，就能依據以往的經驗找出最適當的處理方式。

◆ **子女**：當與孩子的相處找到一個適當的模式，回首看過去所犯下的錯誤，就能清楚地知道自己作為父母的不足，因而在日後與孩子的應對上，更能掌握孩子的心理，維持良好的關係。

◆ **健康**：治療到了某個階段，你對自己的身體狀況有更進一步的了解，因而當身體出現病徵，便能以最有效率的方式對症下藥，這是因為你能從過往的病情吸取經驗的緣故。

◆ **旅遊**：面對難以策劃的旅行，如果能夠從先前的經驗中去蕪存菁，作為這次計畫的參考，將可大幅減少計畫失準導致的意外。

- **考運**：當考試的準備到了一定的程度，若能從準備過程中所犯的錯誤找出自己尚有不足的部分，予以加強，則在考場上便能無往不利。
- **人際**：當人際關係觸礁，要能夠從以往與他人的相處模式中檢討自己不足的部分，找出盲點所在，便能從中改進，順利發展人際關係。
- **訴訟**：這段纏訟的時間，應該要能從過去的訴訟過程中釐清事情的來龍去脈，也許能夠幫助你找出解決爭端的核心關鍵，讓訴訟得以有所進展。
- **遷居**：若能以以往的搬遷經驗作為準則，判斷目前的物件值不值得搬遷，而過程中若懂得如何避免不必要的爭端，則能讓搬遷順利進行。

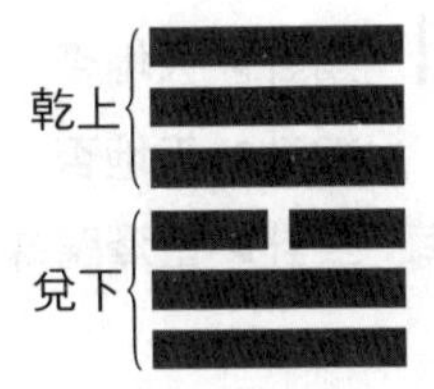

 卦理

「履」是人們行走時所穿的鞋子，引申為履行、實踐之意，也可當作「禮」解釋，意即禮節或規矩。因此循規蹈矩、遵禮而行，便是「履」卦的本意。

「履」卦卦辭中有言：「履虎尾，不咥人，亨。」踩踏在老虎尾巴上，卻沒被咬傷，表示因以禮敬侍在上位者，舉止柔順、心悅誠服，君王也言而有信，實踐自己廣施恩澤於民的承諾。此卦承繼小畜卦而來，人民聚集成眾，且在積累財富上小有所成，象徵進入太平盛世的昌盛景象，為了維護社會秩序，需要教導民眾禮儀，舉凡長幼有序、君尊臣卑，以作為社會運作之基準。倘若為臣為民之人安分守己，處在太平盛世的君王自然不會無端擾民。然而「伴君如伴虎」，如果行為舉止有失分寸，那麼老虎很有可能突然翻臉不認人，導致大難臨頭。

「履」卦卦象上為天，下為澤，象徵以澤兌（可做「悅」解釋），喜悅的態度去迎合上方的天，一切照規矩或準則小心行事，則得安定亨通。《象》曰：「履，柔履剛也。」卦象中唯一的陰爻位於六三，非居中位，其下又踩踏了兩個陽爻，代表所處位置不當，自身能力不足卻妄圖推翻上位，故形勢十分凶險。所以抽到這一卦，務必對上要柔和謙恭，對下應以身作則，謹守禮法才能安定民心。

爻辭中描述了處在不同位置，則遵守禮法的形式也有差異：初九時是一般平民，因不需受官場身分、禮儀制約，只要依循自己的原則，做好分內的事情即可免除罪咎；九二時則是行事低調的知識分子，例如藏於民間的賢者或隱士，對當前的局勢瞭若指掌卻能不動聲色，僅需持守中庸之道、行為坦蕩，則得吉；六三時是自身能力尚有欠缺，卻不安於己位，就像武人莽夫只懂打仗卻妄想篡位，威逼君王自然遭到老虎反咬；九四侍於君王身側，雖誤犯小錯但有自知之明，時時戒慎恐懼，終能化險為夷；九五居於至尊之位，但也容易驕矜自滿，過於剛愎自用的結果將招致禍害，所以仍須依循禮制作決斷，以降低危險；上九位於履之最末，懂得反省檢討自身優劣並加以改善，甚至接納他人建言，明辨是非，故得大吉。

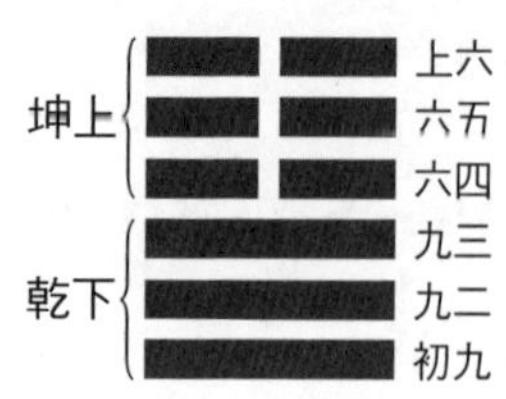

卦序▶11　錯卦▶天地否
卦數▶7　綜卦▶天地否
卦向▶西南　互卦▶雷澤歸妹

卦揭

泰，本義滑也，字形象一人伸雙手而水從中流過，表現出流動無礙的樣子，故引申為通。既然通順，則萬物生長之勢繁盛，呈現風調雨順之情景，因此泰卦承載了富裕、豐足的狀態。但盛極必衰乃千古不變之理，需謹記在心且誠信以對，以中正之道不遠貞吉。

漢代文景之治正猶如泰卦的寫照，以政通人和、百廢俱興形容亦不為過。漢初由於秦朝末年的征戰不休，使土地荒涼、經濟蕭條。至漢文帝、漢景帝時為了鼓勵生產獎勵農民耕作，帶領百官關心農桑之事，於春耕時，甚至親自下地耕作以為榜樣。《漢書·食貨志》描寫景帝後期：政府國庫裡的銅錢多年不用，貫繩已腐爛而散錢多得無計算；國家的糧倉逐漸豐滿，新穀子壓著舊穀子，一直堆到糧倉外。在文景之治時，因君王能體諒人民，而人民也努力向上，使社會漸趨安定、百姓富裕。

卦辭

【卦辭】小往大來，吉亨。

小，陰者，指上卦三陰爻。大，陽者，指下卦三陽爻。小往大來，即陰下陽上調和後，通達順暢。

〈彖〉「泰，小往大來，吉亨。則是天地交，而萬物通也；上下交，而其志同也。內陽而外陰，內健而外順，內君子而外小人，君子道長，小人道消也。」泰卦，陰氣往、陽氣來，相會亨通而有吉祥。因天氣上升、地氣下沉而開通萬物生養之道，君臣能交流而有志一同。內卦為乾，外卦為坤，使之內剛健而外柔順。如君子於內，小人於外，君子之道將盛，小人之道將衰也。

〈象〉「天地交，泰。后以財成天地之道，輔相天地之宜，以左右民。」后，上古以之尊稱帝王。財，通「裁」，財成指裁成。天地相交成泰卦。君王慕此卦而學習天地之道、推進此道的演變，並以之制定法則來管理人民。

陰陽交會，天地大通。於上者願屈尊就下，於下者能下情上達，是上順下健，使君臣交、邦國治，萬物於天地暢達中滋生而長，呈現一片欣欣向榮。然亦不能忘長消循環，乃天地之道，尚需備平順之心以臨變化。

爻辭

【初九】拔茅茹，以其滙，征吉。

茅，茅草也，菅類的柔韌植物。茹，相連之草根。滙，類也，指同類相從而聚。

〈象〉「拔茅征吉，志在外也。」志在外也，指心志剛強、思進取上往。

初九爻在下，上有正應，志在向上。因具備剛健的心志，可以帶動周圍同類者，如連根拔起的拔茅草，與同道者相牽引，則向前挑戰能吉祥無咎。

【九二】包荒，用馮河，不遐遺，朋亡，得尚于中行。

包，包容，字形畫人懷孕、腹中包裹未成形之子。荒，蕪也，此延伸指偏遠、廣大之義。馮，通「憑」。馮河，指剛決足以濟難。遐，遠也。不遐遺，即不遺遠處的有賢者。朋，類也，此指營私結黨。

〈象〉「包荒，得尚於中行，以光大也。」以光大也，指行為中正而光明磊落。

若要中正廣明，則需包容荒穢，剛強不求依附，不遺漏遠方能人，也不私暱朋黨。當有開闊的胸襟，不分貧富貴賤遠近地廣納有為之人，以無私的精神輔佐上位者，使事務通達無礙。

【九三】無平不陂，無往不復，艱貞無咎。勿恤其孚，于食有福。

陂，義同坡，傾斜不平。恤，憂患。孚，誠信也。

〈象〉「無往不復，天地際也。」天地際也，指萬物往復不息，如天以地為際、地以天為際。

道路不會只有平坦而無斜坡，萬物不會一去不復返。在了解盛極則衰的天道循環之後，只要堅貞且誠信不宜，如此可以不憂不懼，安享生命的福順。正因泰極則否，故於安樂中應時時憂患以戒備防患，以誠為處世準則，是能有福。

【六四】翩翩不富，以其鄰，不戒以孚。

翩，疾飛也，群飛疾下的樣子。不富，指此爻的特質謙虛不自滿。鄰，相近為鄰，指與六四爻同類的六五及上六。

〈象〉「翩翩不富，皆失實也。不戒以孚，中心願也。」皆失實也，說明翩翩不富即陰柔退守。中心願也，以誠信不戒於他人是發自於內心之情。

六四爻謙虛自持，使與周圍同類者相應和，彼此以誠相待，能與六五、上六一起行動。心中有誠，能具備肚量與他人結交，故可與親朋齊力相協。

【六五】帝乙歸妹，以祉元吉。

歸，古代稱女子出嫁。帝乙歸妹，商王帝乙為安內攘外，將妹妹嫁給周文王，使商周重歸于好。祉，福也，字形示旁表示祖先，止旁為足之狀，和義為祖先到來賜予福氣。

〈象〉「以祉元吉，中以行願也」。中以行願也，因中正有度而達成心中的目標。

六五爻以柔居尊，且下應九二爻，如帝乙命王妹下嫁。於此，以喻有柔順中正之德，能屈尊求和，乃大吉且至善也。若處於上位、或擁權力時，亦應以和待下，以期共有安福。

【上六】城復于隍，勿用師。自邑告命，貞吝。

城，城牆，土指阜堆、成表示全部，表示完全用土壘築的牆圈。復，返還也。隍，沒有水的護城壕，古時挖土建城，使城成時周圍形成壕。

〈象〉「城復于隍，其命亂也。」其命亂也，只上六爻時由安轉危。

城牆倒塌覆於城隍之上，然至此也不應用武，當以和平有效的方式進行改善，則如在城中發布命令，但仍有憂吝。物極必反為萬物之理，若以武相抗，將使衰落、災害更強烈的顯現，應退守以正自我，雖往下處去，但可避免大起大落。

否泰往來圖

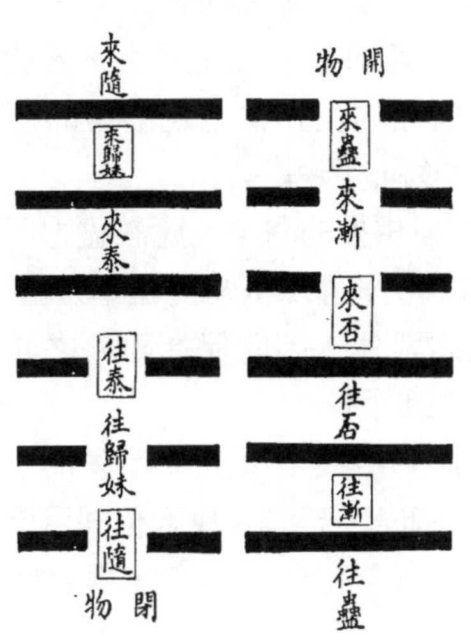

乾為天，坤為地，乾陽在下而上浮，坤陰在上漸下沉。陰者衰往、陽者盛來，萬物生養之氣大通，為順利安吉。

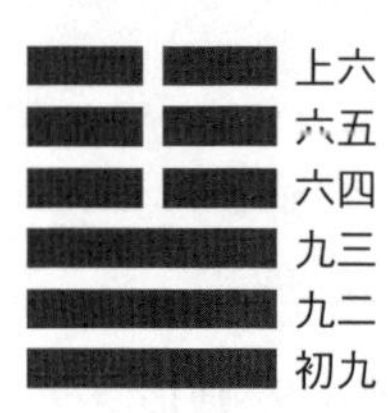

卦義

63【初九】拔茅茹，以其滙，征吉。

◆事業：因為自己的認真態度，連帶影響了周遭的同僚，大家有志一同的為了同一個目標努力，因而能有不錯的成效，會對你的事業帶來正面的評價。

◆創業：面對創業所遇到的困境堅定不移，因而吸引了許多志同道合的朋友，在創業的路途上一同打拼，也因為如此，彼此之間能產生正面影響、互相協助，帶動了事業的發展。

◆錢財：目前的局勢良好，適合投資，而在投資的工具上，若能選擇需要與他人合作的方式，則你的主動會帶起團體的連帶作用，藉由眾人的力量，增加獲利的機率。

◆愛情：有好的桃花運，若能找到志趣相投的對象，應該盡力展現出你的誠意與細心，把握機會表明心意，成功的機率相當大。

◆婚姻：與另一半之間能夠有相同的興趣，因而促進兩人之間的溝通、交流與分享，使感情更加穩固。

◆子女：若雙方皆為了同樣一件事付出努力，則過程中累積的信任與成就會成為日後親子關係的基礎，若尚未找到相同目標與志趣，也不用過於著急，一旦有了這樣的機會，就要切實把握。

◆健康：儘管身體承受病痛之苦，但在對抗病魔的路上你不會是孤單一人，有許多關心你的人以各種不同的形式支持著你，給予你溫暖的照顧與關懷，這些舉動與心意都將有助於病情的恢復。

◆旅遊：因為你對旅遊的熱愛，吸引了與你有同樣熱情的人，與這些朋友一起開創新的旅程，無論是在準備過程或是旅途中，都能相互激起正面的火花，使旅程更為難忘且圓滿。

◆ **考運**：考運相當不錯，因為在準備過程中具備剛強的心志，進而影響到周遭與你有相同目標的夥伴，能夠互相砥礪、督促，使你的表現超出預期。

◆ **人際**：因為你隨時散發正面的能量，周遭的人都會不由自主地親近你，其中有些人與你特別合得來，與這些人相處，能更加穩定你的交友圈，使你在人際中更具有影響力。

◆ **訴訟**：在訴訟進行的途中，將有愈來愈多人加入你並給予支持，因此不要輕言放棄，只要繼續堅持、努力，正義將會顯現。

◆ **遷居**：是適合遷居的時期，也許你對即將搬遷感到不安，但由於你帶著誠意主動地探訪，搬遷之事將會水到渠成，不受阻礙。

◆ **尋人**：往西南方向尋找，必有所獲。

64【九二】包荒，用馮河，不遐遺，朋亡，得尚于中行。

◆ **事業**：面對遠來的有才能之人，要能抱持著廣闊的胸襟提拔優秀人才，如此將能吸引更多有才之士協助你完成工作，讓事業發展更加快速。

◆ **創業**：在創業時期，更要虛懷若谷，保持著求才若渴的心態招納有才能的員工，如此將能穩固創業時的混亂，使事業快速步上軌道。

◆ **錢財**：在財運亨通的時候，要避免獨自營私，若能分享你生財的方法，提攜後進，則他們未來也能成為你的助力，營造雙贏的局面。

◆ **愛情**：是容易遇到好對象的時期，此時更應開放心胸，接受來自各方的朋友，也許會從中找尋到適合你的另一半。

◆ **婚姻**：另一半的不足要能以廣大的包容心接納，並且從其他角度發現其優點，只要把眼界放大，就能看到更多不一樣的對方，要避免對先前的缺點或過錯緊抓不放，如此兩個人的感情就能更加深厚。

◆ **子女**：小孩犯錯是難免的，此時要能包容但不溺愛，明白他犯錯背後真正的動機，在做對的部分予以肯定、做錯的部分加以教育，讓他明白是非對錯，避免日後重蹈覆轍。

◆ **健康**：健康運亨通，遇見了優良的醫療人員，病情將有所起色，此時若能將你治療過程的心得與其他有需要的人分享，自己也會有所收獲。

◆ **旅遊**：準備過程相當順利，在預定時間之前就完成所有計畫，旅程將會毫無阻礙、能夠盡興玩樂，而在此過程中，若遇見良好的旅伴，應敞開心胸接納，彼此能夠給予對方需要的幫助，這趟旅程會更加精采、有趣。

◆ **考運**：最近的成績一直都有好表現，面對競爭者，若能與其分享你的讀書心得與方法，與之相互切磋、砥礪，便是將競爭的力量化為助力，對自己的學習更有幫助。

◆ **人際**：目前的人際關係相當穩固，可望獲得眾人的信任與好感，而對於新加入的成員，要能主動協助對方融入團體，因其是有才之人，與對方建立起好關係之後，便是魚幫水，水幫魚，讓彼此在人際團體中的處境漸入佳境。

◆ **訴訟**：訴訟進行得相當順利，在此過程中，若出現願意協助你的人，無論他的出身高低，只要你能保持著開放的心胸接納他，對於訴訟將會有很大的幫助。

◆ **遷居**：一切計畫都能沒有阻礙地進行，到了實行的階段，要能大方接受眾人的協助，才會使得效率倍增，對日後的居住情況會有所幫助。

65【九三】無平不陂，無往不復，艱貞無咎。勿恤其孚，于食有福。

◆ **事業**：事業的發展本就有所起伏，沒有永遠的上坡或下坡，即使現在的工作狀況連連不順，也不用太過憂慮，否極就會泰來，只要明白這個道理，專心做好目前的工作，就會有成就到來的一天。

◆ **創業**：創業的過程不可能一直順利無阻，途中必定會遇見一些阻礙與困難，此時更要堅持走在正確的道路上，堅持不懈，努力將有所回報。

◆ **錢財**：目前的投資陷入困境，讓你感到憂慮不安，投資本就伴隨風險，有獲利也必有失利，目前只要靜心等待獲利時機到來，不需太過焦慮。

◆ **愛情**：也許目前兩人的關係看似平穩，但仍需時時刻刻呵護這段感情，並對愛情堅貞，感情才能長久。

◆ **婚姻**：對於婚姻必須要有憂患意識，在問題發生前防微杜漸，對婚姻生活用心經營，避免問題發生後才開始彌補。

◆ **子女**：兩代間的價值觀有所不同是人之常情，即使子女開始與你有意見上的分歧，也不用太過緊張，不必擔心親子間的關係會就此愈來愈遠。天地萬物皆有一定的循環，你年輕時曾經有過的叛逆時期，如今在孩子身上重演，此時只需以耐心與關心對待子女，親子間的關係還是能夠維持密切。

◆ **健康**：即使現在為病痛所苦，也不必太過杞人憂天，目前的狀況只是短暫的，萬物皆依循環之道而行，終究能夠迎來身體轉好的一天，而若目前健康一切均安，則仍應時時看顧自己的身體，防範於未然。

◆ **旅遊**：面對未知的旅遊目的地，在可能的問題發生前，就做好萬全的準備，因應各種突發狀況，即使過程中發生無預期的事故，也能在最短時間內補救。

◆ **考運**：考試不會每次都順利、運勢也有高低起伏，只要能明白這樣的道理，就不會對考試結果有太大的得失心，避免受到考試結果影響，要能在每次失敗中獲取經驗，作為下次應試的養分。

◆ **人際**：人際關係是不斷變動的，這是符合盛極必衰的道理，對目前身邊的人際網絡要能努力經營，要在失去的時候不被挫折擊倒，也要在失去之前做好預防。

◆ **訴訟**：局勢不會一面倒，形勢有時會相當嚴苛，此時更不能讓信心潰散，低潮之後必有漲潮，要能把握時機，擊敗對手。

◆ **遷居**：搬遷的過程中遇到的困難，都是為了之後安定的生活必須付出的努力，目前感覺勞苦不堪，只是因為你被一時的困頓遮住雙眼，看不見即將到來的美好佳境。

66【六四】翩翩不富，以其鄰，不戒以孚。

◆ **事業**：在工作上，要能隨時懷抱謙沖自牧的心境待人處世，若能以謙虛誠信的態度與團體合作，不邀功、也不嫉妒他人的成就，就能順暢無阻地推動工作，讓計畫順利進行，過程中也能獲得許多經驗。

◆ **創業**：與合作對象之間要能以誠信相待，與其咄咄逼人，搶得形勢上的優勢，不如退居他人身後，作為支持的底蘊，如此將更有助於自己的事業成長，也能培養好的人際，在日後獲得更多幫助。

◆ **錢財**：目前的投資首重誠信，因此做每一個決定之前，先以誠信作為第一考量，並且以謙虛的態度與周遭同伴一同合作，如此可讓風險降低，提高投資成功的機率。

◆ **愛情**：先前已經向對方表明過心意的你，雖然兩人間的關係仍然曖昧不明，此時與其勇往直前，繼續追問對方，不如採取柔情攻勢，默默守護，給對方思考與觀察你的空間，以退為進才能提高成功的機率。

◆ **婚姻**：面對發生變化的婚姻，你可能相當心急、有不顧一切的衝動，但此刻最佳的解決方式，卻是以柔順、安撫的方式應對，避免衝突之後，才能進一步做良好溝通。

◆ **子女**：就因為對象是小孩，才更要以誠信對待，藉由一次次承諾的兌現，累積彼此之間深厚的信任感，也因為做父母的以身作則，更能要求孩子以同樣的方式與你分享想法，藉此逐漸拉近與兒女間的距離。

◆ **健康**：不要自視甚高，以為了解自己的身體狀況，而延誤了就醫的黃金時期，在病痛侵襲的時候，對自己誠實，放下姿態向他人或醫生求助，才是真正的解決之道。

◆ **旅遊**：儘管你具有豐富的經驗或見解、資源，若此趟旅程是與三兩好友同行，則應以謙虛的態度提供意見，才能輕易地讓人接受，並且有助旅程的順利進行。

◆ **考運**：知之為知之，不知為不知，要能誠實面對自己的學習成果，表現好時能謙虛、表現不好時要能從失敗中記取教訓，並且以柔順的態度與他人共同切磋學習，彼此能夠相得益彰，一同成長。

◆ **人際**：要以謙沖低下的態度與人為善，面對需要同心協力的事項，你謙虛和善的待人習慣，將為成為人際成長的助力。

◆ **訴訟**：面對難纏的訴訟，更要以柔順的態度進行，以誠信為原則，立場堅定卻不強硬，如此可減少過程中不必要的衝突，也可加速事件的進行。

◆ **遷居**：保持謙虛圓滑的態度，才能與周遭鄰里相處融洽，快速打入新的生活圈，如此也可提高日後的居住品質，受到眾人的協助而有美好的新生活。

67【六五】帝乙歸妹，以祉元吉。

◆ **事業**：一時的忍氣吞聲是為了讓工作能順利的進行，面對蠻不講理的對方，要能以柔順不剛的態度應對，藉此達成心中想要的目標。而在上位者需以和善的態度對待下屬，上下一心，一同追求共同的利益。

◆ **創業**：面對員工，要能和顏悅色，以親和力受到他們的愛戴，使其心甘情願地為你效力，成為你事業發展的助力。

◆ **錢財**：在獲得更大的利益之前，必須遭受一些小小的虧損，只要能夠掌握整體的收支平衡，不需太過憂慮，若與人合作投資，則需以和相待，一同創造財富。

◆ **愛情**：為了心儀的對象，你也許犧牲了一些金錢、時間甚至是些微的尊嚴，但就結果而言，這些犧牲將會有好的回報。

◆ **婚姻**：在婚姻關係中，你也許總是占下風的那一個，但不要將此視為無謂的犧牲，每當夫妻間有所爭執，先以柔順的態度講和，對方也能感受到你願意先以低姿態求和的心意。

◆ **子女**：面對子女的過錯，管教時不應一味打罵，以和善的態度與之溝通，反而能獲得更好的成效。

◆ **健康**：對於病情，不要以消極、自怨自艾的態度看待，真誠地面對自己的健康狀況，積極治療，將會有所起色。

◆ **旅遊**：為了能夠有一趟完美的旅程，過程中必須有所犧牲，對這樣的犧牲抱持著平常心，之後便能安享旅途的愉快。

◆ **考運**：為了達到目標，過程中必定有辛苦的時候，像是必須限制休閒時間、壓抑玩樂的欲望，而這一切的努力，都將幫助你獲得甜美的勝利果實。

◆ **人際**：為了獲得良好的人際關係，必須收起你的尖角，以柔順和善的態度待人處事，圓滑地經營人際網絡，才能達成目標。

◆ **訴訟**：要贏得最後的勝利，過程中也許會有遭到誤會、必須忍氣吞聲的時刻，此時仍須以柔軟的姿態應對，最終才能嘗到勝利的滋味。

◆ **遷居**：目前的姿態低下，是為了日後更美好的生活，繼續保持柔順中正的態度，最後將會有大吉情勢的到來。

68【上六】城復于隍，勿用師。自邑告命，貞吝。

◆ **事業**：工作上出現狀況之時，不應該以強硬的方式化解，若能使用柔軟的手段，則更能有效獲得改善。

◆ **創業**：創業過程中出現重大的損害，看似一切都到了谷底，但萬物循環反覆，翻身的機會仍會到來，在那之前，要避免以強硬的手段挽回劣勢，保持柔軟姿態，才能將損害減到最低。

◆ **錢財**：當投資的狀況影響到你的生活物質，就應退回保守的態勢，避免拋下更多金錢，因物極必反，應等待時機、做好再次出手的準備。

◆ **愛情**：兩人的良好關係也許因為他人的介入而受到影響，此時要避免衝動行事、與他人起正面衝突，應採取保守行動，堅定自我的心志，雖然暫時處於敗勢，但可避免對方對你留下不好的印象。

◆ **婚姻**：婚姻出現危機，儘管本意是希望能夠挽回婚姻，卻也不應莽撞行事，保持和順的態度，等待雙方情緒平緩，再進一步以柔軟的態度勸說，會有較好的結果。

◆ **子女**：儘管雙方出現爭執，也不應該以打罵的態度對待子女，如此只會使對方產生更大的抗拒心態，反而擴大事端，要能夠先退一步，找到好的時機，以柔和的方式使雙方相互了解，才能真正解決問題。

- **健康**：當身體出現狀況，以最直接的藥物治療雖然快速，但問題的根本仍在，應該從身體的調養開始，一步一步讓自己的身體回復到健康的狀態，才能永絕後患。
- **旅遊**：旅途的過程中可能會出現與他人的衝突或是意外，導致行程受到影響，此時應採取和平的方式一一解決突發狀況，若是以強硬的態度行事，只會將問題擴大。
- **考運**：面對考試的失利，應該要和緩地逐步改進自己的讀書方式，而不是激進地強迫自己，如此只會讓準備的壓力更大，等到正式上場的時候，表現便容易失常。
- **人際**：人際關係出現狀況，可能讓你有點狼狽，但唯一的解決之道便是和緩地拉回損害的人際，要避免以太過激進的方式對他人造成壓力。
- **訴訟**：情況轉為對你不利的狀態，但不要因此亂了陣腳而不擇手段，應避免以強硬的方式試圖扭轉劣勢，只要以緩慢漸進的方式做好更充實的準備，放低姿態，才能讓事情有圓滿的解決。
- **遷居**：搬遷的過程可能遇見阻礙，面對擋在路上的大石，想用蠻力粗暴的搬走只會讓自己受到傷害，不妨用和緩、有技巧的方式巧妙避開衝突，達成目標。

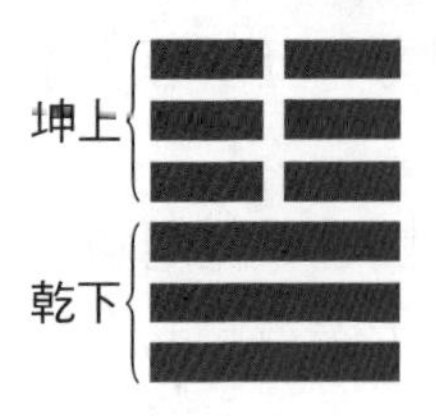

泰卦 卦理

「泰」，通泰、順暢的意思，象徵萬物間交流通暢，沒有阻礙或隔閡，自然呈現一片欣欣向榮的氛圍。「泰」卦為易經中十二消息卦之一，帶來季節更替的訊息，表示一月到了，春天來臨，而在農民曆的二十四節氣中則代表雨水節，因為天地之間氣息流通無礙，才得以降下充足的雨水涵養萬物。

此卦卦象為地在上，天在下，有天地相交之意，陽氣與陰氣能夠相互調和，進而達到均衡。若是引申至人與人間的相處，則表示相互間溝通良好，因此關係和諧，凡事都會很順利。其中第三個陽爻有歸來的意義，年節祝賀時我們常說「三陽開泰」，便是由此而來。卦辭中說「小往大來」，而《彖》則言「內君子而外小人，君子道長，小人道消也。」意指小人離去，君子得勢，然而君子在保有自身涵養同時，又能善加運用小人柔軟的身段與他人溝通，所以處世能夠通達。

「泰」卦在卦序上承繼小畜卦與履卦，意即經過一番努力後，社會上各方面的人事物都已達到鼎盛豐收的情形。但物極必反、盛極必衰，此時更須格外小心，在顛峰之後就會開始走下坡，樂極生悲，因此在「泰」之後就是否卦，象徵一個興衰的循環，兩者互為對卦。

「泰」卦六爻爻辭則闡釋了興衰的循環過程：初九時以拔茅草象徵力爭向上之意，同時又帶動了周圍的人事物一起提升，眾志成城因此出征是大吉；九二則是君子秉持包容一切的心胸以及大無畏的勇氣，不應身陷險境就棄他人於不顧，雖無法做到十全十美，但如此無私的美德仍然備受推崇；到了九三，雖處在太平盛世也難免會有不順的時候，縱使遇上困難，但是只要堅強以對，對事保持一定的警覺心，就可以安然度過；六四時本身雖有身分地位，然而要使他人心悅誠服，仍不能仰賴財富，必須動之以情，讓彼此的目標及理念相通，對方才對心甘情願跟隨；六五到達了極盛中的尊貴之位，呈公主下嫁的吉兆，藉此人人都能享有安居樂業的和平生活；上六時因為極盛之後就是衰亡，制度毀壞、人心惶惶，在各方面都呈現傾頽之象，所以最好以安內為最優先，務求重振自身氣勢才是上策。

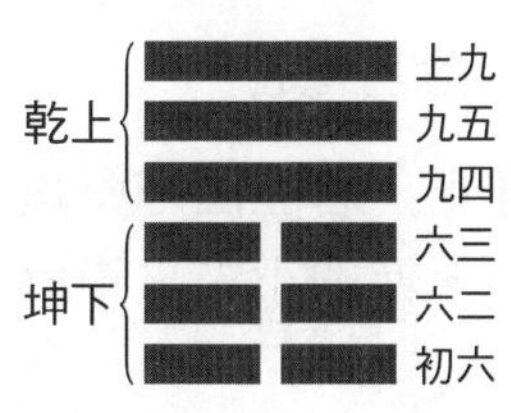

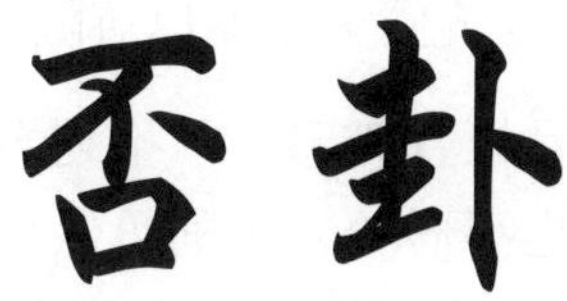

卦序▶12　錯卦▶地天泰
卦數▶56　綜卦▶地天泰
卦向▶西北　互卦▶風山漸

卦揭

否，不也，字形從口從不，即表示否定。否卦展演了天地凝滯，物不和諧，助長歪逆之風，人道不通的情景。由泰卦上六爻到否卦，通泰轉為閉塞，但至否卦上九爻時，閉塞之勢又傾覆了。既無永遠的興泰，亦無永遠的衰敗，世間萬物不斷循環變化，僅有保持心中的堅毅，才能面臨無常，並悠然往行。

《論語．述而十一》「用之則行，舍之則藏，惟我與爾有是夫。」孔子行於否世，以藏為明哲，卻也心繫於世人，期遇良君以治天下。或如魏晉南北朝，戰爭頻繁、門閥氏族之間鬥爭不斷，使許多文人能士選擇歸隱山林，如大詩人陶淵明。孟子曾言「窮則獨善其身」，有抱負有志者，於小人得勢時以守己為任，待達則兼濟天下，將能守至撥雲見月。

【卦辭】否之匪人，不利君子貞，大往小來。

匪人，非人道。大，陽也，指上卦三陽爻。小，陰也，指下卦三陰爻。大往小來，大道遠去、小途猖獗。

〈彖〉「否之匪人，不利君子貞。大往小來，則是天地不交，而萬物不通也；上下不交，而天下無邦也。內陰而外陽，內柔而外剛，內小人而外君子。小人道長，君子道消也。」非人道阻塞於世間，不利於貞正的君子有行，是陽衰陰盛之境。此時天地不合萬物不通，王者高於上，臣者卑於下，無法共同治理國家；內卦為陰為柔、外卦為陽為剛，正是小人之道強盛，而君子之道削弱。

〈象〉「天地不交，否。君子以儉德辟難，不可榮以祿。」否卦之象天地不交，君子從此得到啟示，先隱藏才能以避險，不可急功近利。

否塞之時，小人得勢，且枉直無忠良，不利君子守正。若能固守堅貞不移，保持明心如鏡，並使之不形於外，則可保身無害。亦即小人之道終有盡處，君子在偏倚之世，應韜光養晦，以待天道大通。

【初六】拔茅茹，以其滙。貞吉亨。

〈象〉「拔茅貞吉，志在君也。」志在君也，指拔茅茹是因為對君王的忠誠，而將周圍的小人連根拔起。

與泰卦拔茅茹之義不同，此時處於閉塞之初，氣滯脈阻，拔茅茹是為了去汙除垢。因此當團結貞正，明辨小人並遠之，靜待佳時，可漸探致通之理。

【六二】包承。小人吉，大人否亨。

承，受也，字形像人被雙手捧著。包承，指大人包容承受小人。

〈象〉「大人否，亨，不亂群也。」不亂群也，即大人能有吉，是因否塞而能不受小人所亂。

此時六二爻上應九五，儘管大人於閉塞之時，猶固守正道、安於否處，則小人不近身、不被小人之道所擾，而能保其志氣且有利亨通。

【六三】包羞。

羞，羞辱，形如手持羊以進獻宗廟祭祖，本義為進獻，此處假借為丑，作恥辱的意思。包羞，包容羞恥。

〈象〉「包羞，位不當也。」位不當也，指此六三爻位置不當。

六三爻接應上卦，展現出急於前進的樣子。當否之時，應守道安命，若躁動不止、無理求榮，將妄作非為，為自己招來羞辱。

【九四】有命無咎，疇離祉。

疇，類也，本以壽田表示長期耕作的田地，此處通「儔」，為朋類之義，指上卦三陽爻。離，依附。祉，福澤。

〈象〉「有命無咎，志行也。」志行也，志指由否轉泰，指清理汙穢、統整情勢的行為正漸漸開始。

進入上卦，九四爻漸漸突破否境，但仍然剛毅不足。因此要能聯合九五、上九的上位者，且成事不居功，則能同三陽，同受其福。

【九五】休否，大人吉。其亡其亡，系于苞桑。

休，止息，字如人傍樹而休息。亡，失敗，字形從入從乚，入是人字、乚為隱蔽之處，合義為隱匿逃亡，即表示失敗。系，連接。苞，指植物的十分牢固。桑，桑樹。系于苞桑，以苞桑之堅固不移，喻人當時時深感戒懼危亡。

〈象〉「大人之吉，位正當也。」位正當也，指九五爻中正居尊位。

有為之人能停止失敗，得到吉祥。然此時依然於否卦中，漸安而離危未遠，應能治而不忘亂、安而不忘為、存而不忘亡。

【上九】傾否，先否後喜。

傾，斜也。後喜，說明先否後轉為通泰，故曰「後喜」。

〈象〉「否終則傾，何可長也。」否終則傾，指小人之否不是長久之道，終會至極而傾。

上九爻以陽剛處否之終，將傾覆閉塞、疏通滯礙，通則後喜，為否極泰來。

卦圖

否泰往來圖

坤下乾上，天在上、地在下，各據一方，陰陽之氣互不相交，顯現否閉之象。否閉之時，天道阻塞、萬物不通，即偏邪之勢盛，而正道難以伸張。

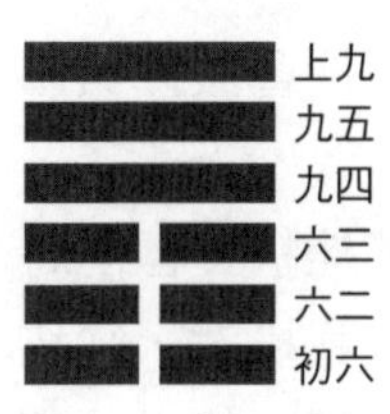

69【初六】拔茅茹，以其滙，貞吉亨。

- **事業**：賢人與小人間的關係是連帶的，要懂得明辨小人，並巧妙地遠離之，唯有如此才能讓自己在目前的處境中得到最大的利益，要潛心等待除去小人的時機。
- **創業**：想剷除創業中的阻礙，可能會連帶失去讓事業發展的貴人，故應低調地觀察情勢，挑選適當時機，巧妙地避開阻礙，而不影響到與貴人間的關係。
- **錢財**：好與壞的情勢會連帶發生，完全避開風險，也相對的會降低獲利的機會，故應等待時機、仔細觀察，並運用靈活的手段達到最大的獲利目標。
- **愛情**：最大的敵人可能也是你最好的助手，或是你愛慕對象重視的朋友，若太過明顯地表現好惡，甚至排擠對方，只會使你的感情之路更加艱難，不妨先壓下心中的成見，兩方討好，以柔軟的身段成就戀情。
- **婚姻**：婚姻愈是陷入困頓的時候，愈需要兩人的團結一心，在堅持的過程中，一一除去影響感情的因素，並從中看見兩人之間欠缺補強之處，只要傾注耐心、堅持到底，就能看見光明。
- **子女**：那些你認為影響你與子女關係的人事物，若逕自強硬地拔除，只會使子女產生更大的反叛，不妨試著了解孩子何以喜歡與這些人事物為伍，並等待良好時機引導孩子。
- **健康**：要懂得辨明哪些方式只會加重你的病情，儘管無法馬上戒除或遠離，也要能夠盡力與其保持距離，只要等待時機，使自己能走回正道，痊癒之日便不遠矣。
- **旅遊**：某些對象看似阻礙著旅行的計畫進行，卻可能在別的方面有更大的用處，故不可斷然切割，在準備期間明辨人才，與能者為伍，不能者保持距離，等待時機，不能者便會發揮其用途，同時讓眾人受惠。

◆ **考運**：在一次次的準備考中，成績的不理想讓你倍感挫折，但同時也讓你從失敗中得知自己的不足，只要懂得自我檢討，從錯誤中學習改正，到了時機成熟的時候，期間累積的能力將會發揮得淋漓盡致。

◆ **人際**：面對小人，目前尚無法完全脫離對方的影響，只能與行事正當的夥伴們消極地遠離，等待時機到來，自然能夠找到解決之道。

◆ **訴訟**：目前的情況陷入僵局，暫時無法使罪惡受到應有的懲罰，只能採取守勢，等待時機，將會有得到平反的那一天。

◆ **遷居**：搬遷的過程中遇見阻礙，進度停滯不前，此時唯有團結一心，與家人一同克服每道難關，到了適當的時機，一切將能水到渠成。

◆ **尋人**：往西北方尋找，必有所獲。

70【六二】包承。小人吉，大人否亨。

◆ **事業**：即使工作上遇見小人搗亂，但進度推行的成功與否，取決於是否能夠安穩心神，並且依然堅持在正當的道路上，只要能夠避開小人的干擾，則事業能夠有所進展。

◆ **創業**：創業路途中若遇見有心人的刻意阻撓，要能夠以包容的態度應對，在此同時，繼續堅持自己想走的道路與正當的經營方式，將能使你不受小人的干擾，順利推行事業發展。

◆ **錢財**：因他人的干預，對你的獲利之路產生影響，此時切勿氣急敗壞、輕舉妄動，唯有行事低調，並堅持自我，才能帶來亨通的財運。

◆ **愛情**：面對擾亂你與愛慕之人情感的對象，不妨藉此展現你寬大的心胸，包容他的作亂，反而能讓你們的感情不受影響，而能順利發展。

◆ **婚姻**：遇見他人的干擾而使婚姻陷入困境，當處於最壞的景況，要能懂得安於困境，若因一時心急而衝動行事，隨著他人起舞，只會火上加油。

- **子女**：在親子的情感受到阻塞的時候，才是最需要展現包容大度的時候，包容他們所犯的錯誤與不成熟的想法，藉此開啟理解的大門，可使親子關係出現轉機。
- **健康**：目前的健康狀況不慎理想，但仍應堅定地接受治療，帶著泰然的心態面對病情，唯有如此，才能使心志堅強，對病情有所助益。
- **旅遊**：旅途中因為他人的阻撓，而使旅程無法符合你的期望，面對突發狀況，要能穩住陣腳，只有安於困境，才能讓他人的影響降到最低，在最低限度內，完成這趟旅程。
- **考運**：準備的過程中容易受到他人的干擾，因而使學習無所進展，只有堅持自己的學習步調，穩健地依照進度學習，避開他人的影響，才能減低考試失利的機率。
- **人際**：小人總是在你人際關係最為困頓的時候前來搗亂，愈是這種時候，愈要能堅定自我，不受影響才能跨過困境。
- **訴訟**：目前正義未能伸張，要能與困境為伍，則能堅定心志，不被小人所擊倒，最終將能贏得勝利。
- **遷居**：儘管搬遷過程一波三折，只要能依照正道繼續堅定地執行，則小人會因此遠離，以結果而言，會是好的結局。

71【六三】包羞。

- **事業**：工作上若因急進而躁動，貿然行事，為了名利而不擇手段，只會招來恥辱，唯有保持低調，按部就班的努力不懈，才有可能達成你所希望的目標。
- **創業**：容易因急求成就而做出許多未經深思熟慮、貿然的決定，若不想嘗到挫敗，唯有觀察情勢，一步步地穩定前進，如此打造的事業，才能有穩固的地基，日後的發展會有更大的成長空間。
- **錢財**：財富的累積需要仔細的評估與慎重的決策，目前的情勢容易讓你做出不理智的決定，因而招致投資的失敗，甚至引發連帶的損失，因此切記不可躁進，讓錢財以緩慢但穩定的進程成長才是正途。

◆ **愛情**：輕率的舉動會將過去累積的情感一夕之間化為烏有，面對尚未萌芽的戀情，需要的是耐心與關心，穩定地培養兩人之間的信任感，才有開花結果的一天。

◆ **婚姻**：當夫妻關係出現問題，容易因為兩人過於熟悉，而做出未經思考的行為，儘管原意是為了修補關係，卻因為輕妄的舉動而招致反效果，甚至使關係惡化至無可挽回的地步。要解決問題，必須仔細考慮目前的情況，找出最適當的溝通管道，以退為進，才有成功的機會。

◆ **子女**：最快化解親子衝突的方式，就是慢下腳步，不因一時的心急而不擇手段，花時間讓子女了解你的用意，理解他們的想法，才能使溝通發揮最大的成效。

◆ **健康**：儘管為了病情日夜憂心，但疾病並不會因為你的心急而加速痊癒，不妨減緩速度、放鬆心情，只要穩定地接受治療，並從生活中調養，一定會有所起色。

◆ **旅遊**：欲速則不達，就算沒日沒夜的規劃好嚴謹的行程，也可能因為偶發事件而打亂所有計畫，愈是急躁，進度愈是停滯不前，此時應穩當地前進，即使速度有些緩慢，卻反而能加速計畫的穩固進行。

◆ **考運**：征服考試所需要的不是短時間內的囫圇吞棗，而是長期而穩健的知識累積，也只有這種學習方式，才能在上考場時臨危不亂，發揮最大的實力，因此要能抵抗想快速看見學習成效的想法，緩慢而確實地累積實力才是唯一正途。

◆ **人際**：因為想快速打入新的人際圈，因而急躁不安，動輒得咎，唯有從小處開始，逐漸拉近與旁人的關係，才能避免自己陷入窘境。

◆ **訴訟**：正義顯現不是一朝一夕能夠達成，與其追求快速而讓自己陷入險境，不如花時間掌握確切的證據，等待一舉將對方擊敗的時機。

◆ **遷居**：未經思考而做出的行為讓你陷入困境，搬遷之事也無法順利進行，若繼續急進，只會陷入無盡深淵，以失敗告終。要能停下腳步，等待時機。

72【九四】有命無咎，疇離祉。

◆ **事業**：困境即將有所突破，但因為自己的能力尚不足以使局面完全明朗，故需尋求有能力的在上位者協助，而事成之後，要能退居幕後，避免得意忘形、四處邀功。

◆ **創業**：儘管先前都是賠本的情況，現在已經能夠看見由負轉正的曙光，要能抓準這次機會，尋求有力人士的協助，降低失敗的機率，有望一舉突破困境，而在有盈餘之後，也別忘了回饋到幫助你的人身上。

◆ **錢財**：投資的對象有活絡的趨勢，此時更應結合眾人的力量，在經驗者的帶領下，一同創造榮景，但需注意不可因為一時獲利而喜不自勝，爭搶功勞。

◆ **愛情**：原本對於兩人之間發展停滯不前而煩惱的你，終於獲得更接近對方的機會，成功的機率大大增加，可以從對方的朋友口中多收集一些情報，加速戀情的萌生，當愛情開花結果後，別光顧著陷入兩人世界，也要記得當初給予你建議的朋友一些回報。

◆ **婚姻**：兩人的關係有望破冰，把握良好的溝通時機，讓誤會冰釋，這段期間可以讓他人為你們製造機會，或是聽取前人的建議，從中得知兩人相處的問題並做修正，而在誤會解開後，應該對協助的親友們釋出感謝。

◆ **子女**：子女的強硬態度出現破口，是拉近親子關係的良好機會，但因你尚未有完全的把握，不妨尋求專家，或是其他父母親的意見，也許可以從中找到較佳的溝通方法。

◆ **健康**：這段時間讓你困擾的疾病好轉的時機到來，可以多多蒐集關於這一病情的資訊，或尋求醫師的協助，若以虛心的態度接受權威者的建議，痊癒的機會相當大。

◆ **旅遊**：當遇見種種情況使得旅行計畫一直無法順利進行，有可能是因為你的設想不夠周到，執行能力也還不夠完善，這段期間你應該更加倍努力地做好行前規劃，遇見不熟悉的資訊，要能主動求助前輩們的協助，旅程順利結束之後，不要以規劃者的角色自滿，而是要感謝協助你的人們。

◆**考運**：遇到了能夠展現實力的機會，但因準備尚不完備，有可能與好成績失之交臂，需懷抱著謙虛的態度向他人求教，以求彌補自己的不足。

◆**人際**：人際的運勢逐漸上漲，但自己還沒有相對應的能力應付，要能夠向能者靠攏，尋求協助，並在自己的人際關係穩固之後，給予一定的報酬。

◆**訴訟**：勝利即將到來，但自身的能力不足，還無法完全掌握勝算，此時他人的協助相當重要，利用各方的助力，才能促成圓滿的結果。

◆**遷居**：搬遷中遇見的混亂終將平息，但仍需要他人的幫助，以確保到最後不會再旁生枝節，等到一切都安頓下來，別忘了給予幫助你的親友們一頓喬遷大餐，以示感謝。

73【九五】休否，大人吉。其亡其亡，系于苞桑。

◆**事業**：困頓的情況將獲得抒解，正直有德的人將會在事業上有所成就，但是面對逐漸轉好的情勢，仍要居安思危，以戒慎恐懼的心面對，才能鞏固自己的根基，日後發生任何突發狀況，也不會在一夕之間使你的事業受到太大傷害。

◆**創業**：虧損的情況將獲得改善，以誠信做生意的人將獲得應有的報酬，但在創業剛起步的時期，要能具有憂患意識，謹慎維護你的事業，才不會讓辛苦建立的一點成績在短時間內就毀於一旦。

◆**錢財**：緊鎖著的財務狀況逐漸解套，以正當手段獲取財富的人投資獲利狀況相當良好，此時千萬不可掉以輕心，反而要比虧損時更加注意局勢變化，在最快的時間內做出反應，才能避免財務的損失。

◆**愛情**：因為你的正直誠心，對方的心防逐漸為你開啟，兩人的感情逐漸加溫，此時更應細心經營雙方的感情，避免情況突然產生變化，讓你措手不及。

◆ **婚姻**：兩人之間的相處模式產生改變，原先的衝突有望化解，而在修復感情的過程中，要提高警覺，以更多的耐心與關心相互對待，才能成功恢復當初的情感。

◆ **子女**：與子女的溝通逐漸看見成效，但親子之間的信賴關係尚未十分穩固，在建立良好關係的同時，要更加注意子女的反應與想法，避免產生新的誤會。

◆ **健康**：疾病纏身的情況有望獲得改善，身體有逐漸好轉的趨勢，但千萬不可就此放任自己，要能居安思危，更加注意身體發出的警訊，並且比先前更加努力調養。

◆ **旅遊**：準備的過程所遇到的困難逐漸導向完美的旅程，但在成行前，仍要努力做好更加縝密的行程規劃，也要針對各種意外狀況做好防護措施，唯有抱持著戒慎的心情，才能讓旅途完美落幕。

◆ **考運**：經過幾次失敗，即將能夠看到好的成果，考運逐漸好轉，但若因此放鬆自己則萬萬不可，要能保持警戒，彷彿隨時有人會超過你一般地加倍努力，不到最後一刻都不懈怠。

◆ **人際**：在人際中的位置逐漸穩固，先前遇到的困頓也獲得解決，但現在還不是放心的時候，情勢愈是順利，愈是需要擔心意外的發生，故仍應努力經營人際網絡，讓周遭的人對你有完全的信任。

◆ **訴訟**：看似就要沉冤昭雪，目前的跡象顯示對你有利，但在勝利到手之前，仍必須時時警惕自己，不可懈怠，避免對手突然的反擊而功虧一簣。

◆ **遷居**：一切的困難都將化為助力，但在圓滿的計畫結束前，要能像是還有許多憂患一樣，保持警覺，才能確保最後一刻不會有意外情況發生。

74 【上九】傾否，先否後喜。

◆ **事業**：事業上的低潮不會長久，即將迎來的是上升的局勢，此時應忘記過去的失敗，做好準備，迎接未來的挑戰。

◆ **創業**：壞運氣已經用光，接下來只會逐漸轉好，應調整好心態，為之後的事業發展儲備精力。

◆ **錢財**：虧損的狀況不會一直持續，只要做出正確的判斷，幸運之神會站在你這一邊，讓你獲利不斷。

◆ **愛情**：儘管先前的感情之路有些顛簸，但付出的努力不會沒有收穫，雙方的信賴感逐漸加深，關係也愈來愈親近，離戀人之路已經不遠。

◆ **婚姻**：儘管先前有過爭吵與誤解，但把話說開之後，感情只會有增無減，夫妻間的關係將更加緊密，彼此更能設身處地為對方著想，鞏固夫妻間的情感。

◆ **子女**：儘管先前衝突不斷，但這樣的情況即將迎來終止的一天，良好的運勢讓親子間的溝通順利無阻，把握機會做好溝通與了解，之後的親子關係只會更加緊密。

◆ **健康**：病情的惡化有所極限，之後的身體狀況只會逐漸轉好，此時要能保持良好的心情，修養生息，到了康復的那一天，身邊的親友都能為你感到高興。

◆ **旅遊**：儘管過程相當坎坷，但接下來只會有好事發生，當有機會到來，就盡情享受這次的旅程，結束時，你會發現自己有許多意想不到的收穫。

◆ **考運**：雖然一度對自己失去信心，但之後的表現只會愈來愈好，這段期間累積了足夠的實力，只要穩定心情，就能夠在關鍵時刻表現出最亮眼的成績。

◆ **人際**：在人際間的劣勢將逐漸趨緩，對新環境也已經慢慢熟悉，眾人對你的了解加深，因而對你產生好感，使你的人氣高漲，要能把握機會好好穩固人際，之後就會有貴人相助。

◆ **訴訟**：雖然過程中有苦有淚，甚至一度看不見希望，但是苦盡甘來，現在的時勢對你有利，真理將獲得勝利，繼續堅持下去，終能迎接勝利的果實。

◆ **遷居**：壞運會有用完的一刻，接連而來的是無可限量的好運，儘管現在仍處在劣勢中，也不需過於擔心，事情將能獲得圓滿的解決。

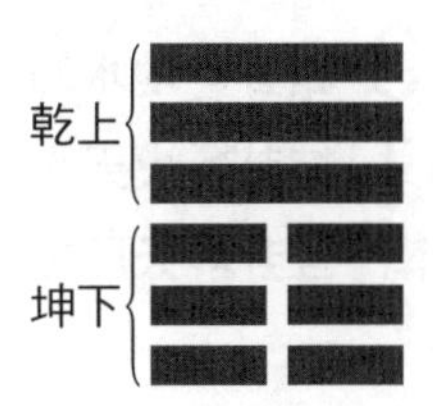

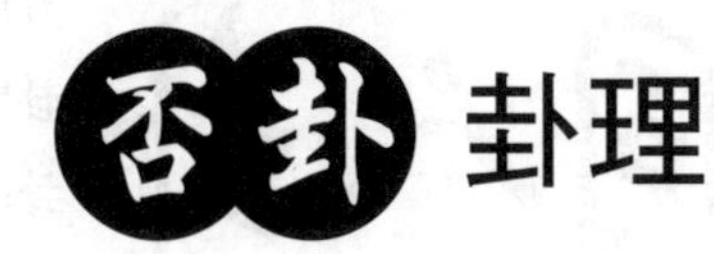

卦理

「否」這個字由「不」和「口」組成，象徵想說的話被堵住、無法說出口，也就是溝通不良的意思。由此進一步延伸，就成了彼此之間無法交流，因此萬事萬物凋零的景象。

否卦位於泰卦之後，因為在泰卦時昌盛到了顛峰，導致物極必反，所以否卦呈現和泰卦完全相反的情況，正道傾頹，小人得勢。從卦象來看，天在上而地在下，表示陽氣和陰氣各自於上下淤積，無法調和，生命不能循環以致萬物閉塞，天下混亂，人心不和。故《象》曰：「天地不交，否。君子以儉德辟難，不可榮以祿。」就是在說君子應當自我約束，不張揚正道，沉著守靜以待時機到來。

「否」卦卦辭中說：「否之匪人，不利君子貞，大往小來。」言明君子之道不可行，諸事不順。由於君主獨坐上位，臣子處於下位，雙方眼界不同，所以即使溝通了也是各持己見，雞同鴨講。若是卜到這一卦，為人上司者則當用心聽取下屬的意見，體察他們的感受；而為人屬下者，則需嘗試表達自身意見，盡力讓上司明瞭自己的想法，如果能夠破除隔閡，就能否極泰來。

「否」卦六爻爻辭則說明了這一卦的發展進程：初六時一旦選擇追隨君子，就會有一干人群起響應，破竹之勢就如同連根拔起的芒草一般，只要堅守正道，則德亨通；六二時呈對立之勢，小人與君子各自群聚，彼此不相往來，小人得吉，君子則無法出頭；六三時處於陰陽相接之位，表示雖處於君子之中，卻甘願與小人親近，實在羞恥；九四時轉陽，小人開始退閉，君子終於能開始行動，但因此位居九五之下，故不能自主行動，需等待上級命令才可避免罪咎；九五時象徵混亂的世道即將衰微，君子德性終能取而代之，但仍須小心尚未全盤退縮的小人之勢，若不謹慎恐有再次傾覆的危機；上九時便是黎明前的黑暗，只要撐過一時，光明馬上就會到來，先否而後喜。

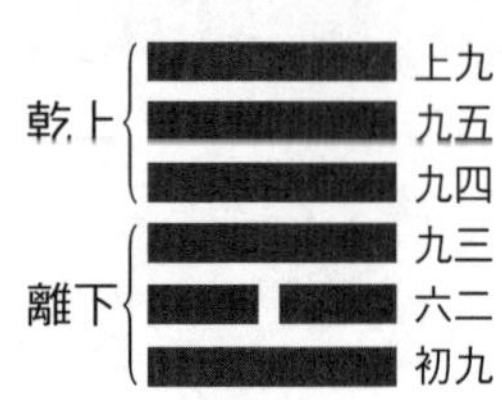

同人卦

卦序▶13　錯卦▶地水師
卦數▶61　綜卦▶火天大有
卦向▶西南　互卦▶天風姤

卦揭

同人，同即合會也，從月表示重複，本義為重複，同人指與他人無私齊心協力。歷經否卦的困頓之後，人們開始懂得團結所產生的力量，此即同人卦。而從卦中，能明白物以類聚、人以群分的道理，應慎選相從之人，並了解事物群分的變化之機。

戰國時期，齊國有一位能言善道的才士淳於髡，向齊宣王一日內舉薦七位賢能之人。齊宣王知人才難得，因此非常驚訝淳於髡之舉。淳於髡回答，這是由於同類總是聚在一起的緣故，尚有賢能者，找到同類不算是難事。此即事物群分之理，可從中視得先機。或如晚清末年，國父孫中山先生成立革命團體，號召各地有志一同的志士，終在眾人的力量下革命成功。同心同德，志向一致，則能凝聚比原來更多的能量。

卦辭

【卦辭】同人于野，亨。利涉大川，利君子貞。

野，城外曰郊、郊外為野。同人于野，若能與遠野之人相同，則同於鄰近之人亦無惑無傷。

〈彖〉「同人，柔得位得中，而應乎乾，曰同人。同人曰：同人于野，亨。利涉大川，乾行也。文明以健，中正而應，君子正也。唯君子為能通天下之志。」同人卦中以六二陰爻居於中位，與九五陽爻相呼應，故為同人。卦辭中所述，即為乾陽之道所行而致。應剛健文明，且以中正相和同人，此是君子的正道。只有君子能貫通天下萬物的心智。

〈象〉「天與火，同人。君子以類族辨物。」同人卦象火隨天，君子摹之，能以種類辨別事物。

為人守貞正之德，以正道招朋同人，使天下大同、事物亨通。而當此時，公理正道暢行，世間大同盛明，何困不解、何險不濟，是君子守正德可得利。

【初九】同人于門，無咎。

門，門內易於私情藏匿，門外則易行公理。同人于門，謂與人同心同德。

〈象〉「出門同人，又誰咎也。」又誰咎也，既能與他人齊心協力，就不會有相互矛盾產生的災難。

此時與鄰人相遇，且無私心的求同，使其同是大博而公正，故能無爭無咎。

【六二】同人于宗，吝。

宗，宗黨也，宀為房屋、示即祖先，在屋內對祖先進行祭祀，其義為以血緣關係結黨成群。同人于宗，只齊心於同宗之人。

〈象〉「同人于宗，吝道也。」吝道也，只與同宗之人相好，是心胸狹隘的自取憂吝之道。

六二爻於卦中漸升，相應於世間已漸有所作為，若只與原本相親的人同心同德，儘管無咎，但因心思有限而易憂吝不堪。

【九三】伏戎于莽，升其高陵，三歲不興。

伏戎，用兵埋伏。莽，草叢。陵，高地，從阜表示土堆，從夌表示四方型的平面，合義為四方型的大土堆，即指地勢高且寬之地也。升其高陵，登上高地，以便觀察情勢。

〈象〉「伏戎于莽，敵剛也。三歲不興，安行也。」敵剛也，因敵人強大而伏兵於暗處。安行也，為求穩妥而三年不發動戰爭。

九三爻剛而不中，對九五尊位有所窺視，是理不直、氣不壯之象。但因耐心蟄伏，並且度測情勢，不妄動舉進，因此不言凶。

【九四】乘其墉，弗克攻，吉。

墉，高牆。乘其墉，登上敵人的城牆，指九四陽爻和具包容特質的六二陰爻，相隔於九三，猶如受高牆阻隔。

〈象〉「乘其墉，義弗克也，其吉，則困而反則也。」義弗克也，說明若行正道，則不應攻打。則困而反則也，能遇困窘而知返途，故曰吉。

九四爻欲功他者，儘管不合於義，但貴能反躬自省，不悖正道，得吉。

【九五】同人，先號咷而後笑。大師克相遇。

咷，大聲叫、哭喊。大師克，師此指軍隊，指大軍隊擊敗敵人。

〈象〉「同人之先，以中直也。大師相遇，言相克也。」以中直也，即能同人，是因中正率直而無私坦蕩。言相克也，說明大軍隊與敵人相遇，便擊潰敵人獲得勝利。

九五爻與六二爻相應，但相隔陽爻，需要克敵以求同心。此時欲同人，卻碰到阻礙，應奮起與之相抗，即使有悲傷痛苦，也能在勝利之後與同伴相偕而笑。

【上九】同人于郊，無悔。

郊，城外曰郊。無悔，指無吉無凶，但心中無悔。

〈象〉「同人于郊，志未得也。」志未得也，指因尚未得志，所以無法進入城市的社會中心，只能同人于郊。

於一卦之極，與人無應，而獨處於荒郊野外。志不得伸，僅能及于郊，但也遠離了紛爭憂擾，故無悔。

卦圖

同人之圖

天用下濟

三十六 乾策 變離

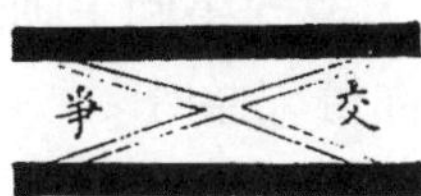

二十四 坤策 變乾

火用上炎

上卦為乾為天，下卦為離為火。天懸在上，而火光炎升，是天火相親，同上之象。

同人卦 卦義

75【初九】同人于門，無咎。

- **事業**：若能從一開始就避免獨善其身，與同事們主動親近，放開心胸地合作，則無私的態度會為你帶來益處。
- **創業**：避免陷入狹隘的合作關係，為了事業擴張的需求，應大膽地向外尋求合作對象，以求迸發更多火花，外來的助力可使你的事業蒸蒸日上。
- **錢財**：若自己一個人埋頭經營，所獲終究有限，要能採取主動，與他人合作，共同分析利弊，將可使風險降到最低。
- **愛情**：只是默默地付出，不一定會被心儀對象所看見，要是能結合眾人的力量，展現出自己的優點，成功機率將會大大提升。
- **婚姻**：若婚姻面臨傾塌，只靠單方面的支撐並不會有太大功效，應適度尋求他人的協助，讓雙方皆意識到共同付出心力的重要，才能從根本上挽救兩人的婚姻。
- **子女**：保持正面的心態，主動探求問題的核心，如果能夠開闊心胸，不帶成見地溝通，並坦然接受彼此關係的改變，就能重新建構對彼此的看法，才能更加相互理解與體諒。
- **健康**：悲觀無助於病情的好轉，只要保持開放的心胸，主動尋求醫療協助，避免自怨自艾，以樂觀的態度面對，則病痛可望完全痊癒。
- **旅遊**：在成行之前，要避免囿於成見，即將前往的地點可能不如你所想像，而在旅途中，要能以廣闊的胸襟結交朋友與接納新的事物，會獲得意想不到的收穫。
- **考運**：若以舊有的態度限制住自己的可能性，那潛力便無從發揮，不妨主動尋求協助，與有共同目標的人一起準備，看見自己的不足，加以改進，就能發揮最大的實力。

◆ **人際**：在人際中，要能拋棄成見，主動與各式各樣的人接觸，你會發現原先以為合不來的人反而與你臭味相投，要以開闊的心態接納來自各方的朋友，如此將使你的人際網絡擴張得更加迅速。

◆ **訴訟**：秉持正道，積極地尋求外援，並且不因成見而拒絕某些協助，眾人的力量將幫助你找回正義。

◆ **遷居**：搬遷之後，要能主動與鄰里打好關係，只要自己抱持著正面的心態與人接觸，對方也會給予你同樣的回報，創造出舒適、相互協助的居住環境。

◆ **尋人**：往西南方尋求，將有所獲。

76【六二】同人于宗，吝。

◆ **事業**：只與工作上有所往來的人親近，將導致你視野狹隘，成就也受到限制，工作上要能拋棄固有的關係，多多往外擴張，事情的進行會更加順利，工作將獲得更多的成長。

◆ **創業**：不能只是透過舊識輔助你的事業，要能積極開發新的合作對象，開闊自己的眼界，才能讓事業扶搖直上。

◆ **錢財**：時勢不停地變動，絕對不能只是固守舊有的投資方式與想法，要能多多吸收新的資訊，結交新的投資夥伴，聆聽不同的意見，否則即使不虧損，獲利程度也將受限。

◆ **愛情**：要能認識值得交往的對象，就必須拋開你心中的陳見與舊有的交友態度，每當有機會認識新的朋友，就要積極地主動與人為善，才能增加友情昇華為愛情的機會。

◆ **婚姻**：就算是已經熟悉的另一半，也能從其他新的角度重新認識對方，不要把心中理所當然的度量套在對方身上，多多開發另一半的新面向，將有助感情的重建。

◆ **子女**：若只是不停地把自己的陳舊觀念套在孩子身上，衝突會是必然的結果，想拉近關係要從自身做起，要能開闊心胸，願意接受新的事物與觀點，接納孩子與你不同的想法，才能對親子關係有正面的幫助。

◆ **健康**：因為囿於陳見，讓自己陷入無法痊癒的處境之中，要能拋開矜持，嘗試新的醫療方法，接納新的醫學觀點，才能使健康狀況獲得改善。

◆ **旅遊**：到了不同的地方卻還是跟熟識的好友膩在一起，不願意接納新的友情，只會讓這段旅程了無新意，讓自己的內心跟著環境變化，追求新的人事物，才會讓每一次的旅行都有特別的意義與收穫。

◆ **考運**：面對不同的挑戰，只堅守固有的方法是很危險的，要能開拓新的知識領域，擴大自己的視野，才能避免落於窠臼，在準備過程中精益求精，達成想要的目標。

◆ **人際**：要創造良好的人際關係，必須避免待在自己的舒適圈裡，要能跨越界線，離開舊有的人際圈，你所獲得的人際回饋將會多得多。

◆ **訴訟**：侷限在舊有的觀點與想法，只會讓情況陷入膠著，此時要能尋找新的切入角度或跡證，才能使訟案往前邁步，使正義獲得實現。

◆ **遷居**：換了一個新環境，卻只與舊有的好友來往，如此將使你的關係狹隘，間接阻隔了新關係的開展，不妨主動認識新環境的人，開拓新的交友圈，將使居住環境更加友善。

77【九三】伏戎于莽，升其高陵，三歲不興。

◆ **事業**：因為覬覦他人的地位與成就，抱持著不良的動機潛伏著，等待他人的失敗，但因為自己的實力欠缺，不敢貿然行動，故還不至於引起太大的糾紛，但以不純良的心態期待他人的失敗，只會對自己帶來不利，無法從中取得任何好處。

◆ **創業**：創業的動機不單純，雖然因為能力不足，尚未做出任何不正當的舉動，一旦為了不當的目標而走旁門左道，即使有成就也不會長久。

◆ **錢財**：心懷不軌地等待出手的機會，然因出發點並不正當，貿然出手並不會有所收穫，取財有道，唯有透過正當管道取得的錢財，才留得長久。

◆ **愛情**：因對手太過強大，自覺不足而躲在暗處，遲遲不敢有所行動，此時若是未經深思熟慮，不擇手段只為了博得對方好感，恐怕只會得不償失。

◆ **婚姻**：夫妻間的問題太過根深柢固，覺得無法跨越而暫時置之不理，應該等待良好時機，不可操之過急，將兩人間的問題抽絲剝繭，找出最佳的解決方式，婚姻問題將有望獲得解決。

◆ **子女**：因為無法取得共識，再強硬地強迫對方接受自己的觀點也無濟於事，你可以避開正面衝突，以其他方式化解親子間的誤解，但切勿採取不正當的手段，否則只會加深誤會的鴻溝。

◆ **健康**：病情突如其來，讓你措手不及、無法招架，目前只能靜下心來調養身體，切勿採用來路不明的偏方，唯有接受正當的醫學治療，才能讓身體痊癒。

◆ **旅遊**：因自己的準備不足，只得暫緩旅行計畫，此時應該加強自己的準備，做好規劃，而不應該抱持著僥倖的心理，如此只會將自己置於困境之中。

◆ **考運**：因為準備不夠充分，在考場上不會有亮眼的成績，你應該做的是潛心苦讀，加強自己的實力，以求能夠在下一次機會來臨時好好把握，不可因一時心急，便使用不正當的手段備試，若是如此，只會迎接再一次的失敗。

◆ **人際**：因為擔心自己表現得不夠理想，而不敢主動踏進新的人際圈，就算如此，也不能藉著影響他人而達成自己的目標，如此只會讓你在人群中留下不好的印象，阻礙未來人際的開拓。

◆ **訴訟**：一時的停頓不見得是壞事，此時應該放低姿態找尋更多有利的證據與突破口，等待時機一舉反攻，不可因為陷入暫時的困頓便不擇手段，這樣的方式對獲得勝利不會有任何幫助。

◆ **遷居**：目前你的能力尚無法應付搬遷所需的勞力、財力、心力，若形勢所迫，不得不執行，則要注意自己的方式是否正當，所有為了貪快求方便所走的歪路，最後都只會是繞遠路罷了。

78【九四】乘其墉，弗克攻，吉。

◆**事業**：為了追求成功而採取居心不良的行動，只會破壞目前的合作關係，導致成功破局，要能回歸自我的良善，尊重合作對象，與其一同共創更具影響力的事業。

◆**創業**：創業需要眾人的合作才能成功，不論對象是誰，都不應該因為自己的私心而破壞目前的合作關係，唯有保持動機的純正，才能導向成功的結果。

◆**錢財**：為了得到更大的利益而欺瞞合作對象，將是導致財務衰敗的開始，要能調整自己的心態，不被短暫的利益所迷惑，以誠信進行錢財的投資。

◆**愛情**：抱持著不單純的心態接近對方，感情並不會長久，在採取任何動機不純的舉動之前，應即時遏止，將自己拉回正途，避免兩敗俱傷。

◆**婚姻**：在做出破壞的舉動之前，要能夠即時醒悟，反省自己的作為，才能懸崖勒馬，避免婚姻關係的決裂。

◆**子女**：想與孩子打好關係，但動機卻不單純，如此不但無法拉近與孩子的距離，反而會造成相反的結果，唯有端正心態，以誠心對待子女，他們才能夠打開心房，與你親近。

◆**健康**：想要痊癒的動機相當強烈，但採取了快速卻無所根據的醫療方式，不僅無法獲得想要的效果，還會讓身體每況愈下，想要痊癒，必須慎選醫療方式，一味地求取速效，只會適得其反。

◆**旅遊**：尋求他人的協助，卻只為了自己的利益著想，自私的心態也許讓你獲得短暫的好處，最後的損失卻會比獲得來得多。

◆**考運**：與他人一同準備考試，卻獨善其身，只願接受不願付出，這樣的合作關係將不會長久，也無法提升自己的程度。

◆**人際**：別有居心地接近人群，只會讓人與你保持距離，要能改變自己的心態，以誠待人，才能贏得他人的信任。

◆**訴訟**：不良的動機會破壞目前的局面，甚至導致相反的形勢，要能導正自己的心態，以誠心與他人合作，才能引導訴訟的最終勝利。

◆**遷居**：尋求他人的協助，卻抱持著利用對方的心態，儘管順利達成搬遷的目的，也必定造成情誼方面的損失，得不償失。

79【九五】同人，先號咷而後笑。大師克相遇。

- **事業**：工作上遇見困難，想尋求他人的協助卻遇到阻礙，但不應輕易放棄，唯有堅持不懈，才能與他人合力克服困境。
- **創業**：在創業的途中試圖尋找志同道合的人一同朝目標邁進，卻總是遍尋不著，或是因為自己剛起步而遭人拒絕，此時更應拿出堅毅不移的決心，先以自己的力量跨越種種難關，有了一定的成果後，會出現許多助力，幫忙你完成創業的目標。
- **錢財**：欲與他人合作以產生更大效益，但卻無法如你所願，只能咬緊牙根，獨力邁進，等到財務狀況不再困頓，便會有源源不絕的幫助湧入，助你度過更大的困難。
- **愛情**：只是不停單方面地付出，對方卻不為所動，讓你感到無力與絕望，若確定對方值得讓你付出，則要能持續付出恆心與耐力，採取積極的方式，對方終究會看見你的努力，有望獲得發展機會。
- **婚姻**：婚姻出現狀況的起初，因感受不到對方同等的付出而感到心力交瘁，在維繫婚姻的過程中遇見許多困難，但辛苦的付出終有代價，只要堅持度過這段時間，另一半將看見你的努力，同心協力地度過婚姻的難關。
- **子女**：在跟孩子取得共識的過程中，遇見重重阻礙，此時需要付出更多心力與耐心，一步步地取得他們的信任，化解僵局，終能在親子關係中取得平衡。
- **健康**：在抵抗病魔的路上感到孤立無援，苦無能夠幫助你的同伴，此時切勿垂頭喪氣，失去戰鬥的意志，只要撐過剛開始這段艱辛的時間，將會遇見同伴，在他人的陪伴下，康復之路並不遙遠。
- **旅遊**：在計畫的過程中遇見種種困難，感到吃力的你儘管想尋求同伴的協助，卻總是無法如願，但只要堅毅地完成前期籌劃，旅程中你必定會遇見志同道合的夥伴，與你一起完成難忘的旅程。

◆ **考運**：準備的過程中只有你獨自一人，在沒有助力的情況下盡最大的努力準備，只要堅定目標，以恆心與毅力往目標邁進，你將能迎接全面的勝利。

◆ **人際**：想與眾人打好關係，卻不得其門而入，唯有靠自己的力量與他人親近，逐漸融入這個團體，只要不輕易放棄，帶著最大的誠心待人，終將能夠營造出自己的人際網絡。

◆ **訴訟**：目前的處境由於沒有太多外來的助力，使你感到特別艱辛，儘管如此，也要在孤立無援的情況下咬牙堅持，勝利將會落在你的手中。

◆ **遷居**：在搬遷過程中，因為人的問題而使得過程坎坷不堪，但只要主動釋出善意，表現出最大的誠心，過去對立的對象，將會變成互有往來的朋友。

80【上九】同人于郊，無悔。

◆ **事業**：工作上並不得志，總是無法被納入核心的成員之中，只能與他人在核心外緣建立合作關係，雖然工作上得不到成就，卻也遠離了權力爭奪的暴風圈，故沒有悔恨。

◆ **創業**：事業始終無法成為同行業中的佼佼者，處於不上不下的位置，但因為這項事業帶給你許多志同道合的夥伴，故能不以為苦。

◆ **錢財**：一直無法達到你想要的財務目標，但在追求的過程中遇到許多值得信賴的同伴，目標的達成與否也變得沒那麼重要了。

◆ **愛情**：儘管付出了努力，卻始終無法靠近對方的內心，但因為自己已經盡了全力，儘管跟心儀對象始終無法拉近距離，也不覺得後悔。

◆ **婚姻**：在婚姻關係中，兩人之間的距離愈來愈遠，用盡一切心力想拉近卻不如所望，也許目前的距離才是最恰當的，只要在需要時能夠成為彼此的依靠，便以足夠，不需強求。

◆ **子女**：親子間的隔閡仍無法完全化解，但若能給彼此多一些空間，儘管無法轉變為無話不談的關係，也能夠避免產生衝突，使關係惡化。

◆ **健康**：病情雖無法完全根治，但要能靜下心來，學著與疾病共處，如此也不至於受到病痛的過分侵擾。

◆ **旅遊**：以一己之力，無法達成原先設想的理想旅程，但過程中結識了不可多得的朋友，因此對於此次旅程的不圓滿便不會太過在意。

◆ **考運**：準備的過程總是獨自一人，遠離了其他的團體，但也因此能夠專心在準備考試上，不受他人的干擾。

◆ **人際**：無法打入主要的人際群體，只能獨自一人在人際圈的外圍徘徊不定，雖然人際上受到阻礙，卻也因此多了許多和自我相處的時間，能夠沉澱自我，也不失為一個自我提升的大好機會。

◆ **訴訟**：針對你提出的論點雖無人應和，卻也不至於引起爭端，間接避免了對自己不利的情況，此時應好好整理自己的思緒，尋找更新、更有利的論點作為擊敗對方的關鍵。

◆ **遷居**：搬遷的地點遠離中心，故與先前往來的朋友逐漸疏遠，但也因此可以遠離塵囂，不受世俗的牽掛。

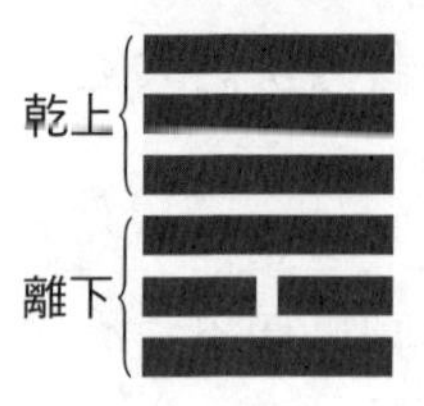

「同人」，以字義來解便是「與人同盟」，代表一個人能被他人接納，和他人打成一片。這一卦的卦象為一陰五陽，且陰爻位於九二，象徵與九五尊位的君子結盟，又因謹守本分，處事謙和，故能與他人交好，更和九五君子志趣相通。

「同人」卦位於泰卦與否卦之後，意指歷經一個興衰輪迴，極度的衰敗讓人們重新認識到團結一致的重要性，因此君子與小人開始恢復交流，重啟溝通的管道。然而一陰五陽之象代表可能出現爭執，顯示君子與小人必須經過一番磨和，最終才能達到有志一同的境界。若是卜到這一卦，則需秉持公正無私的精神及謙恭的態度，以開闊的心胸面對紛爭，而這也是九二小人能被接納、九五君子會受人擁戴的原因。要是抱著狹隘的心態處理問題，便很有可能在溝通的過程中四處碰壁，導致最後交涉失敗。

此卦的卦辭中言明：「同人于野，亨。利涉大川，利君子貞。」亦即願意虛心同他人結交就能通達，即使過程必須冒險，最終結果仍然對君子有利。

六爻的爻辭則詮釋了與人結盟的過程：初九時同人于門，願意抱持善意出外與人結交，自然能免於罪咎；六二時同人于宗，只和自己的上級或同儕來往，由於存有私心導致視野狹隘，容易發生憂吝之事；九三時見他人和睦相處而生妒，因此伏戎于莽，伺機偷襲阻撓，但一直找不到機會；到了九四則是已經登上對方的屋牆，準備出手攻擊，卻在這時發現自己出手的理由太過薄弱而下不了手，經過一番內心掙扎後選擇回歸道義，因此得吉；九五時君子欲與他人交好卻受到干擾，所以忍不住叫喊起來，但因手握權勢，能以強硬的手段解決紛爭，最終還是可以得勝，故大笑；上九為同人的終結，獨自身處偏遠地帶，無人可與其相交，因不被理解而孤獨，但也因能抱持自己的理想而沒什麼可懊悔的。

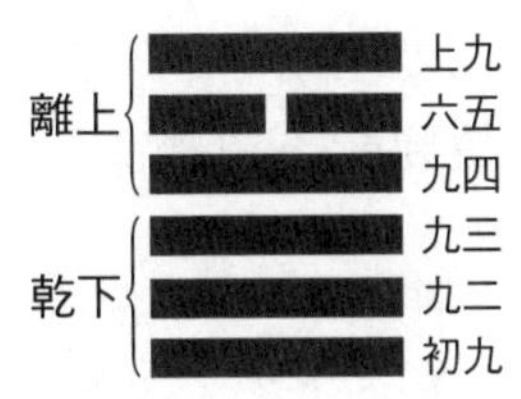

大有卦

卦序▶14　錯卦▶水地比
卦數▶47　綜卦▶天火同人
卦向▶西北　互卦▶澤天夬

卦揭

有，字形畫手持肉，表示衣食無虞，豐收有年。而大有則表示，不只是有收穫，而且是大大的豐收，在同人卦齊心協力之後，於此卦中展現成果。且又強調是眾人將所有之有，聚於領導者處，以形成最大發揮。而「有」，也不再局限於收穫的意義，亦能代表財富、能力、智慧等。

范仲淹凝聚來自民間的武力，御下柔不失剛，終能得大有。他在東北戍守邊關時，積極召募當地人為兵，因原住民熟悉山川道路、強悍勇戰，提高了軍隊的戰鬥力。他對待下屬大方有誠，當將士沒吃上飯他從不叫餓，也曾將朝廷賞賜的金帛分發給將士。同時對於貪汙者則當眾斬首，正是恩威並施、賞罰分明。在其帶領之下，培育出許多如狄青、鍾世衡一類智勇雙全的將領，完成保家衛國的使命。

【卦辭】元亨。

元亨，大有亨通。

〈彖〉「大有，柔得尊位，大中而上下應之，曰大有。其德剛健而文明，應乎天而時行，是以元亨。」大有卦，以柔居九五之位，且依然浩大而中正，上下剛柔相應，因此大有收穫。此卦之德，是剛健有力又不失文明，承天道而行，所以大運亨通。

〈象〉「火在天上，大有。君子以遏惡揚善，順天休命。」火光躍於天上，是大有之卦象。君子從卦，知隱惡揚善，以順應天道完成使命。

行大有之道者，懷剛健之德、奮發不息，且明辨是非、循理處事，使萬眾歸心，皆來相應，即成大有。卦中諸陽爻將所有推為一陰所有，有之聚而大，故曰「大有」。而以柔用尊，自有危機隱伏，故要能不自滿、不傲其所有，方能大成。

【初九】無交害，匪咎，艱則無咎。

無交害，無交則無害也。艱，難也，指保持內心的憂患意識。

〈象〉「大有初九，無交害也。」大有初九，說明初九爻卦之初與上卦九四無應，既無往來，則沒有利害關係。。

於始，大有之象尚不明朗，仍在事件的邊緣，但也因涉入尚淺，而不會招惹禍害。另外也要思艱兢畏、不驕不慢，若真能如此，則無咎。

【九二】大車以載，有攸往，無咎。

大車，古代大型車子。攸，所。

〈象〉「大車以載，積中不敗也。」積中不敗也，累積適當的量而能不毀壞。

車上承載著豐收，前往君王的所在地，以為君主所用。此時具備足夠的能力，且有財富或資源，仍行正道、不自盈自滿，與上位者齊心共進，故無咎。

【九三】公用亨于天子，小人弗克。

公，公侯，此指有能而受封之人。亨，通「享」，朝獻也，下臣通過朝獻的慶典向君主分享收穫。克，肩也，字形象人肩負重物，表示勝任、克服。

〈象〉「公用亨于天子，小人害也。」小人害也，說明小人不受歡迎，是因其心狹也，亦製造禍亂。

天子舉辦宴會，有公侯之象者，因修德守正，能得到天子共賜宴樂的結果，而邪佞小人為人所厭，若與之相參將有禍害。

【九四】匪其彭，無咎。

彭，盛大的樣子，字形從壴即鼓的形狀，彡表示連續擊鼓發出的聲音，本義為密集的鼓聲，又延伸表示大，此處內心的自滿得意。

〈象〉「匪其彭，無咎；明辨晰也。」「晰」，明亮清楚。明辨也，指不驕傲自滿是因為能辨明是非。

九四爻以陽居陰位，又近九五，是過中處大有之盛時，最是多懼招嫌之地。但因心與眼皆澄澈雪亮，不被驕傲自滿蒙蔽，而得無咎。

【六五】厥孚交如，威如，吉。

厥，其也。孚，誠信也。交如，相交往。威如，有威嚴的樣子。

〈象〉「厥孚交如，信以發志也。威如之吉，易而無備也。」信以發志也，指待人以誠可以引發他人的真志。易而無備也，指有威信能使人無戒備而靠近。

以陰爻居尊位，用誠信接納陽剛，使其他陽爻有感，亦以誠信相助回饋。而於九五用柔，若剛勁不足將有所失，故有誠且威，是剛柔並濟、威信並行。

【上九】自天祐之，吉，無不利。

自天，來自天上。祐，助也，字形從示，指來自祖先神明的幫助。

〈象〉「大有上吉，自天祐也。」自天祐也，說明有吉是因為言行合道，而得到上天的照顧。

於大有極處，能將所有之有，歸於六五之君，不獨占鰲頭、避免物極必反之途，使言行有道居中，自能有吉如獲上天的庇護。

卦圖

大有守位圖

宗廟之福

天子以仁守位

侍從

三公

侯牧

遠於君位

有要荒蠻夷之象

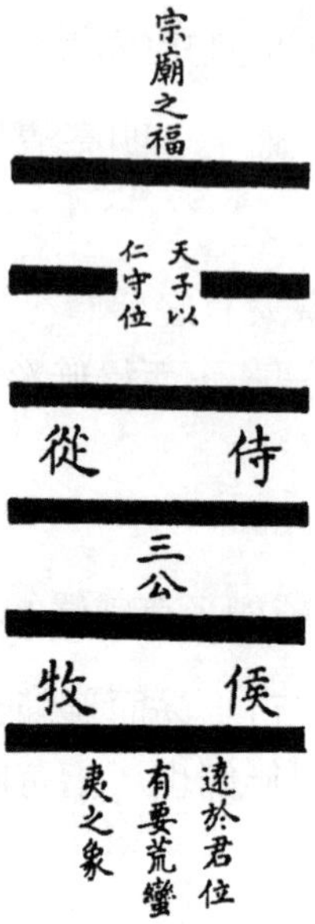

上卦為離為火，下卦為乾為天。火焰上升，盤踞於天，大地擁晝，五穀豐收，為大有之象。

大有卦 卦義

81【初九】無交害，匪咎，艱則無咎。

◆ **事業**：對於目前的工作涉入還不算太深，尚無法接觸到事物的核心，但也因此不會受到無端糾紛的牽連，行事要能保持警覺，低調無妄則能無所損害。

◆ **創業**：事業才剛起步，面對市場的險惡與複雜的人事尚無法知悉，故還能處於悠然自得的狀態，但也須未雨綢繆，替將來可能遇到的問題設想解決之道。

◆ **錢財**：初有獲利，看似沒有任何事物可以阻擋你的財運，但愈是運勢高漲的時候，愈要注意腳下的顛簸，才能在取財之路上順暢無災。

◆ **愛情**：因你的誠心與體貼獲得對方的青睞，兩人的關係有所進展，但若因此改變態度，失去為對方著想的心意，將使先前累積的好感耗盡。

◆ **婚姻**：兩人能夠相知相惜，互相扶持，但隨著了解加深，磨合的過程可能出現摩擦，使關係失衡，故夫妻間應保持一貫的相敬相愛，不因關係穩定而陋態盡出，要能細心察覺、耐心處理生活中的衝突，婚姻之路才能長久。

◆ **子女**：子女的變化細微，尚未與你在意見、想法上產生太大的衝突，親子關係還算融洽，但子女有所轉變是必然的結果，要能做好心理準備，靈活應對。

◆ **健康**：身體狀況有好轉的跡象，但若因此安心而捨棄先前的調養之方，只會重蹈覆轍，即使在脫離病痛之後，也要能維持良好的生活習慣，防微杜漸。

◆ **旅遊**：看似一切妥當，準備過程中沒有遇到什麼阻礙，但也不能因此隨意行事，旅途中仍可能有突發的狀況，必須在出發前做好萬全準備。

◆ **考運**：距離考試還有一段時間，若因此心情鬆懈、抱著僥倖的心理做準備，便與半途而廢無異，無法在考場上有好的表現，應該到考試結束的那天為止都戰戰兢兢、一刻不得懈怠，展現堅強的意志。

◆ **人際**：由於初入人際圈，受到眾人的親切對待，但隨著人際關係的融入，若懷著當初受到喜愛的心情而態度輕慢，會漸漸受到人際的冷落與遠離，故要能保持誠懇謙卑的態度與人共處，才能保有美好的人際關係。

◆ **訴訟**：對案件的涉入尚淺，故還不會受到事件的波及，面對訴訟要能謹慎以待，不因一時占了上風而自滿輕怠。

◆ **遷居**：剛到新環境，尚未與人深交，但面對新環境的人事物，要能有禮待之，才能為自己打造一個真正舒適無憂的居住環境。

◆ **尋人**：往西北方向尋找，必有所獲。

82【九二】大車以載，有攸往，無咎。

◆ **事業**：受到在上位者的青睞，被賦予重任，因你的能力足夠，挾著大量的資源，以正當的方法完成任務，事成之後不邀功，將使你的評價高漲、平步青雲。

◆ **創業**：創業後的第一筆大生意終於出現，這將是你展現能力、打響名號的機會，因此執行上要更謹慎小心，倚靠你手中豐富的資源，不投機取巧，才能迎合客戶的喜好，為你帶來事業的發展。

◆ **錢財**：目前的投資都有好的獲利成效，只要依照良正的心性，善用手上的資源，未來的獲利之路將會更加光明。

◆ **愛情**：受到心儀之人的請託，是因為對方對你有一定的信賴，只要用心、以合理的方式完成，事成之後不居功，表現出謙遜的態度，就能更加拉近與對方的距離。

◆ **婚姻**：由於以往累積的情感相當深厚，當婚後出現生活、觀念上的摩擦，只要謹慎、耐心地對待，以開誠布公的方式進行溝通，則困難可迎刃而解，不需過於憂心。

◆ **子女**：為人父母必然比子女具有更多人生經驗，看著子女做出錯誤的選擇，儘管出發點是好的，卻不可一味的壓制，要能進行良性溝通，與孩子站在同一陣線，一同面對成長過程中的風雨，才能避免彼此間的衝突。

◆ **健康**：面對突如其來的病痛，因為你先前累積了良好的健康本錢，不至於一受到侵襲就倒下，但仍須聽從醫療人員建議，靜心修養，等待健康的恢復。

◆ **旅遊**：在上位者給你足夠的資源，讓你完成旅遊課題，此時要能善用你的能力盡心規劃，堅守正道，不被低價商品迷惑，也不因自負而忽略小細節，若能完成一趟讓在上位者心滿意足的旅程，你也能間接受惠。

◆ **考運**：接受父母的協助而擁有豐富的資源，正因如此，面對考試的準備要能傾盡全力，一步一步扎實地前進，帶著父母的期望全力以赴，成果將達到你的預期。

◆ **人際**：因為前人的協助讓你在人際圈中有一定的人際基礎，與人交往要能秉正無邪，以誠相待，才可避免人際的糾紛。

◆ **訴訟**：訴訟進行得相當順利，你有絕對的事實依據贏得勝利，但在訴訟過程中，仍要謹慎行事，不因勝券在握而輕忽、暴露弱點，才能沒有意外地讓正義平反。

◆ **遷居**：搬遷準備的過程沒有遇到太多突發狀況，因為他人的協助，事情得以順利進行，只要依照正道積極準備，即使出現意外，也不至於阻斷搬遷的進行，最終能夠在預定的時間內完成計畫。

83【九三】公用亨于天子，小人弗克。

◆ **事業**：工作上有了一定的進展，要能將成就歸於在上位者，這也是一般小人所做不到的，如此可顯示出你的謙遜與大度，往後工作將更如魚得水。

◆ **創業**：創業過程需要眾人的齊心協助，當事業有了起步，逐漸獲利之後，別忘了將利益回饋到幫助你的對象身上，藉此顯現你是一個值得協助的合作對象，對往後事業的順遂有所幫助。

◆ **錢財**：與他人共同獲得的財富不可獨攬，要能回饋給合作對象，如此才能鞏固彼此的合作關係，　同創造更大的利益。

◆ **愛情**：將遇到合適的對象，但感情需要雙方共同付出，若只是單方面接受他人的情感，則感情不會長久。

◆ **婚姻**：夫妻間的關係有轉好的趨勢，而這一切要歸功於他人的幫助，當你們之間的關係穩定之後，要能夠把喜悅回饋到幫助你的人身上，對方將會持續作為你們夫妻之間的緩衝，避免同樣的問題發生。

◆ **子女**：當你跟子女的關係逐漸拉近，要記得當初的出發點，將親子關係的親近歸功於孩子的主動交心，不因關係有好的進展就回復原先的頤指氣使姿態。

◆ **健康**：當你的病情有所起色，要把自己良好的一面展現給在克服病魔路上曾經鼓勵你的人，對關心你的人心存感謝，如此可受到更多人的協助，加速健康的回復姿態。

◆ **旅遊**：這次的旅程安排能夠一切順利，都是因為貴人的協助，當你享受到這樣的好處，不可將功勞攬在自己身上，而是歸給幫助你的貴人，如果過河拆橋，那貴人也會離你遠去。

◆ **考運**：因為有他人的指導，才讓你在這次的考試中有好的表現，當你看見自己的成績，不要以為都是靠自己的努力得來，要懂得以其他的形式感謝指導你的對象，一起享受這一刻得來不易的榮耀。

◆ **人際**：在人際關係中逐漸如魚得水，是因為有前輩的從中推介，當你逐漸建立起自己的人際網絡，別忘了也把前輩引介到你的人際中，能使雙方皆受益。反之，若是獨善其身，使得前輩對你產生不滿，對你自己的人際也會產生不好的影響。

◆ **訴訟**：因為有重要人物的幫忙，訴訟的走向有如倒吃甘蔗，逐漸看見勝利的曙光。但若把成就都歸在自己身上，則會導致敗勢，故應彰顯他人的光芒，自己隱居幕後。

◆ **遷居**：順利地搬到心中理想的環境，在這之前仰賴了許多人的幫忙，安定下來之後，要記得表達你的謝意，像是辦一場聚餐，讓他人感受到你的誠意。

84【九四】匪其彭，無咎。

◆ **事業**：工作有良好的表現，獲得讚賞，儘管如此，卻能不被名利所惑，保持謙沖低下的姿態，如此可避免樹大招風，引來他人的攻訐。

◆ **創業**：事業獲利連連，此時若是被利益沖昏了頭，做出過於冒險的決策，容易使先前的成就毀於一旦，事業愈是蓬勃發展，愈是要能保持低調，讓自己的心堅定明淨，未來成就將不可限量。

◆ **錢財**：投資獲得豐厚的報酬，因為懂得收斂鋒芒，不見識短淺地到處炫耀揮霍，而能固守錢財，藉此獲得更多的財富。

◆ **愛情**：遇到條件很好的對象，與對方的關係也漸有進展，但此時若逢人說嘴，把對方當作茶餘飯後的話題，將使你留下不良的印象，先前累積的情感也會瞬間消滅。

◆ **婚姻**：無論是即將邁向婚姻之路，或是在婚姻關係中碰見困境，此時都能夠朝向堅貞美滿的婚姻關係走去，但若是對目前的情況過於安逸，做出危害關係的行為，則會招來更大的損傷，使婚姻生活觸礁。

◆ **子女**：面對難解的親子關係，因為你能夠放低姿態，以朋友的心態關心子女，理解他們的想法，故能夠維持無代溝的狀態，但若是掉以輕心，以父母的身分壓迫孩子，將會招致巨大的反彈，使情感受損。

◆ **健康**：身體一天比一天有所起色，自己也能感覺身體狀態逐漸轉好，這時更要能夠懷著謹慎的心情照顧自己，不要以為身體有揮霍的本錢，否則將陷入比先前更惡劣的情況。

◆ **旅遊**：具有良好的組織與溝通能力，這次的旅行你也做了妥善的安排，當得到他人的讚賞，要能保持低調，不自得自滿，才能更加凸顯你的人格魅力。

◆ **考運**：這幾次的成績都會有不錯的表現，但要避免炫耀心理，不表露出驕傲自矜的姿態，則考運會更加旺盛。

◆ **人際**：在人際團體中獲得極高的評價，此時更要收斂自己的鋒芒，展現出謙遜的一面，將使他人對你更有好感。

◆ **訴訟**：訴訟將有好的結果，冤屈將獲得平反，正義實現後要懂得滿足，避免再對他人落井下石，如此不僅對自己沒有好處，還可能招致攻訐。

◆ **遷居**：搬遷的過程相當順利，面對新的鄰里，要能謙虛主動地向他們表達誠意，將促進日後的守望相助，若是冷漠高傲，則運勢會有下降的趨勢。

85【六五】厥孚交如，威如，吉。

◆ **事業**：當你的成就累積到一定程度的時候，面對他人要能夠保持真誠，時時替他人著想，將心比心，如此不僅能夠贏得敬重，也能讓他人主動協助你，為你成就更大的功業。

◆ **創業**：事業發展得相當不錯，此時若能以最大的誠心與誠信對待相關廠商、人員，將產生更大的效益，受到眾多幫助，將使你的事業更加蒸蒸日上。

◆ **錢財**：投資有可觀的斬獲，之後的投資要以誠信為基準，避免利欲熏心而走向旁門左道，如此才能建立良好的基礎，在投資的路上也才會有更多貴人相助。

◆ **愛情**：近日與心儀對象的感情逐漸加溫，若能拿出誠信，以最大的誠心採取進一步的行動，成功的機會相當大。

◆ **婚姻**：與另一半的感情堅定不移，但面對最熟悉的先生／妻子，還是要能秉持著誠心對待，不欺瞞、不虛應以對，如此才能使夫妻關係長久、美好。

◆ **子女**：作為父母，身教重於言教，尤其要求子女的條件自己也都要能做到，對子女的承諾也必須全部實現，唯有讓子女打從心裡敬愛你，以你為榜樣，才能讓他對你真正的信服，也能促進良好的親子關係。

◆ **健康**：健康的身體也取決於良好的心理狀態，尤其要能以誠心對待養病期間幫助你的人們，他們給你的回饋將間接幫助你的健康復原。

◆ **旅遊**：雖是這次旅行的主事者，卻不能以統御的角色自居，必須懷著誠心與誠信對待同行之人，如此事前的準備就能毫無阻礙的進行，能夠愉快的一同出遊。

◆ **考運**：你的優良表現有目共睹，但卻不能獨善其身，當有人向你請教，必以誠心答覆，有付出必有收穫，他人也會給予你良好的回饋。

◆ **人際**：在人際關係相當受到敬愛與信任的你，在團體中已經具有領導的風範，但卻不能以為自己高人一等，面對他人要以誠意相待，以誠信為重，自然能夠贏得他人的尊敬。

◆ **訴訟**：訴訟的贏面很大，過程中要能以正當、誠信的方式進行，如此贏來的正義才是恰得其分的。

◆ **遷居**：協助你搬遷的眾人，無論是實際出力的朋友或只是提供你資訊的同事，在事成之後，都要展現你最大的誠意招待他們，如此將能贏得他們的好感，往後你需要幫助時，將能得到更多助力。

86【上九】自天祐之，吉，無不利。

◆ **事業**：在工作上氣勢如虹，像是沒有你做不到的事一般，也獲得在上位者的賞識，只要保持謙遜、用同樣認真的心態繼續努力，前途不可限量。

◆ **創業**：事業蓬勃發展，營收不斷增長，在獲得成功的同時，也別忘了底下有許多人支撐著你的事業版圖，適時地回饋員工、持續以誠信的態度經營，往後的道路將一片平坦。

◆ **錢財**：獲利極多，只要掌握住自己的本分，不畫虛妄的大餅，便能守住錢財，創造更多財富。

◆ **愛情**：與心儀對象心意相通，兩人的關係有所進展，但在順利交往後，要能夠保持現在的誠意相待，感情自然會長久。

◆ **婚姻**：夫妻關係穩定地發展，感情也愈來愈深厚，因為深知雙方的個性，相處上無所礙，只要彼此保持誠信、建立良好的溝通管道，就能順利地相伴一生。

◆ **子女**：親子之間能夠溝通無礙，關係相當良好，對於孩子的任何想法不急著阻撓，以誠信對待，彼此便能如同朋友般的相處，有美好親近的親子關係。

- **健康**：身體狀況恢復良好，只要維持良好生活習慣，注重飲食，就能不受病痛侵擾。
- **旅遊**：一切都水到渠成，在旅途中也能有許多意外的收穫，但不可輕忽大意，過程中還是要謹慎小心，總體而言會是非常愉快的一次旅行。
- **考運**：考試的表現能夠超出預期，只要考前規律地準備，到了最後一刻也不鬆懈，到了上考場的那一天，就能大放異彩。
- **人際**：在人際圈中如有神助，受到眾人的愛戴，若能保持謙虛的姿態，以誠信與他人相交，就能維持目前的人際關係，並且不斷擴張，需要他人協助時，也能無往不利。
- **訴訟**：爭訟中獲得一連串的幫助，最終能夠贏得勝利，先前的辛苦都有了代價。
- **遷居**：經過繁複的準備期，之後的搬遷將會非常順利，新的居住地將符合你的期望，能夠在那裡過著愉快的家庭生活。

大有卦 卦理

「大有」顧名思義即是所有極大、非常富有，有為的君子能夠宣揚正道且能成就大業，得到豐盛的收穫。這一卦與同人卦互為相綜的對卦，由於先前已結成同盟，聚集人心後自然力量大增，使得君子得以彰顯良善德性，因此能夠迎來盛世。

「大有」卦象下為乾天，上為離明（火），有火居於天空之上，日正當中、陽光普照的意象。乾天有剛健之意，表示君子有剛強的內在，能夠承擔大任；離明有文明之意，意指君子外在表現出極佳的智慧與洞見。故《象》曰：「火在天上，大有。君子以遏惡揚善，順天休命。」此卦卦象一陰五陽，且陰爻居於六五至尊之位，象徵集美好的德性與眾人崇敬於一身，只要積極展現出自己的智慧就能破除阻礙，運勢昌盛，如日中天。所以卦辭中說：「元亨。」便是說抽到這一卦，即使免不了會遭受阻礙，前方的道路依然亨通。

六爻的爻辭則說明了「大有」卦的各個發展階段：初九時無交害，由於地位低下，無法和君主有交集，因此容易發生危難，但只要秉持著堅忍的意志就能安然度過；九二時因持守中庸之道，故能受君子所託，雖任重而道遠，仍可以免除罪咎；九三時的位置適合有身分地位的君子，可以透過進獻與六五君主交好，但若是一般的平凡人，則無法擔當如此重責大任；到了九四已十分接近君主，但伴君如伴虎，正因為太過接近，更需要時刻謹慎小心，才能避免涉險；六五為此卦的卦主，象徵謹守中庸之道的一國之君，有一群賢士環繞輔佐，雖權傾天下卻能與臣民同心，得人望而富甲天下；上九時可說是這一卦的顛峰時期，下還有六五侍奉，得天獨厚，無往不利，故大吉。

坤上 上六 六五 六四
艮下 九三 六二 初六

謙卦

卦序▶15　錯卦▶天澤履
卦數▶4　綜卦▶雷地豫
卦向▶西北　互卦▶雷水解

卦揭

《說文》「謙，敬也」，內心常懷恭敬，知己之不足故能謙遜有禮，卦所言即謙虛為其精髓。為人者謙則虛懷若谷、學無止境，有禍來臨也能用謙而無不利。繼大有卦富足之象，藉謙卦之力而不驕傲自滿，終能穩航於人生的變化之中。

艾森豪威爾將軍，同時是美國前總統，將「謙虛」作為一生常相隨的警言。於二次世界大戰時，他堅持戰場上的公報不要標出他的姓名，而是用「盟軍最高指揮部」，也認為自己的人物圖像在報章雜誌中出現得愈少愈好。歐洲戰事結束，他僅發表「盟軍的任務於1945年5月7日當地時間凌晨2點41分完成」，無慷慨激昂的演說，也無長篇纍纍的文字，因為這是一項任務，而他也不是英雄。

卦辭

【卦辭】亨，君子有終。

終，極、末也，從絲象絲束兩端扎結，表示有止處。君子有終，君子具謙德能屈能伸，而至中無礙。

〈彖〉「謙，亨，天道下濟而光明，地道卑而上行。天道虧盈而益謙，地道變盈而流謙，鬼神害盈而福謙，人道惡盈而好謙。謙尊而光，卑而不可逾，君子之終也。」謙卦亨通，天之氣下降帶來光明，地之氣上升與天交合。天的法則將滿盈漸虧，而顯現更謙，地的法則將滿盈變少，而流入低處，鬼神會去禍害自滿之人但為有謙者帶來福氣，眾人厭惡驕傲之人而親近謙謙君子。謙虛使人受尊重且有光榮，懂得謙卑不踰矩，先屈而後伸而有終。

〈象〉「地中有山，謙。君子以裒多益寡，稱物平施。」裒，匯聚、聚集。謙卦卦象為山埋於地之下，君子得此啟示，聚多補少，稱量物品以平均分配給眾人。

有崇高之德而處卑下，即有謙能使德愈為光明，也因如此，卦中六爻皆無凶、咎、吝、悔。君子有謙德，先人後己，明白事理，心胸開闊容納萬物，自然無爭且吉祥。

【初六】謙謙君子，用涉大川，吉。

謙謙君子，即君子為人謙遜有禮。

〈象〉「謙謙君子，卑以自牧也。」牧，治也，從牛從攴，表示拿棍棒驅趕牲畜。卑以自牧也，謙卑地自我管理，使能自我鞭策與警醒。

於卦之始、卑下之地，乃謙而又謙，有至謙之德者，處世圓融親人，使眾來相從而涉險亦無難，更遑論平時自處，故能有吉。

【六二】鳴謙，貞吉。

鳴，鳥鳴也，此處指行謙之聲名如鳥鳴般傳播至遠方。

〈象〉「鳴謙貞吉，中心得也。」中心得也，指謙之德是固守柔順中正。

六二爻質柔居陰而得中，無過亦無不及，此時柔順能謙退，使他人皆聞其謙德。因長久守中正謙柔，則吉。

【九三】勞謙君子，有終吉。

勞，勤也，字形上方焱表示火焰，冖即房屋，力表示需要用力，說明晚上於家中燃起火光並且持續工作，指努力勞動。

〈象〉「勞謙君子，萬民服也。」萬民服也，指百姓就願意臣服於勤勞又謙虛的君子。

九三為卦中唯一陽爻，是眾陰所歸。而要有功不伐、勞而謙，才能夠得吉。

【六四】無不利，撝謙。

撝，義同「揮」，表示發揮謙虛之德。

〈象〉「無不利，撝謙，不違則也。」不違則也，則指中正之道，而有謙是不違此道。

六四爻具備謙德，對待周圍的人皆柔順且不失中正，因此無不利。

【六五】不富，以其鄰，利用侵伐，無不利。

富，豐也，字形如人腹滿豐腴，即飲食生活無匱，是富裕的意思。不富，陽爻為富，陰爻是不富。以其鄰，指此時上下皆為不富的陰爻，表現出過柔不謙。

〈象〉「利用侵伐，征不服也。」征不服也，征討不服者。

由於謙柔有餘、威武不足，所以需要加之以威嚴，剛柔相濟有利治世。雖然有過柔之象，但是能適時用剛健以平衡謙道，而能無不利。

【上六】鳴謙，利用行師，征邑國。

師，同師卦之師，即軍隊，此延伸用作剛武之義。邑，國也，從囗表示疆域；從巴畫臣服而跪的人民。

〈象〉「鳴謙，志未得也。可用行師，征邑國也。」志未得也，指於卦之極又鳴謙，使過謙不中，不符合最初之謙德。征邑國也，指以剛武自治邑國，而非征討他人。

上六爻以柔用極，過謙而不謙，須以剛武相輔，便能有治不亂。

謙象之圖

以鐘為名曰鳴

教化不至乃用兵刑

言行化人曰撝

謙見於行

謙見於言

內有所養然後為謙

上卦為坤為地，下卦為艮為山，高山伏於地下，以示崇高而卑居之象，如人有德也能謙以接物。

87 【初六】謙謙君子，用涉大川，吉。

- **事業**：處於不甚有利的位置，若能保持謙卑的心，對自己不足的部分加以自省與鞭笞，則可免於糾紛，並且受到在上位者的賞識。
- **創業**：儘管付出暫時沒有看到收穫，但因為你比任何人都更要求自己，周遭的人將對你滿懷敬意，願意主動輔助你，對於新事業的鞏固會是好的奠基。
- **錢財**：謀求錢財要能以禮為之，時時保持謙虛，不炫財、不自滿，就能帶來吉祥。
- **愛情**：在事情尚未成定局的階段，高調行事並不會為你帶來任何好處，謙虛的態度才能讓別人對你產生好感，不僅能夠增加心儀之人對你的好印象，也能讓他人主動協助你，增加成功的機率。
- **婚姻**：目前可能陷入婚姻的小低谷，但不必因此憂慮，只要你拿出誠意，以柔軟的態度面對並解決問題，關係轉好的可能性便大增。
- **子女**：孩子的視野有時比你寬廣，想法也比你靈活得多，此時要能虛心求教，創造親子間的共同話題，將有助拉近親子關係。
- **健康**：面對病情，不要因為自大無知而錯失治癒的機會，只要你放下成見，虛心接受醫生的診斷，配合治療，病情並不無好轉的可能。
- **旅遊**：籌劃的過程中，要能謙虛地接受他人的意見，若是一意孤行，不僅旅程不會順利，與人的關係也會烏煙瘴氣，使旅行的心情受到影響。
- **考運**：準備考試最忌自視甚高，或是拉不下面子承認自己的不足，儘管現在成績不太理想，那只是因為你還沒做好完全的準備，若能謙虛地認定自己懂的不多，虛心接受他人指導，必能有所獲。

◆ **人際**：人際關係尚處於困頓的階段，但若能秉持謙虛低下的態度，以誠意主動結交新的朋友，則窒礙的人際會逐漸活動起來，形成日後人際活躍的基礎。

◆ **訴訟**：即便處於困頓之地，也要能堅持你謙遜有禮的本性，在訴訟過程中，低下的態度能夠間接成為你的助力，讓貴人願意伸出援手，幫助你突破目前的僵局。

◆ **遷居**：遷居不只對你，對身旁的人都是一項大變動，目前看似陷入困局，但因為你堅持以最不麻煩他人的方式搬遷，結束之後也能有禮地主動營造鄰里關係，雖然過程有些辛苦，但之後的居住狀況將會非常舒適愉快。

◆ **尋人**：往西北方向尋找，必有所獲。

88【六二】**鳴謙，貞吉。**

◆ **事業**：你努力工作卻不邀功，使謙虛的名聲遠播，若是能夠堅守這樣的本性，不因他人對你的好評而得意忘形，就能在工作上受到眾人的協助，使工作順利進行。

◆ **創業**：對合作對象的誠意若是發自內心，則對方便能感受到你的用心，會盡全力地在創業艱難的時期幫助你，讓你的專業快速發展。

◆ **錢財**：所謂「取財有道」，只要秉持正道獲取錢財，待人謙虛有禮，則財運會愈來愈好。

◆ **愛情**：因你平常待人處世就懷著謙虛的態度，有禮有節，因而良名遠播，當心儀之人出現，因你的好形象，使得成功的機會大大提升。

◆ **婚姻**：即使偶爾出現小小爭執，也因為你平時發自內心地為對方著想，和善地與對方溝通，婚姻之路將會順利沒有顛簸。

◆ **子女**：對待子女要能以誠相待，尊重對方的看法，做善意的溝通，不以自己的意見為尊，如此才能與小孩培養溝通無礙的親子關係。

◆健康：平常若熱心助人，對他人付出關懷，則在自己的健康出狀況時，也能收到他人的回饋，透過他人的幫助，有助於健康狀況的恢復。

◆旅遊：就算你對此趟旅遊非常有想法，能規劃出最完美的行程，也不能讓驕傲之心萌芽，唯有謙虛待人，心裡才有空間接納他人的意見，也才能在每次旅行中有所收穫。

◆考運：就算有好表現，也要堅守謙虛的本性，如此在同儕中便不會因他人的嫉妒之心而遭受不愉快，也能避免自滿而忘卻本分。

◆人際：因你本性良善，面對任何人都是以誠相待、不驕矜自滿，故在人際中能夠受到歡迎，也因為關於你的好名聲傳播出去，人際圈能逐漸擴大。

◆訴訟：無論處於上風與否，都要能夠保持謙卑的心態，不仗勢欺人或得理不饒人，如此除了能夠為你帶來更多助力，也讓人對你產生好印象，勝訴之日便不遠矣。

◆遷居：你的好性格聲名遠播，搬遷之時自然能得到許多人的幫助，也能在搬進新的住所時，較無阻礙地開啟新的鄰里關係。

89【九三】勞謙君子，有終吉。

◆事業：只要付出努力、堅持不懈，並且時時保持虛心尋求他人的教導，只要三項要素具備，邁向成功的道路將沒有阻礙。

◆創業：創業初期固然辛苦，但必須加倍努力、站穩根基，並且堅持實現自己的理想，有了一點成就時，也不可自滿，而是抱持著謙虛的心態繼續前行，如此終能擁有一番事業。

◆錢財：求取錢財靠的不只是運氣，多半需要付出相對的努力與毅力，只要能夠堅持不懈並且虛心求教，財運之路便能一路亨通無阻。

◆愛情：面對心儀之人，要先讓對方看到你對這段感情的努力與堅持，以謙誠的心對待對方，感情就能順利發展。

◆婚姻：結了婚之後，更需要雙方努力經營，當婚姻生活出現問題，要能堅持守護這段婚姻，彼此以誠心對待，就能度過難關。

◆ **子女**：若不願意付出努力，僵局是不會有轉圜的餘地的，要改善關係，首先要放下自己的身段，看見孩子的想法，接著積極地與他們接觸，做良性的互動，只要抱著正面的心態堅持下去，就會有好的結果。

◆ **健康**：只是怨天尤人並不會對病情有所幫助，也不要固守己見而不願主動尋求治療，唯有謙虛地接納醫師的建議、自發性地積極實踐，才能使病情好轉。

◆ **旅遊**：要怎麼收穫，先怎麼栽，主動規劃行程，努力做好行前準備，不熟悉的地方虛心向他人請教，才會讓這趟旅程順利進行而無咎害。

◆ **考運**：準備考試千萬別妄想不勞而穫，好成績要用一點一滴的努力累積出來，當遇到自己不懂的難題，謙虛求教是最好的方式，只要願意付出努力、並且朝著目標堅定邁進，勝利就會屬於你。

◆ **人際**：進入新環境時，眾人也許對你還不慎熟悉，總是刻意跟你保持著距離，面對這樣的情況，要能展現你努力向上、謙虛有禮的本性，當旁人看見你的特質，便容易主動親近你。

◆ **訴訟**：為了訟案東奔西跑，付出許多努力，面對困難的處境，也能保持謙遜、堅持不懈，如此將能換來勝利的成果。

◆ **遷居**：搬遷過程中除了要保持謙遜有禮的態度之外，遇見困難也不要輕言放棄或逃避，只要堅持到底、努力克服難關，搬遷終能順利落幕。

90 **【六四】無不利，撝謙。**

◆ **事業**：因為你的謙和，使上司信任你、下屬敬愛你，使你推行任何工作都不會遇到阻礙，前途一片光景。

◆ **創業**：作為老闆卻不頤指氣使，反而謙虛和悅待人，合作對象對你的印象極佳，也因此在事業上對你多所協助，事業能夠蒸蒸日上。

◆ **錢財**：保持謙虛的姿態，將有助你獲得他人的信任與協助，在追求財富的道路上將愈走愈順利。

◆ **愛情**：謙遜和善的本性讓他人容易對你產生好感，只要積極主動一些，兩情便能相悅。

◆ **婚姻**：能夠不因熟識而失去謙遜的本性，才能使夫妻之間溝通無礙，避免爭吵等衝突發生。

◆ **子女**：當孩子出現偏差行為，要避免以上對下的強硬態度，以謙和的方式理解事情來龍去脈，才能做出最好的處理。

◆ **健康**：只要保持謙虛的心態面對自己的疾病，虛心地改正錯誤的生活習慣，接受專業的醫療，病情便會逐漸轉好。

◆ **旅遊**：因為你的謙和態度，使同行的朋友與你同心，旅程中遇見的困難都能迎刃而解。

◆ **考運**：對自己的程度謙虛地有所自覺，因而能夠更加努力補強自己的不足，這樣的態度將使你面對考試時準備得更為充分，有傑出的表現。

◆ **人際**：當你把謙虛的品性發揚光大，周遭的人都會受你影響，人與人的相處更為融洽。

◆ **訴訟**：劍拔弩張對目前的局勢沒有幫助，只有維持謙遜、低調，才能走出目前的僵局。

◆ **遷居**：因為你平時皆以謙遜待人，在你需要幫助的時候，總是能獲得許多助力，搬遷之事也因此得以毫不費力的順利進行。

91【六五】不富，以其鄰，利用侵伐，無不利。

◆ **事業**：工作上遇見不合理之事，雖本性謙讓，仍要以堅強的態度應對，配合謙讓本性的柔軟，才能夠使事情獲得圓滿解決，破除工作上的阻礙。

◆ **創業**：謙讓的本性使你獲得許多助力，但也會出現有心人要利用這樣的情況，為了不產生不利的影響，必須適時拿出強硬的作風，不讓有心人軟土深掘，影響事業的發展。

◆ **錢財**：儘管你不與人爭，仍會有貪婪之人主動侵害你，遇見這樣的情況便不能再以謙讓對待，而是強力捍衛自己的利益。

◆ **愛情**：謙讓是良善的本性，但有時也需要展現堅強的意志，面對前來侵擾之人，要能剛強地守護這段戀情；若是戀愛對象有不合理的要求，也要剛柔並濟地應對，不可讓對方予取予求，這對你們的關係只會有不好的影響。

◆ **婚姻**：因為你的謙讓態度，在婚姻關係中能夠避免爭吵等正面衝突，但謙讓不等於軟弱，若對方行為已經不合乎禮，要能剛強地制止對方，再以柔和的態度進行溝通，化解衝突。

◆ **子女**：謙讓之外，也要秉持中正的態度，若子女的行為偏差，則應適當強硬地糾正。

◆ **健康**：謙虛地聽取所有人的意見，但並非每個意見都對你有益，要拿出剛強的意志，謹慎判斷，從中選取對自己最好的治療方法。

◆ **旅遊**：當他人對你排好的規劃提出意見，可以抱著謙懷的態度傾聽，若是有益的意見，便虛心地接受，但若是無禮的要求，便應強硬地拒絕，如此才能有利旅程順利進行。

◆ **考運**：面對他人的請教，要謙虛地傾囊相授，但若影響到你自己的本分，便應嚴正拒絕，避免顧此失彼，得不償失。

◆ **人際**：謙讓的態度使你受到眾人的喜愛，但要避免因此被人視為可軟土深掘的對象，適時地拿出強硬的態度，做好柔軟與剛強的拿捏，能使你在人群中更加受人愛戴。

◆ **訴訟**：因為能夠在低調謙遜的同時，也極力捍衛自己的權益，訴訟便能朝向正面的方向前進，結局會對自己有利。

◆ **遷居**：因為謙遜本性，讓你以最不麻煩他人的方式搬遷，這時若還有人出面干擾，強硬的態度會比不斷退讓好得多，也才能使搬遷順利進行。

92【上六】鳴謙，利用行師，征邑國。

◆ **事業**：謙虛的本性為眾人所知，故在此時擺出剛強的態度對待擾亂之人便是最好的時機，遏止對公司有害的人，方能使工作順利進行。

◆ **創業**：以謙遜態度對待合作對象，使你的事業有好的發展，但遇到惡意危害你的人，以剛強的方式使其退縮，才是上策。

- ◆**錢財**：謙讓不代表要忍氣吞聲，當他人以惡意的方式損害你的利益，起而抗之才能避免你的錢財損失。
- ◆**愛情**：因你的謙讓性格為眾人所知，心儀對象一開始便對你有好感，兩情相悅的機率極高，但若出現有心人的惡意介入，就不應再保持忍讓，只要以強硬的態度使對方退出，戀情就能開花結果。
- ◆**婚姻**：婚姻中你是謙讓的一方，但當關係出現問題，要能堅定地面對，極力排除婚姻中的障礙，修補關係。
- ◆**子女**：若因自己的謙讓本性一再放縱孩子的無理行為，只會種下惡果，適時強硬地矯正孩子的偏差觀念，反而有助親子關係的發展。
- ◆**健康**：經常隨波逐流的你，在自己的健康受到威脅時，要能拿出勇氣反抗，面對逆境要正面迎戰，才能真正戰勝病魔。
- ◆**旅遊**：對方可能沒有惡意，卻只是不停地幫倒忙，這時要將謙讓本性收起，唯有態度溫和地點出對方的錯誤，才能讓旅程順利進行。
- ◆**考運**：若能在謙虛待人的同時，多為自己爭取一點權益，對考試才會有幫助。
- ◆**人際**：眾人深知你的謙虛性格，有時會出現過分的要求，此時要能為自己的權益而戰，懂得拒絕與自我保護，不必處處迎合。
- ◆**訴訟**：儘管謙讓的本性難以改變，面對訴訟所要追求的正義，要有堅強的意志與強硬的作風，正義才能實現。
- ◆**遷居**：雖然是因謙讓而受到大家的讚賞，仍要主動去追求自己應有的利益，面對搬遷過程中的阻礙，強硬地克服是有必要的。

謙卦 卦理

「謙」字面意義是謙卑，功成不居，不以自己的成就自滿。這一卦的卦象是地在山之上，雖為高山卻藏於地下，象徵有崇高的胸懷卻內斂不發，本身有才卻以謙抑自處，不驕矜張揚，另外也有因謙沖自牧故德性崇高之意。其卦辭中說：「亨，君子有終。」若能自始至終貫徹謙道，則得亨通，完全體現了易經中「下濟而光明」、「虧盈而益謙」的道理，也是自然萬物運行的規律。

然而謙之道從另一方面來說，也是「壓抑」的意思，亦即縱使才幹非凡，但礙於周遭局勢，仍須隱忍以靜待時機，不可強出頭。因此「謙」卦雖是易經中唯一六爻全為吉祥的一卦，卻是吉中帶凶。「謙」的本意在強調人為修養，表示君子不能因環境所迫放棄堅持，不應計較得失，顯示當前的局面可能發生考驗，唯有秉持謙道的處世哲學，才能安然度過，可說這一卦的吉祥，指的是精神、修為方面，而非物質面。故若是在卜問世俗名利時抽到這一卦，則是凶兆。

《序卦》曰：「有大者不可以盈，故受之以謙。」「謙」卦承繼大有卦，富甲天下而後謙抑自持，意在警惕世人不可因富有而驕矜自滿，以致為富不仁，或因獲得大成就而目空一切。其六爻爻辭為謙道實踐的歷程：初六時為謙謙君子，有德但自處於低下的位置，因此能度過危險；六二時鳴謙，追隨賢德之人，互相應和，正直得吉；九三為卦主之位，雖有實質功勞仍貫徹謙卑之道，因此博得眾人愛戴，得吉；六四時若能廣為彰顯虛懷若谷的情操，則無往不利；到了六五已獲得近鄰歸服，但距離較遠的人則尚存異心，因此首要任務是謙和的態度服人，若仍不服，則需強制征討；上六為謙卦之末，雖言謙卻居上位，言行不符故連在自己的領地內也無法得人心，只能動用武力鎮壓。

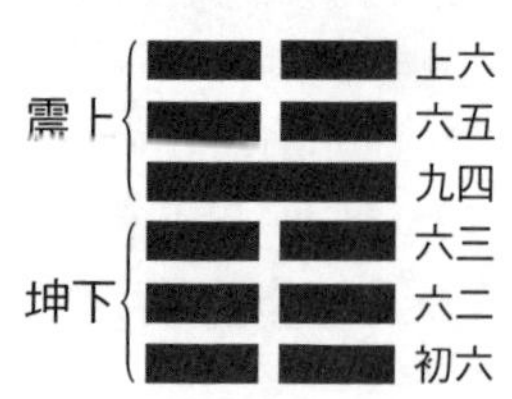

卦序▶16　錯卦▶風天小畜
卦數▶8　綜卦▶地山謙
卦向▶東南　互卦▶水山蹇

卦揭

豫，《說文》「象之大者」，而大象自古即代表安樂、祥福的瑞獸，從予則表示嬉戲發出的歡快聲音。於謙卦的謙遜禮讓，迎來豫卦的安樂富足，但不能過於耽溺，端正心態與保持警惕才不致樂極生悲。而順豫之勢，向前取進，則易摘下成功的果實。

孔門弟子端木賜（即子貢），為春秋時期大賈，其獨到的眼光使其「家累千金」。於政治方面的發展，更因才思敏捷長於外交，出使魯、衛等列國皆被奉為上賓。但他認為自己不如顏回聞一以知十，所懷學問不過是即肩之牆，一窺則知，不若孔子之深藏於數仞牆中。待老師有難，則到處奔走相救，或善用外交優勢宣揚儒學。在富足的資源裡始終正其志，又能順時推進，這是子貢所展現的豫之道。

卦辭

【卦辭】利建侯行師。

建侯，封侯建國，因臣民順服，能行分配權力之事以共安天下。行師，出兵征伐，因眾心和順，能以中正之理出師，保民且有功。

〈彖〉「豫，剛應而志行，順以動，豫。豫順以動，故天地如之，而況建侯行師乎？天地以順動，故日月不過，而四時不忒；聖人以順動，則刑罰清而民服。豫之時義大矣哉！」豫卦以一剛應眾柔，其志如雷順地而動。和豫順性而動，因此天地與此相同，那封侯出兵建國有什麼難的呢？天地順理變化，使日升月落無誤、四季交替沒有差錯。聖人言行順理，使賞罰分明、百姓臣服，豫卦順應時序發展而行動的涵義真重要！

〈象〉「雷出地奮，豫。先王以作樂崇德，殷荐之上帝，以配祖考。」殷荐，殷實的進獻。祖考，考用作對以亡父輩的尊稱，此指祖先。豫卦之象大地振奮、雷從中生。先賢受此啟發，制禮作樂推廣功德，準備豐富的祭品進獻給上天，也同時祭拜祖先。

豫卦呈現一剛統眾柔，若放溺且無目的，則失正得凶，可知處豫之道不可不慎。而在和樂逸豫中，兼能慎行明辯者，使在下之人悅順以應乎上之動，故宜建侯行師。

【初六】鳴豫，凶。

鳴，本意為鳥叫，此處指豪放享樂如鳥鳴不畏他人知。

〈象〉「初六鳴豫，志窮凶也。」志窮凶也，說明過於享樂是因為心中沒有志向，所以有凶險。

豫卦之初，即鳴放不知歛，將招引禍害且置於危難之中。此時見識短淺、尚無抱負，使人沉醉於歡樂，遺忘居安思危的道理，而漸漸得意忘形、忘我之本分，其凶必矣。

【六二】介于石，不終日，貞吉。

介，正直不屈，字形丿丨本作兩邊四點，像穿在人身上的鎧甲銅片，引申義指堅硬、耿直。不終日，不終日享樂。

〈象〉「不終日，貞吉，以中正也。」以中正也，因內心端正能自制不溺於娛樂。

處豫能以中正自守，志如堅石不摧不移，即思慮慎審、見機而作，不以終日為豫，此貞正之道自有吉祥來附。

【六三】盱豫，悔。遲有悔。

盱，張目仰視。盱豫，媚上惑主以求逸樂。遲，徐行也。

〈象〉「盱豫有悔，位不當也。」位不當也，六三爻為失正不中，如小人奸邪。

六三仰視九四，耽於豫樂。但因心智尚強，猶能有悔時則應速悔，若悔悟太遲，是如過而不改，將致大悔。

【九四】由豫，大有得。勿疑。朋盍簪。

由，自、從。由豫，悅樂自來。盍，聚合也。簪，綰束髮絲的首飾。

〈象〉「由豫，大有得；志大行也。」志大行也，指有大得是因剛且柔，使眾心歸順。

九四為卦中唯一陽爻，因用誠不疑、布公道無私利，使求賢必得，如將賢朋像簪攏頭髮一樣聚集，若行此理毫無疑問的能有大收穫。

【六五】貞疾，恆不死。

疾，病也，字形從疒從矢，象人中箭抱傷在床。貞疾，心居貞正卻有疾。恆，久也，從二表示天地，固有長遠之義。

〈象〉「六五貞疾，乘剛也。恆不死，中未亡也。」乘剛也，指承六四陽剛。中未亡也，因居中故能不亡。

以陰承陽會有危難，但心態端正，能不縱情於豫樂，反而戰兢警惕，便是有禍四伏也能久不傷、恆而不死。

【上六】冥豫，成有渝，無咎。

冥，暗昧，字從十從六從日，表示至十六日月始虧，本義為昏暗。渝，變也，本指水從淨變濁，引申為改變。

〈象〉「冥豫在上，何可長也？」何可長也，說明高居在上享樂、眼耳不管世事，無法常保身全。

昏昧不明的享受快樂，若已成此結果但能改變，則能無咎。豫卦之終，是溺於浮樂之象，而知過能改，使豫有渝變，所以勉向善之機，勸人遷過且自強不息。

上卦為震為雷，下卦為坤為地，雷出於地，春聲雷動，地之陽氣由潛而通，萬物發聲，通暢和豫，是歡愉喜樂之意。

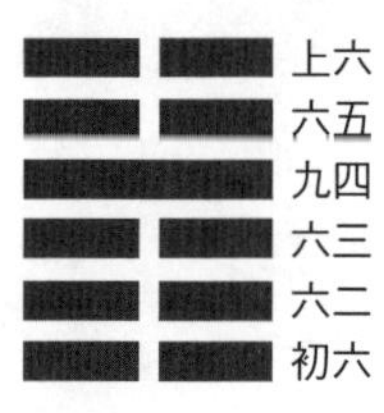

豫卦 卦義

93【初六】鳴豫，凶。

- **事業**：能力並未成熟，志向好高騖遠又無法實踐，偶有小小成就便得意忘形，自視甚高，四處炫耀自己的功績，若不能自我檢討，隨時會遭來他人的不滿，導致前途黯淡。
- **創業**：也許創業初期有了一些成績，但若是因此縱情聲色，揮霍有限的本錢，失敗是必然的結果。
- **錢財**：擁有財富卻不懂得低調，奢侈的本性無法改變，以享受眼前的利益為重，總有一天會財富見底，陷入捉襟見肘的窘境。
- **愛情**：不懂得謙虛為何物，行為不懂得收斂，在感情中占了上風而沾沾自喜，對方的耐心終究會消耗殆盡，兩人的關係不會有好結果。
- **婚姻**：既然結成婚姻，就不應只是為了自己著想，若以自我為中心，做出許多傷害對方的事，夫妻的情感將難以挽回。
- **子女**：只看得見子女的過錯，卻不願深入了解背後的原因，斷然採取強硬的手法，因而招致子女更大的反彈，若是持續剛愎自用，只會繼續磨滅親子的情感。
- **健康**：以為身體的本錢揮霍不盡，一直以來只依照自己的喜好恣意糟蹋自己的身體，若持續下去，只有等到健康亮了紅燈才後悔莫及。
- **旅遊**：心中沒有固定的方向，一味跟著自己的喜好四處享樂，不顧親朋好友的感受，則喜悅之情必不久矣。
- **考運**：若不知大難臨頭，還以為自己準備萬全而盡情放縱，考試結果將慘不忍睹。
- **人際**：在人群中不懂察言觀色，也沒有危機意識，只是不停誇耀自己，如此並不會為你贏得好人緣，而是招致相反的結果。

◆ **訴訟**：因為一時占了贏面，便以為失敗已經遠離自己，因而失去戒備之心，容易讓人趁虛而入，造成結果的逆轉。

◆ **遷居**：儘管是自己夢寐以求的居所，也不能忘了合乎禮節，要能居安思危，才能住得順利、長久。

◆ **尋人**：往東南方向尋找，必有所獲。

94【六二】介于石，不終日，貞吉。

◆ **事業**：在工作表現受到讚美之時，雖有短暫樂昏頭的情況，但因個性耿直，能夠很快理解到現實狀況，因而能避免因得意忘形招來的凶險。

◆ **創業**：甫創業便能創下好成績，心志不定者容易在此時貪逸享樂，導致事業一落千丈，只要能堅持走在正道，不被目前的榮景所迷惑，就能專心的扶搖事業，避免走向敗亡。

◆ **錢財**：對於投資相當謹慎，懂得找機會創造財富，也因為意志堅定，不容易因一時的獲利動搖，生財之路將暢行無阻。

◆ **愛情**：經營感情不能只是耽溺享樂，要能觀察細微，了解對方的需求，在彼此有困難的時候相互扶持，如此兩人的關係才能走得長遠。

◆ **婚姻**：因為知道婚姻必定有苦有樂，在苦的時候堅定心志，在樂的時候居安思危，因而一一化解危機，關係能夠長久經營。

◆ **子女**：為了孩子能夠犧牲部分的快樂安逸，這樣的付出將會獲得更大的回報。

◆ **健康**：儘管一度恣意對待自己的身體，卻能及時明白健康本錢揮霍殆盡的窘境，進而愛護自己的身體，健康狀況不會出現太大的問題。

◆ **旅遊**：因為明白旅行不是只有享樂的部分，故而能謹慎規劃、小心行事，在無安全之虞的前提下，這趟旅程能夠玩得更加愉快而有收穫。

◆ **考運**：因為表現不錯而自負，不再像之前一樣努力苦讀，只貪圖一時的安逸，這樣的想法只會讓你名落孫山，要能在安逸的時候見微知著，時時維持謹慎刻苦的態度學習，考試時就能有好的結果。

- **人際**：因為個性開朗親人，進入新的交際圈也能快速擁有好人緣，若是能不被現狀所惑而得意忘形，時時檢討自己，以禮待人，就能在團體中獲得聲望。
- **訴訟**：處於上風卻能不驕矜自負，是因為看見驕傲自滿的後果，只要堅定在正道上，不放棄追求真相，訴訟的結果將會符合你的期望。
- **遷居**：安逸的生活會讓人忘了居安思危的重要，要能不被一時的享樂迷惑，而造成日後須長久承擔的後果。

95【六三】盱豫，悔。遲有悔。

- **事業**：自身能力不足，卻只想享受優渥的成果，因而對在上位者極盡諂媚之能事，沉浸在享樂之中，幸而尚存一絲心志，能夠懸崖勒馬，若悔悟得太晚，只怕會招來更大的悔恨。
- **創業**：想快速發展事業版圖而採用了不恰當的方式賄賂有力人士，以為這是通往成功的捷徑，實則不然，若想擁有扎實的事業成就，要能一步一腳印地付出努力，才能讓事業穩健成長。
- **錢財**：想要快速致富而巴結對你有利的對象，想藉此獲得更大的利益，但如此無異於將自己的財富繫在他人身上，想累積財富，應該靠自己的實力，只要及時醒悟，就不至於招來太大的災禍。
- **愛情**：想親近對方，卻靠著諂媚他人的方法，如此將為自己設下困境，反而使你與對方的距離愈拉愈遠，若想成功追求對方，應該提升自我條件，使對方對你增加好感，如此追求來的愛情才會長久。
- **婚姻**：健全的婚姻關係要靠自己努力爭取，而不是靠諂媚他人而來，如能夠及時改正缺失，情況則不致太糟。
- **子女**：若只以自己的立場出發，子女怎麼做都很難讓你滿意，若不能及時領會，改為站在對方的立場設想，親子關係只會降到冰點。
- **健康**：每天貪圖享樂，對自己的身體警訊毫無警覺心，要在尚能挽回健康之前改善生活作息，若執迷不悟，日後會感到悔恨。

◆ **旅遊**：只想享受他人努力的成果，不願一同為了計畫付出心力，以為只要靠著諂媚的手段就達到目的，只要心中尚存有一絲正道，就應該知道這是不應該的行為，只要能夠及時悔改，就能讓自己免於窘境。

◆ **考運**：以為靠別人就能讓自己輕鬆上榜，而不努力培養實力，如此天真的想法只會讓你吃到苦果，要能下定決心，為了目標付出努力，才能真正走向成功的道路。

◆ **人際**：以為諂媚他人就能為你贏來好人緣，卻不知道這樣的做法只會讓自己被人輕視，快速得來的人際關係只有虛假，唯有以誠待人，秉持良善本性，才能真正使你在團體中為他人所接納且認同。

◆ **訴訟**：想贏得訴訟靠的不是虛假奉承得來的力量，而是依循正道得來的事實，只要堅定志向，踏實地追求真相，正義才有實現的一天。

◆ **遷居**：想要覓得良居，需要付出相對的努力，只想收穫卻不想栽種，那是不可能成功的事，認清這樣的事實，在還來得及前做出正確的決定，就能贏來吉祥。

96【九四】由豫，大有得。勿疑。朋盍簪。

◆ **事業**：工作上你能一直保持正面的態度，堅信以誠待人就能有所收穫，這樣的行事風格為你帶來許多人的幫助，周遭的人也受你影響，紛紛追隨你，使你行事更加順利。

◆ **創業**：經營事業能夠以誠為重，對正確的道路沒有懷疑地行走，並將利益與大家共享，故在下位者都願意跟隨你，使得事業能夠蓬勃發展。

◆ **錢財**：透過正道取得財富，並且回報幫助你的人，如此在往後你需要幫助時，就不會找不到幫手，當眾人給予你協助，又豈有不亨通的道理。

◆ **愛情**：對心儀的對象以誠待之，身旁的人也受你的態度影響，當你們的關係需要人推一把的時候，便能集結眾人的力量，使有情人成眷屬。

◆ **婚姻**：因你對愛情採取信任、坦誠的態度，另一半也能以同樣的方式回應，故在遇見婚姻中的波瀾時，都能和順地越過而不造成傷害。

◆ **子女**：你的開明態度讓子女可以安心地向你傾訴煩惱，只要能以剛柔並濟的方式對待孩子，他們的心自然歸順，不必打罵也能做好管教。

◆ **健康**：面對健康問題，你的開朗渲染到他人，因而招來大量的人願意對你伸出援手，對你的病情將有莫大的幫助。

◆ **旅遊**：你竭心盡力的規劃這趟旅程，過程中為大家設想、公正無私，故當你需要協助的時候，大家便毫無猶豫地前來幫助，因此能夠順利完成一趟無憂的旅行。

◆ **考運**：用對得起自己良心的方式準備考試，堅持走在正道上，則準備過程中你有需要他人協助時，總是能夠聚集有才之人，助你一臂之力，考試也會有良好的成果。

◆ **人際**：因為你為人正直、誠信無私，在人際中能夠逐漸建立起威信，受到他人的信賴，當你需要他人協助的時候，好人緣將為你帶來眾多的協助，幫助你度過難關。

◆ **訴訟**：面對訴訟，只要你是依循正道，捨棄私人利益只為求得正義，則能取得眾人的支持，訴訟能夠一面倒的獲勝。

◆ **遷居**：只要做人有為有守，樂意分享不藏私，則無論遷居何處都能風生水起，左鄰右舍和樂相處。

97【六五】貞疾，恆不死。

◆ **事業**：靠著他人協助得來的成就會為你帶來危難，但只要心態持正，能夠居安思危，就能躲過災害。

◆ **創業**：因合作對象或員工的協助而成就的事業會有風險，此時不應只是沉浸在事業為你帶來的收穫裡，要能看見危機的來臨，才能在災難發生時不致措手不及。

◆ **錢財**：你的投資是因依靠他人而有所獲利，不能對這筆財富感到踏實，而應時時戒慎，防範於未然。

◆ **愛情**：若只是靠著他人的幫助才能跟心儀對象產生良好互動，那樣的好感並不踏實，因為你的本性正直有誠，只要積極行動，留意競爭對手，成功的機率並不小。

◆ **婚姻**：對婚姻的態度正確，不恣意揮霍夫妻間的信任，且對婚姻中可能出現的危機做好防範，當關係陷入困境，也不至於受到太大損傷。

◆ **子女**：對子女的教養態度端正無偏私，面對各種情況都先做好準備，當親子關係的危機時刻到來，也能安然度過。

◆ **健康**：只要能夠保持正面的態度，以正確的心態接受治療，做好其他病情侵襲的防範，就算健康發生狀況，也能夠把疾病對身體的損傷降到最低。

◆ **旅遊**：這趟旅程可能會遇上一些狀況，但因為你不是只沉浸在旅遊的喜悅中，事前對各種突發狀況都做了相對應的防範，故能夠將影響減到最低。

◆ **考運**：只要夠認清自己的目標與處境，明白放縱自己享受眼前的娛樂只會犧牲應得的成績，因而戰戰兢兢、埋首準備考試，就能及時挽回劣勢。

◆ **人際**：以奉承開始的人際關係並不穩固，只要能夠及時醒悟，不沉溺在這種關係帶來的好處中，轉而努力用誠意經營身邊的人際，就能避免人際上的損傷。

◆ **訴訟**：以不正當的方式獲得他人的協助，容易因此沉浸在看似順利的景況中，若不能及時醒悟，走回正道，又對即將到來的危難沒有自覺，則勝利不會到來。

◆ **遷居**：看似前途有重重阻礙，但只要心態持正，抱有戒慎之心，就能一一克服難關，最終順利完成搬遷。

98【上六】冥豫，成有渝，無咎。

◆ **事業**：工作上能無憂享樂的時期已經過去，接著要面臨的是現實的考驗，若能收起之前的安逸想法，奮力展現自己的能力，才能在公司繼續生存。

◆ **創業**：能夠享受創業成果的時間已經結束，若不能及時認清現實，而繼續貪圖逸樂，只會招致失敗的到來，但若能開始修正事業的走向，放棄安逸的作法，仍有向上發展的機會。

◆ **錢財**：揮霍享樂的時期來到尾聲，若再不能振作起來，將使錢財散失，無可挽救。

◆ **愛情**：甜蜜期已經結束，接下來的磨合階段要能付出更多努力，才能鞏固雙方的情感，任意妄為將導致情感的磨滅。

◆ **婚姻**：先前的安樂只是因為對方的寬容，要能盡快體認到這個事實，加以改進，否則關係將持續僵化，難以挽回。

◆ **子女**：能夠左右子女想法的機會已經消失，要能夠改變自己的態度與作法，才能使親子關係保持和諧。

◆ **健康**：身體的負擔已經到了極限，任意對待自己身體的行為必須立即停止，做好養生保健，對身體發出的警訊加以警戒，才能避免疾病的突然到來。

◆ **旅遊**：旅程中不可能只有享樂的部分，如今辛苦的階段即將到來，必須及時轉變自己的心態，若是好逸惡勞，旅程將受到阻礙而無法盡興。

◆ **考運**：放縱自己享樂必須有個限度，若因貪圖享樂而使進度落後太多，後果即將顯現，不想後悔莫及，就要能有所省悟，打起精神做好迎戰的準備。

◆ **人際**：先前太過貪圖進入交際圈的好處，而今好處將盡，要能知過而改之，懂得回饋給人際團體，否則將會遭人非議。

◆ **訴訟**：因受到他人協助而沉浸在即將勝利的喜悅之中，多少有點得意忘形之舉，若不能改正並體會到自己偏頗的行徑，成敗將難以定論。

◆ **遷居**：照著自己的意志行事而忽略他人感受，而今如此任性的情況將無法繼續，必須即刻改正心態，為他人著想，才能使搬遷順利進行。

卦理

《爾雅注疏》中釋義：「豫，樂也。」「豫」字在古時泛指音樂、逸樂之事，象徵以豫樂教化人心，怡情養性。其卦象為雷在上，地在下，代表春雷乍響，萬物復甦，言明春天已經到來，任何事只要順著時序自然推展，就能獲得令人欣喜的結果。由於內有坤順，外有雷動，顯示應以柔順的心與充滿活力的積極態度處事，一切便能水到渠成。

「豫」與謙卦互為上下相反的對卦，同樣為一個陽爻統領五個陰爻，且陽爻位於九四，亦即雷出地中，雷聲驚醒大地萬物，因此除了慶賀春回大地，也有透過音樂等較溫和的方式宣揚道德的含意。經歷了泰、否的循環，小畜、履的教化，同人、大有的富國強兵作為之後，國君必須發展出一套讓國家得以長治久安的制度，因此謙之道告誡君子修身，豫之道則是以溫和的樂音來陶冶心性，以情動人，有用心體察、傾聽他人心聲的寓意。但豫之道大忌在於疏於節制，因處在太平盛世而鎮日淫逸嬉笑，以致荒廢正業。

「豫」卦卦辭中說：「利建侯行師。」在安詳和樂的狀態卻談戰爭，其實是順應民情而動。因為平和富足導致有些諸侯驕奢淫逸，所以有德的國君便受眾人仰戴，出兵爭討，更因天時、地利、人和等條件齊備，不僅容易成功，還可在一干諸侯間樹立威信。其六爻爻辭則是豫樂之道的發展歷程：初六時因將豫樂之道無限上綱，大鳴大放導致失態，故招來凶險；六二則記取教訓，堅定自己的志向而不耽溺玩樂，因守正而得吉祥；在六三之位則容易為一己之私的快樂而討好上級，最終發現自己的失態才醒悟；九四為受眾人景仰的地位，但也因此心中容易有不必要的憂慮，實際上則不必擔心，因為只要稍加呼籲，眾人便會追隨而來；六五是尊位，但下有備受愛戴的九四，故容易罹患猜忌的心病，然而因擁有地位，所以不致於衰亡；上六則是「豫」卦的終結，闡明豫之道已經結束，要知所節制，就可免於罪咎。

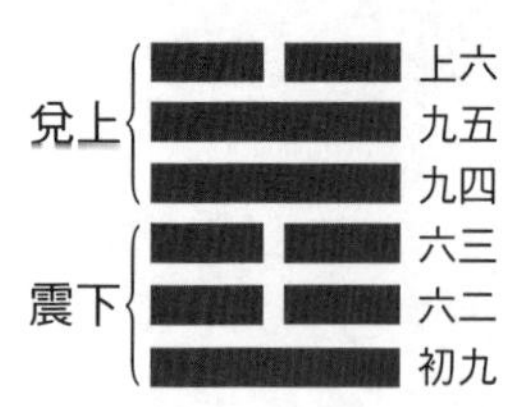

隨卦

卦序▶17　錯卦▶山風蠱
卦數▶25　綜卦▶山風蠱
卦向▶東南　互卦▶風山漸

卦揭

《說文》「隨，從也」從者，二人相聽相接納，表示相隨。勢大者，釋誠親下，使人受其孚悅，而報誠相隨，故豫卦往後有隨道，表現的特性是謙虛、順從。又演繹春期來臨，雷響施澤於大地，萬物隨之震動、生於此際，是從應時勢以行動。知隨能謙下、辨時勢，朋黨依順和從，所以旅途順暢通達。

劉備之求賢若渴，三顧茅廬於孔明，第一次造訪不見其人無功而返，二次冒雪再訪僅留書信後返，三次拜訪時遇孔明午睡，便候至轉醒。劉備先以謙虛隨人，其誠心使孔明有「感激」，因此「遂許先帝以驅馳」，是隨道的展現與成果。若欲他人相隨，不如己先誠隨之啊！

卦辭

【卦辭】元亨利貞，無咎。

元亨，因隨以謙敬，故初始暢通。利貞，宜於隨之道中守中正。

〈彖〉「隨，剛來而下柔，動而說，隨。大亨貞，無咎，而天下隨時，隨之時義大矣哉！」隨卦，陽氣來會陰氣，其行動有誠使下位者喜悅相隨。守正道可以大亨通、無難，而天下人隨道應時序，隨道的意義很重要。

〈象〉「澤中有雷，隨。君子以嚮晦入宴息。」隨卦象雷動於澤中，君子習之，至昏晚便休息以待。

隨之理於以剛下柔，以己隨人，則人亦來相隨。剛者、尊者、上位者謙虛以隨他人，使人自動來相附，達成雙向亨通，此是相隨之義。

【初九】官有渝，貞吉。出門交有功。

官，吏也，本義表示在屋內管理眾人，指官吏、官員。渝，變也。

〈象〉「官有渝，從正吉也。出門交有功，不失也。」從正吉也，指改變須依循正道。不失也，因門內易有私情，故於門外遵循公正能避免過失。

本來位處高勢，但因外力而有變化，若能時記中正之理，可以享有吉祥。且居家多受限於親暱私情，以步出門外又見善者，從之能有功。

【六二】系小子，失丈夫。

系，繫也。小子，指初九爻陰柔乏健。丈夫，指九五爻居尊大氣。

〈象〉「系小子，弗兼與也。」弗兼與也，指與小子太相近則與丈夫相遠。

此時陰柔有餘，不足以待九五以相從，僅能和初九牽係，即捨正而有過咎。因優柔寡斷，故缺遠見、就近求全，使行事受到侷限。

【六三】系丈夫，失小子。隨有求，得，利居貞。

丈夫，指九四爻。小子，指初九爻。隨有求，跟隨九四能有獲得。

〈象〉「系丈夫，志舍下也。」志舍下也，志於捨下位小人。

能捨下位小人，隨在上之大人，因此有求必得。但隨人需從善、從正，避免媚上妄求，應安居守正，以隨之有得。

【九四】隨有獲，貞凶。有孚在道，以明，何咎。

獲，獵所獲也，字形畫手攜犬捕鳥，表示經過努力後有收穫。明，照也，從囧為窗、從月為月光，月光入窗表示明亮，此指人性格如月光磊落。

〈象〉「隨有獲，其義凶也。有孚在道，明功也。」其義凶也，指雖有獲但本義有凶險。明功也，無咎是行事坦蕩的功勞。

跟隨君主而有收穫，但因近九五之君，即使守正道，仍有凶潛。故還要以誠信行正道，為人處事磊落、明察事理，方可無咎。

【九五】孚于嘉，吉。

嘉，善也，從壴表示樂器陳列，古時聲樂出於祭祀場合，表示美好。

〈象〉「孚于嘉，吉，位正中也。」位正中也，九五爻位居中正。

於尊位且得正，信實表現美好，從禮尚賢，使民皆來從，天下有治而吉。即竭誠同善，可獲順祥。

【上六】拘系之，乃從維之。王用亨于西山。

拘，止也，囚禁、拘留。維，繫也，本指繫於車蓋上的大繩。西山，指岐山，周室肇興之始地。

〈象〉「拘系之，上窮也。」上窮也，指上六爻於卦之極，需予拘繫加以挽留。

卦之窮極易變，將由隨從轉而離散。因此尚賢之君以強挽留，拘繫維之，又不失至誠，終無離散，能成事業。

易學筆記

隨卦係失圖

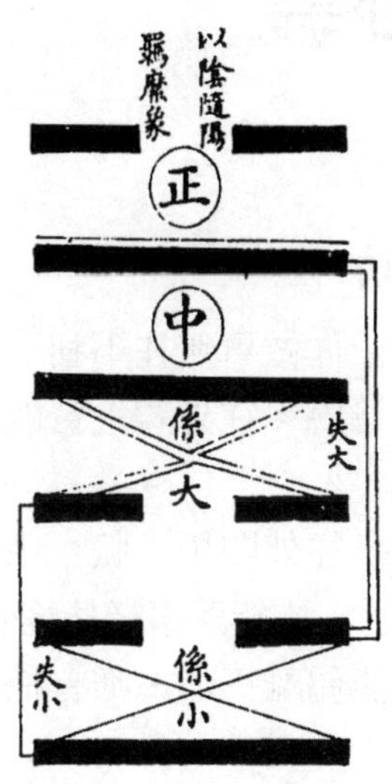

上卦為兌為澤，下卦為震為雷，雷發於澤中，澤隨雷震而舞，是隨之象悅而相從。因以悅相從，故通達無禍。

卦義

99【初九】官有渝，貞吉。出門交有功。

- 事業：工作上追求正面的變動，將使你做事無往不利，只要秉持中正之道，跳出原本僵化的舒適圈，往外親近賢能之人，事業會有更好的發展。
- 創業：閉門造車只會落得失敗，要多往外開拓人脈。用人要能不依循私情，追求真正有才的幫手，才能讓事業扶搖直上。
- 錢財：若想改變求財的方式，必不能偏離正道，唯有把持心中的端正，才能有額外的收獲。
- 愛情：原本占有上風的你，面對外來的變化，要能夠以正直的態度面對、解決問題，而不是將所有新的人事物排除在外，只要用心維繫，感情就能有好的出口。
- 婚姻：因為有新的變動因素，導致婚姻起了某些變化，變化不一定不好，端看你是否能堅守正道，以堅貞、正面的態度去適應轉變。
- 子女：原本習慣帶領子女，也許會因為一些外力因素，讓子女稍稍脫離你原本的掌控，此時不能固守舊有的管教之道，要能正面的迎合變化，使親子感情不致生變。
- 健康：只要思想能保持彈性，隨著時代變遷，依循正當的醫療與保健方式，健康將不會有問題產生。
- 旅遊：由你主導的情勢將發生改變，不要緊抓舊有權力不放，讓新血與新的意見加入，將使旅途更加精采。
- 考運：以為十拿久穩的項目可能產生變動，使你不再保有優勢，要能穩定步調，扎實地追回失去的分數，才能無畏地迎接未來的挑戰。
- 人際：人際圈中因為有新的成員或事件，導致你在團體中的地位產生變化，此時不應過度反應，要能保持開放心胸，依照團體的走向調整自己的步伐，才能繼續融入團體之中。

- **訴訟**：原先的優勢因為外力變化而有所改變，不要因此放棄，若能繼續努力尋找新的優勢，獲得的成效將會比固守舊有資源來得大。
- **遷居**：依照正當的方式尋找新居，避免不正當的私下交易等情事，就能使搬遷順利進行，遠離災禍。
- **尋人**：往東南方向尋找，必有所獲。

100【六二】系小子，失丈夫。

- **事業**：追求短期的工作成效而失去未來發展的條件，這是本末倒置，要能清楚識人，仔細判斷事情輕重緩急。
- **創業**：被眼前的利益誘惑，容易因小失大，別再猶豫不決，要謹慎確立對的目標，並且全力以赴，才能為事業創造更多成功的機會。
- **錢財**：在不同的投資工具之間猶豫不決，切記貪多嚼不爛，依照自己的能力做最穩當的投資，才是此時的取財之道。
- **愛情**：若眼前出現條件各有優劣的對象，不要兩面迎合，否則只會兩敗俱傷，也不可因為愛情而失去理智，保有自己，並且做出正確的決定，才能使戀情圓滿。
- **婚姻**：為了短暫的享樂，很可能成為爭執的起點，保持清明的心思，當誘惑出現，要懂得家庭的重要性。
- **子女**：優柔寡斷對營造親子關係沒有幫助，也不要便宜行事而失去孩子的信任，要花足夠的時間，用心了解孩子的需求，才能避免關係惡化。
- **健康**：以為短暫的放縱不會對健康造成影響，是相當危險的想法，只為享受當下的快樂，而捨棄長久的健康，是愚蠢的作為。
- **旅遊**：選擇便宜、簡單的方式固然是人之常情，但也必須承擔附帶的風險，要將眼光放遠，避免遇到問題措手不及。
- **考運**：短暫的放鬆有助舒緩緊張的情緒，但在兩者之間要能拿捏得宜，避免因為自己的心志不堅定而影響重要的考試結果。

◆ **人際**：用猶疑不決的態度與人相交，只會引來反感，不如收起過多的猜忌心理，以坦蕩的方式對待他人，將會使你建立更穩固的人際關係。

◆ **訴訟**：為了眼前短暫的好處而放棄將來的勝利是相當不智的行為，如此將使你的所作所為受到侷限，無法得到應有的正義。

◆ **遷居**：面對各種選擇猶豫不決，可能因此錯失最好的機會，應避免貪求，做出對目前情況最適當的選擇。

101【六三】系丈夫，失小子。隨有求，得，利居貞。

◆ **事業**：能擇善跟隨在上位者，儘管因此有所損失，就長期來看，也是正確的決定，但應避免崇高媚上，安居自己的本位，完成本分之事，才會有所成就。

◆ **創業**：考量自己握有的資源，需找尋值得信任的合作夥伴，儘管必須因此捨棄一些能給予你更多協助卻不正直的人，長期來看是對你有益的。

◆ **錢財**：投資小有獲利時，要避免因為貪心而偏離正道，只要追求原有足以信任的生財管道，就算無法短期內獲得一大筆財富，卻也不會讓你一貧如洗。

◆ **愛情**：遇見感情上的取捨，應該深思熟慮，選擇真正能夠長久攜手的一方，不要為了貪圖一時享樂而得不償失。

◆ **婚姻**：選擇了對的對象，就要堅守自己的信念，依照正道行走，不被一時的外在因素迷惑，才能擁有日後幸福的生活。

◆ **子女**：不隨意順從小孩無禮的要求，堅守自己的教養方式，儘管短期內引發一些小衝突也在所不惜，長久來看才是有利良好親子關係的發展。

◆ **健康**：花費心思追求正確的保健醫療方式，捨棄影響健康的舊習，儘管會因一開始不適應而感到辛苦，但堅守原則才是健康改善的正道。

◆ **旅遊**：能夠拒絕貪圖一時方便的作法，以扎實穩當的方式進行準備，才會使你在旅途中能夠盡情放鬆並有所收穫。

◆ **考運**：要能暫時拋棄玩樂的念頭，專心追求自己的目標，一步步的超越自己，儘管改變自己的生活習慣相當困難，但只要堅持去做，就會得到莫大的回報。

◆ **人際**：貪多嚼不爛，與其以半調子的態度四處經營人際關係，而確保不了有幾個人能夠給予你幫助，若能選擇好的對象，認真經營，才能獲得最大的效益

◆ **訴訟**：訴訟過程中有所起伏，遇見困難時，要能自己選擇對的路堅持下去，而不接受短利的誘惑，最終能夠贏得勝利。

◆ **遷居**：若因為覺得辛苦或懶散而選擇方便卻不保險的方式，搬遷之路將受到阻礙。

102【九四】隨有獲，貞凶。有孚在道，以明，何咎。

◆ **事業**：經過一番努力之後，總算有所收穫，但卻不能忽略連帶而來的凶險，只要以誠信、坦蕩的態度面對困境，就能避免惹禍上身。

◆ **創業**：因為努力不懈，有人願意跟從或資助你，但也可能因此惹上一些麻煩，而只要你保有自身的誠信，堅決走在正確的道路上，也就沒有任何事物能夠阻礙你。

◆ **錢財**：苦心經營而有所獲益，卻也因此帶來一些危機或誘惑，若能以光明正大的手段應對，便不致使錢財散佚。

◆ **愛情**：心儀之人因你殷勤的付出而受到感動，但隨著兩人距離拉近，也可能產生一些無可預期的問題，此時只要行事正當，以誠信與寬容待之，就能穩固這段感情。

◆ **婚姻**：你用心經營家庭的成果逐漸出現，但也因此有新的問題產生，只要能夠以正面的態度積極面對，問題就能迎刃而解。

◆ **子女**：先前付出的努力使得情況大幅改善，也許不必再為了大問題擔憂，卻仍有枝微末節的小問題產生，若能秉持中正之心，以誠信和耐心面對，終能保有良好的親子關係。

◆ **健康**：因為聽從正確的醫療方式，加上自己的努力，病情可望好轉，但危機並非消失無蹤，當遇見意外的情況，若能泰然處之，並且積極依循正道治療，則病痛將逐漸遠離。

◆ **旅遊**：跟隨經驗豐富、具領導特質的朋友同行，準備期間你也貢獻

良多，但仍不可忽視突發狀況，要事先做好謹慎準備，以因應變化。

- **考運**：與成績優良的同學一起準備，成績可望有所進步，但不可一味指望他人，要能自發的督促自己，才能接收屬於自己的成果。
- **人際**：有貴人能夠跟隨，加上自己本身努力不懈，營造出一定的人脈，但也因為人脈變廣，許多問題可能接踵而來，這時要能秉持誠信與他人相處，即可脫離困境。
- **訴訟**：為了獲得勝利，你相當努力尋求有利的協助，也受到他人的幫助，使情況朝對你有利的方向進行，但訴訟尚未結束，當問題迎面而來，要堅守正道面對並努力解決，最終能夠度過難關。
- **遷居**：因收到他人協助而使搬遷順利進行，但也因此欠下人情，日後需以誠信回報，才能避免衍生出其他問題。

103【九五】孚于嘉，吉。

- **事業**：在工作上，因為位於最適合你的職位，因而表現良好，對待下屬以誠信相待，受到大家的愛戴。
- **創業**：找到事業的定位，對合作對象皆表現出誠信有禮的態度，使草創初期沒有受到太多阻礙，事業能夠逐漸成長茁壯。
- **錢財**：使用最適合自己的理財方式，以正直不貪求的態度求取財富，因而能受到他人的協助，能夠有所獲利。
- **愛情**：遇見適合你的對象，且你能以誠懇之心待之，使兩人情感急速加深，能夠攜手同行。
- **婚姻**：在家庭中有了屬於自己的角色，並且能在這個位置上協助其他家人，使你在家庭的地位上升，受到眾人敬愛。
- **子女**：因為找到和子女之間最適當的距離，能與他們保持良好溝通，親子關係有大幅進展。
- **健康**：現在你的生活方式與面對疾病的態度來到最好的階段，因而能使自己的身體保持在最佳狀態，心靈上也相對平靜，無所擔憂。

◆ **旅遊**：因為對待他人保持信實有禮的態度，使準備過程中有許多人願意給予你幫助，使準備進度快速，讓你無後顧之憂，故旅途也能順利進行。

◆ **考運**：因為建立起一套自己的準備方法，並且能夠勤懇地一步步跟著執行，使成績能有顯著的進步。

◆ **人際**：在人際中確立了屬於自己的定位，並以誠信正直的態度與人相交，故人際圈逐漸擴展，且與他人皆保持良好的互動。

◆ **訴訟**：情況逐漸明朗，找到能夠贏得訴訟的關鍵，只要謹慎注意突發的意外，否則勝利已經握在手中。

◆ **遷居**：確立了理想的居住地，搬遷事宜也穩當順利地進行，過程中受到他人眾多協助，應保持感謝之心，尋求機會予以回報。

104【上六】拘系之，乃從維之。王用亨于西山。

◆ **事業**：先前願意跟隨你的下屬，因為近來的情況生變而萌生去意，此時要能以堅定的態度抓回他們的跟從之心，若能使情況穩固，才能使你的事業繼續往好的方向發展。

◆ **創業**：近來產生相當大的變化，使協助你的合作對象開始心生叛離之心，必須要以強硬的態度予以約束，否則事業可能因此受到重創。

◆ **錢財**：財務狀況變動甚大，面對無法穩定的情況，更要以強硬的手段停止波動，若能使變動平息，就能避免財務上的損失，轉而有所收益。

◆ **愛情**：感情受外在環境影響，逐漸生變，若不能拿出魄力解決目前的情況，很可能造成關係的破裂，但只要堅定地穩固現況，在度過困難之後，感情將更加無堅不摧。

◆ **婚姻**：共同組成的家庭可能因為其中一份子的變動而導致家庭狀況受到影響，彼此之間要能堅定地相互扶持，一同面對困難，儘管有些許的損失，卻也使家人情感更加堅固。

◆ **子女**：受到他人影響，親子原本穩定的相處模式產生變化，可能會發生一些小爭執，這時你必須穩如泰山，不因突發狀況亂了手腳，拿出當父母的魄力力挽狂瀾，安定之後，親子關係就能更進一步。

◆**健康**：此時的健康狀況可能有突然的變動，這時更要有堅強的心志，以堅定的意志力克服，只要度過目前的難關，身體狀況將逐漸有所起色。

◆**旅遊**：因為突發狀況擾亂了你的計畫，要在影響範圍逐漸擴大之前，用強硬的手段穩固局面，只要能夠解決目前的困難，之後就會相當順遂。

◆**考運**：可能有外力的干擾，破壞了你的進度，對成績會有所影響，但不能就此隨波逐流，要能穩固自己的心志，回歸原有的步調，才會有好的表現。

◆**人際**：原本穩固的人際關係因某些因素有所折損，若不能以強硬的方式穩固局勢，辛苦建立的人際脈絡可能受到更大的損害。

◆**訴訟**：突如其來的轉變導致局面生變，原先協助你的人可能臨陣脫逃或轉向敵方，要以強大的意志力與鐵腕遏止局勢惡化，若能穩定軍心，勝利並不會就此逃走。

◆**遷居**：預定的計畫有所變動，切不可因此慌了陣腳，唯有拿出魄力穩定情勢，才能使計畫回歸正軌，使搬遷順利進行。

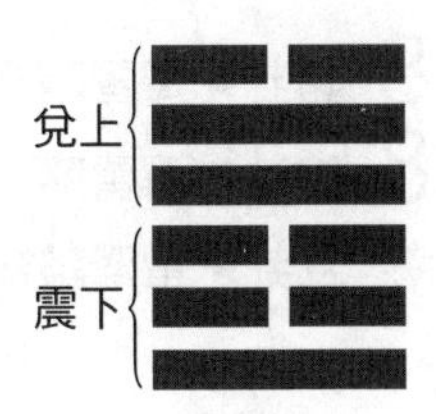

卦理

「隨」，解釋為跟從、相隨、順其自然之意，因此隨和、隨緣便是這一卦的宗旨。此卦卦象為澤居於上，澤為兌，有喜悅的意思；而雷居於下，雷為震，有行動的意思。悅而動，表示跟從喜悅而行動，由於在先前的豫卦中君主倡行逸樂教化，到了「隨」卦便是人民因感到喜悅而自願順從跟隨，一切順勢而為，自然不會有任何不幸的事發生，可說是各方面都堪稱滿意的小吉之卦。

而在感情與婚姻中，澤兌代表少女，雷震代表長男，故這一卦卦象顯示男子對心儀的女子主動表現出溫柔體貼，女子也心生喜悅而願意跟隨的和睦景象，所以若問感情時卜到這一卦，代表不可操之過急或刻意求成，只要依循著情勢變化發展，關係自然能親近和睦。

從另一方面來看，「隨」卦雖主張隨緣隨和，但仍然有依循的準則，並不是隨便放任。《象》傳曰：「澤中有雷，隨。君子以嚮晦入宴息。」便是說君子應依照大自然的規律，日出而作，日入而息，該做什麼就去做。如果因為沒有壓力就盡情放縱，最終一定會招致禍事。

「隨」卦六爻的爻辭則是說明順應時勢而為的方法：初九時官職或主管有所變動，但只要保持自己的立場，就能以不變應萬變，若是走出去與他人結交還能有所收穫；六二時礙於情勢而追隨小人之道，卻因小失大，失去和君子來往的機會；六三時則跟隨君子而遠離小人，由於做出正確選擇而得到心中嚮往的，只要把持住就可以了；九四時因堅守正道而獲得眾人愛戴，但也因此遭受上司或主管猜忌，然而這並非自己的錯，故可坦蕩以對；九五時秉持誠信做善事，並不刻意與旁人他拉近關係，所以能依循本心與正道行事，得吉；上六時為隨之道的終結，沒有可向上跟隨的人事物，只好受制於九五，以屈從的方式獲得亨通。

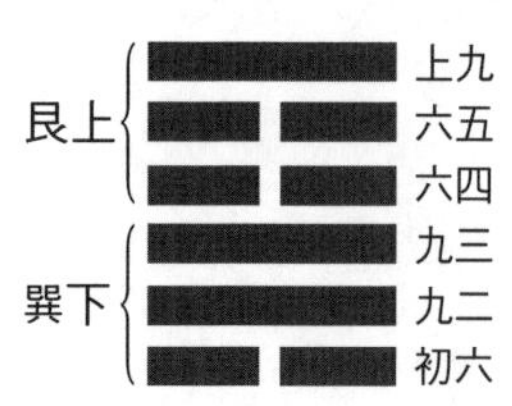

卦序▶18　錯卦▶澤雷隨
卦數▶38　綜卦▶澤雷隨
卦向▶東南　互卦▶雷澤歸妹

卦揭

蠱，從虫從皿，本指一種會寄生在人體內的蟲子。但循字形即知古人亦將此蟲畜養於器皿內，原來是將多種毒蟲置於罈內，待其互相爭奪，形成一最毒之蟲，便用於巫術，使人受毒蟲寄生，在不易察覺的情況下漸趨腐敗、衰亡。在逐漸侵壞的亂象中，如何力圖振起，即是此卦之要旨。

如北魏孝文帝則以賢德，讓蠱亂之朝再度綻放光輝。中國北朝至太武帝時，政治腐敗，隨處可見貴族、大賈對平民壓迫，或是有利鮮卑民族的政策橫行。孝文帝繼位，眼見民族矛盾日深，及人民對政權的不滿，決心施行漢化改革政策。他不分民族用人唯賢，認清自己的劣勢，並積極推廣文化教育，終於清除前人之「蠱」，復興北魏經濟文化。

【卦辭】元亨，利涉大川。先甲三日，後甲三日。

先甲三日，後甲三日，古時以天干記日，且十天為一單位，先甲三日指辛日，後甲三日指丁日。

〈彖〉「蠱，剛上而柔下，巽而止，蠱。蠱，元亨而天下治也。利涉大川，往有事也。先甲三日，後甲三日，終則有始，天行也。」蠱卦以剛健在外、柔順在下，風靜而順止。亨通順暢是因為用美德治理天下，利於渡涉大川是因為有志向作為事業。起始的前三天和後三天，代表事有終又會有始，這也是天道運行的樣子。

〈象〉「山下有風，蠱。君子以振民育德。」山下有風是蠱卦之象，君子以此感悟，教育人民、提倡美德。

蠱卦雖示亂象，但含撥亂反正之機，故宜斂德守中，可大有作為、大舉變革。「辛」日與新音同，義為更新、改革，即欲有作為之前三天，因先布與人知其中之詳盡，以利預備。「丁」日與叮音同，指告誡、叮嚀，如遇犯事處，應先告誡並示以修正。見治蠱之法，當慮前思後，不可唐突用剛，並守中正以濟險難。

【初六】幹父之蠱，有子，考無咎，厲終吉。

幹，能事也，字形從干盾叉型的武器，本用於進攻，後也用於防禦，此處表示糾正、整頓之義。考，父歿也，本義作老，字行如人身形傴僂且倚仗而立，此取對亡父的尊稱。

〈象〉「幹父之蠱，意承考也。」意承考也，指幹蠱之意在於繼承父業。

整治先父留下的蠱事、過失，是子補先父之過使其免於責難，雖有危厲，但終能吉祥。蠱之初未深而易治，後人當知危難而戒惕，有望挽救前人之事業。

【九二】幹母之蠱，不可貞。

母，九二爻以陽剛上應六五之陰柔，故稱以母子。

〈象〉「幹母之蠱，得中道也。」得中道也，指幹蠱是符合中正之道的行為。

治理母親的失誤，不可過於專斷，否則失之承順、流於剛愎。即前人之事有待整頓，不以貞固盡其剛之法相待。

【九三】幹父之蠱，小有晦，無大咎。

小有晦，指過於剛強而有晦暗不明之事發生。

〈象〉「幹父之蠱，終無咎也。」終無咎也，指因陽剛得正故終無危難。

此時雖有過剛失中之疑，但仍有剛以扶正，而無大的禍害。

【六四】裕父之蠱，往見吝。

裕，寬緩也，從衣、谷亦聲，表示衣食無缺，本義為豐饒，此作寬怠。

〈象〉「裕父之蠱，往未得也。」往未得也，指繼續以裕待蠱不會有所獲得。

縱容父親留下來的亂象，將會有憂吝。六四爻材質柔弱，僅能自守，無力改變既有之蠱，使蠱亂益深，而漸入禍端。

【六五】幹父之蠱，用譽。

譽，稱美也。用譽，指用美德改變過失留下的缺陷。

〈象〉「幹父之蠱，承以德也。」承以德也，指以德繼承先業。

六五爻以柔居尊，治蠱能剛柔並濟，以德繼業。在已漏洞百出的事業中，洞悉先機、任賢革新，且秉中正之德，能一改往昔缺陋並振興舊業。

【上九】不事王侯，高尚其事。

事，職也，本義為記事之職，此處作動詞表示行事。其事，指認為高尚的事情。

〈象〉「不事王侯，志可則也。」志可則也，指此志可以作為準則以茲效法。

於卦終，不為王侯之事操勞、不為君王之憂煩擾，宜退居於野，潔身自好、從己之樂事。

蠱之象圖

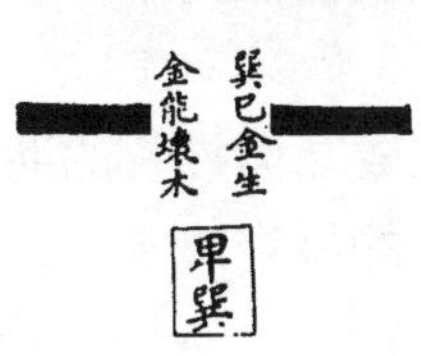

艮為山、巽為風，風入山中，受山中林木所亂，或山受風日日侵蝕，形狀漸移，皆是累積而出亂象。

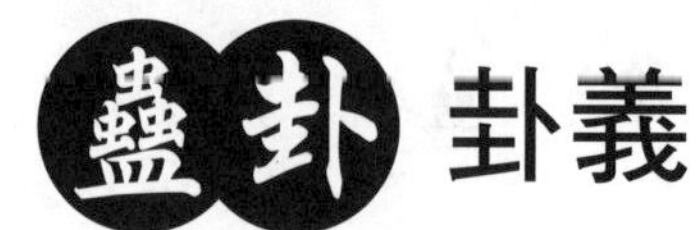

105【初六】幹父之蠱，有子，考無咎，厲終吉。

- **事業**：被交派整理前人留下的爛攤子，看似吃力不討好的工作，其實更能在上司面前證明你的能力，只要能夠順利解決，上司將對你另眼相看。
- **創業**：承繼前人的事業，要能從前人的經驗中記取教訓，才能避免自己的事業落入相同窘境，只要謹慎行事，就能在前人建立的功績上闖出更好的成績。
- **錢財**：在你之前投資者的失敗，可以成為你投資的助力，只要體認到時勢的困難，謹慎做出正確的投資決定，就不會有太大的財務損失。
- **愛情**：心儀的對象可能還對上一段戀情有所依戀，你必須付出更大的努力取得對方的注意，進而攻取他的內心，如此將會有好的結果。
- **婚姻**：先前的過錯不是不能彌補，只是曾經遭受破壞的關係要重新萌芽，需要更多的努力與愛護，只要知所警惕，就能使婚姻關係一如往昔。
- **子女**：孩子難免犯下錯誤，且這些錯誤尚不到無法挽回的地步，必須付出耐心教導，以導回正途，如此對你與孩子都是好的發展方向。
- **健康**：以前過於消耗自己的健康，自然必須付出一些代價，現在仍為時未晚，只要加倍小心對待自己的身體，就有機會恢復到良好的狀態。
- **旅遊**：先前的錯誤決定導致現在的窘境，不管之前的錯誤是不是你造成的，只要下定決心彌補，加倍努力地修正計畫與準備方向，就能使旅途無所災禍。

◆ **考運**：曾經因為一時的鬆懈，在重要考試時出了差錯，只要能夠重新立定決心，付出加倍的時間與精力彌補，進度就能逐漸追回，恢復到以前的標準。

◆ **人際**：現在的人際受到以前不良的互動所干擾，總是覺得不太順利，若能修復先前損害的關係，就能重新建構良好的人際網絡，使人際順利展開。

◆ **訴訟**：過去犯下的過錯，要能打從心底認知到自己的錯誤，並加以改正，如此就能避免不必要的訴訟之害。

◆ **遷居**：過往沒有做好完善的設想，以至於現在的搬遷事務處處受阻，要能先停下腳步，從頭開始釐清，才能夠繼續前進，順利完成搬遷。

◆ **尋人**：往東南方向尋找，必有所獲。

106【九二】幹母之蠱，不可貞。

◆ **事業**：上司的過錯要你來彌補，此時不可過於剛愎自用，要以柔軟的手段進行，以免受到攻訐，影響自己在公司的地位而得不償失。

◆ **創業**：面對投資者給出的難題，不可一意堅持自己的理念，要能傾聽對方的聲音，從中做出折衷的決定。

◆ **錢財**：面對投資上的失誤，不可獨斷獨行，不妨聽聽具豐富經驗者的建議，從而得出對自己最有利的投資方式。

◆ **愛情**：當與心儀對象之間發生誤會與衝突，不要一味地只從自己的立場出發，若能站在對方的位置想想，才能和緩、避免衝突地解決問題。

◆ **婚姻**：另一半在婚姻中所犯的錯誤，若只是專斷地要求對方改進，只會使裂痕逐漸擴大，若能改以柔和的方式溝通，才會有圓滿的結果。

◆ **子女**：孩子做某些事的動機，不一定是從壞的角度出發，故在責怪孩子之前，應該先行溝通，做清楚的了解之後，再做出是否懲罰的決定。

◆ **健康**：儘管有相同的症狀出現，不代表病因一定相同，應該拋棄自己的武斷，透過專業人員的檢測找出病因，才能對症下藥，進而痊癒。

◆ **旅遊**：處理他人準備上的失誤，不要太過專制，否則讓人覺得你不通情理，只會更加阻礙旅遊的進度。

◆ **考運**：先前暫時拋下的課業，要有計劃地追回進度，若不能妥善安排，只是強逼自己硬讀，並不會出現你預想的成效，反而帶來負面的影響。

◆ **人際**：因為他人的失誤，導致你人際關係的混亂不協調，此時要能耐心地找出問題的癥結，以柔軟的手腕解決，避免以強硬的態度對人。

◆ **訴訟**：受到他人請託，予以協助之時，務必全盤了解事情前因後果，避免片面武斷，反而為自己招來訴訟之難。

◆ **遷居**：搬遷之後，舊家仍有待整頓，不要急著把所有事情丟出去，若能自己妥善和諧地處理舊有事物，對自己而言會是莫大的收穫。

107【九三】幹父之蠱，小有晦，無大咎。

◆ **事業**：儘管你處理事情的手段過於剛硬，但因為你的態度正面，行事也沒有讓人詬病之處，不會有太大的災害發生。

◆ **創業**：以堅決不容他人置喙的方式做所有的決定，雖然讓人感到有些不通情理，但你做的決定正確有效率，因而不會對你的事業產生阻礙。

◆ **錢財**：看好時機就強硬地出手，在他人眼中看來是未經深思熟慮的行為，其實你心中早有定見，也做好充分的準備，故不會導致財務上的損失。

◆ **愛情**：以不容拒絕的方式發動攻勢，多少會讓對方感到壓力，但因為你的人格正直、行事積極，也讓對方對你留下良好的印象，愛情會有進展。

◆ **婚姻**：面對婚姻中的問題，若能以剛正果絕的態度面對，做出對雙方都是正確的決定，才能避免深陷衝突泥淖，使情況能有所好轉。

◆ **子女**：兒女可能覺得你太過專制，對他們管制太過嚴格，因而有所不滿，但因為訂出的規則對他們都起了很大的正面效用，他們會逐漸接受，並且因行為受到端正，能夠培養出良好的人格與習慣。

◆ **健康**：改善健康的方法可能稍嫌矯枉過正，但長期以來有助於養成良好的健康習慣，故短期內還是繼續維持嚴以律己的生活方式，會對你較有利。

◆ **旅遊**：為了避免面對突發狀況措手不及，你事前的準備做得相當充足，甚至到了旁人有怨言的地步，嚴謹是好事，但也不要給自己太多的壓力，以免適得其反。

◆ **考運**：為自己定出了相當嚴格的學習計畫，也禁止自己短期內接觸任何讓你分心的事物，這樣的方式在他人眼裡看來可能太過嚴酷，但的確可以有效幫助你專心在眼前的學業上，未來將有所收穫。

◆ **人際**：太過耿直剛正的性格可能對某些人來說太過直接、難以應付，但久了大家就會知道這是因為你的本性誠實正直的緣故，反而視其為優點，對人際關係並無害處。

◆ **訴訟**：面對訴訟以強硬的作法應對，讓他人感到不妥，但也因此不拖泥帶水，可使真相愈辯愈明，為自己爭得應有的權利，最後獲得全面的勝利。

◆ **遷居**：決意要做的事就沒有轉圜的餘地，使他人不得不配合你而感到疲累，但這樣的作為反而有助搬遷的快速進行，也減少許多拖延行事可能產生的麻煩。

108【六四】裕父之蠱，往見吝。

◆ **事業**：眼見前人留下的混亂帶來巨大的麻煩，甚至侵害到你的權益，但現在的你卻沒有辦法改變現況，唯有增強自己的能力，逐漸控制情勢，才有可能翻身。

◆ **創業**：面對創業過程中衍生的問題你只是縱容，並不覺得會帶來什麼損害，這樣的想法將為你的創業之路帶來極大的阻礙，目前的你只盡量守住資本，以求避過災害，日後想法需更加謹慎，培養自己的能力，以為目前的亂象善後。

- **錢財**：因為自己的能力不足，無法明確判斷哪項投資會損害自己的資本，導致錢財有所損失，應該要充實自己、保有豐富的才識而不被他人左右，才有機會彌補現階段的損失。
- **愛情**：現階段你的個性太過軟弱，面對介入你與心儀對象之中的他人，只能選擇退讓，因而使對方有機可趁，逐漸造成你與心儀之人之間的隔閡，唯有鍛鍊自己的心志，做出改變，才有可能挽救這段關係。
- **婚姻**：面對另一半對家庭關係的破壞，你只採取睜一支眼、閉一隻眼的消極應對，如此只是將對方推得更遠，使家庭逐漸崩毀，若能改變自己軟弱的個性，以強硬正直的態度與對方溝通，才能看見轉機。
- **子女**：太過縱容孩子的後果，就是讓他不知道對錯的標準，因而使孩子行為不當，造成更大的動亂，親子間的隔閡也逐漸加深，唯有拿出身為父母的權力與魄力，對孩子加以管教，並保持理性的溝通，才能相互了解，化解衝突。
- **健康**：對自己太過放縱，以至於健康亮起紅燈，若繼續維持這樣的惡習，只會造成無法挽救的後果，要能痛定思痛，下定決心斷絕惡習，以免健康持續惡化。
- **旅遊**：漫不經心、因循苟且的個性，對於旅遊的準備有害而無益，目前的你單靠自己無法做好準備，很可能遇上困窘的情況而無法自救，只能尋求可靠之人幫助，日後必定要改正這樣的個性，否則只會造成惡性循環。
- **考運**：因為沒有堅定的意志力，放出的心就無法收回了，準備考試是個漫長且艱辛的過程，必定要能磨練自己的心志，否則最後終會自食惡果。
- **人際**：做事優柔寡斷，無法強硬地拒絕別人無理的要求，最後受害的只會是自己，要能改變自己，避免目前的情況更加惡化，才能使人際逐漸開展。
- **訴訟**：目前的訴訟情況對你相當不利，但你卻沒有強硬的意志與其對抗，無法挽回頹勢，在此情況下，只求全身而退，必要時必須付出某些代價。

◆ **遷居**：若繼續放任自己避事的個性，與鄰里的關係只會逐漸惡化，使糾紛逐漸擴大而無法收拾。要獲得必先付出，先向他人釋出善意，才能改善目前的僵局。

109【六五】幹父之蠱，用譽。

◆ **事業**：面對前人留下的爛帳，若能採用剛柔並濟的方法逐步解決，帶領革新，並在繁雜龐大的事務中找出對自己有所幫助的資源，一方面能作為之後的助力，另一方面，也是向上位之人證明你解決事情的能力，將獲得上司重用。

◆ **創業**：接收前人看似狀況百出、沒有價值的事業，其實只要你有精準的眼光，就能看出其中的商機，並且掌握時機加以利用，只要運用得當，就能使事業更上一層樓。

◆ **錢財**：你已經有能力判斷何種投資工具對自己最為有利，能夠走在眾人之前嗅到財富的前兆，因而能夠一掃先前的財務窘境，為自己擴增財富。

◆ **愛情**：面對心儀的對象能夠軟硬兼施，一方面以正直溫暖的性格感動對方，另一方面能強硬杜絕其他前來擾亂之人，故能在情感上有所收獲。

◆ **婚姻**：面對目前的問題，你能夠找到最適合的解決與溝通方式，在不傷害彼此的情況下順利化解衝突，因而能夠掃除先前的不快，迎接更美好的家庭生活。

◆ **子女**：你能夠以恩威並重，賞罰分明的方式對待子女，故能以最適當的方式解決親子間的隔閡，拉近彼此的距離。

◆ **健康**：能夠找到維持健康的最佳方式，在不勉強自己的情況下，保有良好的生活習慣，杜絕一切病情的侵擾。

◆ **旅遊**：目前的你能夠一眼看出之前計畫的不妥當之處，並且以圓滑的方式加以改進，故旅程的準備能夠順利進行，旅程中也能盡興享受，無所憂慮。

◆ **考運**：面對先前鬆懈造成的結果，能夠深自反省，找出自己的弱點並加以改進，因此在成績上將能有所突破、超越自己。

◆ **人際**：儘管進入險惡的人際關係之中，因為你的本性良善，待人處世正直不欺，故能輕易獲得他人的信任與喜愛，甚至能夠逐漸改善目前的人際環境。

◆ **訴訟**：先前的訴訟過程相當險峻，但現在的你能夠預見事情的癥結，找到核心問題並以柔軟的手段解決，故訴訟將逐漸朝向圓滿的方向落幕。

◆ **遷居**：看似不甚優良的新居，因你能看出其中的價值，並且大刀闊斧進行改善，最終能夠獲得舒適的生活環境。

110【上九】不事王侯，高尚其事。

◆ **事業**：嚐盡職場冷暖的你，下定決心遠離第一線的工作，要在遠離繁雜工作的地方，過著安樂的日子，並且從事自己所喜愛的事物，從中獲得快樂。

◆ **創業**：創業到目前的階段，已經不需要你事事操心，親力親為，是時候將自己抽離，找個清幽之地，從事事業之外的興趣。

◆ **錢財**：賺取錢財之事於你已不是首要之務，現在的你應該注重的是心靈上的閑適，不再與勾心鬥角之事連結，在其他方面獲得快樂與滿足。

◆ **愛情**：感情漸趨穩定，已不需要你事事小心呵護，應該把從前放在對方身上的全部注意力轉移一部分到自己喜愛的事物上，從而增加自己的內涵與深度。

◆ **婚姻**：當兩人步入婚姻，走向穩定的生活，就不需要時時陪伴在對方身邊，應以家庭為圓心，向外發展自己的興趣，充實自己，也使家庭有更多元的樣貌。

◆ **子女**：不必為子女太過煩憂，他們都是獨立的個體，有各自的人生，當他們已經有能力照顧自己，你就要安心放手，給予更多空間，並將重心移到自己喜愛的事物上。

◆ **健康**：面對病情不必太過擔憂，以免心理影響生理，只會對自己有害而無益。試著放鬆心情，透過其他喜愛的事物轉移注意力，保持心情愉快，病情才能逐漸好轉。

◆ **旅遊**：避免掌控所有大小事宜，攬下所有責任，若已經有得力的幫手，就應該讓對方主導，自己只要在旁協助，並且享受之後的旅程。

◆ **考運**：當你已經盡了所有的努力，不要固執地專注在尚未明朗的結果上頭，趁著空檔放鬆緊繃的心情，休息後才能迎接之後的挑戰。

◆ **人際**：試著讓自己遠離人群的中心，會發現可免去許多人際上的煩憂，只要不去招惹無謂的事端，就能享有清閒愉快的生活。

◆ **訴訟**：避免主動與人發生爭執，只要遠離衝突的核心，抱持自己端正的品性，即使受到攻訐，也不必太過憂慮。

◆ **遷居**：當有他人願意伸出援手，只要放心把遷居重任交付出去，你會發現對方做得比你更好，此時應趁空閒之時，從事平常沒有時間進行的興趣，最後一切都會無事落幕。

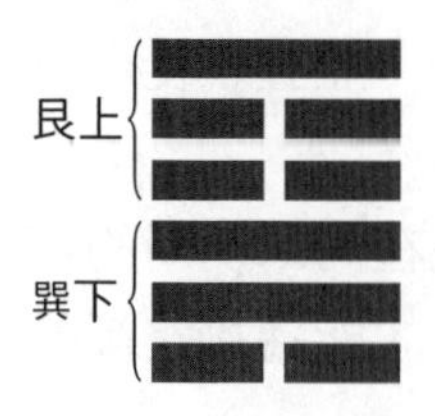

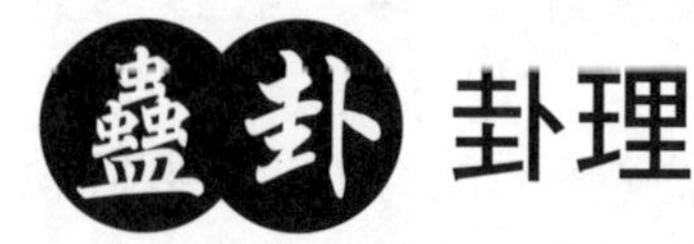

卦理

「蠱」的本義在《說文解字》中解釋為肚腹內有蟲，也就是被吃下去的蟲子，引申為由內在開始腐敗，有敗壞、腐壞之意。此外「蠱」又可解釋為皿中有蟲，古時相傳有一種巫術，是將毒蟲豢養於密封的罈內，施術者以此蟲迷惑人心，謂之「蠱」，故這個字也有迷亂、惑亂的意思。從卦象來看，上為山，下為風，可以想像強勁的落山風，勢必會對山腳下的事物造成混亂；山為艮，代表少男，風為巽，代表長女，長女迷惑少男，是誘拐之象，也有縱欲過度之意。即使外表看來毫無問題，但事物一旦長久擱置，內部就可能腐敗生蟲，用以比喻隱藏在華麗表象下的衰敗現實。

「蠱」卦承接隨卦之後，象徵隨性慣了、放任久了，一定會出問題。因此這一卦顯示當前的事態是從根本開始敗壞的，而且由來已久，若不盡快整治，後果將不堪設想；但若是能從根基處力挽狂瀾，仍然可以有所改變，重獲新生。若卜問健康時得到這一卦，就表示病程是慢性的，且導致發病的原因是本身的生活習慣不佳，所以必須從現在開始養成規律作息、養生等，才有機會恢復健康。

卦辭：「元亨，利涉大川。先甲三日，後甲三日。」對應隨卦的隨性而為，「蠱」卦便是在出事後的改革，故必須謹慎小心，制定完善的事前準備，關鍵是願意下定決心，重新開始。六爻的爻辭便是說明東山再起過程中的注意事項：初六時家業雖在前人手上衰敗，但換成有能力的後繼者主事，撐過艱難的改革，便能重振聲勢；九二時應拋棄守舊的思維、價值觀或制度，但推翻舊制必須保持耐心，委婉行事，不可貿然躁進；九三時指革新過程中，難免偶有疏失，只要在發現時立刻改正，就不致於出現嚴重差錯；六四時告誡人們不應對過去或舊有的人事物寬容，否則會讓事態更加嚴重，但也須注意要循序漸進，不得操之過急；六五時說明要想承擔重責大任，需注重自身的基本實力，穩紮穩打便能提振聲望，吸引各方人才慕名前來提供協助；到了上九，革新已到了一個階段，故不需再事事親力親為，但仍要為往後的發展訂定目標，確立大致的走向，以保證未來局勢不會偏離正道。

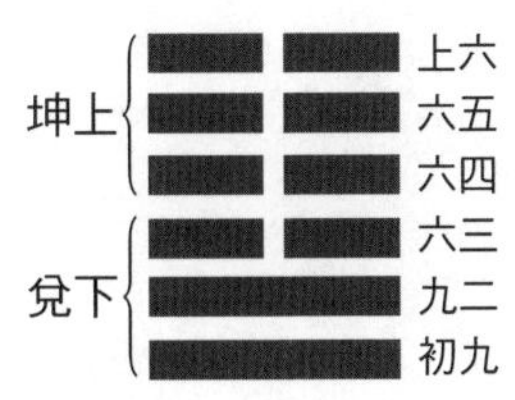

臨卦

卦序▶19 錯卦▶天山遯
卦數▶3 綜卦▶風地觀
卦向▶西南 互卦▶地雷復

卦揭

臨，監臨也，字形右旁象一人俯視，左旁之臣表示人低頭時瞳孔豎起來的眼睛，下方則有多樣器物，即義為由上往下察看。至蠱卦改革得治後，要能戒於憂患，故此說臨，是為了避免禍事再起，而隨時巡視省察。

當周公助周朝王室立業，平定管蔡之亂後，為了使西周社會制度獲得進一步的鞏固而制禮作樂，且特別提倡道德教育、治術教育，也要求君王敬德保民、人民有孝有德。另外亦禮賢下士，善待來者，還提出以治績考察、選任官吏的原則。此即是不忘憂思，臨察人民以敦、以智。

卦辭

【卦辭】元，亨，利，貞。至于八月有凶。

八月有凶，臨卦在十二消息卦中代表十二月，與代表八月的觀卦陰陽位置相反，即表陰陽消長、循環往復之理，故言凶。

〈彖〉「臨，剛浸而長。說而順，剛中而應，大亨以正，天之道也。至于八月有凶，消不久也。」臨卦中陽氣漸長，愉悅且柔順，以剛中應和陰柔。如此守正而大通，是天道所蹈循之理。世間萬物循環消長，在十二月之時應記掛八月可能會有的凶險。

〈象〉「澤上有地，臨。君子以教思無窮，容保民無疆。」水澤上有地是臨的卦象，君子究之，知以無盡的智識教化民眾，以無疆的胸懷廣容人民。

二陽爻在下，剛中漸盛，乾道方興，因此大通順達。卦辭誡八月有凶，謂剛盛時當憂其衰，即有治也憂其亂、居安並思危，宜始終堅守正道，才能保持亨通。

【初九】咸臨，貞吉。

咸，《說文》：「悉也」即從心有所感應。

〈象〉「咸臨貞吉，志行正也。」志行正也，指志向與作為符合中正之道。

初九爻質剛居陽，能上應六四爻，如臣屬感受到在位者的臨近，而以其正道得到重用，使抱負得以施展，故得吉。

【九二】咸臨，吉無不利。

〈象〉「咸臨，吉無不利，未順命也。」未順命也，指世人未歸順於天命，所以上位者需施行監臨。

此時陽氣漸盛，能以剛中感動六五之君，獲君之倚任，其志得以順行，沒有不利之處。於下位者表現中正優良，吸引上位者的注視與嘉獎，並且得到信任與施用。

【六三】甘臨，無攸利。既憂之，無咎。

甘，美也，字形畫口中含物，能含於嘴中者，其味必不凡，故說明美味一事，此處指巧言美語之甘。攸，所。

〈象〉「甘臨，位不當也。既憂之。咎不長也。」位不當也，指因位居不當，表現出不中不正。咎不長也，而是能有憂慮，則可以脫離險境。

以甘說臨人，失德而不實，因此無所利。但若能對己之過失感到憂慮，並退避以改，則可無咎。

【六四】至臨，無咎。

至，抵也，字形象一箭矢向下飛行，表示往到目的地。至臨，指六四爻臨初九是大大的親臨。

〈象〉「至臨無咎，位當也。」位當也，指六四爻下應初九，近君位且知任賢。

若於近君之地，宜以親臨之姿，用賢才治世，如此有才者受其誠而動，故無咎。

【六五】知臨，大君之宜，吉。

知，同「智」，本義表示口中有詞，能滔滔不絕者，自是有才學有智識。大君，能善用智慧以臨下者，是有大智之君。

〈象〉「大君之宜，行中之謂也。」行中之謂也，指六五之君施政能守中正。

下應九二，表示在上之君以智臨下，不動而委任剛中賢臣，即不勞而治。有事業，期以一人之力有治難矣，應知人善任，使得吉祥。

【上六】敦臨，吉無咎。

敦，惇也，即敦厚、篤實。

〈象〉「敦臨之吉，志在內也。」志在內也，指內心有志而能端正其心，以敦厚臨下。

於臨卦之終，因敦厚親民而無咎，亦因親民能助其君主而獲吉。

易學筆記

卦圖

臨象之圖

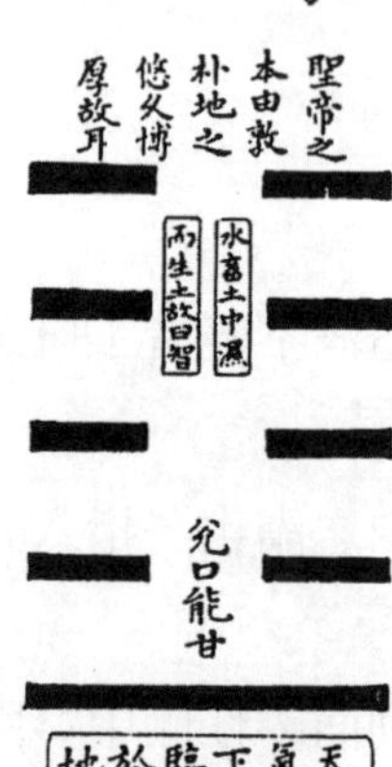

兑為澤，坤為地，地與澤相際，是澤上有地，地臨水澤，即由上臨下、降尊之象。

111【初九】咸臨，貞吉。

- **事業**：工作中積極接手任何事宜，用心辦理上司交辦的任務，且行事依法有據，不行不義之事，如此一來必能博得上層主管之信任，仕途必將有正面的進展。
- **創業**：創業首重縝密的企畫與周延的調查，任何關於工作的事項都要親力親為，與廠商或顧客要勤加聯繫，與部屬也要齊心合力，共同為創業打拼，公司才能鴻運亨通。
- **錢財**：切勿貪取小利，竊占他人財產，或是以投機取巧的名目獲得錢財而不思正道。唯有腳踏實地，努力付出，才能有實質的回饋。
- **愛情**：感情不是一場角力賽，你的強勢主導只會讓對方的心愈離愈遠，細心培養方為上策。試著打動對方的心，將有意想不到的結果。
- **婚姻**：婚姻生活平靜順遂，夫妻感情和睦，小心勿因為生活太過安逸而忘卻夫妻本來的相待之道，應更加妥善經營，婚姻才能維持長久。
- **子女**：可增加親子之間的互動，透過這些接觸可以了解子女內心的想法，捨棄為人父母的說教姿態，放軟身段聆聽與接納，親子感情將逐漸升溫。
- **健康**：平時不太運動的你，身體方面目前並無什麼毛病，但若能抽空去戶外踏青，吸收大自然精華，固本健體是維持健康的不二法則。
- **旅遊**：有外出旅行的想法或時機就積極實行，只要秉持平常細心誠摯的態度面對途中的阻礙，任何事都將一帆風順，旅途也將因此多彩而繽紛。

- **考運**：抱持臨時抱佛腳或是得過且過的心態迎接考試，即便原本有把握的科目也必將馬失前蹄。步步為營，才能達到你心中的目標。
- **人際**：多多參加同事或親友舉辦的聚餐、活動，活絡你原本平穩的人際關係，或是適度調整自己的步伐配合他人，將有助你的人際網絡。
- **訴訟**：與人發生糾紛，只要循正規途徑解決紛爭，避免不正當之手段，就能讓大事化小，解除危機。
- **遷居**：有移居的想法或契機，但事先須再三確認所有事宜，切勿以怠惰之心情放任之，才能諸事平順。
- **尋人**：往西南方向尋找，必有所獲。

112【九二】咸臨，吉無不利。

- **事業**：凡事事必躬親，體察上意，但非一味遵守指令，需要懂得應變，跟下屬之間也要培養良好的溝通與默契，做事將無往不利，主管也會對你另眼相待。
- **創業**：事業剛要起步，許多事情仍須親自處理，心情可能稍嫌煩燥，但不要把情緒帶到工作場合，避免做出錯誤的判斷與決策，公司也能步上軌道。
- **錢財**：運勢順遂，做任何投資都能夠獲利，但事前仍要做足功課與準備，以防投資失準。
- **愛情**：聆聽另一半的心聲，以柔軟的身段取得對方的信任，但不可以花言巧語，也不能虛應故事，如此才能讓兩人回到熱戀階段，繼續攜手前行。
- **婚姻**：婚姻幸福的關鍵，其實主導權是掌握在自己手上，俗話說：「種什麼瓜，得什麼果」，幸福的婚姻就是兩人各退一步，互相尊重，切勿一意孤行。
- **子女**：你是孩子眼中的模範，你的一言一行都刻印在孩子腦中，或許有時行事過於嚴厲，但還是能讓對方感受到「愛之深，責之切」的溫暖。
- **健康**：漸漸注重起養生保健的觀念，如果不開始採取行動，一切仍屬於空想，對健康毫無助益。

◆ **旅遊**：儘管繁瑣，但行前計畫是必要的過程，若因一時怠惰疏於準備的話，有可能會在行程途中遇見困難而陷入孤立無援的窘境，使你追悔莫及。

◆ **考運**：老師與同學是你的貴人，多跟他們親近、請益，互相交流訊息，或許能獲得意想不到的幫助。

◆ **人際**：要能與人為善，面對任何的挑戰必須隨時自我調整，以做好萬全的準備，如此一來於公於私都能打好關係，使人際有長足的發展。

◆ **訴訟**：與人發生衝突時，切勿輕舉妄動，也不能仗著自己的優勢強制壓迫對方，要以和善與彈性的態度去接受考驗，才是明智之舉。

◆ **遷居**：選定目標後，就要立即展開規劃，一步一步朝著目標前進，避免行事草率，就有好的成效。

113【六三】甘臨，無攸利。既憂之，無咎。

◆ **事業**：用甜美的話語去包裝工作上的成果，捨棄腳踏實地，按部就班的做事原則，反而讓自己陷於不利的局面。若能反省過失，立即改善，則事業將無所憂慮。

◆ **創業**：利用流利的口才說動客戶，使對方信以為真，或許能圖一時之利，卻無法長期獲利。面對客戶或員工，皆須秉持誠實信用之原則，勿以花言巧語取信對方，才不會招致禍害，而使事業一落千丈。

◆ **錢財**：錢財，人人都愛，且愈多愈好，乃是世人共通的心理。但「君子愛財，取之有道」，只取透過正常管道獲得的錢財，不貪取不義之財，才是真正的生財之道。若以偏差之道取財，則錢財易散難存。

◆ **愛情**：虛情假意的應對只會讓雙方感情趨於平淡，唯有發自內心的言語與行動，才能讓對方感受到你的誠意。

◆ **婚姻**：甜言蜜語是婚姻生活的調味劑，少了，生活索然無味；多了，生活夢幻不實。確實掌握使用的時機，方可跳脫目前遇見的瓶頸。

◆ **子女**：親子間感情產生裂縫，此時一味地使用利誘方式或是言語上的討好，並無法改善目前狀況，找出問題的癥結點所在，才是根本的解決之道。

◆ **健康**：正在進行的醫療行為，只能治標不能治本，致使頑疾長期不癒，宜思索其他方式，或找出病灶，或變換環境，方有治癒的機會。

◆ **旅遊**：最好到戶外走走以放鬆緊繃許久的心情，也可趁機沉澱一下紛亂的思緒，反省自己截至目前的言行舉止是否恰當合宜，此時前往旅遊使自己獲得莫大助益。

◆ **考運**：好運似乎在你身上，這時候要暫時遠離讓自己分心的所有元素，或許你會禁不住外在的誘因，但把持當下，堅守本位，專心致志，必能有所收穫。

◆ **人際**：子曰：「巧言令色鮮矣仁」，交朋友就是要真心誠意地相待，對方才會信服於你。若只是用浮誇、美麗卻不真切的語言跟人交談，永遠無法擁有肯跟你交心的朋友。

◆ **訴訟**：結果好壞取決於你的所作所為，對於自己認為正確的路就堅持下去，如果是自己理虧，就應該虛心道歉，事情才有轉圜的餘地。

◆ **遷居**：即便過程中手忙腳亂，也要認真以對、謹慎為之，千萬不可抱以隨便為之的態度，否則效果不彰，搬遷無法順利進行。

114【六四】至臨，無咎。

◆ **事業**：凡事兢兢業業，於上盡忠職守，於下拔擢賢才，秉持公正之道，即便蒙受委屈，也勿氣餒，這些都只是暫時的，最終必有所報。

◆ **創業**：「一分耕耘，一分收穫」，儘管一開始有可能不被重視或遭逢陷害，但憑著你苦心的經營與付出，這些都將變成回報反饋於你。

◆ **錢財**：此時的你適合積極理財，擴展財源，但需要多問多聽，多前往相關場合收集資訊，主動出擊的話，事情將會往好的面向發展。

◆ **愛情**：心儀的人或許正等著你主動告白，此時正是拉近兩人距離的好時機，切勿過於躁進，抱持替對方著想的心情，就能增加彼此間的交流。

◆ **婚姻**：爭吵一直僵持不下，問題也無法順利解決，此時你只要主動破冰，即便一個低頭認錯或一個擁抱，都有機會改善目前的狀況。

◆ **子女**：多增加親子互動，努力成為孩子的典範，以身作則，並不時參與他們的活動，聽取他們內心聲音的同時，給予機會教育，就能獲得他們的信任，同時也端正他們的行為。

◆ **健康**：病痛之兆已在不知不覺間浮現，對你而言一切可能來得太過突然，此時切勿驚慌，遵循正規的醫療過程，聽從醫師的指示，持之以恆，病痛將不致惡化。

◆ **旅遊**：有機會與同伴出一趟遠門，不要強勢主導所有的行前規劃與準備事宜，放下身段傾聽對方的想法，溝通進而共同擬定方針，方能保持旅途順遂。

◆ **考運**：在家精神無法集中，外在干擾因素甚多，或許可以變換環境，適合跟多數人一起用功，能達事半功倍之效。

◆ **人際**：有很多人尋求你的幫助，親力親為的結果讓你有點分身乏術，此時亦會有小人出現，扯你後腿，但只要心無罣礙，堅守正道，必能克服難關，逢凶化吉。

◆ **訴訟**：福禍相依，雖然你不想與人爭吵，但紛爭依舊朝你而來，此時千萬不要逃避，積極跟對方溝通，試圖化解紛爭的來源，你將發現並沒有無法解決的事。

◆ **遷居**：如果有搬遷計畫，建議可朝公司業務上需要親臨監督的場所尋找，或許可以獲得意想不到的收穫。

115【六五】知臨，大君之宜，吉。

◆ **事業**：勞心勞力，凡事事必躬親，並非適合管理員工的原則，反而可能導致你心力交瘁，又達不到預期的成效。運用智慧，將工作分配給有能有才之人，讓部屬有發揮的空間，全體齊心為公司打拼，事業將一帆風順。

◆ **創業**：你主要的工作是找到適才適所的人為你工作，所以觀察與充滿彈性的想法將是你創業成功的基石。

◆ **錢財**：盲目的投資行為只會導致無意義的損失，要能以理智的判斷與正確資訊的取得取代人云亦云的盲從，才能以穩當的方式充盈你的財庫。

◆ **愛情**：適時地展現你的幽默與風趣，主動去關懷對方，就能讓異性對你產生好感，增加桃花運。

◆ **婚姻**：家裡有許多事情尚未解決，切勿因為煩躁或怠惰而想要逃避處理，問題將愈滾愈大，導致無法收拾。此時要下定決心，從經驗法則中獲得解決問題的靈感，善用你的智慧，婚姻將能持久。

◆ **子女**：拋開舊有的相處模式，是時候該認真思考如何做才能讓親子關係更加和諧的方法，只要了解對方的想法，藉此展開新的交流，將有不錯的發展。

◆ **健康**：身體產生毛病時，不要聽信偏方或胡亂吃藥，如此只會使情況更加棘手，唯有了解病根才能對症下藥，開始健康管理才能無憂無病。

◆ **旅遊**：便宜行事只會讓你諸事不順，最好的解決之道就是出發前先打聽清楚，規劃行程時要多加留意，以免出一趟遠門帶回來的不是伴手禮，而是一肚子氣。

◆ **考運**：歸納出一套自己的讀書方法，並能一步一步的執行到底，自己的努力勝過依賴他人的幫助，反而使準備更有效率，也能早一步達成自己理想的目標。

◆ **人際**：每次活動都有技巧地炒熱氣氛，待人也能將心比心的話，不論在工作場合還是私人場合，你都能擁有無人能比的人氣與魅力。

◆ **訴訟**：「山窮水盡疑無路，柳暗花明又一村」是你此時最佳的寫照，懂得善用你的智慧與人脈，把握住每次機會，劣勢也能轉為優勢。

◆ **遷居**：心中有想移居的地方，可是相關事宜繁複難行，因此遲遲沒有行動，不妨委託專門領域的熟人或專家，有可能化解你面臨的困境。

116【上六】敦臨，吉無咎。

◆ **事業**：要想挽救業績下滑的趨勢，而用強硬的態度鞭策員工，如此反而會使你失去民心，如果能以身作則，帶頭領導，並施以體恤懷柔之策，使上下皆一條心，共同奮鬥，不但無害，反倒成效卓著。

◆ **創業**：有時候捨棄錙銖必較的精神，多給員工一些包容與恩澤，員工必會銘感五內，進而真心追隨，全力以赴，則創業之路會更加平坦順遂。

◆ **錢財**：在金錢上切勿斤斤計較，「別人欠我一份恩情，必須加倍奉還於我」的心理非常要不得，或許在計較的過程中不小心得罪了你潛在的貴人，將得不償失。

◆ **愛情**：時時展現開闊的心胸，敦厚的人品，做人合乎情、止乎禮，身旁的異性友人將樂於和你分享、親近，有機會發展更進一步的關係。

◆ **婚姻**：忙於工作而冷落了另一半，致使對方累積了許多小小的不滿與怨懟，雖然不會對婚姻造成太大的衝擊，但長期下來將有負面的影響，溫柔的安撫能讓對方感受到你的真心，不要吝惜給予。

◆ **子女**：子女正處於徬徨無措的時期，正需要你給予他們方向與指引，採取高壓的手段只會造成對方強烈的排斥與反抗，反而得不償失。柔情攻勢才能突破對方心防，贏得對方信賴，親子關係將比以往更加親密。

◆ **健康**：很多事情的發生讓你忽略身體發出的警訊，一開始情況可能不太嚴重，但持續忽視的話，可能演變成失控的狀態。現在開始注重保健，調養身體，做好健康管理，更重要的是放開心胸，不要太鑽牛角尖，就能遠離病痛，健康無虞。

◆ **旅遊**：旅途中發生了出乎意料的狀況，讓你手忙腳亂，這時正是考驗你的危機處理能力，只要秉持著仁厚的精神來謹慎應對，不去刁難引發狀況的人事物，則可一帆風順，大吉大利。

◆ **考運**：受到許多干擾，影響你念書的心情，煩躁無法解決問題，先撥出一小段時間將糾結的情緒解開，讓心回歸到平靜的狀態，之後精神才能更加集中，恢復讀書的效率。

◆ **人際**：朋友有求於你，不要急於拒絕，也不要隨便應付了事，在自己能力範圍內盡力協助對方度過難關，或許會耽誤你準備的時間，但此時埋怨也無濟於事，最終必有回饋。

◆ **訴訟**：以和為貴是你目前需要貫徹的宗旨，如果不能堅持住一時的口舌逞快，將有不可抗力之因素讓你不得不面臨需要與人爭論的場面，自然會引發擾人的訴訟。

◆ **遷居**：新的環境裡你將接觸到許多新的面孔，做好敦親睦鄰的交際，則能讓你在新居的適應方面無往不利。

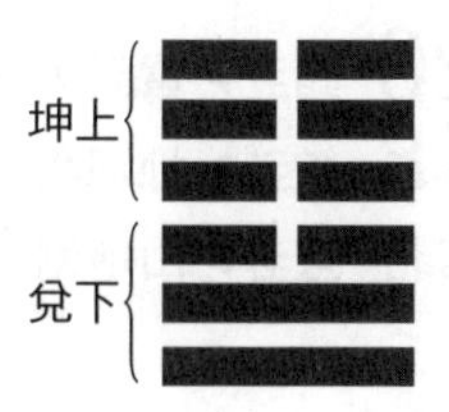

臨卦 卦理

「臨」，居高臨下，親臨，有在上位者、主管、上司親自前來監督視察的意思。卦象中上為地下為澤，意即站在岸上向下看，因此能將大局看得一清二楚，統理起屬下自然不會有問題。上卦地的特質是柔順寬和，下卦澤是喜悅親近，表示身為主管，需與下屬多多互動，以寬和的態度對待下屬，那麼下屬會更願意親近，行事也會更加順利。

「臨」卦為易經中的十二消息卦之一，代表十二月。從十一月的復卦開始，第一爻轉為陽爻，陽氣回歸；到了十二月的「臨」卦，第二爻也轉為陽爻，呈現向上逼退陰氣的態勢；之後則是一月的泰卦，下卦三爻全數轉為陽爻，也就是「三陽開泰」，太平盛世的到來。陽氣增長的「息」象徵君子所持的正道逐漸壯大，而小人則節節敗退，因此利於積極主動，剛強行事。

在卦序上，「臨」卦承繼蠱卦而來，與之後的觀卦相綜。為了重振在蠱卦時敗壞的綱紀，在上位者開始勵精圖治，四處走訪並勤於視察，沿襲在蠱卦中「先甲三日，後甲三日」的作為，不但要勤於改革，還得堅持到底，忌諱三分鐘熱度。卦辭中說：「元，亨，利，貞。至于八月有凶。」其中八月指的就是陰氣增長、陽氣消退的月份，也是告誡改革要徹底進行，不可半途而廢，否則不久之後小人就會捲土重來。

「臨」卦的六爻爻辭，則是建議在上位者應如何與下屬互動：初九指的是以貼近人心的方式視察，和下屬同一陣線，因此能博得下屬好感，自然可以順利行事，吉；九二時姿態稍高，但這是因為身為上司或主管必須在該堅持時有所堅持，以在上的姿態領導下屬前進，故得吉；六三行事不當其位，不想引起下屬反感所以視察時就敷衍隨便，毫無長遠規劃導致對未來發展沒有幫助，但若能從現在開始尋思改進，就可免於罪咎；六四時所處地位和自身能力相符，並且能順應民心，所以不會有罪咎；六五時能夠具備識人的智慧，善於用人也樂於接納來自下層的建議，以寬容大度治人，故得吉；到了上六已脫離行政核心，地位高而無實權，但對待下屬溫和敦厚，能得民心，所以吉而無咎。

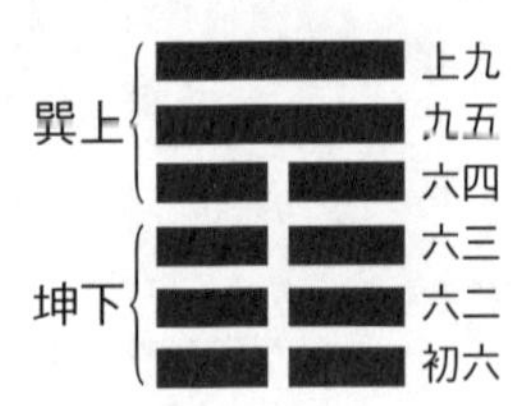

觀卦

卦序▶20　錯卦▶雷天大壯
卦數▶48　綜卦▶地澤臨
卦向▶西北　互卦▶山地剝

卦揭

觀，《說文》「諦視」，仔細審查的看。可以是上觀天道，悟出自然大道以為己用，或是下觀人民，發現缺失而著手改變。臨、觀雖皆看卻有別，臨卦表達監察以掌控事物的發展；而觀則是看察未知之理，使人開化。即誠觀，便能在既有之世中，觀獲新知。

東漢末年的名醫華佗，在身懷精湛醫術時，仍不忘「觀」。華佗用藥精簡，同時通過觀察自然生態，教病人調息生命和諧，達到身心的協調。也經由民間治療，深入觀察疾病，後再吸取加以提煉。如當時黃疸病廣傳，他便在鄉里花費三年，對病症與各種藥效作反覆試驗，終於決定用茵陳蒿嫩葉施治，且治癒許多病人。

【卦辭】盥而不荐，有孚顒若。

盥，洗手，從臼從水從皿，表示從臼皿中盛水洗手。荐，祭品，古時奉酒食以享神明之禮。顒，敬也，從頁象頭本義為大頭，此引申作俯首恭敬的意思。

〈彖〉「大觀在上，順而巽，中正以觀天下。觀，盥而不荐，有孚顒若，下觀而化也。觀天之神道，而四時不忒，聖人以神道設教，而天下服矣。」領導者在上觀民，人民順服在上位者的命令，且在上之觀需合中正之道以照看天下，此即觀。在祭祀中，行盥禮之時、尚未獻上祭品之前，便顯示出恭敬莊嚴的樣子並始終如一，人民仰觀如此也隨之受教。觀察上天如神的道理，遵行四季運行且不偏，有德之聖人以天道設法教化百姓，使天下人為之信服。

〈象〉「風行地上，觀。先王以省方，觀民設教。」觀之卦象風行於地上，君子當如風省察四方之民、設立政教。

觀之道，如於祭祀之盥禮，便心存精誠，至終更不變誠敬。僅孚誠如始盥之初，使誠然之氣益於外，因此上觀或下觀皆能不言而化。

【初六】童觀，小人無咎，君子吝。

童，本義為男僕，此指淺見無知之人。

〈象〉「初六童觀，小人道也。」小人道也，以淺見觀事是小人物處世的方法。

初六質弱才柔，與九五之尊遙遙相距，如童觀，對世間之理茫然無知，亦對治國修業之法所觀甚淺。但如此若為一般百姓，也無過失，若是有志君子則有鄙吝。

【六二】窺觀，利女貞。

窺，小視也，字形從穴表示從小洞中觀看。

〈象〉「窺觀女貞，亦可丑也。」亦可丑也，指君子窺視顯得不光彩磊落。

此時仰觀九五，如由屋內向外窺視，雖能稍見，但不能觀其全貌。即有思慮卻不周密，如此若為女子或平民，有利於守正德，但於有志君子則無成。

【六三】觀我生，進退。

我生，自己的生命。進，登也，隹為鳥、止為趾，鳥足只能前進無法後退，以表示前進。退，後退，字形從攴，為足的反寫。

〈象〉「觀我生，進退，未失道也。」未失道也，沒有偏離正道。

質柔位偏，應戒慎恐懼以防禍端。故觀外之理，並修於自身，清明思緒，以備進退無虞。

【六四】**觀國之光，利用賓于王。**

觀國之光，觀禮，占時君王舉行盛大的慶典，會邀請各方諸侯前來觀禮。賓，所敬也，指六四可為君主的賓客。

〈象〉「觀國之光，尚賓也。」尚賓也，指觀賞國家典禮的宏大，是因為尊尚賓主之理。

處事柔順，又近於九五，能親觀仰國家之盛治廣大。即有明君治業，使人才願意為左右之賓，出智出力。

【九五】**觀我生，君子無咎。**

〈象〉「觀我生，觀民也。」觀民也，指九五之君觀察民情。

九五受下四陰爻仰觀，故在上為君，更應觀省自我的作為，當其言行皆中正有道，下觀人民才能使民與國化而有教。

【上九】**觀其生，君子無咎。**

其生，指其他人的生命，上九於卦終，離世甚遠，故需觀民情以為戒懼。

〈象〉「觀其生，志未平也。」志未平也，指志不平，即志不凡。

上九如世外之賢人，有學有德但無仕任，仍應觀民生而憂己，如此則不會有難。

易學筆記

圖光之國觀

巽為風、坤為地，地上之物受風行而動、觀仰而化，即在上之風一出，在下之地莫不觀從。

觀卦 卦義

117【初六】童觀，小人無咎，君子吝。

- ◆**事業**：或許是自視甚高蒙蔽了你的眼界與心胸，讓你看不清自己的能力極限，做事不得要領，常常處於狀況外，缺乏觀察他人做事並加以學習的心態，因此在工作上容易感到挫折，想改善現況，必須先改變自己的心態。
- ◆**創業**：做事欠缺規劃，思慮亦不周延，往往只從單一角度來觀看事情，於是無法顧及全面，同業創業成功的優點與特質若不加以思考、仿效，最終將以失敗收場。
- ◆**錢財**：目光不夠深遠，一得知短期即能獲利的管道，便急於將自身全部的財產投入其中，在對情況一知半解的狀態下，將無法更上層樓，長期來看，甚至可能轉盈為虧。
- ◆**愛情**：現在欣賞的對象可能需要你再三考量，應認真想想對方是否真的符合你內心期盼的條件，目前產生的好感可能僅來自於對方外在的美好，或許再深入觀察一番，你就會產生推翻之前印象的想法。
- ◆**婚姻**：欠缺體貼另一半的心情，明明對方就已經明顯釋放出需要關注的訊號，你依然毫無察覺，使得另一半心情更加鬱悶，如果不即時做些補救，婚姻將陷入危機。
- ◆**子女**：因為自己不願深入了解，也不懂得如何觀察與理解孩子的需要，讓自己與孩子之間建立起一道難以跨越的深淵，因此親子關係難以改善。想突破現況，必須調整自己與孩子相處的方式，改變想法，唯有用心經營，才能有所收穫。
- ◆**健康**：以往健康的身體突然出現一些小病痛，以為只是小傷風、小感冒而不加以理會的話，終有一天健康的本錢將會被自己消磨殆盡，取而代之的是無可挽回的狀況。

◆ **旅遊**：對於目的地的背景毫無概念，便一股腦地驅車前去，有可能因為資訊不足或是與同伴溝通不良之緣故，讓自己與其他人皆敗興而歸。

◆ **考運**：若抱持僥倖的心態，以為跟以前一樣臨時抱佛腳就能順利過關的話，這次將會踢到鐵板，在你鬆懈的時候，競爭對手已經遙遙領先你了，如果不知及時反省，即刻衝刺的話，則將大難臨頭。

◆ **人際**：不懂察言觀色的態度，已經讓身旁的人開始心生不滿，如果再不及時改善，朋友將漸行漸遠。

◆ **訴訟**：自以為是的心態容易招惹是非，只看事情的表面將無法理解事物真正的本質，唯有用心觀察，了解前後始末，知所進退，方可避免紛爭纏身。

◆ **遷居**：多多觀察居所四周的環境與鄰居，謹言慎行，與人為善，學習同社區的生活習慣，如此一來才能輕鬆融入當地環境。

◆ **尋人**：往西北方向尋找，必有所獲。

118【六二】**窺觀，利女貞。**

◆ **事業**：優秀的同事在工作上表現傑出，深受上司青睞，必有值得你學習的地方，但假若只是依樣畫葫蘆，習得片面的優點，卻不知其所以然者，也只是東施效顰，對工作毫無幫助。

◆ **創業**：創業是一門賭注，不是大好就是大壞，現在的你只懂得些許皮毛，整體趨勢尚未看清，想在事業上有所收穫，必須拓展自己的視野，看清自己不足之處並進一步補強與提升自我，方有好的開始。

◆ **錢財**：會賺錢也要懂得守成，想開源則要懂得節流，錢財方能聚沙成塔，但只是盲目地聽從別人的指示是不夠的，若自己不跟著成長學習，觀察門道，永遠只有繳付學費的份。

◆ **愛情**：現在的你好比瞎子摸象，看不見愛情的全貌，只看到它的美好，卻忽略它可能帶來的苦痛與現實，若再不思長進，只貪圖一時的快樂，最終將落得滿身傷痕的下場。

◆ **婚姻**：或許你會羨慕別人家的夫妻相處融洽，生活和樂美滿，感嘆自己沒有同樣的福分。此時你該確認的是自己真的替這個家付出了什麼，「種什麼因得什麼果」，家庭幸福都是夫妻兩人竭力付出、用心經營的成果。

◆ **子女**：孩子跟你的衝突似乎愈演愈烈，但使盡各種方法溝通仍不見改善，或許是你從一開始就誤解他們的心思，使用了錯誤的應對之策。回頭再仔細觀察他們的一舉一動，有可能發現漏看的真相。

◆ **健康**：「頭痛醫頭，腳痛醫腳」的舊觀念應該要屏除了，只看到部分症狀便揣測治療之道，完全不思慮病源從何而來，除非你的職業是醫生，否則這種治病方式只會讓你賠上健康。

◆ **旅遊**：到異地旅行通常伴隨著許多風險，沒有在事前確認清楚，未作好充分的準備，只一味地看見當地美好之處而輕忽防範，就像從門縫去窺見門外景色一般，不僅不切實際，也可能招致危厄。

◆ **考運**：因為前幾次的表現不錯，讓你疏於努力練習，開始分心去做其他事情，結果當然不盡理想，或許是你高估了自己的實力，或許是你只看到自己想像的部分，沒有看見事情全貌的後果。

◆ **人際**：你被狹隘的眼界給限制住，自認為無所不知，無所不能，經常在朋友面前誇耀的態度讓對方感到不耐，若不能及時認清自身的缺點，檢討自己，有可能人氣一落千丈，使自己陷入人際的困窘之中。

◆ **訴訟**：出現一些徵兆讓你認為情況逐漸對自己有利，但結果尚未定案，切勿太快鬆懈下來，避免懈怠的心情蒙蔽你追尋真相的雙眼。

◆ **遷居**：一心構思的搬遷計畫看似無懈可擊，但卻是忽略了徵詢專業人士意見的結果，且此項計畫欠缺了透徹的觀察便妄自做出結論，為免日後後悔，應該回頭再看看自己的思慮尚缺了哪些元素。

119【六三】觀我生，進退。

◆ **事業**：工作上要多多觀察優秀能幹的同事，若能藉由觀察對方的做事方式與應對之道，了解對方的優秀之處，進而能反思自己，追求長進，在面對工作的挑戰時能知所進退的話，工作便能漸入佳境。

◆ **創業**：創業前，若能先分析市場動向，了解競爭對手的長處，將其跟自己創業的條件做比較，透過觀察與反思，謹慎判斷自身能力的優缺，再決定是否繼續創業之路並擬定策略方向，方可避免投注大量心力卻血本無歸之結果。

◆ **錢財**：想要快速累積財富是人之常情，除了多向理財有成的人請益其成功之道，另一方面也要參考對方的失敗經驗，充實自身見識，培養自己評斷進退的能力，小心駛得萬年船，財富才會滾滾而來。

◆ **愛情**：身旁有欣賞的對象，在進一步行動之前，先再仔細觀察一下對方，切勿過於急躁以致無法看清對方真實的內在。若觀察結果是不錯的對象，當之勇於追求；反之，則應毅然捨棄，另覓良緣。

◆ **婚姻**：另一半的小小心思也要用心體察，若能細心觀察，就能了解對方真正的想法與需求，因應對方的狀態來自我調整，婚姻之路才能走得長遠。

◆ **子女**：孩子的情緒讓你有點捉摸不定，倘若以一貫的態度來處理，問題永遠沒辦法解決。最重要的是要察覺問題的起源，站在對方的立場思考，彈性的處理模式才能讓孩子願意對你敞開心門。

◆ **健康**：身體雖然沒有出現病痛的徵兆，未必代表健康無虞，「魔鬼藏在細節處」，或許是你沒發覺到，定期的檢康檢查將有助你及早發現身體狀況，也能趁早調整生活型態，才能防範於未然。

◆ **旅遊**：以逸待勞享受成果的心態讓同行同伴開始產生反感，若及早察覺周遭同伴的心理，加以妥善處理，或是積極參與策劃，一改先前的消極態度，貢獻一份心力，將能改善夥伴的心情，旅途也更將順遂。

◆ **考運**：考試將近，與其自己盲目摸索不如跟隨優秀的學生學習，觀察對方的學習模式，再跟自己做比對，何處不足就強化該處，見賢思齊之下，你獲得的將不只是分數上的成就，更是自我價值的提升。

◆ **人際**：想要博得好人緣，首先要擁有能博得人望的人格特質，看看周遭是否有人是你想要成為的對象，觀察對方的言行舉止，深入思考自己跟對方的差別，但若止於毛皮上的仿效，則效果不彰。

◆ **訴訟**：遇到無法避免的衝突，切勿慌亂失措，此時應該冷靜思考，仔細觀察，判讀形勢，不要受到一時情緒的驅使，有時候以退為進也不失為一個化解干戈的好方法。

◆ **遷居**：搬遷是一項重大的決定，四周的鄰居將是你獲取情報的最佳來源，除了自己親臨現場勘查外，行動之前也要多方詢問與打聽，才不會落得耗費心力卻後悔莫及的下場。

120【六四】觀國之光，利用賓于王。

◆ **事業**：公司目前一帆風順，正居於持續蓬勃發展的光明前景之中，身處其中的你與有榮焉，此時若能更加精進自己，除了善盡自己的本分外，也懂得把握時機好好展現自我，即有相當大的機會蒙受在上位者的賞識。

◆ **創業**：局勢良好，此時創業正逢其時，只要你能洞察市場所需，清楚掌握供需原則，不斷提升自身勞務財貨的品質與服務，創業之路將是一片光明。

◆ **錢財**：不論投資或理財，此時正是你賺錢的好時機，成功擴展財源的關鍵在於你是否能善於觀察當下的情況並能將資訊轉化成對你有用的情報，若能與時俱進，同步成長，財運當然亨通。

◆ **愛情**：愛情在你眼中是美好而真切的，如果你的感情已經有了歸屬，你們兩人間的關係將持續穩定發展；如果你的感情還沒有著落，也沒關係，你對愛情的讚頌與感受將引領你獲得一段浪漫的邂逅。

◆ **婚姻**：你的婚姻生活品質愈來愈好，因為你知道維持婚姻的基礎為何，理解婚姻的本質，對於另一半你也能解讀出對方的付出與美好，在互相渲染激勵的情況下，夫妻雙方感情能更加和睦。

◆ **子女**：孩子對你的信賴感增加，這是好的發展，不要因為刻意討好而放任孩子，需要嚴厲規範的時候就嚴厲教導，但可以跟他們柔軟談心時就當放軟姿態，觀察並適時調整教育方式，彼此都將有所成長。

◆ **健康**：健康狀況正如日中天，精神也處於前所未有的高點，你學會欣賞事物美好的一面，也懂得「滿招損謙受益」的道理，所以將之運用得當，身心都有極大的改善。

◆ **旅遊**：旅途圓滿落幕，都要歸功於你的先見之明，因為你從觀察中所獲得的靈感，使大家齊心合力達成目標，讓這趟外出少了風波，卻多了喜悅。

◆ **考運**：或許是你自身的努力，也可能是同學間的相互激盪，讓你有了進步的想法，並能持續下去，積極的態度能更加精進自己各方面的能力，利用各種資源分析考題脈絡，實力將大有斬獲。

◆ **人際**：你善體人意，又懂得察言觀色，需要隱晦的時候你退避不強出頭，需要幫忙的時候你挺身而出，在眾人眼中你是他們信賴的對象，也是他們願意提供協助的對象，人氣能夠長升不墜。

◆ **訴訟**：運勢當頭，因為懂得觀察與反思，因此讓你免掉許多不必要的困擾，即便突發的衝突無法避免，你謙和與人為善的態度也能讓對方卸除過度的武裝，最終結果將朝與你有利的方向前進。

◆ **遷居**：行動之前你已經做足功課，所以不必擔心會招來任何麻煩，過程中不僅順利無礙，左鄰右舍也會共同協助，搬遷能夠無往不利。

121【九五】觀我生，君子無咎。

◆ **事業**：居上位者應當以身作則，謹言慎行，讓下屬信服進而真心跟隨，上下一條心，才能避免危害，事業有成。

◆ **創業**：員工是公司的資本，要想創業成功，就要留住員工的心，讓優秀的人才願意跟隨你打拼，因此你的一言一行都是他們的模範，行守中正之道，做事依循原則，待人不偏袒不徇私，則事業的成功將指日可待。

◆ **錢財**：凡事以正道為依歸，不行不當獲利之途徑，不取不義之財，因而能夠避免不必要的風險，因為你是他人的榜樣，言行舉止受到注目，因此你最佳的賺錢管道就是腳踏實地，投機並不適合你。

◆ **愛情**：並非你多心，真的有人正在偷偷欣賞你，因此除了外表儀態之外，你也要時時刻刻注重自己的言行，虛心檢討，加強自身各方面的實力，讓自己精益求精，桃花自然能夠朵朵開。

◆ **婚姻**：你的另一半很仰慕你，在對方心中你是他的指標，因此你如果無法維持端正品性，很容易摧毀你在對方心中的形象，屆時你也將失去對方對你的信任與好感，婚姻將遭受創擊。

◆ **子女**：孩子已經到了能明辨是非對錯的年紀，雖然沒有說出口，但你依舊可以感受到他們對你的信賴，持續你正確待人處事的原則，你的身教將是影響親子關係的關鍵。

◆ **健康**：你是個常常觀察別人反思自己的人，身體的狀態你總是瞭如指掌，只要保持正面積極的態度去面對所有的挑戰與困難，心態健全的話，身體自然不容易產生毛病。

◆ **旅遊**：別人常常以你的意見為準，只要你一發令就能一呼百諾，是個深受信賴的對象，但別因此而驕傲自滿，失去體貼他人的心情，如此一來，可能會使旅途計畫因人的問題而受到阻礙。

◆ **考運**：試試考古題型或是重新演練以前犯過錯的問題，透過反覆的演練，可以發掘出一些新的啟示，或是自己之前從未考量過的角度，或許能從中獲得不錯的成果。

◆ **人際**：別人對你的評價良好，他們視你為榜樣，若能保有持平守正、謙虛內斂的態度，將為你贏得良好的人際關係，維持下去，百利而無害。

◆ **訴訟**：身陷風波時，記得時時警惕自己切勿舉措失當，你的一言一行有可能成為對方攻擊的要素，如果表現得宜，不張揚狂妄，刺激對方的話，方能脫離危機。

◆ **遷居**：之前的經驗讓你學到教訓，因此你能聰明地避免掉無謂的麻煩與困擾，不再重蹈覆轍，順利完成遷居事宜。

122【上九】觀其生，君子無咎。

◆ **事業**：在工作上你可能位居高位或是團隊中的精神指標，你的一言一行、道德操守都將是其他人效法的對象，因此你應該秉持最高的標準來檢視自己，不容絲毫鬆懈，以求無愧的面對下屬或他人，方能有好的發展。

◆ **創業**：要帶領整個團隊需要魄力與原則，而身為最高領導者的你要用行動去推動整個團隊的運作，立下標竿效果，並在自家產品品質上嚴格把關，事必躬親，讓其他人也跟著一起效仿，方有好的開始。

◆ **錢財**：你手邊擁有的資源不虞匱乏，無須擔憂無錢可用的窘況，但因為你位處高位，承擔的風險相對也較其他人來得高，因此行事應如履薄冰，才能確保避免不必要的災厄上身。

◆ **愛情**：心儀的對象其實正在觀察你，這時候更要將最好的一面給展現出來，以增加對方對自己的好感，只要態度積極進取，不鬆懈怠惰，如此一來，你的感情就能開花結果。

◆ **婚姻**：在婚姻生活中，你通常是作主決策的人，另一半會心悅誠服地遵守你的指示，原因是你做事有原則，待人誠懇，對自己要求嚴格並以身作則，對方都看在眼裡，持續保持這些美德，婚姻才能和樂。

◆ **子女**：孩子的言行深受你的影響，你在他們心中是不可動搖的存在，所以常常以你作為模範，故須小心你的言行，樹立出美好的風範，潛移默化的結果，孩子必能發展出成熟的心智，健全的成長。

◆ **健康**：你肩負重大責任，因此經常必須戰戰兢兢地維持形象，心理上的壓力已經造成你生理上的負擔，為了周遭那些追隨你的人，你可能會選擇忽略身體出現的徵兆，讓健康亮起紅燈。

◆ 旅遊：你是團體中發號司令的人物，眾人欽佩你的為人並尊重你做出的決策，所以計畫能在掌控中進行，切記你讓人景仰的美德不可鬆懈，眾人才會持續信服你，旅途方能順利完成。

◆ 考運：你的成績常常名列前茅，若想持續保持好成績，除了努力不懈外，任何細節都要留心，讓自已精益求精，如此一來，除了能達成你預期的目標之外，身旁的同學也會向你看齊，或許會有意想不到的收穫。

◆ 人際：朋友對你的評價頗高，你的品性操守受到大家的喜愛，要維持好人緣，一方面要持續展現你美好的操守，一方面用身體力行關懷友人，如此一來可以保持高人氣。

◆ 訴訟：面臨紛爭之際，對方正在觀察你，推敲下一步應該如何對應，此時若能夠把你與人為善、不好與人爭執的性格表現出來，讓對方放鬆對你的戒備，便能解除危機，化險為夷。

◆ 遷居：剛搬遷至新居，應積極地跟鄰居打好關係，讓左鄰右舍能多多了解你，也有機會觀察你的為人，如此一來，將收穫良多，使新生活順利開展。

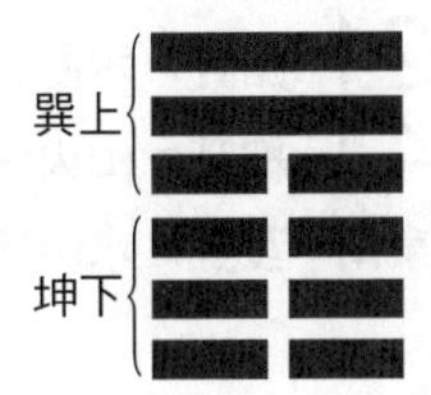

觀卦 卦理

「觀」，字面意義便是以雙眼觀看，引申為專注學習，觀摩他人作為並當作自身借鏡。相對於之前的臨卦，由上向下看，「觀」卦則是由下往上仰視，觀察地位或德性高尚之人，以為仿效。由卦象來分析，這一卦上為風，下為地，風行於地上，象徵君子以崇高的德性感化世人。《論語》有言：「君子之德，風；小人之德，草；草上之風，必偃。」可以說「風行草偃」便是「觀」卦的重要含義之一。此外，因巽為風，有行政命令、法令的意思，故這一卦也有國君頒布法令、昭告天下，敦促人民瞻仰學習的用意。

「觀」卦的卦辭是：「盥而不薦，有孚顒若。」指的是古代君王設祭敬神之事，也就是所謂的宗廟之禮，象徵君王以宗教儀式教化百姓。〈象〉傳則曰：「風行地上，觀。先王以省方，觀民設教。」而由於是國家級的祭神大典，必須懷著恭敬虔誠的心意來觀禮，這便是「觀」的精髓。既然要學，就應該抱持尊敬的態度，用全身心投入，重視每一次可以觀摩學習的機會，才能習得精華的部分，學問也能更上層樓。若是態度總是散漫隨便，無異於浪費時間，還不如不學的好。

因此這一卦六爻的爻辭，就是在講述觀摩學習時應有的態度：初六時是平民看祭典，猶如外行人湊熱鬧，只是去玩而已，這對一般人來說很正常，但對君子或有地位之人，就是非常不可取的；六二時是像竊探一樣的觀禮，視野狹窄，因此自然只得到片面的資訊，難登大雅之堂；六三時位處比較艱難的情況，必須評估自身狀況再決定下一步作為，因此自省的功夫就變得非常重要，是「觀自己」；六四時觀國之光，是最靠近君主的位置，也因此能看得非常清楚，要把握這項優勢努力學習；九五時則是這一卦的卦主，亦即典禮的主角，群眾學習的典範，所以必須時刻謹慎，自勉自省，同時不忘體察在下位者的情況，藉由下屬的反應學習改善，讓自己更進步；上九時雖已非主角，但身處高位，仍受到眾人仰望，故還是要注意自身行為舉止，隨時不忘自省。

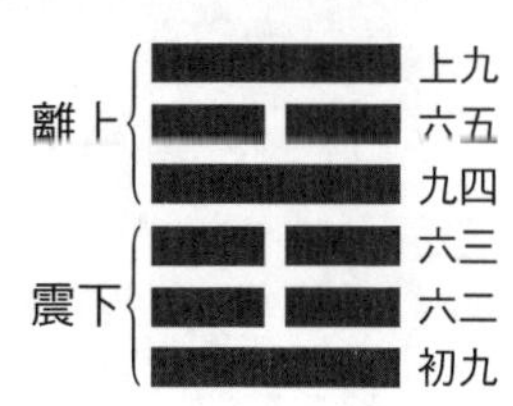

噬嗑卦

卦序▶21 錯卦▶水風井
卦數▶41 綜卦▶山火賁
卦向▶東南 互卦▶水山蹇

卦揭

噬，啖也，以齒咬物。嗑，合也。經由嘴巴牙齒咬合，將滯於舌尖的食物吞嚥，此是噬嗑，若不咬食，則口將受制於物而不能合。以國家大事而言，上齒為君、下齒為民，如有惡民使君民不合，而需用刑獄予以矯正或排除。經過君民相觀臨，以德化育之後，若仍有不服之民，則需噬嗑以治業。

周公制禮作樂，配合刑罰，完善西周社會完整的法律體系，以禮為主、刑為輔，有效地維護了社會秩序的運行。西漢的德主刑輔、唐朝的德本刑用正是「噬嗑」的發展，而貞觀之治的成功即是有《貞觀律》為後盾，其中羅列「受所監臨財務」、「有事以財行求」、「事後受財」等貪汙賄賂罪名，同時在訟刑中求寬平、忌嚴苛，使吏治清明，進而營造祥和的社會氛圍。

【卦辭】亨。利用獄。

獄，訟、刑也，字從二犬，表示看守。利用獄，指宜以訟獄刑法疏通亂象。

〈彖〉「頤中有物，曰噬嗑，噬嗑而亨。剛柔分，動而明，雷電合而章。柔得中而上行，雖不當位，利用獄也。」頤，兩鰓的部位。口中有物就是噬嗑，開合嘴巴將其咬碎所以亨通，剛柔各居其位，變動而明晰，如雷電相合而光明響動。即使質柔但因具中正之德可以往上通行，雖不得位，但有利以訟獄之法治事。

〈象〉「雷電，噬嗑。先王以明罰敕法。」雷聲閃電交疊是噬嗑卦象，先賢聖王從此而知，明定刑罰以法治天下。

有物於口中，而食道不能通，噬嗑使其為己所用，則亨通無礙。噬嗑化於治國之法中是用刑獄，以正德行之能明照事理，又不失剛健能威服有惡之人，剛柔並施，噬嗑得宜無過。

爻辭

【初九】屨校滅趾，無咎。

屨，由麻葛製成的鞋，此作動詞用，指在腳上穿套。校，木製刑具的總稱。

〈象〉「屨校滅趾，不行也。」不行也，此指戴上腳鐐只是不能行走而已。

於卦之始，僅犯有小錯誤，須受到小懲戒，如在腳趾套上刑具，使其行走有難。當惡小時，應戒之於初，杜絕再犯之機，而無咎。

【六二】噬膚滅鼻，無咎。

膚，柔嫩之肉。滅，沒也，字形中一壓在火上，表示火被熄滅。

〈象〉「噬膚滅鼻，乘剛也。」乘剛也，六二陰爻乘初九爻之剛。

吃肉而把鼻子陷入其中，即六二爻柔順中正，用刑無過不偏，使犯者願意服從，僅有如傷鼻之小災。

【六三】噬臘肉，遇毒，小吝，無咎。

臘肉，肉經醃製曬乾，嚼之堅韌味重。毒，此指臘肉陳放太久而產生毒菌。

〈象〉「遇毒，位不當也。」位不當也，指六三爻位居不當，惹人生怨。

此時因失位不中，用刑難以解決問題，如吃臘肉卻遇毒味，反傷身體，而有小災。

【九四】噬乾胏，得金矢，利艱貞，吉。

乾胏，帶骨的乾肉。金矢，用以形容有德如金剛、矢直。

〈象〉「利艱貞吉，未光也。」未光也，即此時處境尚未廣明。

九四爻於卦居中，夾於雙陰陽爻間，如啃有骨乾肉，堅韌難噬，但因有金矢剛健之德，能克服艱困並貞固其志，得用刑之道以渡濟難關。

【六五】噬乾肉，得黃金，貞厲，無咎。

乾肉，指比之於嫩膚更堅，但較臘肉更易於入口者。黃金，黃為地色位在中央，金質為剛，以喻有德如此中正剛健。

〈象〉「貞厲無咎，得當也。」得當也，即六五儘管柔順，卻因位置中正，而不失剛強的氣度。

此時如嚼乾肉，行事遇有顛簸，卻也不致陷於困境。應善用位置優勢，得人輔佐，且守持黃金之德，則能無咎。若用刑亦是此義，因稍有柔順需堅守貞德，並用臣屬之剛中勢，以獲圓滿。

【上九】何校滅耳，凶。

何，通「荷」，負載也。校，木製枷鎖器具。滅，沒也。

〈象〉「何校滅耳，聰不明也。」聰不明也 ，受到懲罰是因為眼耳不明，即不知進退、拿捏時勢。

過極之陽，是積小惡而成大罪，因處事不清不明，終招來大難。故受到嚴懲，身負木枷、遮至耳朵，皆因為做惡多端不知改進而起。

易學筆記

噬嗑身口象圖

左耳　掩蔽其聰
右耳　杜塞其明

陽噬陰
陰不滅

陰噬陽
陽不滅

變兌
毀鼻

左趾　右趾
噬嗑本以口為象分而觀之則下有足械上有何校象

離為電，震為雷，天地正負交相合，自有雷動電明。雷電相合為噬嗑，如刑之道以此革除障礙，即合能亨通暢達。

123【初九】履校滅趾，無咎。

◆ **事業**：工作上發生小失誤，雖不嚴重，但還是略微影響公司對你的評價，可能受到口頭上的告誡或是略施薄懲以為警惕，只要即刻改正錯誤，避免再犯，則可免除更大的災難。

◆ **創業**：生產過程中發生瑕疵，導致商譽受到質疑，此時宜冷靜行事，先查明問題的起源，用負責到底的決心解決問題，並誠心賠償遭受損失的廠商與客戶，記取經驗，學得教訓，則危機將除。

◆ **錢財**：有揮霍金錢的傾向，可能將錢財浪費在毫無道理的事物上，以至於資金運轉面臨困難，宜反省自己運用金錢的流向，不再恣意揮霍，則將「雲開月明」，運勢轉吉。

◆ **愛情**：犯下小小的無心之過，可能是不小心說錯了話，或是舉止失當，造成對方耿懷於心。建議在彼此誤會擴大之前，誠懇地向對方道歉，立即檢討並加以改善，才能增加讓兩人的愛情修成正果的機會。

◆ **婚姻**：婚姻陷入小低潮，原因就出在你的身上，趕快發現癥結點在哪裡，及時補救，趁惡苗還未茁壯之前將之拔除，只要真心誠意面對困難，另一半必定能感受到你的用心，心結也能了除。

◆ **子女**：你的管教方式造成孩子反彈與不滿，雖然你的出發點是為對方著想，但缺乏適切的溝通讓親子關係產生了裂縫，發現問題就要及早解決，切勿擱著延誤了時機，以免親子關係更加惡化。

◆ **健康**：使用了錯誤的方式對待自己的身體，讓你的健康開始產生一些狀況，想要修正錯誤，就要詢問專業的意見，並搭配正確的方式，戒除不好的習慣，才能永保健康。

- **旅遊**：旅途將受到阻礙，所面臨的問題都是對你的考驗與懲罰，此時需要勇於面對，知錯能改，如此才能避免引發更大的禍害，讓自己身陷危機。
- **考運**：考試籌備過程似乎將一波三折，因為粗心大意產生了很多不必要的問題，但是現在還來得及補救，只要隨時提醒自己，不再重蹈覆轍，運勢就能轉趨平順，不再被厄運纏身，會有好的表現。
- **人際**：與人相處將出現一些狀況，或許是你自身的問題造成了對方的困擾與不便，破壞雙方的交情，你將因此吃到苦頭，為避免情況加劇，用行動向對方證明你的反省與悔意，才能維持人際關係的平和。
- **訴訟**：人人皆會犯錯，最重要的是具備承擔錯誤的勇氣，且能知錯而改。你是引發紛爭的始作俑者，冒失為你帶來了許多麻煩，這將是一個教訓，你將從這個經驗中得到許多啟示，甚至更加明瞭自己的缺點。
- **遷居**：因為沒有好好處理相關的事宜，而使遷居計畫一波三折，你也因此遭受損失。將挫折當作學習的機會，振作起來，回頭再重新審視自己的計畫，方能順利搬遷。
- **尋人**：往東南方向尋找，必有所獲。

124【六二】噬膚滅鼻，無咎。

- **事業**：下屬在工作上發生失誤，身為上司切勿循私包庇，假若能依過失的大小，施以公正的責罰，如此一來，犯錯的人也會甘心領受，其他人也能心悅誠服，既有警惕他人的作用，又不失民心，再無禍端。
- **創業**：堅持你的經營原則，不要一變再變，讓員工無所適從，也避免賞罰不分，對於犯錯的員工就要依規定進行懲處，不必要的心軟只會帶來麻煩。
- **錢財**：以不當的手段取得的獲利，或許可以為你賺進大筆財富，但並非長久之計。要遠離蒙蔽良心的狡猾手段，堅守正道才是君子取財的唯一途徑。

◆ **愛情**：對方做出了不妥的行為，不必害怕失去對方的好感而對此視而不見，只要用對方式，以客觀公正的態度予以指正，使其不偏離正道，問題就能迎刃而解。

◆ **婚姻**：感情生變，問題的根源雖然來自另一半，可是你有必要主動加以修正，以免小問題一直累積，變成了難以挽救的大危機，屆時想要彌補也為時已晚。

◆ **子女**：孩子行為出現異常，此時切勿因為心急而使用激烈的方式加以管教，嚴厲的懲罰只會讓對方背離得更嚴重，唯有施以讓對方能夠理解，並能改過遷善的方式，才不失為子女的學習指標。

◆ **健康**：健康問題一直困擾著你，或許是因為太苛刻自己的身體，缺乏適度的休息或是足夠的營養。若能遵循專業人士的指示調整，卸除逞強的習慣，將回復平常的健康狀態。

◆ **旅遊**：擋路的小石子會一一浮現，或許旅行社發生失誤，抑或是旅伴有臨時變動，打亂了旅行的興致，不要隱忍或默默承受，這樣只會讓對方更顯張揚。

◆ **考運**：有人縱情玩樂，缺乏專注課業的用心，這種行為影響到了其他同學的學習情況，此時若能夠動之以情，說之以理，讓對方知難而退，讀書環境將回歸平穩。

◆ **人際**：朋友就是有難時可以義無反顧地提供協助，且在得知朋友有犯錯的情形時，也能毫無顧忌地加以糾正，阻止對方誤入歧途的可能，對方其實也能感受到你的用心。

◆ **訴訟**：期望動用私刑來嚇阻對方，這種方式既無法解決問題，也使人會心存不服，甚至種下報復的種子，紛爭只會一再重複發生。對於不當的行為，宜訴諸正常的法律途徑，以尋求解決之道。

◆ **遷居**：過程並非如你預期般的順利，新環境也可能出現不必要的爭端，切勿聞雞起舞，持中守正的態度將能帶你度過風波，遠離危厄。

125【六三】噬臘肉，遇毒，小吝，無咎。

◆ **事業**：下屬犯錯，應當遵循公司既有的規定秉公辦理，徇私偏袒或是挾怨報復，既難服民心眾意，更無法讓犯錯之人信服，最終只會替你帶來災難。

◆ **創業**：「天子犯法，與庶民同罪」，不論是主管還是低層員工，只要發生過失就要秉公施以懲處，勿有差別待遇，否則將難以服眾，以後帶領整個公司或團隊時，更遑論要上下齊心或有新的突破。

◆ **錢財**：有破財的危機，夢想致富讓你付出不小的代價，因為缺乏正確理財的觀念與知識，如果不懂得及時收手，將讓你身陷困境難以脫身。

◆ **愛情**：愛情不能全然的盲目與盲從，對方做錯了事就應該加以糾正，不要讓感情影響你的判斷。但切記如果處理不當的話，對方有可能惱羞成怒，造成分手的後果。

◆ **婚姻**：婚姻需要兩人共同努力才能走得長久，因此當另一半開始出現行為上的異常時，身為支持的對象，你應該要好好開導，指引對方邁向正途，才能避免最糟的情況發生。

◆ **子女**：為人父母就必須負起教育孩子的責任，在他們誤入歧途前就先加以阻止，以防子女一錯再錯，此時宜因材施教，不當的管教方式只會加深親子之間的鴻溝，不利溝通。

◆ **健康**：有吃壞肚子的情形，平常多注意自己的飲食習慣，切勿暴飲暴食、飲食無忌，或許你就在不知不覺間將不好的東西吃下肚，如果能多加防範，將無大礙。

◆ **旅遊**：進度一籌莫展，是因為你的處理並不適當，讓計畫無法如期進行。聽取他人的意見，不要獨斷專行，如此一來，就不會影響旅遊品質。

◆ **考運**：讀書要選擇有效率的方式，才能達到事半功倍的效果。你現在處於不管如何努力卻都無法達到目標的困境中，或許是學習方法出了問題，應自我檢視並趁早改進才能朝目標繼續前進。

◆ **人際**：你現在正面臨兩難的局面，希望能跟朋友維持良好的關係，但實際情況卻不容許你這麼做，發現友人做錯事，不應該選擇逃避，勇於指正對方，才是幫助對方的行為。

◆ **訴訟**：因為你的輕忽怠慢，讓情況越發惡化，引起對方的不滿，讓原本可以和平解決的問題更加不可收拾。盡快依據合情合理的流程，誠懇地向對方闡明己意，才有可能盡早平息紛爭，使訴訟落幕。

◆ **遷居**：搬遷並非一兩天就能完成的事，也非一己之力就能辦到，不當的安排只會引起周遭人的反彈，配合正確合理的做事方式，調度適當的人手，才能避免不必要的麻煩，進而順利完成搬遷。

126【九四】噬乾胏，得金矢，利艱貞，吉。

◆ **事業**：對犯有過失的下屬進行懲處時，對方會因為心生不滿而出言頂撞，試圖挑戰你的威信，讓你在執行上無法順利。此時需要固守原則，說之以理，動之以情，對方終究會信服於你，並順利化解這場危機。

◆ **創業**：員工的不服從讓政策執行窒礙難行，只要發揮你身為上位者的剛強魄力，用正直的態度去面對，並跟員工交流溝通，最終將能化解對立氣氛，讓政策得以順利推行。

◆ **錢財**：最近有許多支出，讓你有錢財逐漸流失的感覺，而你也因此處於財政窘迫的局勢。堅定信念，努力突破目前關卡，這些流失的金額最後將以其他管道回歸於你。

◆ **愛情**：感情路上崎嶇顛簸，心儀的對象對你沒有好感，甚至有誤會的產生。此時退卻只會讓你離愛情愈來愈遠，最好能積極作為突破對方心防，讓對方看到你內在純真的一面，最終必能贏得對方的心。

◆ **婚姻**：婚姻生活開始變質，因為與對方的交流互動逐漸減少，雙方的想法無法互通而使情感產生裂縫，若想讓關係回到從前美好的狀態，你必須釋出誠意，讓對方感受你的真心，形勢終將好轉。

◆ **子女**：孩子出現叛逆行徑，讓身為父母的你越發難以管教，強硬的態度只會讓親子雙方的衝突加劇，學會溝通與體恤對方的心情，以對方能夠接受的方式增加互動，透過互動讓彼此心意交流，進而增進親子感情。

◆ **健康**：目前身體狀態不佳，時犯小毛病，讓你無法隨心所欲地去做事，但只要帶著堅毅剛強的決心破除病根，就能脫離這種心有餘而力不足的局面，健康狀況將會好轉。

◆ **旅遊**：前途多災多難，風波不斷，讓你苦心做出的規劃無法順利進行，把錯歸咎給其他人並不能解決問題，只能堅守本分，循序漸進，一關一關努力克服，旅途方能回歸平靜。

◆ **考運**：面臨到了難以跨越的瓶頸，無法再有所突破，因此陷入了焦慮的狀態，此時最好能夠沉著以對，秉持著剛毅韌性的意志，即便面對困難也不放棄，必能找出一條出口，望見名為希望的曙光。

◆ **人際**：你的人緣正面臨挑戰，周遭有人處處跟你唱反調，或是找你麻煩，挑撥你跟他人的情感。此時心情切勿受到動搖，以堅定坦然的態度去面對，試圖跟對方建立溝通的管道，最終將能獲得對方的認同。

◆ **訴訟**：一開始情勢對你不利，調解過程一直受挫，但不要氣餒，堅守正道，理直自然氣壯，最終將順利化解對方的武裝，讓雙方走向雙贏的態勢。

◆ **遷居**：某個環節出了問題，導致整個搬遷的過程艱險重重，怨天尤人無法解決當下的處境，要突破困境只能從自身做起，在困難中更要不懼險阻，勇往直前，坦途才會出現，希望也才能浮現。

127【六五】噬乾肉，得黃金，貞厲，無咎。

◆ **事業**：面對不守規定行事的下屬，應當依公司制度給予適當的懲處，然而施行處置卻不如預期順利，此時你可以善用職務上的優勢，任命合宜的人選代你執行，事情將可圓滿解決。

◆ **創業**：創業之路崎嶇難行，或許是合作的廠商或底下的員工有了疏失，影響業務的推動，身為上位者的你必須展現出根絕問題的決心，讓對方有所警惕，反省自身不再犯錯，才是正當的治理之術，公司方能步入正軌。

◆ **錢財**：投資上的風險讓你損失一筆不小的金額，但還不至於讓你面臨經濟拮据的困境。可以委託專業人士幫你理財，循著正當的方式去獲取利潤，方能避開不必要的風險，取得回報。

◆ **愛情**：開始交往的過程並不順遂，兩人的感情似乎沒有交集，一味地順著對方並非正確的交往心態，對方有錯便要及時糾正，只要抱持為對方著想的心意，對方也會理解，兩人關係將能穩定發展。

◆ **婚姻**：生活中的瑣事讓兩人感情生波，目前問題雖小，但放置不管將會影響到未來婚姻的走向，偶爾邀請親友前來家裡一聚，或是呼朋引伴外出散心，多一些讓感情回溫的舉動，婚姻方能持久。

◆ **子女**：你並非是強勢主導的父母，信任並讓孩子自由發展是你一貫的策略，雖然暫時面臨管教不動孩子的局面，但若孩子的舉動踰越你的行事原則時，應當強硬起來，展現出該有的氣魄。

◆ **健康**：身體開始出現不適的狀況，因為不是什麼大毛病，目前的你並沒有積極尋求改善的念頭，但要注意維持對身體有益的管理的方式，症狀將有可能消除，最終不藥而癒。

◆ **旅遊**：面臨非常不利的局勢，讓你在企畫或執行上受到阻礙，遲遲無法順利進行，由於你平常剛毅又不失謙和的態度，受到眾人的仰賴，此時將會有人提出意見並給予協助，陪你一起度過難關。

◆ **考運**：念書遇到瓶頸，無法有所進展，選擇跟同學一起讀書或許能帶你脫離目前的處境。但同伴的選擇上，宜跟有心向上的人，或是能有互動的交誼對象，如此一來，互動產生的火花將有可能激盪出意想不到的結果。

◆ **人際**：你為人講求公正坦蕩，這樣的性格並非人人都會欣賞，因此人生的路上總會出現一些絆腳石、遭受挫折，倘若能堅守自己的原則，不要放棄，平坦順遂的大路將為你展開。

◆ **訴訟**：受到別人詆毀，心意遭人曲解，讓你百口莫辯，紛爭調和的過程裡，記得時時保持低調謙遜的態度，並向對方展現你剛強不屈的氣魄，讓對方明瞭你的決心與毅力，便能進而達成雙方的妥協。

◆ **遷居**：因為某些人為因素造成你的不便，計畫受到阻礙，處理問題時只要軟硬兼施，剛柔並濟，便能跨越障礙，達成目的。

128【上九】何校滅耳，凶。

◆ **事業**：在工作上犯下重大過失，因而受到嚴厲的懲罰，倘若不及時悔悟，反省並改正自身行為的偏失，則會引起更大的災難，招來無法彌補的後果。

◆ **創業**：因為沒有善盡觀察與調查，對市場趨勢僅處於一知半解的狀態，便投身其中，已為創業之路造成重大創擊，若再不立即反省，檢討造成過失的緣由，成功之日將遙遙無期。

◆ **錢財**：自以為是蒙蔽了你的耳目，你只看見短期的收穫，卻忽略了長遠的謀略，因而付出慘痛的代價，若不知恥悔改，反而重蹈覆轍，你將陷入萬劫不復的深淵。

◆ **愛情**：一再地犯錯讓對方心灰意冷，萌生想要離去的心情，雙方感情降到冰點。此時如果再不意識到自身行為或觀念上的偏差，進行磨合調整，則這段感情最終將會走到死胡同，再也無法挽回。

◆ **婚姻**：另一半對你已經不再抱持期望，你的犯錯與惡習讓對方無法再容忍下去了。婚姻關係因為你的緣故瀕臨破滅，若再執迷不悟，不知悔改，離婚將是必然的結果。

◆ **子女**：多次承諾的事情沒有做到，已經讓孩子對你失去信賴，親子之間因此衝突不斷，埋下引燃著的導火線，隨時有一觸即發的可能，再不嘗試調整，及時補救的話，雙方的關係將面臨險惡的挑戰。

◆ **健康**：自以為狀況不錯，小病痛也不投醫問診，嘗試缺乏專業知識的醫治行為，長期累積下來的小病小痛，已在不知不覺中留下了後遺症，這種心態再不及時調整，惡化程度將超乎你的想像。

- **旅遊**：許多細節的疏忽讓你嘗到苦果，做事綁手綁腳，受到束縛，如果再不改正你的做事態度，依然便宜行事的話，所有的苦難將朝你襲來。
- **考運**：對於相同的問題仍然一錯再錯，或老是因為粗心大意而寫錯答案，同樣的狀況一再地發生。如果還不知警惕，只會讓你離目標愈來愈遠。
- **人際**：「人非聖賢，孰能無過。」每個人都會犯錯，如果知過能改，別人也能體諒包容，如果你總是忽略別人對你所犯錯誤的包容體諒，將其視為理所當然，進而一再犯錯，最後你將喪失這項權利，不再為人所接納。
- **訴訟**：猶如戴上了眼罩與耳塞，你看不清楚對手是如何出招的，所以到目前為止你都處於挨打的份，如果不積極思考該如何反攻，你將錯失反敗為勝的機會。
- **遷居**：你一直重複犯同樣的錯誤，因此自食苦果，做事也常得不到要領，是時候撇下舊有的惡習與不良行為，從反省開始踏出第一步，謹慎做好搬遷計畫並努力實行，才有機會免除不必要的災厄。

噬嗑卦 卦理

「噬嗑」唸作「適合」，有嚼碎、咬合的意思，亦即口中有物，需嚼食咬碎方能吞下，象徵必須艱苦地排除障礙與困難，才能有所得。這就如同吃魚時要非常小心，以免不慎吞下較細小的魚刺梗住喉嚨，「噬嗑」卦便是在提醒卜卦者處事應當謹小慎微，明察秋毫，不要被平和的假象誤導而蒙蔽了雙眼。

這一卦的卦辭中說：「亨。利用獄。」本來是在談吃東西的事，卻突然跑出「利用獄」這段描述刑罰的文字，其實是由慎思明辨的意涵延伸而來的。由於具備謹慎及明事理的理性特質，因此連用刑此等艱難的決策也能勝任。其卦象中上為火，下為雷，離火代表光明，雷震則意指積極的行動，所以卜得此卦者行事主動明快，又有足夠的聰明才智辨別是非，相當符合「利用獄」的性格。從卦序上來看，「噬嗑」承接臨、觀兩卦，在君主親自督察、頒布律法於天下之後，接著就是以適當的刑罰來確保法令的施行成效，懲治無視律法之惡人以儆效尤，與後繼賁卦主掌的禮儀教化相輔相成。

因此卜卦者得到這一卦，通常代表所行之事能有斬獲，但過程中會有許多相當棘手的阻礙或災難，必須一一克服。倘若是問官司，不僅可能打輸，還得小心因隨之而來的裁決被判刑。

「噬嗑」卦六爻的爻辭則是說明謹慎用刑帶來的效果：初九時受到戴腳鐐與斷去腳趾的責罰，透過薄懲以防微杜漸，不至於犯下大錯；六二時則為了壓制初九反被其所傷，但因為堅定地懲治了初九，只受到皮破血流、鼻梁被打斷的皮肉傷，沒有大礙；六三時位不當，其德無法服人，故行事小有不順，但因及早發現而沒有釀成大禍；九四時由於近君位得大亨通，卻也深陷險境，然而具備在患難中也堅守正道的美德，最終能得吉；六五時地位尊貴，卻擁有柔順的德性而無助其推展嚴明的刑法，但只要堅定守護律令的立場，就不會有罪咎；上九時因無視國法家規，聽不進他人規勸導致犯下重罪，耳不聽目不明故得刑具加身，也失去耳朵，處境可謂凶險萬分。

艮上 上九 六五 六四
離下 九三 六二 初九

賁卦

卦序▶22 錯卦▶澤水困
卦數▶37 綜卦▶火雷噬嗑
卦向▶東北 互卦▶雷水解

卦揭

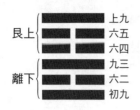

賁，飾也，音同「必」，從貝卉聲，貝殼與花卉皆可為美飾之物，於卦中意為修飾。在百姓安居樂業之後，始思人文精神的提升，以文化素養裝點生活趣味。但人之本質不會因賁飾而改變，宜得益彰，相襯得采，故合賁者不但要有飾，還須保持心淨。

十五世紀歐洲文藝復興，音樂、繪畫等藝術不斷創新發展，例如達文西、米開朗基羅等人，爭相在文化藝術中表達自己的理念、思想。或是如中國唐朝，對六藝之「樂」極為重視，朝廷對內或外無論大小事，皆配樂以娛情志。而人著衣亦循此理，祖先經過打獵時代而定居田野之後，方有心於飾，但若心無懷志卻一心撲於文飾，便容易流於輕浮匪氣了！

卦辭

【卦辭】亨。小利有攸往。

小利，用飾不可掩質，否則捨本逐末，故僅能小有飾加以益其文采。

〈彖〉「賁，亨；柔來而文剛，故亨。分剛上而文柔，故小利有攸往。剛柔交錯，天文也；文明以止，人文也。觀乎天文，以察時變；觀乎人文，以化成天下。」賁卦以柔爻飾剛爻，所以亨通。剛爻往上來飾柔爻，也只能用小飾才可通往。陰陽交錯為天象，用禮教加以規範是人類文化之發展。觀看天象，以推知時節的變化；研究人文禮教以化育人民。

〈象〉「山下有火，賁。君子以明庶政，無敢折獄。」賁卦象為山下有火，君子習之，而致力於明政，且無隨意用訟獄。

賁旨在用白為飾，意為以質為本，有文為飾，而文質彬彬。《論語》謂「質勝文則野，文勝質則史」，若以為當務盡飾，將有咎，故應飾而不偏、中而不過，方可亨通。

【初九】賁其趾，舍車而徒。

趾，腳，自行從足從止，表示站著不動的腳。賁其趾，裝備其足，以便於行走。

〈象〉「舍車而徒，義弗乘也。」義弗乘也，指於卦初不足以乘車。

裝飾雙腳，選擇步行而捨棄乘車。由於此時剛入卦中，且居於下，儘管持剛中之德，但尚無位無名，需捨棄車子而腳踏實地，以期能遠行與上有應。

【六二】賁其須。

須，鬍鬚，從頁為頭，從彡為毛，即長在臉上的毛。

〈象〉「賁其須，與上興也。」與上興也，指裝點鬍鬚是為了與九三爻相應。

六二於卦中之位，如於面之鬍鬚，故曰「賁其須」。此時自我修飾是為了與君主一同興起，共為大業努力。

【九三】賁如濡如，永貞吉。

濡，潤澤，本為古時河流名稱，此指如河水溼潤的樣子。

〈象〉「永貞之吉，終莫之陵也。」終莫之陵也，指至終不會受到他人的凌駕輕視。

文飾而能持中，如水潤澤娟娟，溫而不過，使人感到舒服且信任，自然不會受到他人的打壓或輕視，而得吉祥。

【六四】賁如皤如，白馬翰如，匪寇婚媾。

皤，白也，本義為老人髮白，此指賁飾素淨。翰，馬白為翰。

〈象〉「六四，當位疑也。匪寇婚媾，終無尤也。」當位疑也，指六四爻居位而多疑。終無尤也，最終不會有過失、怨恨。

此時重質大於文，將自己打理乾淨，以期下應初九。初時步步為營而疑為寇盜，待至卻認為婚媾後，才與之相應。

【六五】賁于丘園，束帛戔戔，吝，終吉。

丘園，艮卦為山，六五於中如為山丘。束，五匹為束。戔戔，形容堆積得很多的樣子。

〈象〉「六五之吉，有喜也。」有喜也，指大量的修飾終會有吉祥。

處於尊位御統眾人，須有大量的修飾以維持威勢，雖然文飾可能會有鄙吝，但仍有助於六五之君治理國家。

【上九】白賁，無咎。

白賁，以白色裝飾，飾之用意與本質相背，而以白為飾，形容質與賁飾已相融成賁道。

〈象〉「白賁無咎，上得志也。」上得志也，指上九之志為白賁。

於卦中極處，有文過之險，故以白為飾，並且始終以質為本，本質與賁飾相得益彰，故能無咎。

賁天文之圖

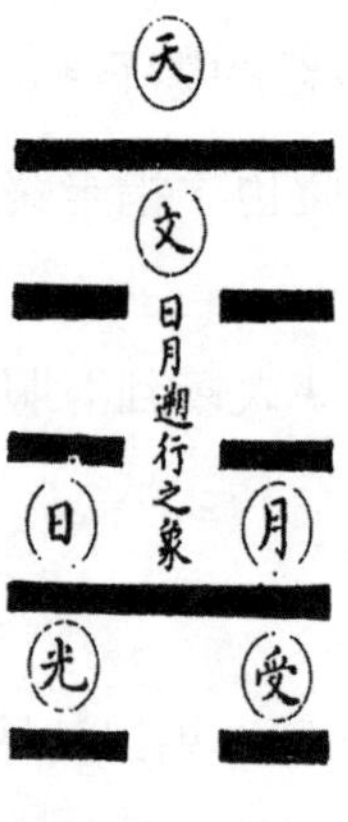

上卦為艮為山、下卦為離為火，火光在山林間跳躍，林木猶如披上紅橘彩衣，即因飾而為賁。

賁卦 卦義

129【初九】賁其趾，舍車而徒。

◆ **事業**：行為要安守本分，腳踏實地地把自己分內的事情做好，能力所及的事便盡量做到最完美的狀態，切勿好高騖遠，如此一來，工作運勢將能吉祥順利。

◆ **創業**：「千里之行始於足下」，目標高遠並非不好，但需要先衡量自己創業的條件與能力，先將能夠掌握的基礎給奠定好，逐步培養自身的實力，茁壯自身的條件，方能有長遠光明的未來。

◆ **錢財**：人人都有追求更多財富的渴望，但旁門左道的投機行為並不適合你，謹慎利用自己現有的資源，做出適合自己的理財規劃，不要羨慕他人一蹴可幾的幸運，珍惜你現在擁有的，財運才能持久。

◆ **愛情**：愛苗才剛要滋長，現在正是更努力修養你的內在、增加涵養的時刻，讓自己更趨於對方欣賞的類型，但切勿過度的自我包裝，失去你真實的一面，才不至於本末倒置，最終能使戀情開花結果。

◆ **婚姻**：兩人正處於安穩的狀態，既不需要鋪張浪費的享受，也無須時時刻刻的甜言蜜語，只要做好你自己，承諾另一半的事都能兌現，讓對方感受到你的真意，感情便能悠然平穩。

◆ **子女**：對於孩子的管教方式，可能還拿捏不準，不用心急，俗話說「欲速則不達」，透過跟孩子的互動了解他們的想法，一方面調整管教的方式，一方面跟著他們一起成長，親子關係才能進步。

◆ **健康**：身體狀態平平，雖然沒有值得留心的病徵，也不能輕忽保健養生之道，但若為了追求更加強健的體魄而進行了不當的行為，例如服用過多的保健食品，對健康並無助益，反而有弄巧成拙之虞。

- **旅遊**：按部就班地執行安排與規劃，用心執行負責的部分，甚至將其做到毫無瑕疵的境界，但其實不須強求分外的目標，只要踏實地進行，自然能心想事成，使旅行順利落幕。
- **考運**：宜將目標訂在合理的範圍內，先將基礎的內容融會貫通，等到學以致用之後，再朝更高更深的學問進行探究，穩固的根基將會成為你成功的養分，茁壯你的志向。
- **人際**：「強摘的瓜不甜，強求的緣不圓」，提升自我內在，讓文明與禮儀來滋養你的身心，潛心自我的進步與發展，不需刻意逢迎，自然而然會有人被你的光芒所吸引。
- **訴訟**：只要本意是好的，行為能合乎理性，遵循社會的道德規範，自然能與他人和諧共處，避免摩擦紛爭的產生，也就能免於訴訟帶來的勞心。
- **遷居**：行為安守本分，循規蹈矩，不須羨慕別人華美的居所，謙和的性格也能讓身處的陋室滿室馨香。
- **尋人**：往東北方向尋找，必有所獲。

130【六二】賁其須。

- **事業**：需要多方面的自我提升，不論在職進修，抑或留學充電，多汲取跟工作方面有關的知識，學習而來的成果將能助你完美協助居上位者，並妥善管理下屬，能有效率地處理事務，進而打造光明前程。
- **創業**：檢視自己創業的條件與能力，有不足之處就要改進與改善，若能努力充實自我能力，時時反省自己的缺失與不足，並與員工一同成長，相輔相成之下，創業之路必能一帆風順，毫無阻礙。
- **錢財**：理財方面，有貴人對你懷有高度期待，並希望獲得你的協助，因此你需要主動提升自我能力，培養精準眼光，你的付出與努力將會在未來結出飽滿的果實，協助他人的同時也成就自己，獲得雙贏的局面。

◆ **愛情**：除了需要注意外表儀態外，內在涵養也要同時增進，學習合宜得體的舉止，迷人的風範將吸引異性目光與增進好感，讓你桃花朵朵開。

◆ **婚姻**：為了讓婚姻生活更加和諧，讓夫妻雙方感情加溫，宜多多學習其他才能，以增添生活情趣。另外，幫助另一半處理家務，多一份體貼關懷的心，也能讓兩人感情更深厚。

◆ **子女**：許多父母都是從當了父母才開始學習如何當個好父母，為了將子女培養成品行端正的人，你需要放下過去隨興散漫的自己，轉而認真學習跟子女成長有關的一切，在相互的交流下，雙方都能有所收穫。

◆ **健康**：身心健康無虞，追求不斷進化的你，更是注重自己的容貌門面，能夠讓自身更完美的事情你都願意去嘗試，只為了讓自己好上加好，所以健康方面沒有值得擔心的地方。

◆ **旅遊**：你的努力與追求完美，讓整個旅途非常順暢，同行的友人也都樂於分享你努力下的成果，除了旅途帶給你的愉悅之外，你也會得到相當的成就感。

◆ **考運**：你本身勇於挑戰，因此你訂立的目標需要你全力以赴，對你而言，這並非障礙，而是苦盡甘來的獎賞，同儕間的學習交流也能讓你獲益良多。

◆ **人際**：你的素養與內涵讓你本來就有不錯的人緣，如果還能將這些優勢拿去幫忙需要幫忙的人，將為你的形象大大加分。

◆ **訴訟**：為了能順利解決爭端，需要看清事情的脈絡，釐清發生的緣由，你所進行的行動與付出都將轉化為無形的助益，讓你得以順利解除困境。

◆ **遷居**：搬遷事宜安排得當，因此過程順利圓滿，移居的新環境雖然無法立刻融入其中，但只要能秉持守正，讓周遭的人可以理解你的為人，和平相處並非難事。

131【九三】賁如濡如，永貞吉。

◆ **事業**：工作上若能積極追求自我能力的提升，對公司無異是有所助益的，如果能在充實自我的同時，讓同事或下屬也能受益於你的恩澤，雙方都有好處，工作也能有正向的進展。

◆**創業**：稱職的領導人本身應該要具有實力與魅力，讓員工願意追隨，在追求能力提升的同時，倘若也能讓員工享有同樣的機會，替公司培養有才能的幹部，公司也能獲得深厚的實力，一舉數得。

◆**錢財**：會有貴人相助，你將因此獲得不錯的成果，此時切勿得意忘形，讓他人產生忌妒之心，懂得將收穫的成果與他人分享，讓對方接收到你的善意，使對方獲得恩惠，才能互利互惠，吉利無害。

◆**愛情**：維持溫厚良和的態度，保持謙讓有禮的舉止，舉手投足之間讓人感受到你的溫暖恭敬，彷彿就像微風一般舒服且值得信賴，異性將樂於接近你，桃花運大開。

◆**婚姻**：跟另一半相處要發自內心，展現你真實不矯飾的一面，在彼此的互動中，自然而然地流露出真心誠意，對方也會給予你正面的回應，如此一來，雙方感情便能提升，夫妻關係也將更緊密。

◆**子女**：孩子遇到問題時，要認真思考正確而恰當的解決方法，而當孩子有心事時，能一同陪著他分享傷心難過、快樂喜悅的心情，讓對方無時無刻都能感受到你的存在與包容，親子關係將能更上一層樓。

◆**健康**：健全的心態將讓你擁有健康的體魄，亦即在經由邏輯理性的分析之下，尋得出的保健方式將是對你健康最有助益的方法，病痛自然遠離。

◆**旅遊**：心情開闊得閒，行動不急不躁，為人謙虛合宜，旅程中跟這樣的你做伴同行，眾人也如沐春風，在如此的正向效果相乘之下，過程將美好順利，結果也能圓滿落幕。

◆**考運**：如果能結伴學習，彼此分享學習的經驗與方法，討論課業上的問題，在這樣的集思廣益之下，人人將有所獲得，也將收到有目共睹之成效。

◆**人際**：你的個性圓融隨和，對有困難的人會伸出援手，所以常會有人主動接近，你未必都是處於付出的角色，其他人會受到你的影響，也會學習該如何付出，只要能保持下去，雙方都能得利而有獲得。

◆ **訴訟**：維持心情上的穩定，不要隨人起舞，急躁行事因而錯失進攻的機會，只要潛心等待，將有貴人對你伸出援手，化解這場紛爭。

◆ **遷居**：遷移到了新的環境，可能尚未習慣新的生活與習慣，多跟鄰居交流，參與公共事務，就能建立起良好的人際關係，達到守望相助之效。

132【六四】賁如皤如，白馬翰如，匪寇婚媾。

◆ **事業**：在工作上，因為職務的關係，處事需要步步為營，對於任何細節都要秉持著小心謹慎的態度為之，雖然可能會造成進度上的延誤，但小心駛得萬年船，工作上不至於招致危機，一路平順。

◆ **創業**：因為你的好名聲，會有廠商或是客戶聞名而至，主動跟你接洽，只要你能夠持中守正，按部就班謹慎做好應做的動作，有可能獲得與你共同合作的夥伴，幫助事業發展。

◆ **錢財**：積極尋求求財管道並熱切投入，對你而言，只是浪費時間的舉動，無法獲得預期的回報。此時宜守株待兔，靜待時機，只要眼光能精準，就能判斷出正確的時機，得到相對應的報酬。

◆ **愛情**：身旁出現幾個不錯的對象，對方皆被你優雅從容的舉止所吸引，此時切勿三心二意，多跟對方互動，藉由交流觀察出與你志趣最為相投的人選，再進一步深交，兩人感情就能開花結果。

◆ **婚姻**：你展現愛情的方式非常內斂，雖有關心與體貼，卻總是只在必要的時間點表達，另一半是跟你相處一輩子的對象，所以不要再有無謂的矜持了，大方坦率表達你的情意才是維持婚姻的上上之策。

◆ **子女**：你跟孩子間的關係還算融洽，但別因此而輕忽大意，怠惰了跟他們互動的機會，要維持良好的關係，除了要真心的付出，不缺席的陪伴也是必要的條件。

◆**健康**：以為自己的身體出了毛病，害你有點緊張兮兮，不過並非嚴重的問題，只要遵循醫師的指示，配合正確的療治流程，就能輕鬆解除健康疑慮。

◆**旅遊**：一開始因為有許多不確定的因素，無法確定整體企畫的流暢，因而使你有點慌張，這種多疑讓你反覆仔細地確認所有細節，他人也會給予援助，因此雖然先前有波瀾，最終仍可以平安落幕。

◆**考運**：平常的讀書習慣頗受好評，因此考前都會有同學過來跟你一起念書，不要抱持對方是來打擾你用功的心情，透過幫助對方解答課業上的問題同時，你也能從中獲得啟發，得到不少助益。

◆**人際**：「害人之心不可有，防人之心不可無」是你此時最佳的寫照，剛開始交往時，秉持著自己做事的原則跟對方相處，切勿投其所好而讓對方失去對真實的你的認知機會，最終將有可能獲得與你志趣相投的友誼。

◆**訴訟**：因為你處事謹慎，為人又懂得以圓滑和睦的態度避免挑起爭端，倘若能一貫持之，就能事事順遂，避開不必要的紛爭，免除訴訟之苦。

◆**遷居**：事前的準備是理想結果的先決條件，因此實行搬遷計畫前你必須仔細推敲所有細節，進而運籌帷幄，最終等候你的將是你期望的結果。

133【六五】賁于丘園，束帛戔戔，吝，終吉。

◆**事業**：身為中階主管的你，此時宜須謹言慎行，注重自己的一言一行，並步步為營，不宜過度急進或因求功心切而忘卻本分與原則，如此一來，方能在下屬之前維持上司的威嚴，也能避禍轉福。

◆**創業**：創業之初暫時得不到客戶或廠商的青睞，可能是你的努力還不夠，因此還不到能被注目的程度，故維持兢兢業業的態度去處理公司大小事宜，以好還要更好的態度去要求自身產品的品質，加強員工服務，公司方能順利發展。

◆ **錢財**：手邊有一筆錢需要規劃，此時切勿急躁妄動，事前應該做好良善完備的理財規劃，把多方打聽而來的資訊加以吸收消化，再行評估並做出適合自己的方案，方能將財務管理運用自如。

◆ **愛情**：有人對你有好感，這時候正是展現自己最佳一面的好時機，保持注意儀表舉止的自覺，切勿過度表現而顯得矯揉造作，最好能讓對方認識真實但不邋遢的你，戀情將有可能更進一步的發展。

◆ **婚姻**：相處久了難免疏於對另一半的關心與照顧，如果不思改善，危機將至，此時最好由你開始帶頭轉變，無論是生活態度還是對於另一半的言行，都要思慮再三，想出最佳的處理方式，方能將婚姻再度拉回軌道。

◆ **子女**：為人父母的背影在孩子眼中開始逐漸潰散，無法順利管教，孩子也對你失去敬賴仰慕的眼神。要想改善現況，必須趕快振作起來，即使需要兩倍甚至三倍的力量，都要讓親子關係得到改善。

◆ **健康**：身體多處出現小毛病，這是需要注意的徵兆，想想平時是否忽略了健康方面的管理。飲食、作息不正常，也欠缺規律的運動，這些壞習慣正一點一滴地侵蝕你的健康，因此身體開始出現症狀，此時應趕快拿出魄力來調整生活作息，否則健康的身體將一去不回。

◆ **旅遊**：很多人參與此次的行程，意見多而分岐，難以整合，這時候端賴你發揮領導者的本色，逐一跟每個人調解意見，進而達成共識，雖然過程艱辛又不討好，唯有如此，才能保證旅途順暢無阻。

◆ **考運**：只要考前做足準備，任何細節都能面面俱到，考時不要輕忽大意，看清楚題意後再謹慎作答的話，便不用懼怕任何難題，考運能夠順遂。

◆ **人際**：朋友都喜歡跟你在一起，因此你需要花費比常人更多的時間跟對方交際應酬，只要常常用真心與誠意待人，將發展出更加深厚穩固的友誼。

◆ **訴訟**：如果不小心與人爭執，此時宜反省自己，察覺出問題的根源後再加以應對，即使錯不在己也要思考該如何處理，以避免再犯相同的錯誤，如此一來，結果將能化險為夷，使衝突平安落幕。

◆ **遷居**：初來乍到新環境時，因尚未融入，與左鄰右舍也未打好關係，因此行事有點受到阻礙，只要自己先展現與人為善的親切與友好態度，將獲得鄰舍的好感與幫助。

134【上九】白賁，無咎。

◆ **事業**：職場上常常面臨跟人合作或競爭的處境，如果能在中間取得平衡，除了外在儀表的經營外，也能注意自己的言行舉止，讓自己所作所為皆合乎情理，取得同事或上司的信任，不過枉矯飾，甚至讓自己回歸到最質樸的境界，如此一來，事業將一路順遂。

◆ **創業**：嚴格控管品質，努力將自身產品做到無愧於己的地步，若能達到客戶滿意的程度的話，即便不加以宣傳或訴諸廣告誇飾，終將獲得他人的讚賞與認同，創業之途將以宛如乘風破浪之勢開展。

◆ **錢財**：只要按部就班，不投機取巧，做好自己本分內的事情，不妄想不正當的賺錢之道，對你將百利而無一害。

◆ **愛情**：過度的包裝自己只會讓對方感到迷惑，無法深刻了解你的本質，是時候放下過多的矜持與造作，將你最真實的一面袒露出來，必將有懂得欣賞你本質的對象出現。

◆ **婚姻**：若能力未及，給予另一半過多的期待與幻想只會落得一場空，有時候承認自己並不如對方想像的那樣完美堅強，尋求對方的依靠，將真實的自己展現給對方看，雙方感情會有意想不到的發展。

◆ **子女**：你心中有個標準父母的模樣與藍圖，總是勉強自己跟隨標準去教育孩子，只會帶給你與孩子無限的壓力，讓雙方關係陷入緊張狀態，其實只要你依循正道，何種教育模式都能成功，孩子自然而然成長，你也無須掛慮煩憂。

◆ **健康**：過度注重保健並非好事，反而造成物極必反的效果，任何事情尋求中庸之道，依照自身的條件去從事恰當的行為，讓身體順其自然的帶領你，養生之道自在你心裡。

◆ **旅遊**：不用尋求華麗刺激的過程，只要讓心回歸原點，以體恤包容的心情去體察他人的感受，此行必將獲益匪淺。

◆ **考運**：過於鑽研艱深的學問並不會讓你智慧長進，僅是徒增繁雜的訊息，知識的增長來自於根本，只要基礎能完全掌握，細部問題也就能通達，無疑能在考試時大放異彩。

◆ **人際**：為了迎合他人而捨棄了部分的自我，所獲得的僅是短暫而飄渺的情誼，其實無須刻意改變自己，若能將最為原本而真實的自己呈現於他人面前，你蘊含的潔白真誠必將為你獲得最為真摯的情誼。

◆ **訴訟**：只要秉持樸實無華的處事態度，收起尖銳刺人的爪牙，以單純實在的心情去應對，一切的紛擾將在短暫的風雨過後，歸於平靜。

◆ **遷居**：過程無往不利，只要你甘守本分，行事不過度鋪張浪費，就不會引起任何麻煩，結果也將如預期地和順結束。

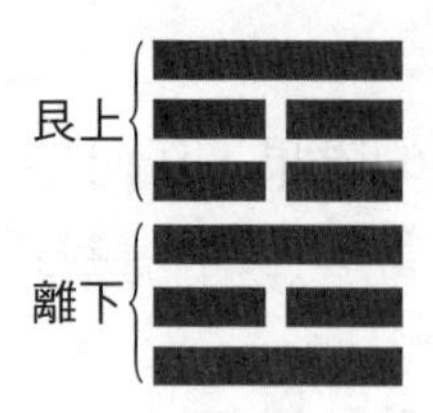

賁卦 卦理

「賁」，《說文解字》中釋義為：「賁，飾也。」亦即裝飾、裝扮、修飾的意思，由此引申成為人矜持守分、舉止文明。「賁」字由卉與貝組成，古時色彩繽紛的花卉及貝殼經常作為裝飾之用，由此開始人類創造出豐富多元的藝術文化，故裝飾也象徵了文明的興起。適度的文飾可以點綴生活，但過度矯飾則會變得華而無實，反之不足就會流於粗俗野蠻，所以孔子才會說：「質勝文則野，文勝質則史，文質彬彬，然後君子。」以告誡君子要兼顧內涵與社會道德規範。

從卦象來看，「賁」卦內為火上為山，火為離有光明的意思，而山為艮有停止的含意，表示內在聰敏有內涵，卻低調不顯現於外，以此彰顯君子有所為也有所不為的智慧。

卦序上，「賁」卦與先前的噬嗑卦為相對的兩卦。噬嗑卦為善用刑罰懲處惡人，導正社會秩序，而「賁」卦指的則是政府或君王藉由文化潛移默化的影響來教導百姓，透過柔性政策以提高人民的道德與禮儀水準。這一卦也代表婚嫁儀式的轉換，古時先民有搶婚的風俗，但隨著文明進步，發展出了繁複的嫁娶禮儀，象徵道德與行為的進展。雖然這麼看來「賁」卦應該是一個好卦，但卦辭卻說：「亨。小利有攸往。」卜到「賁」卦對私事或小事而言是吉，但卻不利於做大事。若總是只重視裝飾、打扮一類的小事，眼界自然趨於狹隘，無法成就大事。

「賁」卦六爻的爻辭便是在描述修飾打扮之事：初九時地位低下，沒有乘車的道理，因此穿上好看的鞋子，扮成腳力不錯的樣子徒步前進；六二指的是在鬢鬚上做修飾，亦即作為配角彰顯主角風采；九三時打扮得相當豪華，有錦上添花的效果，但也不應耽溺於華美的表象，要懂得持守自己心中的道義，才能永保吉祥；六四是婚儀之事，裝扮得整潔漂亮，騎上白馬趕去尋找伴侶，一開始還被誤認成賊寇，但後來發現是來求婚的；六五是位在山丘上的新人房，但當作裝飾的聘禮過於單薄，顯得寒酸，但親事還是可以結成；上九時脫去多餘的裝飾，以樸素淨白之姿示人，亦即返樸歸真，所以沒有罪咎。

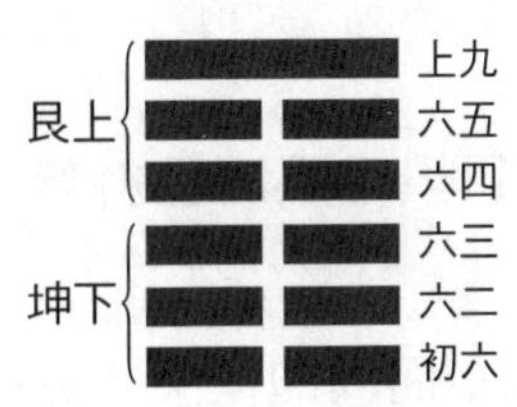

剝卦

卦序▶23　錯卦▶澤天夬
卦數▶32　綜卦▶地雷復
卦向▶西北　互卦▶坤為地

卦揭

剝，裂也，從刀從彔，刀為割具、彔為破裂，及物由外而內、由上而下漸受侵腐。剝字象山石在風雨的沖刷下，化成砂石附於地面，上承賁卦，外飾之物不能久存，久必或腐或壞，如世間之理盛則衰、亨則盡。於剝卦之境，莫過於如臨彼淵、誠心慎行，可以躍出此地。

東周時期百家爭鳴，卻也是動盪不安的時代，經過西周禮樂制度的繁榮鼎盛，而走向剝落。先有春秋五霸、接續戰國七雄，政治經濟皆不得穩定發展，合縱連橫政策變化無常，今日為盟友、明日為宿敵，此時更需靜心觀化，並三思而後行。

【卦辭】不利有攸往。

不利有攸往，陰盛陽消之狀，此時君子不利於行動，宜謹言慎行、視勢而為。

〈彖〉「剝，剝也。柔變剛也。不利有攸往，小人長也。順而止之，觀象也。君子尚消息盈虛，天行也。」剝之義為剝蝕，此時柔勝於剛。不利於前往，因為小人正得勢。當順著所觀之象以止行動。君子遵循環境變化的消長，是倚天之運行。

〈象〉「山附于地，剝。上以厚下，安宅。」山附于地為剝之卦象，從此而知對君主以忠厚、對百姓要能安其居。

剝卦五陰而一陽，是小人之道長時，應內順而外止，並持正德以待變，方可於上九再生陽剛之氣，終可避難渡險。

【初六】剝床以足，蔑貞凶。

以足，指初六之剝如從床腳漸始。蔑，滅也，從目表示眼睛歪斜無神，本義為眼睛紅腫而視物不清。

〈象〉「剝床以足，以滅下也。」以滅下也，從床足而剝即從下、從外開始腐壞。

於小人道長之始，剝床先於床腳之下，再時漸而上，終危及床上之人。此時當順勢應變，若固守則凶矣。

【六二】剝床以辨，蔑貞凶。

辨，床幹也。

〈象〉「剝床以辨，未有與也。」未有與也，此指六二爻失正，且與六五爻又無相應。

邪更侵正，不但剝滅於床足下，又延伸至床之腿幹，凶險愈甚，若只知堅守而不知變，將生災難。

【六三】剝之，無咎。

剝之，放任其往，隨其剝落。

〈象〉「剝之無咎，失上下也。」失上下也，與上下陰爻失應，但與上九陽爻相應。

六三與上下之陰相異，而志在從上九，有正德且欲尊其主，不與他人相剝行惡，因此剝時無咎。

【六四】剝床以膚，凶。

以膚，此指床剝已至侵膚。

〈象〉「剝床以膚，切近災也。」切近災也，指災難已貼近身體。

於上卦之初，剝陽之勢正盛，如剝蝕至床板，傷害臥床人之膚，是即將滅身的預兆。災難迫近，貼於身畔，故凶大矣。

【六五】貫魚，以宮人寵，無不利。

貫魚，用以比喻如魚貫列隨行。宮人，后宮妃嬪之總稱。寵，字形畫龍居於屋，表示尊居之處，引申為榮寵。

〈象〉「以宮人寵，終無尤也。」終無尤也，因其位而有寵故無咎。

六五爻如群陰之主，率眾陰爻親上九賢人，制陰從善，且使陽氣不受剝蝕。如宮中之后領群妃，魚貫有序，共附上君且無所不利。

【上九】碩果不食，君子得輿，小人剝廬。

碩果，大的果實，上九獨陽有碩果卻不食，為僅存之象。廬，屋也。

〈象〉「君子得輿，民所載也。小人剝廬，終不可用也。」民所載也，指有輿是因得民心擁戴。終不可用也，因小人致剝廬故不可用。

上九剛直有中德，能存碩果而不食，以其核又見生生不息。君子能馭車處事，小人則將毀屋無舍，因此當用君子並治小人，便能從碩果僅存之象，瓦解小人勢力。

卦圖 剝為陽氣種圖

上卦為艮為山、下卦為坤為地，山岩受蝕後化沙落於地，為剝。如小人之道興，凋零萬物，為陰盛陽衰之象。

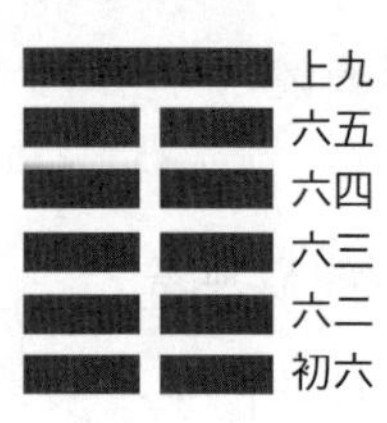

卦義

135【初六】剝床以足，蔑貞凶。

- **事業**：工作運勢開始不濟，處於有志難伸的狀態，此時正逢小人橫行，因此無法有所作為，只能以時待變，先觀察局勢，謹言慎行，等候時機出現，以展抱負。
- **創業**：目前局勢不佳，創業恐難實踐，勉強為之也只會落得失敗收場，故應先靜觀時勢，待局勢好轉再行動。
- **錢財**：周遭有人慫恿你進行投資，此時不宜貿然行動，先觀察時機變動，等到有利的時機出現再行動，否則將血本無歸。
- **愛情**：戀愛運不佳，心儀對象對你沒有感覺，此時不論你做什麼都無法打動對方的心，反而有可能造成對方反感，因此切勿輕率行動，只能先一邊充實自己的內在，一邊等候佳機，才能成就良緣。
- **婚姻**：兩人關係產生嫌隙，可能是身旁的流言蜚語造成兩人的誤會，勉力挽救也無法改變現下的關係，只能先暫待一段時間，等雙方情緒穩定之後再行補救。
- **子女**：親子相處不甚融洽，甚至有衝突一觸即發的可能，如果你不先將整個來龍去脈釐清，貿然怒罵或訓斥對方，將無法解決問題。建議先從旁觀察問題根源，等候雙方都能平心靜氣和談的那一刻的到來。
- **健康**：有可能生病或是受傷，病痛會一個接一個來報到。只能多注意身旁情況，盡量少去容易發生災難的場所，並調整自己的作息，避免疾病上身。
- **旅遊**：目前不適合遠行或外出，旅途中有可能發生不好的事，讓遠行愉悅的心情全都喪失，若一定要前往，則必須謹慎行事，以免引來災禍。

◆ **考運**：不論你多認真準備，有可能會因為某些外在因素導致名落孫山，建議這段時間內再多多充實自身實力，潛心練習，等待揚名之時。

◆ **人際**：你將他當朋友的人有可能在背後捅你一刀，此時應盡量減少社交應酬，避免落人把柄，注意自己的言行舉止，讓自己暫時遠離是非之地。

◆ **訴訟**：官司不利於你，過於強求勝敗也無濟於事，只能讓事物順其自然發展，等待風波過去。

◆ **遷居**：諸事不宜，若有搬遷的打算，建議延緩施行，此時任何事都無法順利，因此最好過段時間再另行謀劃。

◆ **尋人**：往西北方向尋找，必有所獲。

136【六二】剝床以辨，蔑貞凶。

◆ **事業**：工作困境愈發險惡，問題無法解決，也面臨孤立無援的狀態，讓事態益發嚴重，如果再不進行變革，思考變通之道，後果將不堪設想。

◆ **創業**：前進之路阻礙重重，出現許多棘手的問題讓你自顧不暇，困窘暫時也無從獲得解決，如果仍要一意孤行，前途堪憂，此時宜蟄居潛伏，守時待變。

◆ **錢財**：不宜躁進地從事理財投資行為，此時會有外力因素妨礙你的判斷，讓你失去精準的眼光，如果一個不慎，將流失大量錢財，得不償失。

◆ **愛情**：你的某些舉止讓人卻步，因而阻礙了桃花運，即便有了戀人，也可能因為你的失言或長期累積的惡習，影響兩人的感情發展，再不反省己過，尋求改善之道，好桃花將愈你愈來越遠。

◆ **婚姻**：爭執吵架的情況開始出現在你們的生活當中，雖然還處於問題不大的階段，如果放任這樣的狀態持續下去，終有一天會爆發出無可挽回的危機，宜及時收斂自我，放下身段，雙方開誠布公的進行溝通，才能維持婚姻的和諧。

◆ **子女**：孩子漸漸不聽從你的管教，如果一廂情願地將這種反應歸咎於叛逆，而使用強硬或威壓的方式來進行管教，問題永遠無法獲得解決，反而更加激起對方的不滿，造成兩造劍拔弩張的態勢。

◆ **健康**：病根在你體內已潛伏許久，近來開始有迸發出來的趨勢，如果還是不知警惕，依平時的生活態度來應對，將來會讓你欲哭無淚，嘗到苦果。

◆ **旅遊**：因為你的便宜行事，讓一開始的行程規劃早早出現了瑕疵，導致後面的旅行過程風波不斷，此時的你運勢處於走下坡，諸事不順，因此要更加小心謹慎，以防陷入更糟的局面。

◆ **考運**：面臨重要的考試有馬失前蹄的危機，讓你陷入危難的人不是別人，正是你自身，考前敷衍應付或是考試時粗心大意，都是最可能發生的事，倘若再不即時設法改進，大意的心態將是阻礙你成功的絆腳石。

◆ **人際**：感覺朋友對你的態度變得冷淡，如果有這種情形發生，是不是該反省自己的為人哪裡出了問題，可能你在不知不覺中得罪了對方，即使深刻反省與悔過，暫時無法贏得對方的好感，但只要能持之以恆，終將能打破僵局。

◆ **訴訟**：近期很容易招惹是非，或許是你自身態度的問題，引發別人的誤會，若繼續維持這樣的模式與人交往，將免不了許多麻煩找上門，你也會陷入難以跳脫的泥沼。

◆ **遷居**：應暫且放下搬遷的打算，未經考慮的行為帶來的結果會讓你頭痛不已，可能是屋況或是搬遷過程出現問題，替你帶來不少麻煩，最好三思。

137【六三】剝之，無咎。

◆ **事業**：雖然現在時運不濟，工作上有許多狀況與問題發生，讓你忙得焦頭爛額，但是只要本身實力堅強穩固，遵從上位者旨意並以正道行事，目前困境將無損於你。

◆ **創業**：創業維艱是你目前狀態的最佳寫照，面臨到經商或創業上的問題，員工的品質也優劣參半，此時如果能以彈性的思慮模式應對，並發揮優秀的領導能力，帶領團隊共同面對現在的處境，必能遠離危害。

◆ **錢財**：荷包愈來愈扁，因此想做些理財規劃以求奮力一搏，但目前財運低落，不適宜從事冒險的投資行為，最好能按部就班，從事自身能力所及的理財動作，方能達到守成開源之目標。

◆ **愛情**：近來一直沒走桃花運，或是心儀的人對你沒有正面的回應，不必太過沮喪，此時只要能端正自己的言行，在對方面前適時展露自己的才華與特色，相信必能獲得對方的好感。

◆ **婚姻**：婚姻陷入膠著，兩人處於僵局之中，大小家務事讓你心情煩躁，如果只以草率衝動的態度來處理，婚姻將深陷危機。此時宜花費心思經營雙方感情，認真處理引發兩人爭執的問題才能確保婚姻持久。

◆ **子女**：親子感情不睦，孩子常有頂撞叛逆之舉，讓你感到十分困擾，倘若能秉持著為人父母的尊嚴，持以恰當的身教、言教，夫妻雙方協力合作照看孩子的一言一行，定能化解親子糾紛，轉紛爭為和樂。

◆ **健康**：此時正逢多事之秋，事業家庭兩頭燒的你，身體開始發出警訊，問題的根源如果能盡早解除，相信健康狀況也能轉入佳境。

◆ **旅遊**：不適合遠行，如果輕率行事，將有倒楣之事發生；倘若遠行無可避免，則應該謹慎策畫，與同行夥伴互惠互助，如此一來，縱使會有小難，仍可一路暢通無虞。

◆ **考運**：準備過程中可能心緒不定，容易受外在因素干擾，以至於複習進度落後，進而影響結果，倘若平日能多注意課堂老師的講解，課後能勤加複習，應考時發揮自身的實力，定能脫離最壞的結果。

◆ **人際**：遭同儕排擠，你並不清楚原因為何，此時應該沉澱思緒，思索可能的原因，如果是自己的問題，就該檢討反省，尋求解決誤會的契機；倘若遍思不著原因，也當持中守正，避免與他人發生爭執，最終將能化解困境。

◆ **訴訟**：多事之秋讓你身陷泥沼，無法避免的攻訐與陷害都朝你而來，讓你身心俱疲，此時切勿自暴自棄，只要好好運用自己的資源，以誠懇真摯的態度來面對，將有化險為夷的轉機。

◆ **遷居**：此時搬遷對你而言百害而無一利，除了招惹一堆麻煩事外，心情還有可能深受影響。但是倘若能夠平心靜氣以待，不因此失去耐心與謹慎的態度，這些麻煩將不會對你造成妨害。

138【六四】剝床以膚，凶。

◆ **事業**：事業上將面臨空前的危機，運勢處於低谷，工作成效差，疏失與錯誤也是家常便飯，上位者已經觀察你許久，應儘快奮起向上，思考補救與改善的良方，方可避免大禍臨頭。

◆ **創業**：現在勉強創業是大錯特錯的決定，你的創業方針有致命性的缺失，如果強力為之，創業不成，反倒造成極大虧損。應再次嚴密擬定作戰策略，靜待時變，方能避開凶險。

◆ **錢財**：現在任何計畫所導致的結果都將令你大失所望，甚至損失慘重，暫時先放下一切理財規劃，才能避開慘賠的風險。

◆ **愛情**：與對方陷入激烈的爭吵中，而且有愈演愈烈的趨勢，感情降至冰點，若再無法溝通，可能會以分手收場。如果目前沒有對象，此時不宜談論感情，最好留意無故對你示好的異性，對方有可能另有所圖。

◆ **婚姻**：雖然以前也有過爭執，但這次卻有所不同，很可能是長久以來就存在的問題一直受到漠視與累積下所爆發的結果。此時向伴侶說理並非明智的時機，應等雙方都冷靜下來後，再行調節之道，方可避免最壞的結果產生。

◆ **子女**：親子雙方的認知存在著一道巨大的高牆，無法進行理智的溝通，讓雙方感情愈離愈遠，這時候你做任何事都無法打動孩子的心，只會讓對方感到逼迫與威嚇，造成更大的反彈，不可不慎。

◆ **健康**：身心都陷入極大的壓力，若再往前一步，即可能導致無法挽回的地步，雖然目前遭遇的狀況無法立刻轉好，不過不要讓已經飽受壓力的身心更加惡化，才是目前你該努力的目標。

◆ **旅遊**：外出或遠行的計畫宜先取消或延後，此行並不如預期地完滿，反而是災難重重。其實起行前已經出現徵兆，如果不能及時看破而一意孤行，恐將災禍不斷。

◆ **考運**：成天玩樂、從未把心思放在課業上的你即將嘗到苦果，同學都在認真衝刺，而你卻到處閒晃，把時間都浪費在無謂的小事上，如此想要獲得成果可謂是痴人說夢。

◆ **人際**：好人緣需要經營，懂得禮尚往來才是正確的做人之道，僅一味地有求於人，不思圖報，終有一天朋友都會離你遠去，屆時莫怪對方採取疏離的態度，原因就在你身上。

◆ **訴訟**：陷入紛爭的漩渦當中，無法自拔，若再無自覺警惕而只顧一逞口舌之快，雖然可以滿足自己的私心，卻也會帶給你慘痛的教訓。

◆ **遷居**：這段時間諸事不順，也包含了遷居，此時的你頭上烏雲密布，容易發生災厄，如果強行遷居，會對你帶來重創。

139【六五】貫魚，以宮人寵，無不利。

◆ **事業**：工作處境雖不到凶險的地步，不過最好還是能步步為營，放軟身段專心為公司效力，從旁輔佐居上位者，如此一來，便能獲得上司的青睞，事業將露出一絲曙光。

◆ **創業**：此時創業並非絕佳的時機點，局勢上不利於你想要創業的領域，宜先在產品的研發上追求更優良的品質，針對多數的意見進行改良，等一切完備之後再為之。

◆ **錢財**：一直以來都有守不住錢財的感覺，總覺得錢來得快去得更快，那是因為沒有用正確的理財方式。理財應小從記帳大至投資，只要能順應天道時命，從善如流，終能跳脫這經濟窘迫的局面。

◆ **愛情**：跟心儀對象一直沒有交集，現在或許會有轉機，只要你能投其所好，肯為對方付出並解決對方的問題，對方將對你印象改觀，樂於與你親近。

◆ **婚姻**：夫妻雙方長久不合的情形將獲得改善，柔軟的態度將能軟化雙方冰凍的關係，莫要再堅持孰是孰非的想法，有時候退讓更能海闊天空。

◆ **子女**：長久以來你誤解了雙方問題的根源，使用錯誤的方式導正，反而更加深雙方的衝突與爭執。應把握轉變的時機，跟孩子敞開心胸交流，或許能得到意想不到的成效。

- **健康**：為事業與家庭打拼，出發點也許良善，但也造成你忽視自己的身體狀況。儘管災難危厄尚未降臨，但必須提前注意身體發出的警訊，以免災難臨頭而猝不及防。
- **旅遊**：最近的雜事使心情受到影響，對於出外放鬆也提不起勁。千萬不要害怕麻煩，若有同伴相邀，就敞開胸懷地接受，只要懂得付出，一路上與同伴相互扶助，此行對你有莫大助益。
- **考運**：應試上常常失足讓你缺乏信心，擔心懼怕的心理讓原本可以達成的目標離你愈來愈遠。此時轉化心境，或是三五好友相約共同勉勵督促，也可以看看其他類型的書籍，分散憂慮，下一次就能得到睽違許久的好成績。
- **人際**：跟友人鬧翻的僵局有了破冰的契機，如果還想跟對方持續往來，千萬別因為臉皮薄而錯過這個絕佳機會。
- **訴訟**：衰運纏身的你不是小人侵擾就是遭人中傷，但不用再擔心人生是否無法翻身，只要持著以和為貴、謹言慎行的心態，終能守得雲開見月明。
- **遷居**：雜亂的思緒影響了搬遷的進度，導致截至目前為止還沒有進展，其實只要挑對幫手協助你，就能打破現在一籌莫展的困境。

140【上九】碩果不食，君子得輿，小人剝廬。

- **事業**：工作運勢從低谷往上爬升，開始有好轉的趨勢，只要能秉公職守，中正而不卑屈，功勞不獨自吞享而是歸屬於大家，就能得到眾人的愛戴。
- **創業**：目前的狀況不像一開始那麼困難重重，反而有倒吃甘蔗的趨勢，在困境中獲得足夠的成長與智慧，能以洞察時機取代莽撞躁進，了解到成功關鍵的真諦，因此獲得了突破，開始受到市場的關注。
- **錢財**：有機會獲得意外之財，然而要注意是否為不義之財，畢竟君子愛財，取之有道，如果起了貪念將此筆不當的財富據為己有，必定招人唾棄，也會得不償失。

◆ **愛情**：只要能行得正、坐得直，做事坦蕩磊落，即便兩人因為誤會而漸行漸遠，時機一到，對方也會從你平日的舉止中發現到你的良善，再度接納你，一旁造謠生事的小人也終將得到既有的報應。

◆ **婚姻**：夫妻感情開始回溫，只要積極有所作為，另一半必能感受到你的用心，如此一來，婚姻關係方能綿延下去。

◆ **子女**：對於孩子的管教，愛之深責之切的原則已不敷使用，即便只是一件細微的小事，只要孩子做對了，就要不吝惜給予讚美。培養孩子的自信與成熟的人格，親子相處才能更為融洽。

◆ **健康**：積壓已久的壓力如果有正常疏洩的管道，身體的病痛也能獲得莫大的抒解，如此一來，整個人的精神與狀態將得以提升進化。

◆ **旅遊**：窒礙多日的計畫得以再度展開，只要再加把勁，讓事情回歸正軌，你一切的努力最終不會白費。

◆ **考運**：前陣子受到影響的思緒漸漸沉靜下來了，現在正是衝刺的良機，學習上會獲得不少心得，不要藏私，將這些心得跟他人分享，或許也能從對方身上得到意想不到的收獲。

◆ **人際**：心情恢復平靜，不再受到外力的干擾，因此能更圓融地與他人相處，會有人來請求你的協助和意見，若能幫得上忙，就要努力辦到，如此一來，人際關係將能更上一層。

◆ **訴訟**：山窮水盡疑無路，柳暗花明又一村，在你陷入絕望的時候，名為希望的曙光出現，你的君子風範讓對方得以退讓一步，因此讓事情有了轉圜的餘地。

◆ **遷居**：延宕許久的計畫將能夠再度啟動，努力的耕耘獲得了成效，對他人如果能更貼心無私，搬遷將進展順利。

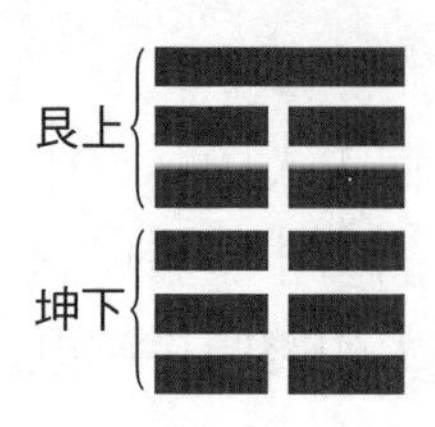

「剝」，字面意義就是脫落、剝除，事物因為爛掉而脫落崩塌的樣子，也有去除表面飾物的含意。其卦象下為地，上為山，山在地之上有崩塌的疑慮，故不應前進；又地為坤為順從，山為艮為停止，象徵應該順應情勢停止，若是貿然行動，就可能身陷險境。

「剝」卦為十二消息卦中，陰氣逼退陽氣的最後一卦。五陰作勢欲剝除一陽，代表當前為小人或女子得勢，也顯示原先以為安全的居所已經出現危險徵兆，故君子不宜彰顯自己，應隱居以避禍。因此卜到這一卦，靜觀其變、低調行事為宜。卦辭中說：「不利有攸往。」便是告誡當前並非訂立目標、動身前進的好時機，亦可解釋為不利於出門遠行。

「剝」卦六爻爻辭呈現的便是剝落之象：初六從床腳開始剝離，代表毀壞是從根基開始的，所以凶險；六二時脫落毀壞的情況已經到了床腿，即使想施力也沒有著力處，欲振乏力的無奈狀態；六三時由於與上九呼應，雖為小人卻不與人同流合汙，能持守君子的正道，故可以無咎；六四時毀壞已經到床板上，與皮膚接觸，代表大難臨頭，已經到了非常危險的地步；六五承上九，帶領五陰，象徵古時皇后帶領眾嬪妃覲見問安，由於追隨君主而得寵，沒有不利；上九為「剝」卦將盡之處，猶如物極必反，對君子來說，已經到了可以歸返的時機，但對小人卻是覆滅之災，可能一夕之間根基全毀。

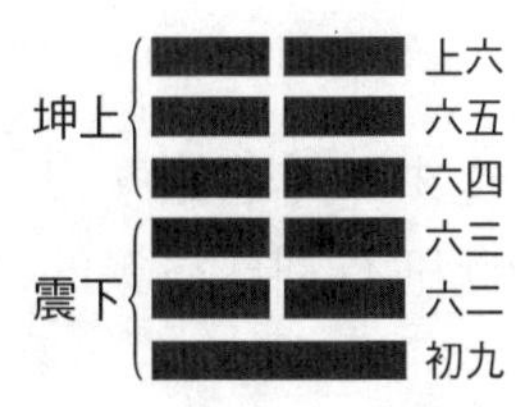

復卦

卦序▶24 錯卦▶天風姤

卦數▶1 綜卦▶山地剝

卦向▶西南 互卦▶坤為地

卦揭

復，往來也，從彳為辵指步行，本義為返回。於剝卦的腐蝕之後，復卦有剛健初升，自省後復歸，知錯能改故萬事亨通。復也象徵陽光初露、雨過天晴、冬去春來的轉變之機，而復秉正德，即是尋得此機的方法。

戰國時期的趙國將軍廉頗，不滿自己保衛國家的功勞，竟然比不上藺相如能說會道的功勞來得大，因此揚言要當面羞辱他。藺相如得知後，卻說：「正是因為有我和將軍的合作，強國才不敢攻打趙國，足使我對廉頗忍讓，國家大事當先於各人私怨啊！」廉頗耳聞，立即意識到自己心胸狹窄，連忙前往負荊請罪，復與藺相如和好，並共同赴志衛國。

【卦辭】亨。出入無疾，朋來無咎。反復其道，七日來復，利有攸往。

出入，指陽剛之氣有出入、重新出現。反復其道，依循陰陽消長之道。

〈彖〉「復亨；剛反，動而以順行，是以出入無疾，朋來無咎。反復其道，七日來復，天行也。利有攸往，剛長也。復其見天地之心乎？」復卦亨通，剛健之氣再度往返，動而向上順行。因陽氣再次萌動而無病痛，有朋友來訪不會有災難。於陰陽消長之道中，陰極於上六爻後陽於七日歸，這是天道運行的方法。因為陽氣漸長，故有利於前往。復卦所現，正是天地循環不息之理。

〈象〉「雷在地中，復。先王以至日閉關，商旅不行，後不省方。」復卦卦象為雷於地中開始響動。它代表冬至，所以先王這一天關閉城門，馬車商隊停止不行，君王亦不至各地巡查。

復於初九含陽而漸升，一時生機孕育，如冬至為冬之末、年之始。復道貴於有過而勿憚改，最精於犯之初便知復歸正道，若此則有利於事業的開拓。

【初九】不復遠，無祇悔，元吉。

祇，至也。無祇悔，不至於有悔恨。

〈象〉「不遠之復，以修身也。」以修身也，偏離不遠就返回，是為了要修養道德心性。

初九以一陽居卦下，如人於誤之初，即知悔改遷過。人有失足、馬有亂蹄，有過則改，使偏道不遠又復歸於善，此為元吉。

【六二】休復，吉。

休，指六二爻休且退而使初九之陽氣上升。

〈象〉「休復之吉，以下仁也。」以下仁也，指的是休而使在下之仁臣賢士有志得伸。

具柔順中正之德的六二，用退使復者得伸，即親仁禮賢能使剛健之氣有所回復。

【六三】頻復，厲無咎。

頻，重複，從步從頁，為人見河水深而皺眉止步的樣子，本意皺眉，此指連續的復歸。

〈象〉「頻復之厲，義無咎也。」義無咎也，此指雖然多有錯誤而有危厲，但知返則無咎。

因心志不堅無法固守正道，屢有失誤，故曰有「厲」，但能次次步於回歸之途而曰「無咎」。此時執行復道稍有繁複勉強之象，若能謹慎地歸返正德，就能免於災禍。

【六四】中行獨復。

中行，指六四於五柔爻之中，且與初九有應。

〈象〉「中行獨復，以從道也。」以從道也，能順行於正道。

與初九陽爻相應，即志在從陽，能排除險難獨自復返正德。

【六五】敦復，無悔。

敦，厚也，謂復有敦厚篤誠。

〈象〉「敦復無悔，中以自考也。」中以自考也，因其質中正能自省尚改。

此時居尊中順，上者以敦厚篤實相待復歸善道之下臣，並時時自省，因此誠信明理，雖質柔但能復拾上位者之勢。

【上六】迷復，凶，有災眚。用行師，終有大敗，以其國君，凶；至于十年，不克征。

迷復，於復返之途上迷失，即不知悔改。眚，過失，字形從目，本指眼生翳病，又由病引申為過失之義。

〈象〉「迷復之凶，反君道也。」反君道也，此指不合君王治理國家的方法。

在復道上迷失，不覺與之背道而馳，因此會有災禍。若用兵以強行突破坎險，則會有大敗。而於失途不知返，其凶險是來自於領導者的不足。應如十年不興征伐，即行安定之法，先復改，而後才能重整事理。

復七日圖

乾坤交於亥而生陽於子
老陰數六少陽數七
數中於五六成於十過則為七與一焉

上卦為坤為地、下卦為震為雷，雷於地中響動，由雷觸動地而陽氣復上行，天地之氣復又順行，回歸暢通平衡。

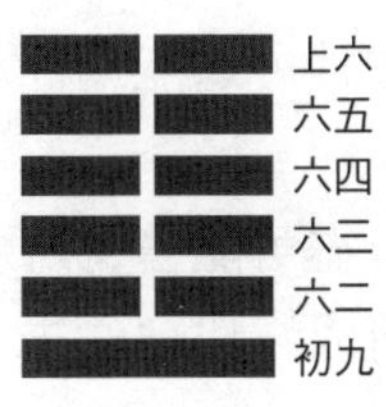

卦義

141【初九】不復遠，無祇悔，元吉。

◆ 事業：貪小便宜之心人皆有之，但需謹慎行事，不宜違背經商的誠信原則。隨時都要回歸初衷，走在自我認可的經營正道上。

◆ 創業：行事失去正當規範，雖不一定立即有災難，終究會積累風險。應當機立斷回頭，即使失去某些利益，也能因此開展新局。

◆ 錢財：並非屬於自己的財物橫在眼前，即使一時貪婪，若能鼓起勇氣歸還，事態會有意想不到的轉變。

◆ 愛情：即使說的是實話，但針對對方的缺點毫不留情的指責將深深刺痛對方，自己也會換來排山倒海的自責。為自己的失言低姿態道歉，會更快達到和解場面。

◆ 婚姻：渴求心跳加速的邂逅而毫不避諱與某人產生曖昧，可能有婚姻風暴的產生，如果還要繼續婚姻關係，應立即中止風流韻事。

◆ 子女：克制不了情緒痛責了孩子，卻又拉不下臉承認錯誤。以間接的方式傳達適切的關心，含蓄地表示懊悔並表達對子女的愛，同時對於孩子接下來三天的反應，無論如何都要溫暖以待。三天後必可收到親子和睦的成效。

◆ 健康：明知某些食物礙於身體狀況不能吃，禁不住誘惑還是吃了。不要太怪罪自己，但也不能繼續放縱，從此刻開始堅持把關，依舊能開啟健康的道路。

◆ 旅遊：於異鄉面臨難以言喻的窘境。平心靜氣，誠懇與對方展開對話，說明自己絕無惡意，以及願意贖罪的心。如此將結交到不可思議的人生摯友。

◆ 考運：即使準備尚未周全，也不可逃避應試。勇敢面對即是一種勝利，將「不逃避」變成一種習慣，除了良好成績，還能為你贏得成功人生。

- **人際**：看到討厭的對象受挫，仍要有雪中送炭之心。盡可能善待每一個人，面對不和者也維持基本交誼，這些將成為扭轉你未來人生的一股力量。
- **訴訟**：爭勝、得理不饒人並非最好的一條路。退一步尋求雙贏局面，事件會往意想不到的方向發展。
- **遷居**：儘管目前局勢不當，處處遇見阻礙，但只要確認自己依循正道而行，低調地進行搬遷，就能遠離災厄，最終使搬遷順利落幕。
- **尋人**：往西南方尋求，將有所穫。

142【六二】休復，吉。

- **事業**：即使是平日表現不佳的下屬，此時也應放下身段，聽取其對工作上的建議，將使你獲得對方的敬愛，事業能順利推行。
- **創業**：在最艱辛的時刻，也不忘善待辛苦的人們，熱心地援助陷入困境者，都會為你的創業機運加分。
- **錢財**：不論經濟狀況如何，此時應略為節省開支，以守本為要，財富將在另一個時機聚積到你眼前。
- **愛情**：大事決定前，須充分溝通，取得另一半愉快的首肯，良善的互動將使感情加溫，兩人前景愈加光明。
- **婚姻**：陷入冷戰時，宜搶先扮演破冰者，以誠摯的心意與誠懇的道歉打破僵局。長久的心結會因此而打開，彼此的結合也將更加緊密。
- **子女**：孩子提出父母應改進之處時，應拋棄成見，友善地進一步傾聽，誠懇地進行溝通，如此將為雙方心中的體貼指數加分。
- **健康**：雖然健康尚未有起色，但仍應從各方面加強自己的體魄，安分地遵守醫療人員的建議與規定，只要用心經營，必定有美好的回報，身體狀況將會逐漸好轉。
- **旅遊**：旅途中發生爭執，眼看就要走到決裂的地步。宜傾聽對方意見，退一步，對方也會跟著緩和情緒，使旅途順利進行。

◆ **考運**：已經努力到了極點，考試結果卻不如預期。暫時放空一切，避免過度的耗費心力使你勞累，將自己歸零，再重新訂定計畫前進。

◆ **人際**：將獲得一個與先前曾有過心結的人修好的機會，記得敞開心胸，先聽他要說些什麼，給予讚美，此人將成為你的朋友。

◆ **訴訟**：想給蓄意犯錯的對方一點顏色瞧瞧，反而使你心力交瘁。試著在談判桌上給他一個機會，事件將轉變到另一個方向。

◆ **遷居**：局勢不佳而使搬遷過程阻礙重重，但只要盡到自己的本分，親近能夠給予你幫助的人，就能獲得莫大的助力，幫你突破困境，使搬遷有很大的進展。

143【六三】頻復，厲無咎。

◆ **事業**：先前藉由不正派的手段投機而獲得成就，要改頭換面、行回正道有一定的困難，但以長遠考量，行走於正道才是上策，即時回頭，災禍才會遠離。

◆ **創業**：回歸初心發展事業，將會遇見許多困難，但這是端正事業道路的必經之路，儘管有所不情願，還是要盡力為之，對未來的發展才會有幫助。

◆ **錢財**：總是守不住錢財，反覆把錢花在並非真正需要的東西上面，之後才感到懊悔不已。隨意揮霍的習慣必須徹底根除，才能保有財運的亨通。

◆ **愛情**：情感遇見阻礙無法前進，必須重回初衷，重新建立感情基礎，儘管過程會相當艱難，但只要願意付出苦心，最終將獲得甜美的回報。

◆ **婚姻**：因為個性的不合，經常引起夫妻雙方的爭執，若有意維持婚姻，必須回溯爭吵的根源，相互協調與溝通，逐漸改變彼此的相處模式，最終能找到維持婚姻關係的平衡。

◆ **子女**：親子關係的發展不順遂，但也不必因此灰心喪志，只要回歸真心的傾聽與尊重，努力進行溝通，將收到意想不到的回應。

◆ **健康**：宿疾頻頻復發，連帶心情也受到影響，必須檢討自己，觀察自己的生活細節，找出不當的生活或飲食習慣，重返規律之作息與飲食，才能使健康順利恢復。

- **旅遊**：旅途中將遇見不順遂之事，如想避開凶險，愉快地完成旅程，須重新檢視自己是否先前準備不足，或是與人互動時有不當之處。改變縱然痛苦，但只要循序漸進地為之，往後的旅程必能順利。
- **考運**：先前為了好成績而存有取巧之心，現在嘗到了苦果。必須檢討自己的心態，免去僥倖的心理，盡速回歸誠實正直的態度，才能讓成績不至於一落千丈。
- **人際**：無法開拓新的人際關係，只能鞏固舊有的友誼，儘管處境艱難，也要全力以赴，宜時時提醒自己維持體貼和溫暖，等待開拓新關係的機會到來。
- **訴訟**：當訴訟陷入困境，要回頭檢討自己的不足之處，找到爭訟的根源並尋求調解之道，將有助於加快訴訟的進行，並免於過大的災禍。
- **遷居**：到新的環境可能會遇見不合的鄰里，但若能拋開成見，努力改善彼此的關係，最終還是能夠打造舒適愉快的生活環境。

144【六四】中行獨復。

- **事業**：正視當前工作狀況與困境，付出比別人多一倍的認真，逐步回到充滿希望的自己，如此將開啟事業另一個顛峰。
- **創業**：如果確定要創業，就不能被當前的不景氣與環境打敗，要找出持續的力量與勇氣，將能排除萬難，創造佳績。
- **錢財**：獲取一小筆意外之財，暫時解決了燃眉之急。然取財有道，不宜對非正規來由之金錢繼續心存期待，宜謹慎待之。
- **愛情**：遇到心儀對象，宜審視這段感情是否能長久發展，過程中是否介入其他複雜關係，或有人因此受到傷害。如無不當之處，即可有進一步發展。
- **婚姻**：與另一半的相處宜開誠布公、光明磊落，彼此間相互扶持、包容信賴，夫婦之道才能長久。
- **子女**：對子女的教育不宜太過嚴格，也不宜過於放縱。執中之道，方能突破眼前的困難。

- ◆ **健康**：若有志對抗病魔的侵襲，儘管過程艱險重重，也能排除萬難，竭力調養身體，最終使健康無虞。
- ◆ **旅遊**：選擇有口碑的行程，宜支付等值的價格，以免遭到誑騙，有志前行，就能不畏艱難，必有所獲。
- ◆ **考運**：深信努力必有成果，堅持奮戰到最後一刻，必定有所回報。
- ◆ **人際**：只要對突破人際困局有堅定的意志，則能順利且穩當地逐漸融入他人，最終以中正之道擁有良好的人際關係。
- ◆ **訴訟**：若尋求正義的志向沒有改變，則任何困難都無法阻礙你前進的腳步，最後能夠端正偏離的正義，贏得訴訟。
- ◆ **遷居**：先前可能做出錯誤的決定，但只要有心改回正途，就能跨越眾多阻礙，最終以正當的方式順利完成搬遷。

145【六五】敦復，無悔。

- ◆ **事業**：對於生意上的敵手不趕盡殺絕，留給對方餘地，此人可能成為日後局勢逆轉的貴人。
- ◆ **創業**：善待眼前的合作對象，而對面資歷比自己淺的後輩，更要展現前輩的溫暖與誠信，這些人都有可能成為奠定你事業基礎的最大助力。
- ◆ **錢財**：適時幫助財務困窘的人，將為自己累積長期的人生投資，未來某一刻能收其成效。
- ◆ **愛情**：真誠對待眼前的對象，不生貳心，對方也會報以等值的溫柔敦厚。
- ◆ **婚姻**：寬心原諒對方過錯，包納其缺點並相信他的誓言不會改變，如此自己能贏得尊重與信賴。
- ◆ **子女**：以讚美的心情和言語鼓勵孩子每一項表現，如此一來便能拉近親子間的距離。
- ◆ **健康**：身體若有不適，應乘機做個全身健康檢查，並重新省思生活作息。
- ◆ **旅遊**：以誠信對待同行之人，用讚嘆的眼光認識當地事物，不過分討價還價，如此將贏得難忘的旅程。

◆ **考運**：幫助同樣要考試的友人，相互鼓勵共勉，將回收加倍的考試成效。

◆ **人際**：放下成見，以寬闊的心對待以往有嫌隙的友人，或許一開始會遭對方懷疑，然而堅持下去將會為你贏得更高的人望。

◆ **訴訟**：思考自己的疏失，以溫柔敦厚之心站在對方立場看待訴訟。爾後再回到事件本身，將開啟更寬闊的視野與心胸，使訴訟圓滿落幕。

◆ **遷居**：體貼地考量遷居是否會帶給他人麻煩，事前花點時間溝通、打理，將使遷居過程更加順利。

146【上六】迷復，凶，有災眚。用行師，終有大敗，以其國君，凶；至于十年，不克征。

◆ **事業**：經營方向失誤，有步入凶險之慮。宜大力反省檢視過錯，並聽取旁人意見，方可轉禍為福。

◆ **創業**：出師不利，營運過程頗感吃力。謹慎規劃財務，重新出發，採取穩健步伐，勿操之過急。

◆ **錢財**：週轉失靈，有破財危機。金錢往來要謹慎，誠信以對，勿勉強為他人擔保，或逞一時風光出借大筆金錢，如此可將財務風險降至最低。

◆ **愛情**：兩人之間反覆發生的問題再現，有情感破裂的徵兆。可找友人諮詢，先誠實面對自我問題，再探討溝通破冰的方法。

◆ **婚姻**：平穩的生活中暗藏衝突，宜留心日常瑣事，多關心家人的生活、情緒、彼此相處模式，即可突破困境。

◆ **子女**：成長中的孩子有說不出口的煩惱，若不謹慎恐引發親子革命或其他衝突。不著痕跡地關切孩子狀況，給予最適當的鼓勵與支持，即可化解衝突。

◆ **健康**：未曾留意的小病，恐在天氣轉換時惡化、攻擊身體健康。改變不健康的作息，多滋補身體，必要時應上醫院進行檢查。

◆ **旅遊**：時機不妙，出門旅遊恐有災變。應加倍小心謹慎，行前妥善安排各項事宜，即可平安度過。

◆ **考運**：運氣不佳，恐未能保持最佳狀態。留心健康與作息，事先準備應考各項事物並再三檢查，便可安然度過。

◆ **人際**：與人交往不順利，容易失言或遭人誤解。宜保持最佳精神狀態，減少批評謾罵，多讚美周遭人事物，如此即可化解逆境與衝突。

◆ **訴訟**：告訴或被告，循法律途徑皆不順利。避免在法庭以不雅辭令針鋒相對，接受庭上建議，給自己和對方一個機會。

◆ **遷居**：因人事或環境問題使得遷居不順。可暫緩計畫，靜待最佳時機。

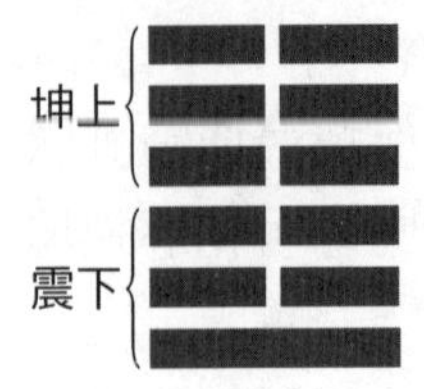

復卦 卦理

「復」這個字被解釋為歸返、重新開始、重頭再來，由此引申為人最終知錯能改，棄惡揚善。

在十二消息卦中，「復」卦是繼純陰的坤卦之後，陽氣開始增長的第一卦，在農曆二十四節氣裡代表十一月冬至，因此也有陽氣復返、春天不遠的意義。冬至是一年中日照時間最短、夜晚最長的一天，過了這一天，日照時間會漸漸延長，並在夏至也就是姤卦時到達最長。所以雖然冬至時舉目四望是一片荒涼，卻是生機暗藏，象徵不久之後春天就會到來，也代表縱使目前看來處境很遭，但只要耐心等待，好事便會自然到來。如此卦氣的循環往復，正是易經的精義所在。

「復」卦的卦象是上為地下為雷。古時將春天的第一聲雷響稱為「驚蟄」，亦即雷聲驚醒了沉眠中的大地萬物，生機復甦，因此雷潛藏於地下，顯現的便是冬眠景象，萬物在這個時刻修養生息，蓄勢待發。「復」卦也是一陽爻對上五陰爻，但與剝卦不同之處，在於這一卦的陽爻是位於初九，也就是開始的位置，這就是中國年節時常說「一元復始」的由來，表示新的一年再度來臨，開始了另一個生命的循環。

這一卦的卦辭為：「亨。出入無疾，朋來無咎。反復其道，七日來復，利有攸往。」講的是出門在外的事情，而六爻的爻辭也同樣以出行作為比喻：初九時是出門卻迷路，然而沒有多久就回來了，象徵迷途知返，犯了錯能即及煞車，最後不會因錯到底而懊悔；六二時很順利的回到家，象徵能學習別人的長處，也能對過錯知所警惕，自然一路順遂；六三時雖然出了門卻不斷憂慮可能發生危險，所以最後還是回家了，亦即不斷犯錯，但也在發現錯了之後就立即改正，雖然危險仍在，但不致於出大差錯；六四是堅持走自己認為對的路，雖然選擇與身旁小人不同，卻能持守正道，追隨初九的君子；六五時雖然已走得很遠，但懂得自我督促，因此還是能回家，比喻為知道自我反省，因此可免除罪咎；上六時因迷路而無法回家，代表若是只照自己的意願任性而為，有問題也不知道反省改進，那麼行動不會順利，甚至可能失敗，也會替自己招來禍事。

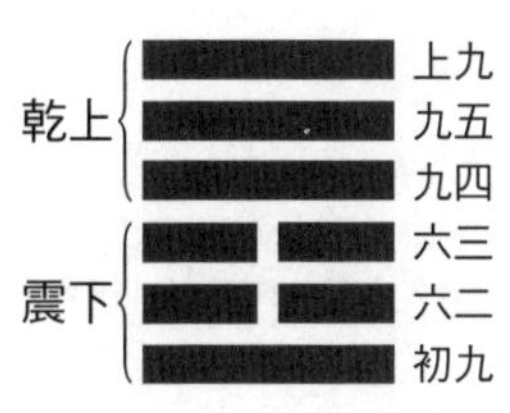

無妄卦

卦序▶25　錯卦▶地風升
卦數▶57　綜卦▶山天大畜
卦向▶東南　互卦▶風山漸

卦揭

妄，亂也，取其亡之義，表示女性偏少，使陰陽無法調合，進退無度、輕重不通。故無妄是能行止得當，審度時勢順天命，知止而無妄為。從復卦回復中正之道，知理觀事且循天道變化，此就是無妄無災。

儘管順勢而進能成事，但是能覺先機知止者，才可以悠游於世。美國首任總統華盛頓，當任期滿兩年在民心期待續任之下，他毅然地謝絕連任，使制度維持平衡，留下美好風氣。又有微軟公司的創辦人比爾．蓋茲，宣布不再管理公司日常事務，轉而投入慈善事業。正因知止無妄，而懂得應勢以對，驅除妄念後無咎無災。

【卦辭】元，亨，利，貞。其匪正有眚，不利有攸往。

匪，通「非」。眚，眼生翳病，故字形從目，引申為過失、錯誤。

〈彖〉「無妄，剛自外來，而為主於內。動而健，剛中而應，大亨以正，天之命也。其匪正有眚，不利有攸往。無妄之往，何之矣？天命不祐，行矣哉？」無妄卦，剛健從外到內成為卦中精神，下卦為震而動，上卦為乾而健，九五陽爻剛中且下應，是因中正大有亨通，為順天命之果。若不守正道將會有災，不利於往行，應當無妄而往，否則去哪裡都得不到上天的保祐，如此還要前行嗎？

〈象〉「天下雷行，物與無妄。先王以茂對時，育萬物。」卦象天空雷聲震動，物相和無妄為。先王習之，合天時地利之變化，育養萬物。

無妄是真誠不偽，誠則依天道而行，不偽能行止出於本然，皆無自得妄動。於周遭環境變化做出適當反映，而一切言行舉止又出於事理。

【初九】無妄，往吉。

〈象〉「無妄之往，得志也。」得志也，指無妄向前行事可使志願得以伸展。

初九以陽居剛，又上應九四陽爻，表現正氣無私，又居六二柔爻之下，是能謙恭不妄動。即應事或應道而行，行止有度，適當無妄，因此無往而不利。

【六二】不耕獲，不菑畬，則利有攸往。

菑畬，《說文》「菑，不耕田也」、「畬，三歲治田也」，指田未耕卻得墾地三年之結果。菑音同「茲」。畬音同「余」。

〈象〉「不耕獲，未富也。」未富也，不耕而獲並非富裕所致。

此時不耕田而獲，不菑反有畬功，是無私心所結之果。應當中正自持，不以功利為目標，則能無妄為妄求，如此便有利於前往。

【六三】無妄之災，或系之牛，行人之得，邑人之災。

無妄之災，指的是無故而有災。系，同「繫」。邑人，此只同村之人。

〈象〉「行人得牛，邑人災也。」邑人災也，指眾人不知是行人遷走牛隻，使村人遭受懷疑。

處六三爻失正不中，雖無妄卻有災。以繫牛為喻，是行人牽走繫牛，卻因懷疑村人，造成無妄之災。雖然無妄動，但若不能明事理，也會招致災難。

【九四】可貞，無咎。

〈象〉「可貞無咎，固有之也。」固有之也，指的是堅守正道為固有之德行。

初入乾卦，應剛爻乘柔爻，於剛柔之間適中不妄，保持堅正謙實之德，方得無咎。相比初九於震卦之初，宜行其所當而得吉，於此則需止其所止，以無妄之實而無難。

【九五】無妄之疾，勿藥有喜。

疾，病也，字形畫人中箭矢，臥躺於床。藥，治病的草，此喻解決之方法。

〈象〉「無妄之藥，不可試也。」不可試也，指的是因無妄之病，不知其因，不可隨意試藥。

遇無妄之疾，動則妄矣，會有妄動所致之災。當靜守細觀，不急用醫藥，待其自癒而有喜。即疾病不可亂投醫，須究其因，並持陽剛中正之心，可使險難迎刃而解。

【上九】無妄，行有眚，無攸利。

眚，音同「醒」，本義為眼生翳病，有病為災，此義為災難。

〈象〉「無妄之行，窮之災也。」窮之災也，有如行於末路般的極致災害。

上九陽剛於無妄之終，妄動不安，前行有災，固誡人心無定不安時，無法有所作為，若逞強欲進，則將遇不利之事。

易學筆記

卦圖

无妄本中孚圖

本中孚之初往而至此

中無病而外疾

本中孚之五爻也

中孚陰

本于中孚

爻不變

上爻反下則中孚之象成矣

上卦為乾為天，下卦為震為雷，陰陽相合而天下雷行，震懾萬物，使天下無敢妄動。行事不違世間之道與理，即無妄。

卦義

147【初九】無妄，往吉。

- **事業**：完成階段性的任務後，謙讓不居功，在適當時機舉薦後繼，並加以培育，將能在人際與事業上獲得雙贏。
- **創業**：初步獲利，不宜過喜，應穩健前行，不貪圖自己不應獲得的部分，方能安穩而持續開展利益。
- **錢財**：不屬於自己的錢財不可多取，以此正直之心展開日常生活，願望將得以實現。
- **愛情**：即使在初戀甜蜜階段，也不可過分予取予求，謹守個人行事原則，方可長長久久。
- **婚姻**：維持相互尊重、相互扶持的夫妻之道，不須刻意討好對方，也不勉強對方委曲求全，婚姻得以穩固安寧。
- **子女**：得知任何孩子的變化，不宜過分激動。以不驚惶的態度循循善誘，認真傾聽理解，必可圓滿解決並增進親子感情。
- **健康**：再喜愛的食物，也不宜過分攝取；喜愛的運動，也不宜過度勉強身體。遵照專業人士建議，便能維持健康的狀態。
- **旅遊**：旅遊期間，不宜貪圖玩樂而過分勞累或疏忽安全，以平常心注意營養、睡眠，並特別留心交通與人身安全，一切便大吉大利。
- **考運**：初試順利，也不宜過於狂喜，應使心神定靜，穩健朝向下一步邁進。
- **人際**：為人謙和有禮，謹慎發言，不刺探他人隱私，亦不勉強他人順己意行事，如此而能展開友好信賴的人際關係。
- **訴訟**：對於犯錯之人的指責點到為止，不可將對方逼入絕境，留一條生路，等於為自己的人生開展無限道路。
- **遷居**：以和善、有誠意的態度結束租約，不遺留麻煩給後人，在前屋主心中留下的美好印象，將成為自我未來人際的籌碼。

◆ **尋人**：往東南方尋找，必有所獲。

148【六二】不耕獲，不菑畬，則利有攸往。

◆ **事業**：無意間獲得優異表揚。須知此成果並非特意經營，換言之還有許多努力空間，宜謙遜低調，默默地持續前進。

◆ **創業**：由於環境或貴人相助，創業初期便有不錯營收。不可因而驕矜自大，以感謝的心勤勉前行，即能有另一番成果。

◆ **錢財**：驚喜於獲得無預期的財富收入。暗自妥善處理即可，不需要聲張，亦不可再妄想期待類似的錢財入帳，如此方能守住財富。

◆ **愛情**：無過多妄求，諸事平順，甚至會有驚鴻一瞥的邂逅。維持平常心，穩定經營關係，可向著美好未來行進。

◆ **婚姻**：獲得感人溫馨的求婚或安穩平順的家庭生活。不計較利害，真心為對方付出，即可保持現階段的美好。

◆ **子女**：並未如何精心培育，子女卻有不錯的表現。順其自由發展，不宜刻意張揚而濫用其才能，孩子方可繼續朝美好的成就發展。

◆ **健康**：雖未用心飲食運動，卻身強體壯，較一般同齡者健康。不宜自恃體能，超越負荷地過度勞動，以常保活躍的自我。

◆ **旅遊**：行程順遂，多遇貴人。宜更為謹慎、更誠信待人，則可全程愉快、收獲豐碩。

◆ **考運**：沒有特別努力，卻因無所求而獲得不錯成績。應留心此成果不一定是自身實力，腳踏實地，確立明確目標，繼續前進才是正道。

◆ **人際**：對任何人都沒有利害關係，而能悠游自在於人群中。持續不算計、無心機的待人模式，才能維持良好人際關係。

◆ **訴訟**：持有公平秉正之心，訴訟因而得利。持續抱持此態度，便能獲最大益處並全身而退。

◆ **遷居**：無刻意要求卻獲得他人主動協助。應以等值回報且不可麻煩對方過多，此態度將贏來真正無利害關係之朋友。

149【六三】無妄之災，或系之牛，行人之得，邑人之災。

◆ 事業：己身無過失卻遭人牽連，承受委屈。於紛擾的情勢中，不急於辯解開脫，謹守本分，便能安然度過。

◆ 創業：尚未開展新局便因人事或環境受挫。切不可牢騷抱怨，靜待鋒頭離去，機會將再次到來。

◆ 錢財：可能無端損失一筆財富。此時切不可遷怒他人，或進行其他報復性舉動，敞開心胸看淡這次的失去，將不致引發更大災禍。

◆ 愛情：因為他人糾紛將自己捲入爭端。宜平心靜氣看清事態真相，即可避免感情受到影響。

◆ 婚姻：因不可抗力因素造成婚期不順，或可能發生其他變卦。但切莫慌張行事，應更為明理地處理事端，如此將為自己的形象加分。

◆ 子女：孩子無端遭到霸凌或誤解。不宜只聽片面之詞，以開闊之心了解全盤狀況，再決定如何應對。

◆ 健康：極端注意健康卻仍招致疾病。不宜遷怒或有過大情緒起伏，坦然樂觀面對，能產生更多正面能量。

◆ 旅遊：不幸牽扯到當地糾紛或事件。勿展露過於激動之情緒，靜待最合適之人前來解決，方可度過此劫。

◆ 考運：受外在因素影響，導致自己的應考實力沒有全力發揮。宜檢視自身的專注力，而非一味怪罪抱怨環境，如此可在下次有更好表現。

◆ 人際：自身沒有失德，卻無端受到他人攻訐。冷靜分析局面，同時不受到影響，真相定會大白。

◆ 訴訟：雖無過失，卻被牽扯進訴訟案件。謹慎行事，勿以謾罵、嘲諷之心面對，則可全身而退。

◆ 遷居：沒有刻意招惹誰卻受到他人誤解。忙碌中想必疏忽了細節，宜審慎思維，一切將更為圓滿。

150【九四】可貞，無咎。

- ◆ **事業**：持續以誠信經營事業，發揚固有傳統，與時代俱進，便可行走無礙而永續發展。
- ◆ **創業**：找出新企業特質，開展信賴與友誼的網絡，如此將有個不錯的開始。
- ◆ **錢財**：保有一直以來狀況良好的投資與儲蓄，便不會有大問題。
- ◆ **愛情**：維持穩當的相處模式，調整可能發生衝突的習慣與態度，便能持續擁有順遂的發展。
- ◆ **婚姻**：相互尊重、共同分擔家庭事務，營造溫馨的家庭氣氛且用心維持，婚姻便會穩固而幸福。
- ◆ **子女**：維持既嚴格又慈愛的管教方式，傾聽孩子的意見，但也不可失去作為長輩的主體性。如此雙方便可在和諧的關係下共同成長。
- ◆ **健康**：好的習慣儘管不易維持，仍要努力做到；不好的習慣則要痛下決心革除，以此來推展健康的身體，必無問題。
- ◆ **旅遊**：遵循原先安排好的行程，不節外生枝，另找麻煩，旅途便能安穩而不出狀況。
- ◆ **考運**：保持勤勉、不抄捷徑的讀書方法，謙虛、踏實地完成每日計畫，即能有所成就。
- ◆ **人際**：對他人而言體貼的事，多多行之；對他人而言困擾的舉止，自省而後終止。如此交友將順暢無礙，四海皆兄弟。
- ◆ **訴訟**：持正直之心，追求事件真相，此外不旁生枝節，如此訴訟將皆大歡喜地順利了結。
- ◆ **遷居**：按部就班依計畫行事，廣泛思考所有細節，不給人添麻煩，如此就算不選黃道吉日也能順利完成遷居。

151【九五】無妄之疾，勿藥有喜。

- ◆ **事業**：工作上不被認同時，勿人云亦云、急於改變。細細觀察且靜待時機，將有鼓舞人的進展。
- ◆ **創業**：投資頻遇瓶頸，建議紛至沓來。可廣納意見、慢條斯理分析，卻不宜輕易動搖己心，貿然改變原先作法。
- ◆ **錢財**：無預警地面臨財務危機。切勿輕舉妄動、急著改變現狀。冷靜面對為第一要務，再逐步理解危機背後的原因。

- **愛情**：情傷過後，即使機會來臨，不宜為了交往而交往。宜靜待觀察，深入思考後，再有進一步想法。
- **婚姻**：莫名其妙頻生爭執、誤解。對方若在氣頭上不宜多做解釋，亦不須急於討好、補償。先以理智釐清爭端，再溫暖安撫對方。
- **子女**：孩子面臨令長輩心疼又著急的委屈與挫折。暫時按兵不動，抽絲剝繭地全盤理解狀況，再規劃解決辦法。
- **健康**：從未預料到的病痛纏身。切忌心急亂投醫，或胡亂求神問卜。多方搜尋資訊，理解病名、病因，再有進一步動作。
- **旅遊**：無端狀況頻出，令人心頭火起。宜冷靜以待，信賴領隊的解決能力，同時成為團體內的安定力量，如此能鋪設往後的一路安穩愉快。
- **考運**：讀書不見效率，頻頻欲改動計畫。不可心猿意馬，心宜思定，一切便會穩當發展。
- **人際**：發生莫名的人際糾紛，人言鼎沸。不需急著想改變什麼，沉穩定靜地一如往常行事，鋒頭很快將平息。
- **訴訟**：訴訟場面再是洶湧急亂，也需按兵不動，靜待最佳發言時機。切勿急於躁進，持耐心者是最後的贏家。
- **遷居**：頻遇突發事件，切記不可慌亂盲從。不必當下解決每一件事，許多事情時間一到，自然會迎來抒解的契機。

152【上九】無妄，行有眚，無攸利。

- **事業**：領導人心境不安時，勿輕易嘗試新開發之企劃，且待團隊整體穩定，再思前進。
- **創業**：倘若尚未縝密規劃，千萬不可貿然行動。慌忙前行，將有災禍。
- **錢財**：生活未得安定，不宜輕率展開投資，僥倖的賭徒心態，將迎來不利於己之災禍。
- **愛情**：雙方未建立信賴關係前，不宜有進一步發展。相處時若能安定無疑，則可產生有共識的未來願景。

◆**婚姻**：對婚姻關係感到不安，不宜急躁於確認分合。靜下心來思索相處模式、衝突原因，危機即可迎刃而解。

◆**子女**：孩子面臨對未來的重大抉擇。以平常心陪同孩子分析優劣、局勢，不宜斷然表達過於絕對的結論，慎思後再向前行。

◆**健康**：獲得健康指南資訊，不宜過於草率立即跟進。心亂，將生事端；緩進，才有長遠的未來。

◆**旅遊**：心情與生活紛亂、待辦事項過多之時，不宜遠行。勉強成行，成效枉然，且前途更為不利。

◆**考運**：身心不協調，且有急病之時，不宜勉強應試。待身體回復最佳狀態，考運也會旺旺來。

◆**人際**：行事不得人心，則不宜開展事業，集眾領導。應安定己心，尋思拉攏人心之法，則可有嶄新布局。

◆**訴訟**：條件未臻至齊全，不宜貿然開庭，宜靜心等待最佳時機。

◆**遷居**：萬般事項無法協調，則不可急躁於搬遷事宜。大事底定，再行前進。

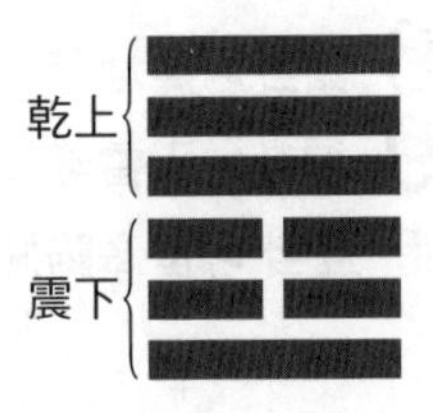

無妄卦 卦理

《說文解字》中釋義：「妄，亂也。」因此「無妄」指的就是不虛妄、不恣意而為，按照既定的規則或世俗認可的道理行事，不心存僥倖。在《雜卦傳》中說：「無妄，災也。」人們常以「無妄之災」描述憑空而來、毫無道理可循的災難，顯見卜到這一卦肯定會有災難發生。然而災難也可區分成自找的與被迫承受的，如果是被迫的，就只能說是運氣不好，稍微忍耐一下等事情過去就會沒事了；但若為自找的，那便是「自作孽不可活」，就別奢望有翻盤的機會了！

「無妄」卦的卦象上為天，下為雷，可以想像雷雨來時四處雷聲大作的景象，如果來不及躲避而不幸被雷劈中，當真就是一場無妄之災。因此卜問者若是卜到此卦，必須謹慎而為、照章行事，倘若不聽勸告鋌而走險，或是依循自己的私欲任性妄為，勢必會招來大災難。

從卦序來看，「無妄」卦緊接著復卦而來。在復卦中陽氣歸來，以此引申為改過向善，而善惡通常是以世俗標準或當時的律法來定義的，因此改過向善便是讓自身行為符合標準或律法，也就是「無妄」。所以卦辭中提到：「其匪正有眚，不利有攸往。」行為不端正終究會惹來災禍，就長遠的眼光來看絕對不是好事，以奉勸世人做事不要苟且隨便，因為「夜路走多了，總會遇到鬼」。

「無妄」卦六爻的爻辭都與災難有關：初九時剛開始，因此小心謹慎，不敢妄為，自然得吉；六二則是在前人已開墾好的土地上耕作，即不冒險、不搶功，該做什麼就照著做，在穩定中求成，因此能長久；六三處不當位，有無妄之災，小人得利，卻牽連了旁邊不相干的人跟著受罪；九四時近尊位，因此要十分小心，但只要謹守本分，就不致於招致災禍；九五時突然得到不明原因的疾病，但遵循醫囑治療，漸漸還是會好轉，切忌胡亂服藥，也藉此象徵即使行為端正，還是可能遭受惡意毀謗或中傷；上九告誡不要輕舉妄動，若是不能等待無妄之災過去，就無法獲得平反。

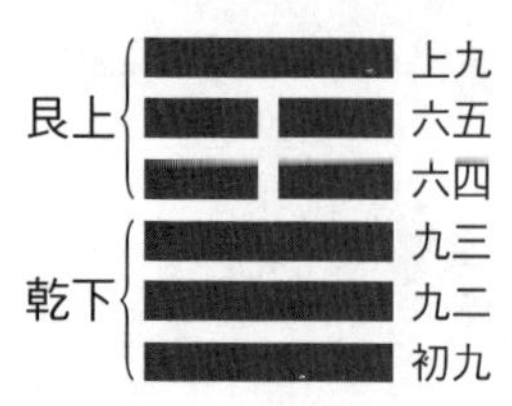

大畜卦

卦序▶26 錯卦▶澤地萃
卦數▶39 綜卦▶天雷無妄
卦向▶東北 互卦▶雷澤歸妹

卦揭

大畜，畜通「蓄」，與小畜相比，至此是更大、更多的累積畜止。經歷無妄之思、無望之為後，大畜者能夠接受畜藏，終化止為進。於人其義是汲取前人經驗，以德業日進、向前往行；於群體是上位之君能蓄養人才，使大業有治；於事為天時、地利、人和皆俱，使事能有所突破。

正如大畜卦所說，羅馬帝國的奧古斯都：屋大維，即是在記取義父凱薩之死的教訓後，才能穩定的統治羅馬。他了解到羅馬人深以「專制君主」為惡，因此接受「第一公民」的封號，以穩定民心。又因凱薩長年圖霸業遠征，人民稅賦繁重，所以他不興大規模戰爭，並且維護藝術文學的發展，迎來羅馬的黃金時代。

卦辭

【卦辭】利貞，不家食吉，利涉大川。

不家食吉，指大蓄才德後，不應食於家中，當出於門外任職受祿，攜善至天下。利涉大川，既大有蓄養，宜大有所作為且有利。

〈彖〉「大畜，剛健篤實，輝光日新，其德剛上而尚賢。能止健，大正也。不家食吉，養賢也。利涉大川，應乎天也。」大畜卦表現剛健敦厚，才德日有長進。剛爻欲往上而遇能尚賢之君，使其健而有度，此正道也。有君子會培養賢人，所以賢者不會食於家中，且得以在外受用。涉渡大川，為順應天道而有利。

〈象〉「天在山中，大畜。君子以多識前言往行，以畜其德。」大畜卦象天於山中，君子慕之而習先人言行，以此聚養才學。

六四、六五爻以柔畜剛，能養剛健篤實之才，而不必蝸居於室。且畜極而通，待此時不取止義，利於渡川涉險。

【初九】有厲利已。

厲，危險，字形本與山石相關，引申為險難。已，止也，字形象蛇，指遇蛇而停止不前。

〈象〉「有厲利已，不犯災也。」不犯災也，指停止下來就不會引來災害。

以剛居陽卻於卦初，是才德積蓄不足而欲往上進，因此會有危厲，應暫且不有所作為，以畜止為上策。

【九二】輿說輹。

說，同「脫」。輹，車廂車軸之間的木塊，用於束縛車軸。

〈象〉「輿說輹，中無尤也。」中無尤也，指因居中不急進而無憂患。

其質陽剛且居下卦之中、上應六五爻，雖急於作為，卻也能審度時事、進退有節。即能知止不行，如車輿脫落輹輪，不復前行，但往先無躁進，故無災咎。

【九三】良馬逐，利艱貞。曰閑輿衛，利有攸往。

良馬逐，指不止而進如良馬相逐。閑，閒也，字形門中有木，本義為防閑，後多假借為閒。衛，保護，字形從行從韋，表示在大道上站崗保衛。

〈象〉「利有攸往，上合志也。」上合志也，與上九皆以陽剛居乾或艮之極，是志相和。

此時剛健強盛，與同志友人相偕俱進，仍須堅守正道、以貞正為誡，有道才能有利。且每日於閒時習練車輿、防衛之術，即不忘自我進修精進。

【六四】童牛之牿，元吉。

牿，音同「故」， 指牛馬之牢。童牛之牿，置橫木於小牛角上，以防其觸撞。

〈象〉「六四元吉，有喜也。」有喜也，指能防患未然故有喜慶之事。

在童牛野性未發之前，加牿於角上，比喻能防微杜漸、有遠慮以詳謀。六四如同有德之臣，用遠光蓄養人才、蓄積才德，乃大善大吉。

【六五】豶豕之牙，吉。

豶豕，去勢的豬，即割掉生殖器的雄豬。豶音同「焚」。

〈象〉「六五之吉，有慶也。」有慶也，無害故有慶之事。

六五以柔居尊，畜止下民有道，如將雄豬去勢，防其傷人。於生活中能蓄財或德，使環境和順，將致更多的積蓄。

【上九】何天之衢，亨。

何，同「荷」，負也。衢，音同「渠」， 四通八達的道路。

〈象〉「何天之衢，道大行也。」道大行也，指大畜之道可以通行。

畜道已成，使積於下卦的剛健之氣湧上，無往而不利，如天空大道，無拘無束、四通八達。是君子當先畜止，便能任意伸展也。

大小畜吉凶圖

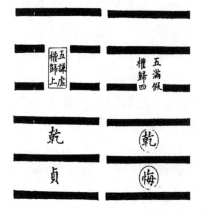

上卦為艮為山，下卦為乾為天，艮山包覆乾天，所養者大矣，是大有畜聚、積蓄之多也。

大畜卦 卦義

153【初九】有厲利已。

◆事業：工作上遭遇挫折而難以前進。此時不宜強行叩關，宜暫時休止，涵養自身德能，再重新出發。

◆創業：尚未獲利卻即碰壁。宜暫停一切，待準備周全後，再全力衝刺，勉強將招來禍害。

◆錢財：財務困窘，應以儲蓄為當前主要目標，切勿擁有錢滾錢、利生利等「天外飛來一筆」的期待。

◆愛情：盲目追尋愛情，將有受傷之險。宜進行自我內部充實，建立自信，新的邂逅自會到來。

◆婚姻：未到結婚時機，不宜強行結為連理。檢視雙方心情、待辦事項是否準備就緒，再行洽談終身大事。

◆子女：面對遇到瓶頸、無法突破的孩子，宜先鼓勵暫緩休憩，經過一段時間的韜光養晦，最合適的道路將在眼前展開。

◆健康：身體狀況不佳，宜停止過於劇烈之活動，暫停忙碌的生活。給自己一段調養健康的時間，勿安排過於緊張的行程，如此將安然度過難關。

◆旅遊：旅途中將有不順遂的事情發生。勿隨事起伏而遷怒於他人，從容寬心地面對，一切便可安然度過。

◆考運：考運不佳。究其背後原因，乃實力未臻火侯，宜勤勉向上，用心準備，三年內局勢必會逆轉。

◆人際：用心經營卻仍無法與群眾和睦相處。境界未到，無法使他人有所感受。宜停止刻意作為，真心為人付出，局面必將有所改變。

◆訴訟：訴訟結果不如己意。不宜勉力而為，暫且休止，潛心思索、準備，靜待另一合適的時機。

◆ 遷居：諸事不順，敲不定搬遷時辰。勿急於躁進，先完成更為急迫之事，最合適的喬遷日將會出現。

◆ 尋人：往東北方尋找，必有所獲。

154【九二】輿說輹。

◆ 事業：營運過程出現重大錯誤，不陷於慌亂且立即停止錯誤生產，將使災害減至最低。

◆ 創業：初出茅廬，一試水溫卻慘遭滑鐵盧。心情不受波動，記取教訓，便可迎來新的局面。

◆ 錢財：目前的局勢求財不利。放下牽掛、毅然退出戰局，損失便止於當下。

◆ 愛情：交往已出現重大問題，不宜過度留戀，及早脫身方能減低傷害痛苦。

◆ 婚姻：婚姻亮起紅燈。勿火上添油，一味指出對方缺陷。做該做的事，說該說的話，謙遜溫恭，或可解圍。

◆ 子女：與孩子的溝通窒礙難行。不宜躁進，衡量狀況，於適當時機與其敞開心胸對話，以讚美代替懷疑，則可收效。

◆ 健康：明知身體對某些元素（如熬夜、冰冷食物）不堪負荷，當立即停止這些威脅，才有健康可言。

◆ 旅遊：對於旅途中的小意外，不宜過度慌張。無法前行的地點，即不勉強闖入，即可保障平安。

◆ 考運：運勢不佳。宜確認此應試於自己的未來有益處，如有，再經一番精進，必有成果。

◆ 人際：與人相處有些窒礙難行。勿急於有什麼作為，亦不需刻意在公眾場合發言，只需靜默觀察每一個人的性情，再視情況給予回應。

◆ 訴訟：當場面失控，不宜隨之起舞。暫止也是一條路，靜待時機，理性以對，即可順利調解。

◆ 遷居：搬遷計畫脫序，宜暫時停止。理出頭緒，再行啟動。

155【九三】良馬逐，利艱貞。曰閑輿衛，利有攸往。

- **事業**：獲得絕佳合作伙伴，有助於公司前進。仍不可鬆懈，持續精益求精，則事業可扶搖直上。
- **創業**：結交善友，將一舉突破現狀。宜維持和諧的朋友關係，相互給予支持鼓勵，雙方皆可齊頭並進。
- **錢財**：遇到貴人，而有財務進帳。珍惜難得的邂逅，同時自修相關知識，即能守住財庫、與日俱進。
- **愛情**：值遇心靈契合之友，只要雙方擁有共同前進目標，即可成為一生的伴侶與善友。
- **婚姻**：夫婦同心，只要秉持正直明朗的態度，則可一同開啟萬年幸福大道。
- **子女**：放下身段，成為子女最好的朋友，則家庭氣氛加倍和諧，自身的境涯也會愈加寬廣。
- **健康**：尋覓一位並肩致力於健康的伙伴，和諧相處並相互給予中肯建議，雙方健康將有大進展。
- **旅遊**：與志同道合之人一起前行，體恤對方，多所包容，將成就一趟完美的旅遊。
- **考運**：邀約能敦促自己的友人一同讀書，同時砥礪自我，將有雙倍於過去的考運浮現。
- **人際**：在陌生的環境先與一人成為好友，如此二人、三人，即可無憂於人際關係。
- **訴訟**：以正確的心態尋覓貴人，不貪圖利益、不扭曲事實，訴訟將圓滿結束。
- **遷居**：搬遷第一日即誠心拜訪新鄰居，做好睦鄰工作，可達往後出入平安，並結交友人之功效。

156【六四】童牛之牿，元吉。

- **事業**：挖掘在小處、在幕後用心做事的人，此人將成為你未來的最佳幫手。
- **創業**：小地方也不放鬆追擊之手，發現細微過失，立即謹慎以對。此態度將開展你的創業優勢。
- **錢財**：用錢之初，即規劃一年內的收益損衡，穩當地前進，不宜忽略小節而釀成大錯。

◆ **愛情**：從細節觀察此人事否值得託付終生，若是，宜放長線釣大魚，慢慢拉近兩人關係。

◆ **婚姻**：發掘個性、習慣衝突之處，及早理性溝通，可化解未來將有之大衝突。

◆ **子女**：在小處感到異狀，宜靜靜展開理解與調查，不反應過度，也不打草驚蛇，亦不暴露極端情緒。解決事情的適當時機，將會到來。

◆ **健康**：注意小病小痛，即時治療，將可在健康方面邁進一步，無須憂慮。

◆ **旅遊**：出發之前，宜認真準備、搜尋資料，事前下的功夫將在難以想像的一刻用到。

◆ **考運**：平日不放鬆、重視細節、紮實的練習，將在大考全數用上，獲得絕佳效果。

◆ **人際**：敏銳觀察友人臉色，試著讀出其心情並給予支持、鼓勵，將開展勢不可當的人際關係。

◆ **訴訟**：開庭前先與對方和諧溝通，展現誠意，或可經由和解、免去訴訟之煩擾勞累。

◆ **遷居**：不遺漏小細節，也不遺留小麻煩給後人，將開啟大善大吉的喬遷之喜。

157【六五】豶豕之牙，吉。

◆ **事業**：培養各方面有專長的人才，亦需持續加強充實自我，則事業可蒸蒸日上。

◆ **創業**：初有收益，宜保留一部分作為不動的基金，同時不斷提升自我能力，將可維持不錯的營收。

◆ **錢財**：避免風險過大的投資，同時重視儲蓄，如此便可穩當累積財富。

◆ **愛情**：鍛鍊自我生命，朝內在堅強、外表溫和的方向前進，將能吸引理想對象靠近。

◆ **婚姻**：率先改變自己的性格，使自己成為太陽般溫暖的存在，婚姻生活將更近一步美滿。

◆ 子女：鼓勵孩子累積實力、勤勉儲蓄，同時以身作則，此身教將可改變、影響其一生。

◆ 健康：屏除生活中對健康不利的因子，營造舒適的居家環境，著重飲食調養，身心健康指數將同時並進。

◆ 旅遊：與他人交遊，言詞柔軟有禮，常站在他人立場為其著想，能積累友情財富，添加旅途的風味。

◆ 考運：讀書前先整理環境，或選擇一個既舒適又不易鬆懈之處，再打開書本。將能提升考運和實力。

◆ 人際：溫暖待人，培養真誠關心他人的習慣，則朋友自會聚集你身旁，擁有不求自得之好人際關係。

◆ 訴訟：避免尖酸刻薄、為難他人之言辭出口，秉持不傷害他人的立場，訴訟將圓滿而和諧結束。

◆ 遷居：與新居、舊居之鄰人皆打好關係，打造平和的環境，搬遷定可順利。

158【上九】何天之衢，亨。

◆ 事業：實力與財力皆累積足夠，宜全力衝刺，放手大膽地用人，則事業可開創新的顛峰。

◆ 創業：資金、人脈準備充足，後路也縝密思考後，可全心投入經營，而有莫大的進展。

◆ 錢財：儲蓄計畫已穩定並開始有收益，多方探詢後，可展開新的投資，將獲取規模更大的利潤。

◆ 愛情：歷經多年的實力累積、才德養成，而有心境豁達、自由自在的境界，最合適的愛情即將到來。

◆ 婚姻：度過相當的磨合、適應時期，雙方皆有不凡的成長，此時論及婚嫁，為最好時機。

◆ 子女：悉心培育，逐步見到孩子成熟穩當的一面，可放手給予更多自由空間，將闖出一片他自己的天空。

◆ 健康：用心調養的身體已邁入健康，穩定的飲食與作息也成為好習慣，保持此最佳狀態，可長命百歲。

◆ **旅遊**：時機恰當，完善的準備、通盤的計畫，將帶領你展開一段愉快無比的旅程。

◆ **考運**：準備周全，加上靈活運用，只要以平常心應對一切，必可試運亨通。

◆ **人際**：用心、妥善經營的人際網絡，已逐步收其成效，而享有四海皆朋友的愉快交際網。

◆ **訴訟**：資料以及心情的準備充足，可讓你在開庭時臨危不亂，理性地應對一切。

◆ **遷居**：將內外大小事情理畢，一切皆有適當安排，則遷居當日一切平順，並有餘裕與新鄰居交往。

大畜卦 卦理

相對於小畜卦是小養，以料理私事、家事為主，「大畜」便是對外，以應對事業、工作、眾人大事為主，有聚集、供養有才德之人的含意。

從卦序來看，無妄卦和「大畜」卦是互為相縱的一對對卦。在無妄卦時是照章行事，建立起社會的秩序；到了「大畜」卦，則是有了制度後開始招集天下英才，共謀國家大事。春秋戰國時代有所謂的「養士」之風，供養具有特殊才能的賢士，當到了需要時就能成為自己的助力，例如著名的〈毛遂自薦〉和〈荊軻刺秦〉便是由養士出謀劃策甚至代為出征的故事。但當時選士沒有一定的標準，不可避免會有亂象產生，因此到了漢代才建立起「查舉」的制度來遴選賢才，這也就是為什麼要先有規矩，而後才能舉才。

「大畜」卦的卦象上為山，下為天，山有象徵大門、停止的意義，而乾天指的則是人才，所以〈彖〉曰：「不家食吉，養賢也。」為什麼不在家裡吃飯呢？因為作為一位賢士在外受人供養，表示自己的才幹受到上級賞識與看重。所以卜到「大畜」卦在問事業或成就時是吉卦，但若是問家庭，則會有因忙於公事而忽略個人或家庭事務的狀況。而卦辭也說：「利貞，不家食吉，利涉大川。」亦即無法回家是因為工作太忙碌，而由於條件太優秀，也適合冒險開拓。

「大畜」卦六爻的爻辭則多是以蓄養來比喻：初九為「大畜」剛開始的階段，還沒有累積什麼作為，故不宜冒險躁進；九二為下卦居中的位置，雖然比起初九情況已經稍好，但就像裝上的車輪卻掉落下來，因為尚未準備齊全所以無法前進；九三時有了優良的馬匹，可以駕著馬車飛奔，若能每天精進駕車的技術，對未來會有很大的幫助；六四時在畜養的小牛雙角綁上木棍，避免牛長大後衝撞傷人，防患於未然，因此得吉；六五是馴養豬隻，為了防止豬咬人而將公豬閹割，豬就會比較溫馴好養，吉；上九為「大畜」卦發展到了極致，先前養精蓄銳使得兵強馬壯，正是蓄勢待發、一飛沖天的最佳時機，能得大亨通。

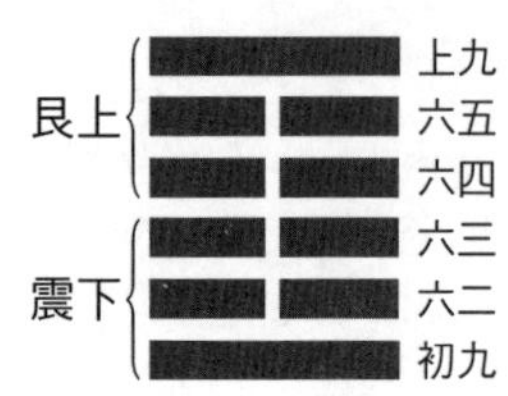

頤卦

卦序▶27　錯卦▶澤風大過
卦數▶33　綜卦▶山雷頤
卦向▶東南　互卦▶坤為地

卦揭

頤，頰也，飲食而鼓動雙頰，故謂頤為養生之道。自大畜之後，生活開始有餘裕，能夠注重飲食養生方法。而頤道以適度為上策，有充足的精神、健康的身體，即握有更好的籌碼追逐目標。

自古以來，中華祖先就十分講究飲食之道，早在《黃帝內經》：「五穀為養，五果為助……」便開始注重營養的攝取平衡，大儒孔子在傳道解惑之餘，也叮嚀學生「不多食」、「食不語」、「肉雖多、不使勝食氣」。以不多不過為頤之法，處事立地亦如此，那麼離喜慶也不遠了！

卦辭

【卦辭】貞吉。觀頤，自求口實。

頤，雙頰、兩腮。觀頤，看別人吃東西。口實，口中有實物，即自有飲食修身之道。

〈彖〉「頤貞吉，養正則吉也。觀頤，觀其所養也；自求口實，觀其自養也。天地養萬物，聖人養賢，以及萬民；頤之時義大矣哉！」頤卦蓄正道則吉祥，觀察別人的飲食，察其養生之法。自有頤道，是為了蓄養自己的身心。天地自然醞釀萬物，聖人提攜賢者也照顧百姓，頤之意義如此深遠。

〈象〉「山下有雷，頤。君子以慎言語，節飲食。」卦象上山下雷，頤道是要君子言行謹慎，飲食以養身、適度為原則。

觀看他人的飲食，當先豐富自己的休養之道。也可以從他人之法中，學習頤道。從待人處事方面來說，頤道便是要謹慎言語，觀察環境並且從中汲取養分，適當的蓄養自己。

【初九】舍爾靈龜，觀我朵頤，凶。

舍，從手，置、釋也。靈龜，大龜具有靈氣便能長壽，古視靈龜為祥瑞，此處指人修養身性之正道。朵，字形下象木枝，上象花苞之實，此作動詞用，表示鼓動。

〈象〉「觀我朵頤，亦不足貴也。」亦不足貴也，指丟棄自己的修身之道而欽羨他人，並不足以為貴。

捨棄你自己的靈龜，脫離原有的養生之路，反而看我吃食享受，遭到引誘，這是不聰明的行為。初九以陽剛之姿在下，本應平淡順應六四之君，卻表現躁進易致風險。即使立於事初，仍以遵循修養身心之道為上策。

【六二】顛頤，拂經，于丘頤，征凶。

顛，從頁象頭，本義為頭頂，又假借為蹎表示撲倒。拂，違背。經，織器上的縱向絲線，義為基準。丘，山丘。

〈象〉「六二征凶，行失類也。」行失類也，指此時的凶險來自於失去同伴。

躺著進食違背正道常理，靠在土堆邊上吃東西，前行會有凶險。於六二之時本當中正，倘若好吃不能自持，臥躺於堆且好逸惡勞，是反於養身之道，而有潛藏的險難。

【六三】拂頤，貞凶，十年勿用，無攸利。

十年勿用，十年沒有作為，指長時間無有進展收獲。攸，所。

〈象〉「十年勿用，道大悖也。」道大悖也，十年勿用是因為與頤道相去甚遠。

即使以正道為目標，但是偏離了修養身心之法，將使學而無法致用，自然沒有收獲，也得不到成長。

【六四】顛頤吉。虎視眈眈，其欲逐逐，無咎。

眈，從目表示注視的樣子，通常是因有遠志而眈眈。逐，字形如人足追趕獵物豕隻，義為追趕。

〈象〉「顛頤之吉，上施光也。」光，廣也。上施光也，背離頤道卻能吉祥，是因祀奉的六五之君廣施恩德。

躺著吃食而吉祥，雙目如虎如炬緊視周遭，卻也追逐欲求享受，可以沒有咎責。六四爻承六五、應初九，受到上位者的恩澤廣施，對下也能盡本分，因此儘管背離養身之道，也得吉祥。

【六五】拂經，居貞吉，不可涉大川。

居，蹲也，從尸古者，尸形如人屈膝，表示人長時間未挪動身體。居貞吉，表示守持正道而引來福氣。

〈象〉「居貞之吉，順以從上也。」順以從上也，指聽從上九之賢能者的建議。

違背頤道，但居正道故獲吉祥，此時不宜渡涉大川、冒險前進。六五爻以柔居尊位，是陰柔失正之象，幸而能採納有賢有能者的勸練，而無災，但仍應避免躁進妄動之心。

【上九】由頤，厲吉，利涉大川。

由，用也、從也。厲，本義為磨刀石，即尖銳鋒利。

〈象〉「由頤厲吉，大有慶也。」大有慶也，指因順頤道而能有喜慶之事。

順應養身之道，即使在上九極處歷經危險，但實則可以保有吉祥，此時有利於向前實現志向。上九陽剛佐六五之陰，助福澤播於下民，位高權重同時不失敬謹，故能成事迎慶。

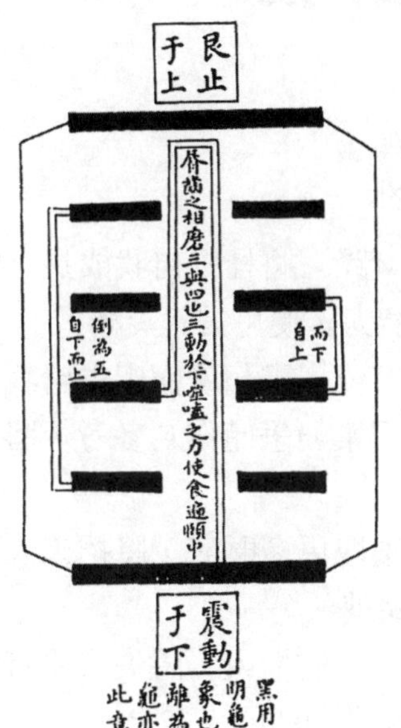

上卦為艮為山，下卦為震為雷，山止雷動，如上下顎為進食嚼動，以供身體之所需，為頤。

頤卦 卦義

159【初九】舍爾靈龜，觀我朵頤，凶。

- **事業**：一味羨慕他人成就，心浮氣躁，將杜絕自我成長。宜放下比較之心，加強自己的專業能力，便可去除災禍。
- **創業**：可有模仿對象，卻不宜過度依樣畫葫蘆而喪失自我主張。必須找出自己的創業特色，同業競爭僅作為參考，將可度過難關，有所發展。
- **錢財**：不滿足於自己所有，意圖獲取更多財富，將招來大凶。宜知足並心懷感謝，自會財源廣進。
- **愛情**：期待新的悸動而疏忽珍惜身旁的情人，將失去原有的美好默契。宜將目光轉移，回到應當關注的人身上。
- **婚姻**：珍惜平淡的夫妻生活，按捺不安的躁動情緒，則可保住重要的家庭和諧。
- **子女**：看重孩子的獨特性並支持其發展，勿與他家孩子相比較，將會更深刻體會到親子間的幸福。
- **健康**：光指責他人經營健康不善，自己卻背道而馳，將失去健康與友人的信賴。
- **旅遊**：決定好行程便愛上此行程，切莫坐一望二，如此才能享受一段獨特又心情愉悅的旅行。
- **考運**：培養自信，堅持自己的讀書計畫，心不慌亂，便能在試場上有最佳表現。
- **人際**：不重視自己，只關心他人感受以及對自己的評價，將損失值得深交的友人之信賴。
- **訴訟**：宜對自己涉及的案件更有信心，才能站得住腳，展開正義、理性的司法搏鬥。
- **遷居**：不論即將遷往何處，都要喜歡未來的新居。屋瓦簡陋也好、華美也好，心情豐裕，新居便是最富麗堂皇的住所。

◆ **尋人**：往東南方尋找，必有所獲。

160【六二】顛頤，拂經，于丘頤，征凶。

◆ **事業**：習慣將困難的工作丟給下屬或新人，自身將有停滯不前的危機。宜保持年輕之心，對任何事情皆積極、好奇地面對，才有發展之象。

◆ **創業**：若失去一同前進的伙伴，將有失敗的可能。緊抓善友，便可共同創造新局面。

◆ **錢財**：不思儲蓄、停滯前進，將有坐吃山空的危機。宜思振作，用心於事業，則可化解此一凶險。

◆ **愛情**：與人交往，若目的不正當、不單純，將損失生命中極為重要的伴侶或友人。

◆ **婚姻**：夫妻同在一條船上，若失去其中一人，將招來凶險。宜同心協力，克服眼前困難。

◆ **子女**：孩子與朋友間產生誤解。宜耐心傾聽，亦師亦友般地鼓舞之，則孩子可超越此番低潮。

◆ **健康**：用餐宜細嚼慢嚥，留心姿勢，彎腰駝背將難以消化；飯後不宜立即平躺，身體將逐步健康。

◆ **旅遊**：與同行夥伴間須維持和諧關係，遇到凶險時，將各自發揮力量，安然度過。

◆ **考運**：妄想速成、走捷徑、跳躍性的讀書方式，將導致心無法安定，進而影響考運。

◆ **人際**：偏好交某類朋友，看輕其他友人，有違交友之道，將有失去同伴的凶險。

◆ **訴訟**：擁有生活上、專業上有助於訴訟的支持者，便可順利度過訴訟的難關。

◆ **遷居**：諸多喬遷的瑣碎事宜，不宜懶散以對。細心規劃、逐次確認，可迎來圓滿愉快的喬遷之喜。

161【六三】拂頤，貞凶，十年勿用，無攸利。

◆ **事業**：職涯久久未能提升，導致長期在工作上不見成長。宜轉換心境，先提升自我境界，施用於工作上，必可收效。

◆ **創業**：只注重經營成效未重視作法，將長時間看不到好的結果。應確立正確而有效率的作業模式，業績才能成長。

◆ **錢財**：財富未因時間累積而跟著成長，宜思索並改革不當的消費習慣，重新審視用錢之處是否必要，方可脫離長時間財富停滯的宿命。

◆ **愛情**：心中有理想對象的條件，卻從未認真尋找，導致多年感情空窗。宜化思想為行動，便可打破僵局。

◆ **婚姻**：交往多年，始終無法論及婚嫁。宜審視雙方是否朝向同一目標，同時身心靈具有隨年齡增長。若有，局勢可望在近日轉變。

◆ **子女**：孩子在某方面長時間未見進步。宜觀察其生活態度、做事方法，兩造同時提升，事態自有轉變。

◆ **健康**：長時間身體虛弱，調養亦不見好轉。身心靈健康宜同時關照，修養亦須並進，如此而能扭轉現狀。

◆ **旅遊**：規劃不出旅遊時間，或長時間無暇休憩。宜放下某些事務，堅決安排修養身心的一段旅程。歸來後一切將有所不同。

◆ **考運**：因時間、健康、讀書方法調配不當，長久以來考運很差。宜先行安定心志，心定下來後，再重新立下目標、研擬方法，如此而改變現況。

◆ **人際**：長年人際關係不佳，乃自身境界未得提升之故。鍛鍊自身生命，培養體貼、為他人著想之心，則困窘的人際狀態可逐步改善。

◆ **訴訟**：法案延宕多時，未見進展。宜再次誠懇確認雙方的和解條件，以相互體恤的心情結束此案件。

◆ **遷居**：計畫遷居卻久久無法成行，須訂定明確計畫，搭配最合適的時間與狀況。如此而能順利完成喬遷。

162 【六四】**顛頤吉，虎視眈眈，其欲逐逐，無咎。**

◆ **事業**：受到上司器重，即使犯錯也不會受到太大指責。但不能恃寵而驕，宜對上位者保持感謝與尊重，對下以身作則，如此可保事業興旺。

- **創業**：受到長輩幫助而一切順遂。宜謹慎前行，密切注意周遭變化，如此可不惹禍上身。
- **錢財**：頻遇恩人，因而不愁錢財吃穿。享樂的同時，亦須認真思索，為自己開闢新財源，方能在經濟方面持續安穩，避免坐吃山空。
- **愛情**：先天條件良好、福氣十足，擁有令人欽羨的最佳伴侶。抱持感恩之心的同時，也要用心經營兩人關係。
- **婚姻**：雖然偶有齟齬，在長輩的守護下，婚姻仍相當幸福美滿。在家中宜相互體恤，避免任性妄為，便能長久和諧安穩。
- **子女**：孩子有多位長輩疼愛，幸福滿溢。宜時時提醒子女懷抱感謝之情，不可恃寵而驕，幸福方可延續。
- **健康**：不見得認真管理健康，卻在旁人照顧下狀況十分良好。宜學習自我掌理健康，勿過於依賴，才稱得上真正的健康，良好狀態方能長久。
- **旅遊**：旅程一切順利，十分享受。宜時時注意周遭狀況，不可大意，方可順利平安，無過無失。
- **考運**：受前人優良的讀書方法、計畫之庇蔭，考運極佳。宜將此傳承給後人，延續善的庇佑。
- **人際**：長輩人脈極廣，旁及親友，因而自己人緣頗佳。宜靠己力用心經營，人脈將更為堅固。
- **訴訟**：受到法庭主動幫忙，順利結案。宜發惻隱之心，助人以為報恩，可獲得一年內的安穩吉祥。
- **遷居**：長輩協助打理，而順利遷居。宜更為恭謹侍上，以為回報。

163【六五】拂經，居貞吉，不可涉大川。

- **事業**：聽從賢者的建議，而能維持安穩的局面。但仍要避免急躁犯險之心，如此而可避災免禍。
- **創業**：擁有指引方向的軍師，故即使是新起步的事業，大致順利。宜向正道步步為營，緩進致遠，而能展開新的局面。

◆ **錢財**：接納專人建議，而守住一定規模的財富。宜繼續守成，不隨便取巧投機，便可遠離漏財危機。

◆ **愛情**：參考長輩建議的對象，停止沒有安全感的交往，則能行走在愛情的正道上，而修成正果。

◆ **婚姻**：雖然平凡，但認真經營家庭、愉快度過每一天，福氣就會降臨，婚姻也將和諧而穩定。

◆ **子女**：給予子女充分的尊重與支持，且從一而終，不輕易變動標準。則子女將在福氣充盈下，便能全力施展天賦。

◆ **健康**：遵照專業人士的建議，持續實踐以調養身體。如有被禁止之飲食、生活習慣，切勿視其為危言聳聽，如此方可常保安康。

◆ **旅遊**：聽從長輩建議，備妥旅行需要的物品。勿參與過度冒險、刺激的行程，時時保持從容之心，可有愉快安全之旅。

◆ **考運**：持續諄諄向學的態度，接納前人準備建議，勿懷僥倖心理，則考運可大幅提升。

◆ **人際**：即使不是悅耳之語，不懊惱也不氣餒，坦然接納賢者意見，將開啟絕佳的自我人際關係。

◆ **訴訟**：態度過分柔弱，將偏離正道。宜採納專業建議，導正觀念與信心，即可避免災禍。

◆ **遷居**：規劃時程應有餘裕，不宜過於緊湊，導致心情紛亂。適時接納他人意見，調整行事方針。

164【上九】由頤，厲吉，利涉大川。

◆ **事業**：經常思考如何帶給部屬利益，謹慎言行，只要順應人心，便能達成任何想推動的事情。

◆ **創業**：用心觀察市場趨向，順勢而行，則即使遇到凶險，亦能安然度過。

◆ **錢財**：選擇最適合自己的儲蓄模式，持續三年、五年，可獲得足以實現夢想的基金。

◆ **愛情**：遇到感情危機，回頭思考自己對交往的定義，順從自己的心，則可度過此難關。

◆ **婚姻**：身體、健康處於最佳狀態下，完成終身大事，對整個家族而言為一吉利之事。

◆ **子女**：給予孩子朋友般的關心，不要權威，同時適當引導，則其未來必行於正道上。

◆ **健康**：打造最適合自己的養生之道，即使不期然的病禍降臨，亦為好事一樁。

◆ **旅遊**：視身體狀況，安排最適合自己的行程。旅途中關心需要照顧的人，將獲得最難忘的一次旅行回憶。

◆ **考運**：讀書計畫宜配合自身健康與作息，不過度勉強。同時關照其他考生，可增添考運。

◆ **人際**：在不給人添麻煩之下，常懷體恤之心，原原本本地做自己即可開展良好人際。

◆ **訴訟**：思考該案件的利益與傷害，若為得利者，將對方傷害降至最低，如此可獲吉祥和氣。

◆ **遷居**：選擇合適的季節、天氣，配合眾人一同協議好的時間，以謹慎的態度、感恩的心情進行搬遷，新的美好生活必將開啟。

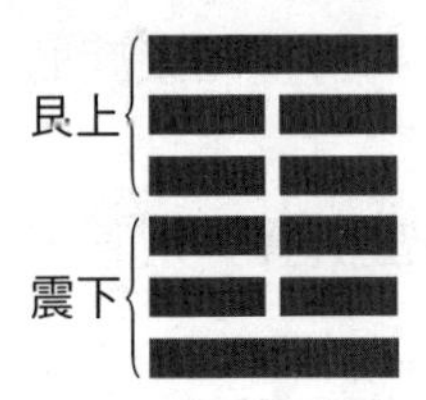

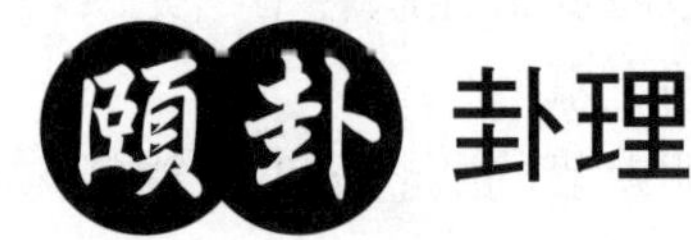

頤卦卦理

「頤」的字義是口頰，亦即人的嘴巴，由此引申為飲食、頤養的意思。而除了吃東西之外，發聲說話也是經由嘴巴，故「頤」卦的卦義也和語言、說話有關。

這一卦比較特別的是，整個卦的外形與卦名非常相似，中間四個陰爻可以當做牙齒，上九與初九兩個陽爻便是嘴唇，看起來就像一張未閉合的嘴巴。而其卦象上為山，下為雷，山代表停止，而雷代表震動，上顎停止而下顎震動，象徵以口咀嚼的動作；此外由於內為震動，外為停止，又可以引申為閉門潛心修養的含意。

《象》對於「頤」卦的解釋是：「山下有雷，頤。君子以慎言語，節飲食。」嘴巴掌管的是吃東西和說話，因此這一卦的道理有兩個層面：一個是透過恰當的飲食維繫生命、修養生息；另一個則是謹言慎行，透過有節制的發言以涵養口德。常言道「病從口入，禍從口出」，吃東西毫無節制就容易生病，愛嚼舌根又不視時務則經常為自己招來災禍，因此卦辭中才說：「貞吉。觀頤，自求口實。」多觀察少動口，當觀摩他人當做學習，自我警惕，並時時要求自己發言實在。如此守靜為吉，一則養身，一則也可以養德，就是「頤」卦的宗旨。

所以「頤」卦六爻的爻辭在斷吉凶時，便是以是否守靜作為依據：初九是下卦之主，卻因為看到別人大快朵頤就心生急躁，亦即看到他人功成名就便無法自持，只是自取其辱；六二雖居下卦中位，可以自主，卻顛頤向外尋求依賴，違背常理，故凶；六三處不當位，且所行之事又違背這一卦守靜修養的原則，以長遠的眼光來看為凶；六四時已來到上卦，雖然也是向外尋求依賴，但就如同老虎捕獵，是為了滿足正當的需求，所以不會有罪咎；六五雖為貴為一卦之尊，卻陰柔無法自養，必須借助他人，因此吉道在於知人善任，而非事必躬親，尤其不可親自涉險；上九是「頤」卦的鎮卦之主，深受眾人仰賴，所以肩負重任，處境也會更為困難艱苦，但若能以靜制動，持守正道，則終能得吉。

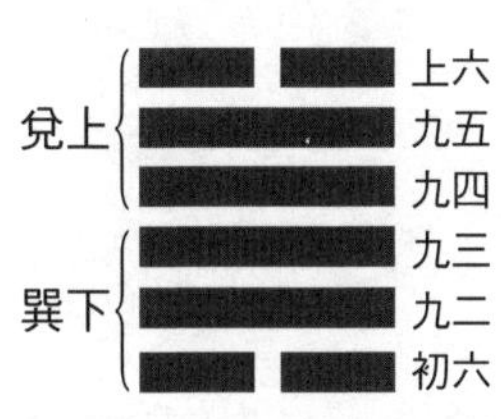

大過卦

卦序▶28 錯卦▶山雷頤
卦數▶30 綜卦▶澤風大過
卦向▶東南 互卦▶乾為天

卦揭

過，度也，引伸有過之過。大過即過度而造成過失。頤卦中因注重養生進食容易超過限度地享受，變成大過之失。若大過已成，如臨深淵，此刻只有剛強與柔軟兼具，面對覆沒的險境才能毅然堅持。

陶淵明身處動盪的魏晉時代，政治勢力更迭不斷，血腥殺戮層出不窮，在這樣的時代裡他也入仕十三年後才決定致仕歸隱。這是陶淵明的大過之境，但秉著不為五斗米折腰的精神，終是解下纓冠，躬耕田園。他堅守自己的志氣，卻不同當權者正面衝突，只是融入鄉野勞動，而其志節依舊綻放。

【卦辭】棟橈，利有攸往，亨。

棟，屋之脊梁，即屋頂最高處的水平橫木，此取其剛直之義。橈，曲木，指屋梁本末柔弱。

〈彖〉「大過，大者過也。棟撓，本末弱也。剛過而中，巽而說行，利有攸往，乃亨。大過之時義大矣哉！」大過者陽剛過剩，如房屋棟梁彎曲，而彎曲是因為兩端柔弱。陽剛過剩集中於中間處，並心持柔弱喜悅地前往，使前行能無不利、運勢亨通。

〈象〉「澤滅木，大過。君子以獨立不懼，遯世無悶。」水澤淹沒樹木是大過之卦象，君子習之而凜然無畏，藏於世亦無躁無悶。

在大過之境中，中心秉持剛強，也不失柔弱應對的態度，如屋頂的正梁剛直的撐起四壁，又因受潮使兩端微彎，如此剛柔並濟可以向前邁進並亨通順暢。

【初六】**藉用白茅，無咎。**

藉，祭祀時用來擺放祭品的草薦。茅，菅草。

〈象〉「藉用白茅，柔在下也。」柔在下也，指陰爻在下，如秉柔順且持慎。

祭祀時在祭品下鋪墊乾淨的白草，展現誠敬的心意，而沒有災難。於大過卦之初，隨時敬謹誠信，猶如祭祀時用白茅擺放祭品，在任何的細節都充滿敬重之心，一言一行自然戒懼謹慎，使他人不會感到反感。

【九二】**枯楊生稊，老夫得其女妻，無不利。**

枯，草木凋零為枯。楊，近水之蒲柳也。稊，末端新生的嫩芽。女妻，少女般的妻子即妙齡之妻。

〈象〉「老夫女妻，過以相與也。」過以相與也，指九二儘管陽剛，仍能和女妻般的初六相合。

枯老的樹木長出新生的嫩芽，大齡男子娶一位年輕的妻子，一切沒有不利。九二爻雖陽剛過剩，但陰柔仍以陽剛為首，剛柔並濟，故可以避開危險。

【九三】**棟橈，凶。**

棟，從木，屋中正梁，即屋頂上方的水平梁木。橈，曲木。

〈象〉「棟橈之凶，不可以有輔也。」不可以有輔也，指棟梁之所以彎曲，是因為沒有好的輔佐。

屋中的棟梁呈現彎曲的姿態，會有倒塌的凶險。九三爻以剛居中，使其過剛不當，從九二爻的剛柔相濟轉為陽氣過剩而失衡，其險難來自於過剛易折。

【九四】**棟隆，吉；有它吝。**

隆，字形從生，本義為高、豐大也。

〈象〉「棟隆之吉，不橈乎下也。」不橈乎下也，指吉祥來自於屋梁不向下彎曲。

棟梁呈現向上彎曲的景象，有利且吉祥，但若過度依附於陰柔，則會有憂吝。九四於剛柔適中，質剛而居陰，使其在大過之時能陰陽相輔。即人於大過極盛之邊緣，更須謹記剛易折、柔易催，兩者兼具者才能吉祥無憂吝。

【九五】枯楊生華，老婦得士夫，無咎無譽。

華，從𠦒從 ，字形如花葉下垂，本義為花。士夫，此指青年男子。

〈象〉「枯楊生華，何可久也。老婦士夫，亦可丑也。」何可久也，枯楊生初花實，即所有力氣耗盡，離凋零不遠矣。亦可丑也，老婦與少壯的男子相配，為丟人之事。

九五為士夫，上六為老婦，九五與上六相親，卻如枯楊生花，儘管無咎但無完滿，並非是最好的選擇。

【上六】過涉滅頂，凶，無咎。

過涉，越過渡涉大川。滅，字形從水，表示受水覆蓋，此義為消滅、滅亡。

〈象〉「過涉之凶，不可咎也。」不可咎也，說明過涉是因面臨險境，即使凶險也無可咎責。

徒步過涉大川而淹沒了頭頂，是人在險境不得不如此。儘管暗藏凶險，但堅定無懼的精神為此時克服險難的方法。

卦圖

大過棟隆橈圖

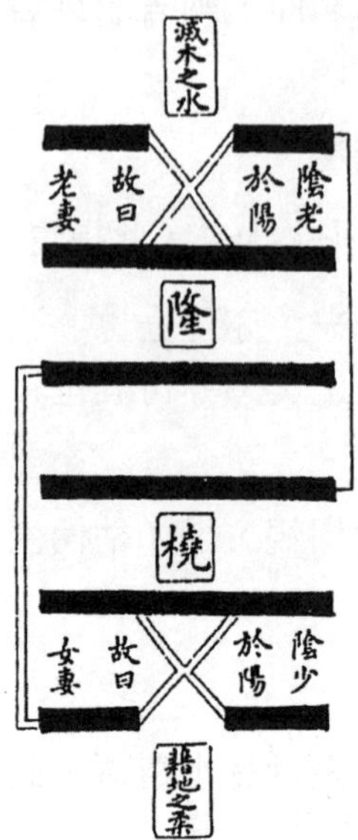

上卦為兌為澤，下卦為巽為木，澤本能潤木，而今澤滅蓋於樹上，是水大過於常，為大過之象。

165【初六】藉用白茅，無咎。

- **事業**：對任何事務都抱持尊敬、謹慎的心情去做，將獲得眾人信賴，事業也會隨之開展。
- **創業**：接觸到的每一個人都當成貴人，善用其特質，使之成為創業助力，困境必會打開。
- **錢財**：用錢謹慎，花在刀口上，敬重物品，需要才進行購置，財富自會快速累積。
- **愛情**：時時為對方著想，持續溫暖的言行舉止，戀情將細緻而綿長，恆久不渝。
- **婚姻**：籌備婚禮時，面對任何細節皆謹慎處理，言行合一，如此而能締造絕佳人際關係與未來人脈。
- **子女**：孩子即使年紀小，也應對其展露誠信，並尊重其人格地對待，如此便能贏得對方等同的敬重之心。
- **健康**：謹慎地營造健康環境，同時重視細節的保養，如此便能得到健康的身體。
- **旅遊**：即使是熟悉的旅途，亦不可草率大意。隨時留心周遭狀況，能保無災無難。
- **考運**：粗心是大敵，再是手到擒來的考試，也要以恭謹之心面對，即能保證每次都考運亨通。
- **人際**：說話得體，不以攻訐、刺傷他人為樂。如此便能獲得周遭人的信賴，進而擴展令人欽羨的人際關係。
- **訴訟**：法庭上一言一行不可兒戲，皆須站在大局著想，只要抱持尊重每一個人的心，事件必將和諧落幕。
- **遷居**：謹慎安排細節，注意周圍人心的變化，時時給予體貼的關懷，如此則喬遷前後皆能順利愉快。

◆尋人：往東南方向尋找，必有所獲。

166【九二】枯楊生稊，老夫得其女妻，無不利。

◆**事業**：強勢的手腕，亦須搭配懷柔的補償，剛柔並濟，則事業方可有成。

◆**創業**：宜有剛毅、柔和兩種性格的伙伴相助。前者開闢道路，後者在後方溫暖人心。搭配得宜，則可展開新局。

◆**錢財**：重視開源，但亦須節流。交相搭配，謹慎用度，則可保不虞匱乏。

◆**愛情**：年齡差距不是問題，只要情投意合，雙方具備一定的成熟度，即可有美好的交往。

◆**婚姻**：老夫少妻或姊弟戀，因為雙方的努力、天賜的緣分，而得皆大歡喜之結局。

◆**子女**：跟上時代氛圍，支持孩子對於另一半的婚姻抉擇。不論形式如何，都可達幸福美滿之道。

◆**健康**：鍛鍊身體，同時搭配溫和的飲食調養，則離健康那一天指日可待。

◆**旅遊**：行程安排宜嚴謹，卻不失輕鬆，兩者適合調和，可收安全、愉快之成效。

◆**考運**：健康時，可埋頭苦讀數日；心煩時，可安排較長時間的休憩。一鬆一弛，兩相調和，則考運必佳。

◆**人際**：交友不限族群年齡，以寬闊的心兄廣結四海之友，豐厚的人脈有助未來發展。

◆**訴訟**：爭訟期間以嚴正的辭令搭配體貼的包容，方能施展正義，並解決爭端。

◆**遷居**：搬遷準備宜提早，時而有效率收拾，時而緩慢檢視物品。如此將有意想不到的收獲。

167【九三】棟橈，凶。

◆**事業**：態度過於強硬將導致事業受挫，尋得賢良人士輔助，可以度過此凶險危難。

◆ **創業**：士氣高張、不留餘地給他人，則新事業容易夭折。接納合夥人意見，手腕柔軟，則可扶搖直上。

◆ **錢財**：過分自信、投資不留本，則有失財危機。應有相互搭配之輔助計畫，作為退路。

◆ **愛情**：相處時慣於強硬以對、任性妄為，則有感情變質的危機。不過於剛強，則可化解一凶。

◆ **婚姻**：生活中無適當調劑，將導致婚姻危機。適時規劃外出旅遊、增添生活情趣，方可解除婚姻警報。

◆ **子女**：教導子女態度過於強硬，產生對方反抗之作用力。宜尋求第三人居中調和，而可解除不和諧危機。

◆ **健康**：自恃強壯、過於勉強自身，將有突發性疾病來襲。適時放鬆，規律作息，方可贏取真正的健康。

◆ **旅遊**：團體中過於堅持己見，將破壞整體和諧與旅遊興致。宜聽取他人意見，包容各人想法。

◆ **考運**：堅信努力可戰勝一切，罔顧其他環境、周圍人觀感等條件，則考運將受挫。宜尋求各項輔助，作全面性考量，方能於關鍵時刻有好表現。

◆ **人際**：以自己為中心，總是要他人配合行事，將導致人際關係危殆。需多考慮周遭人意見，廣納勸諫，可改善人際危機。

◆ **訴訟**：據理力爭、得理不饒人，則事件無法圓滿結束。宜採取較柔軟姿態，緩和說話語氣，如此則可扭轉局勢。

◆ **遷居**：過於逞強，不接受他人幫助，將因孤立無援而遭受挫折。適時接受他人援助並非示弱表現，為人宜能屈能伸，才能事事圓滿。

168【九四】棟隆，吉；有它吝。

◆ **事業**：調整過於剛強之行事作風，剛柔並濟，則事業順利。忌陰柔過頭，反失去魄力。

◆ **創業**：初創業便能掌握時勢，有獲利之吉兆。宜時時恪守創業精神，當心日久懈怠。

◆ **錢財**：財務經營與用錢得宜，經濟狀況美好且順利。忌尚未理解全盤狀況就進行投資，方可守住財物。

◆ **愛情**：用心經營兩人關係，溝通時用詞、態度拿捏得宜，則感情增溫。持續此相處模式，情感可長久不易。

◆ **婚姻**：聽從對方意見，時而隱忍退讓，進退得宜，婚姻和睦故可持續。切忌過於順從，否則將造成相處上的失衡。

◆ **子女**：時而嚴格、時而溫暖，拿捏得當的教養方式，可收顯著成效。初有成效後，勿忘卻嚴厲、一味溺愛，則可成就孩子美好的一生。

◆ **健康**：適度鍛鍊身體，偶爾超越極限，偶爾留喘息空間，慎防怠惰造成的疏懶維持，當可保有健康體態。

◆ **旅遊**：安排最適合自己以及同行者的行程，兼顧團隊每個人喜好、身體狀況，則旅程可安然愉快。

◆ **考運**：認真準備，適度安排休憩與衝刺的平衡，則會受到考試之神的庇護。

◆ **人際**：不卑不亢，在不驕矜、不卑縮的條件下真實展現自己，則人際關係的提升指日可待。

◆ **訴訟**：該強硬時堅持，該柔軟時溫和，剛柔並濟地面對法庭，可順利取得好結果。

◆ **遷居**：大刀闊斧地計畫搬家事宜，同時縝密確認微小細節，可獲得喬遷之喜氣與萬事如意。

169【九五】枯楊生華，老婦得士夫，無咎無譽。

◆ **事業**：慎防了無生氣之員工，事業若失去進取的氣息，將有不可預測的失利。

◆ **創業**：新的事業須謹慎決定是否納入老朽產業，否則即使無盈虧之失，亦無法有圓滿局面。

◆ **錢財**：對於金錢的支配切莫老氣橫秋，自以為是，才不會迎來困窘的局面。

◆ **愛情**：姊弟戀的年齡不宜差距過大，否則儘管情投意合，亦可能有某方面的不完滿。

◆ **婚姻**：熟女再婚宜審慎決定對象，與年紀過輕的小伙子在一起，不一定會有好的結果。

- ◆ **子女**：年紀尚輕的孩子如有「看破世間」的老態龍鍾思想，需密切注意其交遊對象。
- ◆ **健康**：不論年紀如何，應懷抱積極前進的青春樂觀思想，對人生而言才是最好的選擇。
- ◆ **旅遊**：同行對象若為老者，宜留心其身體與精神狀況，不必過分勉強與其偕同出遊。
- ◆ **考運**：抱持希望，勇敢前行，只要懷有年輕之心志，年齡不會是錄取與否的限制。
- ◆ **人際**：宜多結交青年友人，感染其爆發性的生命力，如此而能使自己常懷前進之心。
- ◆ **訴訟**：相信年輕人，大膽將案件託付給他們，儘管經驗不足，年輕人的那一套也會展現特效。
- ◆ **遷居**：宜有嶄新思維，衡量自我最合適的搬遷時辰，不必太相信老人家的迷信與忌諱。

170【上六】過涉滅頂，凶，無咎。

- ◆ **事業**：遇到事業上的瓶頸或無可抵擋的虧損，堅持不逃避、勇敢面對，可度過此一凶險。
- ◆ **創業**：遭受到無情的失敗打擊。深知此為創業必然過程，不以為恥，重新站起來，新的機會也會跟著來。
- ◆ **錢財**：面臨不可抗力因素而失去錢財。坦然面對，細細思索原因，將成為再次累積財富重要的參考。
- ◆ **愛情**：自身狀況不是談感情的最佳時機，先認真面對自己，解決問題，再來經營感情。
- ◆ **婚姻**：經歷婚姻中無法避免的衝突。勿歸咎於任何一人，兩相傾聽、溝通理解，而可度過此考驗。
- ◆ **子女**：面對毫無理由發怒、形跡詭異的孩子，不宜急躁，耐心多給點時間，使其傾訴己意，而可達成真實的理解。
- ◆ **健康**：身體內部潛藏已久的疾病顯現。不是誰的錯，也不是誰的問題，是自己與自己約定好的挑戰。樂觀面對，必定可有最好結果。

◆ **旅遊**：驚險的行程必有其風險，不需怪罪任何一人。坦然地從容面對，即可順利解決。

◆ **考運**：因狀況不佳導致考運奇差。審慎思考準備過程，以更周密的計畫迎來下次挑戰，必可轉變考運。

◆ **人際**：因時不我予，勇於拓展人際關係而遭受挫敗。有行動才會產生挫折，勿害怕失敗，仔細檢討後勇敢前行，則可超越人際逆境。

◆ **訴訟**：積極參與卻面臨失利。不被挫敗打倒，調整作法、東山再起，事件必有翻盤機會。

◆ **遷居**：搬遷過程必然會遇到不順利的事情，不因此喪氣、帶著笑容繼續前進，可開展一個新的未來。

大過卦 卦理

「大過」，指的是在這一卦中陽氣大過陰氣，陽盛陰衰的程度過大導致陰陽無法彼此平衡的現象。

雖然在易經中，有許多卦都擁有四個陽爻，然而「大過」卦的卦象卻呈現四個陽爻往中央聚集，而陰爻分立於上下的樣子，猶如一個肚腹肥大的胖子，因為體重過重使得雙腳無力支撐，不僅無法久走久站，也容易跌倒。這一卦上為澤兌，下為巽木，澤中有水可以養木，但樹木立於澤中，卻是涵養過度的意象，樹木的根莖會因浸泡於水中而腐爛，以致根基不穩，問題叢生。〈彖〉曰：「大過，大者過也。棟橈，本末弱也。」便是以木頭為比喻，若是一根木頭中間厚重結實，兩端卻軟弱不堪，那麼作為棟梁就很容易彎曲。

這就好比在生活中，如果習慣了優渥，就會因為懶散過頭而生病，也承受不起突然來臨的困難或壓力；如果是在工作上，則是會出現中層主管過多，一堆人在發號施令，卻因為基層員工稀少薄弱而沒有人可以執行命令的窘境。卦辭中說：「棟橈，利有攸往，亨。」意指卜到這一卦，對於有能力、可以獨當一面者而言能得亨通，且有長遠的利益；但對於需仰仗他人方能成事者，則會因為沒有可以依賴的人使得前途堪慮。

「大過」卦六爻爻辭述說了這一卦的發展歷程：初六時為求謹慎，在獻祭的物品下墊上茅草，由於慎重其事，因此不會招來罪咎；九二時枯樹往土中生根，生機重現，猶如老男子娶妻，故無不利；九三時發現作為屋中棟梁的木材彎曲不正，有鬆脫動搖的跡象，後續會發生危險可說是意料之中，所以凶；九四時棟梁是穩固的，沒有倒塌的疑慮，故得吉，但也要慎防節外生枝；九五時與陽爻相鄰，故同樣有娶妻之象，但卻是男子取老婦人，因此不會持久，也因有違一般風俗，容易導致名譽受損；上六時來到這一卦最凶險的地方，就像想強行渡過深不見底的大河，最後招來滅頂之災，故為凶。

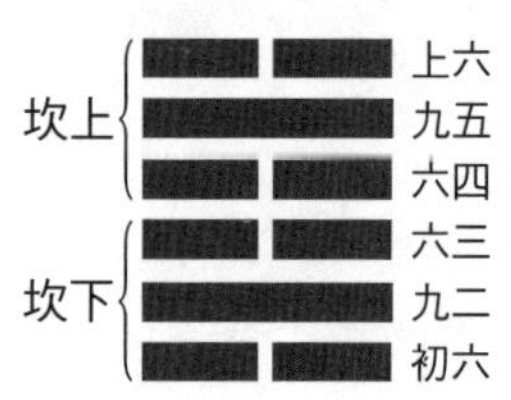

坎卦

卦序▶29　錯卦▶離為火
卦數▶18　綜卦▶坎為水
卦向▶北　互卦▶山雷頤

卦揭

坎，陷也，高而下者謂陷，指四周高起的陷落之地。坎之難以翻躍，故此喻為險境。卦象又由雙重之水疊連，如土地中流水不斷故而下陷。人生之途難以維持平順，更多的時候是面臨或陷於坎險，此時堅定心之所向，穩健步伐持續前行，才能在其中有所收穫。

在十九世紀末來到台灣的馬偕醫生，同行的傳教士中只有他一人留在淡水，為了心中的「主」而選擇在異鄉生根。初時語言不通，也沒有人要教他台語，亦無同伴能相互慰藉，還要不時忍受思鄉之苦。但內心的「道」猶如高山峻嶺不可撼動，反而藉著與牧童交談，在五個月後學會以台語布道。儘管多次生命受到脅迫，馬偕仍毅然地傳道、行醫、教育，完成生命旨趣。

卦辭

【卦辭】習坎，有孚，維心亨，行有尚。

孚，信也，字形象爪與子，由鳥護幼子的恆常之理，表示誠信。維心，「維」義指繫、保持，維繫其心保持敬服。

〈彖〉「習坎，重險也。水流而不盈。行險而不失其信。維心亨，乃以剛中也。行有尚，往有功也。天險不可升也。地險山川丘陵也，王公設險以守其國，坎之時用大矣哉！」習坎，是重重的險境。水因流動而不滿盈，如立於困境中仍不失誠信。遵循本心而亨通，是由於以剛健居中。欲行則能圖發展，前進能見成功。天險無法躍升，地險有山川丘陵為困。王公等領導者利用險阻守衛國家，是遇險而能順勢應變為用。

〈象〉「水洊至，習坎。君子以常德行，習教事。」洊，同「薦」，本義為加於筵上之席，取其交疊之義，釋為再、重。習坎卦象水流洊洊而至，君子由此而知常保德行，並教育人民。

維繫己心，使其始終誠信，故能亨通，往前行而後有功。在交疊的困境中，習者，能適行不止息。而再能習乎於水、反困境為己之助力者，雖臨險難，亦可無懼並躍濟出坎。

【初六】習坎，入于坎窞，凶。

習，本義為小鳥反覆的試飛，後義為學習，指學過之後再反覆地練習臻至熟練。窞，字形象坎中有坎，表示很深的坑，音同「但」。

〈象〉「習坎入坎，失道凶也。」失道，初六爻本質陰柔卻以身犯險，是有失於道，因此凶險。

為了求精進而身陷坎險，但能力卻尚不足備，反而無力出險，更陷於深穴之中，如此自然有凶無疑。

【九二】坎有險，求小得。

險，阻難也，字形像封閉型的山丘，難以逾越。

〈象〉「求小得，未出中也」。未出中也，只能保有小得，是因尚未從險境中脫出。

坎中險難潛伏，僅能保持小的收穫。九二爻仍在坎中，但相比前後二陰爻卻能以剛居中，所以能求小得。

【六三】來之坎坎，險且枕，入于坎窞，勿用。

之，往也。枕，睡臥置於首下之物，此處指在險中暫且安居。

〈象〉「來之坎坎，終無功也。」終無功也，此指由於始終陷於坎內，所以不會有成功、收穫。

來去皆是險阻，此時寧可在險地中暫且休息，已經深陷於坑就不利於有所行動。六三爻前進有險、後退難安，當此時宜靜心安定，若妄圖躍進求得，便如於泥淖中愈陷愈深。

【六四】樽酒簋貳，用缶，納約自牖，終無咎。

樽，木製盛酒器皿。簋，音同「軌」，盛黍禾稻稷的圓形容器，用於祭祀。貳，表示貳簋。缶，亦作「罐」，大腹小口之瓦器。牖，音同「有」，壁窗也，字形如用鋸開的木片作成牖窗。

〈象〉「樽酒簋貳，剛柔際也。」剛柔際也，六四與九五相交至誠成於上君。

一杯酒，兩盤主食，加上瓦罐中的食物，統一安置在窗戶旁邊，至終也無責難。擺上普通粗淺的食物，卻因心懷誠敬，其所伺之君亦能從簡約中感受到通明之處。

【九五】坎不盈，祇既平，無咎。

盈，滿盈、充積的樣子，本象器皿內食物滿溢。祇，恭敬之意。

〈象〉「坎不盈，中未大也。」中未大也，九五中央之君尚未壯大。

水因流動而未至滿盈，持平於適當之處，沒有災難。坎中如水，漸漸被填滿卻不過剩，僅與地平面同平，所以能脫離險境沒有危害。

【上六】系用徽纆，置于叢棘，三歲不得，凶。

系，繫縛也。徽纆，繩索名稱，用於刑罰。置于叢棘，此處指被限制於坑穴之中。

〈象〉「上六失道，凶三歲也。」凶三歲也，會有三年的凶險。

用繩子綁縛，放到草叢荊棘之中，有三年之內不得脫離困境的凶險。上六爻質柔於坎之極，即迷失於路途，猶如受繩索束縛而解脫不得。此時凶險來自於與正道相背。

習坎行險圖

上卦坎為水，下卦坎亦為水，由坎加疊而成，水中有水，故土地陷而又陷，形成困阻之地。易被小人陷害是也！

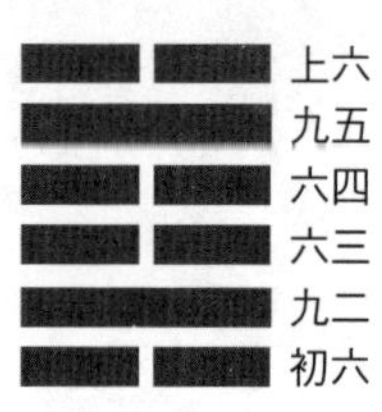

坎卦 卦義

171【初六】習坎，入于坎窞，凶。

- **事業**：目前的局勢艱難，猶如身陷深坑之中，無法脫身，故近期行事需小心謹慎，避免陷入更險峻的狀況之中。
- **創業**：目前的情況不利創業，若仍堅持進行，則必定困難重重，事倍功半，不妨先暫緩創業計畫，等候更好的時機。
- **錢財**：金錢可能有被凍結、無法挪用的情況，故財務狀況吃緊，而目前也尚無脫身之法，此時應避免輕舉妄動，以免損失更多錢財。
- **愛情**：與另一半或心儀對象關係陷入膠著，可能產生誤會與爭執，若不懂得以退為進，恐怕會令先前累積的情感快速歸零。
- **婚姻**：目前的婚姻關係距離鶼鰈情深仍有一大段距離，必須下相當大的苦心經營，才有辦法從目前的困局脫出。
- **子女**：親子感情會有失睦的情況，而因種種外在因素，情感可能更加疏離，要挽救頹勢，必須付出相當大的努力。
- **健康**：健康狀況欠佳，且可能屋漏偏逢連夜雨，往更糟的方向發展，此時更因注意身體的保護、疾病的預防，要能逃離病魔的掌控，需要有堅強的心志與毅力。
- **旅遊**：困難的狀況一個接著一個冒出來，讓你精疲力竭，若尚未踏上旅程，不妨停下腳步，等待更好的時機；若已在旅途之中，則務必小心行事，先預設最壞的情況，並做好周全準備為宜。
- **考運**：學習過程中遇到種種阻礙，導致學習成效不佳，要能堅定自我，貫徹良好的讀書習慣，就能度過低潮。
- **人際**：目前的情勢讓你吃力不討好，造成人際關係緊張，因此在人際間的相處上要更謹慎小心，避免造成更多磨擦。

◆ **訴訟**：情勢對我方不利，居於劣勢，必須付出更多心力找尋對自己有利的情報，才有機會化險為夷。

◆ **遷居**：搬遷過程並不順利，會出現比一般人搬遷時更加勞心勞力的情況，若無論如何必須搬家，則必須努力克服眾多阻力。

◆ **尋人**：往北方尋找，必有所獲。

172【九二】坎有險，求小得。

◆ **事業**：目前尚難以從艱難的情況中脫身，儘管身處困境，只要有耐心願意一步一步改善現況，情勢將會逐漸好轉。

◆ **創業**：目前的收益不會太多，創業環境仍處在艱難的狀況之中，但若有堅定的目標，並且能不畏艱難地一一克服，終能度過難關。

◆ **錢財**：經濟狀況仍然處在危機當中，要想逃脫目前的困局，只能從小處做起，才能慢慢改善目前的窘境。

◆ **愛情**：近來可能會覺得感情阻礙重重，甚至有頻繁的爭執，但先不要氣餒，從小地方逐漸改善目前的關係，只要付出足夠的努力，仍有修復的機會。

◆ **婚姻**：婚姻遇上危機，若能秉持冷靜的態度，耐心改善目前的情況，隨著時間逐漸累積，有重修舊好的可能。

◆ **子女**：親子間的相處會有困難，但不要想在短時間內就大幅改善目前的關係，而是要逐步讓誤會冰釋，時間一久，努力就會出現回報。

◆ **健康**：近來身體狀況可能不甚理想，持續處於有病痛的狀態中，但萬不可追求速效藥方，要從日常生活中累積好習慣，調養回健康的身體。

◆ **旅遊**：旅途過程並不順利，會遇上許多艱難的時刻，但愈是在困難之時，愈要以耐心、細心應付突發狀況。

◆ **考運**：準備過程遇上比以往都大的困難，但不應就此沮喪退縮，而是要具備更大的耐心與毅力，克服困難，如此將會獲得相對應的收穫。

◆ **人際**：近來人際的溝通遇上阻礙，無法如往常般應付自如，你必須一一檢視自己的人際問題，並且用心解決，以免後患無窮。

◆ **訴訟**：訴訟遇到瓶頸，但也並非完全沒有勝算，此時應更加細心，注意有沒有遺漏的小細節，因為這些不起眼的線索，可能就是致勝的關鍵。

◆ **遷居**：尚未脫出困難的局勢，過程中仍可能發生意料之外的狀況，但只要小心應對，謹慎處理，終能克服困境。

173【六三】來之坎坎，險且枕，入于坎窞，勿用。

◆ **事業**：雖然此時有被困住的感覺，但因前進或後退都有危難，倒不如安身於目前的位置，儘管無法施展才能，也不至於招來更大的災禍。

◆ **創業**：目前的狀況進退兩難，事業暫時難以有更多的發展，建議暫緩衝刺的計畫，以靜制動會是比較好的選擇。

◆ **錢財**：因為陷於困境之中，不會有額外的收穫，不要妄想以偏門的方式獲取財富，如此只會為自己招來更大的損失。

◆ **愛情**：愛情陷入兩難的狀況中，不管如何抉擇可能都會招來非議，不妨停下腳步，先釐清自身的想法，此時輕舉妄動並不會有好結果。

◆ **婚姻**：婚姻關係形成困局，此時若行事不經思慮，可能造成無法挽回的後果，建議雙方都先給彼此冷靜的空間，等待溝通的好時機。

◆ **子女**：親子關係出現裂痕，目前的情況不適合在相處模式上做大幅度的調整，應先停下腳步，觀察對方的需求與想法，等待好的時間點再行溝通協調。

◆ **健康**：雖然尚未擺脫病痛，但因目前狀態不佳，不應太過積極採取身體不堪承受的治療方式，在還能忍受身體不適的情況下，先觀察病情，以找出確切原因根治。

◆ **旅遊**：可能在旅途中遇上難以解決的困難，讓你動彈不得，而在危難四伏的情況下，不管做什麼都會招來更大的麻煩，應該先冷靜以求自保，再從長計議如何脫身。

◆ **考運**：在各方壓力的影響下，陷入了低潮的危機，準備考試不可躁進，但也應保有適度的危機感，對你而言，目前最重要的是穩定自己的內心，站穩腳步再出發。

◆ **人際**：要維持良好的人際對現在的你來說相當困難，因已處在艱難的位置，不管採取什麼樣的行動，都可能遭受攻訐，應先安分守己，等到時機成熟，再行拓展。

◆ **訴訟**：訴訟陷入困局，不見起色，且因形勢艱困，容易動輒得咎，不如先保持目前的狀態，等待良好時機。

◆ **遷居**：困在一個尷尬的境地，動彈不得，既然已經無法繼續執行，就先將計畫暫停，才不會引發更多不必要的問題。

174【六四】樽酒簋貳，用缶，納約自牖，終無咎。

◆ **事業**：儘管身陷困境，只要本著樸實誠信本性面對在上位者，對其心懷誠敬，目前的狀態就能逐漸改善。

◆ **創業**：所創事業的發展有所阻礙，必須以誠信對待所有合作對象，對方就會成為你的助力，幫助你度過難關。

◆ **錢財**：財務遇到困難，但若能以誠信正直的本性對待，就算沒有太大的收穫，也不至於造成損失。

◆ **愛情**：感情發展並不順遂，但只要保持自己謙虛樸實的本性，以誠意對待對方，距離將會逐漸拉近。

◆ **婚姻**：雙方關係陷入困局，沒有立即解救的方法，只能用真誠的心意與對方相處，終能在彼此的幫助下，走過難關。

◆ **子女**：親子關係陷入膠著，但若能彼此開誠布公對待，目前的狀況將會有所改善。

◆ **健康**：儘管目前的身體狀況仍不理想，但若能從自身的根本改變做起，養成良好的習慣，誠實面對自己的缺點，病痛就有好轉的可能。

◆ **旅遊**：旅途中的阻礙仍在，但若能以誠待人，將有能夠幫助你的人出現，助你度過難關。

◆ **考運**：尚處在低潮的狀態，面對比你優秀的人，若能以謙虛的態度請教，對方的幫助會使你脫離目前的困境。

◆ **人際**：與人相處依舊力不從心，浮誇的態度只會適得其反，若能秉持樸實謙下的本性，以禮待人，則人際僵局將逐漸解開。

◆ **訴訟**：尚未脫離敗訴的可能，目前的局勢仍然對你不利，但只要拿出誠意與信實與上位者相交，對方可能成為你的助力，助你脫困。

◆ **遷居**：阻礙仍然存在，使事情停滯不動，此時若能拿出你的誠意，用最和善柔軟的姿態與人溝通，就可能透過對方的幫助，突破窘境。

175【九五】坎不盈，祇既平，無咎。

◆ **事業**：身處險境的情況已經逐漸獲得改善，雖然尚未完全免於災禍，但只要繼續堅持下去，出頭的那天就會到來。

◆ **創業**：雖然眼前的道路還稱不上平坦，但阻礙已經由大轉小，把握時機儲備精力，努力克服困難，成功坦途就在不遠處。

◆ **錢財**：儘管財務狀況依然窘迫，但已經不會有比現在更糟的情況發生，只要不被眼前的困難打倒，財運將逐漸向你靠攏。

◆ **愛情**：感情狀態依舊觸礁，但只要努力爭取，不輕言放棄，情況會逐漸好轉，終成眷屬並非不可能的事。

◆ **婚姻**：危機已經停止，剩下的需要靠兩人的努力逐漸修補，只要有心，就能突破難關。

◆ **子女**：衝突已逐漸趨緩，而感情的重新建立要由雙方積極進行，才能化解先前的困厄。

◆ **健康**：儘管健康仍然有些狀況，但已經不會再惡化，故需盡最大努力調養好，就能恢復強健的體魄。

◆ **旅遊**：仍然處在難為的狀況中，但阻力已經逐漸變小，只要努力克服問題，之後就能一路順利通暢。

◆ **考運**：雖然還是處在課業的瓶頸之中，但只要肯付出努力，就能有所突破。

◆ **人際**：人際的齒輪尚未運轉，但有逐漸鬆動的趨勢，只要積極以誠信待人，就能破除僵局。

◆ **訴訟**：情勢尚未明朗，但只要不放棄，努力爭取自己的權益，訴訟的結果可能會是對你有利的。

◆ 遷居：儘管尚未脫離艱難的處境，但往後的情勢會逐漸好轉，只要奮力克服阻礙，困難的情況會逐漸化解。

176【上六】系用徽纆，置于叢棘，三歲不得，凶。

◆ 事業：目前的處境可說是前所未有的低潮，且未來有一段時間都會維持如此，需要具備足夠的恆心與毅力，不被困難打倒。

◆ 創業：創業之路將布滿險阻，會遇上許多艱難的狀況，目前的時機並不適合發展事業，若非得在此時創業，則必須做好長期抗戰的心理準備。

◆ 錢財：財務狀態猶如寒冬，相當窘迫，尚且無法看見轉機，必須咬牙苦撐，奮力度過這段低潮期。

◆ 愛情：短期內不會遇到理想的對象，就算遇見，對方可能也並非良緣，需要拿出耐心，等候適當的對象。

◆ 婚姻：情感有相當大的隔閡，可能爭吵不斷，且短時間內難以改善，要拿出誠心與耐心，才能維持這段關係。

◆ 子女：相處遇到非常大的障礙，且無法輕易排除，面對困難，要有耐心一步步溝通，避免情況繼續惡化。

◆ 健康：病痛纏身，難以排解，但絕不可就此絕望，反而應該拿出最樂觀的心態與毅力，努力度過難關。

◆ 旅遊：可能處於相當大的麻煩之中，難以脫身，且短期之內看不到解決的方法，並非遠行的好時機，若一定要遠行，則必須先設想各種情況，做好最妥善的準備。

◆ 考運：表現可能比預期的相差一大截，若是不可避免的考試，則必須拿出最大的努力克服困難。

◆ 人際：並非拓展人際的好時機，可能導致進退兩難的局面，甚至使先前累積的人脈流失，要能懂得養精蓄銳，等待大展身手的那天。

◆ 訴訟：儘管已經處於弱勢，情況還有可能更糟，必須有足夠的耐心與毅力，等待脫困的時機到來。

◆ 遷居：並非搬遷的好時機，若執意搬遷，則會遇到重重阻礙，導致事倍功半，應停下腳步，等候良機。

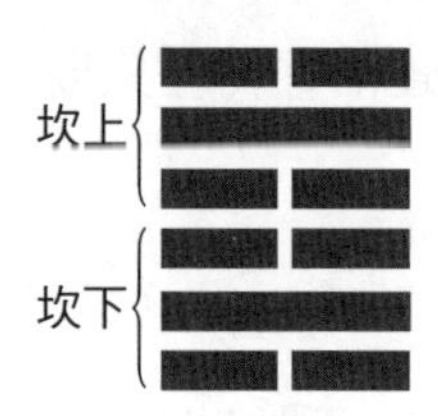

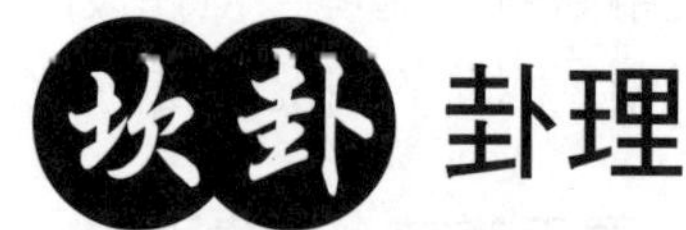

卦理

「坎」在《說文解字》中被解釋為坑洞、凹穴，亦即低下之地，水流的匯集處，故「坎」象徵的是坎坷與險阻，在行經之路上有障礙阻擋而難以順利通過。「坎」卦又稱作「習坎」，有重重險阻的意思，但也因為一直處在危險中，最終能臨危不亂，處之泰然，所以「習坎」又有習慣面對危險，無論任何逆境都能險中求勝的意涵。

這一卦的卦象由兩坎（水）組成，而凡在易經中遇「坎」即表示有危險，故上下均為坎，則災難頻仍，內憂外患不絕。在卦象中也可以看到，上下卦的陽爻被陰爻重重包圍，雖難以突破卻非完全不通。所以問卜者卜到這一卦，最重要的就是不逃避，正視危險並相信自己能夠克服困難。卦辭中說：「習坎，有孚，維心亨，行有尚。」便是要提醒人們，面對危險時不要慌張，既然無法躲避，不如秉持誠信態度接受當前的處境，將擔憂的心力轉而投注在處理問題上。只要內心能看開、通達，問題自然也沒那麼嚴重了。當然這不代表危難會就此消失，而是心境轉換後，能夠從另一個角度看待問題，也能因此發現轉機。所謂「天無絕人之路」，「坎」卦在吉凶論斷上雖偏凶，但凶中仍有吉，端看問卜者心態而定。

「坎」卦六爻爻辭中多有凶險：初六時尚在學習面對危險的時候，卻又險上加險，無法脫離，故凶；九二時雖然仍深陷危險之中，但因為習得了面對危險的方法，故能在險中求通，小有所獲；到了六三多凶之位，又是兩坎交界處，可說進退維谷，萬事都行不通，只好選擇安於凶險，不要妄想脫離；六四時以祭祀奉獻之事為比喻，縱使危險尚在，但身旁有貴人可提供幫助，只要略表誠心，尋求指教，最後應能化險為夷；九五時自身已有能力克服危險，但還須一點時間才能脫離險境，因此必須保持耐心，待坎險盈滿，便能得平安；上六來到「坎」卦最凶險處，又由於陰爻柔順的特質無力掙扎逃脫，被凶險圍困而不得翻身，恐有牢獄之災。

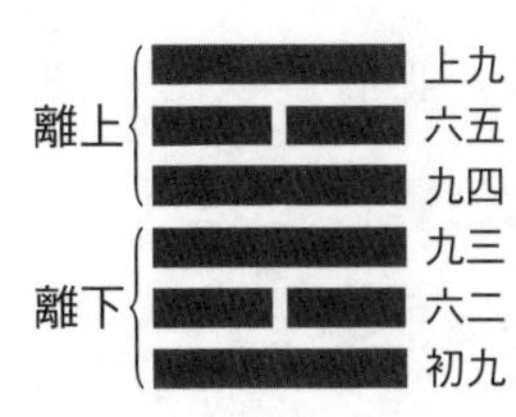

離卦

卦序▶30　錯卦▶坎為水
卦數▶45　綜卦▶離為火
卦向▶南　互卦▶澤風大過

卦揭

離，本義為黃鸝鳥，「鸝」字本由此來，往後才借鸝作離 。鸝鳥身黃如赤金，謂之天上神鳥，故為日，延而又有火、明之義。鸝鳥多成群結伴，如詩中「兩個黃鸝鳴翠柳」，因此離卦也闡釋相附的道理。依附正道、德照四方，便是離卦指引的方向。

張騫，承漢武帝之命為使節，出使西域。途中卻在祁連山被匈奴俘虜，並被迫留下娶妻生子，但他並未忘卻自己「漢使」的身分，而在幾年之後逃出匈奴的控制。在開拓絲綢之路中，替漢武帝蒐集大量的西方資訊，也引進新作物，為中原地圖畫上西方的形貌。張騫忠於西漢，以國家為道，最終將出使西域的成果回報給故鄉。

卦辭

【卦辭】利貞，亨。畜牝牛，吉。

牝，家畜生母謂之牝。畜牝，母牛性情柔順，而畜養之牝牛更具柔順之德。

〈彖〉「離，麗也；日月麗乎天，百谷草木麗乎土，重明以麗乎正，乃化成天下。柔麗乎中正，故亨，是以畜牝牛吉也。」離卦有依附結伴的意思，日月附於天，作物草木附於地。雙重的光明以正道相附，足以化育天下萬物。以柔順之德附於正道，所以亨通，猶如畜養溫順的母牛一樣得到吉祥。

〈象〉「明兩作離，大人以繼明照于四方。」離卦卦象有火光接連，明智者習之，以光明傳照四方。

離卦以柔順之德附於中正之道，如母牛受養表現溫順，所以順利吉祥。人不能獨斷專行，又所能依附者，需以正道為憑據，並培養順德，使其與所附者相互亨通。

【初九】履錯然，敬之無咎。

履，行也，從彳從夊皆表示行走，從舟像鞋形。錯然，此指謹慎小心的樣子。

〈象〉「履錯之敬，以辟咎也。」以辟咎也，辟通「避」，此指慎獨、慎微可以避開災咎。

行之步伐謹慎有序，心懷恭敬故而無咎。於卦初之際，事事皆尚未明朗，但初九爻質地陽剛，能以慧處事，又謙虛謹慎，對於紛亂雜事自能應對有度，可免於咎。

【六二】黃離，元吉。

黃，地之色，為五行五色之中色。

〈象〉「黃離元吉，得中道也。」得中道也，指六二爻於下卦居中，展示中庸之貌。

以中正之德相附於物，大有吉祥。此時離初始未遠，故附於他物以求穩定，且當位得正、心無偏無倚，而圓滿吉祥。乘於初九邁向盛明，尚需有所依藉而行，並保有中正之德，行將無礙。

【九三】日昃之離，不鼓缶而歌，則大耋之嗟，凶。

昃，音同「仄」，謂太陽西斜。缶，裝盛食物的容器，筵席上興之所至便擊缶作鼓，引聲高歌。耋，音同「跌」，年老，年齡約七十歲至八十歲者。

〈象〉「日昃之離，何可久也？」何可久也，既已日落西斜，一日也即將結束。

太陽隱沒在西邊的地平線，沒有飲食宴樂，只有垂垂老矣的感嘆。於下卦之終，如人無暇取樂，只顧哀嘆終點將至。臨暮方嘆窮衰，自然會遭遇凶險。若君子樂天知命，常懷憂慮之心，臨終之際也能無畏無懼。

【九四】突如其來如，焚如，死如，棄如。

突，猛衝，從穴從犬，象犬從穴中突然竄出，

〈象〉「突如其來如，無所容也。」無所容也，此指突然的行動有失正道，不為他人所容忍。

突然地激進向前，非憑誠善而動，故遭難如焚、如死、如棄。秉含陽剛卻失中正，只求得而「突如其來」，躁動不義，為天地所不容，終將受眾人拋棄。欲速則不達！繼謙讓之誠、柔順之道，尚能無災咎。

【六五】出涕沱若，戚嗟若，吉。

涕，泣也。沱，水勢盛大貌，字形如水從江河別流而出。戚，憂愁。

〈象〉「六五之吉，離王公也。」離王公也，指吉祥來自於位居離卦中的尊位。

泣涕如江流，悲憫世間的苦難，會有吉祥。六五爻本質柔順，但因居於上位，能得眾人協助與擁護，反而剛柔並現，行事吉祥。

【上九】王用出征，有嘉。折首，獲其匪丑，無咎。

嘉，善、美也，從壴為古時祭祀樂器陳列，表示喜悅美好。丑，丑類，此指俘虜。

〈象〉「王用出征，以正邦也。」以正邦也，指以武力征伐是為了穩定國家。

君王用兵遠征，斬下敵人將領的頭顱獲得漂亮的成果，並捉其同類，沒有災禍。上九於卦之終，遒勁足以輔佐六五之君，剛果明察足以滅奸邪，且知其度而不過，故無咎。

離繼明圖

上卦為繼明象

破滅昏暗為明之象

月望

明

日中

一陰一陽生明之本

下卦為貞明在內也

遡 九四之與九三也親之為遡 日之明去之則為下弦之晦

昃 九三為昃以六二為中也

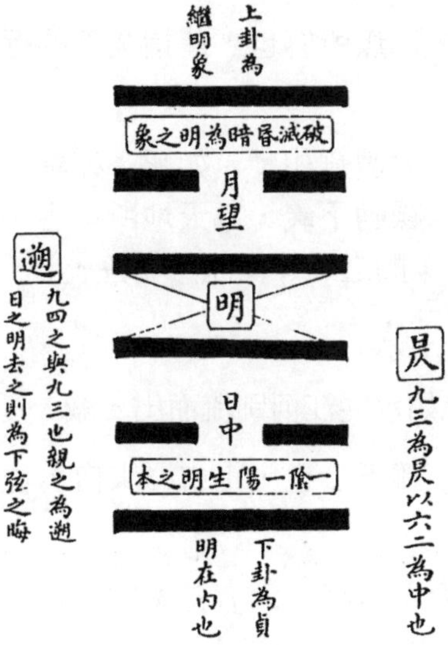

上卦為離為火，下卦亦為離為火，火光相連，兩明繼耀。日因柔順而附於天，又剛健而廣照四方。

離卦 卦義

177【初九】履錯然，敬之無咎。

- **事業**：儘管公司的情況並非十分安穩，但只要安守本分，謹慎處事，不被外界所擾，則不會被禍害波及。
- **創業**：應擬定完整的計畫再執行，且面對創業的態度不應過於輕慢，唯有腳踏實地、謙虛謹慎，才能踏上成功的坦途。
- **錢財**：不要自視甚高，高估自己的能力，唯有恭敬學習，謹慎做好每一個選擇，才能避免財富的流失。
- **愛情**：關係尚未穩定，面對好的對象，必須要能以慎重、不輕慢的態度待之，才能成就好的緣分。
- **婚姻**：婚姻狀態有所波瀾，面對衝突要能用謹慎、尊重的態度解決，才能化解危機。
- **子女**：近來也許會感到子女的若即若離，不管面對什麼樣的變化，最好都能以謹慎的態度處之，以免時間一久累積成大問題，只要能夠彼此尊重、體諒，關係就會更加緊密。
- **健康**：身體時好時壞，呈現不穩定的狀態，無論是如何微不足道的小病，都需謹慎待之，做好最完善的防護，以免積小疾成大病。
- **旅遊**：旅途中可能遇見令人不安的變動之事，若能臨危不亂，謹慎小心的應對，則可避免災禍的降臨。
- **考運**：儘管尚未能夠抱持百分之百的信心應試，但要是能定下心，以有效率的方式積極準備，並且謙虛向他人請教，表現將不落人後。
- **人際**：可能進入一個新的環境，或是人際圈中有新的因素加入，導致目前人際狀況的變動，面對改變要能以謹慎態度應對，否則可能會引發人際上的麻煩。

◆ **訴訟**：目前的情勢不甚穩定，尚無法斷定勝敗，因此在這個重要時刻，小小的變動也可能改變整個結果，必須謹慎以對、細心觀察。

◆ **遷居**：雖然下定決心搬家，但形勢一直有所變化，可能會影響搬遷的進行，若想順利搬遷，必須付出更多心力與耐心。

◆ **尋人**：往南方尋找，必有所獲。

178【六二】**黃離，元吉。**

◆ **事業**：此時的自己尚未有足夠的能力站穩腳步，因此必須以柔軟的姿態與正道的思想依附在正確的人之下，如此將能幫助你避開困難，因而有更大的發展。

◆ **創業**：面臨時局不穩的時刻，此時應以恭敬謹慎的態度對待所有與你合作的對象，避免浮躁、不穩定的態度，才能讓所有合作夥伴全力支持你度過難關。

◆ **錢財**：面對不甚穩定的局勢，不應強出頭，而是要選對好的投資伙伴，且面對財務的態度要慎重不苟且，如此將可避免錢財上的損失。

◆ **愛情**：關係尚未進入穩定的階段，因此更需以謹慎柔軟的姿態與對方相處，並展現自己中正的良好美德，如此可使你的桃花順利開展。

◆ **婚姻**：當找到適合自己的對象，順利結成連理會需要一點助力，只要保持中正的德行與柔軟的姿態，就能一切無礙。

◆ **子女**：意見紛歧難免，但只要你堅信的理念是正確的，那麼只要用柔軟的姿態相互溝通，事情就能圓滿解決。

◆ **健康**：儘管身體有些小狀況，但只要抱持正確的健康觀念，並且找到正確的醫療方式，就不會有大礙。

◆ **旅遊**：只要能夠在出發前做好完善準備，並且找到一個富有經驗、合得來的對象，依附在他之下，就能保證這趟旅程無所波瀾。

◆ **考運**：如果能誠實面對自己的不足，並且以謙下和順的態度請教他人，就能讓你節省許多摸索的時間，對準備考試相當有利。

◆ **人際**：面對人際的難題，若能用中正的態度與柔軟的姿態應對，就能迎刃而解。

◆ **訴訟**：只要秉持正確的道路，並且依附在對的人事物之下，就能獲得相當大的助力，有助贏得訴訟。

◆ **遷居**：目前的情況還需要有人助你一臂之力，堅持正確的目標，並可依附在有能力的人之下，將使搬遷順利進行。

179【九三】日昃之離，不鼓缶而歌，則大耋之嗟，凶。

◆ **事業**：工作局勢有往下走的風險，從前可倚靠的對象也已經消失，此時不應抱持激進的態度想突破現狀，而是應把握最後的光景，做好自己的本分。

◆ **創業**：創業之路遇到險阻，因而使合作對象紛紛離去，面對這樣的險境，卻不應積極妄動，應抱持著謹慎的態度避開更多風險，若強求改革，則會引來更多困頓。

◆ **錢財**：財運低落，能夠倚靠的生財工具逐漸凋零，但仍應以正面、謹慎的態度應對，而不是輕率做出更多傷財的行為。

◆ **愛情**：桃花逐漸遠離，原本的好對象也無法依靠，但也不可整日哀嘆度日，而是要以正面的態度應對，讓自己身心處於放鬆的狀態，才有可能開啟新的桃花。

◆ **婚姻**：甜蜜的婚姻關係開始產生改變，可倚靠的事物也不再堪用，面對如此的困難，必須抱著正面的思想，給對方空間，並珍惜相處的時光。

◆ **子女**：子女與你的關係可能會逐漸遠離，讓你感覺頓失所依，但這是成長所帶來的必然結果，不應終日抱怨哀嘆，而是把握這段時間和子女相處，日後更要積極找回自己的生活。

◆ **健康**：感覺身體的狀況一日不如一日，從前能夠倚仗而盡情消耗自己的健康本錢也逐漸消失，若你能抱持隨遇而安的心態面對身體的老化，並且在還能活動的時候把握機會，會比終日哀嘆來得好。

◆ **旅遊**：能夠順利遠遊的機會不多了，從前可以尋求幫助的人事物也逐漸消失，應該把握現在及時履行，以免日後感到悔恨。

◆ **考運**：時局不利，你的優勢會逐漸減少，且這是不可改變的現狀，因此必須趁自己還有能力的時候一舉入闈，以免機會錯失而悔不當初。

◆ **人際**：人際狀況逐漸走下坡，難以得到人際上的助力，此時不應再積極開發新人脈，而是鞏固舊有的情誼。

◆ **訴訟**：局勢逐漸朝向不好的方向，但不到最後一刻不應喪失鬥志而怨天尤人，但也不要輕率地做出突破僵局的行動，應抱持正面思想，並坦然接受結果。

◆ **遷居**：適合搬遷的時機即將過去，屆時能夠幫助你的助力將愈來愈少，錯過了這個時機，就應停緩搬遷之事，否則將遭遇許多阻遏。

180 **【九四】突如其來如，焚如，死如，棄如。**

◆ **事業**：若只顧自己地往前衝，卻忽略了他人的利益與感受，儘管真的做出好成績，也只會像曇花一現，卻因此得罪他人，得不償失。

◆ **創業**：若未達目的而不擇手段，且衝動行事，對你的事業不會有半點幫助，應該避免躁動激進，做好妥善規劃，並且保持柔軟的身態，才能脫離困境。

◆ **錢財**：一味地追求利益，卻因此種下不少惡因，這都是因為一開始就非存著善念生財的緣故，求財亦應走在正道上，否則將適得其反。

◆ **愛情**：過於急躁的接近對方，且拋棄了正道的修為，只會讓自己陷入難堪的境地，不妨以正直的態度，溫和的方式循序漸進，會有更好的結果。

◆ **婚姻**：若是只看見自己，無所顧忌的獨行，卻忽略了另一半的感受，終將造成夫妻的異途，應該彼此增加溝通機會，找出適合雙方的步調，彼此配合，才能在婚姻之路上走得長久。

◆ **子女**：出現衝突時，不應因急於表達自己的意見而口不擇言，如此將使隔閡更為加深，使得溝通一次比一次困難，應放下身段與自我意識，以柔順的態度進行，方能化解誤會，改善親子關係。

◆ **健康**：只求速效而罔顧了身體的承受力，可能適得其反，讓健康更走下坡，欲速則不達，應進行緩和但切實的醫療方式，才能使身體恢復健康。

◆ **旅遊**：急於看到成效，因而有許多輕慢的行為，將使旅程的準備陷入膠著，旅途中也會因此引發衝突，應保持誠心與耐心，和善與他人溝通，才能事半功倍。

◆ **考運**：因為太過心急而採用不切實際的準備方式，只會讓你無功而返，倒不如做好規劃，以穩健的腳步一步步邁進，才能真正累積實力。

◆ **人際**：過於急切向他人示好，反而會引起他人反感，必須學著放慢腳步，以誠信待人，展現出你的個人魅力，自然能夠聚集人氣。

◆ **訴訟**：急功近利只會讓你在關鍵時刻敗得一踏塗地，要行走在正道之上，以穩當的態度進行訴訟，才能將勝利握在手中。

◆ **遷居**：操之過及將使你陷入進退兩難的局面，應該在進行搬遷之前，先做好全盤規劃，事情自然會水到渠成。

181【六五】出涕沱若，戚嗟若，吉。

◆ **事業**：儘管事業上遇到困難，但因處於上位，因此受到許多人的協助，能夠順利度過難關。

◆ **創業**：因為發展自己的事業時，能夠將心比心，為他人著想，因而在遇到困難時，會有許多人前來幫忙，因而有好的發展。

◆ **錢財**：財務因局勢變動而出現狀況，但因你自身的地位而能夠受到許多人的協助，最終能夠無驚無險地化解困境。

◆ **愛情**：因態度正直隨和，且懂得依附他人的力量，將能幫助你掌握一段良好的姻緣。

◆ **婚姻**：因能設身處地體諒對方，加上旁人的協助，在衝突發生時，能將傷害減到最小，最終仍能順利發展。

◆ **子女**：也許你目前沒有能力化解衝突，但會有更具能力的人出現，作為親子關係之間的調和劑，因而能夠圓滿解決。

◆ **健康**：儘管自身沒有足夠自癒的能力，但因觀念正確、心念良善，能夠有貴人前來相助，幫你重拾健康。

◆ **旅遊**：因平日的為人累積了許多人脈，在準備旅途的過程中會受到許多人的幫助，故旅程能夠順利進行。

◆ **考運**：自己的能力也許還不足以應付考試，但因個性和善謙下，懂得向他人尋求協助，在有能力之人的幫助下，將大有斬獲。

◆ **人際**：因自己目前在人際中的定位，即使遇到挫折，他人也會對你伸出援手，進而化解危機。

◆ **訴訟**：因先前奠定下的基礎，在訴訟陷入膠著之際，也會出現有莫大助益的人事物，協助你打破僵局。

◆ **遷居**：儘管一開始並不順利，但因人和而獲得眾多力量，最終將能順利搬遷。

182【上九】王用出征，有嘉。折首，獲其匪丑，無咎。

◆ **事業**：在事業上應積極作為，此時正是你大展身手之時，若能努力建立功績，將有人願意依附在你之下，使你的事業發展更趨順利。

◆ **創業**：所創之業步上軌道，目前正是積極拓展的最好時機，因自身能力已足，能夠在業界站穩一己之地，故可能有人前來尋求合作，若能慎選合作對象，事業將能更加蓬勃。

◆ **錢財**：在財務上主動出擊，將能在金錢上大有斬獲，甚至有人願意付出代價跟你學習生財之道，能夠掌握生財的忖度，因而能夠守住財富。

◆ **愛情**：在感情上若能主動追求，成功的機率相當高，且能夠掌握雙方適當的距離感，使對方對你產生好感。

◆ **婚姻**：能夠同心協力化解婚姻中的阻礙，主動面對問題，問題自然能夠迎刃而解，也更強化夫妻間的情感。

◆ **子女**：意見不同的時候，能夠主動了解來龍去脈，願意傾聽對方說法，並且化解誤會，將能建立更深的親子羈絆。

◆ **健康**：現在正是調養身體、恢復元氣的大好時機，應主動樂觀地尋求相關協助，並確切執行專業人員的建議，身體狀況有機會大幅好轉。

◆ **旅遊**：此時若遠遊，將無往不利，且能在各方面有所收穫，但前提是要能積極進取，主動發現並解決問題，如此將能享受一段美好的旅程。

◆ **考運**：若能主動積極地解決自己所碰到的困難，收穫會比你原先預期的多更多，間接建立了你在考試上所需的能力與不可或缺的好運。

◆ **人際**：此時正是拓展人際的大好時機，只要主動積極掌握開拓人際的機會，就能結交許多志同道合的朋友，並且遠離道不同的小人，是在人際上有所豐收的極盛時期。

◆ **訴訟**：現在正是展開反擊的好機會，將能一舉博得最大勝利，擺脫連日以來的陰霾。

◆ **遷居**：現在是搬遷的好時機，新的居住地會與你在各方面都相當調和，故應積極進行，對你會大大有利。

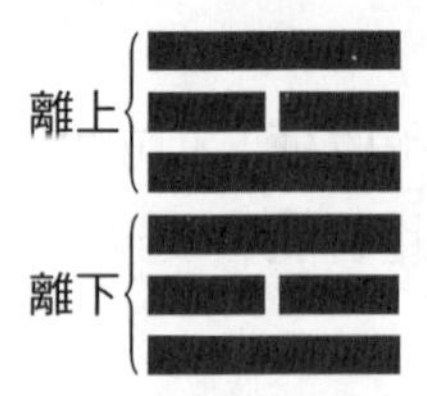

離卦 卦理

《序卦傳》中說：「坎陷必有所麗，故受之以離。離者，麗也。」在易經中，「離」被解釋為「麗」，是光明、美麗的意思，由此引伸成擁有聰明、智慧的美德。古時夜晚要生火才有光，而火不能憑空而生，必須依附在其他物品上，因此「離」又有依附、憑依、附麗的意思。

這一卦的卦象由兩火組成，麗上加麗，無論表裡都能展現出實質的聰慧美麗，行事光明磊落，毫不存私。然而正是因為過於聰敏，容易自視甚高，聰明反被聰明誤；過於美麗，則會顯得太過張揚炫耀，招致他人猜忌。所以「離」卦的處世之道在於保持中庸，不過度彰顯自己的聰明才智，更要適時聽取並順從他人的建議或指引，以虛心待人處事。卦辭中說：「利貞，亨。畜牝牛，吉。」牝牛就是母牛。牛是種性格溫順的動物，而母牛更是貞靜柔順的代表，因此畜養母牛為比喻，就是告誡卜卦者應培養自身溫和柔順的美德，行事恪守中庸之道，自然能得吉祥。「離」卦主爻為六五陰爻並居中，且上下爻中位均為陰爻，除了象徵應秉持中正陰柔的德性，需仰賴他人協助才能真正壯大自己，也切記不要倚仗聰明專走捷徑，讓自己暴露於危險中而不自知。

「離」卦的方位指向南方，取「聖人南面而聽天下，嚮明而治」之意，也是上經的結束。易經分為上經與下經，上經以乾坤二卦為始，開天闢地，坎離二卦為終，構成天地水火萬物運行的規律，也就是天道。

「離」卦六爻的爻辭多為闡述中庸之道：初九為這一卦的開始，所以吉道在於謹慎小心，按部就班行事，就能避免災難；六二為下卦中位，具備聰明才智又懂得謙和待人，體現中正德性，是大吉；九三是下卦的終結，好比夕陽西下，也象徵風燭殘年的老人，無法挽回，只能選擇看開；九四是「離」卦最凶險的位置，近主位又太過陽剛，就像一團大火反撲善待他的六五，大逆不道而遭天下唾棄，沒有生還的餘地，故爻辭雖未言凶，卻是凶險至極；六五為全卦主位，遭上下二陽包夾威逼，處境堪慮，但因有自知之明，懂得化險為夷，故得吉；上九受到君主賞識，重用他協助平亂，且出師告捷，雖具備才幹，卻不會遭來災禍。

第參篇

下經

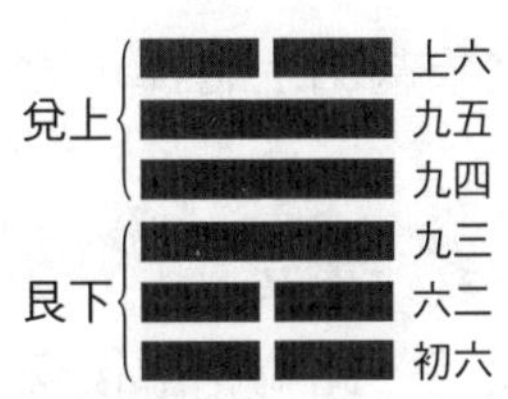

咸卦

卦序▶31　錯卦▶山澤損
卦數▶28　綜卦▶雷風恆
卦向▶西北　互卦▶天風姤

咸，從口從戌，戌本與武器相關，又假借義為悉。咸為感也，由感為咸去掉心偏旁，表示無心的相應，即遵循自然而非刻意的感應。如卦象澤於山之上，山能容納水澤、澤能融於山氣中，物之相互有感，就能相適得宜。

大將軍韓世宗在還是毛頭小官時，就遇到了未來的夫人梁紅玉。梁紅玉出身將官之家，但因家族獲罪，迫使她從妓，韓世宗就是在花街柳巷遇到氣質不俗的梁紅玉，但當時的兵餉無法讓他贖回意中人，直到位列高官，韓世宗才正式迎娶梁紅玉。而梁紅玉果然不負慧眼，處處展現巾幗之氣，數次抗金兵，更是親自擊鼓指揮大軍作戰，以協助其夫。因為兩人有「咸」，又以貞正為前行原則，才能結為夫妻並留下千古佳話。

卦辭

【卦辭】亨，利貞，取女吉。

取，通「娶」。取女，娶女表示男女之間有感應，所以吉祥。

〈彖〉「咸，感也。柔上而剛下，二氣感應以相與，止而說，男下女，是以亨利貞，取女吉也。天地感而萬物化生，聖人感人心而天下和平；觀其所感，而天地萬物之情可見矣！」男下女，指上卦兌如女、下卦艮如男，男在下，向上討好少女。有感應為咸，陰柔在上、陽剛在下，陰陽二氣相互感應而交結。止靜隨侯而有喜悅，男子在下追求在上的女子，又因亨通且守正道，所以娶女吉祥。天和地互有感，使世界萬物應運而生，聖人感應人民的真心，故天下太平。仔細觀察各種感應的現象，由此可見萬物的本質。

〈象〉「山上有澤，咸。君子以虛受人。」咸卦之象為山上有澤，君子由此可知謙虛地容納、包容他人。

亨通，利於守持正道，娶妻可以有吉祥。咸卦上三爻代表女、下三爻代表男，男子情感專一追求上方的女子，而女子應和而至，此為相應後交相與，融洽所以吉祥。

【初六】咸其拇。

拇，手以中指為拇，足以大指為拇，此處義為腳上大指。

〈象〉「咸其拇，志在外也。」志在外也，心如足之大指，靠外偏行，志於他方。

有感應於腳趾。初六爻於咸卦之初，有志於前行，但其感尚淺，僅能應於足上拇指。即意動卻不足以動人，想往前卻未足以進。

【六二】咸其腓，凶，居吉。

腓，脛骨後的肉，即小腿肚。居，住也。

〈象〉「雖凶，居吉，順不害也。」順不害也，指柔順安居不會有傷害。

有感應於小腿部位，雖然有凶險，但是固守本位則會吉祥。六二爻時與九五之位的上君有應，因此亟欲上行，如土法煉鋼會有危難。應循序漸進，並以中正之德靜居等待，便會吉祥。

【九三】咸其股，執其隨，往吝。

股，髀也，即大腿。執，捉拿，右偏旁字形象人手受縛。隨，從也。

〈象〉「咸其股，亦不處也。志在隨人，所執下也。」亦不處也，仍然無法靜處以待。所執下也，指秉執於上六爻，即志於隨他人而動。

有感應於大腿，執著於他者，期隨人而動，前往會有鄙吝。陽剛過剩使人躁進，呈現志向不專之態，見人有好便欲隨之，如此貿然行動將遇憾恨。

【九四】貞吉悔亡，憧憧往來，朋從爾思。

悔亡，即無悔。憧，心神不定的樣子。朋，類也，指在下的初六爻。爾，你，指此刻九四爻。

〈象〉「貞吉悔亡，未感害也。憧憧往來，未光大也。」未感害也，內心未感到害怕，所以沒有悔恨。未光大也，憧憧來自於事情尚未明朗。

堅守正道而吉祥，內心嚴肅謹慎地與人相交，朋友與你心思相同。九四爻雖失正但能自守，因此謹慎地與人來往如憧憧貌，漸漸會出現志同道合的朋友。若有互相傾心的朋友，自然能無悔吝。

【九五】咸其脢，無悔。

脢，背肉也，即後背。

〈象〉「咸其脢，志末也。」志末也，此指感應於背是由於志願尚未達成。

有感應於後背，無憂悔。脢位於心之上、口之下，恰如欲語還休的位置，而感於後背，是不能專於所志之故。儘管如此，九五陽剛意有所通，雖無吉祥但也無咎吝。

【上六】咸其輔，頰，舌。

輔，頰骨，輔在內、頰在外也。

〈象〉「咸其輔，頰，舌，滕口說也。」滕口說也，隨心張口欲言。

有感應於面頰至口舌。僅能感應於面頰、口舌，即所「咸」已經逐漸消去，所感不過口舌功夫而已，此為於咸卦極處之危。

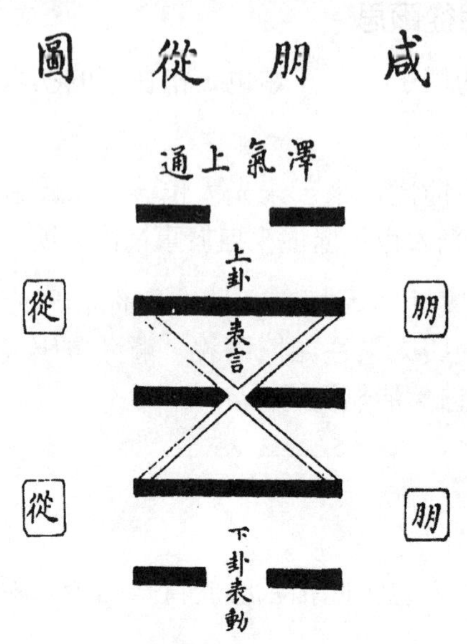

上卦兌為澤，下卦艮為山，上澤下山，地隆而成山，水流而成澤，以山感應水澤，為咸。異體間自然相互感應，有咸吉祥。

咸卦 卦義

183【初六】咸其拇。

- **事業**：專業的能力尚未養成，志向雖已定卻仍不夠堅定，故發展受到限制，但只要投入更多心力，就能加深感受和領悟力，對事業發展有所助益。
- **創業**：想法尚未成熟，計畫尚未完善，現在創業可能會因此遇見許多阻礙，若不願等候時機來到，則必須付出更多努力，降低創業失敗的風險。
- **錢財**：有志擴充自己的財務，卻仍掌握不到方法，此時貿然行動，可能會招致風險，應對該領域多加充實，儲備更多才識與能力後再行動。
- **愛情**：目前還只是你單方面的一廂情願，因相交甚淺，對方對你的認識也相當淺薄，故難以有所迴響，兩人的關係需慢慢培養，循序漸進才會有好結果。
- **婚姻**：付出的努力仍停留在表面，無法深入心坎，故成效不大。但也不必操之過急，先了解對方的需求，再深入使其有所感，就能增進雙方情感。
- **子女**：雙方的溝通交流停在表面，尚未深入內心，無法達成共識，應該再給自己與對方一段時間，沉澱自我後再出發，會有良好的結果。
- **健康**：目前的治療方式還停留在治標的階段，尚無法治本，故你可能覺得對於病情的幫助較不顯著，但不可過於心急，循序漸進才是根治最好的方式。
- **旅遊**：你可能覺得忙了半天卻只解決一些無關緊要的小事，因而感到焦躁，但凡事不可操之過急，只要依照時間進程從長規劃，就能萬事均安。

◆考運：可能剛剛開始改變準備方式，因此還看不出成效，但也不要因此感到焦慮，只要方向是正確的，時間一久自然能夠水到渠成。

◆人際：旁人對你的印象尚未深刻，面對你的示好尚無法給予太大回饋，不要將此視為人際關係的障礙，而是要從小處做起，逐漸讓大家熟悉，進而培養出良好的人際網絡。

◆訴訟：初期一切尚未底定，感覺不出優勢何在，故感覺處處受制於對方，但隨著時間真相將逐漸明朗，需以長期抗戰的心態應對，結果可能與你的期望相去不遠。

◆遷居：有意遷居但心意未決，有所瞻望卻未有行動，謹慎並非壞事，只要立定目標、做出正確的選擇，儘管有點花時間，成果會是值得等待的。

◆尋人：往西北方向找尋，必有所獲。

184【六二】咸其腓，凶，居吉。

◆事業：儘管企圖心與行動力都不輸給他人，但目前的局勢並不適合一舉向上邁進，而是應該堅守本位，靜候佳機。

◆創業：太過急進而忽略了局勢的變化，會對你的事業造成凶險，你應該按部就班，逐漸累積自己的實力與人望，才能在往後的創業之路一路順遂。

◆錢財：財務可能會有損失的危險，但只要避免急躁且無謀的生財方式，暫時採取守勢，方可避免錢財流失。

◆愛情：堅守你原本的角色，不要急於改變目前與對方的關係，要循序漸進才能迎來好的時機，進而成就圓滿的愛情。

◆婚姻：過於急躁地要求對方，並非良好的關係改善之道，而是應該慢慢調整雙方的步調，如此將更能促進夫妻間的和諧。

◆子女：察覺問題並不需非得立刻解決，可以放慢腳步，先行觀察一段時間，才能找出根本的問題，過於急進只會適得其反。

◆健康：雖然身體可能出現狀況，但是只要繼續維持良好的生活習慣，並且不求速效，就能慢慢地使身體狀態恢復到最好。

◆旅遊：旅程中可能會碰上困難，但若能先做好準備以應付突發狀況，慢慢地抽絲剝繭，找出問題核心，就能順利解決。

◆ **考運**：可能會有幾次表現不如預期的時候，但若能堅定心念，穩定自己的複習進度，即可兵來將擋、水來土掩，不需因一時的失常而過於慌張。

◆ **人際**：雖然人際上會有碰壁的時候，但只要堅守本分，扮演好自己的角色，對你整體的人際關係並不會有太大影響。

◆ **訴訟**：儘管情況一時對你不利，但只要走在正道之上，穩定心智，就能靜下心來找出更有利的證據。

◆ **遷居**：目前搬遷可能會有額外的困難發生，應該先暫緩計畫，再多做觀察，等待最好的時機。

185【九三】咸其股，執其隨，往吝。

◆ **事業**：無法冷靜處事，因而容易受他人影響，導致做出盲目的決議或行為，如此將會為工作帶來危機，唯有靜下心，做決定前深思熟慮，才能避免這段時間的昏庸。

◆ **創業**：因內心迫切，以為看見商機，卻忽略可能只是曇花一現的產業，若輕率投入，則必然會有所損失，切勿盲目跟從。要冷靜而堅定地思考自己真正想開創的事業為何，並做好長期完善的準備再行投入。

◆ **錢財**：若只是看見蠅頭小利就趨前鑽營，很可能忽略藏身其後的莫大損害，在做財務規劃時務必謹慎思考，避免輕率行動造成的損失。

◆ **愛情**：你的心態躁動不安，感情方面容易受到他人所牽引，因而戀愛之路無法順遂，若希望改善現況，應堅定內心，並且三思而後行。

◆ **婚姻**：容易因心意不專而引發許多問題，若想維持良好的婚姻關係，必須避免短暫的昏庸躁動，凡事要先冷靜思考，確認能夠承擔結果後再行動。

◆ **子女**：遇見困難可以參考他人的建議，但不可盲目聽從，畢竟人人情況不同，要依照子女的需求與狀況冷靜地思考解決方法，才能讓事情圓滿落幕。

◆ **健康**：因病痛纏身而容易使你聽從無所根據的建議，但若毫無定見，只是隨波逐流，對自己的健康並不會有幫助，甚至可能造成無可挽回的結果。建議誠實面對自己的病情，並且尋求專業的協助，才是真正恢復健康的良方。

◆ **旅遊**：在沒有頭緒的情況下，很可能盲目地跟隨別人，因此惹上麻煩，或是結果沒有你想像中的美好。目前務求冷靜，以實際的考量面規劃旅程並切實執行，以免美夢落空。

◆ **考運**：最近可能因為心浮氣躁而失去方向，但方向必須由自己找尋，若是尋求他人的意見而無自己的主觀意識，反而會迷失方向，造成反效果。

◆ **人際**：在人際關係上會有三心二意的情況發生，因而可能暗中得罪他人而不自知，導致往後的人際受到阻礙，此時應避免紛雜的想法，專心在幾個主要的對象上，才能有所收穫。

◆ **訴訟**：因旁人的意見紛亂而暈頭轉向，更有可能在混亂中跟隨到對你不利的對象，若持續執意盲從他人的行為，只會不利訴訟的進行。

◆ **遷居**：不要過於倚賴他人的意見，若只是看見別人這麼做就跟從，很可能會適得其反，反而對搬遷一事形成阻礙。

186【九四】貞吉悔亡，憧憧往來，朋從爾思。

◆ **事業**：若能堅守自己的崗位，盡好本分，並以謹慎的態度與他人合作，就算局勢不好，也不至於受到波及，且會出現與你同一陣線的上司或同事，幫助你度過難關。

◆ **創業**：在自己堅持的道路上以堅定的腳步一步步邁進，如此遇見的困難將可一一化解，且因你以誠信正直待人，創業路上會出現能夠一起努力的伙伴，對你的事業更有助益。

◆ **錢財**：用嚴謹的態度面對錢財，因而能夠在波瀾之中不受衝擊，若能持續以此態度與人相交，將能獲得許多人的幫助。

◆ **愛情**：保持你的正直誠信本性與他人交往，會發現對方與你想法相近、志趣相合，因而能夠展開一段好的姻緣。

◆ **婚姻**：儘管關係的走向尚未明朗化，但只要端正自己的心態，兩人之間會愈來愈相合。

◆ **子女**：出現困難時，若能以謹慎嚴肅的態度面對，正視親子之間的問題，便能逐漸理解對方的想法，因而能夠互相傾吐心聲，化解衝突。

◆ **健康**：儘管健康出現狀況，但因觀念正確，態度正向，因而能夠接受適當的治療，並養成良好的生活方式，對改善病痛有很大的助益。

◆ **旅遊**：旅途中秉持著謹慎正直的態度與他人交流，儘管途中遇見某些困頓，卻會因此而出現許多志同道合的朋友，使旅程圓滿無咎。

◆ **考運**：因面對考試的態度謹慎嚴肅，故能在艱困的環境中一步步前進，最後將能迎來美好的成果。

◆ **人際**：以誠意與堅定的信念與他人交流，故能夠結交到許多相合的朋友，順利擴展人際網絡。

◆ **訴訟**：因走在正道上，內心毫無所懼，加上態度謹慎誠信，能夠得到許多認同你之人的幫助，因而對訴訟有所助益。

◆ **遷居**：懂得未雨綢繆，又能堅守正確的道路，故可避開凶險，並在他人的幫助之下完成搬遷。

187【九五】咸其脢，無悔。

◆ **事業**：企圖心不夠強烈，表現也不特別突出，因而無法受到賞識，若有心要在事業上衝刺，應該改變自己的態度，交出亮眼的表現，證明自己的能力。

◆ **創業**：走上創業之路，卻不能專心在眼前的道路上，因而使得事業不上不下，儘管不至於引來災禍，卻也對你的人生道路沒有幫助，不如立定志向，奮力向前，才能活出更精彩的人生。

◆ **錢財**：對財務規劃無法專心致志，因而無法在金錢上有太大的收穫，若想改變現況，就必須改變自己的心態，有志者方能事竟成。

◆ **愛情**：與心儀的對象沒有太多交集，故關係一直無法突破，目前並不是一個強意拉近距離的好時機，儘管暫時停滯不前，仍可等待更好的時機。

◆ **婚姻**：彼此的心意無法完全傳達，雖然在增進感情上沒有進展，卻也不會因此引起更多紛爭，但仍要反省自己在婚姻中未盡到的責任以及缺少的積極性。

◆ **子女**：當溝通出現障礙，要檢討自己是否缺乏主動了解的動力，以及自己在相處上的不足之處，藉以找出問題的癥結。

◆ **健康**：儘管接受醫療，卻可能因為病痛難以捉摸而無法順利治療，這是由於自己也無法斷言疾病之處所致，再給自己一些時間，專心抓出病徵，才能藥到病除。

◆ **旅遊**：因煩事紛擾而無法專心在準備的前置作業，與他人的溝通也總是言不及義，因而在旅途過程中多少會受到一些阻礙，但整體上並不影響旅程的進行。

◆ **考運**：心志不定而使得複習進度不如預期，且對自己的狀態不甚了解，因而無從改進，要想改善現狀，必須徹底檢視自己的弱點，找出最有效的改進方式，並且堅定志向，努力往目標邁進，方可收成效。

◆ **人際**：此時與人的交流總是無法深入內心，人際網絡無法順利開展，要能專心在經營人際關係上，懂得用心與人交往，才能改善現在的情況。

◆ **訴訟**：不能堅定自己，在溝通上無法切入重點，導致勝利逐漸離你遠去，必須堅定自己的目標，並奮力邁進，才有可能扭轉局勢。

◆ **遷居**：心意搖擺不定，只會延宕搬遷的進行，在相關人事物的溝通上要用心執行，才能在無所損失的情況下完成搬遷。

188【上六】咸其輔，頰，舌。

◆ **事業**：對工作不上心，只是應付了事，只會讓你在工作中更加無所歸屬，你必須找到自己的熱情，在適當的時機找到屬於自己的位置，才能在工作中得到成就。

◆ **創業**：沒有實際的規劃，只是不斷在口頭上建立自己的事業，講得再多也不會成真，如此持續下去，離真正擁有自己事業的那一天只會愈來愈遠。

- **錢財**：對於財務只理解皮毛，並無深入探究，若以目前的條件從事投資，只會招來損失。
- **愛情**：對戀愛不甚積極，即使有了心儀對象也未用心經營，若持續以這樣的態度面對，只會使桃花遠離。
- **婚姻**：彼此的交流流於形式與表面，不利溝通，久而久之可能造成兩人之間的隔閡，想改善現狀，必須用心傾聽對方的需求，不能只是口頭虛應了事。
- **子女**：能夠順利溝通的時機已過，此時的相處可能無法深入內心，因而引發許多問題，要能放下身段，真正用心在經營親子關係上，讓彼此看到對方的努力。
- **健康**：總是頭痛醫頭、腳痛醫腳，無法根治病因，因而受到病情反覆發作之苦，要想脫離小病不斷的情況，必須下定決心找出病因，並且徹底執行良好的生活習慣。
- **旅遊**：在旅途過程中的溝通難以順利進行，多少阻礙了旅行的進程，應該拿出誠懇的態度解決問題，而不是只流於口舌。
- **考運**：面對考試總是以應付的心態準備，並無法把學到的知識真正內化為自己的學識，讀書要能讀到心坎裡，才能在考試上有好的表現。
- **人際**：人際的經營若只是做表面功夫，他人必然能夠察覺，會對你的人際產生不良影響，與人交往需以誠相待，拿出真心，才能與他人有所共鳴。
- **訴訟**：若總是將想法留在腦中，無法以行動佐證，則對訴訟一點幫助也沒有，必須積極採取行動，才有利於己。
- **遷居**：只是空想而不去落實，終究無法完成任何事，不如將想法化為實際行動，才能順利完成搬遷。

卦理

咸音「賢」，通「感」之意，即為「無心之感」。感，有感應、感動之意。咸卦是下經的開始，此卦為男性禮讓女姓的卦象，因為上為少女（澤兌），下為少男（艮山），少男位於少女之下。又少男三爻和少女三爻皆相互對應（初六對九四，六二對九五，九三對上六），因此為男女之間兩情相悅的婚媾之象，故為「娶女吉」。普天之下，渴望情感寄託的少男少女相遇，在互有好感的狀況下進展至結婚，即為家道之開始。繼之以恆，有永恆之意，表示男女將擁有穩定的家庭。

另卦辭中說：「亨，利貞，取女吉。」即為「亨通，利於貞靜。娶女吉。」，表示男下於女，若凡事能退讓一步，則將夠感人而達到事情亨通之境界。

卜感情如果得此卦，將是很美好的一卦。但若是問其他事物，這一卦是表示卜卦者心裡所想的事情，均可能已在現實生活中發生，且事情不分好壞。古文中，咸與欽相通，因此帛書以欽為卦名。然而欽又有砍之意，故咸亦為砍傷之卦，因此得咸卦也需要注意可能會有血光之災，人身安全需特別留意，應當避免受傷。

「咸」卦六爻的爻辭：初六為這一卦的開始，意味著不可妄加行動，否則容易給人膚淺而不切實際的感覺，三思而後行，應虛心待人；六二為下卦中位，過於主動則可能事與願違，切勿心浮氣躁，應循序漸進，固守現有立場，方能得吉；九三是下卦的終結，意指應當保有自己的立場，主動出擊，但若為求得富貴而屈居下位，苟求於人，趨炎附勢，將來必定後悔莫及；意志不堅定，三心二意，猶豫不決，則事情必走向失敗且無法光明磊落，故九四意指真誠處事且堅定意志始能大吉；能夠和眾人感應，特別是與自己意見相左之人，則為偉大之行為，但若指獨善其身則志向過於淺薄，終難成大事，即為九五之意；感應只到嘴巴，即為嘴巴說說，出一張嘴，單純靠花言巧語，施展口才，無法靠真誠來感應，切勿當真，故為上六之意。

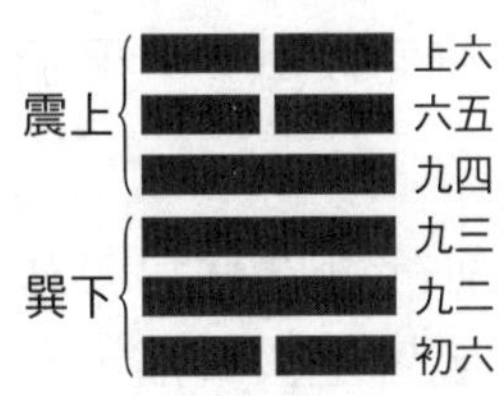

恆卦

卦序▶32　錯卦▶風雷益
卦數▶14　綜卦▶澤山咸
卦向▶東南　互卦▶澤天夬

卦揭

恆，常也，字型從心從舟，表示以舟運轉其心，恆常而不止。繼咸卦中物之相互有感，進入恆卦尋求相互穩定持久的關係，釐清次序尊卑之常理，並堅持不懈地努力，以通往亨達的途徑。即與萬物有所感應，找到心之所向之後，便力求發展遠景。

以男女關係相比，各司其職是維持恆久的方法，漢代的諫大夫鮑宣與其妻，正好能體現此精神。其妻字少君，嫁給鮑宣之前家境優渥，因看中鮑宣的「品德修養」而欲隨之。因此成親後脫下長裙及首飾，換上便於工作的短衣裳，和鮑宣一起乘著小車回到家鄉。少君在家尊敬公婆，打理家事，鮑宣則在朝廷上直言敢諫，鄉里人對此夫妻都非常敬佩！

【卦辭】亨，無咎，利貞，利有攸往。

利貞，貞固守正。利有攸往，首先貞固後才前往有利。

〈彖〉「恆，久也。剛上而柔下，雷風相與，巽而動，剛柔皆應，恆。恆亨無咎，利貞；久於其道也，天地之道，恆久而不已也。利有攸往，終則有始也。日月得天而能久照，四時變化而能久成，聖人久于其道，而天下化成。觀其所恆，而天地萬物之情可見矣！」恆是亙久的意思。剛在上柔在下，即卦中震風相繼，依序運行，剛柔相應，為恆的道理。持久便能夠亨通無凶，且宜於言行貞正，皆因能恆於中正之德也。天地間的道理亦是恆常不止。前行有利，遇終點也會有新的起始。日月繫於天故能久照大地，四季輪替恆久不止。聖人堅守其德，以化育天下人。細觀恆常的道理，即知世間萬物的性情。

〈象〉「雷風，恆。君子以立不易方。」恆卦先雷震而後風動，君子觀之以立德，不變其志。

得習於恆卦，便亨通沒有災難，利於貞守正德，前行可以有利。守恆即致通之法，而有恆要能「利貞」，乃不變之理，心志皆堅毅不搖，還要能「攸往」，知不止息向前邁進，兼顧常與不止之境，方能乘恆卦而亨通。

【初六】浚恆，貞凶，無攸利。

浚，深也，本義為向水中進行挖取。

〈象〉「浚恆之凶，始求深也。」始求深也，凶險來自於只是剛開始追求深遠。

尋求深遠的長久，儘管守正道以前行還是會有凶險，採取行動不會有利。初六於萬事之初，卻一味求恆遠，如揠苗助長不可得。若知變通，循序漸進，才能達到恆之境。不知萬物有深淺、有親疏之別，欲前行便是以身犯險。

【九二】悔亡。

不會有悔吝。

〈象〉「九二悔亡，能久中也。」能久中也，沒有悔恨是因為能持久於中正之道。

九二爻居於下卦之中，又善於守中庸，更能順應上位者，故而沒有憂悔。

【九三】不恆其德，或承之羞，貞吝。

承，受也，字型象雙手向上接捧。羞，羞辱也。

〈象〉「不恆其德，無所容也。」無所容也，無法立於有德者，使旁人無法接納。

擁有之德無法保持長久，或讓自己蒙受羞辱，守正道還是會有凶吝。本質陽剛卻還用以至剛之法，便無法維護品德，即使志在向上，仍將遭遇麻煩。

【九四】田無禽。

田，田獵也。禽，鳥獸之統稱。

〈象〉「久非其位，安得禽也。」安得禽也，此指不久於自己的位子上，無法獵得飛禽。

狩獵沒有收穫飛禽。用剛失正，故無所獲。因未能盡守本分，有失其責，即使堅守於恆，也僅是徒勞之功，如同緣木求魚，用盡全力卻終於無所得。

【六五】恆其德，貞，婦人吉，夫子凶。

〈象〉「婦人貞吉，從一而終也。夫子制義，從婦凶也。」從一而終也，婦人因始終從夫，合於夫婦亙久之德。制義，夫當受義理約束。

守道德之恆久，依循正道。婦因從夫而吉祥，夫若從婦則會有凶。六五陰爻居尊，是柔應剛中，此時若為女，當從夫以守恆德，若為夫則不可依從其婦，存義理且剛健方為上策。

【上六】振恆，凶。

振，動也，此表示卦之上體為震。

〈象〉「振恆在上，大無功也。」大無功也，指一事無成。

於卦之終，卻震搖不定，故無所成。內心思緒繁雜，對大事優柔寡斷，表現出震動無常之象，因此無法有所成就。

易學筆記

卦圖

恒久之圖

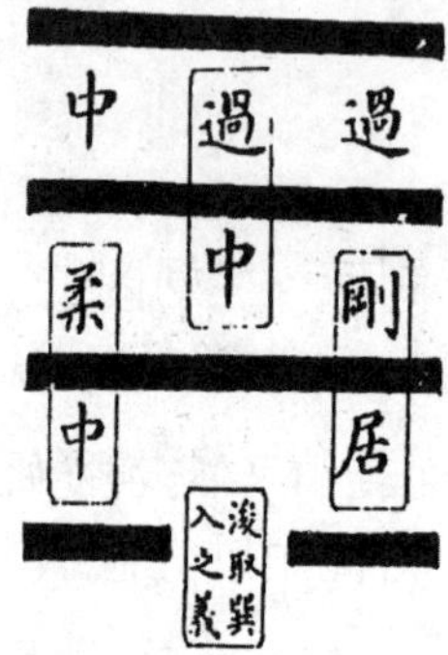

上卦為震為雷，下卦為巽為風，震為剛在上，巽為柔在下，有次序而不紊。雷動而風發，風起於雷響之後，此為不變常理。

卦義

189【初六】浚恆，貞凶，無攸利。

- ◆**事業**：工作上的成就並非一蹴可幾，故不要想著一步登天，要腳踏實地累積經驗，才能在機會來臨時確實掌握。
- ◆**創業**：所創事業剛剛開始起步，不適合訂下太過深遠的目標，應該分階段做好規劃並穩健成長，才能使事業更加穩固，有發展潛力。
- ◆**錢財**：要能清楚知道自身能力，選擇適合自己的生財方式，若是好高騖遠，只會為你帶來錢財方面的凶險。
- ◆**愛情**：兩人剛剛開始，對於未來尚未有所共識，故不應過於心急，如此才能細水長流，待時機到來，就能修成正果。
- ◆**婚姻**：深厚關係的建立仰賴彼此的信賴，不應操之過急，夫妻相處應放慢腳步，如此才能走得長久。
- ◆**子女**：與子女之間的相處模式是長年累積而來，無法在一夕之間改變，故應先從細微之處著手，緩慢進行，親子關係就能逐漸改善。
- ◆**健康**：儘管為了健康開始採取正確的保健方式與良好的生活習慣，但不可在一開始就想要看見成效，緩慢地進行調養，才能使身心達到最平衡的狀態。
- ◆**旅遊**：不要一開始規劃就希望面面俱到，旅途中有突發狀況是正常的，太過要求完美或有太大的願景，都只會不利於旅程的進行，唯有著眼於當下，才能感受到旅遊帶來的愉悅。
- ◆**考運**：努力與報酬是相對的，不要妄想一步登天，唯有穩定地累積自己的實力，面對考試時才能有最大的發揮。
- ◆**人際**：誤以為自己在人際上有很大的優勢，因而行為過於激進主動，只會適得其反，與人相處需循序漸進，逐漸累積情感，才能真正與他人親近。

◆ **訴訟**：才剛剛開始展開訴訟，就期望有絕對的勝算，這樣的想法只會讓你輕敵而失去優勢，要一步步穩健地前進，才有機會在訴訟中取得勝利。

◆ **遷居**：尋求搬遷之地並不容易，所以不應在一開始就急著找到最完美的目標，唯有循序漸進，才能讓搬遷之事圓滿達成。

◆ **尋人**：往東南方向找尋，必有所獲。

190【九二】悔亡。

◆ **事業**：能夠在自己的崗位上持之以恆地努力，並且不過分展露鋒芒，行走在正道之上，因而能夠遠離災禍。

◆ **創業**：長久以來能夠秉持正當的經營方式發展事業，就能避免災厄，若因短視近利而走上旁門左道，則事業向上發展的局面必不長久。

◆ **錢財**：善於採取中庸的態度，因而在財務上不會有太大的損失，切記要維持正當的取財方式，方可避免凶險。

◆ **愛情**：因能在認識異性時，採取謙和的態度，並以端正的心態與對方來往，故能夠博得對方的好印象，成功的機會很大。

◆ **婚姻**：因為懂得經營婚姻之道，善於順應另一半的需求，故能沒有憂悔之事。

◆ **子女**：能夠以正確的態度教導子女，並順應其生長，故親子之間不會有太大的問題。

◆ **健康**：長期以來以正確的觀念照養身體，好習慣能夠持之以恆，因而能讓身體處在平衡的狀態，不會有太大的病痛。

◆ **旅遊**：規劃旅遊時，能夠順應他人的期望，做好妥善的安排，最後能讓旅途能夠沒有憂慮地順利進行。

◆ **考運**：一直以來養成良好的讀書習慣，能夠針對考試重點一一掌握，故在上考場時，可以有好的表現。

◆ **人際**：懂得以適當的方式與他人結交，並且不過分彰顯自我，也不讓人感到疏離，故在人際上能夠有很好的收穫。

◆ **訴訟**：走在正道之上進行訴訟，且能夠得到有力人士的認同，能夠沒有憂慮地得到勝利，但若脫離正道，則助力盡失，很有可能迎來失敗。

◆ **遷居**：若能依循正當的管道進行搬遷事宜，而非貪圖方便以旁門左道的方式進行，就能使搬遷順利而沒有憂患。

191【九三】不恆其德，或承之羞，貞吝。

◆ **事業**：容易躁動而不安於現狀，因而無法依循正道行事，故容易在職場上招來攻訐，不被他人所容納，唯有回歸正軌、低調行事，才能躲避更多災咎。

◆ **創業**：過於躁進而失去持之以恆的正直心態，容易因為採取不正當的手法而受到眾人的排斥，必須改正心性，付出更多努力以改善現況。

◆ **錢財**：過於心急而拋棄了正道，儘管有短暫的獲利卻無法長久，反而因此失去了他人對你的信任，可能遭受他人的非議。想要挽回劣勢，必須付出更大的心力扭轉他人對你的印象。

◆ **愛情**：無法持之以恆地維繫情感，故使對方產生失望的負面印象，想要情感順利發展，必須培養恆久的心性，專心致志地善待對方。

◆ **婚姻**：對於婚姻無法長久經營，使彼此之間產生裂痕，遭到對方的譴責，要想破鏡重圓，必須證明自己改過自新，重新博得對方的信任。

◆ **子女**：無法以恆久的正確態度與子女溝通，因而受到子女的反彈，也為自己帶來更大的困擾，必須掌握自己不穩定的情緒，重新贏回他們的信任。

◆ **健康**：健康的習慣無法持之以恆，故容易招來疾病，短時間內即使立即調養，也難以恢復，唯有以更大的恆心改正自己的陋習，才有恢復健康的機會。

◆ **旅遊**：籌備的方式沒有一致性，無法使他人感到信服，因而受到他人的反對，對旅程的進行有不良的影響。

◆ **考運**：心志不堅，無法持之以恆地學習，如此將自食惡果，唯有抱持堅定的意念，不畏艱苦地學習，才是致勝的關鍵。

◆ **人際**：心意變幻無常，人際情感的維持無法長久，因而無法在人際上有所收穫，人際要長期經營，必須改變自己躁動不安的個性，才能鞏固身邊的人脈。

◆ **訴訟**：意志不堅定導致沒有人願意對你伸出援手，若想贏得訴訟，首先要從自身的信念開始改變，才能影響他人進而獲得取勝的力量。

◆ **遷居**：心意不定將無法讓任何事完成，必須定下心來堅定目標，否則只會惹來嫌隙，影響搬遷的進行。

192【九四】田無禽。

◆ **事業**：不能盡到自己的本分，在責任歸屬上有所過失，即使再怎麼努力，都只是緣木求魚，無法看到成效，必須尋找正確的方向，如此付出的努力才會有所收穫。

◆ **創業**：儘管想走的道路是正確的，但因作法失準，容易讓公司陷入困境，在做決策時必須小心謹慎，多方傾聽他人意見，以端正自己的想法。

◆ **錢財**：用了錯誤的方法而空忙一場，在財務上可能因此有所困頓，要注意自己的判斷是否有誤，不要在錯誤的地方付出努力。

◆ **愛情**：可能因自己的漫不經心，使雙方的想法錯過而沒有交集，心意無法獲得正面回應，此時想要修成正果，需更加注意對方的想法與需求，並謹慎言行。

◆ **婚姻**：因為沒有盡到在婚姻中的責任，雙方產生分歧，可能因此感到精疲力盡卻看不到轉機，必須努力讓雙方順利溝通，逐漸產生共識，一同度過難關。

◆ **子女**：作為父母可能因疏忽而未盡到責任，因此產生溝通的屏障，彼此間的交流因而淪為空轉，感到力不從心，必須自省並找出適合雙方的溝通方式，以改善目前的僵局。

◆ **健康**：付出的努力方向錯誤，看不見應有的成效，必須回頭檢視自己的作法，重新開始，才有機會重拾健康。

◆ **旅遊**：在旅程中擔任自己不擅長的角色，因而感到力不從心，必須調適自己的心情，盡好本分，方能在旅途中有所獲。

◆ **考運**：苦心準備考試卻沒有相對等的收穫，可能會因此感到灰心，有可能是你的方向或作法錯誤，不得其要領而總是揮空，必須自我檢視，找出錯誤的關鍵並加以改正，就能迎來好的結果。

◆ **人際**：發出的訊息就像丟出一顆疲軟的球，總是得不到有力的回應，必須重新檢視自己的人際狀況，歸零後再出發。

◆ **訴訟**：因為著眼處的不當，目前的局勢對你不利，付出再多的心力都是徒勞，要想挽回頹勢，必須另闢蹊徑。

◆ **遷居**：因作法失當，使遷居遇到困難，儘管耗費許多心力，卻毫無成效，必須端正自己的想法，盡到該盡的本分，危機方能出現轉機。

193【六五】恆其德，貞，婦人吉，夫子凶。

◆ **事業**：若能長久保持正直的性格與柔軟的姿態，懂得變通，就能在工作上無往不利，受到他人敬重。

◆ **創業**：若採取強硬的作法，則發展有限，反之若能秉持正道，並以柔軟身段與他人合作，則事業可蓬勃發展。

◆ **錢財**：不要被舊有的觀念侷限，若能從正道取財，並且以柔軟的姿態處理金融相關事務，則能財運亨通。

◆ **愛情**：以柔順和善的態度追求心儀之人，對方會對你有好感，但千萬不要抱持著三分鐘熱度，如此對你和對方都會有不好的影響。

◆ **婚姻**：若能持之以恆地以柔軟姿態面對生活中的困境，則困難都可一一化解，婚姻關係也就能夠圓滿。

◆ **子女**：能夠以柔軟的態度面對子女，並秉持美好的德行與之相處，則親子間不會有難以溝通的時刻來到，也就不會出現矛盾與衝突。

◆ **健康**：面對身體的狀況，若能以溫和的方式循序漸進改善，就能逐漸恢復健康，且需養成良好的習慣，長期持之以恆地去做，才能產生最大效用。

◆ **旅遊**：若能以柔順謙下的態度面對旅程中所遇見的人事物，則這趟旅程將無咎無悔，而面對旅程中的變化，則應抱持一定的彈性，不要過於剛強，才能無事而返。

◆ **考運**：遵守自己的規則，只要持之以恆，必定會有所收穫，但當遇見阻礙，要能以柔軟的姿態應對，保持隨機應變的想法，將使考試順利無礙。

◆ **人際**：若能持久地以和善待人，柔軟的應對方式將使你在人際上無所阻礙。

◆ **訴訟**：以溫厚的力量持續影響眾人，使其成為你的助力，保持柔軟謙下的態度，反而會為你帶來更大的勝算。

◆ **遷居**：面對搬遷過程中遇到的困難，要能以柔軟的身段處理，如此才能化凶為吉。

194【上六】振恆，凶。

◆ **事業**：躁動不安，心志不專，因而在職場上無法受到他人信賴，也難以有好的績效，想在事業上有所成就，必須改變這樣的性格，以穩重的態度面對工作，才有可能改變劣勢。

◆ **創業**：帶頭的人三心二意，容易讓下屬感到不知所措或疲於奔命，因而難以成大事，必須專注在本業上，堅定前行，才能有所成就。

◆ **錢財**：若總是心意不定，坐這山望那山，錢財即使入了口袋，也可能在轉瞬間消失無蹤，必須改變這樣的理財習慣，才有可能累積財富。

◆ **愛情**：內心無法安定，難以專注在感情上，故愛情之路也就不太順利，若想在情感方面有所收穫，必須從改變自己、堅定自己開始做起。

◆ **婚姻**：心向不定，難以在婚姻的經營上下苦心，因此當婚姻關係遇見困難，便容易一發不可收拾，若希望維持美好的婚姻，應該堅定自己的心性，在婚姻中付出。

◆ **子女**：儘管有心經營親子關係，卻東想西想，抓不到要領，心意與想法都無法傳達，自然沒有成效，必須用心理解對方，找到屬於你們的溝通方式，才能共享美好時光。

◆ **健康**：對於維護健康的作法搖擺不定，故每項方法都無法深入貫徹，效果自然打了折扣，必須堅定方向，並徹底執行，才是對自己最好的方式。

◆ **旅遊**：心意游移不定，因此跟隨你的人會感到相當辛苦，當壓力累積到一定程度，必然會對這趟旅程造成影響，甚至不歡而散。必須把心定下來，專注做好眼前的準備，決定的事要貫徹執行，才能有一趟無難的旅程。

◆ **考運**：準備過程中被周遭的雜事吸引而無法專注，使得考試成績不甚理想，要想避免重蹈覆轍，必須懂得自己的弱點，捨去所有會擾亂你的事物，才能專心致志，看見努力得來的成果。

◆ **人際**：面對人際的心意不定，旁人無所適從，故也沒有意願與你深交，若你能心無旁騖地一一費心相處，才能在人際上有較大的收穫。

◆ **訴訟**：內心七上八下，無法安定，在這樣的情況下，無法冷靜面對訴訟，結果可能對你不利。必須先讓自己穩定之後，將所有注意力放在訴訟本身，才有可能發現致勝的關鍵所在。

◆ **遷居**：內心搖擺不定，將無法成就任何事情，唯有專心致志在眼前的事物上，才有可能順利完成搬遷。

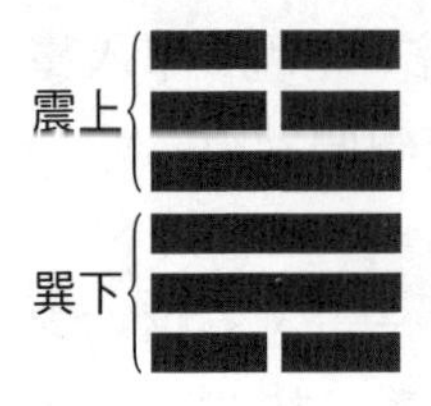

「恆」，有永恆、恆久、持久之意，又有好事多磨的概念在其中。「恆」卦是緊接著咸卦出現，同時又與咸卦為一對卦，《序卦》中提到：「夫婦之道不可以不久也，故受之以恆，恆者，久也。」咸卦「取女吉」，描述著少男與少女一路從談戀愛步入結婚；直至恆卦，少男與少女均從當初的青澀轉變為成熟且穩重的長男長女，兩人懂得分工之道，夫妻偕老且一心一意為對方、為家庭努力，使家庭發展穩定且恒久。

「恆」卦，上為長男（震），下為長女（巽），卦象意味著男子負責在外打拼養家，女子勤儉持家，建立一個穩定且和諧的家庭，夫妻二人清楚地知道自己的本分為何，因此可以讓家庭恆久穩定地發展。卦辭中說：「亨，無咎，利貞，利有攸往。」，表示沒有任何阻礙且亨通順利，不會有禍害出現，堅守正道，利於前去行事，有助於長遠的發展。

卜卦者若求得此卦，家庭有穩定和諧之態，遇事建議固守即可，切勿一味求新求變，此為長久發展之計，永續經營，恆久不變。〈象〉曰：「雷風，恆。君子以立不易方。」得恆卦者，應堅守自己的立場，不可受外在影響，始為上策。

「恆」卦六爻的爻辭：初六為這一卦的開始，兩人相處，應當明事理，知進退，避免雙方因動了火氣而反目成仇，過於嚴苛則無法有長遠之利益；九二要保持中庸之道，方能避免悔咎；九三意指女性應當堅守婦道，切莫不可改變節操，如此不但招致羞辱，更可能家庭破碎、事業崩盤；為人夫應當為家計勤奮工作，恪守本分，反之則窮途潦倒，難以養家餬口，此為九四之意；六五為男女之差異所在，堅貞持久對女子而言是至上之德性，表大吉；但男性若忘卻主見，優柔寡斷，一味趨炎附勢，此即為凶卦，故女性應當從一而終，男性則應剛強果斷，方能化吉；上六為此卦之末，若貿然改變過往之常態，動搖穩固的基礎，不但難成大事，更因而破壞了長久下來的穩定，即為凶卦，故千萬不可恣意改變。

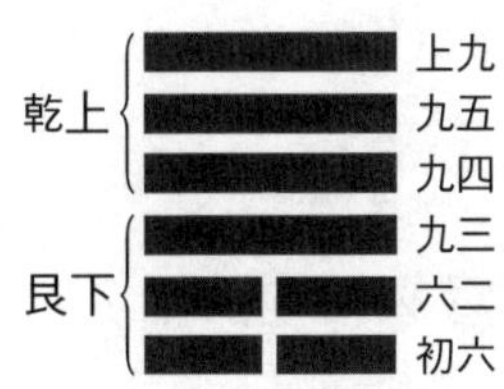

遯卦

卦序▶33 錯卦▶地澤臨
卦數▶60 綜卦▶雷天大壯
卦向▶西北 互卦▶天風姤

卦揭

遯，同「遁」，遷也，一曰逃也。从辵从豚，小豬乍行乍止，欲逃離現場之意。繼恆卦之穩定恆常，接下來必有變動。此乃萬物不可能持續向前而恆久不退，先有後退，方能蓄積能量，重新向前。

猶如戰國時代越王句踐兵敗於吳王夫差，為保全性命，佯裝謙弱，服侍夫差三年，甘於卑賤的奴役之事，此乃「遯（遁）」也。夫差因而毫無戒心，三年後放句踐回到越國，於是句踐暗中招兵買馬、訓練精銳的軍隊，更以堂堂越王之尊，和王后同臣下一起勞動、吃苦，最終抓準時機，擊敗夫差，滅了吳國。越國因此竄起，成為春秋時代長江流域最大的國家。

【卦辭】亨，小利貞。

貞，行正道、守正道。亨通，小的、不顯眼的地方利於正道。

〈彖〉「遯亨，遯而亨也。剛當位而應，與時行也。小利貞，浸而長也。遯之時義大矣哉！」因為遁隱，故能亨通。九五剛爻居中，與六二柔爻相應，應和時勢而行。在隱遁之處，暗暗滋長陽氣，這就是遯卦在時勢上的莫大意義！

〈象〉「天下有山，遯。君子以遠小人，不惡而嚴。」天下可遁隱之處何其多，故小人得勢之時，退隱山林遠離之。不是厭惡小人，而是嚴以律己，不與之同流合汙。

局勢不為己用，當退而遁之，遠離歪風已長的人事物，在偏遠的地方韜光養晦，磨礪己性，如此則亨通，有利益可言。

【初六】遯尾，厲，勿用有攸往。

厲，兇惡、猛烈之意。逃跑時落後於末尾，有危險，不要再向前行。

〈象〉「遯尾之厲，不往何災也。」逃跑時落後於最末尾將遇到危險，不前往，就不會遇到此災難。

初六居卦下，不正，閃躲不急故危。於生活中可見，小人得勢時，有遠見者宜及早退出，可保平安，最末離去則危機四伏。

【六二】執之用黃牛之革，莫之勝說。

說，同「脫」。用黃牛皮做成的繩索綁拴，便無法成功逃脫。

〈象〉「執用黃牛，固志也。」繩索用黃牛的皮做成，所以能堅固其意志。

上應九五，心雖中正卻柔順難馭。黃牛體壯有力，皮薄毛細，以其皮製索，堅韌質硬，縛之使不動搖。毅然用之，足戰勝己心之紛亂擅動。

【九三】系遯，有疾厲，畜臣妾吉。

疾，急速、猛烈之意。繫住逃跑者，將大病一場。畜養奴僕或侍妾則吉祥。

〈象〉「系遯之厲，有疾憊也。畜臣妾吉，不可大事也。」將逃跑者繫住的危險，即是產生如大病一場的疲憊。蓄養奴僕或侍妾則可，但不可以辦大事。

九三之柔更勝六二，乃心懷眷戀、不忍離去之故。心有所繫，猶疾病纏身，羈絆縛足更甚。此乃遲疑不決之危害上身。

【九四】好遯，君子吉，小人否。

能平安地全身而退，君子吉祥，小人閉塞。

〈象〉「君子好遯，小人否也。」君子能做到急流勇退，小人則無法做到如此。

九四下應初六，須克制柔弱之心，當退之時，斷念拂袖離去。即便眼前眷戀難捨，能擺脫所好，方為君子。

【九五】嘉遯，貞吉。

功成身退，守正道吉祥。

〈象〉「嘉遯貞吉，以正志也。」能夠功成身退，行於正道上的吉祥，是因為明白正確的志向。

九五居尊位，功高權重。然深謀遠慮，明眸識人斷事於千里之外，預知未來事，故能及時退隱不戀棧，保有長遠身命之吉祥。

【上九】肥遯，無不利。

肥，「飛」也。飛也似地隱遁，沒有不利的。

〈象〉「肥遯，無不利；無所疑也。」飛快隱遁而沒有不利，是因為毫無遲疑。

上九下無牽掛，上無阻礙，故無所顧慮，能一飛沖天，悠然退隱，安適自享山林田園之樂，利益萬千。

易學筆記

卦圖

遯象之圖

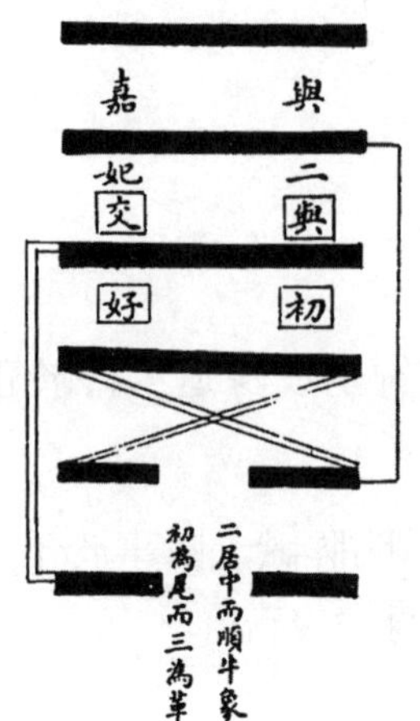

上卦為乾為天，下卦為艮為山，陰爻在下有二，由下往上，表小人之氣漸長，君子宜稍遯以避，以全其身。

卦義

195【初六】遯尾，厲，勿用有攸往。

- **事業**：工作發展不順利，遇見困難，若是沒有遠見而安守原地，容易因墜後而遭遇困頓，故應明察秋毫，仔細觀察職場情勢，以利躲避災禍。
- **創業**：若無法看見市場趨勢，眼界狹小地固守本業，容易因此失去利益，阻礙事業的發展。
- **錢財**：需保持對金錢市場的敏感度，若是反應遲鈍，落在他人之後，則可能因此遭受金錢損失。
- **愛情**：當已經從蛛絲馬跡中看見對方與你不相合的特質，就要懂得懸崖勒馬，若是執意向前，則可能陷入困境。
- **婚姻**：不要當最後一個發現問題的人，若已知前行會有困難，就應慢下腳步，彼此磨合調適，才是婚姻長久之道。
- **子女**：已經知道繼續維持目前的狀態會使感情破裂，就不要繼續留在這樣的處境之中，可以先調適彼此的距離，給雙方足夠空間，才有望改善現況。
- **健康**：當身體狀況進入低潮，應及早尋求協助，阻斷更多疾病找上身的機會，若不停延宕，則可能同時被疾病纏身，處於困厄之中。
- **旅遊**：旅途中可能會遇上險阻，若取消前往，就能避開此災禍，但若執意前行，必須更加戒慎小心，一發現情勢不對，就立刻避開。
- **考運**：準備過程中可能遇上許多干擾，若不能將自己從這樣的環境中抽出，則可能導致成績的不理想。
- **人際**：人際中有小人出現，破壞目前的平衡關係，你必須在這場人際災禍中盡早脫離，以免受到波及。

◆ 訴訟：小人將在這場訴訟中取得優勢，為避免損失擴大，應及早退出這場訴訟，以保全自身權益。

◆ 遷居：搬遷的時機不對，將使自己陷入危難之中，故應先暫緩計畫，等待危機過去，再行計議。

◆ 尋人：往西北方向找尋，必有所獲。

196【六二】執之用黃牛之革，莫之勝說。

◆ 事業：儘管在工作環境中有負面的阻力環伺，但當你認定了這是你想貫徹的工作，就堅定地在艱難的環境中努力，不因環境惡劣而動搖，就能有所成就。

◆ 創業：當創業路途中面臨危機卻無法脫身，只要抱持堅定信念，在資源有限的情況下以正面的心態繼續努力，就會有解開枷鎖的一天。

◆ 錢財：在錢財套牢的情況下，反而能夠更堅定你的心志，讓你思考自己的作為有無失當之處，故只要抱持積極的想法，尋回正軌，對往後的財運會有幫助。

◆ 愛情：儘管目前的關係仍然看不見曙光，但只要堅定自己的心志，對方就會有被你感動的一天。

◆ 婚姻：儘管身心上有圍困之感，但若對婚姻有所期望與堅持，就能脫出困境，蛹化成蝶。

◆ 子女：目前的情況並非你所期望，但這樣的困局反而能夠堅定你的決心，只要心態正確，就能在關係中取得平衡。

◆ 健康：身體狀況不佳，形成困住你的牢籠，但可藉此停下腳步，好好調養，只要以正確的方式進行，就能恢復健康。

◆ 旅遊：旅途中遇見困局，無法順利抽身，但處在困頓之中，可以讓你從中學習，為之後的旅程累積經驗。

◆ 考運：雖然感覺被即將到來的考試束縛，但這反而能專注你的心志，讓你專心面對考試，因而能夠有好的表現。

◆ 人際：儘管陷入人際的困局之中，無法脫出，但也因此能讓你毅然面對現在的處境，堅強心志，對你來說並非全無好處。

◆ 訴訟：訴訟當然是能避就避，但若被纏身，能夠因此激發你堅強的心性，使你快速成長，另有收穫。

◆ **遷居**：遷居的過程中會遇見困頓，讓你進退不得，但卻因此磨練了自己的個性，培養了進退應對，有利遷居的完成。

197【九三】系遯，有疾厲，畜臣妾吉。

◆ **事業**：行事猶疑不決，不能即時遁隱，反而造成自己的疲累，必須堅持自己的意志，不受環境的侵擾，才能果決行事，為你帶來吉祥。

◆ **創業**：明知是不合適的決策，卻還有所眷戀，在其中徘徊無法做出決定，如此只會更加耗費自己的心神，拖垮你的事業。

◆ **錢財**：對於不應得的利益不忍放手，因而遭遇災禍，這都是因為自己心態不正的緣故，若懂得捨得之心，秉持正道思想，則錢財反而會在你不強求的時刻到來。

◆ **愛情**：遇見不好的對象，卻遲遲不肯放手，讓自己受盡折磨。不應再如此執迷不悟，而是要放棄不屬於你的對象，才能讓自己邁出美好人生的第一步。

◆ **婚姻**：對於破碎的婚姻心軟，一直無法真正放下，但這樣的執著對你或另一半都只會造成傷害，必須真正放開心胸，接受事實，才是對雙方最好的選擇。

◆ **子女**：子女的轉變讓你措手不及，你卻還停留在過去，以相同的方式與子女相處，如此將不利於你拉近與他們的距離。

◆ **健康**：儘管已經被疾病纏身，卻還放不下舊有的習慣，如此對病情的好轉一點幫助都沒有，必須破釜沉舟，下定決心做出改變，病情將會有起色。

◆ **旅遊**：籌備的過程中猶豫不決，無法切實按照進度做好準備，只會讓你無法在起程前準備妥當，間接影響之後的旅程。

◆ **考運**：必須徹底改變自己懶惰成習的個性，嚴格要求自己按照進度，努力為考試作準備，唯有一分耕耘，才有一分收穫。

◆ **人際**：對舊有的人際還心懷眷戀，因而猶如枷鎖纏身，無法開創新的人際關係，必須立定心志破除禁錮，別讓過去成為你的絆腳石。

◆ **訴訟**：若明知訴訟不會為你帶來任何好處，就不要因為眷戀眼前的利益而做出有失正常的行為，懂得適時抽身，才能避免災禍的到來。

◆ **遷居**：不短視近利地貪圖眼前不確定的好處，反而會為你帶來好運，最後將有更大的獲得。

198【九四】好遯，君子吉，小人否。

◆ **事業**：應該退讓的時候，不要有所留戀，應該果決地離去，如此是為了在將來獲得更好的機會。

◆ **創業**：若事業的某項業務獲利不佳，則必須果斷地捨棄，等待更好的時機另起爐灶，反而會有更好的發展。

◆ **錢財**：目前的狀況不適合急於追求利益，而是要懂得適時收手，一時的退讓也許會有些微的損失，但就長期來看，會為你帶來更大的利益。

◆ **愛情**：必須克制自己優柔寡斷的個性，面對不好的桃花，要能當下立斷，藕斷絲連對你並沒有好處。

◆ **婚姻**：面對婚姻中帶來害處的對象，最好能夠果決地切斷聯繫，若難捨難分，只會擴大傷害。

◆ **子女**：當孩子的重心轉移，你要退居支持的角色，而非強硬主導，唯有如此才能找到親子相處的平衡。

◆ **健康**：要改變自己柔弱的性格，堅強地面對病情，並且果斷地改變自己的生活習慣，健康就有回復的可能。

◆ **旅遊**：若三心二意，無法做出果斷的決定，只會讓自己焦頭爛額，必須當機立斷，儘管有所損失，也只是短暫的。

◆ **考運**：必須有承認自己準備不足的勇氣，若能跨出這一步，並立定重頭開始的決心，成功的那天才會到來。

◆ **人際**：應當退隱之時，必須果斷地執行，若不斷對現有的人際依依不捨，對自己只有壞處，必須切斷過去，找尋更好的機會。

◆ **訴訟**：時局不利於你，面對劣勢，要能斷然捨棄先前有的小小成就，沉寂之後你會更具實力，方能找回屬於自己的正義。

◆ **遷居**：應當有所取捨的時候，不要猶豫，若心意不決而一拖再拖，只會使搬遷愈來愈棘手。

199【九五】嘉遯，貞吉。

◆ **事業**：明白自己的志向，因而能夠看得深遠，當面臨需要退隱的時候，就能毫不猶豫的退出，因而保有長遠的吉祥。

◆ **創業**：若在事業上有一定的成就，就能站在較高的角度考慮一切事物，因此懂得適時退讓，方能為自己帶來更大的利益。

◆ **錢財**：因為經驗豐富，利益得失了然於胸，所以在需要放棄利益的時候，能夠以長遠的眼光看待，以短暫的損失換取將來更大的獲利。

◆ **愛情**：因能明眼識人，經驗豐富，遇見不適合的對象，能夠立刻決定放棄，因而避免了許多困頓的時刻。

◆ **婚姻**：能夠在婚姻中做出果斷的決定，故能將傷害減到最低，反而保有細水長流的感情。

◆ **子女**：因為閱歷深厚，或有鑑於過去自己的經驗，面對狀況總是能夠以退為進，乍看是退讓的一方，實際上卻能藉此達到目的，使關係和諧。

◆ **健康**：因為思想開明，能夠深謀遠慮面對健康上的挫折，並以正面積極的態度在第一時間尋求協助，故能因此長保健康。

◆ **旅遊**：思慮周密，能夠預知可能發生的狀況，並且在需要退讓的時候毫不猶豫，因而能安保旅途順利進行。

◆ **考運**：見識悠遠，因意識到自己的不足，在應當停下腳步的時候，能義無反顧地為了長遠的未來著想，捨棄先前的努力成果，反而能在未來獲得更大的成就。

◆ **人際**：能夠認清人際中的患部，並及時切割，故在人際上能夠無往不利，不為人際所困。

◆ **訴訟**：深謀遠慮的你能夠在事情發生之前預知後果，所以能在情勢衰敗之前果敢地退居次位，因而能夠避開正面的衝突。

◆ **遷居**：以長遠的眼光來看，若能放棄短暫的利益，找尋更好的物件，會比倉促決定而事後感到悔恨來得好。

200【上九】肥遯，無不利。

- **事業**：因自身豁達，在工作上能夠無後顧之憂地衝刺，達成目標後再退隱，享清幽之樂。
- **創業**：胸懷大度，能夠不計較得失，故在發展事業上沒有太多不必要的負擔，反而更加幫助成就的躍升。
- **錢財**：毫不猶豫放下不屬於自己應得的利益，就能在危機找上你之前斷絕傷財的機會。
- **愛情**：因能果決斷開與不適合對象之間牽扯不清的情感，在愛情的路上能夠避開許多傷害。
- **婚姻**：能在問題發生之前見微知著，並將有害關係的部分捨棄，因而能在釀成更大傷害之前力挽狂瀾。
- **子女**：能在不佳的局勢下，拋棄舊有的想法，重新調適你與兒女間的相處模式，因而能夠避免衝突。
- **健康**：果斷地放下過去的生活模式，重新建立起良好的生活制度，將能使健康狀況步上正軌。
- **旅遊**：拋下過去不愉快的經驗，以全新的心情籌劃旅行，將能在旅途中得到更多收穫。
- **考運**：拋棄那些讓你放鬆但對考試毫無助益的事，將幫助你在準備考試過程中專心致志，因而能夠有好的成果。
- **人際**：對舊有的人際無牽無掛，能夠在新環境中以全新的姿態開啟更好的人際關係。
- **訴訟**：在艱難的局勢中，若有機會脫身，則必須在適當的時機、毫無留戀的抽身，才能避免因訴訟失利遭受更大的損失。
- **遷居**：若能放下舊有的顧慮，就能讓搬遷事宜快速進行，沒有阻礙地完成。

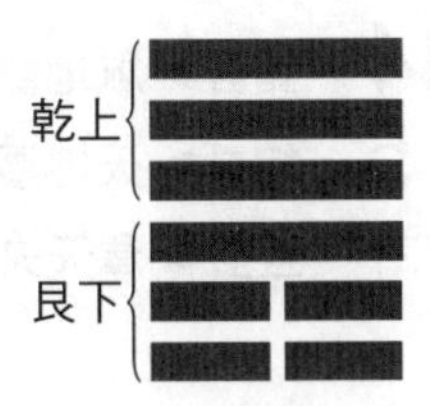

卦理

「遯」卦，音「頓」，行事以明哲保身為宜，有逃避、隱居、遠離世俗的紛紛擾擾之意。卦序上是緊接著恆卦出現，與大壯卦為相綜的一對卦。《序卦》：「物不可以久居其所，故受之以遯，遯者，退也。」恆、遯、大壯卦有著相互連貫的關係，穩定久了終究難逃步入僵化的時刻，有志之士則試圖突破這種狀態。逃離僵化的社會，遠離世俗紛擾即為遯卦；奮力衝撞，試圖擊垮、打破僵化已久的現況即為大壯（大撞）。

大畜卦（乾天下艮山上）是廣納人才於門下，是養賢之象；遯卦乾天上，艮山下，艮為門闕，是人才不願進入，賢人躲避或逃難之象。陽氣於四月乾卦將達到鼎盛，之後進入陽氣消退的循環；五月時，姤卦的陰爻出現，陰氣行事於上，一直到六月，遯卦陰氣逐漸增長，小人當道，君子則開始躲避、閃躲，以避免紛亂。

卜到遯卦，不管遇到任何事情，千萬不要逞英雄，低調行事，避免出風頭，且盡可能與小人保持距離，避免和人同流，固守正道，潔身自愛，讓自己保持清白，最理想的方法當然就是隱居起來，逃離世俗的紛爭，方能得吉。總括而論，能夠逃離到無人能尋最好。

「遯」卦的許多爻都顯示為「吉」或「無不利」等，所以會被認為是吉卦。但遯之為吉卦，是因為逃得夠遠且隱居得很隱密，避難得宜且遠離小人，故為吉，絕對不是名利雙收之象。無論是求功名或事業，均不能得到真正的功名與成功。「遯」卦六爻的爻辭：初六為這一卦的開始，意指已經來不及閃躲，最好的方法就是逆來順受，勇於面對才為上策；六二時和高人有所呼應，若能秉持中庸之道，意志堅定，凡事將能夠順利解決；九三時若想成功，則需拋棄富貴名利，忘記世俗，隱居逃避，則小事可成；九四與九三頗為類似，意謂君子若能適時引退求去，拋棄功名成就則吉，反之則凶；九五時雖然想要逃避得更遠，但卻受到名利牽絆，無法真實的逃離，但若能夠堅守正道，固守現況，仍能得吉；上九時表示已經隱居似神仙，已經超脫世俗外，無論何事皆無法使其動搖，凡事皆無不利。

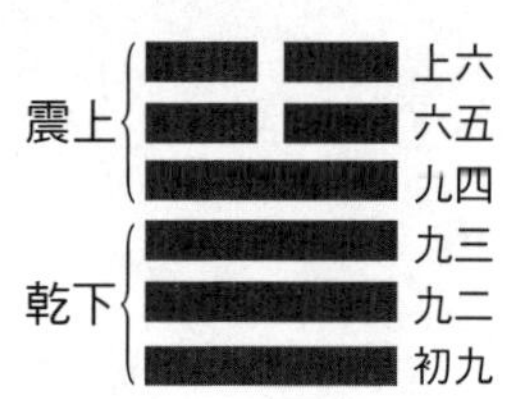

大壯卦

卦序▶34　錯卦▶風地觀
卦數▶15　綜卦▶天地遯
卦向▶西南　互卦▶澤天夬

卦揭

大壯，意為壯大、強盛貌，古時男子三十即為壯年。繼遯卦之適時隱退，長時間蓄積能量，至此實力已甚為強大，但未及發出攻勢，僅在蓄勢待發階段。

東漢末年，時局混亂，諸葛孔明退隱山林，躬耕茅廬，遍覽群書。荊州名士黃承彥有一女，其貌不揚，卻是才德兼具，孔明雅納為妻，可見其心胸與智慧。名聲漸漸傳揚開來，故有劉備三顧茅廬之舉，孔明日後亦成為蜀漢之名相。

卦辭

【卦辭】利貞。

貞，守正道。利於守正道。

〈彖〉「大壯，大者壯也。剛以動，故壯。大壯利貞；大者正也。正大而天地之情可見矣！」大壯即是陽氣強盛之意，下為乾卦表剛，上為震卦表動，剛健且具備動力，故能壯大。大壯利於守正道，因為強大的人，心必須純正。

〈象〉「雷在天上，大壯。君子以非禮勿履。」雷聲於天上作響，此為大壯卦象。君子對於不符合禮教之事，不會踐履。

君子因具強大實力，故能使陽氣充盈、氣勢隆盛。然須持續堅守正道，方不至於橫暴。

爻辭

【初九】壯于趾，征凶，有孚。

孚，誠信之意。足趾強壯，前往征伐將遇凶險，須誠信以固。

〈象〉「壯于趾，其孚窮也。」足趾強壯，須誠信，將遇困窘。

壯大之初，躍躍欲試，其力在足趾。躁進向前則有危難，必先內斂修誠養信，以避困窘之境。

【九二】貞吉。

守正道吉祥。

〈象〉「九二貞吉，以中也。」九二之爻象徵守正道吉祥，因為居於乾卦中位。

九二陽爻居於陰位，不得其所。然位於下卦之中，謹守中庸之道，待以六五應援，即能在安穩中蓄積實力，以得吉祥。

【九三】小人用壯，君子用罔，貞厲。羝羊觸藩，羸其角。

罔，沒有，通「無」。羝，公羊也。羸，以繩索鉤取、纏繞。小人使用力量，君子則否，守正道有危險。公羊以角抵觸藩籬，角被纏住。

〈象〉「小人用壯，君子罔也。」小人使用武力，君子則不會這樣。

九三當位應上，剛強氣盛。小人必使用武力以達其所求，將如羊觸藩籬而不得進退，而遇險難。若為君子，不可恃強，須以德行服人，以網絡人心。

【九四】貞吉悔亡，藩決不羸，壯于大輿之輻。

亡，沒有，通「無」。輿，「車」也。輻，古代車下和軸相鉤連的木頭。守正道吉祥不後悔，藩籬被衝破，羊角脫離不再受纏，強壯得如同大車下方的木頭。

〈象〉「藩決不羸，尚往也。」藩籬被衝破，因為一直向前衝撞。

九四失正無應，本該有悔，然陰居陽爻，謙可持正。當陷於死纏之境，須無後退之意向前衝破藩籬，直至脫離桎梏。

【六五】喪羊于易，無悔。

在易這個地方失去羊隻，沒有悔恨。

〈象〉「喪羊于易，位不當也。」在易這個地方失去羊，是因為所處位置不對。（註：「易」指的是河北的易部落，為殷朝的先祖王亥前往作牛羊貿易之處。王亥本是帝王之身，離帝王之所，前往「易」處，所以稱「位不當也」）

六五以柔爻處尊位，位不當也，故失羊群。然與九二相應，故能無悔。意指其位不正，故喪失所有，若能退而轉柔，即可無悔。

【上六】羝羊觸藩，不能退，不能遂，無攸利，艱則吉。

攸，聯繫動詞的助詞，「所」之意。公羊抵觸藩籬，導致不能退後，不能前進，沒有好處，艱難自守方獲吉祥。

〈象〉「不能退，不能遂，不祥也。艱則吉，咎不長也。」無法進退是不吉祥的徵兆。然堅守則可獲吉祥，災難不會持續太久。

上六急迫求進，因體質柔弱，故進退不得。於艱難處境堅毅自持，靜待守成，終有一日可獲吉祥。

卦圖

大壯羊藩圖

上卦為震為雷，下卦為乾為天，乾卦剛強，陽氣凜然上升，故壯也。上至陰爻則氣漸虛，須堅守純正，以防暴斂。

大壯卦 卦義

201【初九】壯于趾，征凶，有孚。

- **事業**：初出茅廬，具有強大的實力與決心，但若是躁進強求表現，反而會落入不堪的境地，故應先收斂鋒芒，等待更好的時機大展身手。
- **創業**：公司正要開始發展，懷抱著強大的實力對所有的機會躍躍欲試，但時局不利於你，現在發展可能如迎逆風，無法順利拓展事業版圖，若能等待更好的時機，付出的努力會有更大的報酬。
- **錢財**：擁有足夠的知識與實力，可以在市場上博得獲利，但目前的時機若貿然出手，反而容易造成更大的損失，建議先採取守勢，觀察時局。
- **愛情**：目前的情況尚無法有太多發展，但你自身擁有的特質能夠在愛情中無往不利，若想順利成就愛情，必須等待適合出擊的時刻。
- **婚姻**：儘管彼此相合，也都願意遷就對方，但若躁進行事，反而會使婚姻狀況出現危難，必須先以保守態度相對，等候更好的溝通時機。
- **子女**：有足夠能力，也有強烈解決問題的決心，但在現在的時間點提出解決的意見，可能不被對方所採納，故必須先以退為進，等待時機到來，就能徹底解決困頓。
- **健康**：抱著相當大的決心與動力，期望能夠快速恢復健康，但因時機不佳，若過於強迫自己，只會適得其反，無法獲得應有的成效。
- **旅遊**：具有足夠的能力與精力做好最完善的準備，但可能會因外在因素導致旅途的進行不甚順利，故應該避免在這段期間出遊，若非得成行，則必須內斂、以誠信自守，以免招來無妄之災。

◆ **考運**：準備充足而對即將到來的考試充滿信心，但可能因某些突發事件導致結果不如預期，即使如此也不要灰心，因為你深具實力，若能在恰當的時機展現自己的能力，必不會被埋沒。

◆ **人際**：具有過人的交際手腕，到了不同的環境，你可能躍躍欲試，希望盡快擴展自己的人際網絡，但現在的局勢並不適合如此急進，反而要低調行事，以真誠待人，避免妄動引來不必要的麻煩。

◆ **訴訟**：儘管握有足夠的資源能夠輕易贏過對方，但若過於心急而擅自動作，可能會因此而反轉局勢，必須等待最好的時機，一舉得勝。

◆ **遷居**：你的動機強烈，思考充分，已經為搬遷做好準備，但目前還不是搬動的時機，若輕舉妄動，可能會遇上眾多阻礙，延宕搬遷進行，必須先暫緩計畫，等待更適當的時機。

◆ **尋人**：往西南方尋找，必有所獲。

202【九二】**貞吉。**

◆ **事業**：在強盛的局勢中找到中庸之位，故能避免捲入災害之中，可以在安穩的情況下儲備實力，等待良好的時機到來，就足以大展身手。

◆ **創業**：儘管自己有經商的大好運勢，也不會倚憑而仗勢欺人，能夠在眾多合作對象中，取得恰當的位置，持守正道，故經商之路能夠順利。

◆ **錢財**：不為外在環境所左右，能在任何情況下皆維持中庸之道，不強出風頭，就能避開風險，以穩健的方式增加自己的財富。

◆ **愛情**：桃花運並不差，但必須以謙虛和善的態度與他人相處，自然能夠吸引志同道合的對象，並有所發展。

◆ **婚姻**：在婚姻關係中即使你握有較多優勢，若能謹守中庸之道，不頤指氣使地對待另外一半，兩個人之間便能夠和諧相處，共度此生。

◆ **子女**：在與子女相處的過程中，若能謹守本分，以同輩的角度與之應對，就能讓親子關係溝通無礙。

◆ **健康**：即使受疾病之苦，但因為能夠與之相處，不過分激進尋求無根據的醫療方式，故能因此順利回復健康。

◆ **旅遊**：儘管不是擔任籌備的主要角色，但作為後援的你相當稱職，故不會因此與他人發生摩擦，更能幫助旅途的進行。

◆ **考運**：在學業上也許並非鶴立雞群，但能夠在自己能力所及的範圍之內有不錯的表現，面對即將到來的考試，也能夠穩定地累積實力，有不錯的表現。

◆ **人際**：不居於中心人物，而是退居次位，採取中庸之道，也因此避開許多紛紛擾擾，緩慢累積自己的人際實力。

◆ **訴訟**：在局勢向你一面倒之時，反而能夠以謙虛柔順的態度自處，不仗勢欺人，因而能使訴訟順利圓滿解決。

◆ **遷居**：因為低調行事，搬遷會遇見的狀況也都能妥善處理，故能順利完成搬遷。

203【九三】**小人用壯，君子用罔，貞厲。羝羊觸藩，羸其角。**

◆ **事業**：面對工作上的困難，若是用強硬的方式面對，容易造成更大衝突，反而使自己蒙受災害，必須使用柔軟的手段達成目的，方能皆大歡喜。

◆ **創業**：即使具備創業所需的資源與運勢，與人合作仍必須注意他人的心理感受，唯有得到人心，才能真正獲得助力。

◆ **錢財**：以強取豪奪方式獲得的錢財不會長久，君子取財有道，就算有能力，也要遵循正道得財，才能避免災禍纏身。

◆ **愛情**：感情強求不來，若遭喜歡的對象拒絕，以強硬的方式要求對方，只會使你自己蒙受更大的傷害，倒不如退而求其次，以朋友的身分博得對方好感。

◆ **婚姻**：以強硬的態度溝通，並不會讓事情有任何轉機，反之若能以謙下和善的方式了解對方的想法，才能看到問題的癥結，並找出解決的方法。

◆ **子女**：與其用父母的身分，強迫子女無條件接受自己的作法，倒不如在理解對方想法後，以理性和諧的方式分析優劣，如此阻力將會小得多。

◆ **健康**：若一味追求速效強力的治療方法，可能會引起身體更大的反彈，應該循序漸進，以溫和的方式進行調養，才能在沒有負擔的情況下順利恢復健康。

◆ **旅遊**：用強制的方式使他人接受自己的意見，可能因此引起紛爭，應該用溫和的方式讓大家理解你的想法，抱持友善的態度與他人溝通，如此將能幫助你順利完成這趟旅程。

◆ **考運**：強迫自己吸收艱澀的知識，實際到了考場卻可能一點都派不上用場，應該找到自己讀書的彈性，讓知識在自然的情況下進入腦中，才能幫助考試的勝利。

◆ **人際**：與人不合就強勢以對，他人只會口服心不服，要想收服人心，必須以柔軟的身段善加經營，如此將使你獲得他人完全的信服。

◆ **訴訟**：若不擇手段以贏得勝利，可能在其他方面蒙受更大的損失，但若能以柔軟代替剛強，事情會獲得更圓滿的解決。

◆ **遷居**：面對搬遷過程遇見的阻礙，如果能夠避免與他人正面衝突或以強硬的方式解決，好處會在之後顯現。

204【九四】貞吉悔亡，藩決不羸，壯于大輿之輹。

◆ **事業**：目前的困局出現出口，而你擁有衝破困境的能力，故應勇往直前，直到脫離困境。

◆ **創業**：現在正是你的氣勢最強盛之時，當創業碰見低潮，只要秉持正道，以堅強的心志突破難關，往後就是海闊天空。

◆ **錢財**：即便遇見困難的局勢，由於你能堅持走在正確的道路上，加上保有堅定的信念，因而能夠突破難關，為自己帶來不錯的收穫。

◆ **愛情**：儘管看似機會渺茫，但現在卻是你強勢出擊的大好時機，只要秉持著謙下正直的本行，主動一些讓對方感受到你的心意，就能開啟一段良緣。

◆ **婚姻**：當面臨婚姻中的困難，要有衝破困境的勇氣，勇敢踏出那一步，事情就會有轉機。

◆ **子女**：不要因為一時的困難而退縮，遇見問題，要像不怕受傷一般地努力向前，只要開啟溝通的契機，就能順利修復情感。

◆ **健康**：在為病情所苦之時，若能不放棄自己，抱持無比堅強的勇氣，面對並接受自己的病情，勇敢接受治療，好轉的那一天就會到來。

◆ **旅遊**：當旅行中出現嚴苛的考驗，因為你有勇氣不斷挑戰，終能突破難關，順利逃脫困境的桎梏。

◆ **考運**：在辛苦的準備過程與強大的心理壓力之下，你能夠不斷地從錯誤中學習，最後能夠在關鍵時刻看見成果。

◆ **人際**：當陷入人際的困局之中，必須捨棄逃避的心態，若能勇往直前展現出你的魄力，就能突破僵局。

◆ **訴訟**：儘管占了上風，但仍未脫離困境，此時若能展現出堅強的意志，與之抗戰到底，終能迎來勝利的結局。

◆ **遷居**：儘管困難重重，但現在的你有能力一一克服險阻，唯需具備克服困難的勇氣與決心，方能扭轉困境。

205【六五】喪羊于易，無悔。

◆ **事業**：因所處的位置受限，無法發揮長才，且容易惹來是非，此時若能轉為低調謙下的姿態，可以幫助你避開險阻。

◆ **創業**：市場定位不正確，故一直無法蓬勃發展，更可能蒙受巨大的損失，唯有找尋其他可能的出路，並且以柔軟的身段與他人合作，方有可能度過難關。

◆ **錢財**：謀財的方式不正確，因而不但無法獲利，甚至可能招來損失，必須暫時退出戰場，重新思考其他求財方式。

◆ **愛情**：在愛情中的角色不當，故與心儀對象之間不會有進一步的發展，但也不應在此時強求，而是緩慢找到屬於自己的定位，讓對方注意到你的存在。

◆ **婚姻**：因溝通方式不當，容易造成許多誤會與爭執，應該改變自己強硬的個性，以柔和的方式應對，會使衝突化解，找回昔日的和諧。

◆ **子女**：必須確認自己在子女心目中是願意溝通的對象，若對方關起這扇門，則情況無法改善，需以柔軟的態度循循善誘，對方就有打開心門的一天。

◆ **健康**：目前的調養方式並不適合你，故病情不見起色，但也不可因此灰心喪志，只要抱持正面的想法，尋找正確的調養方式，就有希望恢復健康。

◆ **旅遊**：因為被分配到自己不擅長的工作，因此在旅途中頻頻遇上困頓，若能夠認清自己的能力不足，將重要的工作交給更適任的人，會使旅途更加順遂。

◆ **考運**：用了不適合自己的讀書方式，卻要強迫自己適應，不會有半點成效，必須認清自己的弱點，找到更適合自己的準備方法，才能在考場上發揮實力。

◆ **人際**：在人際中沒有找到自己的定位，因而感到力不從心，蒙受困頓之苦，要能忠於自己，並以和善柔軟的態度與他人互動，就能開啟屬於自己的人際網絡。

◆ **訴訟**：用了錯誤的方式追求勝利，只會讓自己陷入不利的境地，必須捨棄強硬的作風，以柔軟的姿態應對，會發現成功就在伸手可及之處。

◆ **遷居**：往不對的方向努力，再怎麼辛勞也看不見成果，若能退一步看清自己的問題，困境就能迎刃而解。

206【上六】羝羊觸藩，不能退，不能遂，無攸利，艱則吉。

◆ **事業**：工作陷入兩難的局面，進退不得，必須觀察局勢，找到脫困的方法，切勿衝動行事。

◆ **創業**：事業陷入難以脫身的困境，必須在苦難環境中堅持自我，不被逆境打敗，只要堅守信念，脫離困頓的一天就會到來。

◆ **錢財**：財務陷入困境，無法動彈，此時若急迫強求解脫，反而會愈陷愈深，應先停下腳步，觀察情勢，等待脫身的時機。

◆ **愛情**：感情處於停滯的狀態，不可妄加強求，建議給彼此多一點空間，暫停一段時間後，能夠以更好的姿態出現在對方面前，到那時會更加適合談感情。

- **婚姻**：婚姻狀態陷入瓶頸，可考慮暫時拉開彼此距離，做短暫的停頓，反而有利關係的恢復。
- **子女**：與子女的關係陷入困頓，讓你無所適從，此時要能以細心與耐心應對，並等待溝通的良好時機。
- **健康**：處於身體狀態柔弱的時刻，面對病情要能以堅毅的意念相對，並且抱持正面思考，只要讓身體有時間療養，就有恢復健康的可能。
- **旅遊**：追求效率可能使你陷入尷尬的窘境，在這樣的處境中，必須先改變自己急躁的個性，並靜觀情勢，若改變有成，最終還是可以擁有美好的旅程。
- **考運**：急著看見成效而使自己處境艱難，必須在困難的環境中堅持意志，撐過這段苦日子，就會有豐盛的收穫。
- **人際**：目前的人際關係動輒得咎，難以抽身，此時應該收斂鋒芒，等待解套的時機。
- **訴訟**：目前的情況不利於你，因為訴訟而被卡在艱難的位置上，既然已經無法動彈，就試著在目前的處境中靜觀其變，脫困的時機總有一天會到來。
- **遷居**：目前陷入僵局，使搬遷無法順利完成，必須先暫停一段時間，但不要輕易喪志，只要堅持下去，最終還是能夠迎來美好的成果。

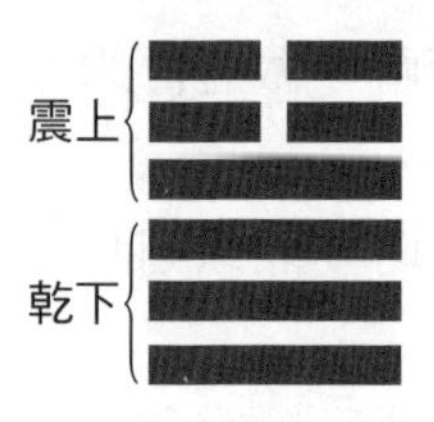

大壯卦 卦理

「大壯」卦，卦序上大壯是位在遯卦之後，與遯卦為相綜的一對對卦，有氣勢凌人、理直氣壯、陽氣壯盛之意。遯與大壯兩卦均有面對社會僵化的應對之道，在遯卦中已有說明。就卦義而言，有陽壯（陽氣壯盛）、大撞（衝突嚴重）、大戕（嚴重傷害）的三種層面的意涵。《序卦》曰：「物不可以終遯，故受之以大壯。」萬物不會永遠都在逃避、退縮，忍一時風平浪靜，退一步海闊天空，陽氣開始壯盛且逼退陰氣時，即為大壯。

大壯與大過很相似，大就是陽，小就是陰，四個陽同時放置於中位，呈虛胖之象，故稱之為大過，即為「陽過」；大壯屬於陽氣太過強盛，所以有「陽壯」的意思。陽氣過盛造成氣勢浩浩壯大，因此容易與人產生衝突、衝撞，進而造成傷害。

卜得大壯卦，想要理直氣壯，務必要依理行事。若空憑氣勢，血氣方剛，蠻不講理地行事，又不謹慎思考及觀察形勢，則為凶。〈象傳〉則說：「大壯。君子以禮弗履。」圓融才能減少錯誤和避免衝突，但這就是大壯卦所欠缺的。大壯卦貴在「貞靜」，秉持中庸之道，冷靜行事，不但可以避免過錯，更能得吉。

大壯卦的爻辭和「羝羊觸藩」（衝撞）有關，「大壯」卦六爻的爻辭：初九時，千萬別自視甚高，氣勢強盛並不代表具備可以成功的條件，仍需儲備實力方能為吉；九二時，雖有理直氣壯，但勿與人交惡，堅守正道並保持中立則吉；九三時，小人會血氣方剛、蠻橫衝撞求表現，君子則需要用正道來堅持自己，但須注意避免因對方的氣勢而擊垮自己，因而受到不必要的傷害；九四間守正道不但能夠化吉，更不會後悔，若太過氣勢磅礡，只會壞事；六五時表示能力有限，或是做事有些閃失，應當更加仔細，並且尋求他人之意見，不要去追求新的發展或成就，鞏固原有之地位，避免遭受破壞；上六時指陷入進退兩難的困境，但在這種情況下，若能夠堅持下去，忍耐奮鬥，不被外在環境所擊垮，藉此學習成長，那最終仍能得吉。

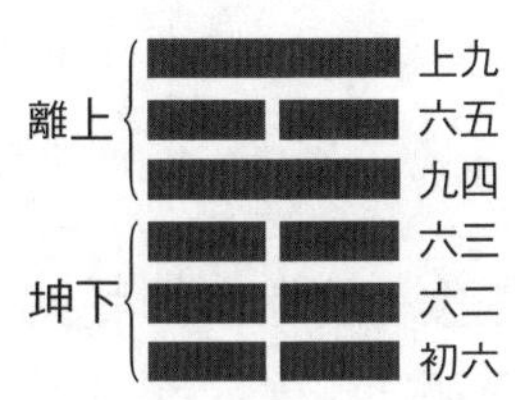

晉卦

卦序▶35 錯卦▶水天需
卦數▶40 綜卦▶地火明夷
卦向▶西北 互卦▶水山蹇

卦揭

晉，从日从臸，「進」也，有前進、晉升之意。《說文解字》：「日出，萬物進。」即太陽自東方起，萬物皆開始活動生長，展開盎然生機。繼大壯卦之蓄積實力，體壯堅強，此時該當朝外、向上發展，以謀有所作為。

西漢初年因長期動亂，故施以黃老治術，與民休息。直至漢武帝初年，國富民殷，穀倉滿益。故當漢初曾羞辱先人的匈奴來犯，武帝即整頓兵馬積極前進，為大漢帝國開創一輝煌的治世武功局面。

【卦辭】康侯用錫馬蕃庶，晝日三接。

蕃，繁殖、繁衍。庶，眾多。錫，「賜」之意。武王的弟弟康侯以武王所賜的馬，育種出多匹良馬，武王一日三次接見他。

〈彖〉「晉，進也。明出地上，順而麗乎大明，柔進而上行。是以康侯用錫馬蕃庶，晝日三接也。」晉，前進之意。太陽出現在大地上，順乎天地之瑰麗帶給大地明亮，柔和而前進之氣向上抬升。故康侯能用天子贈與的馬匹繁殖出眾多小馬，讓武王一日三次接見。

〈象〉「明出地上，晉。君子以自昭明德。」昭，明亮、光明之意。太陽升起，俯照大地，此為「晉」的卦象。君子當明白此事，將光明的美德發揚出來。

太陽高掛天空，象徵君王之恩澤普施於天地。此時善用賢君的賞賜，創造功績，可以如康侯再次獲得君王重用。

【初六】晉如催如，貞吉。罔孚，裕無咎。

罔，沒有，通「無」。孚，誠信之意。咎，災禍之意。前進，卻受到排擠，守正道吉祥。無法使人信服，心境寬闊，則沒有災難。

〈象〉「晉如催如；獨行正也。裕無咎；未受命也。」前進卻受到排擠，是因為獨自行進於正道。心境寬闊不會有災難，是因為並未受到上位者的任命。

初六之始，以「下三陰爻」皆欲向上發展，心急躁進，故有挫折。又因九四相應，得以行於正道而獲得重用，唯「獨行」之故而遭排擠。但因未受任命，寬心以對，便可保吉祥。

【六二】晉如愁如，貞吉。受茲介福，于其王母。

茲，「此」也。介，「大」也。晉升後即有憂慮，守正道吉祥。受到如此大福德，是來自王母的恩惠。

〈象〉「受之介福，以中正也。」受到如此福澤，是因為六二之位處於中正。

六二上與六五不相應，故犯憂愁。然因時懷憂慮之心，且其位守正持中，故能步步為營而沒有災難。六五陰爻雖與之敵對，但同具中德，故給予如祖母般的祐護福澤。

【六三】眾允，悔亡。

亡，沒有，通「無」。在眾人的允諾信賴下晉升，故沒有悔恨。

〈象〉「眾允之，志上行也。」眾人信賴他，是因為志向是高遠且上升的。

六三不中不正，然下二陰爻有上升之勢，故能藉勢攀升。又因與上九相應，廣獲眾人欣允，而無悔恨。

【九四】晉如碩鼠，貞厲。

厲，兇惡、猛烈之意。如「五能不成一技」的碩鼠般晉升，守正道也會招致危險。

〈象〉「碩鼠貞厲，位不當也。」碩鼠守正道依舊有危險，是因為所處位置不對。

九四上下被陰爻包圍，又以剛爻居於偶位，其位不正，難以發揮。倘同碩鼠有諸多才能，卻無一精通，即使守住正道也難逃險境。（註：碩鼠一說為「梧鼠」，雖有五種才能，卻無一可用，故也稱「五窮」。五能如下：能飛不能過屋、能緣不能窮木、能游不能渡谷、能穴不能掩身、能走不能先人）

【六五】悔亡，失得勿恤，往吉無不利。

沒有懊悔，不憂慮得失，則將前進吉祥，沒有任何不利。

〈象〉「失得勿恤，往有慶也。」不被得失所影響，前往便能遇喜慶之事。

六五處於尊位，又得上下陽爻相輔，故能無悔。不為得失一喜一憂，寬心對應世間事物，則前行能遇吉祥、喜慶之事。

【上九】晉其角，維用伐邑，厲吉無咎，貞吝。

吝，憾恨之意。晉升到了頂點，只能以征伐小邦小城來建立功績。雖有危險但仍處吉祥，且沒有災難，然守正道會遇到困境。

〈象〉「維用伐邑，道未光也。」只能以征伐小邦小城來建立功績，無法將上九的正道發揚光大。

上九乃晉升之極致，權勢畏人卻無以再得攀升。欲建功立業，只得強立名目欺壓弱者。此舉雖無大凶險，卻非正道所依。

晉康侯之圖

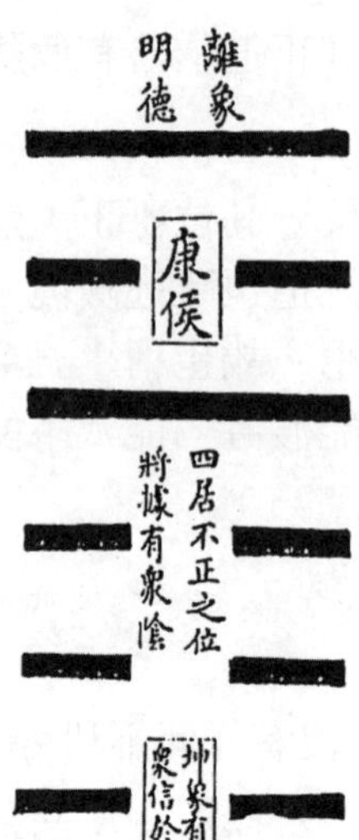

上卦為離為日，下卦為坤為地，日出於地上，猶如賢王君臨大地，普施恩惠，故有前進、上升之氣勢。

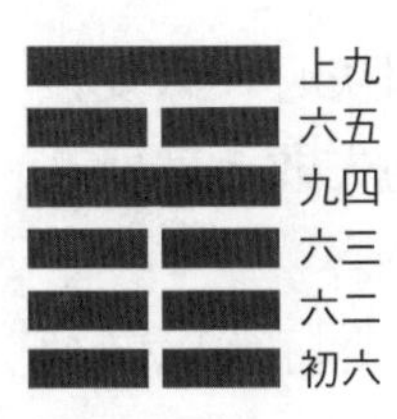

晉卦 卦義

207【初六】晉如摧如，貞吉。罔孚，裕無咎。

◆ **事業**：想往上發展，卻容易遭受挫折，但也因為尚未受到重用，因而可以避開許多困厄，應該改變急進的作風，放寬心胸，只要持續堅持走在正確的道路上，等待適合的時機，就能有好的發展。

◆ **創業**：事業的拓展一開始就遇見阻礙，但若能不因此怨天尤人，繼續堅持理想，緩慢且穩定地奠定自己的定位，就能在不久的將來突破困境。

◆ **錢財**：急著增加自己的財富卻不順利，若能不將金錢看得太重，並持續耕耘，錢財自然會落入你的口袋中。

◆ **愛情**：希望更進一步，卻不被接受，但由於自己的心境寬闊，不會完全失去機會，只要持續付出真心誠意，戀情開展的機會將會到來。

◆ **婚姻**：短期內你的努力將不被對方所接受，無法獲得對方的信任，但只要不因此灰心，持續耕耘，關係將會逐漸改善。

◆ **子女**：希望拉近親子之間的關係，對方卻沒有對等的回應，但只要你的作法是正確的，用耐心等待，對方打開心門的時機就會到來。

◆ **健康**：積極接受治療，病情卻沒有起色，不應過於心急，只要是用正確的方式調養，繼續堅持下去，你就會發現身體狀況逐漸好轉。

◆ **旅遊**：忙於規劃行程，付出大量心血，卻得不到他人的協助與感謝，因而感到挫折無助，這是因為你一開始就獨攬所有工作的關係，必須適時將工作分配出去，使他人參與其中，只要方法正確，就能規劃出眾人皆滿意的旅程。

- ◆**考運**：近期可能在學習上受到挫折，但不要因此感到灰心，只要按部就班地充實自己的實力，不過於在意過去的失敗，就能在考試中獲得成就。
- ◆**人際**：剛開始拓展人際會不如預期中的順利，但只要持續以誠待人，等待對的時機點，就會開始奠定穩固的人際，受到大家的信賴。
- ◆**訴訟**：剛開始並不會太順利，但只要走在正確的道路上，堅信自己的理念，就會猶如倒吃甘蔗，逆境重生。
- ◆**遷居**：在計畫之初就受到阻礙，但只要抱持正面思考，不過於急躁進行，最終還是能夠順利搬遷。
- ◆**尋人**：往西北方尋找，必有所獲。

208【六二】晉如愁如，貞吉。受茲介福，于其王母。

- ◆**事業**：有升職的機會，但接下較高的職位將為你帶來許多煩惱，若能謹慎應對，盡好自己的本分，就能獲得吉祥。
- ◆**創業**：當事業進展到某個程度，煩惱也隨之而來，你可能因此感到焦頭爛額，但只要堅持到底，謹慎走好每一步，就能順利度過難關。
- ◆**錢財**：若不斷在財務上進取，可能會有憂慮來到，必須謹慎以對，並且持守正固，如此將能為你帶來更多好運。
- ◆**愛情**：積極追求愛情會讓你陷入困窘的境地，但只要持守正面心態，充實自己，並小心經營與對方的良好關係，狀況將會有所改善。
- ◆**婚姻**：採取主動可能會使你遇見困難，但必須以中正和緩的方式應對，只要堅持下去，就能出現轉機。
- ◆**子女**：主動進行溝通，但對方沒有對等的回應，因而使你更加憂慮，不必灰心，只要繼續抱持和善的態度尋找機會，關係就能逐漸改善。
- ◆**健康**：病情不因你的努力而有所起色，但只要你的方法正確，小心避開對身體有害的事物，並堅持執行，就能如受到庇護般，健康逐漸好轉。

- **旅遊**：付出努力卻看不見收穫，但因為你的作法正當，且能小心謹慎地執行，故能避開災禍，受到無形力量的守護，因而能夠順利完成旅途。
- **考運**：主動增加某些對成績有助益的活動，卻也因此增加了自己的焦慮，但因選擇了正確的方式提升實力，只要不受外界干擾而分心，就能增加考試成功的機率。
- **人際**：主動拓展人際，麻煩卻也隨之而來，此時要能扮演好自己的角色，只要謹慎處理人際關係，就能在人際中如魚得水。
- **訴訟**：繼續進行訴訟會為自己帶來更多憂慮，但你必須固守正道，謹慎地走在艱辛的道路上，只要堅持信念，就會有好運的到來。
- **遷居**：隨著你積極進行，會遇到更多的麻煩，但是只要按部就班，不急躁行事，就能安然度過這段變動時期，最終能夠獲得吉祥之態。

209【六三】眾允，悔亡。

- **事業**：在職場上獲得眾人的信任，因而當你躍升到更高的職位，能夠獲得大家的支持。
- **創業**：努力的過程受到大家的稱讚，受到他人的認同與協助，事業能夠更上一層樓。
- **錢財**：獲得財富的方式受到大家的青睞，因而能藉此開啟另外的人生道路，脫離先前的困境。
- **愛情**：你的努力獲得認同，與對方的關係能夠更進一步，且能夠得到眾人的祝福。
- **婚姻**：在婚姻中獲得對方的支持，因而能夠促進雙方的情感更加深刻，擁有幸福美滿的婚姻。
- **子女**：親子間的溝通有相應的趨勢，趁此能夠順利徹底改善親子關係，使關係更加緊密。
- **健康**：在眾人的協助下，整體的健康狀況有好轉的趨勢，只要持續調養，就能遠離病痛。
- **旅遊**：受到眾人的信任，從前期的籌備開始就展現組織統籌的才能，因而更受眾人推崇，最終能夠有順利無咎的旅程。

◆ **考運**：因自身的努力進取，受到親友與同儕的認同，能夠從原本差強人意的表現中有所突破，最終面對考試能夠沒有悔恨地達成目標。

◆ **人際**：受到大家的信任，因而願意為你引薦更多更好的人脈，使你的人際資源更趨豐富、完善，必要的時候這些資源都將成為你的助力。

◆ **訴訟**：面臨困境會受到許多人的支持，因而能夠度過難關，也因為他人的支持，更加堅定自己的信念，最後能夠獲得勝利。

◆ **遷居**：在身旁許多人的協助下，能夠順利找到理想的處所，搬遷的過程也會因為眾人的協助而無礙地進行。

210【九四】晉如碩鼠，貞厲。

◆ **事業**：你目前的能力不足，會的都只是皮毛，將無法勝任更上一階的職務，若持續有多樣才能卻無一精通的狀態，則難以受到在上位者的賞識，在目前的職位上也難有發展。

◆ **創業**：目前沒有專才足以發展成自己的事業，即使創立了也難以經營，建議在創業前多方考慮，避免付出後難以收穫。

◆ **錢財**：沒有足夠的技能獲取利益，這種獲得錢財的方式可能也不太適合你，故無法在財務方面有所進展，建議培養自己的專業技能，累積足夠實力再行投資。

◆ **愛情**：目前的對象不是你所能高攀的，即使勉強也可能不會有好結果，必須充實自己，等待更好的時機。

◆ **婚姻**：目前你在婚姻中扮演的角色並不適合你，而你的性格容易對許多事好奇，卻又無法專精，間接影響夫妻間的相處，使得婚姻關係緊繃，必須停下腳步好好思考自己的定位，並專注在婚姻的維繫上。

◆ **子女**：即使你在生活的其他方面都能面面俱到，卻沒有足夠的能力應付孩子的轉變，只能暫時採取守護的姿態，不過分干預對方的決定。

◆ **健康**：採取多種治療方式，卻都難以貫徹，因而沒有顯著功效，你必須認清自己的身體狀態，並專注在最適合你的醫療方式上，才有可能恢復健康。

◆ **旅遊**：籌備旅遊所需花費的時間與精力超出你的預期，忙東忙西卻發現沒有一件事情完成，令你感到疲憊不堪。必須找到自己的定位，有計畫性地貫徹每件事，才能順利完成旅行所需的準備。

◆ **考運**：喜歡東學一些、西學一些，卻沒有一個科目能夠透徹理解，必須看見自己的不足，改變學習的作法，才有可能在考試時有好的表現。

◆ **人際**：樂於結交新朋友，卻都只流於點頭之交，如此根本算不上是人脈，也對你沒有實質的幫助，甚至給人不好的觀感而引來麻煩，必須用心經營人際關係，與他人交心，才有可能遇見貴人。

◆ **訴訟**：尋求輔助的資料時，都只是走馬看花，無法深入研究，因此一點助益都沒有，必須認清自己的處境，用心找尋對你有利的資源。

◆ **遷居**：目前遷居對你來說會有點吃力，但若迫於現狀必須搬遷，則必須相當盡心在找尋好的物件上，若敷衍了事，後續只會引發更大的麻煩。

211【六五】悔亡，失得勿恤，往吉無不利。

◆ **事業**：工作上能夠不計較得失，毫無憂慮之心地往前邁進，因而能夠勢如破竹，獲得很大的成就。

◆ **創業**：不過分憂慮而裹足不前，能夠不在意一時的損益，專心做好自己想做的事，這樣的心態能夠讓你的事業蓬勃發展。

◆ **錢財**：若積極進取，抱持著不畏得失的想法，前方將有致富的大好機會正等著你。

◆ **愛情**：不去憂心結果，只要鼓起勇氣，認真追求你所愛，就會有好的結果。

◆ **婚姻**：目前是感情增溫的大好時機，只要放寬心胸，不計較誰的付出較多，兩人的情感就能大大邁進，營造更好的婚姻關係。

◆子女：你在親子關係中找到很好的定位，只要寬心地面對子女，就能使彼此的關係更趨和諧。

◆健康：最辛苦的時刻已經過去，接著要能夠不過分憂慮地好好調養身體，若太過擔心反而會使得復原進度緩慢。

◆旅遊：若能放寬心胸，不在意旅途上遇見的小小阻礙，則旅途反而能夠順利進行，甚至能夠藉由旅行得到額外的收穫。

◆考運：不要太過憂慮考試的結果，只要在過程中盡最大的努力完成考試，就能夠沒有悔恨。

◆人際：與人相處能夠不計較獲得或失去多少，正因為如此，他人特別喜歡親近你，容易對你產生好感，因而在人際上能有很大的發展。

◆訴訟：面對訴訟的結果必須忘懷得失，只要寬心面對所有事物，在未來的道路上將能無所窒礙，順心無憂。

◆遷居：目前正是搬遷的好時機，只要能夠放寬心胸面對所有過程中可能遇到的困難，反而能夠讓搬遷無所阻礙地進行。

212【上九】晉其角，維用伐邑，厲吉無咎，貞吝。

◆事業：工作上的晉升已經到了頂端，再有雄心壯志也只能透過身旁的機會獲得成就，此舉可能為你帶來很大的風險，此時應避免往外征討，而是應該從改善自身的問題做起。

◆創業：事業擴大到一定的規模，要再有發展就可能採用非正道的方式，但這樣只會增加風險，必須謹慎做好決策，避免行差踏錯，影響原有的事業根基。

◆錢財：目前不適合再積極投入，若受制於貪心的欲望，可能會招致凶險，要能堅守在正道上，才能避免隱藏的危機。

◆愛情：戀情到了一個轉折點，先前可能無所阻礙地順利進展，但現在必須謹慎走好每一步，避免使感情生變的因素有機可乘。

◆婚姻：夫妻的感情可能會迎來轉變，雖然目前還不會有憾恨的事發生，但必須比以往更加用心經營，遇見變故時，才不會措手不及。

◆子女：親子關係到了某個階段，彼此的心態都需要做調整，若持續依循舊有的相處方式，可能會產生不必要的衝突。

- **健康**：目前的身體能夠調養的程度已經到了盡頭，若繼續勉強自己，儘管能有進展，卻也是建立在身體無法負荷的情況下，應該視自己的身體狀況適時靜養，才是最好的方式。
- **旅遊**：在準備已經周全的情況下，還想進一步要求更多，如此只會造成他人的困擾，必須懂得分寸，否則原本能夠順利進行的旅行將會受到干擾。
- **考運**：在自己能力所及的範圍內已經準備充分，但若強迫自己吸收更多知識，可能淪為囫圇吞棗，對考試沒有助益。
- **人際**：在人際中處於重要的位置，若為了提升自己的地位而貶低他人，儘管短暫時間內不會有凶險，但仍然偏離了正軌，應極力避免此種情況的發生。
- **訴訟**：目前已經在訴訟中占了上風，不應再以強勢欺壓居於弱勢的一方，應該改採謙下的姿態，反而有利訴訟的進行。
- **遷居**：已經有了非常好的目標，但在搬遷過程中，要能夠保持謙下的態度，避免占人便宜等情事，就能使搬遷無事落幕。

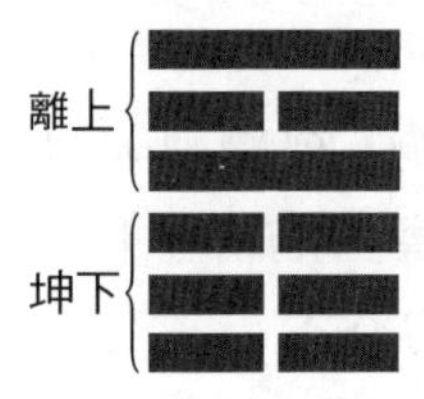

「晉」卦，《序卦》曰：「物不可以終壯，故受之以晉。晉者，進也。」晉卦緊接在遯與大壯之後，遯與大壯是有志之士對已僵化的社會進行反動。晉卦和明夷卦則是顯現出反動的結果，可能被殺害或迫害而進入動亂、動盪時期（明夷），亦可能終於出人頭地取得自己的一片天和成就（晉），端看自己如何掌握。

卦象為上離下坤，陽光從地面升起的黎明之象，有向前行和欣榮之意，凸顯出君子應當勇於展現自己的能力及才華，配合優良的品德，如此一來將能獲得應有的成就。「晉」，同「進」，有上進、前進、晉升之意，有能力的人必定能夠有晉升的機會，將來一定能夠出人頭地，甚至達到一人之下、萬人之上的境界。

〈彖傳〉：「順而麗乎大明，柔進而上行。是以康侯用錫馬蕃庶，晝日三接也。」內柔而外聰明，故得人歡喜且獲得重用。安國諸侯得到賞賜的馬匹相當多，光是白天就被天子接見三次，這是相當高的禮遇。卜得晉卦者，有才能之人將獲得重用而能夠出人頭地、嶄露頭角，更可能一直與上司會面，甚至達到晝日三接的地步。

「晉」卦六爻的爻辭：初六時，因身分地位而影響到晉升，但不必為此擔心，只要持續充實自己，等待更適當的時機即可；六二時慎防小人阻礙，如果真的遇到不可抗之力，秉持中庸之道，有朝一日必能集大成；六三時，如果是處在精明幹練的團隊中，定能相互肯定，提升彼此間的信任，方能得吉；九四時小人處事不得光，想搭順風車向上爬，切勿同流合汙，堅持立場，否則將艱困難行；六五時應拋棄眼前的得失，不要受其困擾而感到悔恨，放寬心，勇往直前，方能得吉；上九時若已達高峰，只能靠強硬的手腕來解決問題，當然能夠為吉，但若不改變策略應對，久而久之則只剩懊悔。

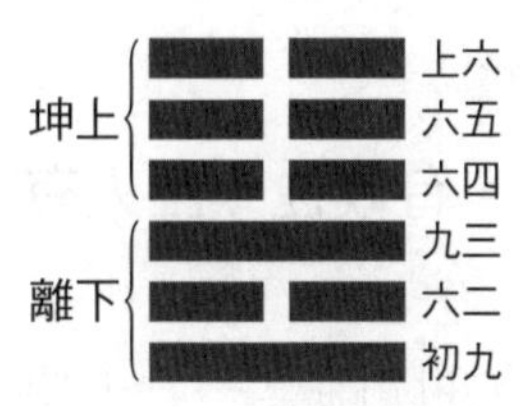

明夷卦

卦序▶36　錯卦▶天水訟
卦數▶5　綜卦▶火地晉
卦向▶東北　互卦▶雷水解

夷，平也。从大从弓。有創傷之意，通「痍」，即毀、受傷。明夷即代表光明的太陽受毀、落下之意。繼晉卦向上發展到了極致，已無前景，此時正逢勢下，如太陽不可能持續日正當中，必有日落之時。仕途無法久居高位，人生亦不能持續一帆風順。

唐玄宗開元年間，祖上積德，對外文治武功皆達於鼎盛，國內人民皆飽食殷富，有「開元之治」的美稱。國際地位已達鼎盛，本身又名利雙收的玄宗，開始怠忽政事，寵幸美人，任憑寵臣恣意妄為，國勢乃急轉直下，甚至釀成安史之亂，成為唐代中衰的關鍵。

卦辭

【卦辭】利艱貞。

貞，行正道、守正道。於艱難中堅守正道，才有利益可言。

〈彖〉「明入地中，明夷。內文明而外柔順，以蒙大難，文王以之。利艱貞，晦其明也，內難而能正其志，箕子以之。」太陽落入地中，即是「明夷」之卦。心持文明而對外柔順，因此遭到大難，講的就是文王。利於艱貞守正道，隱晦其光芒，雖在國內遇到大難，卻能堅持自己的志向，講的就是箕子。

〈象〉「明入地中，明夷。君子以蒞眾，用晦而明。」太陽落入地中，即是「明夷」之卦。君子善用卦象，治理臣民時隱晦鋒芒，便能真正展現賢明有效的統治。

光明受損的黑暗時代，雖處境艱辛，務須收藏鋒芒，執守正道，自持德行，不可同流合汙。

【初九】明夷于飛，垂其翼。君子于行，三日不食，有攸往，主人有言。

攸，相當於「所」。光明隱沒，鳥兒皆垂下飛翔的翅膀歸巢。君子要遠行時，三天不吃飯，將前往某處這件事，會受到主人責難。

〈象〉「君子于行，義不食也。」君子已決定離去，便不再接受食祿。

明夷之初，見黑暗將臨，宜中止奉祿、遠行避難。然慧眼識時過早，難為他人理解，甚至遭到主人責怪。

【六二】明夷，夷于左股，用拯馬壯，吉。

黑暗時代來臨，左大腿受傷，有壯馬來救，吉利。

〈象〉「六二之吉，順以則也。」六二爻的吉祥，是因為順從規律、有原則之故。

六二柔順中正，然時不我與，故大腿負傷。若能順應時勢，藉助良馬逃離困境，則可獲吉祥之境。

【九三】明夷于南狩，得其大首，不可疾，貞。

疾，急速、猛烈之意。黑夜降臨的大地，往南方狩獵，捕捉到野獸的首領。不可心急貪求多獵，須堅守正道。

〈象〉「南狩之志，乃大得也。」若有向南方狩獵的志向，即可有大收穫。

九三居離卦之頂，離卦於八卦方位中代表南方，故向正南夜襲，可獲敵人首領。然須知足知止，不可一味冒進、趕盡殺絕，此乃須堅守之正道。

【六四】入于左腹，獲明夷之心，出于門庭。

左腹為人之切要部位，比喻為近侍重臣。接近君王的內臣，了解光明損傷的內情，走出院子離去。

〈象〉「入于左腹，獲心意也。」接近君王身邊的人，便能獲知王內心真正思索的事情。

六四下應初九，思緒眼眸清澈。不可憑片面之言斷定小人當道、君王不理，須接近內侍之臣，確實為明夷的局勢，再毅然遠遁。

【六五】箕子之明夷，利貞。

箕子，商朝人，官至太師，紂王無道，後被囚禁，乃裝瘋而避害。

箕子的賢明受到傷害一事，利於堅守正道。

〈象〉「箕子之貞，明不可息也。」箕子的堅守正道，讓光明不至於熄滅。

六五居柔順之中，以退讓化解僵硬之局。君王無道，為全其身，暫且避讓，留存實力，此乃堅守正道之一事。留得青山，方能用於關鍵時刻。

【上六】不明，晦，初登于天，後入于地。

不光明，晦暗。一開始升上天空，後來沒入地面。

〈象〉「初登于天，照四國也。後入于地，失則也。」一開始升上，光明普照四方；後來沒入地面，是因為失去法則。

上六處黑暗之極致，政治腐敗到了頂點。曾經烈日正中，光明四射，而今日沒西山，將入深夜。夜愈深，但光明愈近，蟄伏忍進，靜待下一個日出降臨。

卦圖

明夷箕子圖

上卦為坤為地，下卦為離為日，日落於地之下，光明損傷。暗夜之時，小人當道，君子惟守正持固，方可以度難關。

明夷卦 卦義

213【初九】明夷于飛，垂其翼。君子于行，三日不食，有攸往，主人有言。

◆事業：情勢混亂，應該斂起羽翼，逃離災害的中心，也因時間匆忙，可能會占去你許多心神，且過程中可能遭受他人的冷言冷語。

◆創業：若有創業者的敏銳，就會發現目前的環境、人為因素都對創業不利，若已投入資本，應盡快抽身，以免造成往後更大的損失。

◆錢財：不好的局勢即將來到，若能在這之前先行收手，能夠避免大幅的財務損失，但由於收手早於他人，可能為他人帶來困擾，必須多加注意。

◆愛情：戀情成功機會並不大，雙方應拉開距離，暫時冷靜一下，再等候更好的機會。

◆婚姻：婚姻關係將面臨轉變，當有爭執時，必須避免正面衝突，先冷靜一段時間，等待溝通更好的時機。

◆子女：可以察覺與子女間的相處逐漸遇到阻礙，必須趁早改變自己的心態，並找尋最適合的溝通方式，方能避免更大的衝突。

◆健康：身體狀況即將進入低潮時期，若能見微知著，就要在低潮來臨之前盡量將身體狀況調養到最好，以應對未來可能會侵襲的疾病。

◆旅遊：整體的局勢並不適合遠遊，建議中止旅行的計畫，若非得成行，則必須做好萬全的準備，以應付旅途中可能發生的各種阻礙。

◆考運：目前的考運並不樂觀，但若能預知情勢，在之前全力做好備戰功夫，可以將衝擊減到最低。

◆人際：人際關係上將會出現很大的麻煩，必須仔細觀察情勢，看見苗頭不對就要盡快抽身，遠離糾紛的中心。

◆訴訟：局勢不利於你，即將有更糟的運勢降臨，必須懂得適時收手，以免迎來更大的損失。

◆遷居：並非搬遷的好時機，若執意進行會遇上許多阻礙，應先中止計畫，等候更好的機會。

◆尋人：往東北方尋找，必有所獲。

214【六二】明夷，夷于左股，用拯馬壯，吉。

◆事業：儘管處在困境之中，但若是能順著時勢，接受有力者的幫助，將能遠離災禍，接近吉祥。

◆創業：因為先前不利的時局而使事業受到挫折，仍然處於頹勢之中，但若能在有力之人伸出援手時抓住機會，就能逐漸遠離困境。

◆錢財：受時勢影響而使財務有所損失，但只要抓住一個機會，就有可能翻身。

◆愛情：時機不對而難以使戀情有所成就，必須借助周遭的人事物給予協助，方能突破困境。

◆婚姻：婚姻關係出現變故，使得雙方感情受損，但不久的將來將會有人能夠協助夫妻間的誤會解除，促進關係的修復。

◆子女：親子關係面臨無法順利溝通的情況，必須透過第三者的協助，找出問題所在，才能順利搭起溝通的橋梁。

◆健康：儘管身體狀況不甚理想，但只要遵循正確的治療方式，就會出現好轉的契機。

◆旅遊：受先前情勢的影響，在籌備過程中可能遇上挫折，但有望受到有力之士的幫助，順利度過難關。

◆考運：儘管局勢低迷，但因為你能規律且有原則地實踐自己的讀書計畫，因而能夠在困境之中有所突破。

◆人際：在人際中遇見挫折，必須在他人伸出援手之時抓緊機會，才能脫離目前的困局。

◆訴訟：儘管握有真理，卻因時勢而出現不利於你的情況，在艱困的處境中，將出現願意給予援助的人，若能及時把握，將能助你脫離困境。

◆ **遷居**：因為遷居之事而出現爭執等害處，但只要有計畫地進行，就能出現莫大的助力，協助你順利完成搬遷。

215【九三】明夷於南狩，得其大首，不可疾，貞。

◆ **事業**：儘管有雄心壯志與足夠的能力解決問題，但卻容易因過於心急而作法失當，反而衍生出更大麻煩，必須確定自己是依循正道行事，方可避免躁動而有所偏差。

◆ **創業**：能夠出奇制勝地擊敗競爭對手，而在事業上獲得很大的成功，但趨敵必須懂得分寸，避免趕盡殺絕而引起反彈，才能使生意細水長流。

◆ **錢財**：在財務上有所收穫，但應避免貪念而走向不堪的道路，取財亦需有道，堅持正道才是財務長久經營之法。

◆ **愛情**：採取快速的攻勢，希望獲得對方的青睞，但必須避免過於激進而冒昧的行為，否則只會適得其反，要能依循正道一步步經營，才能開啟相戀的契機。

◆ **婚姻**：關係的修復必須循序漸進，若一味貪快而忽略了對方的感受，轉機反而可能變成危機，必須依循正確的方式，有規劃地緩步進行，才能獲得最大的成效。

◆ **子女**：找到正確的方式拉近親子間的距離，但若是心急貪多，作法過於激進，將使先前的努力付之一炬。

◆ **健康**：接受正確且適合你的醫療方式，將使你的病情大有斬獲，但必須按部就班地進行，若是貪快而矯枉過正，只會延宕康復的進度。

◆ **旅遊**：能夠清除旅途中最大的障礙而使籌備順利進行，但在準備過程中，若因心急貪快而打亂原有的步調，則可能破壞欲幫助你的伙伴們之間的關係，得不償失。

◆ **考運**：立定志向將大有所獲，但必須依照計畫一步步進行，不要因貪快或貪心而偏離方向。

◆ **人際**：能夠看出新的人際網絡中的關鍵人物，並能一舉擒下使其成為你的助力，但人際的交流必須恰到好處，若營造太過，反而會有反效果。

- **訴訟**：能夠在困難的時局抓住決定性的關鍵，使對方敗下陣來，而在取得優勢後便應適可而止，避免窮追猛打，要能堅守正道才能獲得吉祥。
- **遷居**：選定目標就堅定地前行，將會使搬遷順利無咎，若總是想著會有其他更好的選擇而四處張望，貪求的心態將會使你吃上苦頭。

216【六四】入于左腹，獲明夷之心，出于門庭。

- **事業**：因是最親近在上位者之人，當明白所輔佐的人所從事之業並非依循正道，盡快逃離才是上策。
- **創業**：若發現親近的合作對象偏離正道，必須懂得盡早遠離，以免受其牽連。
- **錢財**：若能察覺近期的局勢將是昏暗無光，要毅然放棄目前的收益，盡快遠離，避免招來更大的損失。
- **愛情**：面對心儀的對象要謹慎觀察，若發現對方其實與你不合適，或迫於現實條件難以發展，要能決斷地切斷情愫，找尋更好的對象。
- **婚姻**：當衝突發生，要能謹慎思考衝突從何而來，做慎重的判斷，若辨明對方的本性，自感婚姻已走到盡頭，則斷然離開會是最好的選擇。
- **子女**：需要主動了解孩子的想法，理解之後仍是難以溝通，那就斷然給予彼此空間，反而能夠減低衝突。
- **健康**：應深入了解自己的病情，了解透徹之後，要能果決地遠離那些對身體有害的活動或習慣，才有機會重拾健康。
- **旅遊**：有旅伴者，必須完全了解對方與自己是否相合，若否，則必須果敢地與對方分道揚鑣；無旅伴者，則是在明白這趟旅程可能潛在的危機之後，盡快遠離災禍，即使因此有些微損失，也在所不惜
- **考運**：要能辨明哪些是能夠幫助你的事物，而哪些則是阻礙，明白

之後，要能果敢地遠離有害的事物，才能避免事後的悔恨。

◆ **人際**：接近人際的中心，探知中心人物的內情，若發現其並非適合結交的對象，就要快速切斷聯繫，否則會因其惹上麻煩。

◆ **訴訟**：若已經判明局勢對你相當不利，正義無法伸張，就必須果斷地中止目前的訴訟，否則烏雲蓋天，難以高申明志，耗費大量心力也看不見成果。

◆ **遷居**：就算已經付出了努力，但一旦察覺即將搬遷的場所或是相關人事物有日後會造成困擾的可能，不要因為顧及先前的付出而不願喊停，如此只會悔不當初。

217【六五】箕子之明夷，利貞。

◆ **事業**：儘管你的才能高人一等，但有時必須為了時局而隱藏自己的實力，待當用之時而用之，才能避免不必要的災禍，並在最佳的時機為你帶來最大的效用。

◆ **創業**：為了堅守正道，有時必須隱藏自己的鋒芒，才能不到處得罪他人，反而為自己的事業帶來不良影響。

◆ **錢財**：儘管你深具理財實力，有時需要隱藏自己的才能，以免招來不必要的麻煩，也因為如此，可以儲存自己的實力，在需要的時刻善用之。

◆ **愛情**：為了顧全大局，必須視情況隱藏自己的能力，儘管退隱之姿暫時無法使你受心儀之人的青睞，但等到關鍵時刻來臨時應盡情展現自己，反而會讓對方對你印象深刻。

◆ **婚姻**：當關係陷入僵局，即使你才是正確的一方，也不一定要固持己見，退讓一步，對方反而能夠看清事情的來龍去脈，可因此解除爭吵的危機。

◆ **子女**：儘管想訓斥孩子，但為了避免他們因為反彈而更加遠離你的管教，必須適時收手，讓孩子自己發現錯誤並改正。

◆ **健康**：儘管你不認為自己的身體狀況有多糟，但還是必須接受某些限制，以保證身體在最恰當的狀態下調養到最佳狀態，留得青山在，等待身體康復後，再展現自己身強體壯的一面也不遲。

- **旅遊**：為了顧全大局，你必須採取柔軟的姿態，退讓一步，等待更佳的時機展現你的領導能力，會讓大家更為信服，也更能促成旅途的順利進行。
- **考運**：不必要求自己次次都要表現優異，有時將光環留給他人也並非壞事，只要確保自己能夠在關鍵時刻完全展現能力，就會是最大的贏家。
- **人際**：遇上難以化解的僵局時，儘管會有所損失，也要先以柔軟的身段抽身，避免捲入更大的糾紛之中，要保留實力，等待更好的時機復出。
- **訴訟**：若眼前看似沒有勝算，不妨暫時退出戰局，韜光養晦，保留更多的實力，再尋契機一舉反敗為勝。
- **遷居**：當所有事情卡在一起，無法前進，不妨主動退讓，等待讓你展現身手的時機到來，再好好發揮，如此將能使搬遷更有效率地進行。

218【上六】不明，晦，初登于天，後入于地。

- **事業**：你的表現充滿潛力，能在職場大放光彩，但若在擁有權勢之後以此作為籌碼滿足自己的私利，則可能墜入黑暗的深淵。故位高權重者需承擔更多責任，需將權力用在正確的地方，才能造福他人，也成就自己。
- **創業**：當事業如日中天，必須回饋幫助你的人，若本著勢力欺壓他人，則事業不會永久鼎盛，勢必跌落谷底，無法翻身。
- **錢財**：若你的錢財運勢已跌落谷底，不要太過灰心，必須在黑暗中蟄伏，養精蓄銳，等待復出的那天到來。
- **愛情**：若愛情陷入愁雲慘霧之中，是因為一開始沒有拿捏好原則的緣故，必須在目前的狀況中自省，並充實自己，讓自己準備好迎接下一段戀情。
- **婚姻**：因為有愛才組成家庭，但組成家庭之後可能忘記當初的初衷而使婚姻變質，好好思考婚姻中遇到的問題，這次的困境可能成為往後婚姻關係改變的契機。
- **子女**：與子女的關係進入黑暗期，但由於過往有過親密的時光，要再修復感情並非毫無希望，這段時間要能仔細觀察對方的需求，以他們能夠接受的方式進行溝通，但切勿操之過及，唯有如此，黑暗才有機會重見光明。

◆ **健康**：曾經意氣風發，恣意揮霍自己的健康，如今身體出現狀況，必須認清自己的處境，認真調養身體以回復往日的健康。

◆ **旅遊**：曾經有過最佳的出發時機，但現在已經消逝不復返，近期若出發旅行，可能會遇上許多阻礙，若是不可避免的旅行，在遇見阻礙時，要能以正面的心態面對，這次遇見的困難，都會成為下次旅行的養分。

◆ **考運**：剛開始一切都很順利，但隨後會發現每況愈下，但若能認清自己的處境，付出加倍的努力加強自我實力，就有可能逃出黑暗，重見光明。

◆ **人際**：過去你可能長袖善舞、左右逢源，但光景終有消逝的一天，當消逝的那天來臨，必須調整自己的心態，在黑暗中累積實力，以更華麗的姿態復出。

◆ **訴訟**：訴訟的情勢將對你愈來愈不利，若不能盡早退出，則必須在困境中等候光明的到來。

◆ **遷居**：目前並非適合搬遷的時機，若執意進行，則可能困在阻礙中無法抽身，只能默數日子，等待困境過去。

明夷卦 卦理

「明夷」卦，序卦上接在晉卦之後，與晉卦互為綜卦。《序卦》：「進者進也。進婢有所傷，故受之以明夷，夷者傷也。」有才之人在出人頭地後，受到剷除、排擠之意。有社會陷入黑暗，善良將被剷除，身處戰亂、亂世之意。「明」即光明，也代表君子、人才、賢明知人的聰明才智；「夷」具有剷除之意，《雜卦傳》：「明夷，誅也。」就代表著光明將被剷除。

明夷卦象為明在地中，光明藏在地底下，為黑暗的意思。離明又指人才與聰明，人才被埋沒在群陰中（坤為眾，指一群普通人），人才無法出人頭地，也是天下黑暗、正道失序的時候。與明夷相反的則是晉，晉卦是太陽在地面上，賢才位居眾人之上，所以是人才出頭天，天下光明之時。接在晉卦之後的明夷卦則是相反的結果，明夷卦離日在下，坤地在上，太陽被藏在地底下，人才被埋沒，所以是亂世之卦。卜得此卦時，與其想要亨通，不如想著躲避更為實際，因天下即將陷入黑暗之中，亂世中君子（好人）慘遭剷除，因此留得青山在，不怕沒柴燒。

「明夷」卦六爻的爻辭：初九有兩種說法，其一為鳥兒負傷，很難飛行，但仍然奮力逃難，意味著君子逃亡時，有很長遠的路要走，但還受到招待之人的冷言閒語；其二為要隱藏避難時，丟官掉職、飢餓困苦也無妨，但若選擇在此時逃離，必然受到上位者的批判；六二時代表在混亂不堪的狀況下將受到一定程度傷害，但性命無恙，若此時能有貴人相助，定能轉凶為吉、化險為宜；九三時為了重見光明，所以必須為民除害，剷除罪魁禍首，但切記不可因急躁而壞事，堅持自己的立場，秉持正道，才能夠穩定軍心，方能得吉；可能跟隨到不值得信賴的主子，應當盡速離開，切莫助紂為虐，此為六四之意；六五時仍是亂世，隱藏自己的聰明才智，堅守正道，靜觀情勢轉變，方為吉；上六時不但黑暗降臨，沒有光明，還會墜入萬丈深淵，意味著若仗勢欺人，不僅害人害己，還會引來殺身之禍，故為凶。

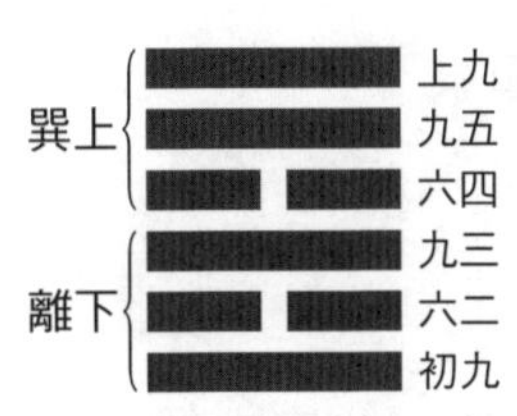

卦序▶37　錯卦▶雷水解
卦數▶53　綜卦▶火澤睽
卦向▶東南　互卦▶火水未濟

卦揭

家，居也，从宀，豭省聲，宀下有豕（豬）。古時人畜同居於穴，故豕亦圈在穴中。後來，先人蓋屋於田野，房屋中央亦為豬圈，故「家」成為人居室的代稱。繼明夷卦之晦暗低沉，賢人受損，故將回家養傷，與家人同度難關。

家人卦的重要，見之四處。台灣著名導演李安曾經失業長達六年，期間，身為分子生物學家的妻子林惠嘉一肩扛起家中經濟開銷，讓李安得以全力創作。在妻子的理解與支持下，李安終於提交《喜宴》、《推手》兩份劇本，並成功拍攝，開啟他在電影界的名聲與地位。

【卦辭】利女貞。

貞，守正道。利於女性守正道。

〈彖〉「家人，女正位乎內，男正位乎外，男女正，天地之大義也。家人有嚴君焉，父母之謂也。父父，子子，兄兄，弟弟，夫夫，婦婦，而家道正；正家而天下定矣。」家人卦，女子為六二，居中於內卦（離卦），男子為九五，居中於外卦（巽卦）。男女的位置正確，乃符合天地之道。家裡嚴肅的尊長，指的是父母。父親有父親的樣子，孩子有孩子的樣子，哥哥就要像個哥哥，弟弟就像弟弟，丈夫有丈夫的樣子，妻子有妻子的樣子，這樣的家就走在正道上；家庭皆有正道，天下就能安穩。

〈象〉「風自火出，家人。君子以言有物，而行有恆。」風從火中生出，即是家人卦象。君子領悟此道理，說話有內容，做事持之以恆。

欲得天下大治，先得齊家。家有正道，男女各司其職，各人皆在其位，其中以女性為要，婦女恪守正道持家，則有利天下國家。

【初九】閑有家，悔亡。

閑，防範、阻止之意。有，虛詞。亡，沒有，通「無」。家中做好防範，則可無悔恨。

〈象〉「閑有家，志未變也。」家中做好防範，此標準不會改變。

初九陽爻，以家道初立，須有剛健之風。故先有防範，以將邪惡阻擋於門外，使家道有成。

【六二】無攸遂，在中饋，貞吉。

攸，所。遂，遂心所欲。饋，進食。不隨性任意，到了中午就用餐，守正道吉祥。

〈象〉「六二之吉，順以巽也。」巽，通「遜」，辭讓、謙卑。六二爻吉祥，是因為能夠謙遜。

六二爻屬柔順，與九五相應，則夫婦和睦。各家有其道，亦不宜任性妄為，須遵從宇宙運行之規律，作息與飲食有定。

【九三】家人嗃嗃，悔厲吉；婦子嘻嘻，終吝。

嗃，音「賀」，嚴厲之意。吝，憾恨之意。家人嚴肅地訓斥，後悔過於嚴厲，但終至吉祥；婦女、孩子嘻嘻哈哈，將有憾恨。

〈象〉「家人嗃嗃，未失也；婦子嘻嘻，失家節也。」家人嚴肅訓斥，未失去正道；婦女、孩子嘻嘻哈哈，失去持家的節制。

九三處離卦之首，陽剛氣盛，所指則一家之長。因剛強而有治家過嚴跡象，或將引發怨嫉，然堅守正道可獲吉祥。如捨嚴從寬，將引發悔恨。

【六四】富家，大吉。

家境富裕，大吉大利。

〈象〉「富家大吉，順在位也。」家境富裕而吉利，因為順爻辭、在其位也。

六四下應初九、上承九五，又處巽卦最下爻，有利於市。故順勢取財，舉家可致富。

【九五】王假有家，勿恤吉。

恤，憂慮之意。君王治國如同治家，不需憂慮，可獲吉祥。

〈象〉「王假有家，交相愛也。」君王治國如治家，乃因人民同家人一樣相互敬愛。

九五居中正，下應六二，為君王之位。令百姓互愛，天下若一家，則無須憂慮。

【上九】有孚威如，終吉。

孚，誠信、使人信服。有誠信以及威望，終得吉祥。

〈象〉「威如之吉，反身之謂也。」有威望獲得吉祥，說的就是能反省自律。

上九居一家之上，集威嚴於一身。誠信服人，老而有德，日日三省吾身，則一家和諧，子孫咸服。

易學筆記

卦圖 家人象圖

上卦為巽為風，下卦為離為火，內火外風，鼓風為火。女人掌火持家於內，男人鼓風護家於外，內外相應，和樂生矣。

家人卦 卦義

219【初九】閑有家，悔亡。

◆ **事業**：在工作上剛建立起一點功績，必須在目前的基礎上做好防範，以免去小人侵擾之虞，如此將能安心發展自己的長才，受在上位者重用。

◆ **創業**：雖是創業初期，已經頗有大將之風，此時更需注意鞏固目前的成就，根基若穩當，才能在其上建立更強大的事業王國，同時也可確保不受外在任何危機所脅。

◆ **錢財**：投資必定有風險，若能先行防範，有完善的危機處理，則當意外發生，也不至於損失太多財富。

◆ **愛情**：在戀情的一開始就打下良好的感情基礎，如此一來，未來無論遇見什麼樣的阻礙，都能攜手度過難關。

◆ **婚姻**：家庭是由兩人所組成，在建構這個家之前，若能預先設好保護家庭的規範，則可避免往後許多侵擾兩人關係的問題，因而能有美滿的婚姻生活。

◆ **子女**：面對子女成長可能遇到的問題，必須在事前先做好設想與規劃，若能如此，則可避免許多不必要的憂慮。

◆ **健康**：與其等到生病了再費心醫治，不如在疾病上身之前就做好防範，多一分預防的觀念，就少一分病痛的風險。

◆ **旅遊**：在踏出門前，就先在家裡把所有的事做好規劃，並且針對特別容易出問題的部分多做一些防範準備，才能防止在旅途中意外狀況找上門時手足無措。

◆ **考運**：就算自覺實力不俗，也不可忽略準備的功夫，唯有平時扎實地累積，才能在考場上暢行無礙。

◆ **人際**：當小人橫行時，需要先行採取防範的姿態，避免小人趁隙而入，唯有做好準備，才能保有目前良好的人際網絡。

◆ **訴訟**：若能先針對自己的弱點做好防範，面對對方的攻勢就能不受影響，如此將能提高你獲勝的機率。

◆ **遷居**：在進行搬遷之前，要能夠防範於未然，若能做好最完全的準備，才能在問題發生時將影響減到最低。

◆ **尋人**：往東南方尋找，必有所獲。

220【六二】**無攸遂，在中饋，貞吉。**

◆ **事業**：目前的你適合在職位上盡好本分，以謙遜的態度應對，不應為維護自己的利益而妄為躁動，若以輕浮的態度面對工作，將會帶來憾恨。

◆ **創業**：要專注在自己的本業，並且不隨意行事，依循正軌才能保全事業的根本，想拓展本業以外的業務，則需要再等候更好的時機。

◆ **錢財**：每種取財方式都有各自的規則，若想有所獲，就必須依照規則，以謙讓的態度經營，如此就能讓收穫豐盛而不需擔憂。

◆ **愛情**：對心儀的對象要保持謙遜的態度，則若能以柔順的方式配合對方，就可以開啟相戀的契機。

◆ **婚姻**：夫妻間能夠和諧相處是因為雙方盡到本分的緣故，故在婚姻關係中，要能找到自己應該擔任的角色，並且用心盡責地扮演好，如此就能使家庭運作無礙、生活美滿。

◆ **子女**：親子各有其應遵循的正道，身為父母除了要盡到自己應盡的責任之外，若能以柔順的態度與子女相處，會使親子關係更加融洽。

◆ **健康**：若已經抱病在身，就應該盡到病人的本分，接受那些因為疾病帶來的不便與限制，並且以謙遜的態度聽從專業人士的意見，如此才能早日脫離病痛。

◆ **旅遊**：在旅途中，要能以和善的態度與他人配合，並且將分配到的工作盡心做好，才能使旅途順利進行。

◆ **考運**：面對未知的事物不用過於杞人憂天，只要確定自己盡到本分，按照計畫一步步前進，結果自然會水到渠成。

◆ **人際**：與他人相交，要能以謙遜的態度相應，並且將自己應有的禮儀盡到最好，如此他人會對你產生好感，能使人際關係逐漸擴展。

◆ **訴訟**：只要能夠在自己能力所及的範圍之內，盡全力維護自己的權益，肩負起自己應負的責任，就能得到合理的結果。

◆ **遷居**：不要以任意妄為的方式進行，除了要謹慎之外，還要能夠保持謙遜傾聽他人的意見，只要做好應做的準備，就能夠順利完成。

221【九三】家人嗃嗃，悔厲吉；婦子嘻嘻，終吝。

◆ **事業**：在工作上必須嚴格地自我要求，儘管會感到艱辛，但若放縱自己，反而會引來災禍，不可不慎。

◆ **創業**：經營公司需以嚴謹的態度處之，儘管可能被他人認為太過嚴厲，但這是為了將公司經營得更好，嚴格的要求也的確有所成果，最終將能獲得不錯的回報，但若是態度輕慢，睜一隻眼閉一隻眼，則會使公司經營遇上困難。

◆ **錢財**：自己的財務計畫要能嚴格執行，避免從寬待之，儘管起初感到有所負擔，卻因為步上正軌，最終能避免災禍。

◆ **愛情**：對於愛情對象要能嚴格把關，寧缺勿濫，如此才能真正在愛情方面有所獲得。

◆ **婚姻**：面對婚姻態度要嚴謹，把關要嚴實，若以兒戲或不責任的態度面對，終將迎來一場失敗的婚姻。

◆ **子女**：對子女的管教要嚴謹，有原則地與孩子溝通，如此才能匡正他們的本性，過度溺愛只會讓子女不知輕重，在往後的日子自食苦果。

◆ **健康**：健康的揮霍不能放縱而無所節制，必須避免危害健康的事物，否則將有憾恨之事發生。

◆ **旅遊**：從一開始就要嚴謹地規劃並執行先前擬定之計畫，若過於散漫，儘管一開始看不出異狀，麻煩卻會在旅途中一一浮現，終使旅程有所憾恨。

◆ **考運**：考試前的準備要能嚴以律己，若過於放縱，對自己沒有要求，則當然在關鍵時刻無法有好的表現。

◆**人際**：在人際上採取嚴厲的態度，儘管可能引發他人的埋怨，但因出發點基於良善，終究能夠獲得吉祥。

◆**訴訟**：若能夠以最嚴謹的態度面對此次的糾紛，將能在意想不到的細節中獲得致勝的關鍵，而這是因為能夠嚴格待事的緣故。

◆**遷居**：搬遷之前要先以嚴謹的態度做好一切規劃，唯有在開頭之時嚴加以待，才能在往後享受安逸的生活。

222【六四】富家，大吉。

◆**事業**：以謙遜有節的態度面對上司與下屬，因而能夠在工作上有重大成就。

◆**創業**：因適得其位而使事業蓬勃發展，要持續以謙下和順的態度與他人合作，如此將為你的企業帶來好的影響，並且創造更大的成就。

◆**錢財**：正是財運大旺的時候，若能找到適合自己的生財方法，將能順應局勢得到許多財富。

◆**愛情**：在和心儀對象往來時，若能找到適合的距離與方法，以目前的情勢來看，相當有機會發展成戀情。

◆**婚姻**：找到婚姻經營之道，因而即使偶有小爭執，也能在短時間內化解，若能以柔順謙和的方式與另一半相處，則婚姻可以長長久久。

◆**子女**：用柔和謙下的態度治家，能夠使子女在最適當的環境成長，因而能夠減少許多原本可能的衝突。

◆**健康**：找到適合自己的調養方式，因而能夠使身體狀況好轉，精神飽滿。

◆**旅遊**：目前時運大好，因而可以在籌備期間順利進行，讓之後的旅程無後顧之憂，圓滿完成。

◆**考運**：目前的讀書方式有利於你累積實力，只要持續進行，就能在考試時盡情發揮，最終能夠有好的成果。

◆**人際**：因適得其所，在人際中能夠如魚得水，廣結良緣。

◆**訴訟**：只要態度謙和，用心應對，終能找到獲勝的關鍵，最終能夠贏得勝利。

◆ 遷居：遇到好的時勢，就順勢進行，將能使搬遷順利完成。

223【九五】王假有家，勿恤吉。

◆ 事業：若能以自身美好的德行感化身旁的人，眾人和睦共處，彼此相互協助，就能共創良好的工作環境，也間接促成工作上的成就。

◆ 創業：作為一個經營者，若能以良善的本性感化下屬或合作對象，則大家能夠相敬互愛，打從內心扶持這個事業，必能鴻圖大展。

◆ 錢財：秉持著美好的德行與他人合作，只要相互協助，就能夠創造更大的利益。

◆ 愛情：本著美好的本性與他人交往，就能逐漸使對方對你產生好感，進而發展出美好的戀情。

◆ 婚姻：在婚姻中要能相互敬愛，設身處地為對方著想，如此將能使感情逐漸深厚，不因小小的風浪就情感生變。

◆ 子女：治理家庭要以德化之，若能與子女互敬互愛，則彼此相處起來沒有負擔，也可避免因誤解而產生衝突。

◆ 健康：要完成任何事的前提，就是有一副健康的身體，因此必須花費足夠的心神在身體的養護上，只要開始注意愛護健康，就一定會有回報。

◆ 旅遊：籌備期間可能有許多繁雜之事，但若能夠從自身做起，以和善有效率的態度進行，旁人也會因此成為你的好助手，最終能夠使旅程精彩無比。

◆ 考運：如果能在考試期間有效率地規劃讀書進度，就能不慌不忙地面對考試，只要付出足夠的努力，就能獲得同等的報酬。

◆ 人際：若能像敬愛自己的親人一般，敬愛你身旁的朋友，對方會被你所感動，給予你對等的回報。

◆ 訴訟：只要將心比心，就能知道彼此的癥結點為何，以此為依歸進行訴訟，將使訴訟順利進展，無須憂慮。

◆ 遷居：因為有良好的品德，能夠顧及他人的感受，因而在搬遷過程中會獲得許多助力，能夠如預期的順利搬遷。

224【上九】有孚威如，終吉。

- 事業：能夠時常反省自律，因而受到他人的敬佩，眾人皆能心悅誠服，間接成為你在職場的助力。
- 創業：身為領導者，能夠自省而得到威望，受到員工的信賴，故能夠有良好的根基發展蓬勃的事業。
- 錢財：能夠嚴格要求自己，因而受到他人的信賴，進一步幫助你在財務上的發展。
- 愛情：嚴謹自律的個性能夠讓他人對你產生好感，主動接近你，只要以誠信的態度與他人往來，就能有好的桃花。
- 婚姻：在要求對方之前，要能先反求諸己，只要能夠相互體諒、彼此敬愛，則婚姻關係就能長久。
- 子女：在要求子女之前，要先能以身作則，只要能夠比要求子女更要求自己，則他們也都能夠受你影響，進而自我約束，親子就能和樂相處。
- 健康：每天反省自己在健康上的疏失與惡習，加以改進，如此就能讓身體更趨強健。
- 旅遊：能夠反省自律，盡到自己的本分，就能使他人受你影響，全心投入籌備，因而能夠有準備妥切的愉快旅程。
- 考運：要反省自己是否真的在準備過程中有所鬆懈，唯有現在要求自己，才能在最後享受努力的成果。
- 人際：能夠嚴以律己而受到許多人的敬佩，進而希望與你有所交集，間接打造良好的人際關係。
- 訴訟：在與他人引發衝突之前，要先能自我反省，唯有問心無愧，才能理直氣壯地在訴訟中求勝。
- 遷居：尋求他人協助之前，要先從自己開始做起，當你做好準備，旁人就會主動伸出援手，助你順利搬遷。

家人卦卦理

「家人」卦，《序卦》曰：「進必有所傷，故受之以明夷，夷者傷也。傷於外者必反於家，故受之以家人。」卦序在明夷之後，在外遭遇傷害、挫折後，勢必會返回家中，俗話說的好，家是最好的避風港，往往需要家人提供溫暖、安全感。有治家有成、家有賢妻之意。

「利女貞。」家人，有利於女子的貞潔。〈彖傳〉說：「家人，女正位乎內，男正位乎外，男女正，天地之大義也。」象徵女主內，男主外，強調婦女在家庭的重要性，若婦女為正，則家必不傾頹，家庭之外也必定得正。家人卦表示家中女人賢慧，持家有道，所以男人可以更努力在外打拼，且無後顧之憂。

家人卦，長女在上，中女在下，六二、六四皆當位，故長女與中女相處得以融洽。家人卦有一反對卦，亦即「睽」卦，是中女在上，少女在下，六三、六五皆不當位，為兩女各行其是且不同心，難以相處之象。

若是女人卜得此卦，則凡事皆吉，反之男人卜到此卦，勢必要尋求妻子、母親、女友、姊妹的協助。若是卜婚姻則為吉。

「家人」卦六爻的爻辭：初九時，正所謂預防勝於治療，要防止淫亂不堪的事情發生，應該一開始就打好基礎，建立家規，避免有憾事發生；六二時指有些女子沒有特殊專長，不要想著追求功名成就，只要把家中的一切事務打點好，方能得吉；九三時部分男人因是一家之主，為了整治家中秩序，治家時過於嚴厲，造成所有人畏懼，怨聲載道，雖然這麼做會影響到親情與溫情，但長時間下來能夠改善家風，因此能夠逐漸轉為吉象；反之，若不嚴謹治家，任憑婦女小孩為所欲為，那必定招致悔恨；六四時意指把家中指揮得宜，所有大小事都能夠打點地相當妥當，讓家庭氣氛良好，榮華富貴也隨之而來，為大吉之象；身為一家之主，用行動去帶動家中成員，使每個人都克盡職則責相敬相愛，如此方能得吉，此為九五之象；上九時是說明一家之主必當以身作則，坐而言不如起而行，嚴以律己，寬以待人，建立自己的誠信與威嚴，將來必當得吉。

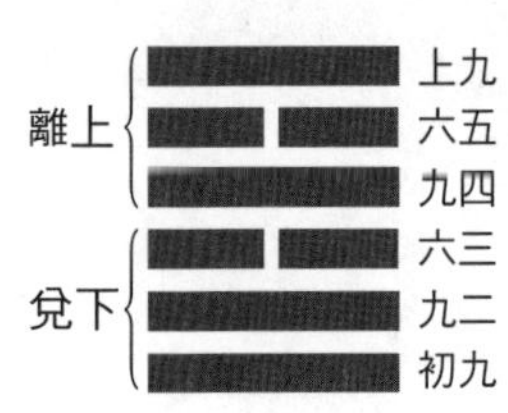

睽卦

卦序▶38　錯卦▶水山蹇
卦數▶43　綜卦▶風火家人
卦向▶東北　互卦▶水火既濟

卦揭

睽，音同「癸」，目不相視之意，兩眼不同視一處，表示離異，不合。睽之另一義為「外」。繼家人卦之後，如無法和諧，則有貌合神離之危；倘於家中無法滿足物質或精神上需求，則將有成員出奔他鄉之慮。

道不同者，終將離異。東漢末年，管寧、華歆一同耕讀。於園中掘地，見一金子，管寧視若無睹，華歆則拾起把玩，稍後才將之丟擲。同席讀書時，華車冕服者經過，管寧依舊讀書，華歆則前往觀之。管寧深覺兩人志向不同，乃割席與華歆斷交。

【卦辭】小事吉。

對於小事而言吉祥。

〈彖〉「睽，火動而上，澤動而下；二女同居，其志不同行；說而麗乎明，柔進而上行，得中而應乎剛；是以小事吉。天地睽，而其事同也；男女睽，而其志通也；萬物睽，而其事類也；睽之時用大矣哉！」說，同「悅」之意。睽卦，火在上方燃燒，水在下方流動。少女與婦女同居一處，因志向不同，行為亦不同。喜悅瑰麗而光明，柔和向上前進，六五居中位與九二相應，所以小事吉祥。天地分隔，但為了化育萬物一事相同；男女有異，但相互尊敬以求和諧一事相同；萬物有差別，但為了生存下來這一件事相同。

〈象〉「上火下澤，睽。君子以同而異。」澤，水流匯聚之處。火燃燒於上，水流動於下。君子從卦象得到啟示，應追求同一目標，以及各自間的差異。

睽之義，雖為分異、背離、非同，然就小事言之，同中求異亦為必要，所以吉祥。

【初九】悔亡，喪馬勿逐，自復；見惡人無咎。

亡，沒有，通「無」。沒有懊悔，失去馬匹不必追趕，牠自己會回來；出現惡人，但沒有災難。

〈象〉「見惡人，以辟咎也。」出現惡人，所以要避開災難。

初九位卑，陽爻無應。貧困又逢失馬，本應有悔，唯心寬性朗，不計得失，馬匹失而復得，惡人亦不會造成傷害。

【九二】遇主于巷，無咎。

咎，災禍之意。在巷子遇到主人，沒有災難。

〈象〉「遇主于巷，未失道也。」在巷子遇到主人，沒有失去主僕相待之道。

九二居兌卦之中，兌表喜悅，主僕原因主人潦倒分散二地，喜於不期而遇。奴僕不失待主之道，二人同心，可同度艱難，故無災難。

【六三】見輿曳，其牛掣，其人天且劓，無初有終。

輿，車也。曳、掣，皆為牽引之意。掣音同「撤」。劓，音同「意」，古代割去鼻子的刑罰，此處指鼻子受傷。

遇到大車被拖住的情況，牛用力地牽拉。趕車的人摔得四腳朝天，鼻子也受傷。不好的開始，但最終會有好結果。

〈象〉「見輿曳，位不當也。無初有終，遇剛也。」遇到大車被拖住的情況，是因為位置不當。開始不順利卻有好結果，是因得到強者的幫助。

六三陰柔失位，處境艱難。然與九四相應，又得上九加護，陽剛相助故有善終。

【九四】睽孤，遇元夫，交孚，厲無咎。

睽，乖違、分離之意。孚，誠信之意。乖違孤僻，卻能遇到大丈夫。以誠相待，雖有危險但沒有災難。

〈象〉「交孚無咎，志行也。」以誠信交往沒有災難，是因為有志一同的緣故。

九四處上卦之末，陽剛有餘，桀驁不馴，故有凶險。所幸將得志同道合之友相助，可化解危難。

【六五】悔亡，厥宗噬膚，往何咎。

厥，他的、那個，同「其」此為代詞。沒有悔恨，其宗族設宴款待酒肉，又怎麼會有災難呢。

〈象〉「厥宗噬膚，往有慶也。」宗族設宴款待，若前往則會有喜慶之事。

六五以柔中之德，下應九二，故無悔。與人交遊甚篤，在宗族間受到歡迎，不論自行設宴款待或受邀前往宴會，皆可遇喜慶之事。

【上九】睽孤，見豕負涂，載鬼一車，先張之弧，後說之弧，匪寇婚媾，往遇雨則吉。

涂，道路，通「塗」、「途」。弧，木弓。說，同「脫」。匪，「非」之意。媾，結為親家之意。

窮困潦倒，在路途中見到豬拉著一車的鬼魅，拉起弓要射，又放下。原來不是盜寇，而是來求親。遇到雨代表吉祥。

〈象〉「遇雨則吉，群疑亡也。」遇到雨代表吉祥，是因為解除大家的疑惑。

上九之睽孤異於九四之睽孤，非個性所致，乃窮困潦倒也。時運不濟，又疑心重重，以為道上遇鬼、盜寇來襲。一場雨解除眾人疑惑，原來是吉祥的親事。於生活中比喻，倘解除困憂眾人之疑惑，乃向大吉。

睽卦象圖

上卦為離為火，下卦為兑為澤。火在上燃燒，水在下淌流，性格相背，不和諧。

睽卦 卦義

225【初九】悔亡，喪馬勿逐，自復；見惡人無咎。

- **事業**：工作上出現阻礙，但不用急著化解，只要保持開闊的心境，危機自然會解除，最終不會對工作產生危害。
- **創業**：儘管在創業初期遇見阻礙，使你灰心喪志，但此時更應保持冷靜，以正面的心態靜觀其變，事情將會出現轉機。
- **錢財**：這段時間內可能蒙受損失，但要能寬心待之，只要忘懷得失，失去的金錢將能失而復得。
- **愛情**：愛情出現危機，但目前還不需要積極地行動，先觀察情勢，並以退讓的姿態與對方溝通，就能化解危機。
- **婚姻**：婚姻中可能出現背離的情況，但不應一時衝動而任意妄為，要能靜下心來釐清現狀，只要願意放下身段溝通，失去的東西將能重新獲得。
- **子女**：暫時出現溝通上的困難，但只要你願意先行退讓，以寬闊的心胸聽從對方的意見，溝通的橋梁將能重新搭上，化解目前的僵局。
- **健康**：儘管身體出現一些小狀況，但由於你能夠以開闊的心胸面對，並且及早接受身體的調養，故不必過於憂慮，將能重拾健康。
- **旅遊**：旅途中可能遇見小小的困難，但只要保持正面的態度，不過於拘泥細節，並不至於影響旅途的進行。
- **考運**：過去犯的錯誤已經成為過去式，若能繼續保持正面思考，持續前進，將能在之後的考試有好的表現。
- **人際**：不要過於在意已經斷了的人際，只要持續以誠待人，仍然能在人際上有不同於以往的收穫。
- **訴訟**：訴訟過程將會遇見阻礙，但困難當頭，應先靜觀其變，轉機將會出現，使你不受惡人侵擾。

◆ **遷居**：當搬遷遇上麻煩，不要因心煩而驟下決定，急躁的妄動不會有幫助，要冷靜思考並保持樂觀，如此將能扭轉現況，最終能夠無事落幕。

◆ **尋人**：往東北方尋找，必有所獲。

226【九二】**遇主于巷，無咎。**

◆ **事業**：當工作上遇到困難，能夠不失去奮鬥的意志，以和善的態度與他人合作，將會出現有利的貴人助你度過難關，使你在事業上有所成就。

◆ **創業**：創業遇上瓶頸，若能以謙下柔和的態度面對合作對象，對方可能就是你東山再起的關鍵，能夠幫你度過低潮。

◆ **錢財**：能與貴人不期而遇，進而解決你目前的財務危機，最終能夠獲得吉祥。

◆ **愛情**：因為你的本性良善，性格謙卑，即使錯過一段好的姻緣，還是能夠與心儀之人再續前緣，並且在兩人的同心下，有良好的發展。

◆ **婚姻**：當婚姻出現理念不同的衝突，要避免正面相對，若能以低姿態理性應對，才有辦法開啟溝通的契機，順利化解危機。

◆ **子女**：想法上有所衝突，無法達成共識，若能尋求他人的協助，會更容易進行溝通，解開這段時間以來的困窘。

◆ **健康**：儘管目前身體狀況欠佳，但仍有機會重拾健康，只要不輕言放棄，抱著謙下和善的態度接受治療，就能度過艱難，不為病痛所苦。

◆ **旅遊**：可能與旅伴有意見不合的衝突，若你能先以低姿態開啟溝通之道，則能不計前嫌地共同度過旅程中的艱難。

◆ **考運**：你想達成的目標與你目前的準備方向可能是相違背的，要能謙虛地認清目前的現狀，及時改正，才能在正式上場時大展身手。

◆ **人際**：在人際上可能發生許多與你本意相反的誤會，但愈是如此，愈需以謙和的態度與人相交，將能夠遇見支持你的伙伴，助你度過難關。

◆ **訴訟**：目前的局勢與你期望的方向相反，訴訟過程會倍感艱辛，但只要放軟姿態，向更有能力的人尋求幫助，將會獲得莫大的助力。

◆ **遷居**：遷居過程中會遇上許多和你想法相違背的事，造成你焦躁不安，但若能不失謙讓之心，以柔軟的身態解決問題，就能使搬遷順利進行。

227【六三】見輿曳，其牛掣，其人天且劓，無初有終。

◆ **事業**：工作上必須艱難地前進，發展不甚順利，也可能因此產生消極的想法，但只要放下這些焦慮，以正面心態應對，並以實際行動解決問題，最終將能突破困局。

◆ **創業**：創業陷入困境，寸步難行，必須重新找到事業的定位，捨去對未來發展的恐懼，就能獲得有力之人的相助，最終會有好結果。

◆ **錢財**：因方法不對而導致財務受困，但由於獲得他人的協助，能夠由逆境轉正。

◆ **愛情**：一開始會有如拖著載滿重物的車般難以前進，但若能增加自己的自信心，強化自己的內在，就能逐漸拋開身上的重擔，戀情將有好的發展。

◆ **婚姻**：陷入泥淖之中難以前進，是因為雙方都沒有扮演好自己角色的緣故，但只要經過協調，這些困窘都會找到出口，最終會有好的結果。

◆ **子女**：用了錯誤的方法，使親子無法順利溝通，此時應抱持正面心態，問題將會一一消除，情勢逐漸轉好。

◆ **健康**：身體狀況一直沒有進展，但只要找到正確的醫療方式，就有望從現在的困境中脫出，逐漸獲得健康。

◆ **旅遊**：剛開始的進度不甚理想，緩慢有如笨重的牛車，但不需要憂慮，一旦找到各自擅長的方向，加以努力，就能順利無憾地完成這趟旅程。

◆ **考運**：起初沒有太多進展，但只要找到適合自己的讀書方式，就會有如倒吃甘蔗一般，成績突飛猛進。

◆ **人際**：人際陷入膠著的狀態，看不見改善的空間，但在某種契機之下，能夠轉動人際的巨輪，開始順利開展人際網絡。

◆ **訴訟**：訴訟陷入困境，難以前進，此時應避免負面的心態出現，只要堅持下去，就會出現助力，最終能夠為你帶來吉祥。

◆ **遷居**：遷居起初窒礙難行，但在他人的協助下，能夠圓滿落幕。

228【九四】睽孤，遇元夫，交孚，厲無咎。

◆ **事業**：在工作上陷入孤立無援的狀況中，若能以誠信待人，能夠得到同道之人的協助，因而從困境中脫出。

◆ **創業**：經商困難之時，無人前來協助，必須付出更多努力，並以誠信解決問題，將會有貴人前來相助，幫你度過難關。

◆ **錢財**：財務上容易遇見困窘的情況，需以誠信與他人相交，贏得他人的信賴，對方會願意對你伸出援手，如此將能克服困境。

◆ **愛情**：感情上因自己個性強硬，容易有受人背離的情況發生，只要願意改正自己的缺點，拿出誠信與他人互動，就能遇見志同道合的對象，在感情上有所收穫。

◆ **婚姻**：婚姻遇上阻礙，感覺自己的付出未得到對方的回應，雙方難以溝通，若能改變自己剛強的個性，先拿出誠意，事情將會有所轉機。

◆ **子女**：親子之間意見分歧，無法達成共識，彼此要能拿出誠信相待，努力溝通，終能找到適合彼此的相處方式，能順利化解先前的誤會。

◆ **健康**：在健康狀況低落之時，不能再堅持己見，要能坦然面對自己的病情，努力接受治療，才能夠化險為夷。

◆ **旅遊**：籌備過程中感到孤立無援，使得計畫難以進行，必須主動向他人尋求援助，只要拿出誠信與他人合作，就能逢凶化吉，使旅途順利無虞。

◆ **考運**：準備考試時會遇見挫折，讓你感到力不從心，但愈是如此，愈要秉持堅強的意志，不畏艱難，將會出現能夠助你度過難關的力量，最終會有好的結果。

◆ **人際**：人際上可能遭逢背離的情況，但不可因此妄自菲薄，只要拿出誠信與他人交往，好感就能逐漸累積，最終會有志同道合的人出現，使你在人際上如魚得水。

◆ **訴訟**：訴訟過程不甚順利，甚至必須孤軍奮戰，儘管如此，當有能夠助你一臂之力的對象出現，必須拿出誠信的態度與他結交，如此就能逆轉困境。

◆ **遷居**：搬遷過程無法順應你的期望，困難重重，必須以誠信的態度處理過程中所遇到的阻礙，如此將會出現能夠給予你援助的伙伴，幫你順利完成搬遷。

229【六五】**悔亡，厥宗噬膚，往何咎。**

◆ **事業**：在工作中要能以柔順的身段與他人相處，並聽從在上位者的指示，如此就能使目前的困局得到抒解。

◆ **創業**：儘管處在低潮，但若能保持順應市場的彈性，並且廣結善緣，就能使事業逐漸脫離困境，並有好的發展。

◆ **錢財**：以柔和謙遜的態度經營財務，能夠因此獲得與他人結識的機會，此時便可相互協助，共創更大的利益。

◆ **愛情**：儘管剛開始的感情之路並不順遂，但因個性謙和，能夠受到他人的青睞，逐漸開展自己的桃花。

◆ **婚姻**：遇見衝突要以柔順之態度應對，若能如此，就可避免更大的災禍，更加穩固夫妻之間的情感。

◆ **子女**：若能不以長輩的身分自居，願意放下身段與孩子溝通，站在對方的角度設想，則心意將能不為兒女所拒，因而增進親子關係。

◆ **健康**：目前的情況將會得到舒緩，只要自己能夠樂觀以對，病情也就能夠如你所期望地逐漸好轉。

◆ **旅遊**：因態度謙和，人緣廣闊，在籌備的過程中能夠得到許多人的協助，最終能夠使旅途順利進行。

◆ **考運**：面對成績的不理想，要能放開心胸接受，若能主動解決問題，對你不利的情勢就會有所改變。

◆ **人際**：以柔順的態度與他人相交，使你的交友廣闊，能夠在某些族群中受到歡迎，若受到他人的邀請出席宴會，將會遇上好運之事。

◆ **訴訟**：過去累積的好人緣在此時發揮功效，即便身處艱難的處境，因為有他人的協助，能夠在困境中有所突破，讓局勢轉為對你有利。

◆ **遷居**：搬遷過程中要以和善的態度與他人互動，如此將能順利融入新的環境，也使搬遷順利無礙。

230【上九】睽孤，見豕負涂，載鬼一車，先張之弧，後說之弧，匪寇婚媾，往遇雨則吉。

◆ **事業**：在諸事不順的運勢下，容易產生猜忌的心理，而若因此躁進妄動，就會為自己帶來災害，反之若能打開心胸，為自己也為眾人解除疑惑，就能迎來吉祥。

◆ **創業**：運勢不順讓你開始自我懷疑，因而使事業逐漸衰弱，要能堅強心志，為自己找到出路，如此就如同久旱逢甘霖，能使萬物欣欣向榮。

◆ **錢財**：近來的財運並不順遂，讓你開始懷疑自己的能力，變得疑神疑鬼，但只要認清自己的能力，對自己有信心並謹慎行事，就有機會破除僵局，為自己開出一條財路。

◆ **愛情**：感情運勢不佳，面對桃花多所猜疑，容易錯失良機，要能靜下心來，拋開疑懼，才能開啟戀情的契機。

◆ **婚姻**：近來婚姻出現阻礙，因而容易產生不信任感，若想維持美好的婚姻，要能坦承地面對彼此，只要解開誤會，就能增進情感，破除障礙。

◆ **子女**：對於子女的舉動不要胡亂猜疑，只要給予對方信任，就會發現情況沒有你所想的糟糕，以誠信相待，就能有美好的親子關係。

◆ **健康**：身體稍微出現狀況，就擔憂得食不下嚥，反而招致真正的疾病，必須在有徵兆之時就前往檢查，不要妄自猜疑，只要解開疑惑，就會有吉祥之事到來。

◆ **旅遊**：因為前期準備不甚順利，因而對即將啟程的旅行憂心忡忡，若持續感到心神不寧，反而會使旅途無法盡興，應該拋開心中的憂慮，享受旅程中的美好時刻。

◆ **考運**：遭遇過幾次挫折，因而對自己失去信心，與其終日憂心，倒不如徹底檢視自己的弱點並一一克服，如此將能在考試中大放異彩。

◆ **人際**：一開始的人際關係受到阻礙，因而感到退縮，若能克服自己的憂慮，放寬心胸與他人交往，自然能夠經營出良好的人際網絡。

◆ **訴訟**：目前的情勢看似不樂觀，因而使你憂慮不已，但若抱著失敗的心態，便難以邁向成功，必須重振士氣，你會發現先前的憂慮都只是表象，將找到致勝的契機。

◆ **遷居**：初期就遇上許多困難，讓你遲遲不敢有所動作，但如此將錯過搬遷的大好時機，若能破除心裡的障礙，實際行動，將能順利無礙地完成搬遷。

 卦理

「睽」卦，卦序上睽卦是緊接在家人卦之後，《序卦》：「家到窮必乖，故受之以睽。睽者，乖也。」一家人因家道中落，使彼此乖離且互不關心，最終形同陌路。睽卦除了有分離、孤寂外，又有乖離之意，形容人與人之間涇渭分明，彼此道不同不相為謀，夫妻間甚至同床異夢。

就卦象來看，家人卦的長女與中女相處融洽。睽卦則是兩女同居但不同心，兩人各有所思，雖然相處在一起，但卻各走各的路，以至於無法和睦。《雜卦傳》說：「睽，外也。家人，內也。」睽卦指在一起的兩個女人相敬如「冰」；家人卦則是兩個女人為「一家之人」，因此兩卦為「反對卦」。

卜卦者若得睽卦，問感情、友情等事為凶，意味著相處不融洽且大小衝突不斷。卦辭：「小事吉。」若是小事可成，但無法成大事，因為會有與人相處上的問題產生，應當想清楚該如何解決人際關係所造成的影響。有離必有合，有異必有同，如何用正面的力量去化解，才能夠有所成長與作為。

「睽」卦六爻的爻辭：初九時切記凡事不可強求，不需要去追逐跑走的馬，該歸來時自然會回歸，可惡之人來時，也需要有來者不拒的心態，這樣才能避免不必要的麻煩；九二時和在上位者相互欣賞，但因外在原因而無法正大光明行事，甚至無法因此晉升，只能委曲求全，雖然是背地裡做事，但只要不違背正道，理所當然不會有罪則；六三時表示，事情的開端雖然不好，但只要肯努力，最終仍然會有所結果；九四時處境將孤立無援，但卻能夠遇到和自己志同道合的人物，因兩人都是孤寂之人，所以更能夠誠心以待，共同突破困境，雖然有風險，但卻能夠避免災禍；六五則表示應放膽前行，如此一來則會有好事發生；上九時因為孤獨久了，遇事總是容易產生懷疑，一看到汙穢骯髒或詭譎的事物，就馬上繃緊神經，擔心害怕，若是能夠將心中疑慮澄清，方能得吉。

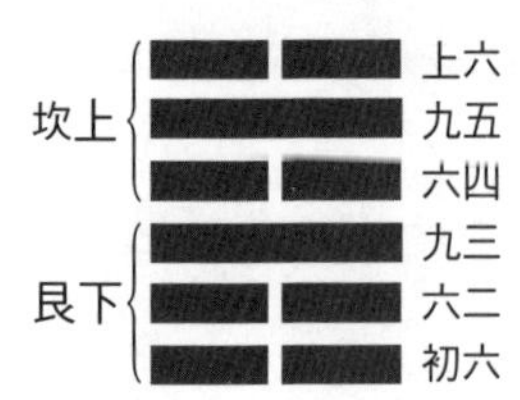

蹇卦

卦序▶39　錯卦▶火澤睽
卦數▶20　綜卦▶雷水解
卦向▶西北　互卦▶火水未濟

卦揭

蹇，从足，音同「簡」。跛腳、行動不便、不順利之意。繼睽卦代表「家道中落」，接連而來諸多不順之事，此則蹇卦所判。猶禍不單行，困頓之際更有落井下石者。

唐順宗時，朝廷士人發起「永貞革新」，威脅到宦官權力，宦官結合藩鎮勢力，打擊朝中士人。時任禮部員外郎的柳宗元，因而被貶為永州司馬。到職後，無地方可住，只能暫居寺廟。政治失意，生活艱苦，水土不服，又逢親人離世，重重打擊了柳宗元，一時之間，瘦削如皮包骨。調適心情與健康後，以官閒無事，四下遊山玩水，更在文學、哲學方面用力鑽研，在永州的十年間，柳宗元創作數百篇文章，尤其〈永州八記〉傳誦千年。被譽為唐宋古文八大家的柳宗元，於艱困環境中，卻開創出了文學另一個美麗的世界。

卦辭

【卦辭】利西南，不利東北；利見大人，貞吉。

貞，行正道、守正道。利在西南方，不利東北方。宜拜見大人物，守正道可吉祥。

〈彖〉「蹇，難也，險在前也。見險而能止，知矣哉！蹇利西南，往得中也；不利東北，其道窮也。利見大人，往有功也。當位貞吉，以正邦也。蹇之時用大矣哉！」蹇，艱難之意，前方有險阻。遇到險阻停止前進，是有智慧的表現。往西南走有利，是因為有路可走。往東北走不利，是因為前方無路可走。利於拜見大人物，是因為前往可以建立功業。在其位又能堅守正道吉祥，就能安邦治國。蹇卦的時勢意義實在太大了！

〈象〉「山上有水，蹇。君子以反身修德。」山的上面有水，是蹇卦的卦象。君子從卦象得到啟發，反省自身修養德行。

向著西南方尋找大人物，時進時退，堅守正道，可得吉祥。

【初六】往蹇，來譽。

向前有凶險，回來有榮譽。

〈象〉「往蹇來譽，宜待也。」向前有凶險，回來有榮譽，應該要等待時機。

初六柔爻居奇不得位，上無應，故向前將遇凶險。不勉強前行，知難而退，可減少損失，獲得讚譽。

【六二】王臣蹇蹇，匪躬之故。

匪，通「非」。躬，親身、親自之意。君王和大臣都遇窘境，但不是自己所造成的。

〈象〉「王臣蹇蹇，終無尤也。」君王和大臣都遇窘境，但最終沒有過失。

六二居中得正，與九五相應，具中正之德。然時運不佳，功敗垂成。因不是自己的問題，若王公大臣願意前往排解疑難，兼之謹慎小心，終可無致過失，君臣同度災難。

【九三】往蹇來反。

前往遇險又折返回來。

〈象〉「往蹇來反，內喜之也。」前往遇險又折返回來，內卦兩個陰爻都非常歡喜。

九三當正，下具二陰。前遇凶險，暫時退返，可享喜樂。如一商人外出營商，失敗歸厝，雖失金銀，然與兩個妻子團圓，亦為喜事。

【六四】往蹇來連。

連，「接」、「合」之意。若前進易有險難，回來則有可以聯手、聯合的人。

〈象〉「往蹇來連，當位實也。」往蹇來連，因為六四在一個有地位、殷實的位置。

六四下與初六無應，前後遇剛爻，身處坎險，進退維谷。於生活上比喻，則因地位在上或財富殷實，往前或遇算計、或遭險難，返回則要當心與之合作的人。

【九五】大蹇朋來。

遇到危難，朋友都來幫忙。

〈象〉「大蹇朋來，以中節也。」遇到危難，朋友都來幫忙，是因為行為合乎節度。

九五居中得正，然居坎卦得險。幸得上下陰爻相合，又與六二相應，故遇難皆能在貴人相助下，逢凶化吉。

【上六】往蹇來碩，吉；利見大人。

碩，「大的」、「美好的」之意。前進遇險，返回有收穫；吉祥。利於拜見大人物

〈象〉「往蹇來碩，志在內也。利見大人，以從貴也。」前進遇險，返回有收穫，因為內部齊一心志。利於見大人物，因為跟從顯貴之人。

上六處艱難之頂，前進無路。須暫且後退，跟隨貴人，同時與眾人齊心協力，共赴艱難，可獲致吉祥。

蹇往來之圖

上卦為坎為水，下卦為艮為山。山上積水，行路艱難。故須有大人物相助，且需堅持正道，方可化險為夷。

卦義

231【初六】往蹇，來譽。

◆ **事業**：出現讓你難以抗拒的發展機會，但若缺乏審慎評估而貿然行動，等在前方的將是重重困難，這時應堅守原本的崗位，盡好自己的本分並靜待時變，謀求奮力一搏的時機點，光明的曙光才會展露。

◆ **創業**：有擴展企圖的你，應該停下腳步看看周遭的情況，躁進只會蒙蔽你的雙眼，進而做出錯誤的判斷，讓創業之路陷入險境，此時宜以退為進，明哲保身。

◆ **錢財**：近來支出有逐漸增加的趨勢，若再不加以控制，可能陷入入不敷出、舉債的窘境。

◆ **愛情**：與情人關係陷入膠著，雙方在溝通上欠缺互動與共識，以致感情生變，若想要化解兩人的心結，應多花些時間陪伴對方，聆聽對方的需求，若強硬要求對方退讓妥協，只會讓兩人漸行漸遠。

◆ **婚姻**：夫妻感情遇到瓶頸，任由嫌隙繼續發展而不加以遏止的話，只會讓雙方身心疲憊不已，但也不應以強硬手段勉強對方，溝通時多退一步，就能及時修補兩人關係。

◆ **子女**：親子在溝通與互動上已失去交集，你漸漸感受到子女對你失去依賴與熱情，此時需要放下身段尋求外界的建議與幫助，反省自身的不足之處，藉此改善與子女的感情。

◆ **健康**：工作因素讓你的身體開始無法負荷，健康亮起紅燈，若再不自制，取捨對自己來說最重要的東西，反而會失去更多。

◆ **旅遊**：運勢正處低潮，不過也別灰心喪志，懂得適可而止，在不利的情況下不勉強為之，避免讓災難繼續擴大，或許能讓你免除一些不必要的麻煩。

◆ **考運**：心情處於不上不下的狀態，因為某些因素讓你無心專注於課業上，若能適度排除這些因素，回歸自己的本分，還是有機會得到你想要的結果。

◆ **人際**：最近有與人交惡的傾向，朋友們逐漸疏離你，感到被孤立與被排擠的氛圍，面臨這種情況，若能懂得反省自己，用正面的態度去面對，乾涸的土壤也會再度肥沃起來。

◆ **訴訟**：容易跟人起口角，也許並不完全是你的過錯，然而時運不濟的你偏偏容易招惹他人反感，保持低調，讓自己展現於外之時不傲慢，謙虛自持，就能度過此番風波。

◆ **遷居**：無法順利達成目標，或許目前並非搬遷的好時機，可以再延緩一些時間，讓自己做好萬全準備，才能避免搬遷時遇上重重困難。

◆ **尋人**：往西北方前進，必有所獲。往東北方前進，不僅徒勞，更是最糟的選擇。

232【六二】王臣蹇蹇，匪躬之故。

◆ **事業**：雖然品行與工作能力都讓上司與後輩有目共睹，然時運不濟，問題一個接著一個發生，讓你疲於奔走，但最終還是能夠克服阻礙，避免更壞的結果。

◆ **創業**：過程充滿坎坷，接連發生的突發狀況讓你措手不及，此時應以大局為重，以整體的利益為優先，讓員工與主管都能上下一條心，就能化險為夷，不招致失敗。

◆ **錢財**：臨時需要一筆資金，為此而終日奔走，起初可能四處碰壁，但如果堅持以正道的手段來達到目的，不被困境所打擊，最後仍能逢凶化吉，找出一條活路。

◆ **愛情**：出人意料的情敵出現，妨礙你與戀人的相處，為此你將心情忐忑，惶惶不安，這時候更要屏除以往的陋習，積極展現自己的誠意，切勿計較得失，感情終能失而復得。

◆ **婚姻**：夫妻感情面臨挑戰，婚姻關係岌岌可危，不要再堅持無謂的尊嚴問題，攜手與另一半共同解決彼此之間的阻礙，只要有心，必能扭轉情勢。

◆ 子女：親子關係不知何時出現了縫隙，雙方的感情維繫隨著時間一點一滴的流逝，讓你束手無策，應盡快搭起溝通的橋梁，讓親子雙方共同度過這次的危機。

◆ 健康：為了他人的事而四處奔走，體力已逼近耗竭的邊緣，由於你的無私與付出，事情雖不算完美落幕，但也算是沒有差池的完成，疲累的身體經充分休息，不會有大礙。

◆ 旅遊：卜得此卦者，利於往西北方前進，出遊過程平順無凶險；不利於往東北方向前進，如果仍須前往，則將邁向風波不斷的崎嶇之路，不可不慎。

◆ 考運：朋友同學要求你幫忙的情況增多，讓你的課業自顧不暇，起初可能有點吃力不討好，但只要堅守你認為正確的方式去做，或是與他人齊心協力，終能克服目前困境。

◆ 人際：與他人的互動混沌未明，沒有預期中的明朗狀態，讓你無所適從，此時需要加倍努力去拓展人際關係，切勿斤斤計較得失，如此一來，才能脫離困境。

◆ 訴訟：雖然你一直避免與他人起爭執，然而風暴卻像磁鐵一樣吸著你不放，使你心亂如麻，此時不要隨人起舞，做好自己的本分，才能度過風暴，避免災厄。

◆ 遷居：計畫之事被迫延期，唯有用行動排除阻擋在面前的障礙，才能讓計畫回歸正軌。

233【九三】往蹇來反。

◆ 事業：換跑道的想法一直在內心蠢蠢欲動，但此時行動並非明智之舉，應再觀望一段時日，貿然行事只會落得兩頭空，靜待時變有時反而會帶來好的結果。

◆ 創業：看似光明的發展讓你興起了創業的念頭，但有可能因此錯判時機，導致失敗收場，此時宜以退為進，暫時先加強自身的條件與能力，就有機會得到另一種收穫。

◆ 錢財：仿效別人的致富模式，就像東施效顰，只會讓你白白揮霍了手上的資源，最明智的做法就是腳踏實地，按部就班，反而會有意外的收入。

◆ **愛情**：兩人正處於曖昧的階段，然而你想突破現況，強勢的態度只會讓對方卻步，使這段感情無疾而終。如果想讓雙方關係升華，調整態度與自我各方面的條件，以退為進，感情就能開花結果。

◆ **婚姻**：因太過顧慮另一半的心情而讓自己變得綁手綁腳，無法展現過往兩人相處時的那份自然，不用刻意迎合對方的喜惡，另一半喜歡的是自然不做作的你。

◆ **子女**：刻意想跟子女拉近關係，反而會弄巧成拙，此時只要在子女有需求的時候展現適當的態度，親子關係不用特意經營也能好轉。

◆ **健康**：養生保健的風潮四起，讓你也在意起自己的健康狀態，追求過高的目標只會讓你的身體爆發抗議，聽從身體的指示進行自己能達到的標準，才是維持健康的不二法門。

◆ **旅遊**：出遊遠行若非必要，能避免者就避免，若執意要外出，你只會發現這趟旅程充滿困頓。反之，留守家中也能發現不同的樂趣。

◆ **考運**：不要過於在意成績的好壞，重要的是你在過程中有多少收穫，這才是之後你能隨心所欲自由揮灑的本錢。

◆ **人際**：一味迎合別人以尋求在團體中的立足之地，並非正常的人際關係，也無法讓你得到真正的友誼。展露內在真實坦率的自己，才能獲得屬於你的穩固關係。

◆ **訴訟**：若隨著對方起舞，只會落得失敗的下場，最佳的防禦妙招就是以退為進，讓對方自動打退堂鼓，爭執就能大事化小，小事化無。

◆ **遷居**：沒有中意的物件就不要勉強為之，勉強而得的結果苦澀而艱辛，懂得等待下一次的機會，才會得到甜美的果實。

234【六四】往蹇來連。

◆ **事業**：升遷管道有著重重阻礙，可能是來自上司的刁難，就算想保持低調，度過一時的泥沼，也要小心提防來自合作夥伴的暗箭。

◆ **創業**：不論是開拓或守成，都將面臨進退維谷的處境，往前將面臨大環境的嚴苛考驗，往後則可能面臨人事上的動盪。此時正是危急存亡之際，做任何決斷之前都須謹慎再三，以防最壞的情況發生。

◆ **錢財**：錢財無法守住，既不能開源亦無法節流，若不好好規劃，將遭遇人生最大的經濟危機。

◆ **愛情**：身處在進退兩難的局勢，夾在愛情與親情的攻勢之間，讓你難以取捨，不管選擇支持何者，都會影響跟另一方的感情，使自己落得裡外不是人的困境。

◆ **婚姻**：夫妻相處出現問題，即便向外尋求解決之道，另一半也因誤會而無法與你配合，要留意你所採取的方法，一不當心就可能走向分離的收場。

◆ **子女**：在孩子眼中你是不及格的父母，說教只會更加激起對方的反彈與不滿，然而若想避開衝突而選擇忽視現況，親子關係不會有好轉的一日。

◆ **健康**：連日的腹背受敵讓你心情大受影響，連帶健康出現狀況，目前的你受困其中，被干擾得思緒無法正常運作，難以理出頭緒，要更加謹慎對待自己的身體，注意身體發出的警訊，等待健康恢復的那天。

◆ **旅遊**：延展在你眼前的是無盡的苦難，這趟遠行不論成行與否，你都閃躲不掉即將降臨的厄運，只能釐清思緒，見機行事，以求得最低限度的傷害。

◆ **考運**：現在正在谷底的你，既沒有往上爬升的動力，也缺乏跟你一起並肩作戰的對象，如果讓喪志失意的思緒蒙蔽雙眼，你將失去對未來的熱情。

◆ **人際**：現在的你宛如行走在高空的鋼索上，一不小心就會失足跌落深淵，既然失去的友誼不會因為你的付出而復得，那麼就將患得患失的心情拋諸腦後吧。

◆ **訴訟**：正處於風暴的中心的你，前進與否都會燃起對方的怒火，現在只能將最糟的情形考慮進去，避免落得被對方攻城掠地而無反擊餘地的下場。

◆ **遷居**：計畫一再延宕，讓你煩惱不已，但也無法臨時喊停，只能一再地重複發生問題與解決問題的惡性循環。需要留意跟你合作的對象，對方可能是此惡性循環中的一環。

235【九五】大蹇朋來。

◆ **事業**：工作遇到麻煩，但因為平日與人為善，雖然遭逢困境，仍有同事願意伸出援手，協助你度過難關。

◆ **創業**：經營過程雖然風雨飄搖，常常有危機出現，但只要有克服危難的決心，不輕言放棄，最終將有貴人現身，出手幫你穩定局面。

◆ **錢財**：經濟上出現急迫的需求，使你面臨求助於人的情形，只要誠心相求，必然會有貴人出現，為你降下救急的甘霖。

◆ **愛情**：感情不順，跟情人的關係陷入危機之中，卻因身為當事者讓你無法理性釐清問題的癥結點，此時會有朋友提點，幫你解決問題。

◆ **婚姻**：婚姻亮起紅燈，不要再堅持面子問題而拒絕外界的幫助，誠實面對自己的缺點，只要你有想解決問題的決心，親朋好友會紛紛前來相助。

◆ **子女**：只靠自己的力量已經不足以修補目前產生裂縫的親子關係，此時應虛心求教，向外界請益，你的主動將成為破冰的重要關鍵。

◆ **健康**：一直隱忍的病痛開始發作，狀況超出你的預期，讓你措手不及，身邊的人是你的貴人，會出手助你一臂之力。

◆ **旅遊**：籌劃階段一直狀況不斷，你一個人無法順利解決問題，唯有跟同行的夥伴一起，才能激發出不同的火花，受阻的狀態將獲解除，能往前邁進。

◆ **考運**：你正面臨瓶頸，處於無法往上爬升的階段，或許該考慮改變一下自己的讀書習慣，跟志同道合的朋友一起念書，會有意料之外的成效。

◆ **人際**：成也朋友，敗也朋友，這正是你目前最佳的寫照，無法跟人順利相處，導致與朋友間產生誤會或嫌隙，但也如此，只有誠懇以對，努力化解紛爭，對方也會改變成見，成為你的知己。

◆ **訴訟**：不得不面臨的官司讓你頭疼，事情出乎預料的發展讓你陷人險境之中，這時會有有力之人出手相助，帶領你脫離紛擾的狀態。

◆ **遷居**：陷入租賃糾紛讓你的計畫窒礙難行，但不必過於慌張，身旁將有貴人幫你達成目的。

236【上六】往蹇來碩，吉；利見大人。

◆ **事業**：向上爬升的路險阻重重，目前最好先安守本分，努力達成上司要求的目標，工作發展上才能有所突破。

◆ **創業**：目標市場趨於飽和，強行發展不利於生存，此時應暫緩拓展的規劃，讓自己回歸初衷，充實自身的實力與條件，如此一來才能穩固發展的根基，廠商貴人也會陸續出現。

◆ **錢財**：目前不適合冒險投資，貿然行動有可能會讓你血本無歸，最好的方式是按兵不動，等待時機出現，待有一擊致勝的把握再行出擊。

◆ **愛情**：輕舉妄動只會嚇退對方，對感情的發展毫無助益，反而招致對方反感。可以先跟對方的朋友打好關係，或許能幫助你們感情發展的貴人就在這些人之中。

◆ **婚姻**：不要讓婚姻成為愛情的墳墓，當夫妻關係有所破損，強行修補並不能讓破裂的關係回復到過往，如果彼此都能各退一步，原本狹隘的視界將有機會得以展開。

◆ **子女**：強迫孩子聽從自己的意見，無法獲得對方的認同，只會讓親子關係更顯緊繃，試著後退一步，從子女的角度來看待事情，會有不同於以往的啟發。

◆ **健康**：外在因素是造成你身體不適的主要原因，因為不斷積累，讓這些壓力逐漸侵蝕你的健康狀態，若能多跟好友聊天聚餐，不失為一項抒發壓力的方式。

◆ **旅遊**：不要將事情全攬在自己身上，此時的你茫然無措，若能跟同伴一起面對並且解決問題，才能真正克服向你襲來的大浪，計畫在他人的幫助下將有大幅的進展。

◆ **考運**：一個人的讀書效率已達到瓶頸，多跟友人一起研討，從中習得好的讀書方式、彼此分享讀書經驗，他們就是你課業上無可替代的貴人。

◆ **人際**：曲高和寡是你目前的心境，你忽略了其實朋友才是真正的助力，沒有人可以獨立辦成一件事，有朋友的支持，才能邁向成功。

◆ **訴訟**：要懂得退一步海闊天空的道理，如果硬是跟對方直接起衝突，只會讓自己陷入困境中，懂得在適當的時機退讓，給對方也給自己一個重新思考的機會，心念的轉換才能讓你享有最終甜美的果實。

◆ **遷居**：執意去做會使你踏上崎嶇難行的道路，此時應先將計畫擱置一旁，從頭反省你的動機與目的，確認清楚目標後，或許你會有不同的發現。

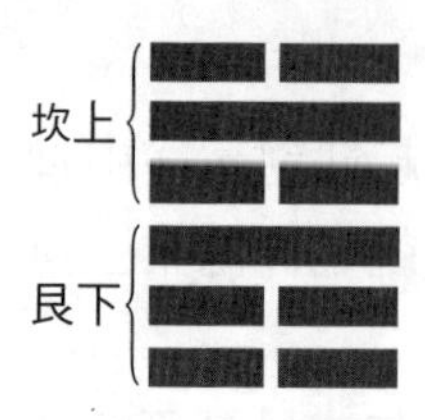

蹇卦 卦理

「蹇」卦，音「簡」，隨著睽卦出現，蹇、屯、困卦都有「難」之意，但在含意上稍有不同，蹇是前方有危險而無法繼續前進。《序卦》說：「睽者，乖也。乖必有難，故受之以蹇。蹇者，難也。」家道衰敗後導致家人感情無法和睦。因乖異而必遭遇困難，所以蹇卦接在睽卦之後。《說文》：「蹇，跛也。」蹇，跛腳之意，因跛腳而無法順利前進，或因危險而停止行動，引申為事情窒礙難行。

〈彖傳〉說：「蹇，難也，險在前也。見險而能止，知矣哉！」卦象上坎下艮，坎為險，艮為山，看到危險就馬上停止，才是明智的抉擇。若有先見之明，在危險之前就應該知道要停止，並且修養生息，增加自己的實力，這就是蹇卦；若在危險發生、傷害造成後才知停止，這是後知後覺的表象，是蒙卦的象徵，所以蒙卦為下坎上艮。

〈象傳〉說：「山上有水，蹇。君子以反身修德。」面臨危險不慌不忙，知道要潛心修養，此為明哲保身之上策，意思與〈彖傳〉的「知矣哉」相同。換言之，蹇卦就是要人靜下心來淬鍊自己，才是有智慧、有才能的象徵。

卦辭：「利西南，不利東北；利見大人，貞吉。」患難且有困難，因坎艮位於東北方，故蹇卦為東北之卦，東北方將有困阻，西南方則較有利。若西南方有才德兼備或得高望重之人，就勇敢前去拜訪，應能得吉。

「蹇」卦六爻的爻辭：初六時前進會遇到阻礙，應知難而退，保守為上策，將有機會獲得更好的名聲；六二時因大環境不佳，盡心盡力，但仍然敗給時局，應思考如何克服環境的干擾，將傷害減至最低；九三和九二類似，往前行會有危險，就算再有能力，都會受到阻擋，最好以退守為上，和同道中人共事，方能得吉；六四意味著前進有難，應退守聯合忠心之人，方能有所成就，應發揮才能，認清形勢；在最艱困之時，親友都會來幫忙，堅守正道之人必能獲救且突破困境，此為九五之意；上六意指行動困難重重，且內部之人無法給予協助，若能求助外在力量，將有所獲。

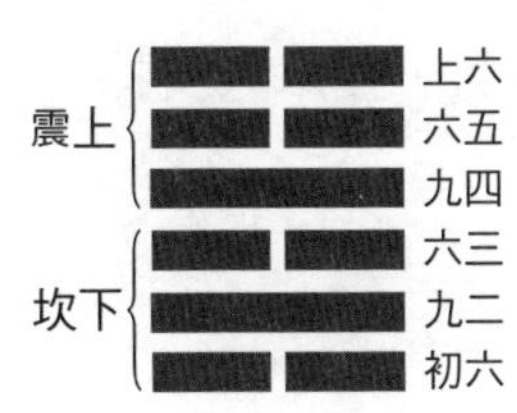

解卦

卦序▶40　錯卦▶風火家人
卦數▶10　綜卦▶水山蹇
卦向▶東南　互卦▶水火既濟

解，从刀判牛角，打開、鬆脫之意。繼蹇卦之艱難險阻、難以向前，解卦則略有緩解，猶如人生不會永處低谷，入谷之極底，則有上升。

長久的努力，會在某一刻開花結果。2013年諾貝爾文學獎得主愛麗斯．孟洛，年輕時便擁有成為作家的夢想。但20歲踏入婚姻後，接連生了四個女兒，每天為了生活瑣事忙碌不已。她拚命找時間寫作，早上6點就必須起床，卻總是筆耕到凌晨一點。婚後17年，終於出版第一本書，結果獲得加拿大當時地位最高的文學獎——總督獎。而後打響名號，成為暢銷書作家，可謂苦盡甘來。

卦辭

【卦辭】利西南，無所往，其來復吉。有攸往，夙吉。

攸，「所」之意。夙，早晨，在此是「提早」、「提前」之意。利於西南方，沒有前往，歸來吉祥。有所往，提前則獲吉祥。

〈彖〉「解，險以動，動而免乎險，解。解利西南，往得眾也。其來復吉，乃得中也。有攸往夙吉，往有功也。天地解，而雷雨作，雷雨作，而百果草木皆甲坼，解之時義大矣哉！」坼，音「撤」，裂開、綻放之意。解卦象徵在險阻中行動，因為行動而能免於險難，這就是解卦之義。解卦利於西南方，前往可得眾人之助。返回獲吉祥，因為持守中道。提早前往可致吉祥，是因為前往則有功勞。天地打開，則雷聲響起，大雨落下，如此則花果草木皆新生，綻放幼芽，解卦的時勢意義實在大啊！

〈象〉「雷雨作，解。君子以赦過宥罪。」雷雨交加為解之卦象。君子從卦中獲得啟示，赦免有過失之人，原諒犯罪之事。

向西南方提前規劃行動，於動中超越險阻。應和時勢，獲眾人支持，再向前邁行，可獲吉祥。

【初六】無咎。

咎，災禍之意。沒有災難。

〈象〉「剛柔之際，義無咎也。」剛柔相濟，合乎道義故沒有災難。

初六柔爻，上應九四剛爻，陰柔在下，剛強於上，故無災難。縱有遇險，行事合乎道義，可以解脫災禍。

【九二】田獲三狐，得黃矢，貞吉。

矢，「箭」之意。田中捕獲三隻狐狸，得到黃色的箭，守正道吉祥。

〈象〉「九二貞吉，得中道也。」九二爻守正道吉祥，因為處於中正之道。

九二上應六五，又得初六、六三調和，維持中庸之道，即可平安無虞。行事安穩、得眾人之心，則萬事順遂。

【六三】負且乘，致寇至，貞吝。

吝，憾恨之意。背負債務的窮人卻乘坐富翁的車子，導致強盜來襲，守正道卻有憾恨。

〈象〉「負且乘，亦可丑也，自我致戎，又誰咎也。」窮人乘坐富人的車子，是一件不當的事，自己招來盜寇，又能怪誰！

六三乘九二陽剛，又欲攀附九四，如窮人詐裝為富人，無能卻佯裝有實力者。名實不符，將被揭穿，導致攻擊。

【九四】解而拇，朋至斯孚。

拇，手和腳的大指。斯，「此」也。孚，誠信之意。解開大拇指的束縛，朋友來到此地，才可相信。

〈象〉「解而拇，未當位也。」要解開大拇指的束縛，是因為並未在適當的位置。

九四剛爻居偶，不得其位，故受縛。然六三、六五與之相合，故朋友前來，可解足患，並獲致信賴。

【六五】君子維有解，吉；有孚于小人。

維，繫、拴之意，或為繫物的粗繩子。君子解除了困境，吉祥；以誠信感化小人。

〈象〉「君子有解，小人退也。」君子得到解脫，小人勢力消退。

六五柔爻位尊，下應九二，若依賴小人，將受到圍困，如綁緊的繩子無法解套。唯近賢臣、遠小人，便可從困境中解圍；其施以誠信的作為，可令小人知難而退。

【上六】公用射隼，於高墉之上，獲之，無不利。

隼，音同「準」，鳥綱鷙鷹目，亦稱「鶻鴒」。墉，高牆。王公在高牆上張弓射大鷹，射中了，沒有不利的。

〈象〉「公用射隼，以解悖也。」悖，違反、衝突之意。王公張弓射鷹，是為了除去謀反者。

上六居解卦之頂，居高臨下，剷除作亂者，事無不利，並能解除所有困境。

易學筆記

解出坎險圖

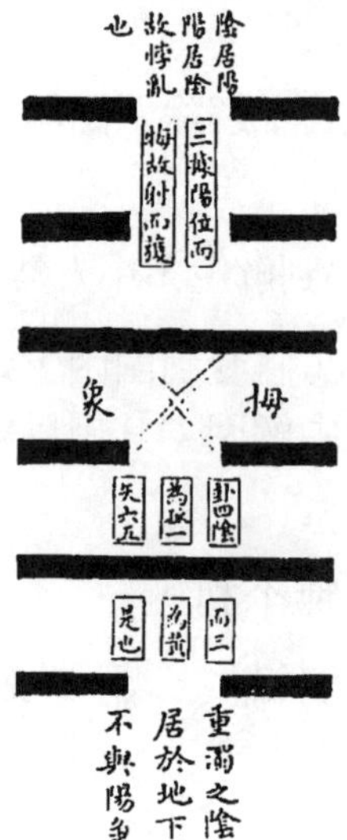

上卦為震為雷，下卦為坎為水。雷聲鎮於上天，雨露降於世間，大地生氣勃勃，旱象解除。為政以柔，舒緩緊張，可獲吉利。

卦義

237【初六】無咎。

◆ **事業**：縱使工作上遭遇問題，只要及早發現問題的根源，盡早將其解決，狀況就能得到抒解，持續努力的話，就不會造成過大的災害。

◆ **創業**：目前遭遇的困境可望獲得抒解，只要問題發生時能及時察覺，與員工齊心合力克服難關，就能避免使自己陷入無可挽回的局勢。

◆ **錢財**：金錢上開始入不敷出，這是提醒自己該留意金錢流向的警訊，將這警訊當成自己重要的課題，找出解決方法，不要重蹈覆轍，就能遠離災難。

◆ **愛情**：許多問題陸續浮現，讓兩人關係面臨瓶頸，若想繼續維持這段感情，就需真心付出，讓對方感受到你的心意，方可免除不必要的風波。

◆ **婚姻**：生活上的瑣事讓雙方爭執不斷，只要有心解決，放下自己的固執與偏見，雙方各退讓一步，爭執的狀況將能獲得舒緩，氣氛也能更為融洽。

◆ **子女**：教育子女的態度應該有所調整，避免以強硬的方式讓對方屈服，而是以站在同等的立場替對方考量，就能避免雙方的嫌隙擴大，讓親子關係得以改善。

◆ **健康**：因為承受許多外來的壓力，讓你的身體發出不適的訊號，懂得適度排解壓力，就能化解緊繃的神經，進而喚回自己的健康。

◆ **旅遊**：適合前往西南方位人口眾多的地方旅行，遇到的問題將迎刃而解。如果朝其他方向，只要行事合宜，不逾越正道，就能遠離災厄。

◆ **考運**：勤於發問，並懂得跟同學請益，你所面臨的疑惑將獲得解決，考試下筆時也能自信堅定，不容易犯錯。

◆ **人際**：與朋友因誤會而發生爭執的狀況，有機會重修舊好。只要你願意，主動示好的心情將能傳達給對方，軟化彼此的對立與衝突，友誼將失而復得。

◆ **訴訟**：面臨纏繞著你的風暴漩渦可望有離去的一天，有獲得與對方和解的機會，把握這個良機，積極展現和解的誠意，你渴望的寧靜將得以挽回。

◆ **遷居**：總是處於不順利的狀態將有所突破，需要調整目前的心態，一味等待別人的援助無法有所進展，唯有靠自己努力與奮戰，才能品嘗期待已久的果實。

◆ **尋人**：向西南方前進，必有所獲。

238【九二】田獲三狐，得黃矢，貞吉。

◆ **事業**：投機取巧或逢迎而來的好處不能長久，唯有秉持中正之道行事，才能發現潛藏四周的危機，使凶險及時得以化解，工作上將能一帆風順。

◆ **創業**：面臨困境也要臨危不亂，切勿因此失了方寸與原本創業的理想與原則，堅守做事的道理，就能看見希望，從漆黑的道路邁向光明。

◆ **錢財**：現在正面臨經濟上的拮据，讓你萌發以投機方式快速得利的念頭，這樣做無法真正解決問題，雖然困難，但腳踏實地的態度才是幫你度過危機的最佳做法。

◆ **愛情**：感情之路不如預期那樣順遂，總會出現絆腳石擋住你或對方，使你們難以前行，不要急躁，讓感情順其自然地發展，或許在這過程中，雙方可以協調出適合彼此的相處模式，使戀情順利發展。

◆ **婚姻**：長久以來橫亙在彼此間的芥蒂有機會得以消除，只要下定決心去面對問題，必能一同找出解決之道，進而讓雙方關係更為穩固。

◆ **子女**：產生裂縫的親子關係可望得到修補，只要重新調整與子女間的相處模式，必能發現造成雙方疏遠的關鍵與彌補方式，是重獲良好親子關係的時機。

◆ **健康**：小病痛一直纏著你，如果只知道用頭痛醫頭、腳痛醫腳的方式來處理身體發出的訊號，真正的根源永遠無法移除。最好的方式是去做個全身檢查，查出正確的病因，對症下藥，有利於你的健康管理。

◆ **旅遊**：所謂「禍福相依」，旅程中出現的波瀾與阻礙只是在提醒你處事態度需要調整，如果希望接下的過程能平順進行，跟夥伴的相處與應對的方式，都是你要加強的方向。

◆ **考運**：自滿讓你忽略了小細節，粗心讓你的成績不見起色，應盡快改除這兩項致命的缺點，就能得到意想不到的甘美成果。

◆ **人際**：快反省自己的個性是否是造成朋友遠離的原因，如果是自己的緣故，此時或許是你重新出發的好時機，檢討你的缺點並加以改善，人際關係將能大幅提升。

◆ **訴訟**：不得不為之的官司有機會得以解套，蟄伏的禍患能夠被剷除，並獲得有利自己的證據。

◆ **遷居**：雖有波折，只要秉持決心毅力，跟周遭鄰居努力打好關係，不但能跨越障礙，還能得到有益的幫助。

239【六三】**負且乘，致寇至，貞吝。**

◆ **事業**：不按自己的本分去做應做的事，沒有認清自己的能力界限，去做了跟自己能力不相當的工作，只會招致失誤，引起別人的責難。需戒慎小心。

◆ **創業**：不衡量自身的條件，訂定過高的目標，最終將導致失敗，使你失去員工與合作廠商的向心力，需謹慎評估，切勿好高騖遠，才能防止遺憾發生。

◆ **錢財**：手頭已臨拮据的你，還是持續以往的奢侈浪費習慣，恐將引來居心不良的小人覬覦，讓情況更加惡化，在財務方面不可不謹慎。

◆ **愛情**：在情人面前過度地吹噓與誇大，只會招致負面的評價，糾正自己的心態，展露自己最自然的一面，才能避免對你有意思的異性離你遠去。

◆婚姻：你的自尊與無謂的堅持是破壞雙方感情的致命傷，放下你那過度膨脹的自信與權威，唯有恢復正常的夫妻相處之道，才是白頭偕老的關鍵。

◆子女：自以為正確的教育方式，其實是破壞親子關係的殺手，陳腐守舊的觀念只會成為妨礙你跟孩子們溝通的屏障，找出適合彼此的相處模式，除了能讓雙方關係更為緊密，也能讓自己有所成長。

◆健康：健康的身體是讓你持續打拼的本錢，如果不好好維護，只將過錯推給外在的環境、壓力與現實，背離正確的保健觀念，只會對你百害而無一利。

◆旅遊：不需要刻意勉強自己遠行，有時候只要跟三五好友相聚聊天，也能獲得遠遊的愉快。

◆考運：遇見不甚了解的地方，應多多向有能力的人請益，盡可能學習對方的長處，改善自己的缺失，如果只懂得閉門造車，成效必定不彰，只會離自己的目標愈來愈遠。

◆人際：愈想加以掩蓋的真實面貌愈有可能會被察覺，你正處於這種狀態，朋友願意接納真實的你，向他們坦承你的優缺，才是讓友情得以持續的關鍵。

◆訴訟：你的言行引發了風波，讓對方有機可乘，此時最好重新檢視自己的行為是否端正合宜，切勿再做出讓自己成為他人攻擊目標的行為。

◆遷居：意圖負擔超出自己能力範圍的物件，替你引來了別有企圖的小人，使自己成為他們覬覦的目標。行為須固守正道，才能免於災厄。

240【九四】解而拇，朋至斯孚。

◆事業：工作受到小人牽連，無法獲得進展，唯有先將身旁扯你後腿的人事物都消除後，貴人與朋友才會聚集到你周遭，為你帶來好運。

◆創業：要懂得分辨是非善惡，對於身旁那些逢迎諂媚的人要多加留意，提防他們的建議，親近那些真心為公司付出的員工，才能創造最佳的利益。

◆ **錢財**：身旁出現一些幫你投資理財的聲音，你需要仔細辨別這些聲音的好壞，察覺裡面的真相，遠離會讓你破財的建議，採用正確的規劃，才能讓你的財運提升。

◆ **愛情**：圍繞你的異性有可能對你別有所圖，並非真心與你交往，在深入交往之前，最好能先了解對方的為人，如此一來，真正好的對象才有可能浮現。

◆ **婚姻**：周遭的閒言閒語影響了你們夫妻間的感情，愈是理會愈讓裂痕加深，如果無法置之不理這些傳言，就應跟另一半好好溝通，攜手突破心魔，支持你們的貴人也會出現，幫助你們度過難關。

◆ **子女**：你經常將自己覺得正確的觀點強加於孩子身上，強迫他們配合你，只會讓親子關係漸行漸遠，此時你該聽聽不同的意見，改變自己頑固的想法，不要再拘泥於傳統的教育模式，親友們也會樂意給你協助。

◆ **健康**：身體常出現小病痛，如影隨形地跟著你，讓你不勝困擾，這些小毛病如果能及時根治，生理和心理上的健康狀態都能大幅提升。

◆ **旅遊**：雖然一直受到阻礙，只要能辨別誰是處處阻擾你前進的人，並保持適當的距離，阻滯的狀況將獲得改善，也能得到有力的幫助。

◆ **考運**：出現讓你分心的狀況，尤其朋友的邀約讓你難以抗拒，遠離這些讓你分心的成因，跟志同道合的同伴一起學習，有助於提升你的運勢。

◆ **人際**：背後有人在說你的壞話，妨礙你人際上的拓展，如果繼續放任對方的造謠，終將失去獲得良好友誼的機會，要從現在開始遠離這些小人，讓值得信賴的人有機會到你身旁，才有機會突破人際困境。

◆ **訴訟**：你現在處於小人環伺、被災厄包圍的處境，只有做出正確的判斷，果斷地遠離這些障礙，才能脫離目前的困境，獲得真正的幫助。

◆ 遷居：計畫總是被迫暫停，原因在於你錯信他人的意見，別人有可能幫倒忙，倒不如由你親身去執行，等適當的時機一到，就會有貴人幫你一把。

241【六五】君子維有解，吉；有孚于小人。

◆ 事業：你所面臨的危機有機會解除，障礙有可能跨越，你有了解決危機與困境的方法，成功化解的話，那些想拖累你的人也會因此知難而退，不再處處妨礙你。

◆ 創業：原本束縛你發展的因素出現可以克服的突破口，只要善用這些機會，你將能找出扭轉目前局勢的優勢，最終一一擊敗你的敵手。

◆ 錢財：你的經濟壓力得以舒緩，之前的付出將會陸續回報於你，只要將你的資本運用在正確的地方上，就不怕遭到他人的覬覦與竊取。

◆ 愛情：跟異性的相處從一開始的停滯到現在有了積極的發展，適度地展現你的君子之風與品德，讓對方對你有更進一步的好感，原本阻礙你的人也將無從挑撥。

◆ 婚姻：封固的狀態有了破冰的契機，讓兩人感情回溫的機會即將降臨，快把握這個良機，主動搭起互動的橋梁，原本不看好你們的聲音將嘎然而止。

◆ 子女：親子關係可望得到改善，這將是難得的好機會，快運用你目前的絕佳狀態拉近與子女間的距離，所有阻擋在你們前面的障礙都能被克服。

◆ 健康：不妨偶爾跳脫平時的生活模式，改而去做些減壓的活動，那些擾人的毛病就能乖乖遠離你。

◆ 旅遊：突然的靈光一閃讓你想出了解決方案，讓原本前途未明的道路上展露出一道曙光，問題將迎刃而解，而製造麻煩的人也將適可而止，不再扯你後腿。

◆ 考運：原本成績處於不進不退的死胡同中，使你感到焦慮不安，如果能改變學習的習慣，改進自己的弱點，可望獲得更佳的成績。

◆ **人際**：人緣有點薄弱的你最近有能獲得高人氣的機會，但機會是掌握在你手上，運用得當就能拓展人脈，同時也能消弭對你有負面看法的聲音。

◆ **訴訟**：一度受阻的官司出現了轉機，只要以剛正耿直的態度來處理雙方的衝突，不用耍小手段也能讓對方知難而退，從而轉禍為福。

◆ **遷居**：剛開始面臨新環境使你有些格格不入的感覺，但逐漸熟悉環境的你已能融入當地的生活，也有機會跟鄰居互動，產生良好的循環。

242【上六】公用射隼，于高墉之上，獲之，無不利。

◆ **事業**：雖然工作上遭遇到阻礙，只要能找出問題的根源，主動並迅速地解決癥結所在，就能正中目標，完美克服阻擋在前的阻礙，做事當無往不利。

◆ **創業**：事業上遭逢變數，使你身陷險境，只要抓準對的時機，明快俐落地斬除所有不利於你的因素，你的大刀闊斧將為事業帶來新氣象。

◆ **錢財**：你所面臨金錢上的窘迫將得以紓困，只要行事果斷，毅然與那些誘惑你揮霍的因素切割，你所得到的結果必是正面且光明。

◆ **愛情**：一直無法與對方心意相通的你，有了可以破除現狀的機會。安排對你有利的局勢，拉攏對方身邊的好友，主動出擊，你會得到你所希冀的成果。

◆ **婚姻**：因時間關係讓雙方感情漸漸變淡，處於疲乏的狀態，占得此卦意味著事情有所轉機，只要能掌握時機，多主動跟另一半溝通與互動，你們之間的感情將能有效回溫。

◆ **子女**：雙方長期處於低互動的狀態，導致親子關係漸行漸遠，此時正是你主動破冰的好機會，不要讓問題繼續蔓延擴散，儘快補正你與孩子的關係，效果將出乎你所意料。

◆ **健康**：纏著你一段時間的小病痛該是正視並解決它的時候了，只要能知道造成你病痛的根源，並且對症下藥，不再拖延，就能永保健康。

- **旅遊**：只要在問題快要發生前加以抑制，不讓其有發芽生根的機會，前方的旅程將能一帆風順，毫無險阻。
- **考運**：事前的預習與演練能幫你跨越目前的困阻，針對自己較弱的一環盡力補足，就能在考試之路過關斬將。
- **人際**：跟朋友產生的衝突可望解除，若能讓自己心平氣和地釐清衝突的起源，除了能化解不必要的危機，更能讓彼此的友誼更為長久。
- **訴訟**：一籌莫展的訴訟將有曙光初露，快把握良機，找出對方的弱點並加以有效利用，勝利女神終會對你展露微笑。
- **遷居**：過程波折起伏的計畫有了轉機，你會發現問題所在，只要好好使問題得以根除，目標將離你愈來愈近。

解卦 卦理

「解」卦，音「姐」，或音「謝」，有解除、化解危險之意。緊接在蹇卦之後，兩卦為相綜的一對卦，《卦序》：「物不可以終難，故受之以解。解者，緩也。」兩卦為面對危險時的兩種反應，蹇卦能夠有先見之明，知有危險而停止並面對，此為智者之行為；解卦是危險來臨時，不但不閃躲、退縮，反而勇敢積極的面對並盡力化解，此為勇者之表現。

〈象〉曰：「雷雨作，解。君子以赦過宥罪。」卦象上震雷，下坎雨，雷雨並作，君子可以赦免過錯，寬恕有罪之人。所以另一個含意「罪刑受到免除」，也就是說犯錯者卜得解卦，也許有機會獲得原諒或赦免。〈彖傳〉說：「解，險以動，動而免乎險，解。」人處於危險中，能夠積極主動，也因為主動積極面對，才有辦法化解危難。所以解卦說的是積極主動才能夠逢凶化吉，換言之，凡事只要主動積極面對，盡心盡力去處理，將能夠化險為夷。

「利西南，無所往，其來復吉。有攸往，夙吉。」解卦利西南，若往西南方尋求貴人相助，那必定能如願，若無計畫前去，則必須趕緊回來，或是有要前往，則應當立刻出發，切莫耽擱，如此，必能得吉。解卦的吉，就是表現在積極主動的態度，面對任何問題都要抱持著毫不遲疑、絕不耽擱、立刻解決的心態。

「解」卦六爻的爻辭：初六時為危險剛解除，所以沒有罪責，應該要靜心調養，潛心修養，才能有能力對抗將來的未知數；九二時意味著要解除困難或是要除去奸巧之人，必須要秉持中庸之道，為了伸張正義，以正當的方法來克服，才能夠得吉；六三時表示坐上和自己身分地位不相當的車輛，招來強盜，到底是誰的過錯，就算想要堅守正道，仍然難以避免責難，也就是想要化解危難，必須要名正言順才行；九四時表示，解決事情需要對症下藥，最好有朋友可以相助，斬草要除根，這樣才能得到信任；君子將能夠化險為夷，逆境求生，並且將小人繩之以法，此為六五之象，故為吉；上六表示君子在面對小人，必須要伺機而動，不可輕舉妄動，且要做足準備，如此必能無往不利。

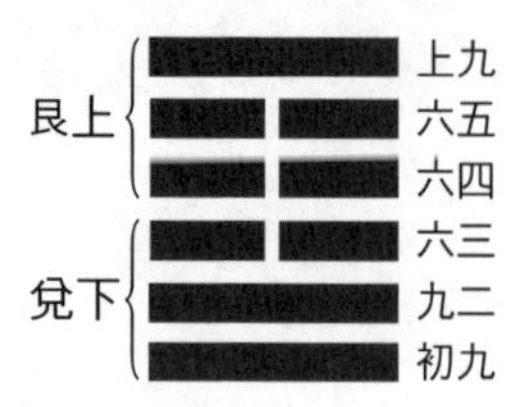

損卦

卦序▶41 錯卦▶澤山咸
卦數▶35 綜卦▶風雷益
卦向▶東北 互卦▶地雷復

卦揭

損，減也，从手員聲。繼解卦之舒緩危機，後續則開啟減損之始，猶如親人自醫院歸來，原先對於病情的憂慮與緊張已解除，後續卻要面對醫療帳單、恢復（或復健）的現實壓力。「損」之起始，「益」乃消退；然「損」至極致，「益」乃茲長。

《大亨小傳》作者費茲傑羅年少得意，經濟上開始拮据時，出一本書便能抒解窘境，並大幅獲益。極高的投資報酬卻使夫妻倆沉溺於享樂之中，日夜揮霍，導致費茲傑羅的精神與健康狀態急轉直下，晚年陷入危機。

卦辭

【卦辭】有孚，元吉，無咎，可貞，利有攸往？曷之用，二簋可用享。

孚，誠信。咎，災禍。貞，行正道、守正道。攸，「所」之意。曷，同「何」。簋，音同「軌」，祭祀用的器皿。有誠信，大吉利，沒有過失，可守正道，前往有利益。怎麼做？用兩簋來祭祀先祖神明。

〈彖〉「損，損下益上，其道上行。損而有孚，元吉，無咎，可貞，利有攸往。曷之用？二簋可用享；二簋應有時。損剛益柔有時，損益盈虛，與時偕行。」損卦是減損下卦的陽剛、增益上卦的陰柔（由泰卦變化而來），陽剛之道上升。減損而心懷誠信，則大吉利，沒有過失，可守正道，前進有利益。怎麼做？用兩簋來祭祀即可。減損陽剛、增益陰柔需符合時宜，事物的減損、增益、盈滿、虧虛都要合於時宜。

〈象〉「山下有澤，損。君子以懲忿窒欲。」窒，阻塞之意。山下有水澤，即是損卦。君子從中得到啟示，克制憤怒，約束慾望。

以誠信待人、堅守正道，可無過失，前方皆有利益在等待。雖因減損，只能簡單的供品祭祀祖先，合時宜則可吉祥。

【初九】已事遄往，無咎，酌損之。

遄，音「船」，急速。酌，斟酒、飲酒。事情結束後儘速離去，沒有過失，只是少喝了點酒而已。

〈象〉「已事遄往，尚合志也。」事情結束儘速離去，尚且符合心志。

初九當正，上應六四。為相助友人，暫且放下手邊工作前往，事畢疾離，因為不是為了報酬（飲酒），而是為了友誼而去。

【九二】利貞，征凶，弗損益之。

利於正當之道，不受損失也沒有益處。急於求進將會有凶險，保持中庸之道即可。

〈象〉「九二利貞，中以為志也。」利於正道時，是以中庸為心願之所。

九二上應六五，所以有不安於現狀之現象，急著求進將可能帶來凶險，為了保持自身，秉持中庸之道，就可漸漸得益。

【六三】三人行，則損一人；一人行，則得其友。

三個人同行就會減少一個人，一個人獨行，則反而會認識新的朋友。

〈象〉「一人行，三則疑也。」一個人行走會得到朋友，是因為三個人相處在一起就會產生猜忌之心。

六三爻象若只專應上九爻象，則會得到朋友。但如果三人同行的話，則會引來猜疑，也就是說人性的弱點也可能帶來損失。

【六四】損其疾，使遄有喜，無咎。

減輕疾病痛苦，使疾病快速的好轉，沒有不好的事情產生。

〈象〉「損其疾，亦可喜也。」減輕疾病的痛苦，這也是一件可賀可喜的事情。

六四柔正的接位，這個變動能夠減輕疾病和痛苦，另外，快速的接納初九的陽剛，更是強盛的開始。

【六五】或益之十朋之龜，弗克違，元吉。

弗克違，不用拒絕。朋，古代以貝殼為貨幣，兩貝為一朋。有人送給你價值連城的寶龜，不要拒絕，這是大吉之物。

〈象〉「六五元吉，自上祐也。」六五爻象的大吉祥，是來自於上九爻的保佑。

寶龜是權力的象徵，有人送給你尊貴的權力，不用拒絕，只要正確行使權力，便會大吉大利。

【上九】弗損益之，無咎，貞吉，利有攸往，得臣無家。

得臣無家，指得到官位後因忙碌而失去在家的時間。沒有損害而是得到了益處，沒有災難，是吉祥的徵兆；適當的前往，則是有利的，得到官位後則會因忙碌而失去在家的時間。

〈象〉「弗損益之，大得志也。」沒有損失，而是有所收益，是志向可以好好得到施展。

損己利人，在上位者讓下面的人得到益處，這樣才可以讓更多臣子擁戴，當然也因此而吉祥。

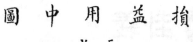

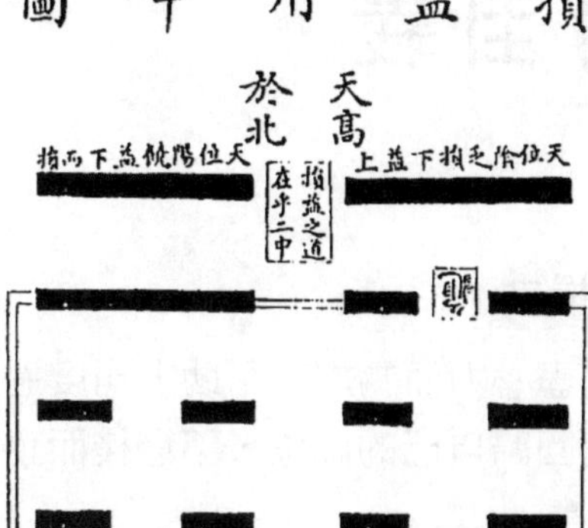

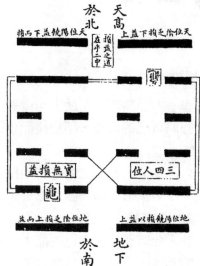

上卦為艮為山，下卦為總為澤，減損之時，只要心存誠信，就會得到吉祥，只要守持正道，就可以得到益處。

損卦 卦義

243【初九】已事遄往，無咎，酌損之。

- 事業：上司有事相求，理當竭盡心力而為之，幫助上司度過難關，等到事成之後就要盡速回歸自己的崗位，不戀棧而企圖獲取回報，才是利己利人之舉。
- 創業：遇到需要幫助的人，在自己的能力範圍之內適時地拉對方一把，幫助對方脫離困境，不要求取報償，雖然損失了一些時間成本，但整體而言仍對自己無害。
- 錢財：會有人前來跟你要求幫助，此時要衡量自己的能力，量力而為，不僅能達到幫助人的美意，自己也不會落得進退維谷的境界。
- 愛情：喜歡的對象遭遇麻煩，要懂得體貼與理解，並真心提供對方幫助，等到對方順利解決問題後，就要退回原有的位置，保留適當的距離與空間，方能有發展下一步的可能。
- 婚姻：對於另一半的要求，盡量以睜一隻眼閉一隻眼的態度來面對，切勿斤斤計較，對方也會觀察而後改進，最終你並不會有所損失。
- 子女：子女在課業或人際關係上遭到挫折，正等著你出手提點，以關懷的角度扶助孩子，讓他們學著自行克服，即便事件落幕，也不要過度插手，妨礙孩子獨立與成長，才能打造雙贏局面。
- 健康：當身體發出警訊，就該面對並諮詢專業醫師的意見，如此一來，除了花費些許心神，不會招致任何更大的災厄。
- 旅遊：同行的友人發生困難，只要能力所及，就該前去幫忙，不要跟對方計較得失，因為看似損失的部分，在之後都會有更大的回報。

◆ **考運**：同學課業上有疑惑，導致學業成績不盡理想，指導對方課業，直到對方解除疑惑，你所損失的不過是些許的讀書時間，對你的成績沒有大礙。

◆ **人際**：朋友有難，你的幫忙就像一場及時雨，讓旱地逢甘霖，雖然沒有獲得實質的回報，但讓你得到了更深的情誼。

◆ **訴訟**：為熟人兩肋插刀，雖然讓你也遭受到波及，蒙受精神的損失，然而這些打擊卻不及熟人感恩的心情。

◆ **遷居**：過程中產生了一些摩擦，讓你的心情受到影響，但真心誠意地付出與不求回報的心情，讓你順利到達目的地。

◆ **尋人**：往東北方前往，必有所獲。

244【九二】利貞，征凶，弗損益之。

◆ **事業**：「吃快弄破碗」是你目前的寫照，最近宜安守分內之事，不要逾越本分，做出超越自身位階的行為，才能不受損害，轉而漸入佳境。

◆ **創業**：目前行事不宜躁進莽撞，要看清環境時勢，謹慎小心地經營自己的品牌，並順勢強固自身的實力，終能穩健而順利地朝目標前進。

◆ **錢財**：想投資的念頭一直在內心蠢蠢欲動，但目前最好清楚知道自己的理財手段是否得宜恰當，唯有合乎正當，小心一時的衝動投資，才能避免造成莫大的損失。

◆ **愛情**：想要獲取異性青睞要先從充實自我內在做起，一步步累積內在實力，無須耗費不必要的精神氣力，像無頭蒼蠅一般到處亂飛，毫無頭緒，亦無斬獲。

◆ **婚姻**：做自己最為實在，為了迎合另一半而強顏歡笑，反倒得不到對方的認同，只有展現自己最自然真誠的一面，方能彼此心意相通，感情長久。

◆ **子女**：對於子女面對的挫折，不要過於干涉，讓他們學習在挫折中成長，適時地在正確的時間給予建議，讓對方感受到你與他們同在，卻又沒有過多的壓力。

◆ **健康**：目前處於有點精神緊繃的狀態，容易使健康受到心理因素影響，該放下心讓自己到處走走，接觸大自然，如此一來，緊繃的情緒將得以舒緩。

- **旅遊**：宜按既定計畫一步一步穩健邁出，若過於心急，亟欲往前衝的後果會招來凶險，讓旅程風波不斷，屆時蒙受損失的還是自己本身。
- **考運**：唯有按照自己的步調逐步學習，才能有效地將學問完整吸收，切勿因一時課業上的落後而亂了步調，緩慢累積實力，學習成效將能顯現。
- **人際**：現在平穩的狀態讓你感到無聊，有想要打破現狀的衝動，但這魯莽的行為會破壞目前的平衡，讓你陷入危機，行動之前最好三思。
- **訴訟**：目前的局勢不好不壞，只要你持守正道，不做非分之舉，情勢將轉而對你有利。
- **遷居**：目前的居所並非你所想的那樣糟糕，只要平心靜氣看待，不因一時的衝動而搬遷，才能避免因躁動妄進而引發更多麻煩，使自己後悔莫及。

245【六三】三人行，則損一人；一人行，則得其友。

- **事業**：想依賴同事或屬下來幫你完成工作，以減輕負擔，實為不明智之舉，目前多人的合作會產生猜疑，反而讓工作進度更為拖累，適得其反。
- **創業**：適合獨立創業，此時不適合找人一起合夥經營，容易跟對方發生爭執。碰到經營方面的問題時，先試著靠自己的力量去解決，培養對未來的危機處理能力。
- **錢財**：與人合資一起投資理財，會因為彼此意見分歧而容易滋生問題，導致虧損收場。獨立作業是你目前最好的選擇，如此才能避禍得福，避免不必要的問題產生。
- **愛情**：周旋在複數的異性當中，並非是齊人之福，複雜的感情關係最後只會讓你失去真正的愛情，落得一無所有的境遇。專一的態度才是擁有持久感情的不二法則。
- **婚姻**：婚姻關係的維持要靠你與另一半同心努力才能長久經營，若一味聽從專家的建議、親友的意見，最終只會對婚姻造成傷害，引發彼此猜忌的心理。

◆ **子女**：不要透過第三者來試圖改善親子關係，你的孩子就該由你來指導與教養，即便一開始可能會產生你亟欲避免的摩擦與衝突，但當衝突化解，這將成為滋潤你們之間感情的養分。

◆ **健康**：自己的健康要靠自己來維持，別人的養生觀念不一定適合你，也不需要病急就亂投醫，到處道聽塗說，過多的意見只會混淆你的思緒，無法帶給你有益的幫助。

◆ **旅遊**：倘若你有遠遊的計畫，最好安排一個人的行程，不要找情人、朋友或是同事一同旅行，當前情勢容易產生口角或紛爭，影響你遠遊的興致。

◆ **考運**：希望與志同道合的同伴組成小組的讀書會，一起念書，但這共同激勵彼此的如意算盤可是打錯了，你所待的團隊，不會帶給你課業上的助益，反而會因彼此的勾心鬥角而失去初衷。

◆ **人際**：經常跟三五好友在一起行動的你，這時容易跟對方發生爭執，最好能暫時保持一段距離，讓自己回歸獨處時的平靜，也才能產生不同的新視野。

◆ **訴訟**：太多他人的意見只會造成你判斷上的困擾，先試著靠自己的力量找出解決的辦法，或許就能從這些聲音中找到致勝的重要關鍵。

◆ **遷居**：如果你目前有遷移的計畫，不要透過他人來幫你搬家，如此只會引發不必要的爭論，讓你遭受一肚子的氣。

246【六四】損其疾，使遄有喜，無咎。

◆ **事業**：工作上遇到麻煩時，要找出根源加以解決，如果是自己的問題就要面對與克服，才能扭轉形勢，遠離災厄。

◆ **創業**：創業路上遇到瓶頸時，思考該如何解決讓你煩心憂慮的因素，若能使崎嶇狀態趨於平緩，就能避免犯錯，得到好處。

◆ **錢財**：你的理財方式有瑕疵，容易流失金錢。盡快改善你的問題，就能避免錢財繼續流失的窘境。

◆**愛情**：你之所以沒有桃花運，是因為你本身的態度出了問題，只要了解這一點並加以改善，增加與異性的互動，接納彼此的想法與差異，自然不需憂愁緣分不到。

◆**婚姻**：婚姻關係拉警報，該注意的是你看待婚姻的態度已經不同以往，讓兩人的關係開始出現裂痕，你要虛心檢討，反省自己，向對方承認自己輕忽的態度，如此一來，婚姻之路方能走得長久。

◆**子女**：你的孩子也許並不完美，但你也並非是完美的父母，不要再執著於為人父母者教育小孩的傳統觀念，孩子也是你的老師，雙方彼此學習與成長，也是一件值得慶祝之事。

◆**健康**：你的健康管理缺乏危機意識，導致身體常常發出抗議的警訊，解決之道就是要盡速調整你自己的心態，提高對身體狀況的關注，有問題即刻解決，健康方能持久。

◆**旅遊**：這次的旅程順利與否取決在你，若能承認自己的不足，虛心向同行的友人請益，便能消除不必要的風波，避免突發狀況產生而孤立無援。

◆**考運**：課業成績一直未見起色，問題出在你的讀書方式，可以觀察其他同學的學習模式，或是多跟他人討教請益，就能獲得啟發，避免學習效率不彰的惡性循環。

◆**人際**：你所散發出的壓力逐漸影響身旁的人，使你的人際關係變得薄弱，如果能及時察覺出根本的問題，進而改善與人的互動，人際關係便能好轉。

◆**訴訟**：懂得反省自己，發覺自身的弱點，並加以補強調整，就能改善目前受挫的局面，就算不能立即脫離訴訟纏身的狀態，也不失為另一種收穫。

◆**遷居**：不要過於執著，學著聆聽他人的建議，懂得讓步，膠著的狀態就有可能解除，使搬遷順利。

247【六五】或益之十朋之龜，弗克違，元吉。

◆**事業**：因為你無私奉獻的精神，讓你在公司人氣扶搖直上，會受到許多人的幫助與支持，讓工作發展極為順利。

◆ **創業**：你先前的努力與堅持會受到注意，身旁的人也願意給你支援與協助，讓你在事業擴展上一帆風順，每一件事都能水到渠成。

◆ **錢財**：金錢運旺盛，會有人跟你分享賺錢的管道，或找你合作投資等，不要輕易拒絕，這是值得把握的絕佳機會。

◆ **愛情**：會有人介紹好對象給你，對方是非常適合你的對象，因此宜敞開心胸，兩人感情能發展順利。

◆ **婚姻**：多帶另一半出席親友所舉辦的聚會或場合，兩人的關係會變得更加甜蜜，婚姻更能持久。

◆ **子女**：親子關係良好，彼此間無話不談，沒有溝通障礙，互動頻繁，感情和樂。

◆ **健康**：健康狀況良好，沒有任何病痛，精神也保持在飽滿的狀態，整體運勢非常吉利。

◆ **旅遊**：旅行過程中，會受到許多貴人的幫助，讓旅程一帆風順，非常適合外出。

◆ **考運**：準備過程中，同學與老師都很樂意幫助你，讓你準備過程非常順利，考試運勢強盛。

◆ **人際**：因平日良善的為人處事，替你博得好人緣，常常受到大家的好意或幫忙，人際關係非常和諧融洽。

◆ **訴訟**：因為貴人出手相助，沒有訴訟官司纏身，即使遇見訴訟的情況，也能在沒有損失的情況下使一切回歸風平浪靜，無所牽連。

◆ **遷居**：得到朋友的協助，搬遷過程非常順利，新居地點與環境也非常良好，沒有任何的憂患。

248【上九】弗損益之，無咎，貞吉，利有攸往，得臣無家。

◆ **事業**：工作上沒有阻礙，只要不逾越自己應遵守的分際而努力做事，凡事都能無往不利，也會受到公司上下同仁的尊敬與支持。

◆ **創業**：目前可謂一帆風順，只要在基礎上做好自己該做的事，行事光明磊落，就不用擔心危機發生，不論同業或員工亦將全心信賴你。

- **錢財**：有賺錢的機運，只要不採用非法的手段，都能獲得回報，因你而得利的人也會對你心存感激。
- **愛情**：平日的形象深獲異性的青睞，讓你桃花不斷，無須刻意討好，呈現自然的一面，喜歡的人自然對你有好感，戀情得以順利發展。
- **婚姻**：夫妻感情融洽，即便過著平淡的生活，兩人關係依舊穩定而強韌，身旁的人也能感受到你們互動的良好氛圍，進而受到感召。
- **子女**：親子之間互動良好，關係健全，是會讓旁人羨慕的幸福親子關係。
- **健康**：健康狀態處於巔峰，不論生理或是心理上，都是前所未有的舒適與良好。
- **旅遊**：出門無須有任何擔憂，前方的道路一路平坦，毫無風雨，是趟能趁興享受的旅程。
- **考運**：平日一點一滴累積起來的實力已經充足地在你體內生根茁壯，成了你應試的利器，因而可望金榜題名。
- **人際**：不用刻意經營，就會有人親近你並受你吸引，即使短暫遇見人際上的阻礙，也能在短時間內獲得抒解。
- **訴訟**：不會遭遇訴訟的無妄之災。若是目前處於官司之中，卜得此卦者，可望能順利落幕。
- **遷居**：目前可行遷居事宜，不會有任何災難發生，過程中將沒有波瀾與阻礙。

損卦 卦理

「損」卦，接在蹇卦和解卦後，與益卦為相綜的對卦。《序卦》：「解者，緩也。緩必有所失，故受之以損。」化解危難後，必會有所損傷。〈象傳〉澤書：「山下有水，蹇，君子以反身修德。」反身修德就是「損」。損有改善缺點、犧牲自身利益、拋棄慾望之意。

卦象上艮山，下兌澤。山在地上，澤在地下，水澤為了增加山陵的高度，而自己損失深度，藉此比喻諸侯進貢給天子。損同時也有損下益上之意，引申為下屬為上司奉獻，犧牲小我，完成大我，為的就是要換取更長遠的安康。

「有孚，元吉，無咎，可貞，利有攸往？曷之用，二簋可用享。」意指去除掉內心的貪念之心，真善美就會自然出現，也因此有了誠信，不但沒有罪責，還可以堅守正道，這將帶來長遠的利益。損並不是真正的損失，但卻是一個壞卦。也因出現「元吉」和「利有攸往」，讓此卦得以舒緩，換言之，只要願意犧牲，真心誠意以待，就長遠利益來說，仍能得吉。

「損」卦六爻的爻辭：初九表示應停止現在的行為，盡速前去幫助別人，雖然能夠沒有罪責，但損傷是無法避免的，只能控制不要讓損傷擴大，最好能量力而為，視情況定奪處理；九二應堅持立場，不要隨波逐流，太過積極會有凶險，如此一來不但可以減少自己的損傷，還能夠從中受益；三人一起行動，勢必會有人受傷，但如果是一人獨自行動，將能夠尋求契合的夥伴，也因此得到真正的朋友，意味著獨自行動為宜，成群結黨為凶，此為六三之意；六四爻應該盡速克服弱點，這樣才能夠迎接及將到來的歡喜，且不會有任何罪責，為小吉之象；六五表示有上天保佑，應當以損增益，獲得多數人的支持與肯定，此為大吉；上九表示不用讓自己受到損傷，就能夠受益，且不會有罪責，堅守正道為吉，依照長遠的利益執行，必能獲得大眾支持，方能得吉。

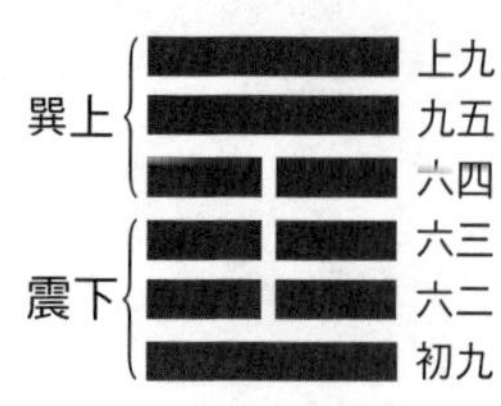

卦序▶42 錯卦▶雷風恆
卦數▶49 綜卦▶山澤損
卦向▶東南 互卦▶山地剝

卦揭

益，「溢」也，原指水從器皿瀰漫出來。引申為增加、增強。不停的減損之後，隨之則會得到增益，因此損卦後即是益卦。

明朝時有個叫張畏岩的人，很擅長寫文章，在當地頗有名氣。萬歷年，他參加科考結果榜上無名，於是就在榜前罵主考官有眼無珠，不識有才之人。這時候有位道人在旁聽了，便笑說：「這位相公，我看你的文章一定很差！」張畏岩立即遷怒說：「你憑甚麼笑我？你沒讀過我的文章，怎麼知道不好？」道人說：「我聽說做文章的關鍵在於要心平氣和，現在聽你罵考官，你的心中非常不平，文章又怎麼可能寫好呢？」從此之後，張畏岩一心向善，嚴格要求自己注重修身，成為一位品德高尚的人。三年後的科考，張畏岩果然中榜，後來當官還為百姓做了很多好事。

【卦辭】利有攸往，利涉大川。

益卦的意思是，前往是有利的，另外跋涉大川也是有利的。

〈彖〉「益，損上益下，民說無疆，自上下下，其道大光。利有攸往，中正有慶。利涉大川，木道乃行。益動而巽，日進無疆。天施地生，其益無方。凡益之道，與時偕行。」損上益下，指的是減損自己來增益在下面的人民。從上到下，道德被發揚光大，有利於跋涉大川，是因為木船可以在水上航行。益卦動且能柔，在日新月異的世界，發展是沒有邊際的。天降甘霖，地養萬物，增益是沒有固定方向的。也可說是隨著時序一起往前的。

〈象〉「風雷，益。君子以見善則遷，有過則改。」風和雷一起即是益卦，君子從中受到啟示，改過向善。

【初九】利用為大作，元吉，無咎。

大作，大的作為或事業。利於發展大事業，是吉祥之徵，沒有災禍。

〈象〉「元吉無咎，下不厚事也。」大吉無災，是由於下位的人民不用承受繁重的剝削。

初九位在益卦最下層，也因益卦是損上益下，所以初九是最大的受益者。君王使人們得到益處，怎麼會有災禍的發生呢？所以在這種情勢下，就有利於事業的發展。

【六二】或益之十朋之龜，弗克違，永貞吉。王用享于帝，吉。

享，祭祀之意。有人送了價值連城的寶龜，別拒絕，且永遠抱持正道和祭祀君王的心，則吉祥。

〈象〉「或益之，自外來也。」有人給予了好處，這是從外而來的增益。

雖然有了實權，但也不能濫用實權。所以說不只要虔誠的祭祀先祖，並且要虔誠的對待自己的工作，才會吉祥。

【六三】益之用凶事，無咎。有孚中行，告公用圭。

圭，一種古代官員配戴的信物，象徵天子賦予的權力。用收到的禮物救助受災地區，就沒有災難。有誠信而行中庸之道，用圭玉為信物向王公求助。

〈象〉「益用凶事，固有之也。」用收到的禮物拯救受災地區，可以鞏固原有的利益。

把自己收到的禮物，用無私的態度奉獻出去，且心中保持誠信並謹慎地以中庸的原則奉行，這樣才不會有過失。

【六四】中行，告公從。利用為依遷國。

行中庸之道，告訴王公的隨從。有利於依附強大的邦交國，進而方便進行遷都。

〈象〉「告公從，以益志也。」告訴王公的隨從，以增強眾人的意志。

處於環境不好的地區，只有想辦法遷都了。把國都遷到離天子都城較近的地方，一但災荒，則可迅速求救，是以遷地而得到益處。

【九五】有孚惠心，勿問元吉。有孚惠我德。

存誠信，凡事不需要猜問凶吉，都可以獲得大吉，堅持誠信待人，社會終究會以德回饋。

〈象〉「有孚惠心，勿問之矣。惠我德，大得志也。」心存誠信，是不需要問的。天下人報答我的德行，可以達到更大的發展。

吉人自有天祐的意思。雖然吉凶福禍難測，心存誠信，廣施恩惠，最後都有好的結果，甚至可能會有出乎意料之外的驚喜。

【上九】莫益之，或擊之，立心勿恆，凶。

沒有人幫助它，有的人還打擊它。樹立決心不夠堅定，凶險的徵兆。

〈象〉「莫益之，偏辭也。或擊之，自外來也。」偏，遍也；有普遍之意。沒有人幫助，是普遍的情況。不僅如此，還有來自外部的打擊。

上位者過度保護下位者，導致損害自己的利益，進而使得旁人強大勝過於上位者，最終自己也失去了原有的地位。

損益用中圖

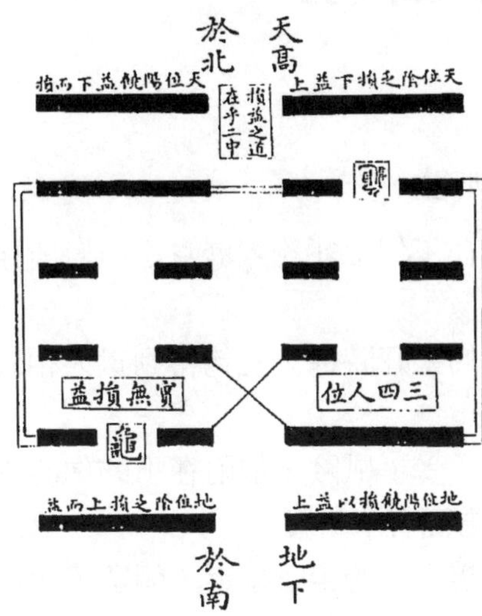

上卦為巽為風，下卦為震為雷，即風雷相益。象徵統治者減損自己的財富，使人民獲得利益，損上以益下，遵循此道則有利排除難關。

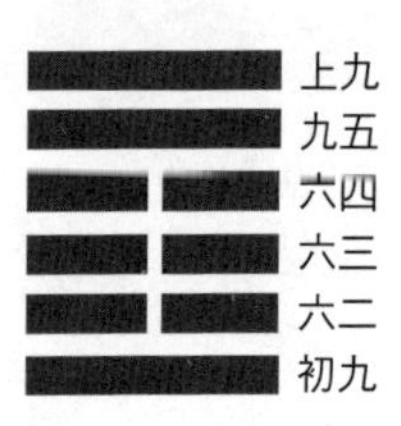

卦義

249【初九】利用為大作，元吉，無咎。

- 事業：受到在上位者的幫助，在工作上能夠大展身手，有所作為，有利向上發展。
- 創業：目前正是事業擴大發展的大好時機，能夠得到貴人相助，順利讓事業扶搖直上。
- 錢財：因為比你更有力的人士承受了風險，依附在下的你能夠在其庇護下蒙受其惠，錢財方面有所斬獲。
- 愛情：在他人的協助下，與心儀之人的距離拉近，開啟了戀情的契機，能夠有好的發展。
- 婚姻：若先前夫妻之間的情感有所破損，現在正是修復的大好機會，並且在他人的幫助下，加快了修復的腳步，能夠順利回歸圓滿。
- 子女：目前適合與子女增進情感，你會發現阻力比之前小得多，能夠搭起溝通的橋梁，順利拉近親子之間的距離。
- 健康：在親朋好友的協助之下，病情大有斬獲，能夠逐漸找回昔日的健康。
- 旅遊：有比你更擅長規劃的朋友掌控大局，因此這趟旅程中你不會有任何憂慮，能夠順利無礙地享受旅行。
- 考運：在準備過程中受到他人的支持與幫助，能夠無後顧之憂地盡心籌備與學習，因而能夠在正式上場時有好的表現。
- 人際：目前利於發展人際關係，且因受到前人的幫助，能夠有許多額外的收穫。
- 訴訟：透過有能力者的協助，能夠排除許多原本會遇到的困難，因而能夠獲得空前的勝利。
- 遷居：在有力人士的協助下，能夠順利找到心目中理想之處，並使搬遷過程無所阻礙。

◆ **尋人**：往東南方尋找，必有所獲。

250【六二】或益之十朋之龜，弗克違，永貞吉。王用享于帝，吉。

◆ **事業**：在工作上有所獲得，但掌握利益之後，不可獨善其身，要能與共事之人共享，才能使好運延續。

◆ **創業**：因他人提供的利益而使事業有很大的收穫，必須將事業的獲利用於正途，如此將能為你帶來更大的吉祥。

◆ **錢財**：收到貴人給予的餽贈，要懷著感謝的心接受，並且將獲利使用在有助他人的用途上，此善舉將會為你帶來更大的利益。

◆ **愛情**：在你預期之外的桃花降臨，要帶著歡喜的心接受，並且用心維持，將會成為一段良緣。

◆ **婚姻**：在婚姻中受到許多貴人的幫助，因而能夠度過一次又一次的難關，也因為如此，必須更加珍惜這段受到他人祝福的婚姻關係，只要用心維護，就能長久幸福美滿。

◆ **子女**：因為外人的幫助，使親子關係有所進展，但不能僅單靠外人給予的力量，要能從自身做起，付出努力，如此才能享有長久且美好的親子關係。

◆ **健康**：因外在的力量影響，健康有所起色，但仍必須付出自己的努力維持，才能真正恢復到最佳的狀態。

◆ **旅遊**：會有好事降臨，幫助你在籌備過程減少許多阻力，最終能夠沒有罣礙地完成旅途。

◆ **考運**：當有人對你伸出援手，要坦率地接受，而在接受他人的幫助之後若有所成，要反饋於他人。

◆ **人際**：當有人主動接近，不要緊閉心房，要抱持開放的心胸接受，且持續以正直誠信的方式與他人相交，如此就能在人際上如魚得水。

◆ **訴訟**：會有貴人出現給你很大的助力，要滿懷感激地接受，並且好好應用，就能在訴訟中贏得勝利。

◆ **遷居**：他人會給予你莫大的協助，要能謹慎且正當地善用他人的幫助，搬遷之事將可圓滿進行。

251【六三】益之用凶事，無咎。有孚中行，告公用圭。

◆事業：當你在工作上受到他人的各種幫助，要能夠把這些資源用來幫助更多困頓之人，只要以謹慎誠信的態度面對工作，就能避免過失以及衍生而來的災禍。

◆創業：受到許多人的幫助，若這些援助已經足夠支援你的事業，剩餘的資源要能無私地奉獻，只要謹慎經營，不偏離正道，事業就能蒸蒸日上。

◆錢財：財務上的收入若已經足夠應付你的生活開支，多餘的部分要奉獻給需要幫助的人，如此才能助你避開災險。

◆愛情：若因受到他人的幫助而成就自己的戀情，要能在事後回饋給當初對你伸出援手的人。面對感情要能謹慎經營，才能使剛萌芽的戀情長久發展。

◆婚姻：在婚姻中要懂得付出，不計較得失者反而能獲得更多珍貴的收穫，對婚姻要保持誠信，並懂得平淡就是幸福的真理。

◆子女：要以無私的態度重建親子關係，只要真切地面對孩子，換位思考，就能以不同的角度與之相處，避免情勢的惡化。

◆健康：在養病期間受到他人的幫助，在身體康復之後，若能將當初受到的幫助回饋給需要幫助的人，會為你帶來更多的收穫。

◆旅遊：準備的過程中得到許多來自他人的資源，要能將多餘的資源轉而用在需要的人身上，如此不僅能夠讓自己的旅途順利進行，也能得到心靈的富足。

◆考運：若自己有才能，不應獨善其身，而是要運用能力造福他人，在幫助別人的過程中，自己也能因此受惠。

◆人際：要想收穫，必須先懂得付出，只要以此準則與他人相交，並且保持誠信的態度，不過分張揚自己，就能創造優質的人際關係。

◆訴訟：只要心中抱有堅定的信念，不貪求訴訟中能夠得到的利益，甚至將所得利益全數奉獻給需要的人，就能使訴訟順利結束而沒有損失。

◆遷居：不貪求本不屬於自己的利益，反而能夠使搬遷順利無礙地進行，謹慎行事就不會有災險。

252【六四】**中行，告公從。利用為依遷國。**

- **事業**：要能主動依附上司，並適時提供自己的看法，為在下位者謀求福利，如此將能使你受到上司的青睞，並且在職場中有所發揮。
- **創業**：要保持中正謹慎的態度，在滿足顧客的喜好之時，也要為底下的員工著想，以取得經商的平衡，如此將能使整個企業都受益而有所發展。
- **錢財**：目前的時局不利大肆變動財務計畫，應實行中庸之道，若能依附在有能力者的傘翼之下，更能保全你不受外在因素侵擾，可避免財務上的損失。
- **愛情**：當對方為了某事煩心，要能真誠地提出自己的建議，藉此拉近與對方的距離，目前的關係才能有所進展。
- **婚姻**：若夫妻之間多有爭執，換個環境以改變心境是個不錯的選擇，更重要的是遇見困難時要能相互扶持，攜手走過難關，將使感情更加穩固。
- **子女**：要能依循子女的意見，並視情況提出看法，不要一開始就全盤否定，親子關係將因應對方法的改變而有所進展。
- **健康**：目前的環境可能對健康有負面的影響，要使自己脫離目前的情況，必須從下定決心做起，只要有所改變，就能早日找回健康。
- **旅遊**：不過分誇耀自己的才能，要適時依附在有能力的人之下，退居輔佐的位置，並且為大家謀求福利，如此將能使旅途順利進行。
- **考運**：必須將自己從無法專心的環境抽出，才能避免其他事物的干擾而能專注學習，成績自然能夠往上提升。
- **人際**：目前的環境並不是你所能發揮長才之處，因而感到人際無法順利拓展，若能換個環境，並且借助有力之人的力量，就能在人際上有所突破。
- **訴訟**：要能借用有力人士的幫助，並且在自己受惠之後，為更多弱勢者爭取福利，就能使眾人受益。

◆ **遷居**：若無法改變目前的環境，就應該盡快進行搬遷事宜，如此將能使家人都因此受益。

253【九五】有孚惠心，勿問元吉。有孚惠我德。

◆ **事業**：只要心存誠信，踏實地走好每一步，自然會有福澤降臨，使你在工作上有所成就。

◆ **創業**：不用對事情的好壞發展過於憂慮，只要以誠信待人，自然能夠獲得許多協助，幫助你在經商的路上無所阻遏。

◆ **錢財**：要能避免獨善其身的想法，若能行走在正道上，施予他人恩惠，自然能夠得到豐富的回報。

◆ **愛情**：與其猜測對方的心意，或因對方的一言一行而患得患失，不如以實際的行動代替空想，只要以誠信和對方相處，最後就會有好的發展。

◆ **婚姻**：要以心懷真誠信實的態度與對方溝通，如此對方將會以相同的態度回應，進而化解婚姻中遇見的困難，甚至有額外的收穫。

◆ **子女**：由你開始抱著誠信之心給子女關懷，對方會逐漸受你影響而有回報，如此便能化解親子間的僵局，加深彼此的羈絆。

◆ **健康**：不要過於在意付出是不是有所回報，只要給出足夠的努力，以誠信的心面對自己的病情，就能使健康逐漸好轉。

◆ **旅遊**：抱持著誠信的心與他人合作，將擁有的資源分與他人，如此不必強求就能有豐盛的回報，旅途將能順利圓滿地進行。

◆ **考運**：考試結果難以預料，只要確信自己付出最大的努力，並且與他人分享自己的收穫，吉祥自會來到。

◆ **人際**：用誠信與他人交往，將所獲得的恩澤大方地分享，自然就能累積起優良的人脈資源。

◆ **訴訟**：在訴訟過程中秉持誠信以待，不斤斤計較，就不會對訴訟結果感到憂慮，好的結果自然會來到。

◆ **遷居**：儘管難以確定搬遷之後會不會有所改善，但若平時以誠信待人，不獨善其身，就會發現好運自然降臨，憂慮遠離。

254【上九】莫益之，或擊之，立心勿恆，凶。

- **事業**：在工作上容易遇到困難，遭受無謂的攻訐，這都是因為自己自私自利，罔顧他人利益的緣故。即使你偶有貢獻之心，也無法持久，最終招致困厄的結局。
- **創業**：要想改變目前的困境，必須改去自私的心理，唯有將成就分享於他人，才能為你帶來轉機。
- **錢財**：賺取金錢的目的若只是為了一己之利，則容易遇上莫大阻力，並遭受財物損失，要能將獲得的利益回饋給有需要的人，才能以財帶財，獲得更多財富。
- **愛情**：感情必須以真誠的心意相對，若只是要求對方而不願付出，則感情之路必定無法順遂。
- **婚姻**：過於在乎自己的感受而忽略另一半的需求，如此將使婚姻深陷危機，能付出而不求回報，才能擁有美滿的婚姻關係。
- **子女**：若只站在自己的角度思考，則與子女間的矛盾將沒有解決的一天，若能將子女的想法擺在第一位，就能將心比心，化解溝通的障礙。
- **健康**：為了自己的健康著想，卻影響到他人的權益，這樣換來的健康並不會長久，要懂得付出才能收穫的道理。
- **旅遊**：只替自己爭取利益將使旅途混亂不堪，徒生紛擾，應該為了大家的共同利益所努力，則能共享得來的甜美果實。
- **考運**：獨善其身會使你陷入孤立無援的窘境，若能將所得的知識與他人共享，反而能夠與他人一同受益。
- **人際**：若不願付出，卻奢望眾人給你好處，這是痴人說夢，若能不求回報地與他人交往，才能使他人對你產生好感，主動給予你好處。
- **訴訟**：為了私利而進行訴訟，將使你慘敗，要能將獲得的利益貢獻給更需要的人，才能在訟案中看見一絲光明。
- **遷居**：因為只顧及自己的利益，而使過程困難重重，若你能主動提供對方好處，如此將使搬遷順利無礙。

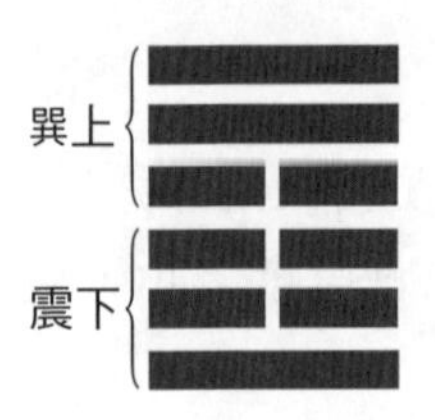

卦理

「利有攸往，利涉大川。」增益，利於前往行事，利於涉險渡過大河巨流，比喻可以涉險行事且能夠度過危難。有增益、積極努力求取上進、彌補自己不足之處的意思。卦辭中「利有攸往」，因為努力是需要時間才會看到成果，所以不是立即性的效果，不要急躁，平心靜氣方能有所收穫。

損卦的卦象為「損下益上」，益則相反為「損上益下」，意味著在上位者願意委屈自己造福下屬，也因此能讓下屬對自己忠心耿耿。〈象〉曰：「風雷，益。君子以見善則遷，有過則改。」益卦卦象為上巽下震，風雷益，有相得益彰之意，若能夠埋頭苦幹，一步一腳印，願意改過向善，終能得吉。卜得益卦，不可以原地打轉，要針對不足的地方改善及加強。見賢思齊，多向他人討教、學習，讓自己可以多方面發展，拓展自己的視野，方能為吉。若為上位者，請務必施恩惠給下屬，收買人心為成功之必經之路。若是想要靠投資來獲取利益，請乘勝追擊，勇敢追求。

「益」卦的爻辭：初九可以大展身手，且將能夠有一番作為，不會有任何罪責，大吉之象；六二時有人主動送來大禮，這並不是自己因貪婪而去主動要求，在無法推辭的狀態下，只要堅守正道，仍然為吉，之後將會獲得信任而受重用，故為大吉；把自身所得到的利益，用來幫助他人，這樣就可以避免一些不必要的困擾，秉持著誠信與中庸之道辦事，讓主事者能夠對自己有所信任，避免遭到猜忌，此為六三之意；六四時只要記住秉持中庸之道，用和善的態度與上司論事，主位者必當順從，哪怕是遷徙國都此等大事都能成功，這都是建立在上下彼此信任，拋棄自身利益，為大局著想才能得到的大吉；九五時表示只要虔誠且誠心誠意地施恩惠於人，不用占卜就知道一定是大吉，如此一來，在將心比心的狀態下，天下人也都會秉持同樣的心態來對待自己，正所謂施比受更有福，故為吉；上九時當注意，因為沒有持之以恆的決心，這樣的處事方式不會有所幫助，且可能遭受到外在的影響，甚至受到傷害，故為凶。

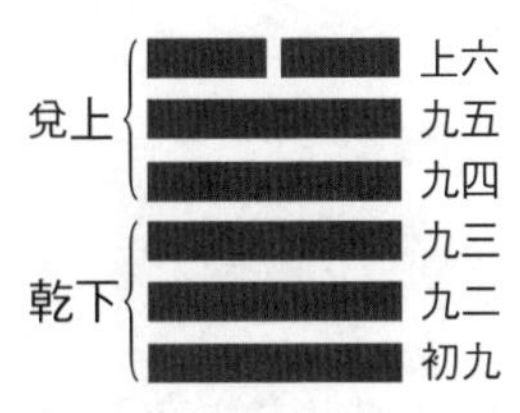

夬卦

卦序▶43　錯卦▶山地剝
卦數▶31　綜卦▶天風姤
卦向▶西南　互卦▶乾為天

卦揭

夬，決也，大水沖破堤岸或是溢出即是決。像是江河中的水若過多便會溢出河床，所以益卦之後就是夬卦。

清朝有個犯人，在監獄行刑前，告訴獄官希望能見母親最後一面，等到犯人母親來了，他便對著母親說：「行刑前，我可以再喝奶嗎？」老母親不忍拒絕兒子最後的要求遂應允，但等到兒子靠過身來，卻咬掉母親乳頭，他哀聲地對母親說：「我今天會落得如此下場，都是因為您的溺愛啊！如果不是這樣，我也不會走到這一步。」付出母愛雖然天經地義，但若是過度溺愛，就如同漠不關心一樣，過猶不及，唯有適當的方式，才能避免災禍發生。

卦辭

【卦辭】揚于王庭，孚號，有厲，告自邑，不利即戎，利有攸往。

夬卦是指在王庭上大聲宣揚，誠懇地疾呼即將有危險產生，告訴同國家的人們，不應立即採取軍事行為，應該和對方建立友好關係，這才是有利的。

〈彖〉「夬，決也，剛決柔也。健而說，決而和，揚于王庭，柔乘五剛也。孚號有厲，其危乃光也。告自邑，不利即戎，所尚乃窮也。利有攸往，剛長乃終也。」夬，即是決，陽剛決斷陰柔，剛健而喜悅，決斷而能和諧，在王庭上宣揚，誠信且大聲疾呼有危險，這是說明眼前的危險已經很明顯了。告訴同國的人，不宜採軍事行動，因為崇尚武力是不行的，和對方建立良好關係，陽剛戾氣就會慢慢消失。

〈象〉「澤上于天，夬。君子以施祿及下，居德則忌。」澤水化為氣而升天，這就是夬卦。君子從中得到啟示，把福祿施予人民，如果穩居在上，只想獲取，則應當是禁忌的。

【初九】壯于前趾，往不勝為吝。

身體雖壯，但相對於前腳趾來說，能力還是較弱的，所以往往有不能勝任的擔憂。

〈象〉「不勝而往，咎也。」不能勝任而前往，自找麻煩。

陽氣初生，雖有能力，但略顯不足，執意前往，可能無法勝任。

【九二】惕號，莫夜有戎，勿恤。

夜間有軍隊經過，用不著憂愁。

〈象〉「有戎勿恤，得中道也。」夜裡聽見軍隊經過的聲音，但因為處於中正之道，所以不必特別憂慮。

帶著警戒之心，保持中道的原則，即使夜裡聽見軍兵之聲，也不必驚慌。也就是說只要小心謹慎，災禍就不會上身。

【九三】壯于頄，有凶。君子夬夬，獨行遇雨，若濡有慍，無咎。

頄，顴骨。顴骨高突，與小人較量必有凶險；若是以君子氣度前去，即使遇上大雨使渾身溼透而惱怒，卻不會有任何災禍。

〈象〉「君子夬夬，終無咎也。」君子走得很急促，但最終沒有災禍發生。

若想要制裁小人，則失去美善之道，若以周旋之道與人應和，則雖有小麻煩，但不至於有大過失。

【九四】臀無膚，其行次且。牽羊悔亡，聞言不信。

坐立不安，就像屁股沒有肉一樣無法坐穩，以至於進退兩難，牽羊的要訣是讓羊自由自在地走，如果在前面拖拉，羊就不會前進了，不過在絕斷小人的時刻，雖然聽到這樣的忠告恐怕也不會相信的。

〈象〉「其行次且，位不當也。聞言不信，聰不明也。」行動不方便，是位置不適當，不聽他人的建議，是不聰明的。

人的處境不利。對於別人的告誡不相信，聽了別人的意見，但不明事理，無法分辨，所以說自己要有主張是很重要的。

【九五】莧陸夬夬，中行無咎。

莧，音同「現」，植物名。毅然決然地做出決斷，一舉懲處小人就像剷除莧陸草一樣，只要注意時時信守中庸之道，就不會遇到災禍。

〈象〉「中行無咎，中未光也。」中道行事沒有災難，是因為居中者還沒有剛強過剩。

在此階段，矛盾是非更為複雜，果斷決策才是持續發展的重要關鍵。

【上六】無號，終有凶。

不用大聲呼救，這是無用的，因為最終還是有凶險。

〈象〉「無號之凶，終不可長也。」不用大聲呼救的凶險，最終也不會太過長久。

消除邪惡的原則，首先應該要有萬全的準備，再把握中庸之道，以感化使其改過遷善。

易學筆記

夬之圖

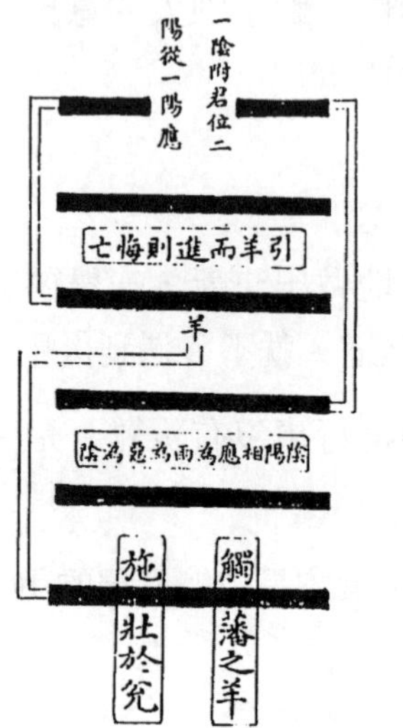

上卦為兌為澤，下卦為乾為天。君子制裁小人應要光明正大，並告訴人民，引以為戒，不亂施暴力，這樣才會得到好的結果。

夬卦 卦義

255【初九】壯于前趾，往不勝為吝。

- **事業**：在工作上剛剛站穩腳步，面對小人的攻訐尚無足夠力量應付，必須謹慎言行，避免落入小人的陷阱之中，才能突破困境，使事業有成。
- **創業**：目前尚無足夠能力應付市場的惡性競爭，故萬萬不可躁動行事，必須養精蓄銳，累積足夠經驗，以求將來能夠克服市場的險惡。
- **錢財**：若貿然嘗試新的投資工具，將因無法勝任而造成重大損失，在採取行動之前要三思而後行，確定有穩當的把握之後再去實行。
- **愛情**：現在的你尚無法得到對方的青睞，必須充實自己，並等候更好的時機。
- **婚姻**：能力不足以解決目前生活中的困難，面對婚姻中的阻礙要能謹慎處理，以求同心協力度過難關。
- **子女**：需要循序漸進與對方溝通，不可過於急切反而揠苗助長，等到時機成熟的那一天，就能看見長久以來努力的成果。
- **健康**：現在還沒有完全能夠克服病魔的力量，但不要因此感到灰心，只要盡心調養，終有一天能夠恢復健康。
- **旅遊**：欠缺足夠的能力，因此不應占據帶領的位置，而是放心交給他人策劃，旅途方能順利進行。將每次旅行當成經驗的累積，最終能夠獨挑大梁。
- **考運**：目前的你準備尚有不足，將無法輕易戰勝考試，必須進一步充實自己，更加精進自己的能力，才能在考試中有好的表現。
- **人際**：目前羽翼未豐，尚且無法獨當一面，若躁進行事，則容易適得其反，故應先低調行事，提升自己的實力，等候大展身手的一天。

◆ **訴訟**：在準備尚未充足的情況下進行訴訟，只會使自己落得慘敗的下場，若能養精蓄銳，等候天時、地利、人和，才能一舉獲得勝利。

◆ **遷居**：搬遷時機尚未成熟，若貿然行事，可能會使搬遷過程阻礙重重，徒發事端。必須等到自己完全做好準備，各方面都已然成熟之時，再行搬遷。

◆ **尋人**：往西南方尋找，必有所獲。

256【九二】惕號，莫夜有戎，勿恤。

◆ **事業**：儘管工作上出現危機，但只要行事謹慎，安守本分，不必過於憂慮，自然能夠得吉。

◆ **創業**：創業可能出現困難，甚至遭到他人的攻訐，因此必須時時保持警覺，在決策上小心謹慎，如此就可避免災禍的降臨，使事業有所發展。

◆ **錢財**：錢財方面有招損的可能，必須堅持行走在正道上，並且對於財務之事小心謹慎，方能避開災險。

◆ **愛情**：可能出現攪局的人，戀情之路將會崎嶇難行，但只要保持正直的本性，並且小心防範，就能使災禍遠去而讓你們的戀情不受侵擾。

◆ **婚姻**：儘管婚姻中出現令人不安的因素，維持的過程會有點艱辛，但若本性正直，且以正確的方式與對方溝通，面對任何困難，都能夠攜手度過。

◆ **子女**：親子關係可能因外在因素而受到影響，使得彼此感到疏離，但只要找到正確與子女溝通的方式，並且對不良的因素有所防備，關係就能逐漸修復。

◆ **健康**：要持續接受正確的醫療方式，並且更加注意身體的狀況，如此才能避免其他疾病在你狀況最虛弱時趁虛而入，造成更大的麻煩。

◆ **旅遊**：旅遊過程中要時時帶著警戒之心，面對突發狀況要小心應對，若能如此，則旅途中即使有災禍來臨，最終也能夠無事而退。

◆ **考運**：不能因為有一點小成就便馬上鬆懈，真正的難關還在後頭，要抱持著更加嚴謹的態度準備考試，並且注意考試中的陷阱，方能有所成就。

◆ **人際**：以正直誠信的態度與人結交，並行走在正道之上，面對人際經營小心謹慎，就能避開小人的惡意侵擾，順利發展良好的人際關係。

◆ **訴訟**：只要是行走於正道之上，並且在訴訟過程中多加謹慎，面對難纏的訴訟也能游刃有餘。

◆ **遷居**：即使剛開始有小小的阻礙，但若能因此更加謹慎行事與籌備，將能使搬遷順利進行。

257【九三】壯于頄，有凶。君子夬夬，獨行遇雨，若濡有慍，無咎。

◆ **事業**：面對工作上的糾紛，儘管你有正理，也不應使用強硬的方式追究，若能冷靜下來，以和善又不失公正的態度應對，將使事情圓滿解決。

◆ **創業**：創業期間會遇上許多煩人的小麻煩，若能以柔軟的方式應對，將能弭平爭端，反之若剛強以對，則小事端也有可能引發大災禍。

◆ **錢財**：要以君子的氣度面對財務上的困難，如此將能使傷害減到最低，如果因為一時的困厄而急躁不安，橫生怒氣，則容易擴大事端，迎來更大的損失。

◆ **愛情**：當遇見戀情中的阻礙，要以迂迴的方式克服，若正面和對方起了衝突，只會對自己有所損傷，同時也會影響戀情的發展。

◆ **婚姻**：目前遇上的阻礙像一道高牆，要懂得繞道而行，而不是正面衝撞，若以和善的態度應對，將能化解爭端。

◆ **子女**：想要端正子女的行為偏差，若使用強硬的手段，只會失去子女對你的信任，反之若能循循善誘，讓孩子自發性地意識到自己的錯誤，不僅能夠避免爭端，端正的效果也會更好。

◆健康：以偏激的手段找回健康只會對自己造成更多傷害，要能跟著身體的步調，逐漸調養，終能尋回健康的身體。

◆旅遊：當有意外狀況發生，與其強硬以對，不妨以和善的態度應對，並做好保護自己的準備讓對方知難而退，將可避免引發更大的衝突。

◆考運：要用自己能夠負荷的方式準備考試，若是過於勉強，則不僅替自己加諸了許多壓力，也難以在成績上有所成效。

◆人際：當小人前來侵擾，在光明之處與其發生衝突對你並沒有好處，若是暗中與其周旋，則可望保有自己的聲望而又不致受小人所害。

◆訴訟：想對罪惡的一方做出制裁，必須冷靜應對，避免受對方的挑撥而亂了陣腳，謙和自持，正義將能實現。

◆遷居：搬遷可能遇見阻礙，此時要以耐心相對，避免態度強硬而兩敗俱傷。

258【九四】臀無膚，其行次且。牽羊悔亡，聞言不信。

◆事業：工作上將遇見困頓，此時應聽從他人的建言，並且明辨是非，否則將被別人牽著鼻子走，而不知毀亡將至。

◆創業：當事業遇見阻礙，必須尋求經驗者的意見，並且融合自己的企業特性加以實行，若猶疑不決而無法果斷下決定，將使自己陷入難以翻身的境地。

◆錢財：困境將至，若想避免財務困窘，要能果決地捨棄目前使你損失錢財的事物，將損失減到最低。

◆愛情：目前處於進退兩難的局面，若發覺對方並不適合你，不應過於執著而藕斷絲連，而是要果決地切斷關係，盡快找尋下一段戀情。

◆婚姻：彷彿陷入泥淖之中，若停下腳步遲疑，只會愈陷愈深而難以逃離困境，此時應果決做出對雙方皆有利的決定。

◆子女：兩方皆未找到適當的溝通方式，因而衝突不斷，必須聽從他人的建議，果敢地做出改變，才能從困厄的現狀脫出。

◆ **健康**：健康出現狀況，但若是固執己見而不願意聽從他人的建議，無法果斷地停止影響健康的行為，可能使身體狀況每況愈下，難以恢復。

◆ **旅遊**：要能結合眾人的意見，並做出最正確的判斷，旅途中也要能明辨優劣，避免災禍上身。

◆ **考運**：若能認清自己的狀況，向有能力的人尋求協助，斷開一切影響考試的誘惑，則你所冀望的成功就在不遠處。

◆ **人際**：人際上將遇到麻煩，此時要能明辨是非，聽取有力之人的建議，排除前來擾亂的小人，才能順利度過災禍。

◆ **訴訟**：對於他人的告誡要能聽進心裡，不要毫無主見地茫然進行訴訟，唯有果斷地做出決定，才能避免訴訟帶來更多紛爭。

◆ **遷居**：只要能夠汲取前人的經驗，配合自己的需求，就能找到好的物件，搬遷過程應避免猶疑不決，果斷地前進才會為你帶來好運。

259【九五】莧陸夬夬，中行無咎。

◆ **事業**：面對工作中出現的惡意阻礙，必須果決地剷除，但除去的方法不可偏離正道，如此就可獲得吉祥。

◆ **創業**：用正當的手法除去競爭對手，既可鞏固市場，又不至於損害自己的商譽，這才是使事業扶搖直上的最佳方式。

◆ **錢財**：以正道求取錢財，並保持靈活有彈性的投資方式，就能為自己帶來足夠財富，並避免損害財務的災禍。

◆ **愛情**：當感情起了矛盾，必須下定決心徹底解決問題，以免問題在彼此心中發了芽，反而會在日後衍生出更多爭端。

◆ **婚姻**：除去影響婚姻的不良因素是必須的，但要注意作法不可過於強硬，也不應偏離道德的標準，只要果斷地採取行動，就能使婚姻免於破裂的可能。

◆ **子女**：想要改善目前的親子關係，必須找出雙方都能接受的溝通方式，並果斷做出改變，只要依循正道，狀況就會逐漸好轉而沒有咎害。

◆ **健康**：要遵從正確的醫療方式，並且果斷執行醫生的療方，如此便能使自己的身體狀況逐漸好轉。

- **旅遊**：可能因準備事項太過繁雜，使你無從抉擇，優柔寡斷的應對方式將不利於旅途的進行，必須謹慎挑選正確的道路，並堅定地向目標行走，如此將可擁有一趟難忘無咎的旅程。
- **考運**：免除會影響考試的因素是正當的行為，但須注意作法是否太過強硬，避免因此而引發不必要的後續效應，但最終只要能夠以正當的方式準備考試，就會有所回報。
- **人際**：除去小人不可用過於剛強的手段，必須縝密計畫，避免正面衝突，如此就能免去小人的侵擾，並可顧全自己的品德。
- **訴訟**：進行訴訟的同時，也不可罔顧公道正義，必須果斷地以光明正大的方式剷除邪惡，最終將能迎來好的結局。
- **遷居**：猶豫過久反而容易徒生事端，若能信守中庸之道，快速做出決定，反而會使搬遷無事落幕。

260 **【上六】無號，終有凶。**

- **事業**：工作陷入艱難的狀況之中，此時抱怨也無濟於事，不如好好檢討自己在工作上的不足，並積極加以改進，藉此避免更大的凶險。
- **創業**：當事業陷入困境，必須堅強心志，咬牙撐過難關，凶險雖無可避免，但仍有重見光明的希望。
- **錢財**：儘管一時陷入財務上的窘境，若能反省自己的失誤，即刻補救，則可減低所受到的衝擊。
- **愛情**：要消滅影響戀情發展的不良因素，必須避免偏激的作法，唯有以柔性方式逐一排除，才能在不擴大事端的情況下使戀情萌芽。
- **婚姻**：破壞原本美好婚姻的一方將因此陷入困厄之中，這是必須承擔之後果，無法責怪他人，必須反省自己的過錯，避免執迷不悟帶來的悔恨。
- **子女**：親子關係漸趨惡化，目前的情勢難以挽回，唯有相互檢討自己的不足，並即刻改善，才能使這段艱困的時間盡量縮短，重回和諧的親子互動。

- **健康**：面對每況愈下的身體狀況，若只是怨天尤人，對自己是毫無幫助的，應該振作起來，反省自己的過失，才能真正對健康有所助益。
- **旅遊**：找上門的厄運難以躲避，只能盡全力做好準備工作，以應付隨時的突發狀況，才能使旅程順利完成。
- **考運**：準備過程若不盡心，終將自食惡果，到時再怎麼悔恨也無法挽回，與其如此，不如現在就好好反省自己的缺失，並加以改正，才能扭轉劣勢，在考試中有好的表現。
- **人際**：小人的惡行終將為自己招來凶險，再怎麼哀求都無法迴避，故你也不需刻意惡意攻擊，反而應以德報怨，使其自知悔改，方可得吉。
- **訴訟**：邪惡的一方終將因正道的力量而敗下陣來，無論如何掙扎都無法輕易跨越屏障，若你是正義的一方，則訴訟中必須依循正道而行，自然能夠有好的結果。
- **遷居**：阻礙的力量會自然削弱，故陷在困境之時，不應因挫折而意志消沉，情況將逐漸好轉。

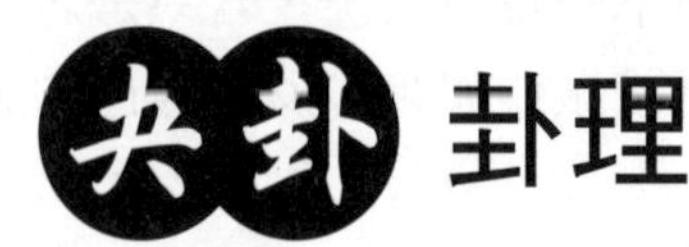 卦理

《說文》：「夬，分決也。」有分判之意，要在陽與陰之間分判，即為君子小人要劃清界線，楚河漢界之分。卦序上是接在益卦之後，《序卦》曰：「益而不已必決，故受之以夬。夬者，決也。」如果不斷地增加利益，遲早會滿溢出來，因此當君子修煉有成，就是幫助別人的時候到了。

卦象是乾下兌上，湖水因陽氣壯盛而蒸發，即將化作大雨而下。〈象〉曰：「澤上于天，夬。君子以施祿及下，居德則忌。」此象說明決斷的重要性，君子應該要時時替民眾著想，多加施恩惠給在下位者，恩澤四海必有吉，若是只知道在上位享受，那就會遭到埋怨，甚至引來凶險。〈彖傳〉說：「健而說，決而和」夬卦內剛健，外和悅，雖然以剛健的手段來決斷事務，外在仍應保持和顏悅色與圓融的手法，如此才能將事情處理的妥當且完善，避免製造許多不必要的麻煩或災禍。夬卦常有必須要下定奪的狀況，也常常會有潛藏的危機，或是人與人之間的暗鬥，人事爭奪，這都需特別留意，「健而說」為關鍵之道，必須要有剛健果斷、壯士斷腕的決心與毅力，處事要圓融且融洽，才能夠替大家和自己爭取到長遠的利益。

「夬」卦六爻的爻辭：初九表示若是心浮氣躁，血氣方剛，急於表現，但受制於自己的身分地位，不但不會因為自己的仗義行為獲得成效，反而還會因此受傷；九二意味著小人會於夜晚來侵擾，但只要自身秉持中庸之道，思考嚴謹，必當能夠化解各種紛擾，不用因此擔憂；心態將決定一切結果，若是頤指氣使且怒氣滿顏去面對問題，則有凶象。但若是以君子的氣度去面對，雖因為疑慮而猶豫不決，雖然遇險造成面有難色，但不會有罪責出現，此為九三之意；九四時表示就是因為一開始不聽告誡，一意孤行，所以才會造成傷害；九五表示面對小人應當斬草除根，以防春風吹又生，行事應具備果斷的勇氣，也才能夠繼續站在中正之道；上六表示多行不義必自斃，就算是位高權重時，也會體會到叫天不應，叫地不靈的狀況，災禍和過錯都將發生，可謂自食惡果，大凶。

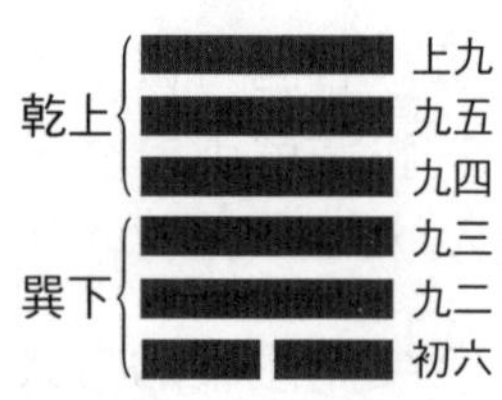

卦序▶44　錯卦▶地雷復
卦數▶62　綜卦▶澤天夬
卦向▶西北　互卦▶乾為天

卦揭

姤，逅也，就是邂逅的逅字，即相遇之意。在此卦中指的就是柔爻遇到剛爻。前一卦提到，眾陽卦驅逐了陰卦，陰卦被逐後又遇到了新的陽卦，所以說夬卦後接續姤卦。

此外，姤卦有老男人遇到成熟女性之象徵，在《周易》中本被認為是好事，但此處指的是慾望強烈之女，這就不利於老人了。在明朝小說《金瓶梅》中的潘金蓮因其性慾望強烈，不安於室，進而聯合情夫西門慶一起殺死了自己的親夫武大郎，就是其中的例子。

【卦辭】女壯，勿用取女。

姤卦，女子太過強壯，別娶此女為妻子。

〈彖〉「姤，遇也，柔遇剛也。勿用取女，不可與長也。天地相遇，品物咸章也。剛遇中正，天下大行也。姤之時義大矣哉！」姤，相遇。陰柔與陽剛相遇。而「女壯，勿用其女」指的並不單純是女子強壯，這裡的強壯，指的是性慾強烈之意，在古代認為取了這樣的女子，是無法長久相處的，所以才說不要娶這樣的女子為妻。但另一方面來看，天與地的陰陽相遇，天下萬物才能生長與繁衍，陽剛如果遇到守正的陰柔，那麼天下之道就可以盛行，所以說姤卦的意義非常大！

〈象〉「天下有風，姤。后以施命誥四方。」風吹四起，就是姤卦的徵兆，君子從姤卦中得到啟示，下達命令，傳達給四面八方的天下人。

【初六】系于金柅，貞吉，有攸往，見凶，羸豕孚蹢躅。

柅，音同「你」，置於車下阻止車子行進的木頭。羸，音同「雷」，在此為瘦弱之意。踯躅，徘徊的樣子。如果被困住了，守正道就會吉祥，如果有所前往，則會有凶險，就像瘦弱的豬還要掙扎脫身一樣。

〈象〉「系于金柅，柔道牽也。」如果被困住了，就要用陰柔的方式來對付、牽制對方。

此爻說明依本分、守正道則可保身，但若執意硬碰硬，則可能有凶險之事產生。

【九二】包有魚，無咎，不利賓。

袋子裡有魚，並非災禍，但這些魚卻不適合拿來招待他人。

〈象〉「包有魚，義不及賓也。」袋子裡有魚，從道理上來說，是不適合拿來招待人的。

說明雖然看見好處，但或許是不正當所得，若是招待他人無非是昭告天下，就可能帶來災禍了。

【九三】臀無膚，其行次且，厲，無大咎。

臀部受到重傷，行走困難，雖有小傷害，但無大災難。

〈象〉「其行次且，行未牽也。」走路很艱難，是因為孤立無援。

此爻說明即使孤立無援也應秉持本分，就可以免除大災難的產生。

【九四】包無魚，起凶。

袋子裡沒有魚，出現了凶兆。

〈象〉「無魚之凶，遠民也。」包裹裡沒有魚的凶險，是因為君王失去人民支持造成的。

上位者必須有能納百川的胸襟，若不能包容和接納他人意見，則眾人離去，必有災禍。

【九五】以杞包瓜，含章，有隕自天。

章，文采。用杞柳把果實包藏，就像文采隱含於內，好好準備，機會將從天而降。

〈象〉「九五含章，中正也。有隕自天，志不舍命也。」九五內隱含豐富文采，是因為居中而守正道，只要謹慎的不違抗天命，就能得到好的安排。

天地運行，不可以違抗天命，但只要充實自己，把握機會，就有喜從天降的可能。

【上九】姤其角，吝，無咎。

遇到他人的頂撞，有麻煩上身，但卻沒有大災禍。

〈象〉「姤其角，上窮吝也。」遇到他人頂撞，由於處在高位，沒有同好幫助，所以會有麻煩。

衝突產生之時，必須要謹慎小心，好好溝通。

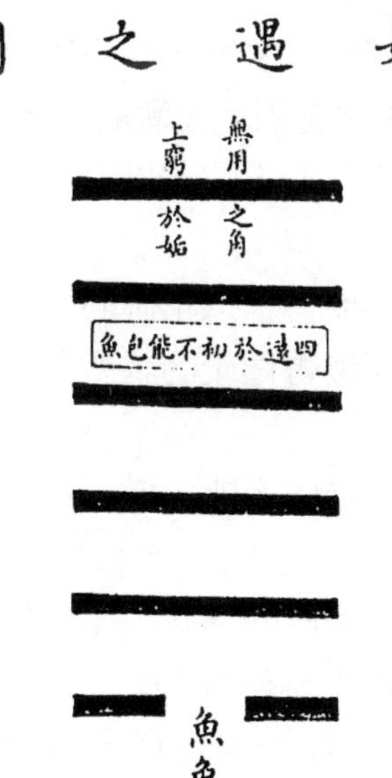

上卦為乾為天，下卦為巽為風。卦的原意是指女不守貞潔，但此卦也不完全都是不好的，如果遇事好好處理，剛柔並濟，則危機也可能成為轉機了。

姤卦 卦義

261【初六】系于金柅，貞吉，有攸往，見凶，羸豕孚蹢躅。

- **事業**：堅守於目前的崗位，即使看似有好的機會出現，也不要妄然前往，因等在前方的可能是凶險，只要堅持正道，安守本分，就能夠遠離災難。
- **創業**：應該專精於目前的本業，儘管有其他發展的機會降臨，也要審慎評估後再行動，應避免一時見獵心喜反而使自己陷入困境。
- **錢財**：對金錢的欲望須有所限，必須以正當的方式獲取金錢，若受到誘惑而偏離正道，取財方式失當，則發生凶險只是時間早晚的問題。
- **愛情**：若只是因為心急而亂槍打鳥，則即使發展成戀情，也會因為你的心態不正當而導向不好的結果。
- **婚姻**：必須專注於目前的另一半，已經走入家庭，就不應該因為受到其他誘惑而浮躁不安，心志不專絕對是災難的開始。
- **子女**：面對子女的所犯的過錯，要以正當的方式加以導正，只要行為守持正道，就能獲得吉祥。
- **健康**：必須專注地調養自己的身體，只要持續以正確的方式休養，就能恢復健康，反之若受到可能傷害健康的誘惑所吸引而躁進，先前的努力將功虧一簣。
- **旅遊**：旅途必須依循正道進行，若急著走向旁門左道，只是為旅程徒加凶險，務必三思而後行。
- **考運**：要堅持走在正道上，專注地進行考試的準備，如果放任自己往錯誤的方向前進，則最終將使自己陷入困境。
- **人際**：對於人際中出現的小人危害，不能一味姑息，必須堅持制止，才能使大家都受惠，自己也不致因此受害。

◆ **訴訟**：訴訟需依循正道進行，並且專注於自己的目標，不因一時的利欲薰心而偏離正軌，如此才能為自己爭取到正當的權益。

◆ **遷居**：已經決定的方向不要因為一時的誘惑而隨意更動，如此可能反而使自己踏上艱難的道路，為自己帶來更大的麻煩。

◆ **尋人**：往西北方尋找，必有所獲。

262【九二】包有魚，無咎，不利賓。

◆ **事業**：可能在工作上遇見大好機會，但這個機會並非真正屬於你，若執意前往，可能反而為你帶來困窘，必須等候更好的時機到來。

◆ **創業**：看似有相當有利的機會送到眼前，但事實上背後可能隱藏著莫大的危機，故不應急著下決定而錯判情勢，避免因此重創你的事業。

◆ **錢財**：不會有太大的財務損失，但仍須注意金錢的管理，避免意外的突然降臨。

◆ **愛情**：將遇見相合的對象，但需多方評估對方是否就是你應得的緣分，即使緣淺，也不應太過失落，要積極尋找下一段戀情。

◆ **婚姻**：將有額外的獲得，但婚姻的維持仍須雙方付出努力，只要能理解雙方的需求，相互體諒，就能有平順圓滿的婚姻。

◆ **子女**：親子之間儘管有所衝突，幸而還能相互溝通，一同找出解決之道，故感情不會受到太大影響。

◆ **健康**：健康有些突如其來的狀況，但夠及時發現並積極進行調養，故不會有大礙。

◆ **旅遊**：雖然並非能夠長久維持的關係，但旅途中會有些美好的邂逅，把握當下與人為善，就能有一趟難忘的旅程。

◆ **考運**：儘管好運站在你這邊，但仍須付出相當程度的努力，才能有好的表現。

◆ **人際**：人際上會有不期而遇的對象，但能否發展成自己的人際，端視自身的努力。

◆ **訴訟**：勝訴的際遇會來臨，但是否能抓住機會才是關鍵，儘管過程不是完全順遂，整體來說，不會有太大的災禍。

◆遷居：因為某些機緣，開啟了順利搬遷的契機，同時要再積極地行動，才能使搬遷無事而終。

263【九三】臀無膚，其行次且，厲，無大咎。

◆事業：工作遇見阻礙，只要臨危不亂地認真做好應做的工作，就能免除重大的災禍。

◆創業：創業路上少不了顛簸，每當遇見困難，若都能盡力而為，並避免小人的危害，就能安然度過每一次的難關。

◆錢財：錢財有損失的危機，但只要是走在正確的道路上，不因小人的誘惑而走向歪路，最終能夠沒有災禍。

◆愛情：戀情可能出現小小的摩擦，但都只是短暫的衝突，只要誠實面對，就能免去更大的危機。

◆婚姻：兩人的關係出現危難，但因為能夠積極地進行溝通並相互謙讓，因而能夠度過危機，沒有災禍。

◆子女：可能在某些部分意見不和，因而影響親子關係，但只要秉持誠意溝通，就能化解困窘。

◆健康：身體出現狀況，令你擔憂，但只要積極接受治療，就會順利好轉，並無大礙。

◆旅遊：旅途中會遇上突發狀況，造成旅伴間的衝突，或必須因此更改行程，但卻不至於嚴重到對旅程有太大的影響，不需過分擔憂。

◆考運：過程中會遭遇幾次挫折，但若能將這股挫折化成前進的力量，就能在考試時有好的表現。

◆人際：因小人所害，使人際受到部分的損傷，但只要盡心修復，不會有大礙。

◆訴訟：被小人陷害而陷入困局，使訴訟之路艱困難行，不過若能不畏困厄，堅持理想，終能突破僵局，迎來最終的勝利。

◆遷居：儘管過程有些坎坷，這些困難卻無法成為阻止你前進的阻礙，最終能夠突破困局，順利完成搬遷。

264【九四】包無魚，起凶。

◆ **事業**：儘管與大好機會擦身而過，也不要前往強求，唯有放開心胸，等待下次機會，才能遠離凶險。

◆ **創業**：不應強求不屬於自己的東西，若能克制貪求的欲望，即使暫時發展不利，也不至於影響到整體事業的進行。

◆ **錢財**：求取錢財必須以正當的方式獲得，若是貪求他人的財富而偏離正道，則災難自然會隨之而來。

◆ **愛情**：即使錯過了進一步的發展機會，也不要過於貪求，只要持續展現出自己良好的品性，儘管目前暫居朋友的位置，仍有可能在往後發展成戀情。

◆ **婚姻**：不因自己的利益而要求對方，才能在婚姻中維持平衡，若能相互謙讓，才能讓婚姻走得長久。

◆ **子女**：不要因為子女不聽從你的意見就加以責備，互相傾聽心聲並知所退讓，才是和平相處的要訣。

◆ **健康**：對於健康不要過於貪求，在能力所及範圍之內竭盡全力，克制過於執著的心境，才能真正靜下心來修養，因而使健康狀況有所進展。

◆ **旅遊**：籌備過程中要安守本分，不要搶他人的功勞，如此才能避免紛爭而使籌備順利進行，進而使之後的旅途順利而無災禍。

◆ **考運**：已經過去的失敗經驗不要一直放在心上，只要確定自己有從失敗中得到經驗，就應看開一些，並加緊腳步面對下一次的挑戰。

◆ **人際**：不要妄求不屬於自己的人望，只要鞏固好自身的人脈經營即可，過於貪求將為你招致不必要的災禍。

◆ **訴訟**：訴訟的要求應適可而止，不應貪求多餘的利益，若一心想著利益而進行訴訟，則可能迎來落敗的結果。

◆ **遷居**：若過於貪心而不知節制，則可能因此與他人起爭執，捲入難以脫身的麻煩之中，搬遷計畫也可能因此延宕，應該盡好自己的本分，才能使搬遷順利進行。

265【九五】以杞包瓜，含章，有隕自天。

◆ **事業**：只要凡事依循正道，儘管一時不受重用，也不必氣餒，所謂天命自有安排，若能在自己的位置上奮力工作，屬於你的機會就會到來。

◆ **創業**：找到屬於自己的道路就奮力向前，即使目前看不見收穫也不必過於擔憂，持續付出，終有收穫的一天到來。

◆ **錢財**：不妄想偏財的來臨，而是靠著自己的力量一步一步獲取財富，如此將為自己帶來吉祥。

◆ **愛情**：不必過於強求姻緣，若能充實自己，秉持謙善的美德，自然能夠吸引與你相合的對象。

◆ **婚姻**：修養自己的內外在，與另一半相處時謙虛以對，自然就能使婚姻平順無波，即使暫時遇到阻礙，也能夠無事化解。

◆ **子女**：與子女的關係陷入僵局，但只要秉持正確的方式加以溝通，終能使目前的情況有所改善，在那之前，必定不能灰心喪志，時機成熟就能有所突破。

◆ **健康**：目前只是陷入短暫的低潮，不要因此喪失鬥志，只要秉持堅強的信念面對病情，每一天都會有所進步，最終能夠脫離病魔的掌握。

◆ **旅遊**：守住自己的本分，往正確的方向前進，不因他人的阻礙而卻步，就能順利完成考試，並大有收穫。

◆ **考運**：具有相當的實力，儘管因一時的疏忽而遭逢挫折，也不要太過在意，只要堅持往對的方向前進，就能在下一次的試驗中有好的表現。

◆ **人際**：儘管暫時因為小人的的作為而受害，只要你依循正道而行，眾人就能明辨是非，成為你的後盾。

◆ **訴訟**：儘管目前的形勢看起來對你不利，但只要抱有堅定的信念，堅持走在正確的道路上，等到時機成熟，就是你翻身的大好機會。

◆ **遷居**：因為自己累積下來的好人脈，在遇到阻礙時，能夠不為其所困，順利度過難關。

266【上九】姤其角，吝，無咎。

◆ **事業**：工作上容易與他人有衝突，因而惹上麻煩，但只要妥善處理，就能避免隨之而來的災禍。

- **創業**：可能會與合作對象有所衝突，此時必須以包容的心態應對，才能避免影響到事業的發展。
- **錢財**：可能因金錢與他人產生糾紛，但若能站在他人的角度著想，就可化解衝突，最終獲得吉祥。
- **愛情**：與戀愛的對象產生口角，若你能夠先行退讓，就能避免釀成更大的傷害。
- **婚姻**：儘管兩人發生爭執，但彼此的原意可能都是出於良善之心，故應深入溝通，一起解決生活中的矛盾，就能免除關係破裂的危機。
- **子女**：當親子間起了衝突，你必須對子女加以包容，才能搭起溝通的橋梁，進而有良好的互動，避免因一時的衝突而引發難以收拾的局面。
- **健康**：儘管目前的身體狀況不慎良好，也不應因此喪志，以正面積極的態度調養，就能有恢復健康的一天。
- **旅遊**：可能在旅途過程中與他人有摩擦，此時更不應強硬以對，要為彼此的立場設想，主動求和，雙方就能化解僵局，使旅途順利進行。
- **考運**：只要為自己找到正面的動機，加以努力，就能突破難關，在考試上有好的表現。
- **人際**：可能受到他人的攻訐，但若能加以包容，就能避免更大的衝突發生，也保全自己的名譽。
- **訴訟**：訴訟中免不了針鋒相對，但若能雙方各退一步，就能避免目前的局勢惡化，避免兩敗俱傷。
- **遷居**：受到他人的阻撓而使搬遷過程不甚順利，但只要放寬心胸，不拘泥小節，就能順利完成搬遷。

姤卦 卦理

「姤」卦，有女人主事、邂逅、相遇之意。卦序上是緊接著夬卦出現，且兩卦為為相綜的一對卦。《序卦》曰：「決必有遇，故受之以姤。姤者，遇也。」正所謂分久必合，合久必分，先前夬卦的五陽除了要和一陰劃清界線外，還要將其剷除，但到了姤卦時，一陰又和五陽重逢。〈彖傳〉說：「姤，遇也，柔遇剛也。勿用取女，不可與長也。」一女子周旋於五名男子之間，罔顧貞節之重要，不守婦道的行徑，又透露出自己的健壯淫亂，千萬不可娶此等女子，兩人只是屬於邂逅之關係，必定無法長長久久，因此卦辭也說「女壯，勿用取女。」。

從卦氣的觀點來看，三月夬卦時，一陰被五陽處決，四月就進入純陽的乾卦，陰氣又在五月姤卦時強勢回歸，凌駕於五陽之上的一陰相當剽悍，故有「女壯」之說，也因此姤卦有女子主事之意。〈象〉曰：「天下有風，姤。后以施命誥四方。」卦象乾天上，巽風下，整個天下都吹著風，而風遍及了各個角落，萬物皆相存相依，代表著在上位者應當要頒布命令給眾人。

卜得此卦，在感情上可能女方同時與多人交往，也可能是因為女方的個性相當強硬，導致感情無法長久，只是短暫的邂逅，不要對這段感情抱持著太多的想像空間。若是求其他事務，應也是由女人掌握主導權。不管如何，彼此尊重、忍讓，勢必能夠有吉之道。

「姤」卦六爻的爻辭：初六表示平常就要對小人有所防備，在他們勢力增長前，就應該要嚴厲地採取行動阻止，但記住不可硬碰硬，需要以柔克剛，方能得吉；九二說明不義之財不可取用，要防止小人對大眾的影響；九三時表示雖然過程艱辛，沒有人可以從旁給予協助，但仍然是可以完成的，但切記不可與小人同流合汙；九四要人懷著寬大的胸襟，懂得包容，才能得到支持與力量；九五表示君子不受重用、賞識，但不可妄自菲薄，雖然此時小人道長，但只要堅守正道，待時機成熟，必能出人頭地；上九表示應該要用嚴正以待的態度對抗小人，雖然有被人覺得心胸狹隘的感覺，但卻能夠避免不必要的麻煩與傷害。

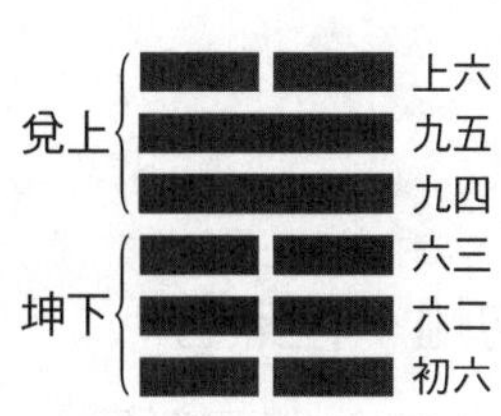

萃卦

卦序▶45 錯卦▶山天大畜
卦數▶24 綜卦▶地風升
卦向▶西北 互卦▶風山漸

萃，從艸卒聲，草木茂盛的樣子，後引申為人或物聚集之意。在姤卦相遇之後，就有萃卦象徵聚集之勢。

中國歷史上第一位平民皇帝劉邦，他就是靠著民眾群聚的力量，漸漸壯大自己的勢力，從無到有，從千至萬，不停累積，所謂「千里之行，始於足下」、「萬丈高樓平地起」，也因此造就了平民稱王的歷史盛世。

卦辭

【卦辭】亨。王假有廟，利見大人，亨，利貞。用大牲吉，利有攸往。

假，來到。有，無義助詞。王假有廟，君王來到宗廟。萃卦，亨通，君王來到宗廟，拜見大人物是有機會的，亨通，是因為循正道。用大魚大肉祭祀是有利的，有所前往，也是有利的。

〈彖〉「萃，聚也；順以說，剛中而應，故聚也。王假有廟，致孝亨也。利見大人亨，聚以正也。用大牲吉，利有攸往，順天命也。觀其所聚，而天地萬物之情可見矣。」萃，相聚之意。說，悅也。君王來到宗廟，是來向祖先盡孝道。有機會見到大人物且亨通，是因為依循正道來聚集。另外，用大魚大肉祭祀則帶來吉祥，並且前往是有利的，這都是因為依順天的緣故。細觀相聚之理，可以了解天地萬象。

〈象〉「澤上于地，萃。君子以除戎器，戒不虞。」除，整治、修治。虞，預料、猜想。大地上有水的聚集，就是萃卦徵兆。君子應該修鍊兵器，以防止意料外的事情產生。

萃卦本是指利用敬神來把天下人民聚集，在此象徵以正當的方法來聚集。才能得到吉祥和亨通順利。

爻辭

【初六】有孚不終，乃亂乃萃，若號，一握為笑，勿恤，往無咎。

有誠信但卻未能堅持到底，那麼禍亂就會聚集，如果能夠號召群眾，使人們歡笑，那麼就不用擔心了，之後也不會有災禍。

〈象〉「乃亂乃萃，其志亂也。」出現混亂的現象的聚集，是因為眾人的神智混亂。

此爻說明有誠信之人也必須堅持到最後，這樣才不致造成心神不定、混亂聚集。

【六二】引吉，無咎，孚乃利用禴。

禴，音同「月」，輕薄之禮。得到上司的青睞，是吉祥的，因為有誠信的緣故，只用輕薄之禮即可得到效果。

〈象〉「引吉無咎，中未變也。」得到上司的青睞，是因為守中庸正道的心沒有偏頗。

此爻說明有誠信且堅定之人，就算是簡單的祭祀，神明也會降福給你的。

【六三】萃如，嗟如，無攸利，往無咎，小吝。

人們聚集在一起哀嘆，做什麼都不會順利的，前往雖沒有災難，但會有小麻煩。

〈象〉「往無咎，上巽也。」巽，在此不是卦名，而是順從之意。前往是沒有災禍，是因為對上位者謙遜而順從的關係。

此爻說明交友的重要性，若周遭之人無法給予正命能量，只是嘆息，那麼當機立斷就該另結益友才是。

【九四】大吉，無咎。

大吉大利，沒有災難。

〈象〉「大吉無咎，位不當也。」徵兆本來是大吉大利，但結果僅僅是沒有災難，這是因為處在不當的位子。

此爻說明名正也要言順，本來是大吉大利之命，但可能因為居於不當之位而致使結果並不如預期的好。

【九五】萃有位，無咎。匪孚，元永貞，悔亡。

因為聚集群眾而得到較高的地位，沒有災禍的產生。雖然目前還得不到眾人信任，但堅守正道，悔恨終會消失。

〈象〉「萃有位，志未光也。」因為聚集群眾而得到較高的地位，但是志向卻沒有因此而發揚。

在上位者由於即位不久，還沒有得到大眾的信任，只要持續堅守正道，才能感化天下，取信於民。

【上六】齎咨涕洟，無咎。

齎，音同「機」，懷著。咨，音同「姿」，嘆息。涕，古稱為眼淚。洟，鼻涕。哀聲痛哭，沒有災禍。

〈象〉「齎咨涕洟，未安上也。」哀聲哭泣，是因為上位者還沒得到人心的緣故。

想要使志同道合的人聚集在一起，但是卻沒有人追隨，因而悲傷嘆息涕泣，所以悲痛之時就應反省為何如此，才不會導致災禍發生。

萃聚之圖

上卦為兌為澤，下卦為坤為地。此卦象徵聚集，天下萬物匯聚，則物產豐饒。

萃卦 卦義

267【初六】有孚不終，乃亂乃萃，若號，一握為笑，勿恤，往無咎。

- **事業**：無法堅持以誠信與他人相處，故無法結交正直的工作伙伴，因而阻礙了前途，若能積極行事，以誠心與他人合作，則吉祥自會來到。
- **創業**：必須堅持在自己選擇的道路上，並且以誠信與合作對象往來，唯有以誠待人才能獲得正面的助力，幫助你的事業成功發展。
- **錢財**：因誠信不足而使自己亂了心志，以這樣的狀態從事投資會有相當的風險，但若能清楚認知自己的錯誤，誠實面對，並尋求正道之人的幫助，就能遠離災禍。
- **愛情**：沒有信守承諾而讓你感到心神大亂，可能阻斷戀情的發展，必須以誠信的態度與對方相處，積極主導，才能免於憾恨。
- **婚姻**：可能因為自己的誠信問題而導致婚姻關係失衡，即使夫妻相聚也沒有喜悅，必須檢討自己，承認過錯，並且主動尋求另一半的協助，一同度過難關。
- **子女**：無法堅守自己的諾言，久而久之可能導致子女對你的不信任，並逐漸疏遠，想要改變現況，首先要認清自己缺乏誠信的作法，並加以改進，如此才能使關係逐漸好轉。
- **健康**：儘管朝向正確的方向治療，卻無法堅持，以各種理由搪塞，自然對康復沒有幫助，唯有誠實面對自己的病情，積極接受治療，才有痊癒的可能。
- **旅遊**：若不能以誠信面對他人，則在旅途中會無所依憑，必須以誠心面對旅途中所有事物，才能讓自己有所收穫並免於孤立無援的狀態。

◆ **考運**：無法固守自己的原則，因而失去誠信，如此將使你無紀律可循，表現差強人意，必須誠實面對自己，體認自己的不足，並積極向他人求助，只要採取行動，就能有所進步。

◆ **人際**：想拓展人際，最重要的是以誠信與他人交往，若虎頭蛇尾，則人際關係難以維持。必須以誠心面對他人，並堅定持續為他人付出，將獲得很大的回報。

◆ **訴訟**：無法以誠信的態度面對訴訟，將陷自己於不利的境地，如能不怕他人嘲笑的眼光，堅定地走在正道上，並向有力之人求助，就能順利無礙地贏得訴訟。

◆ **遷居**：不斷改變原則反而使自己亂了陣腳，因此難以推動搬遷的進行，此時若能尋求他人的幫助，將可成為搬遷的莫大助力。

◆ **尋人**：往西北方尋找，必有所獲。

268【六二】引吉，無咎，孚乃利用禴。

◆ **事業**：工作容易受到上司的青睞，因而受到提攜，這也是因為你持續固守正道，並且誠信待人的緣故。

◆ **創業**：因為獲得許多合作夥伴的幫助，加上你本身堅定地走在正道之上，商品能夠受到消費者的青睞，事業穩健地成長。

◆ **錢財**：能夠秉持正直的心態，並得到有經驗之人的幫助，因而能夠在錢財方面有所收穫。

◆ **愛情**：因個性正直而誠信，會受到心儀之人的青睞，雙方的關係能順利發展，只要有誠意，就算不以物質餽贈對方，對方也能感覺到你的心意。

◆ **婚姻**：在婚姻中以誠信相待，故可避開許多爭執的危機，婚姻能從平淡中見幸福，無所波瀾。

◆ **子女**：若能以誠信面對子女，則能深入他們的內心，受到對方的信賴，當衝突發生，便能在雙方互相理解的情況下化除危機。

◆ **健康**：能誠實面對自己的病情，並且受到他人的幫助，故無須過於擔憂，健康將能逐漸好轉。

◆ **旅遊**：若能不尋求旁門左道，加上受到有力之人的協助，就能夠使旅途吉祥而無災險。

◆ **考運**：若你能在正直的道路上努力，將有他人前來幫助你，也因為受到他人的提攜，能夠在考試中有好的表現。

◆ **人際**：因本性正直誠信，受到在上位者的青睞，使你能夠毫無阻礙地拓展人際圈。

◆ **訴訟**：因能以誠信待人，故在困難之時，會有有力之人的出現，成為你面對訴訟的助力，因而能夠化解災禍。

◆ **遷居**：只要守住中庸正道，秉持誠信，儘管擁有的資源不多，也能夠順利找到理想的物件。

269【六三】萃如，嗟如，無攸利，往無咎，小吝。

◆ **事業**：與小人聚集，因而無法承接到在上位者的福澤，難有成就，但又不至於惹來災禍，若想在工作上有所進展，就必須選擇對的人相聚，互助合作才能讓事業更上一層樓。

◆ **創業**：選錯了合作對象將使你的事業停滯不前，雖然不至於對你產生重大的傷害，但長久來看仍是負面的影響，必須重新找尋合作對象。

◆ **錢財**：現在的夥伴不會為你帶來財富，雖沒有大的害處但可能會造成小小的遺憾，而若你想在財務上有所收穫，應該尋找其他機會與對象。

◆ **愛情**：感情上遇不到相合的對象，但若能退而求其次，順從他人的介紹，說不定就會有意外的邂逅。

◆ **婚姻**：與另一半因性格的不同而容易產生衝突，雖不至於使婚姻破碎，但也讓生活充滿負面能量，此時應放軟身段，以柔和的態度面對爭執並理性溝通，才能使僵局抒解。

◆ **子女**：相處時容易有意見不合的情況，想改善現狀卻受到阻礙。必須以柔順的方式處理衝突，耐心傾聽對方的需求，並以和善的態度加以溝通，情況將逐漸好轉。

◆ **健康**：病情沒有進展，持續有些小狀況出現，因而使你內心感到挫折，必須調整自己的心態，不要強求自己達到最高的目標，從小小的進步開始往前邁進即可。

◆ **旅遊**：容易碰到對旅行沒有助益的人事物干擾，每每使你煩躁不安，但若能轉換心態，以柔和的態度面對困難，將能使負面能量轉正，成為旅途中的養分。

- **考運**：在準備過程中感到孤立無援，使學習陷入瓶頸之中，此時應該改變想法，尋求身旁的人的協助，儘管助力不大，但在遇見困難的時候，也不失為有力的幫助。
- **人際**：想拓展人際卻遇見阻礙，找不到志同道合的對象，但若能換個想法，以柔和的態度與對方相處，說不定會發現彼此意外地相合。
- **訴訟**：若以目前的資源進行訴訟，雖不完全會招致失敗，但可能讓你居於下風，必須轉變為柔軟的身段，向身旁的人尋求協助，如此一來就能免於險境。
- **遷居**：想要搬遷卻受到阻礙，但若能放下身段，聽從他人的建議，事情可能發生轉機。

270【九四】大吉，無咎。

- **事業**：受到在上位者的青睞，又獲得同事、下屬的支持，因而在工作上無往不利，但若能更注意行走在正道上，可獲得更大的吉利。
- **創業**：有優秀的合作對象與盡職的員工，事業能夠扶搖直上，而若能堅持行走於正道，將能使成就更上一層樓。
- **錢財**：能吸引有力人士與你合作，因而在財富上能有莫大的收穫，若能注意取財的手段是否正當，財運將亨通無阻。
- **愛情**：將有理想的對象出現，兩人性格相合而有發展機會，只要秉持正直的性格，愛情之路將能順遂無礙。
- **婚姻**：與另一半心意相通，相處融洽，若能真誠互信，則婚姻能免除咎害。
- **子女**：若能依循正道與子女溝通，則親子關係能夠更進一步，沒有什麼需要憂慮的。
- **健康**：只要是依循正確的方法，而非採用道聽塗說的偏方，就能夠順利調養身體，恢復元氣。
- **旅遊**：受到身旁的人的支持，在籌備過程中能夠事半功倍，使旅程順利進行無礙。

◆ **考運**：因為能夠得到他人的幫助，讓你省了許多心力，也免去很多犯錯的可能，幫助你在考試中無往不利。

◆ **人際**：能夠受到眾人的喜愛，故在需要幫助時，總有人願意伸出援手協助，人際關係能有很好的發展。

◆ **訴訟**：目前的困境將出現脫離的機會，只要行走於正道，最終將能獲得勝利。

◆ **遷居**：準備過程中因他人相助，能夠順利無礙地進行，搬遷之事也能沒有災難地完成。

271【九五】萃有位，無咎。匪孚，元永貞，悔亡。

◆ **事業**：有能力與權勢集合眾人，但仍無法完全獲得他人的信任，因而雖不至於有災禍發生，卻也必須注意持守正固，並持續提升自我能力，方能有所成就。

◆ **創業**：事業初創的時期，雖然能夠得到眾人的幫助，但並非完全掌握這些人的心意與信任，故仍須拿出實力，證明自己的才能，方能遠離災禍。

◆ **錢財**：因為有一定的地位而能得到他人的支持，但目前尚無法完全取信於人，必須堅守自己的立場，依循正道行走，才能獲得他人的信任，因而免去錢財的損失。

◆ **愛情**：愛情尚未穩固，雙方的信任基礎也並未完全建立，必須持續以正直的態度與對方相處，逐漸累積信任，就能使戀情順利發展。

◆ **婚姻**：婚姻中重要的信任尚缺，必須展現出自己最正直的本性，互相累積信任感，才能使婚姻之路順遂無礙。

◆ **子女**：儘管在家中有一定的地位與重要性，但子女無法對你完全心悅誠服，雖然目前暫不至於引起太大的問題，但必須適時累積子女對你的信任，才能避免悔恨的發生。

◆ **健康**：雖然身體出現一些小狀況，但不會繼續惡化下去，若能堅持正確的療養方式，則有望完全恢復健康。

◆ **旅遊**：具有聚眾特質，使你在各方面都能受到幫助，但若作為帶領者的角色，則大家對你的信任度稍有不足，必須以堅毅的性格貫徹自己的想法，展現出你的能力，才能使眾人信服。

◆ **考運**：肩負眾人的期待，但尚未完全發揮出實力，唯有在努力的道路上持續前進，才能逐漸展露實力，最終有好的表現。

◆ **人際**：剛建立起聲望，人脈有大肆開展的機會，但在現階段尚未得到眾人的信任，必須堅守正道，以感化他人，最終能夠順利打造出自己的人脈網絡。

◆ **訴訟**：因為眾人的支持而走到今天這一步，但尚未出現致勝的關鍵，必須不畏艱難地繼續前進，終能使訴訟順利落幕。

◆ **遷居**：搬遷並非一己之力能夠完成，想要藉助他人的力量，要能展現你正直的本性，獲得對方的信任，才能在眾人的協助下，順利完成搬遷。

272【上六】齎咨涕洟，無咎。

◆ **事業**：無法使下屬跟隨，是因為平時自傲而不能與下屬親近的緣故，因而在職場上感到孤立無援，必須檢討自我並加以改進，才能改變現況。

◆ **創業**：因為身處於高位，加上性格的問題，無法使志同道合的人相聚，使得創業過程更加艱辛，要改善高處不勝寒的處境，要先從改變自己開始。

◆ **錢財**：錢財上時常感到孤立不安，是因為欠缺與他人合作的性格取向，若總是以為自己高人一等，只會更加深你與他人的疏離，必須檢討自己的缺點，才能看見問題並改正之，進而使財務往正向發展。

◆ **愛情**：自傲的態度令你不甚討喜，自然使桃花遠離，要能反省並改過，才能開啟戀愛的契機。

◆ **婚姻**：因個性高傲而使你與另一半逐漸疏離，若不能明白自己的缺點，則做任何努力都只是緣木求魚，必須從自身開始改變，才能使情況有所轉圜。

◆ **子女**：子女不追隨你的心志，因而使你哀怨嘆息，若能放下身段理解對方的想法，並反省自己，將有機會開啟溝通的管道，改善目前的僵局。

- **健康**：因為自視甚高而不願接受他人的意見，如此對你的健康並沒有好處，反而會讓自己陷入孤苦無依的狀態，應該在低潮中反省自己落入此般境地的原因，才能有所轉機。
- **旅遊**：遇見困難時無人伸出援手，使你沮喪哀嘆、心志無法安定，此時不應怨天尤人，而是要反省自我，並針對自己的缺點加以改進，才能避免更糟的情況發生。
- **考運**：以謙虛的態度與他人相處，將能避免因過於自傲而在困難時無人伸出援手的景況，進而使考試有好的表現。
- **人際**：因個性容易與人結怨，困難時無人願意前來幫助，因此經常暗泣沮喪，必須看見自己的問題，才有辦法改變現狀。
- **訴訟**：若態度高傲不願聽取他人的意見，則容易使自己陷入困境之中，當遭遇挫折，要自我反省，只有改變自己的態度，才有機會扭轉劣勢。
- **遷居**：無法聚集眾人的力量，使搬遷陷入困境，若能反省自己的問題，積極改過，則能突破困境，順利完成搬遷。

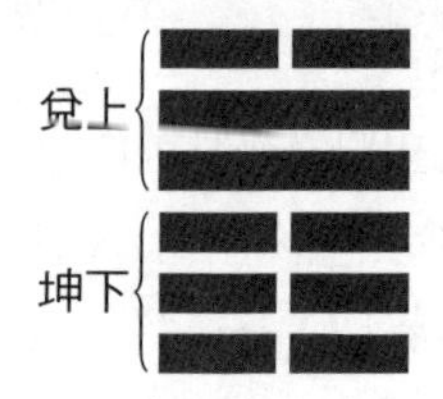

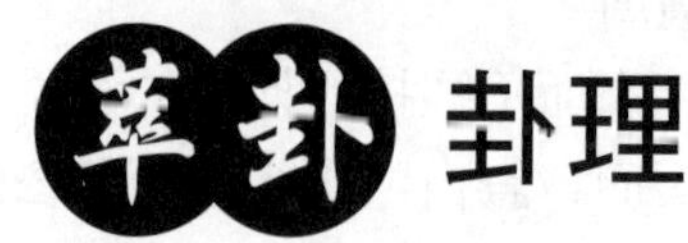

卦理

「萃」卦，有萬物薈萃、聚集、滋潤大地之意。卦序上是接在姤卦之後，《卦序》曰：「物相遇而後聚，故受之以萃。萃者，聚也。」所有事物都是相遇後才聚在一起，所以萃卦會在姤卦之後。「亨。王假有廟，利見大人，亨，利貞。用大牲吉，利有攸往。」聚集則亨通，君王至宗廟祭祀，利於和德高望重之人會面，堅守正道並使用大型牲禮將能夠帶來吉祥，利於遠行、前去行事。整體而言，萃卦表達出君王與天下豪傑群聚在一起，相互表達意見，應付各種問題，君臣之間的關係也包含其中。

萃卦卦象為坤地下，兌澤上，意味著因為地上有湖水，而水流來自四面八方，源源不絕的注入湖水之中，也就有了聚合的意義。〈易經〉中的萃為萬物生長茂盛，群聚在一起的意思。《說文》：「萃，艸 。」萃，草生長茂盛，後來被泛指為生長茂盛。〈象〉曰：「澤上于地，萃。君子以除戎器，戒不虞。」當人群聚在一起時，應該要隱藏兵器，不過仍然需隨時戒備，小心提防意外的發生。

卜得此卦，適合和大眾一起商量共事，可以和德高望重之人會面，要有遠大的抱負，不應故步自封，不需要過度節儉，大方才能顯現出氣概。「萃」卦六爻的爻辭：初六時表示如果不能從一而終，那就一定無法展現出誠信使人信服，定會出亂子。但如果能夠將眾人的怒火化作力量，向人尋求幫助，那行事就不會有罪責，切記要堅定自己的意志；六二表示引退謙讓能夠得吉且不會有罪責，記住要懷著虔誠的心，要讓人感受自己的誠心誠意，如此一來必能逢凶化吉；良禽擇木而棲，賢臣擇主而仕，與志同道合之人結交方為上策，此為六三之意；九四時爻位不正，但接近九五之君，所以可以無往不利，不過需要建立在凡事盡善盡美之下；九五時表示雖然位高權重，但因有小人從中作梗，務必要堅持自己的立場，守住正道，修身養性並樹立威望，才能夠使大眾信服；上六表示位處最高時，遇到阻礙卻被人遺棄，無人願意伸出援手協助，哀號也無用，但如果能夠自我警惕，改過反省，就可以免於罪責，切勿怨天尤人。

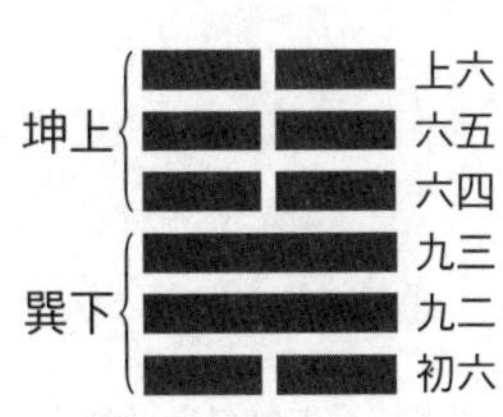

升卦

卦序▶46　錯卦▶天雷無妄
卦數▶6　綜卦▶澤地萃
卦向▶東南　互卦▶雷澤歸妹

卦揭

升，上升之意。聚集愈多則會堆積，堆積的物品愈來愈高，這就叫升，所以說萃卦之後，升卦承接。

台灣天團五月天自成軍以來，不斷充實成長，人氣高漲，而他們奮鬥的故事「成功——是失敗的累積」，也成了課本教材。五月天接受專訪時透露，百分之九十九的創作都是瓶頸，因為一百句歌詞只有一句能用，鼓勵大家用樂觀的態度面對世界，回憶出道至今努力不懈的過程，相信成功是失敗累積出來的，而誰能跟失敗相處的最好，誰就愈能坦然面對自己。

【卦辭】元亨，用見大人，勿恤，南征吉。

恤，憂慮之意。升卦，大亨通，需要拜見大人物時，無須擔憂，向南方征兵討伐是吉祥之兆。

〈彖〉「柔以時升，巽而順，剛中而應，是以大亨。用見大人，勿恤；有慶也。南征吉，志行也。」柔順的德行正在上升著，所以非常亨通。需要拜見大人物的時候，不用擔憂，因為有值得慶賀的將發生。向南方征討吉祥，是因為心中的志向可以得到實現。

〈象〉「地中生木，升。君子以順德，積小以高大。」大地長出樹木，這就是升卦之象。君子得到啟發，心懷柔順的德行，不斷的累積並壯大自己。

在上位者要像不斷長高的樹一樣，心懷美德，不斷累積自己的能力，以防止時代淘汰，另一方面則是多做好事，照顧下屬，建立自己的威信及名聲。

【初六】允升，大吉。

上升的徵兆，非常吉祥。

〈象〉「允升大吉，上合志也。」得到可以上升的機會，是因為符合了上位者的志向。

此爻說明想要升官發達，應該要追隨心志相仿的上位者才會順利。

【九二】孚乃利用禴，無咎。

心存誠信，即使是簡單的祭祀，也能得到保佑，沒有災禍的發生。

〈象〉「九二之孚，有喜也。」九二之爻象的誠心誠意，一定會帶來好事的。

心存誠信，對上盡忠職守，對下受民擁戴，這樣的情況當然沒有災禍產生，獲得提拔之類的好事就要發生了

【九三】升虛邑。

晉升到沒人看管的城市。

〈象〉「升虛邑，無所疑也。」晉升到沒人看管的城市，是沒有什麼好遲疑的。

能夠晉升到沒人看管的地區來管理，表示是極受上位者重視，也因此才能獲得重用，所以就不需要有所疑慮了。

【六四】王用亨于岐山，吉無咎。

亨，祭祀。君王在岐山祭祀，是吉祥沒有災禍的。

〈象〉「王用亨于岐山，順事也。」君王在岐山祭祀，是對先人的尊敬與順從。

想要得到好的發展，就必須對先人尊敬，並且承襲順從先人良好的傳

統。

【六五】貞吉，升階。

守中並把持正道，地位就能有所提升。

〈象〉「貞吉升階，大得志也。」守中並持正道，地位就能有所提升，完成偉大的志向。

管理者要提升位階需把持正道，才能獲得部屬或是同事的擁護。

【上六】冥升，利于不息之貞。

在昏暗不明的狀態中上升，只有堅持己志，持續不懈，才能得到好的結果。

〈象〉「冥升在上，消不富也。」富，此處同福。在昏暗不明的狀態中上升到了頂端，福氣停止增長。

對於位階提升要視情況而定，不過，勤於職守、努力不懈怠則可以消災得福。

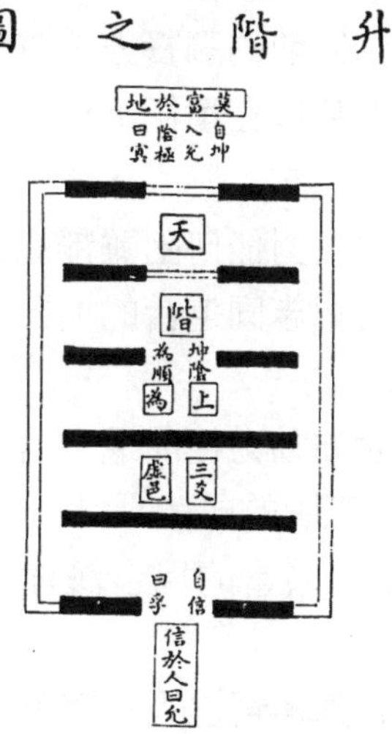

上卦為坤為地，下卦為巽為木。事物上升，亨通吉祥，得到人民的擁護就可以施展抱負向前升進了。

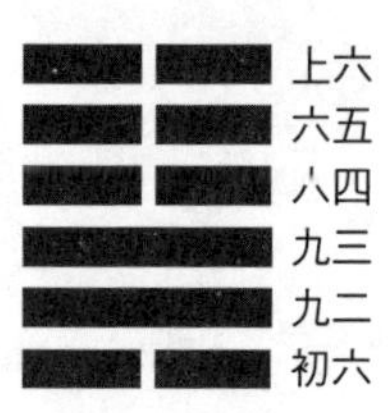

升卦 卦義

273【初六】允升，大吉。

- ◆事業：將有晉升的機會，且未來的工作內容將符合自己的志向，故現在必須跟從前輩潛心學習，未來將大有發展。
- ◆創業：企業有向上發展的契機，必須連同志同道合的夥伴朝向更高的目標邁進，就能有好的成就。
- ◆錢財：財運有往上攀升的趨勢，只要是依循正道求取財富，就能有豐碩的收穫。
- ◆愛情：只要肯付出努力，與對方的關係就能一步一步地爬升，最終能夠圓滿戀情。
- ◆婚姻：夫妻間的關係有逐漸好轉的機會，只要循序漸進釋出善意，光明的結果就在不遠處。
- ◆子女：親子之間有突破僵局的可能，應該趁著現在的大好時局積極行動，找尋彼此相處的平衡，將會有好的結果。
- ◆健康：健康狀況有好轉的跡象，這是因為目前的調養方式符合你的習性，而能夠長久持續的緣故，若趁現在積極治療，將有望痊癒。
- ◆旅遊：因為擔任適合你的角色，故旅途中面對任何困難都能迎刃而解，且運勢還在持續上升當中，若與志同道合的朋友一同前行，將會有更大的收穫。
- ◆考運：找到屬於自己的志向，因而有莫大的動力往前進，若能不畏艱辛，這段時間的辛勞都會轉變成亮眼的成績。
- ◆人際：目前是適合開展人際的時機，將有適當的場合讓你大展身手，進而奠定人脈基礎。
- ◆訴訟：將有反轉局面的可能，若能結合志同道合之人一同努力，就能勝券在握，無須憂慮。

◆ **遷居**：因為順應心意，故搬遷能夠順利進行，若有適合的對象協助，將能更快塵埃落定。

◆ **尋人**：往東南方尋找，必有所獲。

274【九二】孚乃利用禴，無咎。

◆ **事業**：心中懷有誠信，因而受到上司的賞識，並擁有下屬的愛戴，只要往正確的目標努力，將有屬於你的榮譽降臨。

◆ **創業**：以誠信對待他人，故無論是合作對象或是員工都願意全心支持你，使你避過初創事業的低潮期，並能穩健成長。

◆ **錢財**：財運能夠向上攀升，若能持續以誠信經營，就能財源滾滾，大有獲利。

◆ **愛情**：以誠信的態度面對心儀的對象，將能得到對方的青睞，只要積極行動，就有機會成就戀情。

◆ **婚姻**：對另一半誠信堅貞，故能夠避開許多影響關係的危機，夫妻的情感將能和睦而無所咎害。

◆ **子女**：儘管現況並不理想，但只要以真誠的態度給予孩子信任，就能化解困境，培養出深厚的情感。

◆ **健康**：身體出現狀況，使你感到沮喪不安，但不用過於憂慮，只要心懷誠信，虛心接受他人的意見並努力調養，則必定能夠重拾健康的生活。

◆ **旅遊**：旅途中即使遇見困難，只要誠信以對，並且虛心地堅持往目標邁進，就能化解所有難關。

◆ **考運**：當遇見瓶頸，必須誠心面對自己的不足，並虛心接受他人的幫助，如此才能克服自己的缺點，使考運直線上升。

◆ **人際**：以誠信與他人相處，故受到眾人的愛戴，人際方面不會有災禍發生，且有望使人脈關係更加廣闊。

◆ **訴訟**：若能在訴訟的過程中保持誠信，則能順利度過低潮，隨著運勢的上升而贏得訟案。

◆ **遷居**：搬遷的運勢極佳，只要以誠信且虛心的態度面對過程中遇見的困難，所有問題都能迎刃而解。

275【九三】升虛邑。

- 事業：因為受到在上位者的信賴，將獲得很大的空間讓你自由發展，故應該拋開憂慮，抓住機會盡情發揮。
- 創業：看見無人開展的商機，故有相當大的發展空間與利益可得，此時應該拋下顧慮，盡力在該領域發揮所長，將能創造無比的成就。
- 錢財：在錢財投資方面如入無人之境，能夠無所阻礙地達成目標，有相當大的獲益。
- 愛情：桃花運上升，故能遇見相合的對象，即使出現競爭者，也能夠不戰而勝，故應拋開擔憂，好好經營這段感情，將能使戀情開花結果。
- 婚姻：夫妻間的感情能夠往好的方向發展，儘管先前有所憂慮，也可徹底拋開，專心經營目前的關係，就能免去煩憂，享有鶼鰈之情。
- 子女：現在正是改進親子關係的最好時機，先前的阻礙現今都將消失無蹤，故能夠輕易地拉近彼此間的距離，若能善加經營，就能擁有美好的親子關係。
- 健康：未來的情況只會更好，故應該拋開先前的憂慮，積極接受治療，將能找回健康的身體。
- 旅遊：受到眾人的信任，故不用過於擔憂，只要依照自己的想法進行，事情自然能夠順利開展，最終能享有美好的旅程。
- 考運：考運極佳，故只要穩當地執行讀書計畫，腳步穩健地朝目標邁進，一定會有與你努力同等的收穫。
- 人際：到了一個無所阻礙的環境，並能受到大家的信賴與支持，將不會有小人的侵擾，若能更加用心經營，人際關係就能更上一層樓。
- 訴訟：情勢的發展對你相當有利，故繼續堅定地朝目標邁進，勝利女神將與你站在同一陣線。
- 遷居：先前遇到的阻礙都將退去，眼前開展的是一條康莊大道，只要拋開心中的擔憂，堅定而積極地進行，就能夠獲得理想的結果。

276【六四】王用亨于岐山，吉無咎。

- **事業**：若是能夠順應時局的發展，遵從前人的腳步，就能使自己避開災禍，迎來吉祥。
- **創業**：要能以正當的方式來開展自己的事業，並順應時勢改定策略，如此就能在艱難的環境中找到屬於自己的道路，使事業順利開展。
- **錢財**：若能以正當的途徑生財，則可避開許多災險，不至於損失過多錢財。
- **愛情**：若想與心儀之人有進一步的發展，必須順應對方的想法，漸進地拉近雙方的距離，若妄想以不正當的方式欺瞞矇騙，則可能終至分離。
- **婚姻**：若能順從對方的想法與要求，則能夠避開許多衝突，因而享有美好的婚姻關係。
- **子女**：只要試著遵從對方的想法，就能相互理解，進而促成關係的改善，最終能夠突破僵局，沒有災禍。
- **健康**：必須跟從醫生的指示，詳盡地執行，如此就能往康復的道路上進行而無須憂慮。
- **旅遊**：若能借鏡前輩的經驗，則可大幅降低發生意外的機率，也能夠使旅途更加順暢而沒有災禍。
- **考運**：若能依附有力之人，則不但能增強自己的實力，還能藉此檢視自己的缺點，因而能夠在實際考試時有好的表現。
- **人際**：如果能踏著先人的足跡，則能使遇見阻礙的機率大幅降低，想要改善困厄的現況，必須向在上位者尋求意見，透過對方的幫助，就能逐漸抒困，使人際開展。
- **訴訟**：找尋先前類似的案例，從中檢視是否有對你有利的資訊，將能幫助你減少纏訟的可能，只要依循正道進行訴訟，遲早能夠迎來勝利。
- **遷居**：順應時勢的發展，採納各方的意見，依照正當的途徑進行，就能使搬遷順利無礙。

277【六五】貞吉，升階。

- **事業**：若能持守正道，善用賢德，就能受到在上位者的賞識，獲得快速晉升的機會。
- **創業**：事業有快速發展的可能，只要善用人才並堅定地走在正道之上，事業的成功指日可待。
- **錢財**：因對錢財有為有守，故能夠快速累積財富，但必須在財富倍增之後繼續堅守義理，才能避免災禍降臨而造成財務上的損失。
- **愛情**：因為持守正道，善用身旁的輔助力量，因而能使感情快速加溫，成就美好的戀情。
- **婚姻**：若能懂得利用外部的資源，在遇見困難時也能快速化解，並使婚姻關係更加緊密。
- **子女**：要以正確的態度面對子女，並透過外在事物的輔助創造契機，藉以拉近雙方的距離，就能順利突破目前的困境。
- **健康**：身體狀況往好的方向轉變，且能一步步地往前邁進，這是因為能夠採用正確的調養方式，只要保持目前的步調，最終能夠恢復健康。
- **旅遊**：能夠謹守中庸之道，使眾人各司其職，就能加快籌備的進行，並避免矛盾的產生，而使旅途能夠順利進行。
- **考運**：若能朝著正確的目標堅持到最後，則成績自然步步高升，最終能完成遠大的志向。
- **人際**：善用已有的資源與人脈，親近人德良善之人，便能增加眾人對你的好印象，聲勢節節攀升，從此順利開展人際網絡。
- **訴訟**：善用賢德的人才，將使你得到莫大的助力，幫助你在訴訟中猶如倒吃甘蔗一般，漸入佳境。
- **遷居**：若能找到適合的協助對象，就能毫無憂慮地順利完成搬遷。

278【上六】冥升，利于不息之貞。

- **事業**：在公司已能掌管大權，且權勢與能力仍持續在上升之中，但也因此容易受權力迷惑而引來災禍，故必須堅守自我，並固守正道，才能避災得福。

◆ **創業**：儘管事業持續成長，卻是在昏昧不明的情況下，這樣的發展未必是好事，故應把持住商業道德，不偏離正道，才能放心享有事業的成果。

◆ **錢財**：儘管目前鴻運當頭，卻要注意不被利益沖昏頭，要注意自己的腳步是否偏離正軌，唯有安守本分，才能避開貪求帶來的災厄。

◆ **愛情**：可能因為過於順利的戀情而喪失了正直的態度，如此將使之前構築的感情基礎毀於一旦，必須注意自己的言行才能懸崖勒馬，使戀情順利發展。

◆ **婚姻**：容易因情感的加深而疏忽應有的界線，要懂得停止逾矩的行為，以免得意忘形而造成不可挽回的錯誤。

◆ **子女**：儘管情況已有大幅改善，但還是有某些界線不應跨越，故仍應掌握適當距離，才能避免先前的努力白費。

◆ **健康**：身體以飛快的速度在康復中，但若因此開始揮霍身體的本錢，則健康的危機必定再次降臨。

◆ **旅遊**：先前的準備都能順利無礙地進行，但不代表之後就不會遇見阻礙，必須居安思危，才能在危機發生時不致措手不及。

◆ **考運**：雖然已經做好最佳準備，但可能因為自己的昏昧大意而使先前的辛勞付諸流水，故即使在最佳狀態，仍要勤於複習，才能使考試萬無一失。

◆ **人際**：在人際中的地位雖高，但已到達瓶頸，此時若勉強想繼續上升，只會使自己落入低潮，應該安守目前的位置，才能消弭災禍。

◆ **訴訟**：儘管居於優勢，仍必須勤於奔走，加強自己的勝算，否則若安於現狀而不知悔恨即將到來，將在訴訟中輸得一敗塗地。

◆ **遷居**：儘管到目前為止的搬遷都相當順利，但好運可能在此結束，故面對阻礙不可大意，才能確保搬遷沒有意外地完成。

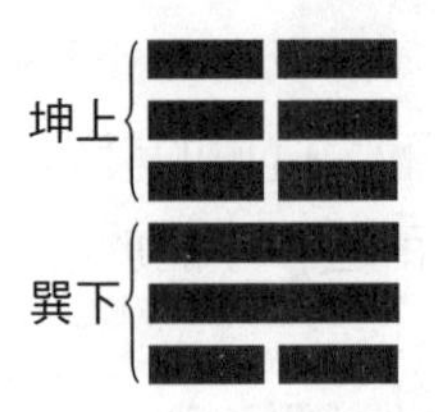

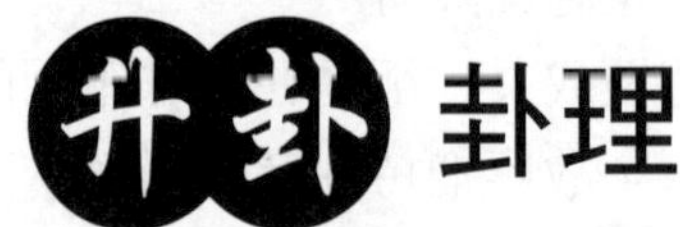

升卦 卦理

「升」卦，有逐漸向上爬升、持續成長、由低往高爬之意。《序卦》傳說：「萃者，聚也。聚而上者謂之升，故受之以升。」升卦排在萃卦後，與萃卦為相綜的一對卦。「元亨，用見大人，勿恤，南征吉。」升，本身即有亨通之意，可以藉由這個機會去見大人物，若有貴人相助則更加成功，無須多慮及擔憂，勇於向前發展。

〈象傳〉：「地中生木，升。君子以順德，積小以高大。」升卦卦象為巽風下，坤地上，而木在地下等待破土而出的機會；且木需要依附土壤而生，此木則將由小而大，一步一步慢慢高大；君子則需要透過不停培養自己，修身養性。下卦中的「巽」另外還有逐步向前之意，也同時表示想要有所成長或晉升，這過程勢必是需要循序漸進的，絕不是一蹴可幾。

要了解升卦，必須連同前一卦「萃」卦一起探討，因為這是由萃卦進展而成的結果，若是少了萃聚，則無法達到積少成多的效果，也因此不可以將「升」直接當作上升來探討，畢竟沒有努力又怎麼會有成果，能力和品德是需要累積的，絕對不可能一夕之間獲得。

卜得升卦，大多屬於吉卦，除了需要自我提升外，也需有貴人提拔，雙管齊下則能夠更顯效果。雖然有時會出現憂鬱的現象，但其實只是一時的迷惑，只要能夠定下心，盡心盡力則能夠亨通。

「升」卦六爻的爻辭：初六表示與人相互信任且志同道合，很有機會受到推薦，更有可能獲得晉升的機會，為大吉之象；九二就算只是使用最最簡單的物品來祭祀神明，只要秉持誠心誠意、虛心虔誠的心態，仍然能夠感動上蒼，免於災禍，換言之，與人相處必須「誠心」，不必拘泥於形式或過度流於表面功夫；心中想著升遷，又進入無人之境地，應當勇往直前，不要猶豫，此為九三之意；六四說明只要誠心誠意，順應正途，採取正當的行為，那麼吉祥將隨之而來；六五表示用人唯才，上下相得益彰，彼此互助則能晉升更快且更容易；當晉升到頂端時，切記不能因勢得利，仍應當秉持正道，且有所節制，否則將後悔莫及，此為上六之意。

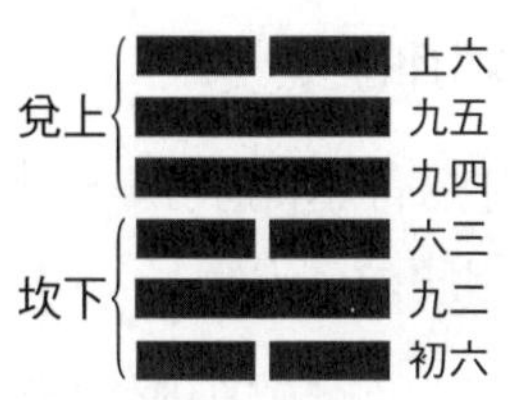

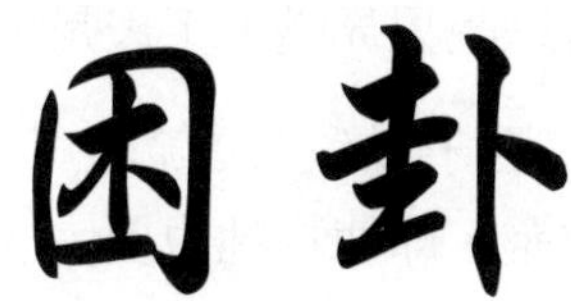

卦序▶47 錯卦▶山火賁
卦數▶26 綜卦▶水風井
卦向▶西北 互卦▶風火家人

卦揭

困，窮困、受困、困境也。也就是說升官發財，飛黃騰達也可能有窮盡的一天，於是乎升卦後承接著困卦。

英國某保險公司曾從拍賣市場買下一艘船，這艘船1894年下水，在大西洋上曾138次遭遇冰山，116次觸礁，13次起火，207次被風暴扭斷桅杆，然而它從沒有沉沒過。此公司基於它不可思議的經歷，最後決定把它從荷蘭買回來捐給國家。現在這艘船就停在英國的船舶博物館裡。

而這艘船之所以成名，其實來自一位律師。當時，他剛打輸了官司，委託人也自殺，儘管這不是第一次挫敗，然而，每當遇到類似的事，他總有負罪感。當他偶然在博物館看到這艘船時，忽然有了靈感，他把這船的歷史和照片一起掛在律師事務所裡，每當委託人請他辯護，無論輸贏，他都建議他們去看這艘船。因為它使我們知道，在大海上航行的船沒有不帶傷的，就像人生也沒有不挫敗窮困的。

卦辭

【卦辭】亨，貞，大人吉，無咎，有言不信。

雖處於困卦，但大人物能逢凶化吉，不至於有災禍發生，但此時之言論，卻沒人採信。

〈彖〉「困，剛掩也。險以說，困而不失其所，亨；其唯君子乎？貞大人吉，以剛中也。有言不信，尚口乃窮也。」說，悅也。困卦，是剛強之勢被掩蓋住了。不因遭逢困境而放棄自己的堅持和理想，所以亨通，這是只有君子才能達到的！守正道的大人物能逢凶化吉，則是剛毅的緣故。

但此時說的話沒人相信，所以說只靠嘴上工夫是會招致窮困的。

〈象〉「澤無水，困。君子以致命遂志。」大澤內沒有水的痕跡，這是困卦的徵兆。君子得到啟發，即使犧牲也要完成志向和使命。

所謂的困則窮，窮則變，變則通；雖遇困境，但只有從磨難中堅定自己的志向，就能大吉無災，繼續朝目標邁進。

【初六】臀困于株木，入于幽谷，三歲不見。

困於樹叢間，進入幽暗的山谷，三年與世隔絕，不見天日。

〈象〉「入于幽谷，幽不明也。」進入幽暗的山谷，是昏暗不見天日的。

即使處境很艱難，依舊只能暫時隱居避世，等待時機。

【九二】困于酒食，朱紱方來，利用亨祀，征凶，無咎。

朱紱，紱，音同「服」，為周朝祭祀的服裝。因為飲酒過量而受了點苦，富貴剛降臨，祭祀祖先對自己是有利的，但出外征戰就有危險了，除此之外沒有什麼大災難。

〈象〉「困于酒食，中有慶也。」因為喝酒和飲食過度受了些苦，但若是居中守正道，則能有好事降臨。

這裡的困境指的是抱負理想的困境，並非其他的大災禍，所以秉持正道的等待機會是必須的，終有一天，榮耀與福氣會降臨。

【六三】困于石，據于蒺藜，入于其宮，不見其妻，凶。

蒺藜，音同「即離」，一年生草本植物，帶刺。困於巨石之下，陷入有刺的植物之中，回到家中又見不到妻子，這是凶險的徵兆。

〈象〉「據于蒺藜，乘剛也。入于其宮，不見其妻，不祥也。」被帶刺植物所傷，之所以如此，是因為陰柔凌駕在剛強之上。回到家中，妻子又不見了，這是不好的預兆。

此爻顯示因為脫離正道，於是處處遇險，如果執意前進，只會更加窮困而已。

【九四】來徐徐，困于金車，吝，有終。

行動緩慢是因為被華麗的車子擋住了去路，雖因此出了一些麻煩，但最後結果還是好的。

〈象〉「來徐徐，志在下也。雖不當位，有與也。」行動緩慢，這是志向卑微的表現。雖然居於下位，因為態度謙卑，反而能得他人幫助。

目前雖然居於劣勢，即便如此還是恪守本分，態度謙卑的等候時機。而邪不勝正，終能排除阻礙，如願以償。

【九五】劓刖，困于赤紱，乃徐有說，利用祭祀。

劓刖，音同「意月」，割掉鼻子。就像鼻子被割掉，腿被斷了一樣的受到了俘虜，但漸漸會找到逃脫的方法，而誠心敬奉祖先是有利的。

〈象〉「劓刖，志未得也。乃徐有說，以中直也。利用祭祀，受福也。」割了鼻子，斷了腿，是因為此人不得志且身處險境。後來漸漸地脫離了險境，因為承受福蔭，受到保佑，自然能夠化險為夷。

險境並非只帶來窮困，有時反而會更加激發人的潛能，只要堅持原則，守中持正道，經過時間的考驗，必然會得到豐美的果實。

【上六】困于葛藟，于臲卼，曰動悔。有悔，征吉。

葛藟，藤蔓類植物名。臲卼，音同「聶勿」，不安定的樣子。窮困至極就像被葛蔓纏繞一般無法掙脫，陷入動盪不安的危險裡，這時如果有所行動就會招來悔恨，但要是能夠知所進退、明辨是非，那麼前進仍然是吉祥的。

〈象〉「困于葛藟，未當也。動悔，有悔吉，行也。」像被葛蔓纏繞一般無法掙脫，不宜有所行動，否則會發生後悔的事情，但因為後悔而謹慎思考後的行動則是好的。

處於險境之時切勿驚慌失措，衝動行事則可能使得情況更糟，但若謹慎行事，則能脫離險境，逢凶化吉。

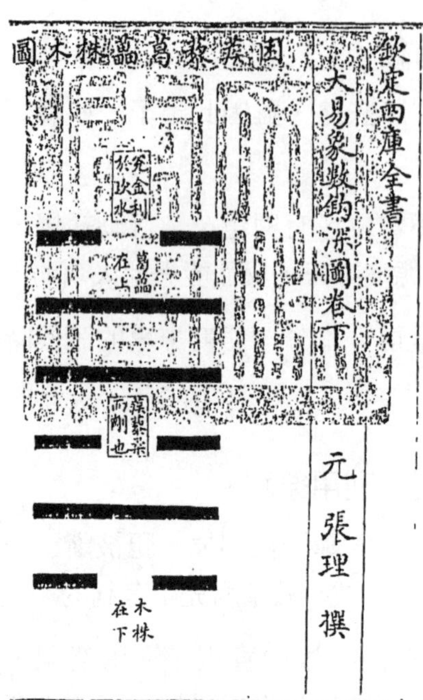

上卦為兌為澤，下卦為坎為水。當陷入窮困中往往難以忍受，但必須要堅持原則，稍作隱忍且不浮躁，如以不當的方法反而會愈陷愈深，必須要及時的反省才能夠突破困境。

困卦 卦義

279【初六】臀困于株木，入于幽谷，三歲不見。

- **事業**：事業陷入低潮，受困於艱難的困境中，志向受到壓抑而無法伸張，目前只能暫時低調退隱，靜候翻身的時機。
- **創業**：目前只能困坐愁城，無法有進一步的行動，志向得不到他人的支持，因而使得處境更加艱難，必須咬牙苦撐過這段黑暗期，等待曙光來臨。
- **錢財**：錢財困窘看不見出口，儘管身旁有人能夠接濟，終究是緩不濟急，故必須收斂所有揮霍的習性，重新以清貧的生活度過難關。
- **愛情**：戀情陷入困境，得不到對方的回應，必須靜候佳機，要有長期作戰的準備。
- **婚姻**：婚姻陷入險境而難以逃脫，猶如烏雲蔽日，此時若積極行動反而容易愈陷愈深，必須暫時安分守己，保持距離，等待事過境遷才能有效地溝通，使情況有所改善。
- **子女**：與子女間的關係陷入困境，短期之內難以改善，故這段期間需調整自己的心態，給彼此足夠的空間，才能安然度過這段低潮。
- **健康**：身體狀況不甚理想而使你坐立難安，現在最應該做的就是靜心調養，避免節外生枝，必須度過這段艱困的時期，才有可能逐漸康復。
- **旅遊**：這趟旅程可能使你陷入困境之中且孤立無援，故建議延緩計畫，若已經勢在必行，則要做好心理準備以及充分的籌劃，以免災禍降臨而措手不及。
- **考運**：籌備過程陷入瓶頸，似乎怎麼努力都看不見效果，此時不應沮喪放棄，而要潛心攻讀，蘊藏實力，等待關鍵時刻來臨便能大展身手。

◆ **人際**：目前的處境相當艱困，難以從複雜的人際中抽身，故應低調行事，遠離問題的中心，等待轉機出現。

◆ **訴訟**：目前身處黑暗之中，光明難見，且恐怕很長一段時間都是如此，要抱有堅強的心志，不做多餘的行動以免惹是生非，要明白萬物不可能永遠處於低潮，故應以正面的心態等待光明來臨。

◆ **遷居**：搬遷的腳步受困，難以前進，短期內難以逃離禁錮，建議暫時安於現狀，並以緩慢的腳步做好遷居的準備，等到時機來臨，就能抓緊機會完成搬遷。

◆ **尋人**：往西北方尋找，必有所獲。

280【九二】困于酒食，朱紱方來，利用亨祀，征凶，無咎。

◆ **事業**：工作雖然遇見困難，但若能秉持正道努力克服，就能免除災禍，終究會有加官進爵的一天到來。

◆ **創業**：即使一開始遇見許多顛簸，但只要能夠堅持理想，奮力不懈地往前邁進，則災禍會逐漸遠離，等到機會來臨，就能一舉成功。

◆ **錢財**：儘管一度陷入困境，終究還是站穩了腳步，面對艱險的時局，要能持續走在正道之上，潛藏實力，翻身的機會總有一天會到來。

◆ **愛情**：儘管戀愛的運氣不甚良好，但只要肯付出努力，克服一切困難，戀情就有實現的一天。

◆ **婚姻**：艱困的情況尚未獲得抒解，但只要由你先帶頭打開心胸，開啟溝通的管道，雖然調適的過程不容易，但也能夠逐漸使情況好轉。

◆ **子女**：面對目前的僵局無法可施，但若能以中正和善的心態給予對方幫助，將能創造良好的互動機會，進而改善彼此的關係。

◆ **健康**：容易因為飲食方面的問題影響健康，此時應安守本分，靜心修養，很快就能恢復，但若是不以為意而恣意妄為，則可能釀成更大的災禍。

◆ **旅遊**：旅程中必定會遇上困難，但只要以正直柔和的心態面對，甚至除了自己的困難之外，還能向他人伸出援手，如此將使吉祥降臨，無須憂慮。

◆ **考運**：困厄難以避免，但若能以正面的心態面對，仍勤力不懈的學習，則這些阻礙都無法阻擋你的成就。

◆ **人際**：人際關係匱乏，仍然處在困境之中，但只要以誠信待人，對他人的困境伸出援手，久而久之就能逐漸累積人望，幫助你脫離困險。

◆ **訴訟**：局勢尚未明朗，仍然處於劣勢之中，但只要是行走於正道之上，以良善的美德克服困難，終究會有福澤降臨，助你避開災險。

◆ **遷居**：搬遷途中會遇見許多阻礙，甚至不得不暫停計畫，但若能積極付出努力，終究能夠跨越這道關卡，達成目標。

281【六三】困于石，據于蒺藜，入于其宮，不見其妻，凶。

◆ **事業**：在職場上腹背受敵，處處遇險，難有生存發展的機會，而正因處在凶險的環境中，必許懂得明哲保身，謹慎行事方能趨吉避凶。

◆ **創業**：經商會遇上許多阻礙，無法得到合作對象與下屬的支持，難以有所成就，面對如此險境，必須事事謹慎處理，才能避免引來更大的災禍。

◆ **錢財**：目前的狀況舉步維艱，必須低調行事並安分守己，若不加以防範而妄自行動，則可能陷入更加困頓的局面中。

◆ **愛情**：無法更進一步，也無法回到原本的位置，陷入兩難之中，愈是困難之時，愈要謹慎處理彼此間的關係，避免莽撞行事而引發更多問題。

◆ **婚姻**：無論怎麼做都會使彼此受到傷害，動輒得咎，故在未經深思熟慮的情況下，不要擅自行動，以免擴大裂痕，造成無法挽回的結果。

◆ **子女**：處於危機之中而難以動彈，目前無論做什麼都難有成效，甚至可能引發更多麻煩，故應安守目前的位置，暫時以觀望的方式與子女相處，會是比較好的選擇。

◆ **健康**：身體狀態每況愈下，陷入凶險，因危機重重，故在做任何決定前都要謹慎思考，避免妄動引來更多災禍。

◆ **旅遊**：受到阻礙而難以前進，也無其他的去路，只能暫時待在原地觀察情勢。也因為凶險四伏，要謹慎面對各種狀況以保全自身。

◆ **考運**：等在前方的將是艱難的道路，故必須謹慎規劃，努力走好每一步，才能安然到達目標。

◆ **人際**：將面臨進退兩難的情況，動輒得咎，故要保持低調謙下的姿態，避免惹出更多爭端。

◆ **訴訟**：踏入險境而難以自保，必須事事謹慎小心，以免被對方抓住弱點反擊而輸得一敗塗地。

◆ **遷居**：目前不適合遷居，若執意前往將受到重重阻遏，甚至引發更多災禍，故應暫停計畫，等待更好的時機。

282【九四】來徐徐，困于金車，吝，有終。

◆ **事業**：儘管在克服困難的過程中遭遇了一些阻礙，但憑藉著努力與正直的良德，最終還是能夠化災禍為吉祥。

◆ **創業**：創業過程難以一帆風順，甚至必須繞點遠路，但最終仍然能夠到達目的地而有所成就。

◆ **錢財**：雖然無法馬上看見成果，但仍應安守本分，依循正道而行，最終將不會有損失。

◆ **愛情**：想採取行動卻總是被其他人事物干擾，遲遲無法如願，但只要你的心意夠堅定，且具有正直誠信的美德，終究能夠獲得對方的青睞，順利開展戀情。

◆ **婚姻**：過程可能必須經歷千辛萬苦，但只要有心意，就一定能傳達給對方，使破裂的關係再次圓滿。

◆ **子女**：儘管目前的關係不甚理想，但只要找到正確的方向並持續努力，就能看見回報。

◆ **健康**：康復的過程不會太過順遂，卻也不必因為挫折而灰心喪志，只要肯付出，就一定會有收穫。

◆ **旅遊**：因為某些事物的干擾而增加了旅行的難度，而若有堅強的心志與克服困難的勇氣，阻礙都將一一化解。

◆ **考運**：用功的成效雖無法立見，但卻奠下了扎實的基礎，故不必過於憂慮，到了關鍵時刻，就能發揮實力。

◆ **人際**：受到他人的阻礙，使你無法順利開展人際，但困境只是暫時的，只要保有謙卑和善的本性與人相交，最終還是能夠打造穩固的人脈。

◆ **訴訟**：儘管處於劣勢，也不應放棄希望，眼前的阻礙並不會阻擋你最後的勝利。

◆ **遷居**：目前受困於半途，只能緩慢地進行，即使如此還是要堅定前行，終能等到屏除阻礙的時機。

283【九五】劓刖，困于赤紱，乃徐有說，利用祭祀。

◆ **事業**：在工作中志向難以伸張，就像被斷了腿一樣難以前進，若想掌握實權並往前邁進，就要以誠信對待身旁的人，使其成為你的助力，幫你脫離險境。

◆ **創業**：創業將受到阻礙，難以籠絡人心，故在困難之時無人相助，必須秉持中正的德行，以誠信逐漸取得他人的信任，進而推動事業的成長。

◆ **錢財**：目前在錢財方面難有收穫，要能秉持中正之德，並以誠信待人，在他人的幫助下逐漸改善現況，脫離困境。

◆ **愛情**：桃花運不佳，戀情難以開展，必須展現你最大的誠意，只要不畏艱難地付出，終能得到正面的回報。

◆ **婚姻**：婚姻關係陷入困局之中，若能拋開成見，以誠信的態度與對方共同解決問題，則困境可望獲得抒解，最終能夠恢復以往的情誼。

◆ **子女**：當親子間出現衝突，以強勢的態度應對只會適得其反，若能心平氣和地溝通，則可免去許多爭執與誤會，恢復美好的親子關係。

◆ **健康**：健康亮起紅燈，但治病不可操之過及，只要有堅強的意志與正面的心態，危機狀況可望逐漸解除，最終能夠找回健康的身體。

◆**旅遊**：因為強勢的作風使旁人不願幫助你，進而影響旅途的進行，要能以誠信和善的態度與人相處，才能安然度過這趟旅程。

◆**考運**：考試運勢不佳，成績欲振乏力，此時不應輕言放棄，只要認真執行讀書計畫，以誠信的態度尋求他人的幫助，就能脫離目前的困境。

◆**人際**：人際關係陷入困局，要想站穩腳步，必需以誠信待人，獲得他人的信任，才有望突破窘境而使人際開展。

◆**訴訟**：處於劣勢之中難以脫身，但只要行走於正道，用誠信獲得他人的幫助，就有機會扭轉局勢，贏得訴訟。

◆**遷居**：行事不應過於剛強，在需要與他人交流的時候，若能和善以對，以誠信使他人信服，就能擺脫目前的困境而加快進行的速度。

284【上六】困于葛藟，于臲卼，曰動悔。有悔，征吉。

◆**事業**：工作上寸步難行，陷入難以克服的危機之中，必須在險境中檢討自己的過失，並針對問題的癥結做出改善，才有望脫離目前的困窘。

◆**創業**：容易被麻煩之事纏繞，事業上難有進展，但若能從此困境中吸取經驗，謹慎思考下一步的走向，將能逐漸帶領你的事業向前邁進。

◆**錢財**：儘管處於困境之中，卻是一個檢討自我的好機會，若能找出自己的過失並加以改正，則能擺脫厄運，為自己帶來不錯的收穫。

◆**愛情**：戀情無法順遂，就像被綁住雙腳一般舉步難行，此時與其感嘆命運造化弄人，不如反省自己，做出改進，才能使人耳目一新，也增進遇見桃花的機會。

◆**婚姻**：雙方的關係陷入危難的困境，此時不應互相責怪，而是要在困境之中檢討自我，若彼此皆能有所悔悟，則破碎的關係有望重圓。

◆**子女**：目前的關係不甚理想，陷入難以脫身的困境之中，若能穩定心情，回頭檢視自己的過失，將能更加理性地與對方溝通，並且一同面對目前的險境，唯有有所悔悟，才有機會改善現況。

- **健康**：與其自怨自艾，不如好好反省自己的作為是如何導致今天的局面，想要恢復健康，就要徹底改過之前的惡習，否則只會不斷地重蹈覆轍。
- **旅遊**：陷入危難之中而難以前進，若能檢討自我的不足，才有機會看見轉機，改善現況。
- **考運**：現在的困窘，是由於先前的過失所造成，因此必須在困境中自我反省，找出自己的不足之處加以改善，才能讓局勢往好的方向發展。
- **人際**：無法開展屬於自己的人際網絡，這是因為你還不知道自己的不足之處，若能在此險境中好好檢視自我並做出改變，情況就會有所改善。
- **訴訟**：會陷入目前的險境必定有其原因，若想擺脫困境，要能檢討先前哪些作法不甚理想，並找出修正的機會，如此才能破除僵局，扭轉局勢。
- **遷居**：遇上艱難難行的情況，若能在困境中覺醒，針對問題一一解決，才能使搬遷順利進行。

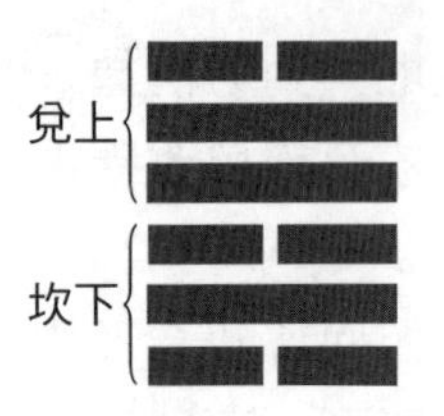

困卦 卦理

《序卦》曰：「升而不已必困，故受之以困。」不停的上升，也一定會有遇到困阻的時刻，無法再繼續則遇到困，窮途末路就在眼前。意味著不可能永遠一帆風順，物極必反的道理與此不相而合。

《繫辭傳》：「困，德之辨也。井，德之地也。」、「困，窮而通。井，居其所而遷」面對窮困潦倒之際，君子與小人的行徑可一目了然，操守與品德即可一覽無遺，小人必定會愈陷愈深，只想著走偏門來化解，但君子則能夠堅守正道，不被局勢所侵擾，不改其心志，必定能夠破繭而出，突破困境，在逆境中求生存。窮途潦倒之時，容易被人忽略，難以獲得他人信任，但只要能夠謹言慎行，還是能夠獲得知音，切記不可以只出一張嘴，坐而言不如起而行，謹言慎行才有機會求得一線生機。誠如上述所說，窮困中必定還是有能夠亨通的方式，就是要像君子、大人堅守正道，這樣才能得吉且不會有罪責。

卜到困卦者可能諸事難成，容易陷入窮途潦倒、萬劫不復的萬丈深淵。但想要獲得平安是有機會的，除了堅守正道外，還要謹言慎行，千萬不要只想著求助他人，在這個時候，沒有人會願意伸出援手，一定要先有所進展，讓別人看見，才能夠有改變的一刻。

「困」卦六爻的爻辭：初六時表示猶如陷入萬丈深淵，處境相當艱困，看不到一線光明，無法向前亦無法求救，因此必須更要隱忍謙遜，不可躁動，才能夠逢凶化吉；九二時表示應當恪守本分，切勿得意忘形，這樣才能避免遭致凶險；六三時表示處於尷尬之位，不中不正，盲目行動只會讓自己陷入進退兩難的困境；想要破除困境，不可以急躁，呼應前一爻的三思而後行，謹言慎行才能夠達到效果，此為九四之意；九五時表示雖然身處險境，身陷危險之中，但是只要堅守正道，發憤圖強，經過時間的考驗，那必然能夠轉化成圓滿的結果，最重易的是要有能夠接受考驗的勇氣；上六表示已經窮途潦倒，身陷危機，舉步維艱，如果想走偏門來化解，那將來一定只有悔恨，而且只會陷的更深，但若是能夠及時改進，那將來的路可以獲得吉祥。

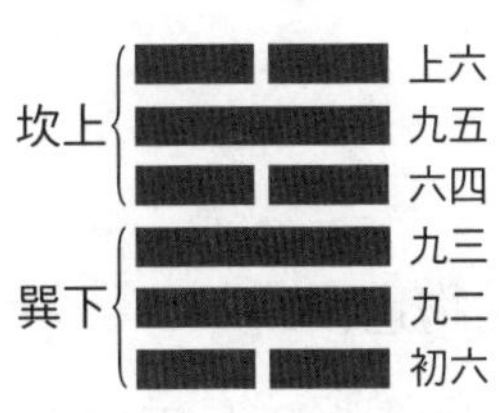

井卦

卦序▶48　錯卦▶火雷噬嗑
卦數▶22　綜卦▶澤水困
卦向▶東南　互卦▶火澤睽

卦揭

井，就是水井。上升遇到困境之後，則會回到最底層的位置，所以困卦之後接續井卦。水井有象徵底層之意。

東漢末年天下紛亂，打著「復興漢室」名號的劉備，從徐庶口中得知避居在南陽隆中的諸葛亮是個賢能之人，於是前去拜訪，一連去了三次，才見到人。諸葛亮在〈前出師表〉中也提到了這件事：「先帝不以臣卑鄙，猥自枉屈，三顧臣於草廬之中。」劉備不顧身分尊貴，一連三次專程拜訪的誠心，終於感動諸葛亮答應出外替他奔波效力。後來「三顧茅廬」這句成語就從這裡演變而出。無論君王的求賢之心，抑或是有志者等待伯樂，做好準備，機會就是你的。

卦辭

【卦辭】改邑不改井，無喪無得，往來井井。汔至，亦未繘井，羸其瓶，凶。

村落有可能會變遷，但是井是不會遷動的，井水的容量不會改變，人們往來取水，如果提水快到井口卻打破裝水的容器，這是凶險的徵兆。

〈彖〉「巽乎水而上水，井；井養而不窮也。改邑不改井，乃以剛中也。汔至亦未繘井，未有功也。羸其瓶，是以凶也。」井以水養人，歷久不竭。改建城池而不搬遷水井，因為剛爻卦居中的緣故。提水快到井口時，提水罐被卡住，表示沒有成功。卻又在此時打破提水罐，自毀工具，所以是凶險的徵兆。

〈象〉「木上有水，井。君子以勞民勸相。」木頭上有水即是井卦之卦象，君子從中得到啟發，人與人之間要學會互相幫助，才能互助互利。

【初六】井泥不食，舊井無禽。

井底裡的汙泥不能食用，遭廢棄的水井，其附近連動物也沒有。

〈象〉「井泥不食，下也。舊井無禽，時舍也。」井底的汙泥不能食用，是因為堆積在最下面。廢棄水井旁連動物都沒有，是因為時間的流變而被棄置了。

此爻說明，不符合時代的人事物終究是會被淘汰、遺忘的。

【九二】井谷射鮒，甕敝漏。

鮒，小魚。想要抓井水中的小魚，卻把提水容器敲破而導致漏水。

〈象〉「井谷射鮒，無與也。」為了抓水井裡的魚，而弄壞了提水容器，這是無用的。

做事要用對方法，分清楚主要目標，不要因小失大，本末倒置。

【九三】井渫不食，為我民惻，可用汲，王明，并受其福。

渫，音同「卸」，除去汙泥之意。將井裡的泥沙挖出來使井水清潔，井底的水已經清潔，但沒人飲用是很令人傷心的。就好比有賢士，卻沒有人能夠任用他一樣，明智的君王就應該要將這些賢士提拔任用，這才是天下人的福氣。

〈象〉「井渫不食，行惻也。求王明，受福也。」井水乾淨，卻沒人飲用，這是令人傷心的事情。祈求君王賢明，可以看見有才之人，讓世人幸福安樂。

有志者未能伸展自己的抱負是很悲傷的，做好了準備，等待機會和貴人出現，以展大志。

【六四】井甃，無咎。

甃，音同「咒」，堆砌的井壁。用磚瓦砌成的井，是沒有災禍的。

〈象〉「井甃無咎，修井也。」用磚瓦砌成的井，是沒有災禍的。這是因為整修水井帶來的好處。

比喻君子的人格，應隨時注意操守，若有過失，隨即修改，怎麼會有災禍呢！

【九五】井冽，寒泉食。

冽，音同「列」，水清澈之意。井水清澈，清涼的泉水大家都會來飲用。

〈象〉「寒泉之食，中正也。」清涼的井水引來大家的飲用，是因為身處中正之位。

清澈的井，可以把甘甜的井水奉獻給大家，身為一個明君，就應當要為全民造福。

【上六】井收勿幕，有孚無吉。

井水既然是取之不盡、用之不竭的，那麼就不要加蓋子，開放給眾人使用，有誠心誠意奉獻給大家的心，是大吉大利的。

〈象〉「元吉在上，大成也。」吉祥的徵兆在上，是功德圓滿之意。

當一個人在最高位的時候，就應當始終誠心誠意的為民服務，這是最大的善行，也是最大的吉祥。

卦圖

井鼎水火

溢水之泉汲者先之

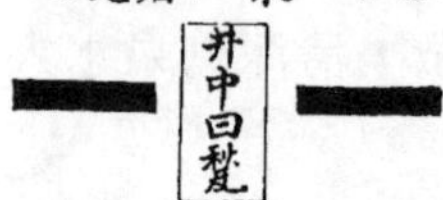

深便可汲故曰可汲

陽在下　漏泉象

井底曰泥

上卦為坎為水，下卦為巽為木。水下浸而滋潤，樹木得水而生長，這是井卦的卦象。此卦以人們到水井取水來比喻做人應該有始有終，不可本末倒置，否則功敗垂成。

285【初六】井泥不食，舊井無禽。

◆ **事業**：在競爭的時代中，無法跟上時局的人注定會被淘汰，故必須隨時保持警戒，提升自己的能力，才能在艱難的環境中站穩腳步。

◆ **創業**：必須反省自己的思考是否僵化，因而難以得到消費者的青睞，要懂得審時度勢，與時代並進，才有機會發展成成功的企業。

◆ **錢財**：財務觀念若太過守舊，則好的工具也不能為己所用，收入自然隨之減少，必須提升自己，懂得與時俱進，才能有更多的收穫。

◆ **愛情**：愛情處處碰壁時，必須使自己有所改變，唯有充實自我，讓心儀之人看到你多變的樣貌，才有機會使戀情開展。

◆ **婚姻**：婚姻關係就像汙泥淤塞的水井一般沒有生氣，若想改善現狀，必須在雙方的努力之下嘗試新的生活方式，為枯燥的生活注入活水。

◆ **子女**：相處模式必須隨著子女生長的不同階段而有所改變，若只是守著舊有的方式，容易有適應不良的問題，進而衍生出衝突等負面情況。

◆ **健康**：身體出現狀況，可能是受長久養成的生活習慣影響，恢復的速度不甚理想，必須改變目前的陋習，才能使健康回復。

◆ **旅遊**：在需要與人合作與溝通的情況下，若只是被動、食古不化地堅持己見，則容易被他人認為是負擔，必須增進自己的能力，樂於接受變化的事物，才能享有美好的旅程。

◆ **考運**：當舊有的方式已經沒有效用，就應當予以拋棄並嘗試新的作法，否則將使自己的思考僵化，無法面對千變萬化的考題。

- **人際**：若固守己見而不知變通，將使他人認為你難以相處，進而對人際關係產生影響，必須保持靈活的思想，接受他人的意見，才能擴大自己的人際圈。
- **訴訟**：你執著的觀點可能已經跟不上時代，因而難以說服對方，要以新的思維面對這場訟案，也許改變想法，就能找到事情的轉機。
- **遷居**：以舊有的心態與標準評估所有事物，將使搬遷進度大為落後，若能有新的思想，使眼界也更加開闊，則搬遷會有比預期還好的結果。
- **尋人**：往東南方尋找，必有所獲。

286【九二】井谷射鮒，瓮敝漏。

- **事業**：工作局勢不利，但切勿因為心急而慌了手腳，如此反而容易適得其反，面對問題要謹慎處理，以免居功不成反變眾矢之的，就得不償失了。
- **創業**：希望突破困境卻沒有掌握好方法，只是畫虎不成反類犬，在決策之前必定要謹慎思考，找對目標才能事半功倍。
- **錢財**：容易因貪圖小的財富，卻損失更多錢財，故切勿利欲薰心，穩健而風險小的生財方式可能比較適合你。
- **愛情**：希望在對方心中留下好印象卻弄巧成拙，則先前的努力都可能白費，在採取行動之前必須思慮周詳，切勿因小失大。
- **婚姻**：想改善彼此間的關係卻考慮得不夠周全，容易發生顧此失彼的情況，必須用心思量解決辦法，才能使現況有好的轉變。
- **子女**：出發點雖良善，方法卻是錯誤的，因而使原本有限的情感聯繫又更加薄弱，必須從對方的立場思考，才能站在對的角度找出破解僵局的方式。
- **健康**：想要重拾健康卻用錯了方法，可能因此導致更糟的後果，故應聽從專業人員的意見，以緩慢但穩健的方式找回健康。
- **旅遊**：不要貪求效率反而使準備不足，如此可能在關鍵的時刻手足無措，必須做好周全的考慮，才能避免旅途中陷入困境而孤立無援。

◆ **考運**：當你的目標明確，必須先設想好用什麼樣的方法達成目標，若只是盲目地前進，很可能在壓力之下亂了手腳，影響你的表現。

◆ **人際**：若沒有周全的考慮，在發展人際時很可能因小失大，應避免亂槍打鳥，如此只會招致他人的反感。

◆ **訴訟**：可能因為眼前的利益而忽略了之後更大的目標，必須思慮清晰，謹慎思考每一步，才有可能贏得訴訟。

◆ **遷居**：若沒有計畫便急著搬遷，則可能因此使自己陷入窘境，必須先做好規劃，依照計畫進行，才能使搬遷安然地進行。

287【九三】**井渫不食，為我民惻，可用汲，王明，并受其福。**

◆ **事業**：胸懷大志卻不受重用，使你感到沮喪難安，但若能隨時做好準備，在貴人出現之時大展身手，成就將不可限量。

◆ **創業**：儘管剛開始的運氣不佳，但只要有實力，不斷精進你的事業，努力將會被看見，使事業蓬勃發展。

◆ **錢財**：目前時局不利，使你的能力無從發揮，但最後能夠遇見與你志同道合的貴人，助你一臂之力。

◆ **愛情**：雖然條件並不差，卻遲遲遇不見欣賞你的對象，但不必太過憂慮，只要持續以誠信待人，終能遇見合適的另一半。

◆ **婚姻**：你的優點難以被看見，故在婚姻中處於弱勢，但只要在重要時刻積極展現你的能力，終能突破僵局，使雙方的關係有所改善。

◆ **子女**：為子女付出卻難以得到回報，使你感到憂傷，但目前的狀況只是暫時的，只要時機對了，你的努力終能被看見。

◆ **健康**：雖然你有堅強的意志，也付出許多努力，但目前仍未看見成果，但不用因此而沮喪消沉，只要持續調養，努力的成效就會出現，健康能夠順利恢復。

◆ **旅遊**：儘管有能力，卻不受到重用，但若能保持自身的優勢，積極參與籌劃，就能使眾人對你改觀，並在旅途中發揮長才，使旅途順利無礙。

◆ **考運**：儘管的確有足夠的實力，卻容易在正式考試時慌了手腳，因而與好成績失之交臂，若能持續精進自己，讓自己在正式上場時克服緊張，最終還是能令人刮目相看。

◆ **人際**：無法在目前的環境中受到賞識，難以開展人際關係，但若能保有自身的優良品性，將能逐漸展露鋒芒，受到重要人物的青睞。

◆ **訴訟**：目前的局勢對你不利，使你的志向無法伸張，儘管如此，還是要全力以赴做好準備，當時機來臨，就能逆轉局勢，贏得勝利。

◆ **遷居**：有想法卻無法得到他人的支持，因而難以落實，但只要做好準備，等到適當的時機出現，就能使困境快速獲得抒解，順利完成遷居。

288【六四】井甃，無咎。

◆ **事業**：在企圖成就大事業之前，必須先提升自己的能力，注意操守，只要能時時檢討自己的過失，擁有專業的技能，則工作上就能無所過失，一帆風順。

◆ **創業**：不要有了想法就急著前進，必須先停下腳步修養自己的德行與能力，若能將自己準備得更充分，則失敗的可能性也就愈小。

◆ **錢財**：取財有道，賺錢也需要有方法，要能依循正道而行，並在犯錯時徹底檢討過失，則能避免錢財損失的風險。

◆ **愛情**：若能在相處的過程中隨時檢討不足之處，並加以修補，則感情就能順利發展。

◆ **婚姻**：容易陷入婚姻的安逸之中而使感情停滯不前，若能不斷提升自我，才能使雙方的關係保持活力，不致陷入一成不變而感到厭倦。

◆ **子女**：當問題出現，不要急著馬上解決，也許現在的你還無法順利地與子女做良好溝通，要先理解孩子的想法後，才能與對方有所共識，並無礙地突破困境。

◆ **健康**：若認清自己還沒有戰勝疾病的能力，就要檢討自己做了哪些影響健康的惡習，並加以改進，如此才能邁開恢復健康的第一步，並且逐漸使病情好轉。

◆ **旅遊**：若自己的能力不足，則要注意時時檢討自我，針對不足的部分加以改進，以正直誠信的方式解決困難，如此就能安然結束旅程。

◆ **考運**：若能時時檢視自己的弱點並加以補正，則能打下堅強的基礎，如此即使面對再艱難的考試，也都能夠應付自如、無所畏懼。

◆ **人際**：想打造堅強穩固的人際關係，必須有正直誠信的人格，當犯下錯誤，能勇於承認過錯且加以改正，如此將讓你獲得眾人的信任，成功拓展人脈。

◆ **訴訟**：在訴訟當中應避免只看見對方的錯誤，也要看見自己的弱點，並且補強修正，只要自己有為有守，並且走在正道之上，就不用擔心災禍的降臨。

◆ **遷居**：若能在有所過失之時便應馬上修補，則阻礙都能在變成大麻煩之前獲得解決，進而使得搬遷進度順利無礙。

289【九五】井冽，寒泉食。

◆ **事業**：過去累積的努力終於能夠獲得施展，並且能將福澤分給在下位者，因而能夠受到眾人的支持與愛戴，將來的發展將無可限量。

◆ **創業**：過去的辛勞將累積成今日的成就，若能不自私地將得來的成果與他人分享，則大家都能打從心裡願意協助你往更高的成就邁進。

◆ **錢財**：先前的挫折都將化為甜美的果實，將使你在財務方面如魚得水，獲益甚豐。

◆ **愛情**：因為先前積極的付出，加上懂得提升自我，現在正是向心儀對象表明心意的時刻，有極大的希望開展一段完美的戀情。

◆ **婚姻**：艱辛的過往都已遠去，現在你們已經能夠享有努力的成果，享受甜美的婚姻生活。

◆ **子女**：是時候放下過去的矛盾，現在正是搭起溝通橋梁的大好時刻，若能積極與對方達成共識，則親子關係將能獲得大大的改善。

- **健康**：努力的調養終能看見成效，這是因為採用了正確的方式，只要堅持不懈，就能恢復到最健康的狀態。
- **旅遊**：因為先前能夠付出最大的努力做好準備，現在才能無後顧之憂地往前邁進，並且能夠安然無患地完成旅途。
- **考運**：在考試能有良好的表現，是因為能不偏離正軌，而在自己的準備充分之後，若能將知識與他人共享，不僅造福了他人，也是幫助自我。
- **人際**：因行走於正道而擁有正直的美德，在人際中也能將這樣的特性加諸於他人之上，故能在人際中受到眾人喜愛，使人際關係融洽。
- **訴訟**：過去的努力終於能夠看見成果，若能將贏得的成就分享給他人，將使自己獲得更大的吉祥。
- **遷居**：充分發揮自己的長才，只要是以正當的方式進行，就能使搬遷順利進行而毫無咎害。

290【上六】井收勿幕，有孚無吉。

- **事業**：無論是能力或是德行都已經到了最好的狀態，故在職場上能夠盡心發揮才能，為公司盡心效力，將能在事業上有相當大的收穫。
- **創業**：各項條件都已具備，將能在你所處的產業中有一番作為，當事業有所收穫，要能回饋給眾人，才能為你帶來最大的吉祥。
- **錢財**：資源齊備，故只要誠信務實地經營，就能有不錯的財富收入，但若能不獨享財富而是分享給他人，將能使財運更加興旺。
- **愛情**：現在你已經有足夠的能力與條件追求心儀對象，只要抱著真心誠信的態度，就能得到正面的回應，開展一段細水長流的戀情。
- **婚姻**：面對婚姻的困境，你已經有足夠的能力應對，並能針對困窘一一解決，故婚姻生活將會漸入佳境，無需憂慮。

◆ **子女**：目前正是突破困境最好的時機，你將有足夠的能力與資源處理親子間的衝突，故能化解先前的陰霾，一同構築融洽的親子關係。

◆ **健康**：儘管先前的健康狀況不甚理想，但現今已能恢復往常的活力，並且有餘力幫助和你有同樣處境的人，使自己在健康與心靈都能有所提升。

◆ **旅遊**：現在正是踏上旅途的好時機，因你已有足夠的能力應對途中可能遇見的困難，故能完成一趟難忘的旅程。

◆ **考運**：目前的能力已經足夠你在考試中取得優良的成績，而在自己能力所及的範圍內，若能幫助其他人，也將使自己的表現更上一層樓。

◆ **人際**：已經能夠站在人際的頂端，此時重要的已不是繼續擴張人際，而是幫助他人，如此才能為你帶來更多收穫。

◆ **訴訟**：現在正是乘勝追擊的好時機，如能利用自己的能力幫助他人，將對你的勝訴更有幫助。

◆ **遷居**：當你有了足夠的能力，一切都能水到渠成，故在有餘力之時幫助別人，也能使自己更有福報。

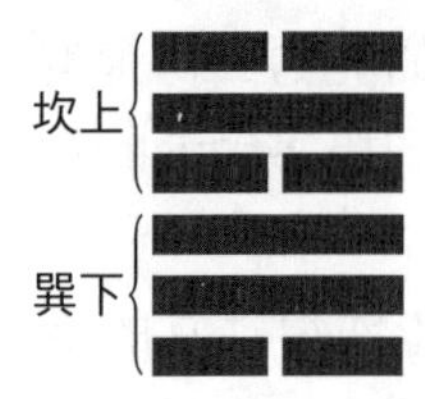

井卦 卦理

井卦卦象為上坎水，下巽入，以水桶汲水，就為井之意。人事物會改變，但井仍然維持不變，當接近汲滿水時，有可能使瓶身傾倒而遭致破壞，因此就會有凶險之意，但若是能夠累積實力，修養生息，方能度過此劫。〈象〉曰：「木上有水，井。君子以勞民勸相。」君子應該效法井水不停照顧人民的美德，盡其可能的為人民付出貢獻。

卦辭：「改邑不改井，無喪無得，往來井井。汔至，亦未繘井，羸其瓶，凶。」水井，不會因為遷村而有所改變，井水不會乾涸或是增加，正所謂取之不盡，用之不竭，村民們都不停的來此處取水。但當有一天真的無水，還不想辦法解決，只想著逃避，不積極的鑽井修繕，甚至使儲水的瓶子因而破損，那就是大禍臨頭之象。

井水是固定的，水質變差或是乾涸，村民就會將其捨棄；但如果願意將其修繕好，改變水質或是想辦法汲水，那就能夠再次吸引村民的聚集。換言之，君子只要懂得累積實力和培養品德，那一定能夠受到眾人所擁戴。卜得井卦者，首先務必內自省，培養實力，養精蓄銳，待時機成熟，方能破繭而出，記住切莫貪快，否則將欲速則不達，容易將自己陷入更窘迫的境地。

「井」卦六爻的爻辭：初六時表示要跟得上時代的變化，多充實自己，避免被潮流所淘汰；九二時意味著雖然有能力、有才華，但卻被埋沒，沒人發現自己的表現，甚至於可能會苦無事做，與其在那自怨自艾，不如退而求其次，找些零碎的事務處理，藉此再一步一步向上爬升；九三表示如果能夠遇到懂得善用人才的人，那將能夠獲得重用，若為上位者，則需要廣納賢才，方能有所成就；有才能之人，一定會繼續深造，多方充實自我，必定能夠有出頭天的機會，此為六四之意；九五時表示應該要具備剛正不阿的性格，且有能力就應該要為大眾盡一份心力，不可自私自利，短視近利；上六表示如果有機會成為上位者，切記仍要秉持賢者的心志，為大眾服務，不可恣意妄為，盡自己最大的能力來幫助他人。

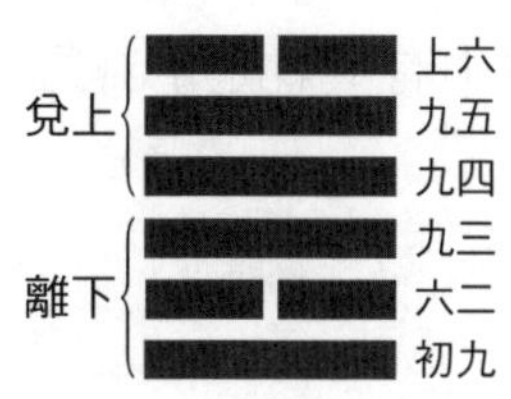

革卦

卦序▶49 錯卦▶山水蒙
卦數▶29 綜卦▶火風鼎
卦向▶東北 互卦▶天風姤

卦揭

革，本是指獸皮去掉毛，後引申為變革、改革之意。就像水井在使用一段時間後必須要清潔，這樣的動作就有如改革一般，所以說井卦之後為革卦。

古云：「天下合久必分，分久必合」，東漢末年，朝廷中宦官得勢，導致政爭不斷，各地也因此發生了不少的亂事，再加上幾次天災，不但使得國勢益加地衰微，百姓更是流離失所，無以維生。所謂時勢造英雄，在這動亂不安的時代裡面，崛起了三位極具才智，野心勃勃的英雄人物，各據一方，三分天下。分別是領有西蜀的劉備；雄據中原的曹操；以及獨霸江東的孫權。為了奪取天下，魏、蜀、吳三國之間發生了無數次大小的戰役。上下將近一百年的三國歷史，最後以晉朝統一天下落幕，只留下說不完的三國故事，代代流傳。

卦辭

【卦辭】己日乃孚，元亨利貞，悔亡。

己日，此有變革的含意。亡，沒有。進行變革的時候必須要心存誠信，才能獲得支持且有利於正道，以至於不會有後悔的事產生。

〈彖〉「革，水火相息，二女同居，其志不相得，曰革。己日乃孚；革而信也。文明以說，大亨必正，革而當，其悔乃亡。天地革而四時成，湯武革命，順乎天而應乎人，革之時義大矣哉！」革卦，是水火不容的，兩個女子住在一起，心志皆不同，這就是革卦。因為變革而取得人們的信任，內心光明有利於正道，改革得宜，就不會有悔恨之事。天地變革才會有四季，商湯和武王的革命也是順天意合人心，所以說革卦的意義是非常重大的。

〈象〉「澤中有火，革。君子以治曆明時。」水澤中有火就是革卦之象，君子由此制定曆法來確立天地時間的變化。

【初九】鞏用黃牛之革。

用黃牛皮製成的繩子牢牢綑綁。

〈象〉「鞏用黃牛，不可以有為也。」用黃牛的皮革束緊加固，說明人若是被緊緊束縛則不能有所作為抑或冒險之事。

以黃牛繩的綑綁來引申，人要適時的約束自己的言行，變革前必須要謹慎。

【六二】己日乃革之，征吉，無咎。

改革必須要時機成熟才能夠發動成功，這個時候的發展是吉祥的，不會有災難。

〈象〉「己日革之，行有嘉也。」在此時的改革，只要有所出擊，都會有好消息。

變革首重時機，若抓對了時機，成功的機會是很高的。

【九三】征凶，貞厲，革言三就，有孚。

出征會有凶險，要堅守正道以防止災禍，變革要慎重討論，當大多數人的意見都一致時才行動，這是有誠信的表現。

〈象〉「革言三就，又何之矣。」變革必須要慎重討論，當大多數人的意見都一致時才能夠行動，急著出征，則得不到好的效果。

雖然要進行變革，也要經過再三的考慮，不可過於激進。

【九四】悔亡，有孚改命，吉。

沒有悔恨，心存誠信就能夠改變現狀，吉祥的徵兆。

〈象〉「改命之吉，信志也。」改變現狀的吉祥徵兆，是來自於誠信的緣故。

心存誠信的改革必須要符合現狀和發展，另外，改革的時機也是很重要的。

【九五】大人虎變，未占有孚。

領導變革的大人物有老虎一般的膽識，無庸置疑的一定會得到大眾的信任。

〈象〉「大人虎變，其文炳也。」文炳，文采顯著之意。領導變革的大人物有著老虎般的膽識，他的光輝是閃耀的。

推行革命的大人物必須要有能力及膽識，這樣的革命才能得到他人的信賴和支持。

【上六】君子豹變，小人革面，征凶，居貞吉。

君子對改革的態度就像豹一樣態度堅決，而小人則只會做表面文章，那是凶險的，唯有守住正道才是吉利的。

〈象〉「君子豹變，其文蔚也。小人革面，順以從君也。」君子對改革的態度就像豹一樣態度堅決，且處事能力也是相當好的，而小人沒有內涵，只是一味地順從上位者。

當改革完成後，應繼續保持成果，當然，適度的休息也是必要的，做到這些，才能讓盛世長久不衰。

革卦爐鞴鼓鑄圖

上卦為兌為澤，下卦為離為火。水澤中有火即為革卦之象。面臨變革之際，不僅要具有膽識，行動也要果斷，只要改革時機成熟，人們就會支持擁護，改革也會因此成功。

革卦 卦義

291【初九】鞏用黃牛之革。

◆ **事業**：儘管有改變現狀的野心，但目前的能力尚有不足，依然被多重束縛限制住，故在行動之前，必須先鞏固自己的實力，才能有一番作為。

◆ **創業**：想發展事業卻沒有相對應的能力，故現在再怎麼努力，成果仍然有限，必須先培養足夠的實力，等待時機到來。

◆ **錢財**：目前的你還沒有足夠的能力獲得額外的財富，必須在鞏固目前的基礎後，才有日後發展的機會。

◆ **愛情**：與其想使雙方的感情快速進展，不如專注在鞏固目前的感情基礎上，唯有建立深厚的情感，才能讓戀情順利無礙。

◆ **婚姻**：想對目前的困境採取行動，但時機尚未成熟而難有成效，目前較適合安守現狀，等時機一到，也會有較多能力做出改善窘境的行動。

◆ **子女**：目前還不是進行改變的時機，應該先努力使自己到達能夠跟孩子溝通的階段，再採取進一步的行動，若是妄然前進，則必定無功而返。

◆ **健康**：不要想著一步登天，先鞏固好目前的身體狀況，循序漸進的改變生活習性，才能真正達到成效。

◆ **旅遊**：即使想突破現狀，付出的努力也難以有所回報，這是因為目前的能力尚有不足的緣故，要改善困境，必須先提升自我能力，並等待關鍵的時機。

◆ **考運**：沒有足夠的實力因而感到前進的路阻礙重重，唯有增進能力，才能突破目前的窘境，並做出重大的改變。

◆ **人際**：儘管想努力經營，卻因能力不足而屢屢受挫，若能先充實自己，則等到時機成熟，人群自然會接近你，進而能夠輕鬆地擴展人際關係。

◆ **訴訟**：若想情況有所轉機，則必須先鞏固好自己的形勢，進而提升自我並創造勝利的契機。

◆ **遷居**：因還沒有足夠的能力，故感覺彷彿被綁住手腳、難以動彈，應等到更適當的時機，已經有了足夠的資源再行動，才能順利進行搬遷。

◆ **尋人**：往東北方尋找，必有所獲。

292【六二】己日乃革之，征吉，無咎。

◆ **事業**：目前的時機已經成熟，要想在事業中做出改革，現在行動是不會有災害的。

◆ **創業**：現在正是創業的大好時機，只要看準機會出手，定能有所成就，闖出一片天。

◆ **錢財**：做出改變的時機已到，只要觀察局勢，挑選適當的時機，則付出必定能有所收穫。

◆ **愛情**：要改變目前的關係，現在正是最好的時間點，若能努力積極地採取行動，則必能使戀情往好的方向發展。

◆ **婚姻**：遲遲找不到機會踏出改變的第一步，因而使關係停滯不前，現在正是最好的時機，只要積極行動，就能突破困境。

◆ **子女**：在目前的時機只要積極做出改變，就能大幅改善親子關係，故不必為先前的挫敗過於憂慮，積極採取行動，就會有好的結果。

◆ **健康**：一反先前採取的守勢，現在正是做出大幅改變的時候，只要確定正確的目標勇往直前，就能使目前的狀況獲得改善。

◆ **旅遊**：若想做出重大的變革，現在正是最好的時機，只要採取行動，就能使情況有所不同。

◆ **考運**：若能掌握良機大步前進，將能使先前遇到的阻礙都煙消雲散，付出的努力會有很好的收穫。

◆ **人際**：要想突破人際上的困境，要抓緊目前的時機積極行動，只要從自身開始改變，就能在人際上有所獲得。

◆ **訴訟**：想使情勢逆轉，必須找到最好的時間點進行變革，若能把握現在的時機，將會有意想不到的成果。

◆ **遷居**：現在正是做出決定的最佳時刻，無論選擇為何，都能獲得不錯的結果。

293【九三】征凶，貞厲，革言三就，有孚。

◆ **事業**：工作上必須有所轉變，否則會有凶險，然前行亦不知結果是好是壞，故做出決定前必須考慮再三，以免招致悔恨。

◆ **創業**：事業必須做出轉型，但改變也有可能往不好的方向發展，故改變之前應謹慎判斷，以免耗費時間與心力卻得不到成果。

◆ **錢財**：唯有做出改變才能改善現在財務上的窘境，但若無法在事前做好謹慎評估而貿然行動，則難以得到應有的報酬，甚至可能導致破財的情況。

◆ **愛情**：希望突破目前的困境卻過於心急，忽略改變也需要找到適切的時機點，因而難有成效，在採取行動之前要能謹慎考量，才能使戀情往好的方向發展。

◆ **婚姻**：改變是必然的結果，但必須在變革之前進行雙方的溝通，謹慎思考過後再下判斷，才會有實質的成效。

◆ **子女**：唯有改變才能使情況有所改善，但付諸行動之前，要謹慎考量，避免因心急而適得其反。

◆ **健康**：儘管為了健康狀況感到焦急，但在做任何決定之前，都應謹慎思考，輕率地採取行動只會使病情有更壞的發展。

◆ **旅遊**：旅途中的變動是無可避免的，但在起行前要慎重的思量並討論，找出最好的方向繼續前進，才能避免災禍的降臨。

◆ **考運**：面對困境，勢必要調整自己一貫的準備方式，但改變的方向則要謹慎規劃，找出最適合自己的方式，才能真正對考試有所助益。

◆ **人際**：保持現狀對你不利，故必須踏出改變的第一步，以不同的方式經營人際關係，但並非盲目地追求改變，而是要就目前的人際狀況作謹慎分析後，再積極地行動，如此將使人際困境獲得抒解。

◆ **訴訟**：改變目前的作法勢在必行，但要謹慎觀察情勢，找出對自己最有利的方向積極前進，就能安然度過這場訴訟糾紛。

◆ **遷居**：變動會帶來好結果，但前提是在變革之前做好審慎的評估，若能慎重的規劃，則能順利無礙地搬到理想中的居住地。

294【九四】悔亡，有孚改命，吉。

◆ **事業**：儘管充滿信心地想改善目前的窘境，但必須評估現狀，看準改革的時機再行動，如此將使你的事業有全新的發展。

◆ **創業**：在求新求變的同時，也要兼顧現實的狀況，若能在這兩者之間得到平衡，則事業能夠有很好的發展。

◆ **錢財**：財務策略的變更要避免好高騖遠的情況，只要在詳細評估狀況之後有信心地執行，就能脫離目前的窘境。

◆ **愛情**：若這段戀情能夠開花結果，都是因為你有信心地踏出改變的第一步，並且掌握了最佳的時機展現自我，故不會有悔恨。

◆ **婚姻**：最艱困的時期已經過去，現在開始必須有所改變，變動將為你帶來好的結果，故應有信心地面對新的挑戰。

◆ **子女**：想改變目前膠著的狀態須挑選適當的時機，並做好多方評估，待時機成熟就充滿信心地採取行動，情況將獲得改善。

◆ **健康**：只要有心改善現狀，目前就是實行的最好時機，若能踏出勇敢的第一步，就一定會有好的結果。

◆ **旅遊**：當陷入困境，必須懂得做出改變，只要帶著信心進行，就能迎來吉祥。

◆ **考運**：不對未知的未來感到憂慮，充滿信心地做出變革，就能獲得應有的報酬。

◆ **人際**：只要懷抱信心突破目前的僵局，任何改變都會是好的轉變，將能避免悔恨的情況發生。

◆ **訴訟**：面對訴訟充滿信心，找到適當的時機做出改變的舉動，就能創造勝利的契機。

◆ **遷居**：面對改變應該拋棄不安，帶著信心做好謹慎規劃，就能使搬遷順利進行。

295【九五】大人虎變，未占有孚。

◆ **事業**：若平常就能樹立威信，則要變革之時，自然能夠得到在下位者的支持，因而能夠順利推行，且應以身作則，才能避免無謂的爭端。

◆ **創業**：推行新的政策要能雷厲風行，並從自身開始做起，以取得眾人的信任與支持，才能順利達到改革的目標。

◆ **錢財**：財務上要進行變革時，必須迅速確實地進行，若想得到他人的支持，則必須以成效取信於人。

◆ **愛情**：若想使戀情開展，則必須從改變自己開始做起，讓他人對你產生好感，才有機會使桃花降臨。

◆ **婚姻**：如果希望目前的關係有所改變，則必須先從自身做起，再帶領另一半前進，如此將能使困境有所改善。

◆ **子女**：想要子女有所轉變，要先改變自己，才有立場要求他們，也更能藉此贏得子女的信任而使親子關係更加緊密。

◆ **健康**：想改變生活型態不能只是嘴上說說，而是要身體力行去實現，若能如此，則周遭的人也會受你影響而給予你大力的支持，助你更快恢復健康。

◆ **旅遊**：要從你自身開始推動改變，才能逃出目前的困境，且若能迅速而確實地推行，則眾人皆能成為你的助力，幫助你在旅途中無所咎害。

◆ **考運**：面對困境要有改變的決心，而變革需要準確而快速地進行，如此身旁的人將受你影響而願意從各方面給予你協助，因而能夠衝破困境、達成目標。

◆ **人際**：你具有領導改變的能力，但想要獲得眾人的支持，必須以身作則，你會發現助力源源不絕，終至獲得成功。

◆ **訴訟**：要想扭轉劣勢，必須以果斷快速的方式改變目前的作法，只要自身願意做出最大的改變，則他人也會逐漸跟從，最終助你逆轉困境。

◆ **遷居**：要領導眾人做出改變，得先由自己踏出第一步，才能得到眾人的信任與支持，進而弭平爭端，使搬遷順利落幕。

296【上六】君子豹變，小人革面，征凶，居貞吉。

- **事業**：工作上的改革必須迅速敏捷，而當改革有了一定的成效，則需讓眾人有適應的空間，這時便不可躁進妄動，以免前功盡棄，只要改革成功進行，則工作上會有相當大的成就。
- **創業**：經營策略的改變必須敏捷且強勢，而當改變奏效，則需暫緩腳步，給予員工喘息空間，如此才能使事業穩健成長。
- **錢財**：面對財務經營能夠保持靈活很好，但改變不能一直持續，暫時停下腳步是必須的，唯有如此才能清楚觀察情勢，進而避免妄動的風險。
- **愛情**：因勇於改變而使情感更進一步，此時應避免操之過及，要慢下腳步讓彼此適應目前的新關係，才能讓往後的情感發展得更加順利。
- **婚姻**：即使改變的態度堅決，也要給予彼此適應的空間，欲速則不達，故當改變到了一個階段，就不宜再積極向前。
- **子女**：雙方的關係改革有成，但現在若繼續積極地推動，只會使對方感到疲累，繼續下去會有風險，故應懂得適可而止。
- **健康**：儘管因做出改變而使身體狀況有所改善，但應注意不要超出身體的負荷，適當的休息才能有更大的成效。
- **旅遊**：改變已經成功地推行，使眾人順服、災禍遠離，此時要懂得暫緩腳步，避免過度的變革引來更大的麻煩。
- **考運**：經過先前的調整，進度已經回到正軌，此時要給自己時間適應新的計畫，才能避免消化不良而適得其反。
- **人際**：在人際經過重大的改變之後，必須先安守本分，若繼續前行反而會有災難。
- **訴訟**：當局勢經過新的變化，要先停下腳步，觀察局勢，避免盲目前行而陷入險境。
- **遷居**：先前的變革已經有了成果，此時若妄加前行，容易踏上災難的道路而前功盡棄，故應先暫緩計畫，等待更好的時機。

革卦 卦理

「革」卦，有變革、改革、革命或除舊布新之意。卦序上革卦是在井卦之後，和鼎卦為一對綜卦，所以《雜卦》曰：「革，去故也。鼎，取新也。」《序卦》：「井道不可不革，故受之以革。」井道勢必要經常更新，也因此井卦之後就是革卦，和恆卦的穩定後就要遯及大壯有異曲同工之妙。

〈彖〉曰：「革，水火相息，二女同居，其志不相得，曰革。」上澤少女，下離中女，兩女無法相處在一室，志向不同，則須改變。下離火，上兌澤，水可以使火熄滅，火亦可使水蒸發，因為相生相剋，所以產生變革。

卦辭：「己日乃孚，元亨利貞，悔亡。」改革，要到達成目標的那一天，群眾才會完全信任，之後就能夠亨通，利於正固，後悔、憂悔將不復存。卜得革卦者，表示不可以一成不變，守舊絕對會導致敗亡，一定要進行改革。如果是自我反省就表示需要改革、革新，也就是洗心革面之意。若是等到別人來替自己變革，就成了革命。以人際關係或感情層面來說，革卦將是一個大凶卦，表示與人之間不單單只是不和睦，還會陷入水火不容的窘境。因此固守態勢，不知變通，冥頑不靈者則凶，改革、變革者為吉。

「革」卦六爻的爻辭：初九時表示因為還在變革的初期，所以不要輕舉妄動，必須先鞏固勢力和增強實力；六二時表示變革必須要等待時機，當腐敗出現，表示時機成熟，此時就可以進行變革；九三表示就算革命已成定局，仍然要堅守信念，謹言慎行，依舊不可以草率行事，若能夠匯集眾多志同道合之人，則更能夠接近成功；九四表示想要改革成功，勢必要先取得支持者，換言之，自己的信念和信心將會改變一切，所以平時修身養性，具備高尚品德是相當重要的一個環節；要革命就必須要貫徹到底，不可半途而廢，堅守正道，維持支持者的信念，掌握眾人的支持，此為九五之意；上六時表示革命已然完成，但君子仍然需要時時自我革新，跟上時代的潮流，順應世代的變遷，如此一來才能夠維持吉祥。

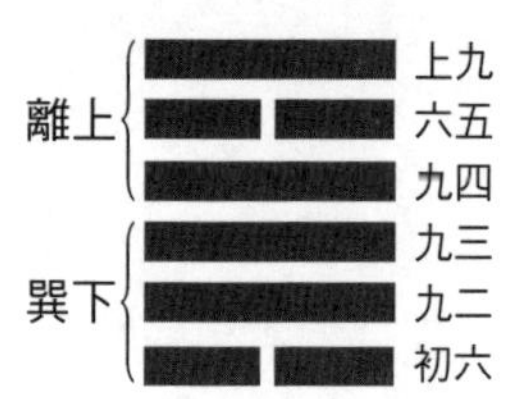

鼎卦

卦序▶50 錯卦▶水雷屯
卦數▶46 綜卦▶澤火革
卦向▶西南 互卦▶澤天夬

卦揭

鼎是代表君王權威的象徵之物，另外也是祭祀的器具，有時也將法律條文，刻在鼎上。以示律法的重要。朝代更替，新的君王，首要任務就是鑄鼎並頒訂法律，鼎也有象徵新時代的開始的意義。

隋唐是中國封建社會包括法律制度發生重大變革的時期。隋朝制定的《開皇律》在封建法典中占有重要地位。唐代尤為重視立法建設，唐太宗時，制定《唐律》；高宗年間，編定《唐律疏議》。《唐律》把「十惡」特標篇首，律文反映了唐代社會的等級劃分，明確規定了社會各等級的不同身分、地位、權利和義務，以及他們之間的關係。《唐律》和《唐律疏議》是中國歷史上最完整的封建法典，對中國封建法律的發展影響極大，完整的法律規範也帶來了隋唐盛世，對亞洲一些國家亦有一定程度的影響。

卦辭

【卦辭】元吉，亨。

鼎卦，大吉大利，亨通。

〈彖〉「鼎，象也。以木巽火，亨飪也。聖人亨以享上帝，而大亨以養聖賢。巽而耳目聰明，柔進而上行，得中而應乎剛，是以元亨。」亨，祭祀。鼎卦是鼎的象徵。把木柴丟進入火裡，可以烹煮食物。聖人烹煮食物來祭祀上帝，大量烹煮食物可以養育聖賢之人。隨和聰穎並柔順的發展，使得中道與陽剛之氣互相應和，所以大亨通。

〈象〉「木上有火，鼎。君子以正位凝命。」木頭上有火在燒，這是鼎卦的象徵，君子應當像鼎一樣，穩重的完成自己的使命。

【初六】鼎顛趾，利出否，得妾以其子，無咎。

鼎翻倒，但卻能倒出了鼎中陳積已久的廢物；就好像娶了妾可以得到子嗣，不會發生災禍。

〈象〉「鼎顛趾，未悖也。利出否，以從貴也。」悖，音同「背」，違背道理。鼎翻倒，這看起來像違反常理，實則不然，鼎足朝上，卻能倒出鼎中陳積已久的廢棄物，順勢追隨貴人的安排，向好的方面發展。

知人善任是不分貴賤的，有時表面看似不吉利，往往卻能因禍得福、除舊布新。

【九二】鼎有實，我仇有疾，不我能即，吉。

鼎中盛滿了食物，就像人的才學豐厚。即便有敵人仇視我，卻也無可奈何，這是吉祥的。

〈象〉「鼎有實，慎所之也。我仇有疾，終無尤也。」鼎中盛滿了食物，就像人的才學豐厚，應該謹慎小心，即使敵人仇視我，但因無懈可擊，最終是沒有憂慮的。

此說明有內涵之人，無須懼怕小人，雖是如此，但做人處事還是得謹慎小心。

【九三】鼎耳革，其行塞，雉膏不食，方雨虧悔，終吉。

「雉膏」，此指肥美野雞肉。鼎的握把掉了，難以移動鼎器，裡頭美味的野雞肉吃不到，但此時剛好有雨出現，這才能消釋悔恨，最終還可以獲得吉祥。（這裡的雨指的是陰陽相應和的好徵兆）

〈象〉「鼎耳革，失其義也。」鼎的握把掉了，難以移動鼎器，也就失去了它的意義。

象徵賢能不被重用，但此時應該修鍊身心，等待機會，終有嶄露頭角的一天。

【九四】鼎折足，覆公餗，其形渥，凶。

餗，音同「素」，此指美味佳肴。鼎的腳折斷了，王公鼎裡的美味佳餚都被倒出來了，鼎身變得骯髒，兇險之兆。

〈象〉「覆公餗，信如何也。」鼎裡的美味佳餚都被倒出來了，哪裡還有誠信呢！

用人雖不分貴賤，但用了無能之人卻可能遭來禍害，所以在位者必須要能知人善任，分辨人才與否。

【六五】鼎黃耳，金鉉，利貞。

鉉，音同「炫」，形狀如鉤，提鼎之器具。鼎鑄上黃色的鼎耳，插上堅固的扛鼎之器，有利堅守正道。

〈象〉「鼎黃耳，中以為實也。」鼎鑄上黃色的鼎耳，是六五爻居中位，守中庸之道。

上位者要保持中庸之道，不偏不倚，使天下人受其感召，輔臣也要適時給予上位者協助，才能上下一心。

【上九】鼎玉鉉，大吉，無不利。

鼎配上玉制的鼎杆，非常吉祥，沒有什麼不利。

〈象〉「玉鉉在上，剛柔節也。」玉制的鼎杆在高處，顯現剛柔相合，互相調節。

此說明剛柔並濟，則萬事亨通。

二用之圖

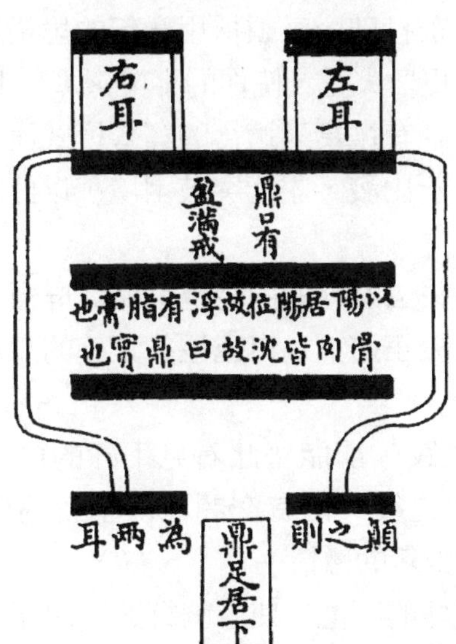

上卦為離為火，下卦為巽為木。鼎是君王權力的象徵，而掌權必須要起用賢能。拔擢人才必須要知人善任，唯有剛柔並濟，才能亨通順利。

鼎卦 卦義

297【初六】鼎顛趾，利出否，得妾以其子，無咎。

◆事業：舊有的模式需要被打破，必須採用全新的思維與方式面對工作，才能激發出更多火花，使你的事業蒸蒸日上。

◆創業：不能一味守舊，唯有拋棄不適合的經營模式與不適當的合作對象等元素，重新出發，才能突破困境，以此為轉捩點而有更好的發展。

◆錢財：乍看是破財，但失去財務的同時也幫助你屏棄了錯誤的投資觀念，必須行走於正道，為自己注入正確的想法，才能在財務上有所收穫。

◆愛情：儘管在感情上跌跤，卻能藉此看見不好的自己，並徹底拋棄，當清空自我之後，便有空間注入全新的思想，提升自我，也能因此開啟新的戀情。

◆婚姻：必須拋開過去不好的回憶，使心胸打開，因而能夠重新經營這段婚姻，使關係恢復融洽。

◆子女：看似情況發展到最惡劣的局面，卻也因此讓雙方坦承以對，故能重新構築更加穩固的親子關係。

◆健康：因為身體出狀況而能藉此徹底檢視從前沒有注意過的健康危機，故能因禍得福，在接受醫療後能夠擁有更健康的身體。

◆旅遊：當陷入困境，若能把對目前狀況有害的因素屏棄，並置入新的想法，就能找出抒困的方式。

◆考運：陷入瓶頸時，必須將以前得過且過的部分拋棄並重新開始，如此才能漸入佳境，最終在考試有好的表現。

◆人際：必須將人際中不好的對象捨棄，結交新的朋友，才能為你的人際關係注入新血。

◆訴訟：捲入訴訟的糾紛，卻能讓你在訴訟過程中拋棄舊有的觀念，在訴訟落幕後能帶著全新的心態重新出發。

◆ **遷居**：必須先把舊有的東西除去，才能考慮接納新的事物，如此也才能有更寬闊的眼界看待搬遷一事，將為你帶來吉祥。

◆ **尋人**：往西南方尋找，必有所獲。

298【九二】鼎有實，我仇有疾，不我能即，吉。

◆ **事業**：儘管敵人環伺，卻因自己擁有深厚的才幹，故能不受敵方威脅，但仍須行事謹慎，避免對方趁隙而入，使大好的局勢產生變化。

◆ **創業**：現今時勢良好，你也有足夠的才能發展事業，暫時能不受競爭對手影響，但仍不能輕忽大意，才能鞏固好事業的基礎。

◆ **錢財**：會有很好的收穫，即使遭他人嫉妒也能不受侵擾，但若被錢財蒙蔽雙眼而不知注意防範，則可能因此惹禍上身。

◆ **愛情**：戀情能夠有所斬獲，只要謹慎經營，不要迷失方向，就能避免憂患的發生。

◆ **婚姻**：若能謹慎注意自己的言行，往正確的方向付出努力，就能搭起溝通的橋梁，使婚姻關係美滿無咎。

◆ **子女**：儘管現在是解決親子問題的大好時機，仍應謹慎應對，只要付出耐心好好溝通，就能擁有融洽和諧的親子關係。

◆ **健康**：因為有強健的身體，暫能不受病痛的侵擾，但仍須注意健康的保持，避免疾病有機可乘。

◆ **旅遊**：有足夠的能力策劃並進行這趟旅行，但過程中仍要小心謹慎，以免災禍突然發生而使你措手不及。

◆ **考運**：具有豐富的學識足以應付考試，故不必過於憂慮，但也不可因此過度鬆懈放縱，只要持續謹慎地進行準備，就會有理想的成績。

◆ **人際**：因具吸引人的個人特質，故能在人際中如魚得水，不受小人的危害，但仍需注意防範，以免小人得勢對你造成影響。

◆ **訴訟**：目前的情勢對你有利，有足夠的能力使你在訴訟之中占有優勢，但仍不能忽略敵方的攻勢，以免一時大意而使情況有所變動。

◆ **遷居**：時局良好，也有足夠的能力與才識進行搬遷，儘管能夠順利進行，仍須多加謹慎防範過程中可能出現的問題，以防變故突然來臨。

299【九三】鼎耳革，其行塞，雉膏不食，方雨虧悔，終吉。

◆ **事業**：有才能卻不受人重用，難以找到出路，在此艱難時刻，仍應堅持走在正道之上，等待出頭的機會到來。

◆ **創業**：目前並不適合創業，若執意前行，將會碰到許多阻礙，使你窒礙難行，但若能秉持誠信，檢討自己的不足，則時機一到，就有機會突破困境。

◆ **錢財**：財務會碰上困難，才能難以伸張，但不要過於沮喪，若能不偏離正道，終究能夠掙脫困境而有所獲。

◆ **愛情**：起初不會太過順利，在追求戀情的過程中會遇見重重阻礙，但若能堅定地一一克服，並秉持正直的心態，最終還是能使戀情開花結果。

◆ **婚姻**：因偏離正軌而使婚姻出現狀況，若能找回正確的道路，付出最大的努力，儘管過程會艱辛難行，但仍有機會突破困境。

◆ **子女**：因為方法錯誤而導致感情不睦，儘管有心改善，也難以抓到要領，但只要秉持正道，等待開啟溝通的契機來臨，最終能夠使劣勢趨緩。

◆ **健康**：想改善目前的情況卻不得其法，必須跨越眾多阻礙，必須堅毅地度過這些難關，終究能夠迎來恢復健康的那一刻。

◆ **旅遊**：有才能卻找不到發揮的機會，使旅途中困難重重，但只要不偏離正軌，最終還是能夠順利結束旅程。

◆ **考運**：可能準備充分卻因其他因素而沒有好的表現，但不要因此灰心喪志，只要找到正確的方向，並積極前進，就能突破以往的困境而在重要關頭展現出實力。

◆ **人際**：因時機不對而無法發揮才能，使人際陷入困境，但此時若能不畏處境的艱難，仍然在正確的道路上默默努力，就能逐漸展現你的優點而使人際逐漸開展。

◆ **訴訟**：儘管局勢對你不利，想法無法伸張，也不應輕言放棄，只要認定是對的道路，就繼續前行，終將能夠看見勝利的曙光。

◆遷居：目前並非搬遷的良機，過程中可能處處受挫而難有成效，必須等待更好的時機，才能免除災禍而使吉祥降臨。

300【九四】鼎折足，覆公餗，其形渥，凶。

◆事業：承接了超越自己能力的事務，因而容易有凶險，應避免自不量力的情況，過於勉強自己不但不能成大事，還可能使公司蒙受重大損失。

◆創業：要避免做出對事業負荷太重的決策，否則不但達不到理想中的發展，甚至會使公司元氣大傷，引來災險。

◆錢財：必須清楚知道自己的實力，儘管受到龐大的利益誘惑也要懂得回絕，否則將賠了夫人又折兵而悔不當初。

◆愛情：面對感情應避免好高騖遠的情況，若承擔超出自己負荷的事物，則即使在一起也難以順利發展。

◆婚姻：當對方的要求超出你所能負擔的範圍，必須進行溝通，以免累積的壓力過久，將導致感情的失和。

◆子女：就算是為了配合對方，也應該在自己能夠承擔的範圍之內，若過於勉強自己，反而容易弄巧成拙。

◆健康：儘管恢復健康的心非常急切，也要注意是否超過目前身體的負荷，避免對身體造成二次傷害。

◆旅遊：須依照自己的能力選擇旅行的方式與目的，並依照每個人的能力給予相對應的工作分配，如此就能使旅途順利無礙。

◆考運：只要不勉強自己做超出能力範圍的準備，保持平常心，就能有理想的表現。

◆人際：當承受太多不屬於自己應當負荷的事物，則所帶來的壞處可能反而比好處來得多，故應量力而為，才能遠離災禍。

◆訴訟：若不能量力而為，則可能因此為自己招來災險，必須避免貪急而不擇手段的作法，唯有掌握真實，知人善用，才能為自己製造最大的贏面。

◆遷居：在還沒有足夠能力之前，先不要採取行動，如此只會使過程阻礙重重，並引發更多災禍。

301【六五】鼎黃耳，金鉉，利貞。

◆ **事業**：工作將能順利發展，只要保持中道，注意言行，並且汲取前人的經驗，就能有足夠的空間發揮，並有良好的表現。

◆ **創業**：時局良好，只要秉持正直誠信的原則，努力積極發展，就能實現內心的目標，使事業蒸蒸日上。

◆ **錢財**：若能注意不走旁門左道，並且以前人經驗為戒，積極前進將能為自己帶來豐富的收穫。

◆ **愛情**：桃花運大好，此時若能秉持自己的正直本性，展現自己美好的一面，就能受到心儀之人的青睞，使戀情開始發展。

◆ **婚姻**：現在正是進行溝通的好時機，只要展現出誠意，將能順利解決先前的紛爭，使婚姻關係重修舊好。

◆ **子女**：目前適合積極行動，若能以和緩的方式進行溝通，將會收到不錯的成效，而如想讓子女符合你的要求，則最好能以身作則，作為其學習的對象，會更能拉近親子間的距離。

◆ **健康**：只要能保持良好的習慣，不偏離正道，則現在正是健康恢復的最好時機，應努力積極地接受治療，如此不久後就能重拾健康。

◆ **旅遊**：目前是適合前往旅行的時局，故可積極地籌備，但旅途中要注意避免不正當的行為，以免導致災禍的發生。

◆ **考運**：考運良好，先前的準備能夠在正式上場時派上用場，故能遠離憂慮，在不偏離正軌的情況下，可以有好的表現。

◆ **人際**：只要堅守正道，自然能夠吸引志同道合的人接近，因而能夠順利發展人際關係，但須注意避免偏激的言行，以免使他人對你的評價大打折扣。

◆ **訴訟**：訴訟過程中必須保持中正的態度，避免因一時氣惱而胡亂發言，如此將引來更大的災禍，若能汲取前人的經驗，將對訴訟更有幫助。

◆ **遷居**：目前的局勢適合搬遷，但過程中應保持正道，並注意言行，就能避開可能的障礙，順利完成目標。

302【上九】鼎玉鉉，大吉，無不利。

◆ **事業**：工作運勢相當好，有很大的發展空間，若能剛柔並濟處事，則目標將能順利達成。

◆ **創業**：與合作對象互相調節互補，建立起很好的合作關係，因而能夠受到很大的支持，使事業鴻圖大展。

◆ **錢財**：能夠掌握獲利的關鍵，將使自己免於錢財的損失，財務會有很大的收穫。

◆ **愛情**：若能時而展現堅強、時而展現柔軟的不同面向，將使你的戀愛運大增，能夠受到心儀對象的欣賞，進而拉近距離，使戀情成真。

◆ **婚姻**：與對方能夠相互協調，兼容彼此的優缺，故即使先前有些顛簸，也能夠相互扶持地度過難關。

◆ **子女**：若能在嚴厲的同時也保有柔和的態度，則不至於走到沒有餘地的死胡同，能夠在適當的時機與子女有適切的溝通，因而能夠免於爭執。

◆ **健康**：身體狀況將有大幅度的好轉，找到最適合自己的調養方式，因而能夠脫離先前的困境，擁有健康的身體。

◆ **旅遊**：旅遊運勢正好，現在非常適合出門旅行，能夠免於一切阻礙，並有豐富的收穫。

◆ **考運**：因為找到適合自己的讀書方式，使得效率加倍，能夠在正式考試中有好的表現。

◆ **人際**：面對人群能夠剛柔並濟，因而受到眾人的喜愛，將能使人際順利開展，沒有咎害。

◆ **訴訟**：若能在剛強爭取自己權益的同時，也保有一些柔軟的態度，將能使事情獲得更圓滿的解決。

◆ **遷居**：面對困難要能剛柔並用，如此就算搬遷過程中遇見困難，也能順利解決。

鼎卦 卦理

「鼎」卦，有布置、烹飪、建立新氣象之意，不只是烹飪器具，也代表著國家權力。卦序上革、鼎兩卦是接在困、井兩卦之後，革如果是破壞的樣貌，那麼鼎就是進行修復、改革、建立新希望，因此與革卦為相輔相成的一對卦。《序卦》：「井道不可不革，故受之以革。革物者莫若鼎，故受之以鼎。」意味著最能進行改革之事物就是鼎。《雜卦》：「革，去故也。鼎，取新也。」革就是將舊有的制度、體制徹底剔除，鼎則是在這同時順勢建立起新的權力，提倡全新的制度，有著除舊布新的局勢。

〈彖〉曰：「以木巽火，亨飪也。聖人亨以享上帝，而大亨以養聖賢。」將鼎視為烹飪的器具，除了可以敬鬼神外，也可以養賢能之人。又〈彖〉曰：「巽而耳目聰明，柔進而上行，得中而應乎剛，是以元亨。」上離明，下巽順，表示耳目聰明，柔進而上行，六五與九二相互呼應，除了可以秉持中庸之道外，亦能夠和有才德之人相互合作，方能大吉。

卦辭：「元吉，亨。」鼎卦，大吉大利，亨通。卜得鼎卦者，諸事皆能大吉，但切勿墨守成規，應該要懂得開拓新的視野，創新才能夠真正得吉。〈象〉曰：「木上有火，鼎。君子以正位凝命。」鼎卦卦象為下巽木，上離火，代表著木上有火，可藉此進行烹飪，君子就應該像鼎一樣，保持穩重的態度來完成事物。

鼎卦大象剛好就是鼎的形狀，六爻的爻辭：初六（鼎足）時表示平常應該要栽培賢者，培育有才之人，儲備人才將能因應除舊布新的到來；九二（鼎腹）時表使與人相處應該要謹慎小心，值得深交的朋友應當注意，切勿濫交損友，養賢才是正道，務必將小人排除在外；九三（鼎腹）時表示有賢才之人雖一時不被重用，但只要堅守正道，不屈不撓，終有能夠出頭的一天；九四（鼎腹）時表示應該要懂得知人善任，有才之人不可放過，小人則應當避開重任；有賢才之人，並且能夠配合知人善任的上司，則將無堅不摧，戰無不勝，攻無不克此為六五（鼎耳）之意；上九（鼎槓）時表示行事往往需要軟硬兼施，剛柔並行方能無往不利。

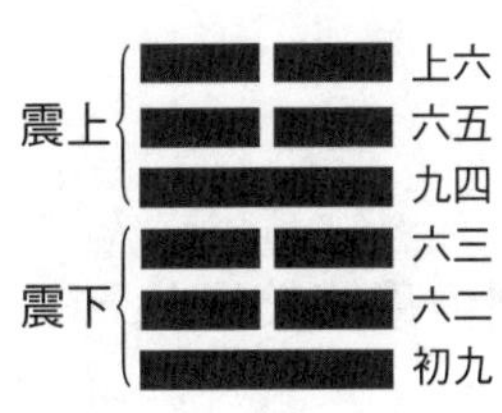

震卦

卦序▶51　錯卦▶巽為風
卦數▶9　綜卦▶艮為山
卦向▶東　互卦▶水山蹇

卦揭

震者，動也。雷聲震耳欲聾，象徵聲勢宏大，驚天動地之意。在後天八卦中，震代表長子之意，也以震代表太子，故前面鼎卦代表國家，震卦則是國家繼承者。

唐傳奇〈虬髯客傳〉中虬髯客欲起兵圖謀天下，後見李世民具天子之氣，乃天命所歸；於是將家產慷慨贈予李靖，以協助李世民取天下。說明「真命天子」是應該應天命而降生的，即使是有「龍虎之象」的虬髯客，也只能望而卻步，不敢逆天命而行事，正所謂「唐有天下，天命所歸」，內容雖為虛構，但人物描繪生動，廣為流傳。

卦辭

【卦辭】亨。震來虩虩，笑言啞啞。震驚百里，不喪匕鬯。

虩虩，音同「細」，恐懼的樣子。啞啞，笑聲。匕，指勺、匙。鬯，音同「唱」。祭祀用香酒。震卦，是亨通的。雷聲使天下萬物都感到恐懼，然而君子卻能處之泰然，談笑風生；即使雷聲震驚百里之遠，主持祭祀的人卻能從容不迫，手中的酒勺都未掉落。

〈彖〉「震，亨。震來虩虩，恐致福也。笑言啞啞，后有則也。震驚百里，驚遠而懼邇也。出可以守宗廟社稷，以為祭主也。」震卦，亨通。震驚襲來令人不安，恐懼可以招致福佑。從談笑聲可以得知，人們已經懂得天地運行的規則。震驚百里，是震驚遠方而使近處戒慎恐懼。國君出巡，長子守宗廟社稷，可以作為祭禮的主導人。

〈象〉「洊雷，震。君子以恐懼修身。」洊，音同「見」，重複，一次又一次。雷聲此起彼落的響起，君子因有所恐懼而不斷的反省自己。

【初九】震來虩虩，後笑言啞啞，吉。

當雷聲使天下萬物都感到恐懼，但雷聲過後，人們依舊談笑風生，是吉祥的。

〈象〉「震來虩虩，恐致福也。笑言啞啞，後有則也。」雷聲使得天下萬物都感到恐懼，但在戒慎恐懼之後而謹慎行事，就能夠招來福澤，這是因為已經懂得天地運行的規則。

【六二】震來厲，億喪貝，躋于九陵，勿逐，七日得。

貝，是古代錢幣。雷聲來襲，有危險，也可能破財，應該爬上高山，登高望遠，千萬不要衝動去找尋，等到七日後自然有機會失而復得。

〈象〉「震來厲，乘剛也。」雷電交加之際，有危險，這是因為六二爻凌駕於初九的剛爻之上。

冷靜、理性並堅守正道，就能降低可能的災害。

【六三】震蘇蘇，震行無眚。

蘇蘇，恐懼不安之意。眚，音同「醒」，災禍、過失。雷聲震動時造成惴惴不安，雖是冒然向前，但只要能謹慎，最終是沒有災禍的。

〈象〉「震蘇蘇，位不當也。」雷聲造成的惴惴不安，是因為六三爻處於不正當的位置。

如果因為不安而謹慎小心，即可避免災禍產生。

【九四】震遂泥。

遂，墜落之意。由於雷聲震動而驚嚇地陷入淤泥中。

〈象〉「震遂泥，未光也。」由於雷聲震動而驚嚇地陷入泥汙中，表示志向抱負無法伸展和發揚。

比喻才德不足，以致於小人陷阱當中，所以必須堅忍的克服困難，志向才能得以伸展。

【六五】震往來厲，億無喪，有事。

巨雷作響，來去迅猛，還好沒有什麼大損失，只是有些小困擾。

〈象〉「震往來厲，危行也。其事在中，大無喪也。」巨雷作響，來去迅猛，有危險，但做人處事謹守中道，就不會有大損失。

當危機發生時，堅守中道原則，則可降低傷害。

【上六】震索索，視矍矍，征凶。震不于其躬，於其鄰，無咎。婚媾有言。

震索索，恐懼的樣子。視矍矍，「矍」音同「決」，驚惶回頭看的樣子。婚媾有言，指在動盪不安時不宜談婚嫁。恐懼且不安，如果行動就會有凶險。不過，當雷震波及旁人時，就做好準備，則不致受害。另外，婚配之事在此時會遭受批評。

〈象〉「震索索，未得中也。雖凶無咎，畏鄰戒也。」上六爻其位不正，雖然有凶險卻不致於有大災難；這是因為能夠在旁人受害時就戒備的緣故。

即使出現危機，要從周遭學習經驗，有所警覺，就可防患未然。

卦圖

震動心之迹圖

中無所
有而色
見面日
故曰震
索索視
矍矍

動之迹

一微為心三著為迹

動之心

戒懼則擬
而後言樂
而後笑故
笑言啞啞

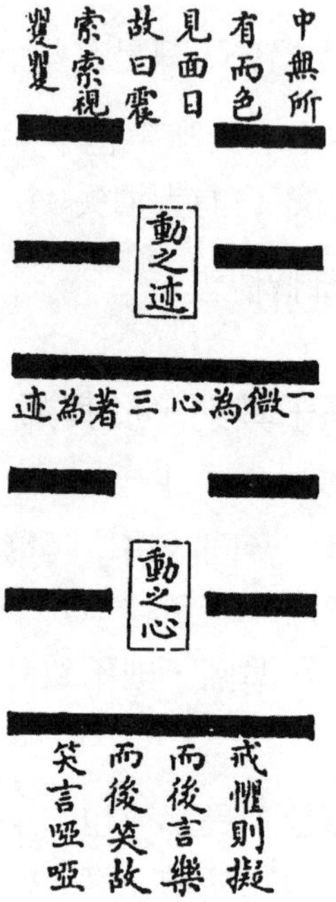

上下卦皆為震為雷。雷象徵雷聲震動。而雷聲震動能使萬物皆懼怕而知有所戒備，因此經常保持高度的警覺，遇到大事也能從容應對。

震卦 卦義

303【初九】震來虩虩，後笑言啞啞，吉。

◆ **事業**：儘管曾經遭逢挫折，只要能從困境中記取教訓，並且懂得未雨綢繆，就能在遇見困難時不至於束手無策。

◆ **創業**：只要時時做好面對困境的準備，則能謹慎避開許多創業路途上的風險，反而能夠為你招來福運。

◆ **錢財**：平時面對財務就抱著戒慎的態度，故在時局不振的時候還留有退路可走，能夠避免過大的損失。

◆ **愛情**：不要太過在意愛情中的得失，即使受傷，也能從失敗的戀情中學習到面對情感的態度，故在下一段戀情展開時，便能免去許多盲目的過程，使戀情順利發展。

◆ **婚姻**：儘管目前處於困境，但若能從現況中記取教訓，並在往後謹慎行事，就能順利度過婚姻的危機。

◆ **子女**：在發生衝突之後，反而能夠意識到問題的存在，因而能夠對症下藥，故不會有災禍降臨。

◆ **健康**：若保有警覺心，防微杜漸，則病情能在一開始就獲得控制，避免更大的危機發生。

◆ **旅遊**：儘管旅途中會遇見困難，但若保持警戒的心理，謹慎處理突發狀況，則能安然度過危機，而在避開危險之後，將有更大的收穫。

◆ **考運**：若能意識到自己的情況危急，就是逆境轉正的開始，因為認知到自己的準備不足，而能加倍努力，則考試自然能有好的表現。

◆ **人際**：要從困境中體認到目前的處境，只要小心謹慎，避免自己犯下人際上的錯誤，自然不會陷入困窘之中。

◆ **訴訟**：儘管過程暗藏危機，若能事前懂得戒慎，則能順利度過難關，且這次的經驗將有助你日後避免同樣的情況發生，為你帶來古祥平穩的生活。

◆ 遷居：當情況未明，自然要懂得未雨綢繆，建議多做一些準備，以免在混亂中慌了手腳。

◆ 尋人：往東方尋找，必有所獲。

304【六二】震來厲，億喪貝，躋于九陵，勿逐，七日得。

◆ 事業：工作上將遇到艱險的處境，可能因此有所損失，但此時應拋棄對這些損失的留戀，盡快遠離危難的中心，在將來的某個時刻，失去的東西將會回到你的身邊。

◆ 創業：局勢對你不利，將因此蒙受損失，但不必過於憂慮，只要行走於正道，遠離可能的危害，終能失而復得，使事業繼續向上發展。

◆ 錢財：因時勢不佳，容易在財務上受到衝擊，此時切勿慌了手腳，或為了遭受的損失而偏離正道，只要保持冷靜，堅守正確的道路，就能使失去的錢財重新獲得。

◆ 愛情：當感情遇見危機，應該避開發生爭執的源頭，使傷害減到最低，等到時機成熟，危機就會解除。

◆ 婚姻：婚姻關係遇見阻礙，此時應暫時使雙方遠離，避免釀成更大的爭執，等待適當的時機進行溝通，將會有好的結果。

◆ 子女：當問題發生時不要因擔心緊張而妄自行動，此時應該給對方獨自思考的空間，儘管感情會有些損傷，但只要處理得當，終能恢復緊密的親子關係。

◆ 健康：健康近期可能出現狀況，但不必因此過於焦慮，只要遵從正當的醫療方式，終能找回健康的體魄。

◆ 旅遊：當意外降臨時，只要懂得避開危險以免損傷擴大，儘管一時有所損失，最終能找回失去的東西，不必過於焦慮。

◆ 考運：處於困境之中，要懂得遠離釀成災險的因素，先站穩腳步再重新出發，先前的困境將不會對你的表現有影響。

◆ 人際：當人際遇見阻礙，不要再積極追尋，應該先讓自己遠離人際風暴，等待更好的時機重回正軌，先前因阻礙而失去的事物也能重新獲得。

◆ **訴訟**：可能因為訴訟而有財務方面的損失，應暫時避免引起更大的衝突，只要秉持正道的原則，就能安然度過難關。

◆ **遷居**：因突然降臨的危機而使計畫停擺，此時應暫退一步，重新計議，等待良機，自然能使計畫有所進展。

305【六三】震蘇蘇，震行無眚。

◆ **事業**：職場上發生許多動盪，使你感到不安，但也因此能夠更加謹慎專注在自己的工作上，因而能夠躲過災禍的發生。

◆ **創業**：儘管環境變動不定，讓你感到無所適從而舉步不前，但只要保持警戒之心，小心行事，還是能避免厄運的降臨。

◆ **錢財**：雖然時勢變化使你心裡無法踏實，但只要堅定前行，注意潛在的威脅，仍可避免災難來臨。

◆ **愛情**：若因形勢變動而特別小心經營雙方的關係，就能因此搏得對方的好感，使戀情順利發展。

◆ **婚姻**：若能因為害怕失去而懂得認真看待這段婚姻，則困境將會有轉機，最終沒有咎害。

◆ **子女**：親子關係遇見阻礙的時候，也正好能使你反思是什麼原因造成今日的結果，若能從中有所體悟，並小心謹慎地照護親子間的交流，終能使情況獲得改善。

◆ **健康**：因為病痛的侵襲而使你更加小心看待自己的健康問題，因而能夠藉此改變自己，使健康狀況逐漸恢復得比之前更好。

◆ **旅遊**：旅途中遇見阻礙固然使人沮喪，但若能因此有所警戒，將能助你避開更大的危險，反而因此得福。

◆ **考運**：一時的挫敗不需要太過憂慮，因為失敗的經驗將讓你懂得自我反省與警惕，對往後的成績表現有正面的影響。

◆ **人際**：人際動盪使你不安，若能因此更加小心維護與他人的關係，則可因此避免人際上的窘境。

◆ **訴訟**：儘管狀況看似對你不利，但要是能因此提高警覺，小心走好每一步，最終能夠避免災禍的降臨。

◆ **遷居**：局勢無法穩定，讓你感到內心不安，但只要更加謹慎地繼續前進，終能安然邁向終點。

306【九四】震遂泥。

◆事業：因危機突然降臨，使你措手不及，可能使情勢落入低谷，此時必須秉持剛毅的心性，咬牙撐過難關，終能撥雲見日。

◆創業：突如其來的危機讓你驚慌失措，可能因此陷入難以脫離的窘境之中，必須先冷靜下來，站穩腳步，再進一步思索如何從衝擊中恢復。

◆錢財：有突發狀況使你的財務出現危機，若平時行得正、坐得端，則可將傷害減到最小，但面對困境仍須謹慎以對。

◆愛情：戀情會因意外的因素陷入困境，使你在艱難的情況中動彈不得，要具備堅強的心志，以正向的態度應對，事情終能有所轉機。

◆婚姻：忽略了婚姻用心維持的重要性，因此當危機出現便無力招架，若能及時醒悟，以堅毅的態度應對並修復關係，則危機便可成轉機。

◆子女：因意外的衝擊使關係生變，問題層出不窮，此時應冷靜以對，一步步解除困境，只要堅定向前，就能走出難關。

◆健康：病痛突然來臨，使你難以招架，在最壞的情況下也必須強打起精神，堅強以對，如此才有機會克服病魔，恢復健康的身體。

◆旅遊：當困難突然發生，不要只是呆楞在原地，必須盡快恢復清醒的頭腦，思考解決之道，如此才能將傷害的程度減到最低。

◆考運：困難的來臨有如地面突然陷落，使你掉入深淵，儘管處於困境之中，也不要放棄希望，持續付出努力，終有脫離困窘的一天。

◆人際：會突然被麻煩纏身，使人際關係陷入困境，即使在低潮的狀態下，也要抱著積極的態度破除困難，一味怨天尤人並不會有幫助。

◆訴訟：突然發生的危機讓你難以冷靜自持，很可能在此情況下走入更艱險的處境中，因此必須振作精神、臨危不亂，找出目前狀況中最有利的一條路，奮勇向前，就能逐漸擺脫困境。

◆ **遷居**：可能因突發的意外而使計畫陷入膠著，要想脫離目前的窘境，必須以剛毅的態度面對，冷靜思考解決方法，危機仍有望解除。

307【六五】震往來厲，億無喪，有事。

◆ **事業**：在時局不穩的時候，無論做任何事都難以前進，志向無法伸展，此時應暫緩腳步，危機消除的一天終會到來。

◆ **創業**：目前處於艱困的時局，儘管有抱負卻無處可伸展，必須步步為營地小心經營，等待更好的發展時機。

◆ **錢財**：有如陷入泥淖之中動彈不得，必須發揮堅毅的精神，謹慎地行動使自己脫困，才能避免重大的財務損失。

◆ **愛情**：面臨進退兩難的局面，只有謹慎處理目前的關係，才能使困窘的情況獲得抒解。

◆ **婚姻**：容易遇見感情生變的動盪，舉步維艱，要以謹慎的態度面對目前的危機，並避免盲目地前進，方能遠離災險。

◆ **子女**：關係遇見阻礙，無論如何應對都會引發負面效果，故更需謹慎看待，以免擴大矛盾，不妨給予彼此足夠的空間，等待溝通的良機。

◆ **健康**：健康狀況遇見危機，儘管如此卻不必過於憂慮，只要安心靜養，危機終會解除。

◆ **旅遊**：時勢不穩，使旅途遇上阻礙，此時更要以冷靜的態度面對，只要謹慎處理，就不會釀成太大的災禍。

◆ **考運**：準備考試的過程將遇見許多險阻，但若能謹慎、不慌亂地面對，終能克服困境，最終有好的結果。

◆ **人際**：當陷入人際的困境中難以前進，不妨暫時停下腳步，保持中正之道，就能度過目前的危機。

◆ **訴訟**：陷入膠著而難有進展，此時應冷靜自持，謹慎面對所有可能的線索，等時機到來，就能一舉得勝。

◆ **遷居**：將遇見許多阻礙使你寸步難行，若執意前往，則必須比平時更加謹慎，才能避開危險。

308【上六】震索索，視矍矍，征凶。震不于其躬，于其鄰，無咎。婚媾有言。

◆事業：情勢變動未明，若不能在困難找上門之前先做好防範，則可能轉為凶險影響你的事業，反之若能提早應對，則能明哲保身。

◆創業：時局動盪令人寸步難行，要在危機靠近之前先做好準備，如此將不至於蒙受太大的災難。

◆錢財：兀自行動會有凶險，但若能先設想各種可能的情況，則可避開危險，不受危難侵擾。

◆愛情：桃花運不佳，必須多多觀察、提防惡緣，只要有所警覺，就不會所遇非人，但此時也不疑在情感上有太大的進展，必須等待更好的時機。

◆婚姻：婚姻諸事不宜，容易有言語上的糾紛，必須抱著戒慎的心理做好防範，才能避免災厄降臨時不知所措，因而造成無法挽回的局面。

◆子女：目前情況未明且變化極大，故須提前做好準備，進行徹底的溝通後再決定如何應對，避免擅自行動反而弄巧成拙。

◆健康：在還沒掌握確切病況之前，不要妄自揣測，更應避免無所根據的醫療方式，必須在更大的病痛找上門之前，先了解自己的狀況並對症下藥，才能真正藥到病除。

◆旅遊：局勢不穩，無謀的行動可能帶來凶險，若一定要前往旅遊，則必須提前做好萬全的準備，才能遠離災禍。

◆考運：要在危機真正到來之前及時體認到自己的準備不足，並加緊改進，避免正式上場時才後悔莫及。

◆人際：在情勢未定之前就貿然行動，只會為你帶來凶險，必須保持高度的觀察力，在小人靠近之前盡快遠離，才能避免被麻煩纏身。

◆訴訟：局勢仍然變化極大，故要能防微杜漸，避免災禍臨頭才後知後覺，若能提前察覺風險，就能遠離災厄。

◆遷居：若忽略局勢的變動而貿然前進，則遇見阻礙的可能性相當大，必須未雨綢繆，先考慮可能發生的問題，並做好準備，才能繞開危險，順利進行搬遷。

易學筆記

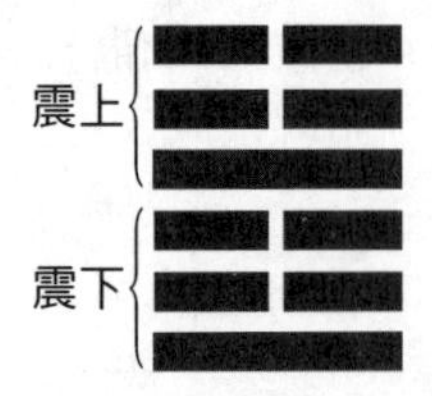

卦理

「震」卦，有震動、震驚、驚動之意，後來引申為當頭棒喝。卦序上震卦在鼎卦之後。《序卦》曰：「革物者莫若鼎，故受之以鼎。主器者莫若長子，故受之以震。」之前提到鼎除了是烹飪器具外，亦代表國家權力的象徵，沒有比嫡長子更適合職掌此神器的人選了。

就卦義上來看，震卦是三畫卦，且上下都是震，其中一個陽爻在最下方，也就代表著動於初，所以德性就是動，同時也代表著長子的意思。換言之，若是有人卜得此卦問胎生，生男生的機率就非常高。要發生變動或改變時，往往會讓人造成恐慌或恐懼，不過如果可以從中成長，知道自省和警覺的重要性，則之後將能夠亨通。

震卦也可以視為先苦後甘的表象，如果能夠從變動中的驚恐而有所成長，那就能夠在最後得到亨通，即為大吉之象。卦辭：「亨。震來虩虩，笑言啞啞。震驚百里，不喪匕鬯。」震動，可以招來亨通。震動之時氣勢驚人，天下萬物都為之恐懼，只有君子能夠處之泰然，談笑風生，就算雷震撼動達百里之遙，掌管祭祀之人仍然可以處變不驚，祭祀的器物都不會因而脫落。從中可看出具有泰山崩於前而面不改色，欲成大事就需要這種態度。

「震」卦六爻的爻辭：初九時表示要記取教訓，從恐懼中學習，時時刻刻都應該要提高警覺，如此一來才能獲得平安；六二表示不管在什麼環境、任何情況下，都應該要保持冷靜，小不忍則亂大謀，保持中庸之道，就能夠在最短的時間內恢復；六三時說明藉由恐懼來學習檢討、反省自我，這樣一來就能夠有效的避免危難；九四時表示雖然掉進泥濘之中，無法有效的伸展，也很難發揮才能，但愈是在這種情況下，就愈需要發揮出堅忍不拔的精神，這樣才能經得起考驗；當事態發生變化時，只要堅守中庸之道，不要過於偏激，或是妄加行動，就可以將傷害的程度化簡到最低，此為六五之意；上六時表示防患於未然的重要性，藉由其他事物來提醒自己，不可鬆懈。

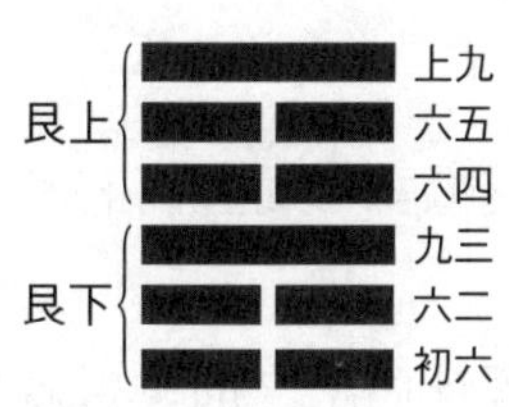

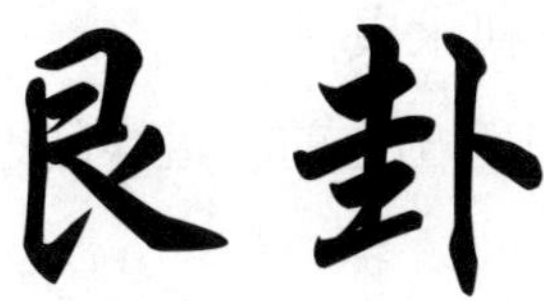

卦序▶52 錯卦▶兌為澤
卦數▶36 綜卦▶震為雷
卦向▶東北 互卦▶雷水解

卦揭

艮，停止、制止之意。萬事萬物不可能總是處於動態，所以在震卦之後接著是艮卦。

唐朝詩人白居易曾經去拜訪恒寂禪師，那時天氣酷熱，卻見恒寂禪師在房間內安靜自適地坐在那裡。此時白居易就問：「禪師，這裡這麼熱，怎麼不換個清涼點的地方打坐呢？」但恒寂禪師卻回答：「我覺得這裡很涼快啊！」白居易受到頓悟，深受感動，因而作詩一首，名為〈苦熱題恒寂師禪室〉。

人人避暑走如狂，獨有禪師不出房；
非是禪房無熱到，為人心靜身即涼。

卦辭

【卦辭】艮其背，不獲其身，行其庭，不見其人，無咎。

止於背部，使身體無法面向他人，就好像在庭院裡行走，兩兩背對背，不曾感覺到有人的存在，進入這一忘我境界，就不會有災害發生。

〈彖〉「艮，止也。時止則止，時行則行，動靜不失其時，其道光明。艮其止，止其所也。上下敵應，不相與也。是以不獲其身，行其庭不見其人，無咎也。」艮是止的意思。該停止的時候就停止，該行動的時候就行動，動靜的時機掌握好，道路就一片光明。艮卦是講止的道理，所以該抑止的時候就必須抑止。艮卦的上下對應爻為敵對。所以不能獲得其身，在庭院行走見不到人，故無害。

〈象〉「兼山，艮。君子以思不出其位。」艮卦的卦象為兩山重疊之表象，象徵著抑止。君子的思想應當切合實際，不可好高鶩遠，超越自己所處的地位。

【初六】艮其趾，無咎，利永貞。

制止的行為應該在腳趾邁出之前，這樣就不會遭受禍害，而且將有利於長久堅守正道。

〈象〉「艮其趾，未失正也。」制止的行為應在腳趾邁出之前，這就說明沒有失去正道。

說明想要停止，應當在行動未開始之前，才不會失當。

【六二】艮其腓，不拯其隨，其心不快。

想要抑止小腿的行動，所以不能快步追隨應該追隨的人，也因此心中是不會快樂的。

〈象〉「不拯其隨，未退聽也。」不能快步追隨應追隨之人，又不能退後聽從停止的意見，因此心中不高興。

說明應該停的時候不停止，勉強自己追隨他人，心中是不會愉快的。

【九三】艮其限，列其夤，厲薰心。

限，此指腰部。夤，音同「銀」，脊背肌肉。止住腰部，斷裂脊背的肉，危難就像熊熊烈火一樣燒灼人心。

〈象〉「艮其限，危薰心也。」抑止於腰部，說明危險就像烈火般燒灼人心。

說明決裂的行為不當，以致眾叛親離。

【六四】艮其身，無咎。

壓制身體上部不動，就不會受害。

〈象〉「艮其身，止諸躬也。」壓制住了上半身，也就是壓制住了全身。

說明應當自我約束，適可而止。只要謹守本位，不好高騖遠，就能避免咎害。

【六五】艮其輔，言有序，悔亡。

抑止口舌，且說的話謹慎而有條理，那麼悔恨將會消失。

〈象〉「艮其輔，以中正也。」抑止自己的嘴不隨便亂說，是居於中位，能守持中道。

開口言語理應適可而止。了解什麼該說，什麼不該說，就不會有悔恨的事情發生。

【上九】敦艮，吉。

能夠以敦厚的德行抑制自己不好的慾望，就能夠吉祥。

〈象〉「敦艮之吉，以厚終也。」能夠以敦厚的德行抑制自己不好的慾望，就能夠吉祥，這是因為上九能夠將敦厚的德行保持至終。

應止於至善，也就是停留在最好最美的時候，當然，最後的堅持是最重要的。而要如何適當適時適切的停止，就需要有高深的修養了。

艮背象之圖

上下卦皆為艮為山。艮為山，特性是止，兩山重疊，停止之意更甚。懂得適可而止，且止於至善，才是止的最高境界。

艮卦 卦義

309【初六】艮其趾，無咎，利永貞。

- **事業**：能夠審慎時勢，一看見危難就知道要停止，不輕舉妄動，因而能夠避開災險。此時應安守本分，才能保全其身。
- **創業**：目前的時勢並不適合創業，建議停下所有創業的計畫，唯有慎判時勢，止於所當止，才能避免隱蔽在其後的重大損失。
- **錢財**：要張大眼睛，看清楚目前的局勢，在開始之前就知道要停止，才是最聰明的作法，否則只能準備面對慘重的損失。
- **愛情**：目前的對象並不適合你，要停下自己的心意，仔細評估，暫時安守在現況會是比較好的選擇。
- **婚姻**：目前的關係不適合有所變動，採取任何行動前要謹慎判斷，若妄加行動，可能會招致婚姻關係的衰敗。
- **子女**：親子關係陷入窘境，不管做什麼都動輒得咎，因此在採取行動之前，必須先停下腳步，目前以靜制動會是較好的作法。
- **健康**：即將採取的保健方式不但不會對身體有所助益，甚至可能造成更大的傷害，一定得在行動之前就知所退卻，才能避免雪上加霜。
- **旅遊**：往前行會有災害，必須在這之前停下腳步，仔細觀察情勢，若一定得前往，則要謹慎做好行前的準備，以便應付突發狀況。
- **考運**：在考慮採用不知道是否真的有效的速效法之前，應先盡好自己的本分，鞏固基本的知識，否則本末倒置，真正上了考場也無從發揮。
- **人際**：身處人際的困境之中，必須在引起更多麻煩之前知所退卻，暫且安於目前的位置，才能避免危難的發生。
- **訴訟**：目前的情勢對你不利，要能看見未來的頹勢，並以退為進，否則最後將付出更大的代價。

◆ **遷居**：若在目前的時間點搬遷，可能會捲入難以脫身的窘境，實際動作之前，要先深入了解，確認前方沒有危險，再行前進。

◆ **尋人**：往東北方尋找，必有所獲。

310【六二】艮其腓，不拯其隨，其心不快。

◆ **事業**：工作陷入重重困境，處於進退兩難的境地，問題無法從根本解決，令你感到鬱悶不堪，首要之務是冷靜下來，審慎觀察情勢，找出問題的癥結點，才有望脫出目前的危難。

◆ **創業**：努力看不見回報，是因為在錯誤的目標投入精力的關係，希望事業有所進展，必須找到正確的對象與之合作，並且避免陷入僵化的思緒。

◆ **錢財**：儘管有心經營，卻不得其法，因而讓自己陷入困局，若能體認自己的處境，找到問題的關鍵，才能從窘境脫身。

◆ **愛情**：追求心儀對象的途中感到阻礙重重，有可能是因為未能投其所好，只是讓自己空轉而無所效用，必須認清自己，也更加認識對方，才能使目前的關係更進一步。

◆ **婚姻**：無法明確認清對方的要求，因此仍然陷在困局之中，要想向前邁進，必須找到問題的根源，否則將因無法脫離困厄而終日煩心。

◆ **子女**：陷入尷尬的處境而內心鬱結，無法追上對方的腳步，必須檢討自己，與對方一同找出適當的溝通方式，才有望逃離目前的困厄。

◆ **健康**：無論你如何追趕，健康都離你數尺之遙，但又不能停下腳步，因而使你感到頹喪疲憊，不應過於勉強自己，在能力所及範圍之內盡力修養，等待情況逐漸好轉。

◆ **旅遊**：籌備過程中感到綁手綁腳，容易產生躁鬱的情緒，將影響旅途的進行，必須抽絲剝繭找出問題的核心，並將問題與眾人同心協力克服，才能使旅途順利無礙。

◆ **考運**：不管如何努力，都難以達到預期的目標，有如深陷谷底而難以逃離，此時應調整自己的心態，訂出自己能夠達到的目標，並確切執行，你會發現成效比你想像中來得好。

◆ **人際**：難以靠近核心人物，是因為你一開始就將目標放錯的緣故，身邊的人開始付諸關心，就能逐漸在人際中如魚得水。

◆ **訴訟**：訴訟陷入僵局，是因為無法捉住對方的心態，面對對方的攻勢難以招架，要認清自己的處境，找出優勢。

◆ **遷居**：計畫趕不上變化，導致陷入兩難的局面，要先重整腳步，訂出規劃，並謹慎確切地實行，將能逐漸從困局中逃離。

311【九三】艮其限，列其夤，厲薰心。

◆ **事業**：想改變現況而採取行動，卻因方向錯誤而釀成更大的災禍，行事前必須千萬小心謹慎，以求情況能逐漸改善。

◆ **創業**：現在創業會有大大的不利，可能因經營方向的錯誤而導致重大的損失，做決定之前必須慎重考慮。

◆ **錢財**：希望從困境脫身，卻因方法錯誤而事與願違，可能讓自己陷入更大的財務困局之中，應盡力避免莽撞的決定，退而保全自身的利益。

◆ **愛情**：目前不適合採取更積極的行動，現在的任何作為都可能造成無可挽回的錯誤，使自己受到更重的傷害，應以退為進，等候更好的時機。

◆ **婚姻**：儘管想打破僵局，卻抓不到要領，使情況每況愈下，再這樣下去可能導致離異，應先按兵不動，低調行事，等候良機。

◆ **子女**：努力修復關係卻事與願違，目前不適宜再做更進一步的動作，必須審慎評估情勢，找到更好的時機點再主動出擊。

◆ **健康**：身體狀況令人擔憂，目前的醫療方式可能不適合你，建議先暫停一段時間，找尋更適當的調養方法。

◆ **旅遊**：在重重阻礙中想往前邁進，但用錯方法只會使你愈陷愈深，要避免輕率的行為，多方評估之後再實行，才能避免陷入更難堪的境地。

◆ **考運**：知道自己的狀況岌岌可危，想做出改變卻不得其法，只會讓自己陷入更大的危機之中，必須徹底檢視自己的狀況，找出適合自己的方式，才能真正改變現況。

◆ **人際**：過於心急躁動而讓自己陷入更深一層的困境當中，必須停下腳步，看清楚自己的處境，安守本分地與人為善，才能逐漸改善現況。

◆ **訴訟**：若未經深思熟慮就採取行動，反而會被對方抓住弱點，陷入萬劫不復的深淵，行事前要謹慎判斷，以保守為上。

◆ **遷居**：受困於現在的局面而感到心急，在這樣的情況下更容易做出錯誤的判斷，必須以退為進，冷靜思考最好的方式，才有望盡快完成搬遷。

312【六四】艮其身，無咎。

◆ **事業**：能在事態惡化之前，止於所當止，故能免於踏入厄運的深淵，因而沒有災禍。

◆ **創業**：儘管有雄心壯志，但面對艱險的時局，要能知所進退，避免盲目前進而蒙受重大損失。

◆ **錢財**：以目前的情況來說，完全沒有作為反而能夠保全自身，先安守本分，不隨意進行投資等活動，才能避免錢財的損失。

◆ **愛情**：積極行動將遭致對方的反感，應該以退為進，暫且安於目前的位置，以緩慢的步調培養情感，為之後的進展鋪路。

◆ **婚姻**：婚姻關係陷入膠著，此時不應莽撞地採取行動，不妨先停下腳步好好思考解決之道，循序漸進地改善這段關係。

◆ **子女**：不用為子女太過擔心，暫時停止涉入他們的問題，只要給予信任並在旁守護，事情反而會有好的發展。

◆ **健康**：採取可能讓身體狀況更加惡化的療養方式，應當知其所害而停止行動，如此才能防止健康更趨惡化。

◆ **旅遊**：應該謹守自己的本分，不要過問不屬於你負責的事物，才能避免惹上無端的事故，並使旅程順利進行。

◆ **考運**：若能了解自己的程度，用心做好自己能力所及範圍內的準備，不過分貪求難以到達的目標，才能在沒有壓力的情況下有好的表現。

◆ **人際**：初入新的人際圈，必須安守本分，儘管看似沒有進展，也不要因躁進而任意妄為，等待時機，就能迎來好的結果。

◆ 訴訟：必須為這場訴訟設下停損點，在發現局勢對你不利的時候，就要及時停止，不應貪求不屬於自己的勝利，才能避免招來更大的災禍。

◆ 遷居：目前的時局不適合搬遷，暫時中止計畫會是最好的選擇，要能更加審慎計議，等待良機。

313【六五】艮其輔，言有序，悔亡。

◆ 事業：需注意口舌之災，若能管理好自己的言行舉止，讓從口中說出的都是有建設性的意見，才能對你的工作有所助益。

◆ 創業：面對合作對象與下屬，都要注意言行得當，避免因一時的口舌之誤影響了事業的營運或錯過發展的大好機會。

◆ 錢財：容易因言行的失誤遭受錢財的損失，必須多加謹慎思考後再付諸行動。

◆ 愛情：必須謹慎言行，不要做出不經大腦的發言，如此只會讓對方留下不好的印象，若能使說出的每一句話都深具意義，才能如願拉近與對方的距離。

◆ 婚姻：話說得愈多，愈容易失言，在與對方溝通的時候，須特別注意謹慎發言，避免因一時的口誤而引起更大的爭端。

◆ 子女：勸諫的話點到為止就好，說得太多容易引發子女的反彈，須謹慎言行，才能得到子女的敬重。

◆ 健康：病從口入，要能謹慎把關自己的飲食習慣，在引病上身之前就知所防範，才能避免往後的病痛。

◆ 旅遊：了解什麼該說，什麼不該說，才能避免禍從口出，謹慎的言行才能避開不必要的爭端，使旅途順利進行。

◆ 考運：可能因言行的失當而打壞了原本的讀書計畫，必須管理自己的言行，專注在考試的籌備上，才能避免徒生事端，影響了準備考試的心情。

◆ 人際：在禍從口出之前要知所退卻，這段時間要特別注意口語上的紛爭，以免在人際中埋下紛爭的種子，使得後患無窮。

◆ 訴訟：容易因不謹慎的發言而惹上事端，故在訴訟過程中，要特別注意自己的言語是否失當，謹慎言行才能使爭端順利落幕。

◆ 遷居：因為用語不當而引發爭端，若能在發言之前先謹慎思考，就能避免眼前的災禍。

314【上九】敦艮，吉。

◆ 事業：工作上要能見好就收，使其停留在好的階段，若因貪求而不加以抑制，反而容易適得其反，以不好的結果收場。

◆ 創業：面對不良的誘惑，必須以敦厚的本性使其停止，能夠謹慎思考自己的行為，自始至終保持良好的本性，並以此為志用心經營，就能使事業發展無所阻礙。

◆ 錢財：不貪求不義之財，以良善的本性賺取錢財，反而能夠使財富滾滾而來。

◆ 愛情：憑著敦厚的德行與對方相處，避開過分的貪求欲望，才能使對方萌生好感，順利發展戀情。

◆ 婚姻：在婚姻中以誠懇的態度相對，不因一己之私而要求對方，如此才能避免爭端，使感情和睦，擁有美滿的婚姻生活。

◆ 子女：對子女的關切是一種美好的付出，但若不能知所節制，則容易弄巧成拙進而引發反彈，必須使關心恰到好處，親子關係就能達到平衡。

◆ 健康：要能適時適量地對身體進行調養，若過分妄求超過身體負荷的養分，對健康反而無益有害。

◆ 旅遊：事前做好完善的準備，最後以敦厚的本性結束這趟旅程，不過分要求本不屬於自己的事物，才能讓旅途無所憾恨。

◆ 考運：當準備到了一定的程度，要能夠知道停止，避免過分的籌備反而造成自己的負擔，讓自己維持在最佳的狀態應試，才是致勝的關鍵。

◆ 人際：因為善良的本性而知道什麼事不該做，故能夠得到他人的欣賞，在人際中有所成就。

◆ 訴訟：面對爭訟，能夠因為敦厚謙善的本性知所止，留給他人餘地而不至趕盡殺絕，自然能夠獲得他人的感激而有所吉祥。

◆ 遷居：面對不合理的事，若能出於良善而不繼續追究，反而能夠使搬遷順利無礙，避免惹上更大的爭端。

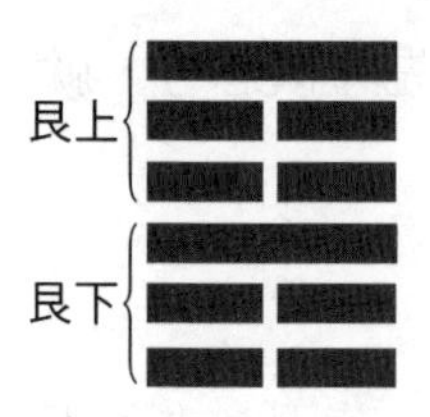

艮卦 卦理

「艮」卦，有停止之意。卦序中艮卦是在震卦之後，且兩卦又為相綜的對卦。《序卦》：「震者，動也。物不可以終動，止之，故受之以艮。艮者，止也。」事物不可能永遠不停地震動，必須使其穩定、停止下來，所以在震卦之後有艮的出現。艮又有被重重山嶺擋住去路之意，又被引申為凡事都會遇到困阻，無法持續下去。

艮卦卦象為上艮山，下艮山，兩坐山表示停止、受阻，亦即做事應該量力而為，不要逾矩，所以〈象〉曰：「兼山，艮。君子以思不出其位。」《繫辭》：「艮，東北之卦也，萬物之所成終而所成始也，故曰成言乎艮。」艮卦又為東北之卦，具有成物終物之意。

卦辭：「艮其背，不獲其身，行其庭，不見其人，無咎。」艮其背是指因為背對背而無法溝通，眼不見為淨，就算在同一個門庭中，也不願意相見。表示在與人交往中，必須要保持內心的寧靜，採取以靜制動的方式處事。

整體而言艮卦是偏凶之卦，卜到此卦者凡事無法前行，原地踏步，但若能知天命，不妄加行動，該停就停，堅守崗位不逾矩，就可以避免犯錯；但如果不懂得停止而妄自行動，災難將隨之而來。

艮卦各爻以人體部位來做比喻，最上面一爻往往表示要走出該卦的時機，所謂吉凶變化就在於此，六爻中只有上九為吉。「艮」卦六爻的爻辭：初六（腳趾）有謀定而後動之意，藉此表達出不可輕舉妄動，要在開始之前就懂得停止，三思而後行；六二（腓：腿肚）時表示在該停止的時候不停止，盲目追隨別人，除了不會從中有所收穫外，還可能造成困擾或危險；九三（腰）時表示停止的時機不對，將可能造成莫大的傷害；六四（腰上身體）表示在適當的時機做適當的處置，自我管理，如此一來才不會犯錯；要謹言慎行，千萬不可禍從口出，否則將後悔莫及，此為六五（口頰）之意；上九時表示能夠堅持到最後，用敦厚篤實的德性處事，維持應有的操守才能夠化吉。

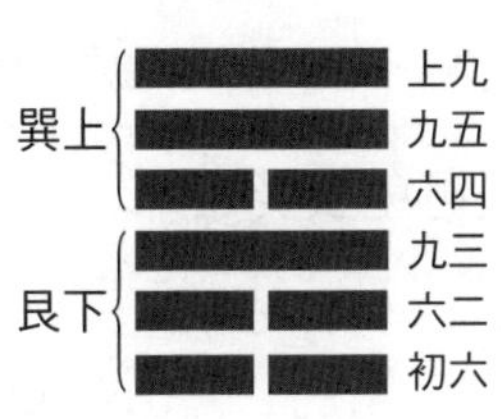

漸卦

卦序▶53　錯卦▶雷澤歸妹
卦數▶52　綜卦▶雷澤歸妹
卦向▶東北　互卦▶火水未濟

卦揭

漸，進也。這裡的前進指的並非突飛猛進，而是靜心等待時機，順應時勢變化，因為萬事萬物不會一直停在靜止的狀態，所以艮卦後接續著漸卦。

《哈利波特》作者J.K·羅琳在寫作前是個接受政府救濟的貧窮單親媽媽，她從1990年開始創作《哈利波特》一直到1997年出版，這麼長的創作時間，最終有了經典名作，也成為全球最富有的暢銷作家，這也說明羅馬不是一天造成的，循序漸進才是成功之道。

【卦辭】女歸吉，利貞。

漸卦，女子出嫁吉祥。利於正道。

〈彖〉「漸之進也，女歸吉也。進得位，往有功也。進以正，可以正邦也。其位剛，得中也。止而巽，動不窮也。」逐漸前進，女子出嫁吉祥。進取得正位，前往是有功的。按正道前進，可以使家國安定。漸卦剛強居中，能適可而止並且身段柔軟，所以行動起來就沒有困難。

〈象〉「山上有木，漸。君子以居賢德，善俗。」山上有樹木就是漸卦的象徵，君子得到啟發，要以賢德自居，改善風俗。

爻辭

【初六】鴻漸于干，小子厲，有言，無咎。

干，岸邊、河邊。大雁漸漸飛到了岸邊，見小雁有危險，立刻喝止，沒有災難。

〈象〉「小子之厲，義無咎也。」小雁雖受了點危險，但因受到喝止，從道理上來看應該不是大災禍。

做任何事都不宜勉強，應要量力而為，循序漸進，則可免去災難。

【六二】鴻漸于磐，飲食衎衎，吉。

磐，音同「盤」，大石之意。衎衎，音同「看」，和樂愉快的樣子。大雁漸漸飛到安穩的磐石之上，飲食愉快的樣子，吉祥。

〈象〉「飲食衎衎，不素飽也。」飲食自己自足，這是愉悅快樂的。

循序漸進也應該要穩當踏實，靠自己的力量，一步一腳印去完成。

【九三】鴻漸于陸，夫征不復，婦孕不育，凶；利御寇。

鴻雁漸漸飛到陸地，就像丈夫遠去出征而不回來，妻子懷孕卻不敢生育，出征是兇險的，但至少卻能剛烈地防禦盜寇。

〈象〉「夫征不復，離群丑也。婦孕不育，失其道也。利用御寇，順相保也。」丈夫遠去出征而不回來，離開同類是憂慮且危險的，他的妻子沒有丈夫卻懷孕，於是不敢生育，因為這是違反婦道的，能夠抵禦外寇都是因為和民眾們和順相處，共同保衛家園的關係。

漸進不可操之過急，否則可能導致眾叛親離，防禦外患時，適當的剛強是必要的。

【六四】鴻漸于木，或得其桷，無咎。

桷，音同「決」，意為平直的樹枝。大雁飛到樹上，或許能找到適合棲身的樹枝，沒有災禍。

〈象〉「或得其桷，順以巽也。」或許能找到適合棲身的樹枝，說明六四爻的隨和。

漸進雖是好，也需要依據當時狀況，找尋適合自己的，才能安全無虞。

【九五】鴻漸于陵，婦三歲不孕，終莫之勝，吉。

鴻雁逐漸飛到丘陵上，就像丈夫遠出在外，妻子三年沒有懷孕，但畢竟沒有遭受到傷害，因此最終是吉祥的。

〈象〉「終莫之勝，吉；得所願也。」最終沒有遭受到傷害，是吉祥的，心中的心願也能如願以償。

在漸進中雖難免會遇到一些麻煩，只要守正道，最終還是能明哲保身，得到吉祥。

【上九】鴻漸于逵，其羽可用為儀，吉。

逵，音同「葵」，指通往各方的道路。大雁漸漸飛到通往各方的道路上，它的羽毛可以用作禮儀上的飾品，吉祥之兆。

〈象〉「其羽可用為儀，吉；不可亂也。」它的羽毛可以用作禮儀上的飾品，吉祥之兆，但是禮儀是有一定的規範的，不能破壞規矩。

鴻漸南北圖

上卦為巽為木，下卦為艮為山。高山之大木慢慢成長，緩而不疾，為漸。漸象徵潤進，故依循正道徐徐前進，則能達到漸卦真諦。

漸卦 卦義

315【初六】鴻漸于干，小子厲，有言，無咎。

◆ **事業**：自身能力稍嫌不足，此時若過於躁進，將引起他人責備、受人言論中傷，宜循序漸進不躁進，量力而為，同時增加努力與付出，就能避免災害上身。

◆ **創業**：在發展之前，須好好審視自己的弱點，你的能力可能受到同業或客戶的質疑，讓你無力發揮，此時最好以正當方式循序漸進，一面改善自身的不足，一面穩固自己的實力，方能逢凶化吉。

◆ **錢財**：投資之前宜做足功課，熟悉目前的市場環境與投資風險，否則將受到親友的責難，讓自己惹禍上身。

◆ **愛情**：想突破目前的相處瓶頸，行事上過於莽撞導致對方心生怨言，此時只要按照平常的步調來與對方相處，修補兩人關係，雙方感情就能更上一層樓。

◆ **婚姻**：身旁的閒言閒語讓夫妻關係陷入冷戰，想化解困境卻力有未逮，如果能從周遭的環境開始改善，一面調整雙方相處的模式，就能突破僵局，感情回溫。

◆ **子女**：在子女眼中你並非是個稱職的父母，親子關係缺乏良好的互動與溝通。或許無法立即修復雙方的關係，不過只要你肯付出，對方終能體會與感受你的真心。

◆ **健康**：「病急亂投醫」是你目前的寫照，但無法解決你健康方面的問題，只能從病因著手，按部就班的調養身體，才是養生保健的不二法則。

◆ **旅遊**：因欠缺周延的計畫讓整個行程麻煩事不斷，造成同行友人怨聲連連。但只要懂得放慢步調、循序漸進去處理迎面而來的問題，風波就能平息。

◆ **考運**：進逼的壓力讓你喘不過氣來，成績不見起色更讓你心煩意亂，此時若讓自己的情緒隨著煩躁起舞，只會造成反效果。靜下心來仔細檢視自己的強弱處，擬定讀書計畫，成績必然有所突破。

◆ **人際**：人際關係本來就有好有壞，過於介意只會讓自己的處境更加難堪，放慢步調做好自己即可，必將收穫友情的果實。

◆ **訴訟**：停滯不前的黑洞有了突破的曙光，但此時須謹守正道，不要因為有了轉變的機會而過於躁進，循序漸進地去化解出現的問題，情況將對你有利。

◆ **遷居**：離目標似乎只有一步之差，但還是不宜過於輕忽，讓自己處於懈怠的狀態。步步為營，結果就能如你所願。

316【六二】鴻漸于磐，飲食衎衎，吉。

◆ **事業**：因為之前腳踏實地的努力，讓你逐漸受到公司的重用與上司的青睞，如今得以愉快地享受之前耕耘的成果。

◆ **創業**：之前一步一步耕耘的過程終於開花結果，只要循序漸進地按照規劃去執行，離你預定的目標也就不遠了。

◆ **錢財**：現在正處於收穫的階段，以前的努力與付出現在正以實質的報酬逐漸向你回流，只要持續付出，果實必然更加豐碩。

◆ **愛情**：循序漸進的步調下，你正逐漸獲得對方的好感，只要能持續保持應有的禮儀與舉止，就能讓這段感情開花結果。

◆ **婚姻**：夫妻關係融洽應該要歸功於你平日的付出，只要持續保持對另一半的體貼與關懷，婚姻之路必能持久。

◆ **子女**：平時常與子女互動，所以親子關係甚為親密，要維持這樣良好的關係就是持之以恆的努力與付出，孩子們也會呼應你的付出，做出相對的回報。

◆ **健康**：平時保養有方，因此生理與心理都相當健康，這是你不斷耕耘之後所得到的回饋，也是努力過後的成果，只要有所付出便能有所回報。

◆ **旅遊**：由於行前妥善的規劃以及踏實的執行所有的細節，讓這次的旅程有了美好的回憶，倘若能持續維持這樣的態度面對突發的任何風波，將能為旅程劃下完美的句點。

◆ **考運**：平時辛勤的磨練終將以成正比的方式回饋於你，不要懈怠，持續目前的努力，必能在考場上盡情揮灑實力。

◆ **人際**：與人為善的你人際關係像蜘蛛網絡一般地展開，因為你的人格特質讓人樂意與你為友，保持目前的狀態，只會有利而無一害。

◆ **訴訟**：情勢對你有利，之前你不間斷的奔走努力之下，讓事情出現轉機，只要持續付出，就能安然脫離紛爭。

◆ **遷居**：任何計畫都將得以實現，因為你已經為了達成這個目標持續努力多時，現在時機已經成熟，你可以安穩地享受成果。

超譯易經

317【九三】鴻漸于陸，夫征不復，婦孕不育，凶；利御寇。

◆ **事業**：工作上因為急於立功而有貿進之象，不跟一起共事的夥伴同所進退，只會讓自己陷入不利的狀態，懂得團結合作才能化解危機。

◆ **創業**：盲目追求獲利而失去創業初衷、經營原則，公司將陷入危機。只有秉持步步為營的態度，行事合乎正道，一點一滴累積客戶對公司的信賴，才能讓公司步入正軌。

◆ **錢財**：如果不懂得審慎分辨利害得失，一股腦地將錢財投入未經確認的賺錢管道，你所獲得的不是高額的報酬，而是高昂的代價。

◆ **愛情**：感情是兩人之事，不宜一廂情願，強迫對方配合自己的步調只會阻礙感情發展，讓感情生變。

◆ **婚姻**：不跟另一半溝通討論即一意孤行，是讓雙方關係惡化的關鍵，兩人應同兩人三腳，彼此扶持，才能在婚姻之路上走得長久。

◆ **子女**：你的想法容易跟子女產生衝突，乃歸因於你的一意孤行，有時應該放慢腳步，聆聽對方的心聲，重新調整心態，才能化解親子間一觸即發的衝突。

◆ **健康**：過於注重健康問題反而讓你陷入不健康的危機中。不要聽信偏方傳言，遵循正常的途徑來了解並解決根源，方為保健之道。

◆ **旅遊**：請記得同伴是你的助力，並非你的絆腳石，懂得適時地依賴同伴，才能避免災厄找上門。

◆ **考運**：你急於求好的心情反而會阻撓應有的發展，閉門造車只會蒙蔽你的視野，多跟同伴一起砥礪切磋，將能發現另一條光明的大道。

◆ **人際**：你或許想要獨善其身，但朋友是你真正的財富，找出能於你並肩作戰的夥伴，共同在人生的道路一起打拼。

◆ **訴訟**：事情看似有了轉機，但切勿過於躁進而打亂了整個局勢，多跟親友尋求協助，就能將危機解除。

◆ **遷居**：此時不宜搬遷，若不得不為之，也要審慎評估，再三確認，莽撞躁進的行動只會打亂你的計畫。

318【六四】**鴻漸于木，或得其桷，無咎。**

◆ **事業**：有就任新職務或接受新任務的機會，這對你是個全新的挑戰，或許剛開始會有些惶惶不安。但若能步步為營，小心行事，便可轉化為適合你棲身的場合。

◆ **創業**：前面的道路對你而言是個未知的領域，剛開始時你有可能搖擺不定，不過只要能循序漸進地去學習、琢磨，相信一定能找出穩固立業的基礎。

◆ **錢財**：目前運勢平順，如果不小心有賺錢的機會，宜謹慎評估再下決定，因為這對你來說是個風險。但若能掌握得宜，並非不是個獲利的好機會。

◆ **愛情**：有機會認識不錯的異性，但因本身的條件而缺乏自信。不要卻步不前，保持溫順隨和的態度，循序漸進的去經營，最終將能綻放出愛的花朵。

◆ **婚姻**：隨著時間的推移，雙方的關係會邁入不一樣的階段，這段婚姻的健全與維持端看你的決定，只要保持一貫隨和的步調，穩紮穩打的經營這段婚姻，家庭必是你最佳避風港。

◆ **子女**：強硬的態度只會讓子女疏離你，讓親子關係宛如風中的繩索，處於不穩定的狀態。宜自然地面對親子問題，尋找雙方共處的模式，才是最佳的解決之道。

◆ **健康**：不宜三心二意，找出最適合自己的方式並持之以恆，就能避免病痛找上身。

◆ **旅遊**：前方似乎有些不穩的跡象，停止不前雖然可以避免災難，但無法解決根源，只要相信自己，以平穩謹慎的心情去處理，將是一趟美好的旅程。

◆ **考運**：你正處於某種抉擇中，不論會導向何處，皆由你的態度來決定，相信自己的能力並持續付出，最終將能如願以償。

◆ **人際**：現在你的人際關係似乎有點飄搖，情緒不要因此動搖，維持自然的你，周遭的空氣將開始順暢流動，身旁的人也會漸漸回籠。

◆ **訴訟**：事件逐漸隨著時間開始變化，結局的好壞是由你來決定的，只要行事得宜，即便遭遇挫折也能隨遇而安，好運將降臨於你。

◆ **遷居**：雖然有可能遭遇風波，不過最終還是能順利找到棲身的穩定場所，卜得此卦者，是吉祥之兆。

319【九五】鴻漸于陵，婦三歲不孕，終莫之勝，吉。

◆ **事業**：工作上遭遇挫折，阻礙你前進的路，難免讓你灰心喪意，但只要堅持自己的目標，保持始終如一的心情去處理迎面而來的重重關卡，最終必能跨越險阻，更上層樓。

◆ **創業**：接連不斷的問題朝你襲來，讓你疲於奔命，這是創業過程中必定會經歷的波折，但只要能堅持到底，不被困境擊倒，必能達成理想。

◆ **錢財**：目前經濟上面臨難關，也沒有能一夕致富的機會，只能以靜待變，堅守原則，切勿輕易涉險，有朝一日必能越過困境，否極泰來。

◆ **愛情**：你正處於單相思的階段，不幸的是，周遭情敵環視，你的感情貌似夭折。但切勿灰心，只要懂得十年磨一劍的道理，那一道曙光終將展露。

◆ **婚姻**：夫妻雙方的互動漸漸生硬，溝通上難免發生口角。別讓這些事情成為婚姻生活上的常客，雖然無法立即改善，但只要有所行動，必定能看到光明的未來。

- **子女**：親子關係有些冷淡，子女似乎對你的指導不太領情，若希望有個良好的親子關係，現在開始改變、調整態度，勤於讚美，終能讓對方體認到你的用心。
- **健康**：身體出現一些小毛病，並不妨礙你的生活作息，但倘若放任這些小病痛不去理會，將會一發不可收拾，宜趁早改善方為上策。
- **旅遊**：過程中必有一些小波折，但是只要應對合乎正道，還是能從麻煩事中全身而退，不受影響。
- **考運**：心情上的低落影響你的學習，想要改善學習效率可以先從建立自信心開始，所謂九層之台，起於累土。讓自己循序漸進的成長，不要心急，方能馳騁考場。
- **人際**：與人交際難免出現衝突，若因此而阻擋自己跟人深交的機會，將是極大的損失。不要害怕失敗，努力嘗試，終有豐碩的果實等著你來採收。
- **訴訟**：雖然看似毫無希望，但也不要放棄掙扎，只要能堅持到底，種種阻擋在面前的小石子都能輕易跨越。
- **遷居**：計畫一延再延，讓你感到沮喪，甚至有想放棄的念頭。占得此卦者，是只要有心想做，必能成事，所以若真有計畫，就要貫徹到底，願望將得以實現。

320【上九】鴻漸于逵，其羽可用為儀，吉。

- **事業**：因為踏實地朝著目標前進，過去的耕耘即將得到收穫，只要抱持謙虛自愛的精神，必能更上層樓。
- **創業**：以前辛勤的播種終於到了收成的時刻，不要因此懈怠，持續堅持創業的理想與原則，公司將能步入正軌，一帆風順。
- **錢財**：之前的撒網已經可以收回，只要不是透過不正當的管道得來的財富，都將進到你的口袋。
- **愛情**：你的努力與付出獲得對方的肯定，兩人關係得以迅速發展，但仍然要小心經營，不要因為如願而放鬆懈怠，如此一來，感情才能持久。

◆ **婚姻**：對於這段婚姻的維持，你所付出的心力對方都看在眼裡，並做出回應，兩人關係因此更為親密。

◆ **子女**：你的形象深刻在孩子心中，且受到對方完全的尊敬與信賴。不希望孩子對你失去期待，就要繼續保持下去，親子關係就能融洽和樂。

◆ **健康**：平時經常注意自身的健康狀態，所以幾乎沒有甚麼病痛困擾，維持這個好習慣，一輩子將無須擔心這方面的問題。

◆ **旅遊**：經過許久的策劃，這將是一趟美好舒適的旅程，只要不要過於粗心大意，凡事按自己步調行進，將能完美畫下句點，留下深刻回憶。

◆ **考運**：準備這麼長一段時間就是為了現在這一刻，你已經做好萬全準備了，接下來只要放鬆心情赴試，必能發揮你應有的實力，得到你一直希冀的成果。

◆ **人際**：平日與人為善，讓你廣結善緣，能結識許多志同道合的夥伴，你的特質吸引這些人，不要讓這些迷人的魅力褪色，就能是個萬人迷。

◆ **訴訟**：無須擔心這方面的困擾，你盡力避開與人爭執的機會，不與人結怨，即便發生齟齬，對方多半會選擇諒解。

◆ **遷居**：透過循序漸進的努力，你離目標已經不遠了，只要做出的決斷合乎正道，將一切吉祥。

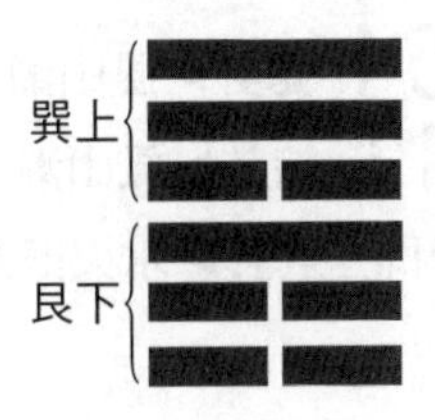

漸卦 卦理

「漸」卦，有進、漸進、循序漸進之意。卦序上是接在艮卦之後，與歸妹卦為互卦。《序卦》：「物不可以終止，故受之以漸。漸者，進也。」物不可能永遠都停止不動，所以在停止（艮）之後就會向前進（漸）。有人會說六十四卦中，為什麼同時有「晉」和「漸」呢？雖然兩卦都有進的意思，但在本質上是有差別的，晉卦的進表示受到重用而晉升，漸卦的進表示為循序漸進，按部就班地前進。

漸卦卦象為上巽順，下艮止，又被稱為「風山漸」，循序漸進就是能夠漸進的不二法門。〈彖〉曰：「漸之進也，女歸吉也。進得位，往有功也。進以正，可以正邦也。其位剛，得中也。止而巽，動不窮也。」循序漸進，女子出嫁將能得吉。君子進而得位，勇往直前將有功績，堅守正道循序漸進可以安邦護國。漸卦位居剛中。可以停下來等待再向前行，力量不但不中斷，還有可能源源不絕。卜到漸卦者，嫁娶必可成外，只要凡事懂得知所進退，循序漸進，井然有序，那勢必能夠得吉，但如果因為急躁而貿然行動，則將帶來反效果。

《說文》中將鴻與鵠做相同之解釋，合在一起就變成天鵝（鴻鵠）。從卦義的角度出發，鴻則指雁。雁的飛行習性，就被用來解釋為漸，牠們不會一口氣飛抵目標地，而是邊停邊飛，循序漸進，在途中設休息站，逐步地向前行動。

「漸」卦六爻的爻辭：初六時表示凡事要循序漸進，量力而為，不要勉強自己，否則將帶來不必要的災禍；六二時表示穩定踏實的前行才能得到功成名就，腳踏實地，一步一腳印才是大吉的道理；九三時表示漸進的同時，對內不可太過強硬，以柔順為適當，避免眾叛親離，對外則需要剛強以禦外侮；漸進的途中，必需要順應當下的環境，才能夠獲得吉祥，此為六四之意；九五時表示雖然在漸進過程中會遇到一些困阻，但是只要持之以恆，終究能夠達成，也能夠因此得吉；上九時表示達到超脫世俗之境界，懂得知所進退，一切皆可順心而行，方為大吉。

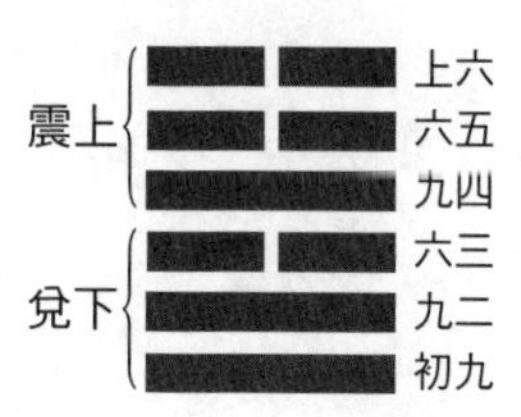

歸妹卦

卦序▶54　錯卦▶風山漸
卦數▶11　綜卦▶風山漸
卦向▶西北　互卦▶水火既濟

卦揭

歸的本義為女子出嫁，後引申為歸宿、回家之意。而歸妹指的則是少女出嫁。漸卦象徵的是待嫁的女子，故漸卦後接續歸妹卦。

有東方不敗之稱的台灣女演員林青霞，她在年輕時期的感情世界非常豐富，但卻在40歲時閃婚，嫁給了香港富豪之一的刑李㷧，撇開富豪條件不說，林青霞叱吒演藝圈20年，卻願意在婚後息影，且高齡產兩子。放下了那光鮮亮麗，為的即是順應自然、天經地義，這也就是女子之歸宿啊！

卦辭

【卦辭】征凶，無攸利。

歸妹卦，外出征討會有凶險，沒有好處。

〈彖〉「歸妹，天地之大義也。天地不交，而萬物不興。歸妹人之終始也。說以動，所歸妹也。征凶，位不當也。無攸利，柔乘剛也。」少女出嫁是天地的大道理，天地陰陽之氣若不交合，萬物就不會繁衍。少女出嫁是人倫必經之路。喜悅而進行，這就是歸妹卦之兆。外出征討有凶險是位置不當，沒有好處則是因為陰柔凌駕陽剛之上。

〈象〉「澤上有雷，歸妹。君子以永終知敝。」雷出水澤之上，就是歸妹卦的卦象。君子得到啟發，明白夫婦之道的貫徹，並了解不守其道帶來的弊病。

爻辭

【初九】歸妹以娣，跛能履，征吉。

古代姊妹同嫁一夫，其中的妹妹稱作娣，也作妾。嫁女為妾，即使跛腳也能夠行走，外出吉利。

〈象〉「歸妹以娣，以恆也。跛能履吉，相承也。」雖然以妾的身分出嫁；卻有貞節的德行。跛腳能夠走路且吉祥，是因為能夠秉承丈夫交代的事項，協助姊姊。

即使並非正室，只要堅守正道，依然是吉祥的。

【九二】眇能視，利幽人之貞。

眇，音同「秒」，瞎了一隻眼。即使瞎了一隻眼的人還是能夠看得見，對於潔身自愛之人是有利的。

〈象〉「利幽人之貞，未變常也。」潔身自愛之人，仍能不改其貞節德性。

即便受了點傷害，但是只要堅守純正之理，仍然會否極泰來。

【六三】歸妹以須，反歸以娣。

須同嬃，古代對姊姊的稱謂。少女出嫁時以姊姊為陪嫁，於是姊姊成為妾。

〈象〉「歸妹以須，未當也。」少女出嫁時以姊姊為陪嫁，這樣是不恰當的。

姊妹和妻妾的倫理牴觸，讓人無所適從。

【九四】歸妹愆期，遲歸有時。

「愆」，音同「牽」。愆期，過期，延期之意。少女出嫁延誤了，但只是晚一點出嫁，最終總會嫁出去的。

〈象〉「愆期之志，有待而行也。」延誤出嫁的時機，是因為有所等待的關係。

此說明倉促決定大事不如抓準時機的重要。

【六五】帝乙歸妹，其君之袂，不如其娣之袂良，月幾望，吉。

袂，音同「妹」，衣袖，此借指衣裳。帝王將他的妹妹出嫁，正室的服飾不如妾的漂亮，但其品德如月一般的高潔明亮，吉祥。

〈象〉「帝乙歸妹，不如其娣之袂良也。其位在中，以貴行也。」帝王將他的妹妹出嫁，正室的服飾不如妾的漂亮，但正室居於中正之位，是帶著尊貴身分出嫁的。

內在的高貴品格和情操，比起外在的華麗還來的重要。

【上六】女承筐無實，士刲羊無血，無攸利。

「刲」音同「虧」。刲羊，宰殺羊。女子手捧竹筐，竹筐內沒有祭品，男子宰殺羊隻卻沒有血，沒有利益。

〈象〉「上六無實，承虛筐也。」上六陰爻中虛無實，就像是手捧空的竹筐一樣。

此爻象徵如果婚姻不和諧，夫婦之道不圓滿，一切都是空談。

歸妹君娣之袂圖

上卦為震為雷，下卦為兌為澤。歸妹卦闡釋婚姻的道理，婚姻是人生天經地義的大事，必須慎重，應當順其自然，等待時機到來。

歸妹卦 卦義

321【初九】歸妹以娣，跛能履，征吉。

- **事業**：目前所擔任的職位或許並非是你理想中的位置，宛如嫁入偏房的妾，心繫正位卻不可得。但不要秉持成見或心有不甘，放下心中的得失，盡力輔佐上司，協助公司正常的運作，仍有好的進展。
- **創業**：現在的條件對你創業之路不甚理想，不要氣餒，抱持你一開始創業的初衷與熱情，持續奮鬥下去，培養實力與人脈，公司終將邁入正軌。
- **錢財**：經濟狀況不甚穩定，讓你難以施展發揮，此時宜謹慎行事，坦然面對目前的處境，才能化解心中的焦慮，以力求之後的躍進。
- **愛情**：感情的世界裡，你是處於弱勢的一方，無須沮喪埋怨，現在的狀況雖然不利於你，只要保持君子之道，行合宜之舉，必能遇見美好的邂逅。
- **婚姻**：因為你的某些問題讓婚姻出現裂縫，對方有些不諒解你，不要讓情緒越過理性，讓雙方好好沉澱心情，耐心尋找破冰的時機，終有重修舊好的一日。
- **子女**：現實狀況與條件都不利於你，讓你無法與孩子順利相處，宛如腳踏泥沼之地前行，但只要讓對方感受到你的心意，即便無法朝夕相處，親子關係便有回溫的可能。
- **健康**：出現一些問題，讓你有些力不從心。改變需要淘汰的舊習，培養正確的觀念與飲食習慣，雖然進展緩慢，仍有爬上枝頭，重見光明的一日。
- **旅遊**：現在不適合遠行，倘若不得不為之，也須以正確與樂觀的心態去面對迎風而來的波浪，唯有樂觀進取，方能為旅程劃下理想的句點。

- **考運**：現在不是你最佳的狀態，課業低落使你心情受到影響，不要鑽牛角尖、跳出負面思路，你會發現讓你陷入煩惱的都是一些無謂的瑣事。
- **人際**：在人際中有無法融入的感覺，心情上因為感受到被排擠而有些許低落。這只是暫時的現象，做好你該做的本分，放下無謂的糾結煩惱，你展現出的坦然將會渲染你身旁的每一位朋友。
- **訴訟**：情勢對你不利，儘管如此，現在還不到輕言放棄的時候，只要放下心中的罣礙，不再計較得失，仍有逆轉局勢的機會。
- **遷居**：目前的狀況不宜搬遷，最好能再三確認，謹慎行事，方能駛得萬年船。
- **尋人**：往西北方尋找，必有所獲。

322【九二】眇能視，利幽人之貞。

- **事業**：雖然因為看不清現況，讓自己居於劣勢，無法發揮該有的實力，但只要嚴守分際，做好分內的事情，還是能避免災厄，防止情況惡化。
- **創業**：因為視人不清，遇到了不良的員工、廠商或合作夥伴，讓你陷入危機。不要焦急，只要反求諸己，讓對方心甘情願跟隨你，即能帶領公司邁出成功的一步。
- **錢財**：因為眼光失準而投資失利，陷自己於窘迫中。不要病急亂投醫，讓自己更陷險境，沉澱心情再次出發，就能更加看清未來的道路。
- **愛情**：會被對方光鮮亮麗的外表所吸引，但深交之後就會發現其實跟你想像的有所出入。建議你放慢交往的腳步，仔細從各方面審視對方，以防產生失落與誤會。
- **婚姻**：兩人相處已久，必然會出現令你不滿意的瑕疵與缺點，即便如此，只要能將心比心，用同理心的角度互相扶持，即能長久經營婚姻關係。
- **子女**：不善於跟子女相處，讓親子關係產生縫隙，此時應該讓雙方保持一定的距離，不要太過積極打破現狀，讓時間慢慢撫平雙方之間的裂縫。

- **健康**：因身體出現不適讓你對自己的健康狀態產生憂慮，此時宜調整觀念，重新檢視自己不良的習慣並加以改正，才能讓健康回復如初。
- **旅遊**：同行的夥伴會是這趟旅程風波的製造者，但木已成舟，無法變更行程或是拆夥。不要埋怨，做好你能預防的所有準備，旅途便能平順無波。
- **考運**：心情茫然，無法有效的準備應試，只有將心靈沉澱下來，隔絕一切干擾你的因素，才能專心一致於課業上，進而使成績有大幅成長。
- **人際**：不要急於打破現狀，你的舉動會影響到未來的人際平衡，行事保持低調，不要過分張揚，才無損你的人脈。
- **訴訟**：現在處於昏暗未明的狀態，因此你唯一能做的就是將分內之事給完成，不留一絲遺憾，抱持這樣的心態，方能柳暗花明又一村。
- **遷居**：此時不適宜搬遷，你會因為識別不清而有所損失，倘若小心行事，不逾越本分，或許能有好的結果。

323【六三】歸妹以須，反歸以娣。

- **事業**：急於求成反而會弄巧成拙，即便有了升遷的機會，但不適合你，所以難以有所發揮，此時宜先放下急功好利的心態，以靜待變，靜觀時機成熟才出手，方能有所斬獲。
- **創業**：草創初期切勿為了速見成效，而將該進行的步驟都省略跳過，這樣一來，即便暫時獲得成果，也無法持續守成。
- **錢財**：以為是賺錢的好機會而摩拳擦掌，卻沒有看清前因後果，就急著將錢財全部投入，結果事與願違。此時宜打消投機致富的念頭，腳踏實地去賺錢，才是根本之道。
- **愛情**：想跟對方有更進一步的發展，卻因沒有好好培養彼此間的感情而遭到拒絕，此時應該轉換念頭，給彼此保持適當距離，等到時機成熟之時再行動，才不會顧此失彼。

◆ **婚姻**：雙方處於不對等的狀態，容易將另一半的付出視為理所當然，久而久之讓雙方感情陷入危機。不要剝奪另一半的自由，尊重對方的想法，將加諸在對方身上的束縛解開，婚姻才能長久。

◆ **子女**：不要將子女視為你的所有物，給予他們獨立發展與成長的空間，他們會自然而然地茁壯，無須你的操心擔憂。

◆ **健康**：你的想法跟作為太過急進，偏離了正道，應先打消這些錯誤的觀念，回歸正常的作息，慢慢調理身心狀態，才是脫離病痛的不二法則。

◆ **旅遊**：「欲速則不達」是你此趟行程最佳的寫照，除非你放下成見，好好審視此次計畫的缺失，再重新規劃安排，才能讓旅程順利落幕。

◆ **考運**：求好心切可是卻繞了遠路，要知道目標不是一朝一夕就能達到的，只能循序漸進地累積實力，才能在最後的關卡一躍而上，獲得勝利。

◆ **人際**：想跟大家打好關係卻適得其反，喪失了好感，或許你該想想是否是自己太過積極投入，因而嚇跑對方。

◆ **訴訟**：嘗盡各種努力卻還是有白費力氣的感覺，因為你用錯了方法，你現在努力的方向只會帶你偏離目標，此時宜靜觀其變，等候良機降臨。

◆ **遷居**：不宜輕舉妄動，這時候做任何事都要先三思後而復行，才不會造成無可挽回的局面。

324【九四】歸妹愆期，遲歸有時。

◆ **事業**：職務暫時沒有任何變動，但你有足夠的能力與才幹，只是出頭的時機尚未來到，只要耐心等待，堅持下去，必定能有所回報。

◆ **創業**：因時局不利暫時無法有所進展，不要輕言放棄，目前只能持續付出與努力，靜待下次機會的到來。

◆ **錢財**：目前處於入不敷出的情形，也沒有開源的管道。不要心急而胡亂投資，靜心等待，如此才能避免損失，也能得到獲利的情報。

◆ **愛情**：雖然目前還沒有遇到好對象，不過因為你本身資質與條件兼具，總有一天將遇到能開花結果的良緣。

◆ **婚姻**：目前跟另一半相處的窘境一時半刻還無法得到解決，強硬而冒進的手段對事情沒有幫助，耐心等待絕佳時機，方能有所突破。

◆ **子女**：其實你跟子女的相處還算穩定，只待一個讓全家人更團結的時機，親子關係便會更進一步。不用擔心，只要等待必然會有機會降臨。

◆ **健康**：因外在環境之故，現在身體微恙，不過因為體質良好，最終一定有能回復的一天。

◆ **旅遊**：某些因素延誤了你遠行的時間，不過因為你一直做好出發的準備，即便有所耽擱也不至於造成多大的困擾。

◆ **考運**：現在成績雖然未見起色，但因為平時累積起來的實力，考試時一定能有穩健的發揮。

◆ **人際**：你是個性隨和的人，但是目前某些因素的影響讓你在人際關係上受到限制。無須難過，目前只是過度時期，有朝一日你的付出必有回應。

◆ **訴訟**：為了有所突破而做出的決定，反倒成了你的絆腳石，占得此卦者，最好能慎選進攻的時機，才能讓自身脫離訴訟纏身的泥沼。

◆ **遷居**：務必要審慎評估再做決定，倉促的舉動對事情不會有任何助益。

325【六五】帝乙歸妹，其君之袂，不如其娣之袂良，月幾望，吉。

◆ **事業**：你的工作能力與品德受到上司的青睞，只要不因此自滿，處處保持謙遜，將受到眾人的支持，工作上能一帆風順，毫無阻礙。

◆ **創業**：現在時局對你有利，雖然不及競爭者的名聲與氣勢，但只要持續提供好的產品與服務，善待員工，必能上下一心，替公司開創明亮的未來。

- **錢財**：只要心存善念，不受貪欲而蒙蔽理智，現在的你可以說是心想事成，只要你想，任何機會都會為你帶來錢潮。
- **愛情**：雖然不如其他人來的花俏華麗，但你內在的品德與獨特的魅力仍然會為你贏得異性青睞，進而開花結果。
- **婚姻**：夫妻關係融洽，雖然不是物質上的豐盈富足，但心靈的富足給這段婚姻充足的動力持續下去。
- **子女**：與子女感情親密。恩威並施、開放的態度讓子女樂於跟你分享心事。
- **健康**：現階段體能與狀態都極為良好，只要持續保持心情開闊，即便受到小感冒，也能很快痊癒。
- **旅遊**：適合出門的時機。因為完善的行前規劃，故能一帆風順，完美落幕。
- **考運**：運勢極佳，或許你目前展現出來的成果不如他人耀眼，不過只要持之以恆，最終必能實現願望。
- **人際**：你那平易近人的態度讓旁人感到輕鬆自在，因此樂於與你交往，接近你的人皆能感受到被接納的小確幸。
- **訴訟**：對你有利的證據一一浮現，彷若受到上天眷顧，因此情況正朝著你所期望的結果前進。
- **遷居**：若有搬遷計畫，不論過程或結束都是一帆風順，因此放手去做，不用猶豫了。

326【上六】**女承筐無實，士刲羊無血，無攸利。**

- **事業**：工作上沒有進展，不論花費多大的心力，仍難以獲得回報，目前正處於做任何事都是白費功夫的階段。
- **創業**：局勢對你不利，此時宜先暫停一切活動，因為問題將接連而至，讓你疲於奔走，卻毫無所獲。
- **錢財**：不要輕舉妄動，現階段不論是賺錢或是投資，都只是將錢丟入水溝，有去無回，宜謹慎使用錢財。
- **愛情**：目前感情發展受挫，無法遇到新桃花，宜暫時打消與人戀愛的念頭，因為到最後仍會無功而返。
- **婚姻**：夫妻雙方都對彼此失去熱情，關係陷入膠著，一時半刻難以解決，最終有可能朝最糟的方向前進。

◆ **子女**：平時缺乏互動與感情的培養，讓親子關係愈加惡化，至此做任何事來進行補救，也可能為時已晚。

◆ **健康**：健康狀態已在不知不覺間變得不如以往，現在再亡羊補牢已經有點遲了。

◆ **旅遊**：此刻不宜遠行，若強制前往，將遭遇災厄與危難，讓旅途一波三折。

◆ **考運**：時運不濟，即便熬夜苦讀仍舊難以消化吸收，心情也受到影響，成果不盡理想。

◆ **人際**：不論是獨善其身還是兼愛天下，身旁都會有小人中傷你，讓你在人際交往受到阻礙。

◆ **訴訟**：身陷風暴，而且是做愈多錯愈多的情況，即使朝著脫離紛爭的方向努力，還是避免不了受到牽連。

◆ **遷居**：諸事不宜，切勿因一時興起而莽撞行動，到頭來有可能是白忙一場。

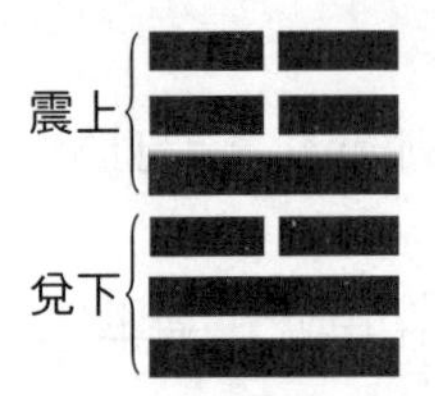

歸妹卦 卦理

「歸妹」卦，少女出嫁但與傳統禮法有違。序卦上漸卦與歸妹卦是隨著震、艮卦而來，且互為相綜，兩卦皆與婚姻有關。《序卦》曰：「艮者止也。物不可以終止，故受之以漸。漸者，進也。進必有所歸，故受之以歸妹。」漸進之後勢必需要個歸宿，所以在漸卦之後就是歸妹，歸妹有嫁女兒之意。歸原本是指嫁，後來有女子婦人停留在夫家之意，又被解釋為回到該去的歸宿，妹是指少女。漸卦與歸妹卦雖然都有提到女歸吉，但在本意上稍有差別，漸卦是合乎傳統禮法的方式，循序漸進地迎娶回來，而歸妹是女子心動後，二話不說就嫁出去，與傳統的禮法有別。由此看出婚姻基礎較不扎實，因此有維持長久之疑，然而君子應該從中得知維持夫妻之道的重要性，努力使兩人白頭偕老，避免夫妻關係破裂。

卜得歸妹卦者，表面上看似事情可以達成，但卻不一定圓滿。卜問婚姻可能短暫，卜問征戰、行動可能大凶，卜問生意可能無所獲利。因為雙方的關係並非建立在正常的傳統禮法、程序或法律，也因此基礎會不穩定，因此容易產生凶險，應當要謹慎防止關係破裂，甚至要提防官司纏身。

「歸妹」卦六爻的爻辭：初九時表示雖然地位並非高人一等，但只要堅守正道，仍然可以獲得吉祥；九二時表示切勿目光短淺，遇人不淑就更應該要知進退，明得失，潔身自愛，低調行事，堅守正道，這樣才能夠為自己帶來吉祥；六三表示品德若是無法兼備，那將難以成大任，也會被人瞧不起；凡事要有耐心，等待最適當地時機，或許會晚，但仍然會發生，只要有耐心，實力絕對不會被埋沒，終有一天會出人頭地，此為九四之意；六五時表示無論外表多麼光鮮亮麗，絕對都比不上性情上的品德，培養高尚的品德，才是邁向吉祥的不二法門；上六時表示缺乏品德，縱使再有能力，最終也難以獲得真正的快樂，遇事也難圓滿達成。

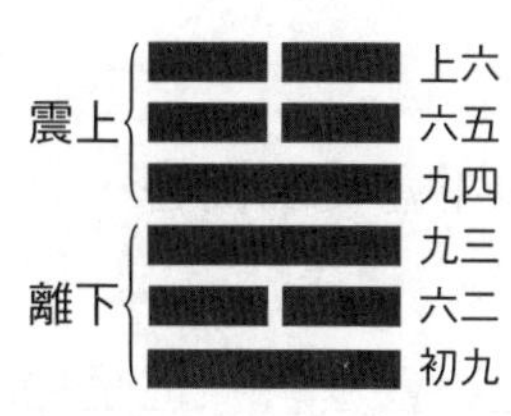

卦序▶55　錯卦▶風水渙
卦數▶13　綜卦▶火山旅
卦向▶東北　互卦▶澤風大過

豐，本是盛滿貴重物品的禮器，後引申為豐滿、盛大、豐富之意，承接前卦有好的歸宿後，隨之而來的即是盛大、美滿。

歷史著名的康熙皇帝，他是少數在位超過六十年，卻能帶領天下人民太平盛世的帝王，但其實他也並非坐上皇位即能有所作為，六歲登基，十四歲才開始親政，親政後整頓吏治，正式進入大清朝盛世，但天地間盈虛變化，就如月有陰晴圓缺般，康熙雖標榜仁政，晚年倦勤，導致出現了官吏貪汙，吏治敗壞的現象，所以說即便是天子，也需時時檢視自己，才能持盈保泰。

卦辭

【卦辭】亨，王假之，勿憂，宜日中。

豐收之後，能得到亨通，君王到來，不必憂慮了，這就像日正當中一樣，光彩奪目。

〈彖〉「豐，大也。明以動，故豐。王假之，尚大也。勿憂宜日中，宜照天下也。日中則昃，月盈則食，天地盈虛，與時消息，而況于人乎？況於鬼神乎？」豐，盛大之意。光明而有所行動，所以能豐大。君王到來，發揚美德，這是不必擔憂的，況且在日正中時就是最適合造福天下的。日照過了中午就會西斜，滿月之後就會有虧缺，天地間盈虛變化，接隨著時間而消長，更何況是人和鬼神呢？

〈象〉「雷電皆至，豐。君子以折獄致刑。」雷電同時到來，這象徵盛大豐滿。君子應效法這精神，明辨是非的執行刑罰。

【初九】遇其配主，雖旬無咎，往有尚。

旬，十年。遇到了解自己的上司，雖然合作十年也不會受到傷害，立定目標有所前往，則會受到重視。

〈象〉「雖旬無咎，過旬災也。」雖然合作十年也不會受害，但是過了十年就可能會有災禍產生。

說明追求人生的目標應積極，但有時也要視環境而調整。

【六二】豐其蔀，日中見斗，往得疑疾，有孚發若，吉。

蔀，遮日的簾。陽光受到雲的遮蔽，就像白天卻看到了北斗星，有所前往會受到猜疑，如果能以誠信的心去面對，那麼最後是吉祥的。

〈象〉「有孚發若，信以發志也。」若能以誠信的心去面對，是可以啟發心志的。

追求光明前途之時，容易迷失方向抑或產生不確定性，所以應以誠信去面對，便能啟發最初的志向。

【九三】豐其沛，日中見沬，折其右肱，無咎。

沛，江河之水。沬，撒了一整面的小雨點。陽光被雲遮掩，日中當中下了小雨，就像右臂折斷而行動不便，但終究不會受到大災禍。

〈象〉「豐其沛，不可大事也。折其右肱，終不可用也。」陽光被遮掩，無法成就大事，右臂折斷而行動不便，最終也得不到重用了。

說明過於汲汲營營，可能造成自我迷失，應秉持初衷，才能免於災害。

【九四】豐其蔀，日中見斗，遇其夷主，吉。

陽光遭到遮掩，大白天卻看到了北斗星，但若遇到君王的賞識，還是吉祥的。

〈象〉「豐其蔀，位不當也。日中見斗，幽不明也。遇其夷主，吉；行也。」陽光遭到遮掩，是說其位不當，大白天卻看到了北斗星，是因為受到遮掩而出現昏暗的狀況，但若遇到君王賞識，有所前往是吉祥的。

告誡人們若是迷失了方向，應積極尋求協助，突破昏暗低潮的狀況。

【六五】來章，有慶譽，吉。

章，文采；引申為美德。招來有美德的賢者輔佐，是值得慶賀且充滿榮譽的吉祥之兆。

〈象〉「六五之吉，有慶也。」六五爻的吉祥，是會帶來好事的。

選賢與能則能帶來幫助和榮譽。

【上六】豐其屋，蔀其家，窺其戶，闃其無人，三歲不見，凶。

闃，音同「去」。寂靜。房屋高大且陰暗寂靜，三年都不見人影，這種荒涼的景象，是凶險之兆啊！

〈象〉「豐其屋，天際翔也。窺其戶，闃其無人，自藏也。」房屋高大，是說主人得志，就像飛翔在天空般得意，以致於日漸昏庸，終於沒有人前來。這是自己將自己封閉了。

說明得志之後的迷失，最終導致自我封閉的下場。

豐日見斗之圖

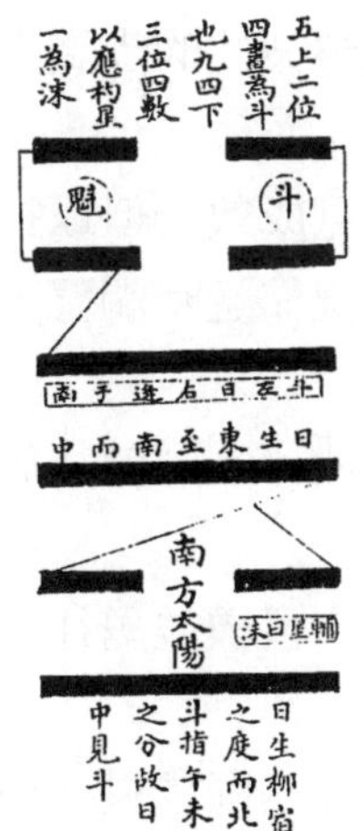

上卦為震為雷，下卦為離為明。豐卦不只表示豐盛美滿，也告誡人們在享受榮華的時候，必須要時時反省自己的德行，才能享受豐盛的成果。

卦義

327【初九】遇其配主，雖旬無咎，往有尚。

- 事業：遇見懂得賞識你的上司，能夠與之共事而沒有咎害。只要自己抱持積極的態度，就能平步青雲，但有時也需視大環境的變化而懂得變通，以免災禍上門而不自知。
- 創業：能與對手良性競爭，使自己的事業發展茁壯，但敵人可能正在找尋攻擊你的機會，仍須謹慎以對。
- 錢財：有提攜你的前輩帶你前進，財務上會有所成長，但若只是依循前人的腳步，有時也會帶來負面的影響。
- 愛情：能夠遇見陪你一起成長的對象，只要下定決心，積極追求，就能修成正果。但長久相處也可能會有磨擦，必須彼此協調、體諒，才能走得更加長久。
- 婚姻：儘管與結婚對象個性相合，能夠互相砥礪，但生活中遇見的困境可能使感情生變，故必須用心經營，才能白頭偕老。
- 子女：因為雙方都具有美好的德行，能夠互補互助，沒有咎害，但當子女有了自己的主張，就必須調整彼此的步調，若放任問題滋長，長期下來只會造成危害。
- 健康：能夠積極的追求健康，也能逐漸看見成效，但以長遠的目標作考量，還是必須依自己的身體狀況作適時調整，以免適得其反。
- 旅遊：會出現與你實力相當、個性相合的伙伴一同前往旅行，故能共同完成美好的旅程。
- 考運：會受到有能力之人的幫助，故能立定目標並勇往直前，在成績上有好的表現。
- 人際：遇見了解你的朋友，能夠長久往來，一同成長。但到了某個時間點，可能出現見解上的矛盾，故必須留心與對方相處之間的變化。

◆ **訴訟**：儘管目前的策略奏效，但不是長久之計，必須依照情勢隨時改變應對方式，才可能有豐碩的成果。

◆ **遷居**：找到心動的物件就應積極進行，但不要忽略隨時變動的情勢，要懂得調整腳步，才能在沒有災禍的情況下順利完成。

◆ **尋人**：往東北方尋找，必有所獲。

328【六二】豐其蔀，日中見斗，往得疑疾，有孚發若，吉。

◆ **事業**：工作上會遇見莫大的阻礙，阻擋你的前進，甚至會受到他人的猜忌，引發更多麻煩，但只要你以誠信待人，不妄自行動，終能撥雲見日。

◆ **創業**：在追求成就之時，當迷失方向或遭遇困頓，都應避免怨天尤人，而是要抱持誠信之德，謹慎行事，最終能夠脫離困境。

◆ **錢財**：儘管財務出現危機，感到前途迷惘，只要以誠信面對，就能重新找到方向。

◆ **愛情**：在追求戀情的過程中，可能會經歷黑暗期，但在困頓之時，更要秉持正面的態度，以誠信面對困難，將使問題迎刃而解。

◆ **婚姻**：雖然設立遠大的目標，事情的發展卻可能不如預期，當兩人的關係陷入迷惘，必須以誠信對待對方，一同找出最佳的方向，持續付出努力，就會有所收穫。

◆ **子女**：子女的心可能被其他事物所蒙蔽，對你關閉心門。此時與其責備，不如以誠信化解鴻溝，情況會獲得改善。

◆ **健康**：被病痛纏身時，身體狀況難如其所願，必須以誠信面對病情，積極配合治療，就算復原狀況不如預期，心理的壓力也會減少許多。

◆ **旅遊**：抱著期待的心情前往旅遊，卻可能遭遇困難，使旅途蒙上一層陰影。在面對困境時，要以誠信正面的態度面對，將能順利度過難關。

◆ **考運**：可能陷入瓶頸之中。想迎來光明的結局，就必須在最艱困的時局卻不輕言放棄。只要誠實面對自己，做出改進，終究能夠達成目標。

◆ **人際**：希望打入人際圈，卻受小人所害，眾人受到蒙蔽而對你產生誤解。在如此艱難的時刻，只要持續以誠信與他人往來，真相終有大白的一天。

◆ **訴訟**：真理受到蒙蔽，訴訟的過程將會非常艱苦。雖然如此，若能持續以真誠的態度面對困厄，最終將會出現曙光。

◆ **遷居**：過程將充滿困厄，但在困難發生之時，以誠信的態度應對，將有助於釐清方向，使困境逐漸好轉。

329【九三】豐其沛，日中見沬，折其右肱，無咎。

◆ **事業**：追求成就的途中將受到阻礙，必須屈就自己，謹守本分，才能安然度過危機。

◆ **創業**：儘管胸懷大志，但目前的時勢黑暗大於光明，無法伸展志向，應暫且收斂鋒芒，謹慎做出決策，等待更好的時機。

◆ **錢財**：目前的時勢不適合大展身手，必須安分守己，以退為進，雖暫時無法有財富上的收穫，但也可因此避免災禍的降臨。

◆ **愛情**：此時應暫時停下腳步，釐清自己的思緒，避免積極行動，過於強求只會造成反效果。

◆ **婚姻**：希望改善彼此的關係，但操之過急只會適得其反，不妨先採取被動的姿態，找回當初走入婚姻的初衷，才有機會重修舊好。

◆ **子女**：一味想改善現況，卻可能因此忽略對方的感受，反而引發衝突。目前的情勢不適合過於積極行動，先確定對方的想法與需求再行溝通，會有比較好的成效。

◆ **健康**：身體出現狀況，積極治療也難有成效，但不應就此放棄，而要抱著正面的心態暫時安靜休養，情況會逐漸好轉。

◆ **旅遊**：想積極的進行卻不斷遇見阻礙，故應暫緩計畫，以更謹慎的態度從長計議，才能免去困厄的影響。

◆ **考運**：在目前的狀態下，付出的努力也可能變成徒勞，不妨放鬆緊繃的神經，以不同的方式檢視自己的弱點並加以補強，等到時機成熟再積極衝刺，就可突破困境。

◆ **人際**：若過於積極拓展人際而不擇手段，只會引來更多麻煩，應回歸正直誠信的本性與他人往來，情況將會逐漸改善。

◆ **訴訟**：目前的局勢對你不利，故要改變先前積極的態度，靜觀其變，等到最好的時機再行動，才能避免咎害。

◆ **遷居**：過於積極行動反而可能遇到更多阻礙，應暫緩腳步，謹慎評估，並等候良機進行搬遷。

330【九四】豐其蔀，日中見斗，遇其夷主，吉。

◆ **事業**：儘管時局尚未明朗，卻能遇見賞識你的上司，只要積極表現，就能有所成就。

◆ **創業**：混亂的局勢使你裹足不前，但若遇見值得信賴的對象願意給予協助，拋棄疑慮往前邁進，結果將會出乎你的預料。

◆ **錢財**：財運仍然沒有上升的趨勢，但可能會遇到貴人給予協助，因而能夠避免災險，並在財務上有小收穫。

◆ **愛情**：戀情尚無法順利開展，但可能因為某些契機受到對方青睞，只要繼續積極表現自己，成功的機會將大幅增加。

◆ **婚姻**：雖然關係尚未完全修復，但能夠得到對方的認同，同心協力地改善現況，因此繼續前往會是吉祥的。

◆ **子女**：尚未完全越過困境，但在旁人的協助下，正朝著正確的方向前進，只要持續往前邁進，就會看見成果。

◆ **健康**：尚無法完全脫離病痛的影響，此時應積極尋求他人的協助，方能突破現況，早日找回健康的身體。

◆ **旅遊**：旅途仍有隱憂，但若與有力的同伴一同前往，就能一起克服困難，最終有好的結果。

◆ **考運**：準備的過程中仍然充滿阻礙，但在他人的鼓勵與支持下，往好的方向積極努力，會有不錯的表現。

◆ **人際**：若在人際關係中感到迷惘不安，應尋求他人的協助，如此將使你順利突破困境，在人際上有所收穫。

◆ **訴訟**：尚未完全突破困境，必須在貴人的幫助下，才有機會扭轉情勢。

◆ **遷居**：當遇見阻礙，若能尋求他人的協助，可避免繞遠路而沒有成效的情況發生，最後能夠順利完成搬遷。

331【六五】來章，有慶譽，吉。

- **事業**：會遇見賢能的人給予你幫助，也因此讓你在工作上無往不利，最終能夠贏得美好的名聲。
- **創業**：將受到賢能之人的協助，幫助你的事業順利發展，為你帶來好運，故積極作為將會有好的回報。
- **錢財**：因為有貴人相助，能幫助你遠離災險，在錢財方面會有很大的收穫。
- **愛情**：能夠遇見具有美德且適合的對象，故戀情能夠快速發展，有圓滿的結果。
- **婚姻**：因為和具有美好德行且相合的人共組家庭，儘管遇見危機也能平和解除，沒有災害降臨。
- **子女**：在困難的時刻，會有人前來相助，先前的僵局將能獲得抒解。
- **健康**：遇見好的醫療人員，能夠針對你的病情給予最適合的協助，情況將大有好轉，不必過於憂慮。
- **旅遊**：因有才能之人伸出援手，故旅途能夠遠離災禍，順利進行。
- **考運**：若能接受有才德之人的協助，則可避免閉門造車而沒有成效的情況發生，而能一舉得勝。
- **人際**：因自身人格正直，故能吸引具有美德之人，擁有良善的人際關係。
- **訴訟**：能夠招來賢德之人的幫助，故在訴訟過程中能突破目前的窘境，使情勢往有利的方向進行。
- **遷居**：遇見困難，要能夠向他人求助，在他人的協助下，能夠為你帶來好運，進而順利搬遷。

332【上六】豐其屋，蔀其家，窺其戶，闃其無人，三歲不見，凶。

- **事業**：工作上應避免封閉的做事方法，否則即使一開始志得意滿，最終也會落得昏庸而無人聞問，事業會逐漸走向下坡。
- **創業**：創業過程中，與人的交流相當重要，要避免閉門造車的情況發生，否則終究會導致失敗。

◆**錢財**：若在有所成就之後就迷失自己，將自我封閉。不採納他人的意見，則可能自取滅亡。

◆**愛情**：若沒有危機感而依然故我，只是持續將你與對方的距離愈拉愈遠，最終落得形單影隻的下場。

◆**婚姻**：如果對婚姻感到麻木，不願意為這段關係注入活水，而彼此封閉心靈的交流，則婚姻的衰敗可想而知。

◆**子女**：要避免自視甚高而蒙蔽了雙眼，以致無法了解子女的想法。必須從封閉的牢籠中逃出，搭築起溝通的橋梁。

◆**健康**：因為得意忘形而使身體逐漸衰敗。必須認清自己的狀況，並加以改進，否則病痛突然發生將使你後悔莫及。

◆**旅遊**：因一時得志而陷入自滿的心態，容易因此封閉了自己的思想。若此行有旅伴一同前往，則可能會有爭執發生，必須時時自我警惕。

◆**考運**：先前的成就可能讓你得意忘形，忽略了努力的重要，若持續這樣昏昧的情況，則到了重要的考試時必定不會有好的表現。

◆**人際**：起初可能在人際上有豐富的收穫，但必須避免被這樣的情況沖昏頭而導致狂妄自大，陷入自我的思維中。

◆**訴訟**：一開始的勝利使你忘卻初衷，因而導致衰敗。必須走出自我建造的象牙塔，才能使訴訟反敗為勝。

◆**遷居**：籌備過程一帆風順，使你忽略之後可能遇見的阻礙而掉以輕心。過分安於現狀可能導致危險，必須保持謹慎的心態，才能安然順利完成搬遷。

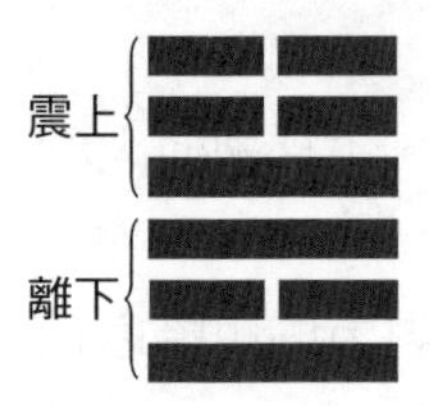

豐卦 卦理

「豐」卦，有盛大、豐富之意，後來又引申為打鐵趁熱。卦序上豐卦跟在歸妹卦後出現，《序卦》：「得其所歸者必大，故受之以豐。豐者，大也。」所有人都能夠有好的歸宿，幸福安康，團團圓圓，如此一來將有很大的收穫及富裕，所以豐卦就出現在歸妹卦之後。《說文》：「豆之豐滿者也。从豆，象形。」豆在以往是指盛裝肉的器皿，如果可以裝得滿，就表示為豐，因此就有豐滿、盛大、豐富、豐盛之意。

豐卦卦象為上震雷，下離火（電），象曰：「雷電皆至，豐。君子以折獄致刑。」雷電同時出現，表示豐滿而盛大。君子就應當有如此之氣魄，審案用刑需要光明正大。噬嗑卦卦象為上離下震，與豐卦均為雷電齊發之象。噬嗑卦則為動以明，屬於利用獄。二者均為明動之卦，因此都可以進行懲奸除惡，執法者的工作將能夠勝任。明辨是非就需要快狠準，處事判定須大公無私，積極執法才可將有錯之人繩之以法。

「豐」卦六爻的爻辭：初九時表示處事時如果遇到和自己都有能力之人，能夠一起努力，相互配合，那將能夠相得益彰，反之，如果兩人明爭暗鬥，拼個你死我活，那最終也只會帶來災禍；六二時表示盡心盡力付出，求取發展，但在上位者卻昏庸無能，這時候切記不要與其正面衝突，應當繼續保持誠心相待，克盡職責，用真誠及行動來改善，這樣才有機會得吉；九三表示雖有才能，但是會遇到昏庸無比的上司，懷才不遇，終難成事，既然無法萬馬奔騰，那就只好韜光養晦，繼續充實自己，等待更好的機會；九四時表示切勿因為上級昏庸而影響自己，否則只會上梁不正下梁歪，堅守崗位，適時發揮自己的才能，一定會被其他有才德的領導者看中，藉此獲得更好的發展；自己如果成為領導者，切勿忘記廣招賢才，不要只會空擺架子，多替下屬著想，這樣一來才能得到更多的收穫，此為六五之意；上六時表示如果不能敞開心房，誠以待人，與外界老死不相往來，那最終只會陷入孤立無援的窘境。

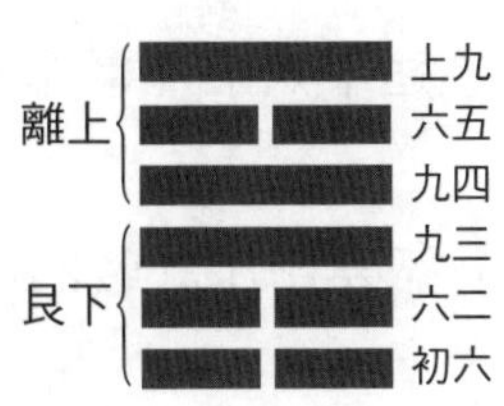

旅卦

卦序▶56 錯卦▶水澤節

卦數▶44 綜卦▶雷火豐

卦向▶西南 互卦▶澤風大過

卦揭

旅，軍之五百人為旅，後引申為旅行、旅外、居無定所之意。

唐代詩人李白，一生漂泊，曾為官為政，也曾落魄流放，二十五歲開始隻身離開故鄉四川，開始了廣泛漫遊，為官時，由於桀驁不馴的性格，所以僅僅不到兩年，他就離開了長安。後來他在洛陽和另兩位著名詩人杜甫、高適相識，並且成為了好朋友。也因志氣相投，激盪出許多膾炙人口的作品，李白詩風多以浪漫為主，但內容卻包羅萬象，其中不乏歌詠祖國山河，氣勢豪邁而奔放，語言自然率真，雖然他的一生過著寄旅的生活，顛沛流離，並不好過，但隨遇而安，總能激起他創作的能量，也才有名留千古之作。

【卦辭】小亨，旅貞吉。

旅卦，小亨通。在外旅行，守正道即吉祥。

〈彖〉「旅，小亨，柔得中乎外，而順乎剛，止而麗乎明，是以小亨，旅貞吉也。旅之時義大矣哉！」旅卦，小亨通，居中隨和順應著外在的剛強，適時停止來追求光明，因此會有小亨通。旅居在外，守正道就會吉祥。旅卦的意義非常大！

〈象〉「山上有火，旅。君子以明慎用刑，而不留獄。」山上有火就是旅卦的象徵。君子得到啟發，要明察秋毫，並審慎地使用刑罰，而盡量不讓案件滯留不處理。

【初六】旅瑣瑣，斯其所取災。

瑣瑣，玉器碰撞之聲，此借指頻繁且瑣碎之事。在旅途中如果凡事都要斤斤計較的話，往往自取其禍。

〈象〉「旅瑣瑣，志窮災也。」在旅途中如果凡事都要斤斤計較的話，是志向窮盡而導致災禍。

即便現狀不安，也不可拘泥小節，應把眼界放遠放大。

【六二】旅即次，懷其資，得童仆貞。

即，就、往。次，旅舍。資，錢財。旅行中最安定是投宿在旅舍中，能心安的是帶有充足的旅費，可靠的是有忠實的童僕。

〈象〉「得童仆貞，終無尤也。」得到忠心耿耿的童僕，最終是沒有怨尤的。

不想再顛沛流離，就要做好準備，才能脫離危難，轉而吉祥。

【九三】旅焚其次，喪其童仆，貞厲。

旅行中住的旅舍被大火燒了，喪失了忠心的童僕，兇險。

〈象〉「旅焚其次，亦以傷矣。以旅與下，其義喪也。」旅行中住的旅舍被大火燒了，這也會帶來損傷；而旅行中露財，從道理上來看是有危險的。

平時就應善待周遭之人，才能在危急時得到幫助，獲得平安。

【九四】旅于處，得其資斧，我心不快。

雖然在旅途中有足夠的旅費和應用的器具，但是心中仍然不愉快。

〈象〉「旅于處，未得位也。得其資斧，心未快也。」雖然在旅途中有足夠的旅費和應用的器具，但畢竟是出門在外，居無定所，所以心中依然不快樂。

落葉歸根才是心之所歸，而旅居在外畢竟不是常態。

【六五】射雉一矢亡，終以譽命。

雉，音同「智」，指山雞。在射山雞的時候，雖然不順利的喪失一枝箭，但最後仍然可以得到榮譽和爵位的。

〈象〉「終以譽命，上逮也。」最終得到榮譽，是因為受到上位者的提拔和肯定。

追求目標不能只看眼前，要把眼光看遠，更要有積極正面的態度。

【上九】鳥焚其巢，旅人先笑後號咷。喪牛于易，凶。

易，田畔、國界之意。鳥巢被焚燒，旅人先笑而後大哭。牛在田畔走失，兇險。

〈象〉「以旅在上，其義焚也。喪牛于易，終莫之聞也。」客旅他鄉卻高居上位，其道理上來說，一定會招致禍害。牛在田畔走失，最終不會得到消息。

求安定必須謙虛隨和，不可居高自傲、自以為是。

上卦為離為火，下卦為艮為山。旅者，失其本居，寄居他方，有不安定之意。

333【初六】旅瑣瑣，斯其所取災。

- **事業**：工作上的變動使你感到不安，因此容易做出不符正道的行為，容易招來災禍。應該堅定自己的志向，若能在不安的環境中仍然屹立不搖，吉祥終究會來到。
- **創業**：不要因眼前的挫敗而屈服於現狀，甚至做出對他人不利的決策，必須在困頓之中保有意志，將眼光放遠才有益於你的事業成長。
- **錢財**：對錢財過於執著可能會使你偏離正軌，必須放寬心胸，避免狹隘的思想引來災禍。
- **愛情**：因為內心感到不安穩，因而容易在愛情中計較得失，但長久下來將使你與另一半漸行漸遠，必須拋開心中的不安，向對方敞開心胸，愛情才能開花結果。
- **婚姻**：容易因生活中的瑣碎之事而感到心煩，進而傷害了身邊的人，如此只會將自己推入困境，要能主導自己的想法，不為外務所困，自然能使現況獲得改善。
- **子女**：因為與子女的相處遇見阻礙，使你感到不安，若意志不堅強，可能因此引發更大的災禍，故必須先穩定心神，理性思考解決方式。
- **健康**：必須擁有堅強的意志，才能不為病痛所帶來的挫折感影響，只要不拘泥於眼前的阻礙，就會有勇氣度過難關。
- **旅遊**：瑣碎的事物使你心浮氣躁，容易做出錯誤的判斷，可能因此導致旅途中的困頓，必須堅定自己的意志，才能避免災禍。
- **考運**：遇見瓶頸讓你的內心不安穩，但若因此偏離正軌，則無論如何都無法克服困難，想往前邁進，就要使自己的意志堅定。
- **人際**：因為變動的環境而感到不安，可能因此做出傷害他人的舉動，為避免走入這樣的困境之中，必須重振精神，以堅強的心志面對人際問題。

◆ **訴訟**：儘管情勢未明，也不能因此不擇手段，要堅定志向並走在正確的道路上，才能真正獲得勝利。

◆ **遷居**：要把眼光放遠一些，不過分拘泥小節，如此將能避開眾多阻礙，因而順利完成搬遷。

◆ **尋人**：往西南方尋找，必有所獲。

334【六二】旅即次，懷其資，得童仆貞。

◆ **事業**：目前的環境適合你發展，也有足夠的資源與能力一展身手，只要你的腳步謹慎，就能有所成就。

◆ **創業**：有忠實的員工與可靠的合作夥伴，相助你的事業，只要謹慎做好決策，努力往前邁進，事業會有很大的進展。

◆ **錢財**：有充足的能力與才識，加上有貴人相助，在財務上會有很大的收穫。

◆ **愛情**：情感能夠找到安身之處，遇見相合的對象，可以穩定地發展戀情而沒有咎害。

◆ **婚姻**：婚姻已經到了安定的階段，雙方的感情像家人一般穩定，不會有困頓的事發生。

◆ **子女**：只要你的心態正確，能夠相互理解，則親子關係可以安定而沒有波瀾。

◆ **健康**：病情已經穩定，只要不掉以輕心，繼續保持現在的生活型態，將能不再受病痛所侵擾。

◆ **旅遊**：能夠安定的找到落腳之處，並且擁有足夠的旅費。只要保持謹慎，就能夠沒有後顧之憂的展開愉快的旅程。

◆ **考運**：能夠穩定的向前邁進，有足夠應付考試的學識，故不必過於憂慮，只要避免緊張帶來的失常，就能夠有好的表現。

◆ **人際**：目前的人際關係達到一個平衡點，能夠遇見貴人幫助你拓展人際圈，會有很大的收穫。

◆ **訴訟**：有足夠的能力在訴訟中取得優勢，但過程中仍必須謹慎以對，將能順利度過難關。

◆ **遷居**：有足夠的助力幫助你完成搬遷，但行動之前必須做好完善的準備，才能避免過程中可能遇見的阻礙。

335【九三】旅焚其次，喪其童仆，貞厲。

◆ **事業**：因為自己的剛愎自用，使身邊的人遠離，故在凶險之時沒有人前來協助，造成無可挽回的後果。所以必須時時檢討自己，善待他人，才能避免孤立無援的窘境。

◆ **創業**：創業過程中將會遭遇險阻，若平時能與他人建立起良好的關係，就能在他人的幫助下安然度過難關，反之則會使災害無限擴大，影響公司的經營。

◆ **錢財**：容易因為躁進而做了錯誤的判斷，進而造成財富的損失，必須端正自己的心態，謹慎行事，才能遠離災險。

◆ **愛情**：在戀情發展的過程中會出現危機，必須在旁人的協助下才有可能挽回劣勢。更加謹守界線，站在對方的角度設想，便能度過危機。

◆ **婚姻**：當婚姻陷入困境，應避免急著做出決斷，可以多方尋求他人的建議，謹慎處理這段關係，以免擴大傷害。

◆ **子女**：可能因為突發事件損害了子女對你的信任，必須以正直誠信的態度面對，才能將傷害降到最低。

◆ **健康**：當病痛找上你，更要堅守正面的心態，並維持良好的生活習慣，以積極的態度找回健康。

◆ **旅遊**：旅途中將出現凶險，但若平時與人為善，將有人對你伸出援手，可抑止災情的擴大。

◆ **考運**：準備途中會有困難突然來臨，必須堅定地朝向目標邁進，艱難的處境將會過去。

◆ **人際**：若平時就能和善對待周遭的人，建立良好的人緣，則即使危難突然來臨，也不會造成太大的損害。

◆ **訴訟**：訴訟會陷入困境。若平時累積了足夠的人脈，則能夠在這些人的幫助下度過凶險，重新取得勝算。

◆ **遷居**：搬遷過程中會有障礙出現，使進度中斷，但如果平時能夠和善待人，此時會出現幫助的力量，助你跨越困難。

336【九四】旅于處，得其資斧，我心不快。

- **事業**：儘管有足夠的能力，卻對目前的環境無法適應，終究無法在此有所成就，必須找到一個真正讓你安定下來的地方，才能一展長才。
- **創業**：有足夠的資金與才能，但目前從事的行業並不適合你，無法安得其所，故難有實際的收穫。若能先停下腳步找尋真正的熱情所在，事情將會有轉機。
- **錢財**：具備足夠的本錢與投資本領，卻因為環境不適合而無法有收穫，必須找尋更好方式，才能順利累積財富。
- **愛情**：儘管擁有良好的條件，但總是所遇非人，因而難以安定。必須捨去不適合的戀情，則對你或對方都有正面的助益。
- **婚姻**：若沒有歸屬，即使生活無虞也感覺不到喜悅，必須找到適合你的對象，才能與幸福接軌。
- **子女**：與子女的關係看似平和，卻沒有心靈的交流，感覺不到真正的快樂。必須敞開心門，才能真正建立起親子之情。
- **健康**：病情卻不見起色，是因為調養的方式不適合自己，必須找到真正屬於自己的方法，才能逐漸痊癒。
- **旅遊**：儘管旅費與能力都不匱乏，卻已厭倦在外游移飄盪的不安定感，唯有回到熟悉的地方，才能打從心裡感到快樂。
- **考運**：儘管擁有聰明才智，卻不懂得如何運用，故在學業上總是事倍功半，想改善現狀就必須徹底檢視自己、找對方法，才能有所進展。
- **人際**：雖然有足夠的能力，受困於未臻理想的場所而難以建構人際關係，若能找到適合的環境，則能輕易地在人際上有所進展。
- **訴訟**：雖有能力避開險阻，心裡卻無法感到踏實，必須找出自己不踏實的原因所在，並回歸初心，才能全然超越險阻。
- **遷居**：找不到適合的住所，若勉強為之只會使自己陷入困窘，故應抱持寧缺勿濫的心態，等待讓你打從心裡喜愛的目標出現後，再行搬遷。

337【六五】射雉一矢亡，終以譽命。

◆**事業**：儘管過程難以一帆風順，會遇見阻礙與損失，但最終能夠受到他人的賞識，獲得很高的榮耀。

◆**創業**：創業過程中將遇見險阻，但不必感到畏懼，只要堅定志向並奮力向前，就能克服難關並獲得成就。

◆**錢財**：會遭遇部分損失，但若能因此更加謹慎行事，則會為你帶來更多收穫。

◆**愛情**：不要只看到眼前的艱險就裹足不前，若能不畏困難地繼續向前邁進，將能使戀情開花結果。

◆**婚姻**：雖然夫妻間會遇見艱難的時刻，但只要不因小小的挫折而放棄，往後等著你們的將是無上的幸福。

◆**子女**：儘管感情有所損傷，但親子間的羈絆不會輕易消失，只要克服現在的難關，就能有莫大的收穫。

◆**健康**：可能會因為目前的困境而感到沮喪，但若能在艱難中磨練自己的意志，將能以此戰勝病魔，恢復健康的身體。

◆**旅遊**：如果能夠不畏懼旅途中可能遇見的困窘，將獲得許多意想不到的收穫，之前吃的苦頭顯得微不足道。

◆**考運**：必須為了即將到來的試驗捨棄掉某些重要的東西，但若能不拘泥小節，全力衝刺，最終將能嚐到勝利的滋味。

◆**人際**：面對人際的困窘必須保持正面的態度，積極克服眼前的難關，就能看見高牆之後的海闊天空。

◆**訴訟**：訴訟過程將遇見許多困難，且必定會對自己產生一些損傷，但付出將會有代價，先前的努力都會化為莫大的助力，幫助你取得最後的勝利。

◆**遷居**：眼前看似有重重險阻，但若將眼光放遠，現在的困難將顯得微不足道。確立目標後隨即謹慎地執行，最終能夠有美滿的結局。

338【上九】鳥焚其巢，旅人先笑後號咷。喪牛于易，凶。

◆**事業**：因為獲得一些權勢就自鳴得意，忘記自己的本分，這樣是相當凶險的，即使身處高位，也應隨時保持謙虛的姿態，才有利事業的發展。

- **創業**：若因有一點成就便目中無人，則容易遭到他人嫉妒，使自己陷入凶險之中，若想保全自己辛苦打下的事業，就應謙沖自牧，避免樹大招風。
- **錢財**：不要被獲利沖昏頭而忘記自己的本分，若繼續居高自傲，只會自斷財路，最終後悔莫及。
- **愛情**：因為在這段關係中占了上風，容易因此失去珍惜和重視的心態，使情感逐漸耗損。必須調整自己的心態，顧及對方的感受，找到關係中的平衡，才能使感情長久。
- **婚姻**：因為對方的遷就養成你頤指氣使的個性，但長久下來關係會失去平衡，造成情感破損，若想避免這樣的情況，就必須保持謙虛的心態，並尊重對方的想法。
- **子女**：自認為是長輩就有權力決定一切，但這樣只會讓對方更加反彈，必須有同理心，深入理解對方的想法，才能達成有效的溝通。
- **健康**：不要在康復之後就完全忘記先前的苦痛，必須小心地對待初癒的身體，才能避免病痛再次肆虐。
- **旅遊**：若身分只是旅人，就不要擺出主人的樣子，必須保持謙虛的態度，才能避免招來災禍。
- **考運**：很可能只是因為一次的運氣有了好的成績，若因此志得意滿而疏於努力，則下一次的考試必定慘不忍睹。因此不管自己的程度有多好，都必須謙沖自牧，持續付出努力才能有所收穫。
- **人際**：在團體中尚未站穩腳步就以主人自居，如此只會使你的處境更加艱難。必須隨時保持謙虛的態度，才能避免招致他人反感。
- **訴訟**：一時占了上風不代表勝利已經到手，故仍必須以謹慎謙虛的態度面對訴訟，唯有如此才有可能贏得勝利。
- **遷居**：搬遷過程中必須保持謙下的態度，若自以為是地擅做決定，則必然走向困窘而難脫身。

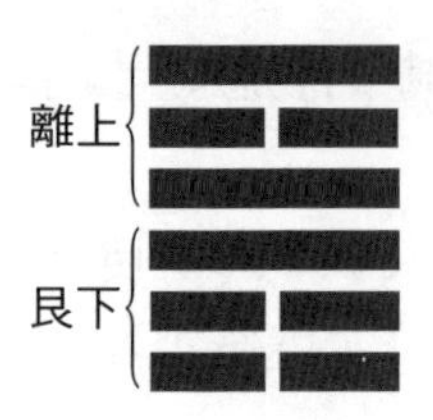

旅卦 卦理

「旅」卦，有在外旅行、留置他鄉、流離失所之意。卦序上旅卦是在豐卦之後，兩卦為相綜的一對卦。《說文》：「軍之五百人為旅。」旅原本是指軍隊的編制單位，一旅有五百人，因為軍士在戰場上，走到哪住到哪，安營紮寨，沒有固定的居住地，所以被引申為人失去居住的處所，羈旅於外。《序卦》：「窮大者必失其居，故受之以旅。」豐盛到最大化之後，不知道如何停止，將面臨離開居所的處境，所以後面接著旅卦。《雜卦》曰：「豐，多故也。親寡旅也。」豐卦會有很多狀況產生。旅卦則是因為和身邊的人較少往來，所以缺少信任之人。人若旅居於外，又沒有親朋好友可以相伴、支援，情勢比人強，則將陷入困境。

卦辭：「小亨，旅貞吉。」旅卦，有小亨通，在外旅行如果能夠守正則吉。出門在外一定也要堅守正道，柔順與人相處，盡本分，因應外在的環境而改變，順流逆流。卜得旅卦者，凡事往往會遇到不穩定的狀態，許多時候都對自己較為不利，小事可以亨通，但是大事則凶，守正方能得吉，謹言慎行才是化險為夷之道。

「旅」卦六爻的爻辭：初六時表示與人相處若是斤斤計較，將因而帶來災禍，自取滅亡；六二時表示雖然一切看似順利，但如果不能堅守正道，肆意揮霍，那這分美好也不會長久；九三時表示在外記得一定要謙卑有理，不可高傲自大，避免與人發生爭執，引起爭端會招致凶險，嚴以律己，寬以待人，保持沉穩的態度來解決遇到的問題，不要一味地推卸責任，這樣才能夠安身；九四表示長期在外打拼奮鬥，雖然生活上已不成問題，但因長期漂泊，難以獲得真正的快樂，勢必要改變自己的心境、心態，既來之則安之；在外往往會有一些機緣，如果可以把握住這些，那榮華富貴將能隨之而來，但仍然記住要守正，此為六五之意；上九時表示因為高傲自大的態度，最終將遭致災禍，可能會身陷危機，因此務必記住不論在什麼位置，都要虛心待人，以好的做人處事為基礎，成功將在不遠處。

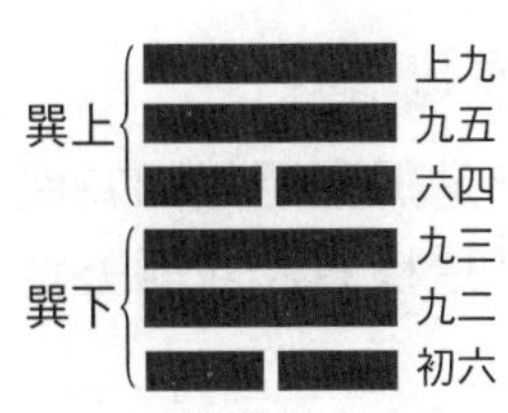

巽卦

卦序▶57 錯卦▶震為雷
卦數▶54 綜卦▶兌為澤
卦向▶東南 互卦▶火澤睽

卦揭

巽，謙遜、順從之意。順從天地自然之理，巽卦象徵風，像風一樣的無孔不入，無處不至。

有一天，英國著名的劇作家蕭伯納到莫斯科旅遊，在街上遇到了一位聰穎的小女孩，兩人十分投緣，便站在街頭聊了起來。臨別時，蕭伯納對小女孩說：「回去告訴妳媽媽，今天妳在街上和世界名人蕭伯納聊了很久。」小女孩抬頭望了蕭伯納一眼，也學著他的口氣說：「回去告訴你媽媽，你今天和漂亮的蘇聯小姑娘安娜聊了很久。」小女孩的回答讓蕭伯納大吃一驚，當下就意識到自己的自傲是不當的行為。蕭伯納頗有感觸的說：「一個人不管有多大的成就或地位，對任何人都應平等對待，要保持謙虛。這是蘇聯小女孩安娜給我的教訓，我會一輩子都記得。」

卦辭

【卦辭】小亨，利攸往，利見大人。

巽卦，有小亨通，前往是有利的，見到偉大的人物也是有利的。

〈彖〉「重巽以申命，剛巽乎中正而志行。柔皆順乎剛，是故小亨，利有攸往，利見大人。」上下皆順從就可以宣告命令，剛健居中而心志大行。柔爻順應剛爻，因此小亨通，前往抑或見大人物都是有利的。

〈象〉「隨風，巽。君子以申命行事。」風與風相隨就是巽卦之象徵。賢良的君主應使上下皆順從，就可以宣告律令，而有一番大作為。

爻辭

【初六】進退，利武人之貞。

不應進退猶疑，要學習武人的堅決果斷的精神才會有利。

〈象〉「進退，志疑也。利武人之貞，志治也。」進退猶疑是因為優柔寡斷，心中志向不定。要學習武人的精神堅決果斷，這樣意志才能堅定不移。

順從並非猶豫不決、優柔寡斷，過於卑順，成不了大事。

【九二】巽在床下，用史巫紛若，吉無咎。

史，執掌禱告的官。巫，祈福除災的巫婆。伏在床下，有史官和巫婆來驅邪避凶，將非常吉祥，不會有什麼災禍的。

〈象〉「紛若之吉，得中也。」用恭敬的態度去做人處事將會吉祥，這是因為能守正道的關係。

謙遜順從上位者的旨意，這並非是自卑的行為。

【九三】頻巽，吝。

頻，通顰，憂愁不樂。勉強地順從，必有後患。

〈象〉「頻巽之吝，志窮也。」勉強地順從，必有後患，這是當政者缺乏遠大志向的緣故啊！

隱藏心之所向，虛偽的順從，這並非謙遜的真諦。

【六四】悔亡，田獲三品。

沒有悔恨，田獵時得到多種收穫。

〈象〉「田獲三品，有功也。」田獵時得到多種收穫，是因為能謹守謙順之道，所以才能建功立業。

正大光明且謙遜的遵從上位者，就能建功立業。

【九五】貞吉悔亡，無不利。無初有終，先庚三日，後庚三日，吉。

堅守中道，可以得到吉祥，做任何事情沒有不順利的。儘管沒有好的開始，但有好的結果，庚前三日和庚後三日，都是吉利的。

〈象〉「九五之吉，位正中也。」九五之所以吉祥，是因為它居中守持正道的關係。

說明謙遜並有中正之德行，是有利並吉祥的。

【上九】巽在床下，喪其資斧，貞凶。

謙卑的屈於床下，喪失了錢財和謀生的工具，結果是凶險的。

〈象〉「巽在床下，上窮也。喪其資斧，正乎凶也。」謙卑的屈於床下，窮途末路，無法前進。喪失了錢財和謀生的工具，就像失去了生活的能力，結果必然是凶險的。

謙卑過度、喪失果斷，則會招致凶險，過猶不及都是不當的。

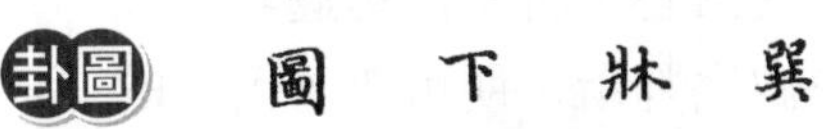

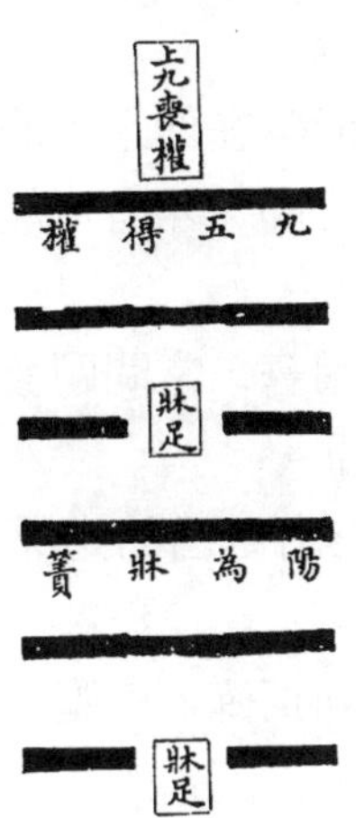

上下皆是為巽為風，巽卦象徵順從，行事謙遜，可致順利亨通，但巽卦為陰卦，僅只是小亨通，陽順陰從，合乎天地之理，前進才有利，切勿盲從，擇善而終有利。

339【初六】進退，利武人之貞。

- ◆事業：若處處順從他人，懦弱而沒有自己的主見，對工作上的發展並不會有好處，必須果敢堅決，才能有所獲得。
- ◆創業：在決策時不要優柔寡斷，猶豫不決只會拖慢你的腳步，必須有堅定的意志與果敢的精神，便可讓事業發展無礙。
- ◆錢財：在理財方面，意志太過薄弱且缺乏信心，將使你錯過許多良機，若能堅定自己的意志並果決做出判斷，便可改善目前的財務狀況。
- ◆愛情：缺乏信心而躊躇不前，將使原本可能落在你手中的桃花煙消雲散。必須保持堅強的意志，積極行動，才有可能使愛情萌芽。
- ◆婚姻：優柔寡斷的態度反而會使婚姻陷入困窘，當問題發生，必須果斷地做出決定，才能真正化解僵局。
- ◆子女：不要過於順從子女的想法，必須找出自己的定見並守持正固，才能端正子女的行為。
- ◆健康：不要因為恐懼而猶豫不前，只要方向正確，就堅定地向前邁進，才能使現況獲得改善。
- ◆旅遊：不應一味順從他人，若總是多疑而猶豫不決，只會使旅途更加艱難。要拿出信心，果決地做出決定，才能避免留下遺憾。
- ◆考運：意志要堅定，決定了目標後要充滿信心一步步前進，若能改變自己猶疑不定的一面，結果將會大有不同。
- ◆人際：避免在人群中卑順而謙下，進退的掌握要有主見，才能讓他人對你另眼相看，進而建立起穩固的人際關係。
- ◆訴訟：如果持續猶豫不決的態度，則獲勝的機會將在你眼前溜走，最終導致失敗。要想扭轉劣勢，就必須拿出魄力並果敢前進。

◆ **遷居**：若持續優柔寡斷的行事方式，則搬遷過程將會成為一場噩夢。必須果斷評估行事，快速做出決定，才能使搬遷順利無礙。

◆ **尋人**：往東南方尋找，必有所獲。

340【九二】巽在床下，用史巫紛若，吉無咎。

◆ **事業**：過猶不及都有壞處，必須守持中道，以謙虛但不卑順的態度行事，才能避免災險並有所成就。

◆ **創業**：以中正而恭敬的態度與人合作，將為你帶來莫大的收穫，反之若是屈服於權勢或氣勢凌人，都可能為你帶來災厄。

◆ **錢財**：只要謹守正道，以中正謙虛的態度謀求利益，就不會有災禍降臨。

◆ **愛情**：追求愛情時若過於自卑與順從，將使關係變調，長久下來必定會出現問題。要以適當的謙遜應對，遇到該堅持的事便堅定以對，才能使情感長久。

◆ **婚姻**：婚姻中不應該有某一方完全卑順另一方的情況，彼此要能相互理解並尊重，才能保持平衡的婚姻關係。

◆ **子女**：面對與子女間的矛盾，必須以中正的方式面對，不要過於謙卑，也不必太過強勢，只要以適當的態度應對，就能順利化解衝突。

◆ **健康**：應該追求正當的醫療方式，而非尋求速效的偏門療方，只要以適切的方式治療，就能避免疾病的肆虐，能夠盡快恢復健康。

◆ **旅遊**：不要一味聽從他人的意見而喪失了自己的主見，這並非要你剛愎自用，而是必須以適當的態度面對人事物，如此才能趨吉避凶。

◆ **考運**：若只是聽從他人的建議，只會使自己無所適從，必須針對自己的情況找出最適合自己的讀書方式，才能在考場上發揮實力。

◆ **人際**：要以恭敬的態度與他人相交，但不必屈服於權勢之人。保有自己心中的正道，就能順利開展人際關係。

◆ **訴訟**：若過於謙順而喪失自己的主見，則會受到對方強勢的制約。要有堅定的信念，以不卑不亢的態度面對衝突，就能順利化解窘境。

◆ **遷居**：不應完全採納他人的意見，必須由自己做出決定，若能以適中理性的態度判斷，就能找到適合的搬遷地點，過程也能順利無咎。

341【九三】頻巽，吝。

◆ **事業**：因為志向不振而順從了自己不喜歡的工作，但長期下來將對自己產生負面的影響，無法創造出工作的價值，想改變現況必須立定志向，找回自我。

◆ **創業**：隱藏了自己真正想從事的行業，就著大環境的走向而隨波逐流，如此只會使你的事業發展受限，難以有所成就，必須跟從內心的想法，儘管遇見困窘，也能順利度過難關。

◆ **錢財**：沒有遠大的志向使你只能依附在他人之下，在勉強自己的情況下，自然難有收穫。因此找到自己的目標是首要之務，避免沒有獲利而徒增遺憾。

◆ **愛情**：隱藏自己內心真正的想法，只是表面上順從對方，這樣並非長久之計，必須找到能讓你展現自我的對象，才能使感情順利發展而沒有隱憂。

◆ **婚姻**：若只是勉強順從現況，內心的不愉快終有一天會爆發，使事態到達無法挽回的結果，必須在那之前就改正卑順的態度，好好地向對方說明自己的想法，進行理性的溝通，才能扭轉目前的局面。

◆ **子女**：當親子關係遇見瓶頸，不應勉強自己接受對方的看法，而要找時間好好溝通，才能真正化解僵局，使關係更加緊密。

◆ **健康**：勉強順從他人的建議，對恢復健康並沒有幫助，必須了解自己的身體狀況，做出對自己最好的選擇，才能使身體狀況有所好轉。

- ◆ **旅遊**：若只是壓抑自己的想法，使自己完全配合他人，則久而久之必定會出現矛盾。想要讓旅途順利愉快地進行，就要說出自己的夢想與意見，並與他人做良好的溝通。
- ◆ **考運**：如果遇見困難，卻勉強自己接受現況而不願做出改善，最後只會自食惡果。必須重振心志，找出自己的缺點並加以改進，才有機會金榜題名。
- ◆ **人際**：因為缺乏遠大的志向，只能跟在他人身後唯唯諾諾行事，完全無助於拓展自己的人際關係。要擺脫附和他人的習慣，走出自己的道路。
- ◆ **訴訟**：遇見困窘之時，若勉強自己接受這樣的結果，只是徒留遺憾，要能堅定自己的志向，付出努力，才能貫徹自己的夢想與目標。
- ◆ **遷居**：若沒有定見，而勉強從於他人的意見去做決定，可能會為自己招來更大的麻煩，必須聽從自己的想法，才能做出不後悔的決定。

342【六四】悔亡，田獲三品。

- ◆ **事業**：困窘的局勢已經過去，只要謙遜地聽從在上位者的命令，並展現自己的能力，就能獲得賞識，前途一片看好。
- ◆ **創業**：已經熬過艱困的時期，若能採納他人的建議，順從顧客的喜好，就能使事業蓬勃發展，大有收穫。
- ◆ **錢財**：只要是行走於正道，並且聽從經驗者的意見，就能在無災險的情況下獲得莫大的利益。
- ◆ **愛情**：開展戀情的時機已經來到，若能改變自己的心態，順從對方的想法，成功的機率將會大大提升。
- ◆ **婚姻**：已經度過最困難的時刻，此時要能互相理解，共同協調出雙方都認同的相處模式，就能一步步走向圓滿。
- ◆ **子女**：若能以謙遜的態度傾聽對方的想法，則能夠突破先前的瓶頸，重新建立起良好的親子關係。
- ◆ **健康**：找到適當的醫療方式，順從地實行療方，就能使身體的病痛逐漸改善，化解心中的憂慮。

◆ **旅遊**：現在正是旅遊的大好時機，若能向經驗豐富者尋求協助，順從對方的建議，將能更加豐富你的旅程，也能避免災禍的發生。

◆ **考運**：考試能夠有所收穫，是因為保持了謙順的心態，加以從不間斷的學習，因而充實了自己的實力，在考試時大放異彩。

◆ **人際**：因為保持謙遜的態度，並遵從在上位者的建議，因此能夠順利融入群體。此後不但可以遇見志同道合的對象，並有良好的互動機會。

◆ **訴訟**：謙虛地接受他人的建議，並把握住反攻的良機，因而能夠順利贏得訴訟，一掃先前的陰霾。

◆ **遷居**：正是搬遷的大好時機，只要在遇見困難之時願意聽從他人的建議，就能順利突破難關，最終能夠順利完成搬遷而沒有悔恨。

343 **【九五】貞吉悔亡，無不利。無初有終，先庚三日，後庚三日，吉。**

◆ **事業**：若能預先做好事情的規劃，並給予他人足夠的時間做好準備，則新制的改革就能順利進行，使你的工作順暢地推行啟動。

◆ **創業**：因能持守正固，即使開頭遇見困難，最終還是能夠步上正軌，沒有災禍發生，能順利地發展事業。

◆ **錢財**：只要依循正道，謹慎做好理財的規劃，就算現在還沒獲利，也不用太過擔心，未來將能順利累積財富而遠離無預期的凶險。

◆ **愛情**：儘管一開始會遇見阻力，但若能堅守正道，展現你的決心，則會有圓滿的結局。

◆ **婚姻**：若能秉持正道，以適切的方式與對方溝通，則過往的阻礙都能一一化解，進而更加理解對方，改善僵化的關係。

◆ **子女**：若出發點良善，只要事先做好溝通的規劃，則關係的改善就能順利進行，最終能夠化解僵局。

◆ **健康**：若能依循正道找到適切的醫療方式，則能夠讓健康依照進度順利恢復，不必過於憂愁。

- **旅遊**：只要不偏離正軌，儘管一開始會遇見困難，隨著計畫的實行，將能逐漸克服難關，故事前的準備需縝密且完善，才能應付旅途中的突發狀況。
- **考運**：考運上升，只要依循事前的計畫付出努力，則最後必定能夠順利奪魁。
- **人際**：若能以正當的方式拓展人際，並保持謙遜的態度，則能順利建構人脈網絡而沒有咎害。
- **訴訟**：若能堅持走在正道上，事先針對訴訟做好計畫，反覆沙盤推演，則過程中碰到阻礙也不必過於憂慮，最終將能順利突破困境。
- **遷居**：因為依循正道能夠為你擋去眾多可能的災禍，一切都能夠順利的推進，沒有需要憂慮之處。

344【上九】巽在床下，喪其資斧，貞凶。

- **事業**：在工作上表現得過於謙卑，將使你失去該有的受人敬重，為你帶來凶險。應避免過分的謙卑導致你失去果敢判斷的能力。
- **創業**：因姿態過低使你喪失了謀生的能力，此時若有勇無謀地創業，將跌入深淵難以翻身。
- **錢財**：沒有自我判斷的能力而只聽從他人的意見，如此將使你處在莫大的危機中，容易有重大的錢財損失。
- **愛情**：態度過於卑下而使關係失衡，將逐漸耗損你們之間的情感，必須一改先前的態度，果敢地表現自己，才能挽回這段關係。
- **婚姻**：夫妻雙方應該是平等的關係，卻因某一方過於卑順而引發眾多問題，必須停止這樣不對等的關係並做出改變，才能使婚姻關係延續下去。
- **子女**：完全聽從對方的意見將把自己逼入絕境，招致凶險是必然的結果，必須將怯懦的態度改變，展現為人父母的主體性，才有機會重見生機。

◆ **健康**：若過於倚賴他人的建議而忽略了自己真正的需求，將使自己處於危險的境地，必須認清這樣的現實，做出對自己最好的選擇。

◆ **旅遊**：只倚靠別人的力量而喪失自我解決問題的能力，在遇見災險時，會陷自己於險境。因此必須改變這樣的習性，才適合前往旅遊。

◆ **考運**：若以他人的意見為尊，將失去自主的能力，容易在關鍵的時刻表現得無所適從，如此將對你有不良的影響，考試自然不會有好的表現。

◆ **人際**：過於卑順將使你無法獲得他人的敬重，難以在團體中找到立足之處，長遠來看會有相當負面的影響。

◆ **訴訟**：卑弱的態度只會使對方更加盛氣凌人，必須拿出強硬的態度堅守正道，才有機會扭轉劣勢。

◆ **遷居**：不要一味聽從別人的意見，要能果敢地為自己做出決定，否則災禍就會降臨，使搬遷陷入困厄的處境。

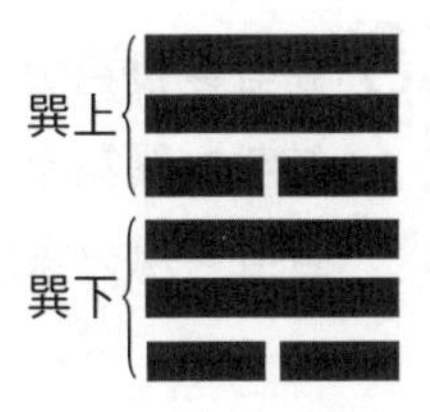

卦理

「巽」卦，有逐漸進入、柔順漸進、反覆申命之意。卦序上巽是在旅卦之後，《序卦》曰：「旅而無所容，故受之以巽。巽者，入也。」旅行在外沒有真正的定所，流離失所、客居他鄉、孤立無援之時，柔順而浸入才能夠亨通，巽卦後來被引申有浸入的意思，又可表示進入，現在也有人解釋為風行、流行。

巽卦上下均為三畫卦，所以是八純卦之一，其所代表的意義分別為風、木、命令。巽卦卦象為上巽風，下巽風，〈象〉曰：「隨風，巽。君子以申命行事。」上下均為風，所以是屬於柔順的卦象，就像風一樣，能夠無所不入，有良好品德的君子就要像風一樣，下達命令，讓所有人都順從，治國有方。《繫辭》：「巽以行權。」君王的命令國之上下皆要遵從，又有如流行般的潮流。

卜得巽卦者不適合處理大事，但小事可以慢慢地步上軌道而亨通。若是能夠追隨有才能且德高望重之人，那將有機會能夠出頭天。凡事都要反覆思考，不可嫌其麻煩，三思而後行為上策。問生意則能獲得大吉；問胎事，上為長女，所以生女。

「巽」卦六爻的爻辭：初六時表示如果意志不堅定，那凡事將難有所成，反之，意志堅強，能夠勇往直前的人，將能得利；九二表示因為性格和能力的關係，讓上位者反感，認為你超越他或能力太強，想要改變這種狀況，務必要懂得謙卑內斂，這樣才能夠避免一些不必要的紛爭；九三表示自己現在能力還不足，還需要仰賴他人才能成事，所以必須誠心誠意，腳踏實地，若是朝秦暮楚，不但自己難有收穫，更會讓他人沒有良好的印象分數，等於斷送自己的美好前程；六四時表示地位已經漸漸爬升，僅次於領導者，這個時後記得仍不能恣意妄為，需要做好輔助的角色，建立好上下關係，才能闖出一片天；三思而後行，無論何事都要有完善的事前規劃及分析，了解局勢的變化，如此一來才能獲得真正的順利，此為九五之意；上九時表示做事情雖然要謙卑，但不能失去該有的態度，要懂得知人善任，行事不要盲從，要有主見，否則將遭遇凶險。

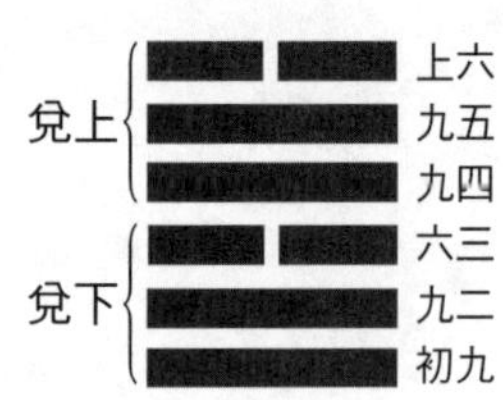

兌卦

卦序▶58　錯卦▶艮為山
卦數▶27　綜卦▶巽為風
卦向▶西　互卦▶風火家人

卦揭

兌，說也；古代「說」和「悅」為通假字，為喜悅之意。「兌」也有口舌說話之意，隨和與人對談，也會使雙方面都愉悅。

有個先生，他一工作起來就很賣命，使得他的工作愈來愈繁重，每天都在加班。太太雖知先生這麼努力，但心裡還是不免犯嘀咕：「真有那麼多事要做嗎？總是很晚才回家，回家到半夜都還掛在網路上開視訊會議？這樣的生活，一點品質也沒有。」某天，先生本要和她一起吃晚餐的，卻又因加班臨時取消。待先生回來時，太太忍不住劈頭一陣牢騷：「今天不加班，公司就會倒嗎？幹嘛把自己弄得這麼累，不能跟老闆說你不能天天加班嗎？」沒有幾個人可以忍耐在自己疲憊不堪時被潑冷水，可是此時，疲倦的他卻說：「妳知道嗎，我在加班的時候，想妳是我唯一的安慰。」太太笑得像桃花舞春風一樣，不再為失約的事計較了。

卦辭

【卦辭】亨，利貞。

兌卦，亨通，利於堅守正道。

〈彖〉「兌，說也。剛中而柔外，說以利貞，是以順乎天，而應乎人。說以先民，民忘其勞；說以犯難，民忘其死；說之大，民勸矣哉！」兌是喜悅之意。內心剛毅外表柔順，懷著喜悅之心才利於守正道。因此，能順應天道和人心。民眾心懷喜悅才會忘卻勞苦；心懷喜悅才會置生死於度外。喜悅的重大意義，是奉勸人民努力去做啊！

〈象〉「麗澤，兌。君子以朋友講習。」麗，附著或相連之意。大澤與大澤相連一起就是兌卦的徵兆。君子得到啟發，朋友之間要時時相互研討學習。

【初九】和兌，吉。

以和顏悅色的態度待人，就能獲得吉祥。

〈象〉「和兌之吉，行未疑也。」以和顏悅色的態度待人，就能獲得吉祥。是因為行為端正，且不被人所疑忌。

行為舉止應該光明正大，與人相處的態度要和顏悅色。

【九二】孚兌，吉，悔亡。

心中誠信且與人相處和悅，可以得到吉祥，沒有悔恨。

〈象〉「孚兌之吉，信志也。」誠信和悅的待人，因而得到吉祥，這是心存誠信的緣故。

此爻說明，與人相處和悅的本質就是心存誠信。

【六三】來兌，凶。

主動前來奉承討好，有兇險。

〈象〉「來兌之凶，位不當也。」主動前來奉承討好，有凶險，是因為處在不當的位置。

就像孔子說：「巧言令色，鮮矣仁。」意思是花言巧語，一副討好人的臉色，這樣的人很少有仁德的。

【九四】商兌，未寧，介疾有喜。

介疾，小毛病。用商量的態度來談話，一時沒有談妥會產生小矛盾或小衝突，但終究會有好結果，就像在治癒小病時，病好了，心中自然就喜悅了。

〈象〉「九四之喜，有慶也。」九四爻顯現的好事徵兆，這是值得慶賀的。

說明和悅也須剛毅的明辨是非，並非同流合汙。

【九五】孚于剝，有厲。

誠心相信小人，必有危險。

〈象〉「孚于剝，位正當也。」誠心相信小人必有危險，是因為九五處在中正之位，而小人環繞的緣故。

即使是剛毅正直之人，也可能遇到小人的圍繞，必須謹慎小心。

【上六】引兌。

用引誘來取悅於人。

〈象〉「上六引兌，未光也。」用引誘來取悅於人，這不是光明正大的，而是偏離正德。

所謂的過猶不及、樂極生悲，必須戒懼。

兌象之圖

上下卦皆是為兌為澤，兌卦象徵欣悅，剛正不失外悅，柔悅不失內剛，內外剛柔兼備。與人和悅首先應明辨是非，而非諂媚，且要以誠信為本，唯有堅定意志，才不會墜入陷阱。

卦義

345【初九】和兌，吉。

- 事業：若能使自己的行為端正，必且以和善的態度對待他人，就能得到他人的敬愛，將有助你在工作上發展成就。
- 創業：只要是正當經營的生意，加上面對合作對象與顧客時都能和顏悅色，則將使營運順利無礙，且在逐漸累積信譽後，會有更大幅的成長。
- 錢財：以正當的方式獲取錢財，是沒有咎害的，而若能以和悅的態度與他人相互交流，對獲利會有加乘的效果。
- 愛情：和異性相處時，若能以和悅的態度處之，則能使對方產生好感，促成情感的發展。
- 婚姻：即便生活中有所衝突，也要以和悅的態度面對，才能避免損害擴大，並使婚姻關係更加和諧。
- 子女：面對與子女間的僵局，若能捨棄強硬的態度，用和善的方式進行調解，將能使事情更加妥善地解決。
- 健康：只要是以正當的醫療方式治療，並保持心態的樂觀正面，病情必定會有所好轉。
- 旅遊：行事光明磊落，並抱持正面的心態與人來往，旅途中將會有許多意想不到的收穫。
- 考運：無論是向他人請益或被人請益，都要保持和顏悅色的態度，那麼你將無往不利。
- 人際：即使面對小人的侵擾，也要良善以對，久而久之旁人自然能分辨善惡，人際關係將能順利拓展。
- 訴訟：只要追求的目標符合正道且行為端正，面對訴訟糾紛以平常心面對，則紛爭能夠在短時間內平息，對你不會造成過大的損失。

- ◆遷居：搬遷的過程中若能以和悅的態度面對問題，則一切事宜都能夠順利無礙地進行。
- ◆尋人：往西方尋找，必有所獲。

346【九二】孚兌，吉，悔亡。

- ◆事業：必須誠信和悅地待人，如此將能避開阻礙你發展的橫禍，使你在工作上有好的成就。
- ◆創業：要能誠信地與所有合作對象來往，並且以欣悅的態度待人，如此就能化解路途中的阻礙，使事業順利發展。
- ◆錢財：若能基於誠信的原則賺取錢財，則收穫會更加豐碩。
- ◆愛情：必須以誠信的態度與心儀之人相交，並且保持欣悅的態度對待身邊的人，如此一來，對方將對你留下深刻的好印象，有朝一日促進愛情萌芽。
- ◆婚姻：夫妻間以誠相待，並且在面對衝突時能捨棄負面的情緒，以正面和悅的態度進行溝通，則婚姻關係能夠長久延續而沒有咎害。
- ◆子女：與子女相處必須注重誠信，才能使關係建立起良好的根基，在衝突發生時和悅面對，就能避免釀下更大的傷害。
- ◆健康：正向積極地面對自己的病情，才能徹底了解真實確切的病況並對症下藥，養病過程中保持心情愉快，是促進康復的不二法門。
- ◆旅遊：旅途中以誠信和悅的態度與人相處，將使你免去許多災禍，並且擁有意想不到的收穫。
- ◆考運：只要誠實面對自己，檢視被他人提醒的弱點，並且遵守自己訂下的讀書計畫，就能逐漸累積實力，考試時自然能有好的表現。
- ◆人際：抱著誠信的態度與他人來往，以和悅的態度和身邊的人相處，則不必刻意經營也能擁有好的人脈網絡。
- ◆訴訟：心懷誠信，以欣悅的態度面對紛爭，就能免去不必要的衝突並加速釐清真相，最終能夠安然地全身而退。
- ◆遷居：若能以誠信和悅的態度處理搬遷問題，會使阻力減少許多，最終能夠順利找到理想中的居所。

347【六三】來兌，凶。

◆ **事業**：若為追求成就而不擇手段，違背本意，巧言令色地謀求好處，不但無法達成目的，反而會引來他人的反感，使工作處處受到阻礙。

◆ **創業**：如果只是表面上奉承他人，卻失去了經營上的誠信，如此只會自食惡果，事業將無法妥善經營。

◆ **錢財**：四處迎合、討好他人，希望藉此獲取財富，卻偏離了取財的正道，如此即使有所收穫，也不會長久，甚至可能引來更大的損失。

◆ **愛情**：花言巧語只會讓心儀對象產生反感，還不如抱持仁德本性，以正直誠信的態度與人相交，自然能夠獲得他人的青睞。

◆ **婚姻**：若只是奉承討好，欠缺真正的交流，則婚姻關係終究會失去平衡，面臨破裂的危機。

◆ **子女**：親子間若缺乏發自內心的溝通，關心流於表面，只會使親子關係陷入危難而難以改善。

◆ **健康**：用不正當的方式謀求健康，惡果終究會落到自己身上，必須誠實面對自己身體的狀況，尋求正當醫療方式的幫助，才有痊癒的希望。

◆ **旅遊**：旅途中積極認識新朋友是好事，但若過於主動奉承，只會招來他人的反感，應該循序漸進，不帶任何目的與他人交流，才能有真正的收穫。

◆ **考運**：不能以真誠的態度面對考試，只想找旁門左道達成目標，終究會導致失敗，應該把精力放在扎實累積實力上，才會真正對你有幫助。

◆ **人際**：主動拓展人際，卻是以奉承、巧言令色的態度，不但不會有所成效，反而容易偷雞不著蝕把米，使自己陷入困境之中。

◆ **訴訟**：在訴訟過程中，若以不正當的方式討好對你有利的對象，只會讓對方失去幫助你的意願，讓自己陷入險境。

◆ **遷居**：希望促進搬遷順利完成，卻以討好、奉承的方式走偏門，如此不僅難以達到目的，更可能為自己帶來麻煩。

348【九四】商兌，未寧，介疾有喜。

- **事業**：想謀求好的表現而陷入道德上的抉擇，此時必須杜絕惡念，選擇正當的道路前進，才會有喜慶之事發生。
- **創業**：在追求事業發展與利潤的同時，也必須兼顧道德上的正當性，如此才能免除災禍的降臨，使事業獲得良好發展。
- **錢財**：在做財務上的決策之時若遇見不同的選擇，則必須往正道的方向前進，才能避免貪念與惡念的反撲。
- **愛情**：儘管是為了追求愛情，也必須明辨是非，避免以傷害他人的方式成就自己的戀情。
- **婚姻**：在追求婚姻和諧之時，途中可能會有一些小阻礙，但只要方向正確，繼續向前就不會有災害。
- **子女**：想化解與子女間的矛盾，也必須明辨是非，不應為了討好子女而偏離正道，唯有依循正軌，才能順利化解衝突，並杜絕後患。
- **健康**：就算康復的過程中遇見一些不順利，但只要依照正當的醫療方式治療，終能跨越難關，不必為此感到憂慮。
- **旅遊**：希望旅程完全依照自己的喜好，但也必須注意自己的作法是否恰當，避免因為不正當的舉動而引來災禍。
- **考運**：若能走在正道上，一步步累積實力，勤奮的前進，而非依靠小聰明，則辛苦的成果必定有所回報。
- **人際**：希望在人際上有所收穫，可能因操之過急而走入偏門的道路，如此將適得其反，必須依循正道拓展人脈網絡，才會有好的回報。
- **訴訟**：有獲勝的徵兆出現，但前提是必須走在正道上，避免一時的貪欲帶來不可收拾的後果。
- **遷居**：目前是適合遷居的，但在過程中會面臨許多抉擇，必須選擇依循正道那一方，才能免於災禍的降臨。

349【九五】孚于剝，有厲。

- **事業**：目前處於小人環繞的處境之中，若不能明辨善惡，與小人相好，則會受其拖累，在工作上難有成就。
- **創業**：處於危難的環境之中，容易受到利益的引誘而為公司帶來危機，必須鞏固公司的道德操守，不與不肖的合作對象同流合汙，才能保全自己不受其連累。
- **錢財**：你自身擁有美好的德行，但因身處的環境，可能受到他人的誘騙而損失錢財，故必須睜大眼睛，避免與奸佞之人往來，才能免於災害。
- **愛情**：可能被不適合的對象吸引而蒙蔽了雙眼，陷自己於不利的處境，故在與他人相交時必須更加謹慎，以免所遇非人。
- **婚姻**：容易在脆弱的時候被小人介入，因而危及婚姻關係。除了夫妻間要有良善的溝通，也要提高警覺，避免全盤讓有心之人趁隙而入。
- **子女**：可能因為他人的有心介入而影響了親子間的和諧，必須加強彼此的信賴與溝通，即使有小人接近也難以動搖，才能避免親子關係逐漸疏離。
- **健康**：在你身旁給予建議的人也有可能是危害你健康的小人，面對他人的建議必須保持懷疑的態度，避免全盤言聽計從，導致健康沒有好轉反而惡化。
- **旅遊**：在旅途過程中必須注意小人的出現，要保持一定的警覺心，以免陷入險境而不自知。
- **考運**：可能有許多誘惑出現在你周圍，使你無法專心準備，若是無法堅定自己的意志，就可能因此名落孫山，不可不慎。
- **人際**：在目前的環境中很有可能誤信小人，因而使你陷入困窘的境地，故必須在人際往來上更加謹慎，以免為小人所害。
- **訴訟**：目前周圍有小人圍繞，在事關重大的訟案之中若誤信小人，就可能跌落谷底而無法翻身，故必須慎選協助對象，以免引狼入室。
- **遷居**：搬遷過程若委託他人協助，必須注意所託非人，反而為自己帶來更多麻煩。

350【上六】引兌。

- **事業**：若為了達成目標，利用自己的權勢使他人與你一同做不正當的事，則成功的大門將徹底關起，必須三思而後行。
- **創業**：不能因為有一點小收穫就興起不當的想法，藉由諂媚他人而得來的利益，一定會讓公司後患無窮。
- **錢財**：若錢財是由諂媚他人而得來，則這些財富必定難以留存，必須依循正道取財，如此無論身心都能更加富足。
- **愛情**：以諂媚的方式取悅心儀對象，即使能短暫修成正果，也難以保有長久的關係。
- **婚姻**：若以諂媚的態度取代真正的心靈交流，則夫妻間的感情也只是流於表面，難以長久。
- **子女**：若只是一味用物質等獎勵代替父母親的關愛，則親子間的疏離是可預見的。
- **健康**：用不正當的方式找回健康，即使短時間內有成效，但長期來看是會對身體有害的，不可不慎。
- **旅遊**：遇見困難時若試圖以諂媚的態度應對，很可能會適得其反，反而引來更大的麻煩。
- **考運**：以偏離正軌的方式獲取好成績只能滿足一時的虛榮心，並非真正的實力累積，如此將使你距離終極目標愈來愈遠，對你毫無助益。
- **人際**：用諂媚的方式取悅他人並不適切，不僅無法為你換來好人緣，甚至可能使你被眾人孤立，若希望拓展人際，應以誠信待人方為上策。
- **訴訟**：為了贏得勝利而追隨他人一起背離正道，只會使你陷入更艱難的窘境，必須懸崖勒馬，才有機會脫離險境。
- **遷居**：以諂媚的手段取得搬遷上的便利，儘管起初能獲得一些好處，卻可能因此引發後患，反而使你心力交瘁，因此必須依循正軌，才能沒有憂慮的順利進行。

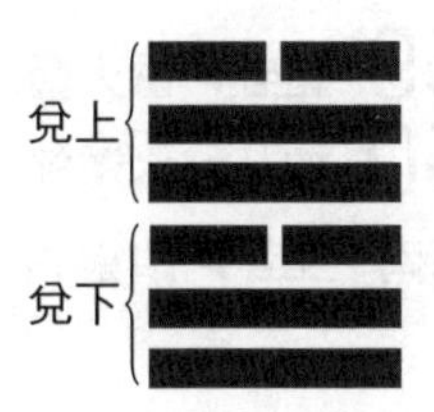

卦理

「兌」卦，同說、悅，有滋潤、喜悅之意，後來也有解釋為朋友講習。卦序上兌卦是在巽卦之後。《序卦》：「巽者，入也。入而後說之，故受之以兌。兌者，說也。」。六十四卦有所謂的「四正卦」，包含坎、離、震、兌四卦，離處南，坎居北，震立東，兌位西，各自掌管其位。而兌相對的季節為秋，表示秋天時因能夠豐收而感到喜悅。

卦辭：「亨，利貞。」兌卦，亨通，利於堅守正道。〈彖〉曰：「兌，說也。剛中而柔外，說以利貞，是以順乎天，而應乎人。說以先民，民忘其勞；說以犯難，民忘其死；說之大，民勸矣哉！」兌就是喜悅。柔順於外而剛健於中，堅守正道才能夠合乎天地人。讓百姓獲得喜悅為己任，如此一來百姓才能夠忘記勞累，願意奉獻犧牲，冒險犯難，忘記膽怯，不怕死亡，喜悅的最高境界就是在振奮百姓的心志。

卜得兌卦者若能夠多替他人著想，施恩惠於他人，所謂施比受更有福，這樣一來在各方面都可能亨通順達，但記住一定要堅守正道，小心有小人的迫害。「兌」卦六爻的爻辭：初九時表示因為地位不高，所以更應該要多與人真誠相處，注意自己的態度，不能諂媚、奉承，真心相待才能夠獲得知心的朋友及夥伴，對日後的發展才會有實質的幫助；九二時表示真心誠意才會得到真正的吉祥，心誠則靈，此為君子與小人之分；六三表示如果你是個沒有自我約束能力之人，可能會因此走錯了路，找錯方法或選錯對象，在不對的時機做不對的事，那一定會有凶險，也可能是因為你居於高位，小人前來阿諛奉承便被捧上天，聽從於這些佞臣賊子，那將只有凶光出現；九四時表示如果能夠抵抗誘惑，堅守正道，公正不阿，大公無私則能夠得吉；無時無刻都要檢討自己的行為，不要沉迷於一時的快感，知人善任，如果不聽勸告，將踏上萬劫不復之路，此為九五之意；上六時表示對於喜歡的人事物，因為一直無法達成目標，而導致心急如焚，這時候往往會行差踏錯，所以一定要更加保持冷靜，未來才能有機會達成目標。

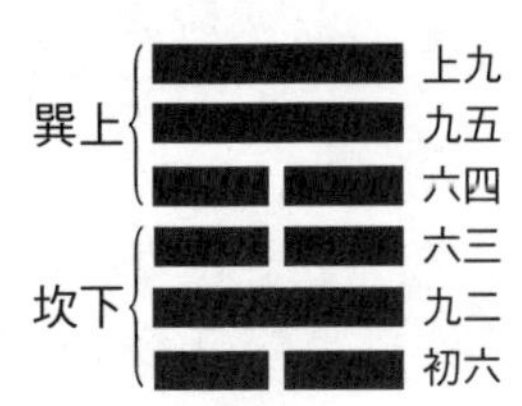

卦序▶59　錯卦▶雷火豐
卦數▶50　綜卦▶水澤節
卦向▶西南　互卦▶山雷頤

卦揭

渙，有渙散、離散之意。承接前兌卦，人性若是喜悅過度可能招致渙散，故渙卦承接在兌卦之後。

高雄81氣爆事件除了造成重大傷亡外，還使得人心渙散，全台各地皆陷入沉重的哀痛中，這個時候，社會團體帶起了募款的活動，透過這些活動，也聚集了群眾的力量，除了有形的物質，更重要是人心的凝聚。所謂同心協力，凝聚人心在先，才能有力量的表現，否則人心向背，則一事無成、一蹶不振。

卦辭

【卦辭】亨。王假有廟，利涉大川，利貞。

渙卦，亨通。君王到宗廟祭祀，有利於外出，也有利於堅守正道。

〈彖〉「渙，亨。剛來而不窮。柔得位乎外而上同。王假有廟，王乃在中也。利涉大川，乘木有功也。」渙卦亨通，剛爻降臨而不窮困。柔爻位置正好與上面的剛爻相合。君王來到宗廟，這是君王居於中位。所以有利於外出跋涉，乘著木船便能順利到達目的地。

〈象〉「風行水上，渙。先王以享于帝立廟。」風吹行水面上就是渙卦的徵兆。先王得到啟發，祭祀先帝並設立宗廟。

爻辭

【初六】用拯馬壯，吉。

用強壯的馬來協助自己，吉祥。

〈象〉「初六之吉，順也。」初六爻的吉祥，是來自於順從的緣故。

此說明適時地運用工具來協助，可以免於渙失，得到吉祥。

【九二】渙奔其機，悔亡。

機即為「几」，矮桌子；此引申為安全之地。一旦渙散產生，當機立斷前往安全之地，才不會有悔恨的發生。

〈象〉「渙奔其機，得願也。」一旦渙散產生，當機立斷前往安全之地，這是心之所願。

說明渙散來臨之時，必須找尋安全之處來依附，才能符合心願。

【六三】渙其躬，無悔。

離散造成自己一些損失，即便如此，沒有悔恨。

〈象〉「渙其躬，志在外也。」離散造成自己一些損失，但這都是因為無私忘我。

所謂無私忘我之人，即便受了傷害也不足掛齒。

【六四】渙其群，元吉。渙有丘，匪夷所思。

渙散的狀況影響了群眾，大吉祥。渙散使得群眾一同聚集成山丘一般的壯觀，這是難以想像的。

〈象〉「渙其群，元吉；光大也。」渙散的狀況影響了群眾，大吉祥；這是因為眾志成城的力量發揚所致。

團結一致可以避免渙失帶來的傷害。

【九五】渙汗其大號，渙王居，無咎。

號，命令。用盡全力的大聲發出命令，即使要損失君王的居所、財產，沒有災害。

〈象〉「王居無咎，正位也。」損失君王的居所、財產，沒有災害，這是因為九五爻於中正之位的緣故。

上位者應該屏除私人利益，為大眾謀福利。

【上九】渙其血，去逖出，無咎。

逖，遠離。渙失造成一些傷害，在此時遠離就沒有大災禍。

〈象〉「渙其血，遠害也。」受傷害後就應該得到教訓，遠離禍源。告誡痛定思痛，需記取教訓，切勿重蹈覆轍。

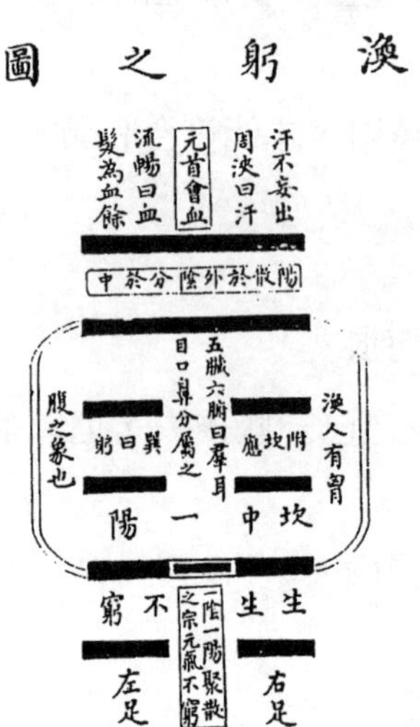

上卦為巽為風，下卦為坎為水。風行水上，水波渙散；但此之「散」其實是以「聚」為依存，所謂有聚則有散，渙散之時，須誠心祈禱，群聚力量，則亨通。

卦義

351【初六】用拯馬壯，吉。

- **事業**：工作上面臨人心渙散、毫無進展的情況，此時要善用手邊人事時地物等資源，來凝聚人心，工作方能順利發展下去。
- **創業**：營運方針有些渙散，員工喪失向心力，跟客戶與廠商應對也頻頻出狀況。所幸現在只是開端，只要用正確的心態來處理，善用協助的工具，就能扭轉開始崩壞的局勢，讓公司脫離危機。
- **錢財**：因為收支與花費從不記帳，已漸漸出現入不敷出的情況，趕緊加強理財的觀念，培養記帳的習慣，方能脫離沒錢可用的窘境。
- **愛情**：目前雙方處於曖昧不明的狀態，拉攏對方身旁的友人成為你的助力，或許能突破目前毫無進展的情況。
- **婚姻**：夫妻關係不如以往親密，這是徵兆，放之不理只會讓感情變糟，找出彼此共同的話題與興趣，一起去營造結婚初始時的互動與熱情。
- **子女**：感情有些不穩定，若能在事態往最糟的方向前進時，立即亡羊補牢，例如考慮利用子女的興趣或偶像來投其所好，必能扭轉目前局勢。
- **健康**：目前精神有些渙散，身體上雖無病痛，然而還是需要花時間照顧與關心自己的身體反應，如此一來，才能常保健康。
- **旅遊**：出現讓你分心的因素，因此旅程中將出現無法預期的狀況。為了防範未然，最好能將心思集中，專注於旅行上，方能避免遊興遭破壞。
- **考運**：精神不集中，因為長期處於壓力之下，讓專注力開始渙散。需要積極調整作息，同時暫且運用人脈與工作轉移注意力，來改善目前的狀態。

◆人際：與他人相處時態度有點心不在焉，讓對方感到不受尊重，進而產生疏離的態度。此時考驗你的危機處理，快利用你的優點與長處，盡速化解這場危機。

◆訴訟：在風暴纏身前，善用你現有的資源與人脈，打好關係，將能避免麻煩找上門。

◆遷居：過程中雖然有些小風波，不過只要用正確的態度去面對，尋找強力後援當你的幫手，就能完滿落幕。

◆尋人：往西南方前進，必有所獲。

352【九二】渙奔其機，悔亡。

◆事業：工作上因為渙散而產生問題，此時需要尋找可靠的同事或下屬，讓他們全心全意支援你，一同克服問題，才能避免悔恨產生。

◆創業：公司上下人心渙散，工作態度不積極，使得客戶與廠商對你敬而遠之，如不希望事後後悔，就該尋找穩定人心的策略，讓上下齊心合力，重新建立公司形象。

◆錢財：容易散財，而且收入不穩定，持續下去會有入不敷出的情形，此時應該採用開源節流的方式，依循正規管道累積財富，減少支出，才不會事後悔不當初。

◆愛情：對方感受到你略顯消極的態度，是造成感情冷卻的關鍵，這時應當機立斷勇往直前，向對方傾訴你的好感與想法，積極展現出誠意與熱忱，就能讓感情再度回溫。

◆婚姻：陷入無話可聊的地步，心情也有些敷衍與隨便，不要放任這種狀況與心態，立刻找出讓婚姻妥當邁入下一步的方法，才不會招致後悔與憾恨。

◆子女：與子女缺乏互動，因此親子關係略顯薄弱，不要忽視、放任不理，畢竟只要你有心想改善，都還是有機會。

◆健康：因為心緒焦躁而無好好審視自己的健康狀態，是本末倒置的。為了你自己與身旁關心你的人，有必要適時放鬆，尋找沉澱心靈的時機，如此一來才能看到之前一直被忽略的病情徵兆。

◆ **旅遊**：深陷渙散危機的時候，只要秉持正道努力以赴，就能得到貴人的幫助，克服當前的險阻。

◆ **考運**：有許多妨礙你專心的因素一直圍繞在你身邊，現在是關鍵時刻，你該明瞭做出取捨才能得到你所希冀的成果，付諸行動的時刻到了，應當把握。

◆ **人際**：周遭的人有求去的跡象，然而若你還是希望能跟對方維持友好的狀態，就該放下身段，找尋最佳的相處之道。

◆ **訴訟**：你想突破昏暗不明的狀態就要付諸行動，如此一來才能往更好的結果邁進。

◆ **遷居**：遇到搬家問題，有力不從心的感覺，若維持這樣的心態，則任何目標都無法達到。因此必須奮力衝破被束縛的自己，欣然面對所有挑戰。

353【六三】渙其躬，無悔。

◆ **事業**：工作上因為種種不利因素的產生導致你失去公司的信賴，不過若能放下小我，一心為公司整體奉獻，你的無私忘我將會逆轉現在的局勢，帶你度過低潮。

◆ **創業**：即便目前環境對你的創業發展不利，但若能結合公司上下全員的心，全力克服造成渙散的原因，最終將能度過危害，化危機為轉機。

◆ **錢財**：認識的親友會向你借錢，造成你的損失。但因為始終秉持著助人為樂的心情，即便蒙受錢財上的耗損，也不會有任何不便之處。

◆ **愛情**：會有異性利用你的好感要求你有所付出，心情上可能會受到影響，但並無大礙。放下心中的罣礙，讓這些經驗成為你發展下一段戀情的養分。

◆ **婚姻**：學習包容另一半的脾氣與任性，只要好好理解與溝通，相信雙方相互接納、包容的時機將於不久之後到來。

◆ **子女**：子女正值叛逆時期，你將常常遭到頂撞。不要灰心，此時的現象只是暫時的，你真心的寬容與關懷終將能傳遞到對方的心中。

◆ **健康**：有可能因為別人的事情受到傷害，不過並不妨礙你整體的健康狀態，也不會有後遺症的產生。

◆ **旅遊**：因同伴的失誤而造成損害。將心比心，不要過於責備對方，只要雙方都能記取教訓，後續的旅程就不會有任何阻礙再度冒出。

◆ **考運**：他人的過失讓你蒙受損失，只要平心以待，將此次的損失當作寶貴的經驗，從中學習並成長，就能作為下次面臨挑戰的養分。

◆ **人際**：不論是不是旁人引發的失誤，畢竟損失已經造成，再如何埋怨也是於事無補，放下心中的怨懟再次出發，會有人對你伸出援手。

◆ **訴訟**：按捺住快要爆發的惡言與情緒，雖然目前局勢對你不利，但只要情緒不失控、說話不失言，那麼即便使你有所損失，也不至於招致更大的災難。

◆ **遷居**：其實目前並非絕佳的搬遷時機，因為過程中容易招致損失，但若不得不為，聽從有經驗之人的指示，或許是趨吉避凶的好辦法。

354【六四】渙其群，元吉。渙有丘，匪夷所思。

◆ **事業**：利用智慧與手腕，巧妙的瓦解四分五裂的小團體，讓大家的心匯聚起來，凝聚成一股龐大勢力，就能為公司開創更美好的未來。

◆ **創業**：部門間的協調、員工間的調解，以及與廠商之間的互動，都是影響你創業的關鍵，若將大家團結起來，共同為事業打拼，必能突破瓶頸，順利度過現在的低潮。

◆ **錢財**：想致富靠一個人的力量是有限的，若能集結分散的眾人之力，就能造就出比單獨一個人時更巨大的利益。

◆ **愛情**：跟心儀的人沒有交集，但只要你打入對方參與的團體，拉攏其好友，就能增加雙方互動與交流的機會，打破現階段毫無交集的窘境。

- ◆**婚姻**：兩人觀念有些歧異，可以統合彼此的交友圈，更加融入對方的生活，就能提升一直以來低落的婚姻品質。
- ◆**子女**：若想提升在子女眼中的形象與地位，或許可以從他們的朋友與同儕間下手，學著融入對方的生活與想法，與之一同學習成長，「親子關係和諧」就不再只是單純的口號。
- ◆**健康**：只針對發病的部位進行治療，無法解決根源。必須全面性地剖析，整體性的進行改善，才能將尚未併發的症狀一網打盡。
- ◆**旅遊**：同伴的意見分歧，如同一盤散沙，若能善用現有的資源將各個意見進行整合，就能得出一個讓眾人滿意的結果。
- ◆**考運**：將班上四散的讀書小組資源結合起來，共同努力迎戰下一次的挑戰，將能製造全盤勝利的局面。
- ◆**人際**：若能讓平時群聚的小團體集結成一個有共同目標的大團體，消除渙散的局面，對彼此之間的關係是有助益的。
- ◆**訴訟**：懂得將眾人的力量集結起來的話，將有助於局勢的發展。
- ◆**遷居**：相信俗話所說「三個臭皮匠，勝過一個諸葛亮」。獨自一個人思考總是欠缺周延，若能網羅大家的意見，相信必能一帆風順。

355【九五】渙汗其大號，渙王居，無咎。

- ◆**事業**：身為上位者，你需要以身作則，即便有所損失，也要言出必行，說到做到，如此一來，才能贏得部屬與同事的心，齊力為公司謀福利。
- ◆**創業**：在渙散的環境之下，若想度過難關，就需要屏除個人利益，以公司整體員工為考量，方能在逆境中力求上游。
- ◆**錢財**：此階段會有大幅散財的可能，但是若以公共利益為優先，個人為利益後考量的話，即便是有遭受損失，也不會有任何的危害。
- ◆**愛情**：為了博取對方好感，你需要盡其可能的努力與付出，這樣才能在不佳的局勢中，獲得讓感情發芽的機會。
- ◆**婚姻**：婚姻是兩個人的事，即便中途遇到挫折與阻礙，也要彼此攜手跨越難關，這一路上的風雨會成為滋養夫妻感情的甘霖。

◆ **子女**：當子女的榜樣，任何事都親力親為，這樣一來，你的付出終將會反映在親子關係上，以正面的方式獲得回報。

◆ **健康**：健康會出現一些問題，但只要保持積極正面的態度去面對，最終就沒有災害。

◆ **旅遊**：這是一趟會破財招厄的旅程，若能跟同伴一同面對，這些損失與風險對於彼此的友誼是不會有任何妨礙的。

◆ **考運**：在學問上有所收穫時，不要吝於分享給跟你一起奮鬥的同儕，如此一來，大家也會群起仿效，將獲得的資源共享，製造雙贏的局面。

◆ **人際**：或許大家都對無償的付出有所顧慮，但若能將眾人的心結解開，彼此共享成果，將能一口氣擴展人際關係。

◆ **訴訟**：不要糾結於個人利益，以全體的利益為考量，只要能跨越自身的罣礙，最終必能遠離災禍。

◆ **遷居**：對新環境還不熟悉，盡量保持低調，跟鄰居打好關係，就能愉快融入新環境。

356【上九】渙其血，去逖出，無咎。

◆ **事業**：工作上出現失誤，致使公司與上司對你失去信任，此時須痛下決心，記取教訓，努力贏回喪失的信任，如此一來，工作將能再度步入軌道。

◆ **創業**：倉促下做的決定使得創業路上的第一步就失去平穩，獲得的慘痛教訓將是你寶貴的經驗，切勿重蹈覆轍，才能繼續往前邁進。

◆ **錢財**：將有大失血的機會，可能使你墜入谷底，但也因此有了新的轉機，唯有不再重複之前犯過的錯誤，才能有翻身的可能。

◆ **愛情**：會被情人狠狠傷害，那是因為你被戀愛沖昏頭所導致的結果，但也不要就此裹足不前，只要將這次的經驗當作寶貴的一課，繼續再接再厲，仍有機會遇到好的異性。

◆ **婚姻**：之前犯下的過錯成了導火線，讓情況愈趨惡化，無法收拾，如今可能達到最低谷的狀態，相反地也可能是扭轉局勢的大好良機，經過這次的教訓後，相信你能夠重新找到重回以往甜蜜時光的關鍵。

- **子女**：親子關係每況愈下，應承認自己教育方針的失準並避免再犯，再重頭建構親子關係，如此即使沒有大幅進展，也會有良好的開端。
- **健康**：面臨一場大病之後，讓你痛定失痛，下定決心展開健康的生活，若能持之以恆，往後就不會有健康的疑慮。
- **旅遊**：不宜遠行，倘若不得不為之，此趟行程將風波不斷，但是這次的經驗將成為下次旅程的教材，讓你保有謹慎的態度。
- **考運**：目前前途一片迷茫，成效不彰，或許你該審視自己的讀書模式是否出了問題，找出值得參考的對象，才能突破目前的瓶頸。
- **人際**：沒有人是天生就善於交際的天才，只有透過不斷地失敗來累積經驗，將這些知識運用在下一次的交往上，才能逐漸邁向成功。
- **訴訟**：身陷風暴的囹圄之中，讓你無法脫身，若能記取教訓，避免重蹈覆轍，並且告誡自己不會再發生同樣的錯誤，終能走回光明的道路。
- **遷居**：現在的環境條件不宜搬遷，強行為之將有不利，要行動之前必須三思。

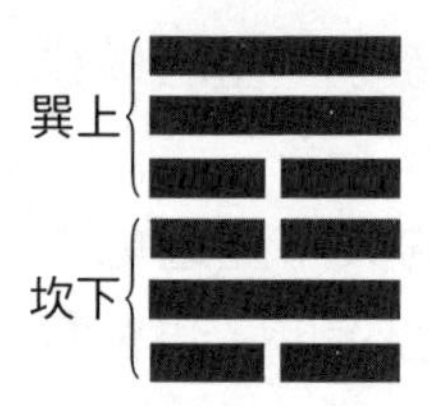

卦理

卦序上渙卦是接在兌卦之後，與節卦互為覆卦，《序卦》：「說而後散之，故受之以渙。渙者，離也。」人在獲得喜悅、歡愉之後，心境、心情很有可能會渙散，所以兌卦之後就是渙卦。天下無不散之筵席也與此相關，歡樂的宴會結束後，自然而然就各自散去，回歸自己的生活。

《繫辭》曰：「刳木為舟，剡木為楫，舟楫之利，以濟不通，致遠以利天下，蓋取諸渙。」坎表示憂心、水難等，而透過巽木，表示可以藉此舟楫度過難關，化險為夷，這就是後來渙卦被引申為化解危險之意。渙也有渙散之意，所以藉由巽風同樣可以將渙散之心、憂慮給平復。

卜得渙卦者，可以度過危難，不過一定要注意人心的問題，避免人心的渙散，可以透過積極的方法來解決困難，但是記住仍然要堅守正道，這樣才能更有效的收服人心。

「渙」卦六爻的爻辭：初六時表示遇到困阻，單憑一己之力難以回天，務必要尋求他人的幫助，如此一來才能脫離險境；九二時表示面臨困境，要保持不慌不忙的態度，不要認為上級長官會來協助，最好能夠避開這種紛擾，多與同層級或下屬維持關係，彼此相互支援，等到時機對了，再繼續完成使命；六三表示在各種層面遇到問題，上面的人不會從旁協助，可以考慮一下找退休或老練的同伴幫助，自然可以解決這些困難；六四表示此時可能位居一人之下，萬人之上，但不能夠利慾薰心，為權勢所利誘，要當一個稱職的助手，將上下的關係處理得當，這樣一來才能夠吉祥；此時的你，可能居高臨下，但卻面臨挑戰，下位者可能軍心渙散，導致一切事物就此停滯，務必要做出修正，匡正是非，配合有能力之人才能夠解決現況，此為九五之意；上九時表示可能已經無力回天，必須適時做出抉擇，如此一來才有機會趨吉避凶，千萬不要認為自己還會受到重用，低調行事，甚至遠離紛爭之地才有機會吉祥。

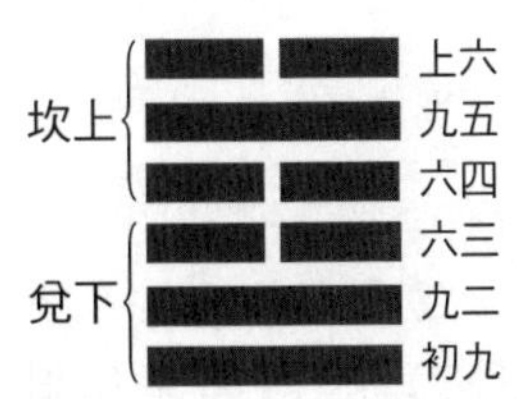

節卦

卦序▶60　錯卦▶火山旅
卦數▶19　綜卦▶風水渙
卦向▶東北　互卦▶山雷頤

卦揭

節，有限制、節制、連接之意；後引申有操守、禮儀之意。人不可能終日流離，所以渙卦後接續節卦。

北周武帝宇文邕，是南北朝時期北周第三位皇帝。宇文邕生活儉樸，能夠及時關心民間疾苦。據史書記載，「周主性節儉，常服布袍，寢布被，後宮不過十餘人；每行兵，親在行陳，步涉山谷，人所不堪；撫將士有恩，而明察果斷」，建德四年末，宇文邕於是出兵大舉進攻腐朽的北齊，並於一年半後滅北齊。雖然貴為皇帝，卻凡事親力親為，遂於之後統一了混亂的北方政權。他雖英年早逝，但可以說是南北朝兩百多年的亂世中少數稱得上有作為的君主。

【卦辭】亨。苦節不可貞。

節卦，亨通。過於節制則會使人偏離正道。

〈彖〉「節，亨，剛柔分，而剛得中。苦節不可貞，其道窮也。說以行險，當位以節，中正以通。天地節而四時成，節以制度，不傷財，不害民。」節卦亨通，是因為剛柔並濟。過於節制而使人偏離正道，這是因為過於激進導致走向窮途末路，喜悅地前往險難，居於正當之位而能有所節制，守中道而獲通達。天地有所節制而有四季，依照天地之理來制定制度，則不會浪費金錢，也不會傷害人民。

〈象〉「澤上有水，節。君子以制數度，議德行。」大澤上有水，節制用水，這是節卦的徵兆；君子依此制定禮儀制度，來評論人的行為操守。

【初九】不出戶庭，無咎。

不隨意出走，沒有災害。

〈象〉「不出戶庭，知通塞也。」不隨意出走，是因為明白通達和阻塞的道理和規律。

明白了天地運行之理，就能知所進退，不隨他人起舞。

【九二】不出門庭，凶。

過於節制謹慎而不往外發展，則有凶險。

〈象〉「不出門庭，失時極也。」過於節制謹慎而不往外發展，有凶險，這是因為錯失時機的緣故。

此說明謹慎節制過頭，則有可能錯失時機，招致凶險。

【六三】不節若，則嗟若，無咎。

不懂得節制，則後悔嘆息，但若懂得其中道理，則沒有禍害。

〈象〉「不節之嗟，又誰咎也。」不懂得節制，而只是嘆息，這又能怪誰呢？

懂得適可而止，好過於失去節制後的哀聲嘆息。

【六四】安節，亨。

懂得安於現狀並節制，則亨通。

〈象〉「安節之亨，承上道也。」懂得安於現狀並節制，則亨通；這是因為承接天道的緣故。

天下運行皆有其理，懂得遵循承繼，則自然通達。

【九五】甘節，吉；往有尚。

真心誠意的有所節制，這是會帶來吉祥的，往來則會受到崇高的待遇與尊敬。

〈象〉「甘節之吉，居位中也。」真心誠意的有所節制，則帶來吉祥，這是因為居於中正之位的緣故。

說明居於中正之位，需要以身作則，有所節制，則能帶來吉祥並獲得尊敬。

【上六】苦節，貞凶，悔亡。

過於節制，則可能偏離正道，帶來凶險，但若適可而止則沒有悔恨。

〈象〉「苦節貞凶，其道窮也。」過於節制，則可能偏離正道，帶來凶險，這是因為節制過頭導致窮盡的緣故。

凡事過猶不及都是不好的，若能懂得適可而止的道理，則不會有災禍和悔恨之事產生。

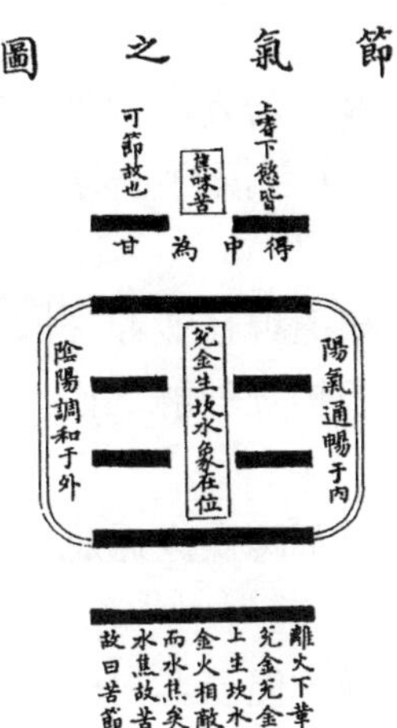

上卦為坎為水，下卦為兌為澤。湖澤有水，而其容量自是有限，若水過多則會溢出，造成傷害，所以懂得適可而止則能吉祥，但若是過於節制，則損人苦己。

357【初九】不出戶庭，無咎。

- **事業**：前方的局勢艱險，若能明白退讓的道理，不強行前進，就能避免災禍上身。
- **創業**：目前的創業方向阻塞不通，不適合再繼續行動，若明知危險仍繼續前行，則必定招致無以為繼、經營不善的後果。
- **錢財**：現在的局勢不佳，不適合輕舉妄動，若被錢財蒙蔽了雙眼，固執地邁出大步，則災難必定迎面而來。
- **愛情**：並未受到愛神的青睞，短期內不會有理想的對象出現，若有桃花來臨，也應節制慎守，先觀望一陣子，等待更好的時機再行追求。
- **婚姻**：目前尚不是改善婚姻關係的好時機，若妄自行動可能弄巧成拙，使災情更加擴大。此時應該謹言慎行，等待溝通的良機。
- **子女**：若能明白萬物消長的道理，就能知道現在並非採取行動的好時機，應該再給彼此一段時間，多相互理解之後，等到時機來臨，就能一舉改善親子關係。
- **健康**：儘管目前的健康狀況尚未改善，但不應操之過急，暫時安於現狀對身體的復原會有好處。
- **旅遊**：前往旅遊將會陷入困境，不宜遠行，但若非得成行，則必須凡事保守，謹慎言行，才能避免患難纏身。
- **考運**：考運不佳，要避免盲目地前進，需停下腳步檢視自身弱點並加以改進，時機成熟自然會水到渠成。
- **人際**：人際上會遇見許多阻礙，目前最好採取被動姿態，避免惹禍上身。
- **訴訟**：局勢將陷入膠著，積極有所作為反而會陷你於災險之中，必須謹慎觀察局勢，等待更好的時機出擊。

◆ **遷居**：並非搬遷的好時機，必須從長計議，才不會因種種阻礙而勞心傷財。

◆ **尋人**：往東北方尋找，必有所獲。

358【九二】不出門庭，凶。

◆ **事業**：目前正是向上發展的大好時機，若你多方顧慮而裹足不前，則不僅會錯失良機，甚至可能引來凶險。

◆ **創業**：當時機來臨，擔憂失敗、過於節制而沒有發展的野心，將使你的事業逐漸衰敗。必須改變思維，勇於創新，如此事業將能蓬勃發展。

◆ **錢財**：時機大好，應該拋棄節制謹慎的思維，勇於發掘財源，將大有收穫。

◆ **愛情**：因為自己沒有足夠的信心而抱持負面的想法，如此將使你錯過發展戀情的機會，應勇敢踏出第一步，戀情就能開花結果。

◆ **婚姻**：破解僵局的機會就在眼前，必須主動而積極地採取行動，才有機會挽回劣勢。

◆ **子女**：主動進行溝通將會有好結果，但若躊躇不前，將錯失化解衝突的機會。

◆ **健康**：目前的情況若過於謹慎節制，反而會有害處，若能積極接受治療，才有機會找回健康。

◆ **旅遊**：正是遠行的大好時機，但機會稍縱即逝，必須大膽把握，避免錯過反而招來災禍。

◆ **考運**：考試時需抱持謹慎的態度，但謹慎過了頭，反而會成為你的阻礙，凡事應恰如其分。

◆ **人際**：因為太過謹言慎行而造成向外發展的阻礙，必須適時捨棄節制的心態，如此一來，便能夠營造「你這個人好好親近」的形象。

◆ **訴訟**：過於謹慎會使你錯過反敗為勝的良機，在機會出現時，就應全力以赴，才有機會克敵致勝。

◆ **遷居**：在好時機來臨時，考慮得太過周延會成為你的絆腳石，有時相信直覺反而能做出最適當的決定。

359【六三】不節若，則嗟若，無咎。

◆ **事業**：追求表現也應適可而止，若不知節制將使你陷入困窘，只能事後悲惋嘆息。

◆ **創業**：與其之後悔不當初，不如在事前就知道節制。追求利益也應符合正道，唯有這樣的利益才能長久。

◆ **錢財**：會因不能知所節制而造成極大的損失，必須自我反省，從錯誤中吸取教訓，才能脫離目前的困境。

◆ **愛情**：想展現自我卻不知節制，反而造成對方的反感，必須將分寸拿捏得恰到好處，才能真正為自己加分。

◆ **婚姻**：在婚姻中，不斷出現的惡習要能知所節制，必須徹底檢討自己，才能修復先前的裂痕。

◆ **子女**：想培養親子間緊密的情感，卻容易操之過急而造成反效果，與其太過躁進造成事後悔恨，不如現在就知所進退，事情的發展才能如願。

◆ **健康**：為了重拾健康而付出努力，但若不知節制而超出自己的能力範圍，反而會陷入另一種困境之中，必須懂得自我極限，量力而為。

◆ **旅遊**：不懂得自我節制，使事情超出你的能力範圍，即使成行也可能有災害降臨，要能自我反省，才會讓事情有所轉機。

◆ **考運**：可能因過於驕縱而忘卻本分，考試時自然不會有好表現，反之若能及時體悟到自己的過失，就能懸崖勒馬。

◆ **人際**：急於討好他人只會使你言行失當，要節制自己急迫的心，自然就能順利拓展人際。

◆ **訴訟**：只看見自己的損失而咄咄逼人不知節制，只會將你推入危險的處境，要能自省並找出最妥切的解決方式，才能獲得吉祥。

◆ **遷居**：過程中三心二意而不加節制，只會為你帶來更多阻礙，改變現在的行事方式，才能使搬遷順利落幕。

360【六四】安節，亨。

◆ **事業**：工作要遵守原則，做好分內的職責且全力以赴，自然能夠累積成就。

◆ **創業**：建立事業要按部就班的進行，依循一定的原則，則能在風險最小的情況下使事業有所發展。

◆ **錢財**：若能知所節制，並且尋求經驗者的意見，則能避免錢財損失，甚而有不錯的收穫。

◆ **愛情**：能夠知所進退，掌握適當的距離，自然會受到對方的青睞。

◆ **婚姻**：懂得安於現狀，不對另一半有不合理的要求，感情才能長久。

◆ **子女**：在進行溝通時，若能奉行節制的原則，彼此間的矛盾就能順利解決。

◆ **健康**：對自己的病情能夠安然自適地看待，依照一定的程序逐漸調養，終能回復健康的狀態。

◆ **旅遊**：只要順應自然，安然地享受旅途中發生的事物，就不會有困厄發生。

◆ **考運**：不必過於苛求自己，依照目前的計畫實行，就能達到理想的目標。

◆ **人際**：不要刻意經營人際關係，安於現狀反而能夠使你在人際上有所收穫。

◆ **訴訟**：以保守的策略進行訴訟，才能避免節外生枝，最終能使紛爭獲得適當的解決。

◆ **遷居**：用保守節制的態度做決定，就能避免在搬遷的過程中遇見阻礙。

361【九五】甘節，吉；往有尚。

◆ **事業**：在安於本分的情況下仍不斷提升自我的能力，將使你受到在上位者的青睞，能獲得重用。

◆ **創業**：適當的節制是對你有利的，在符合正道的前提下迎合市場，將使你的事業獲得極大的發展。

◆ **錢財**：以謹慎的態度賺取錢財，就能在避開風險的同時有莫大的獲利。

◆ **愛情**：展現自己時有所節制，使情感循序漸進地發展，才能穩固根基，讓愛情開花結果。

◆ **婚姻**：在婚姻中各司其職，謹慎經營，自然能夠免除許多憂患，擁有美滿的婚姻。

◆ **子女**：要盡到自己的本分，適當地給予對方空間，就能避免不必要的衝突，建立良善的親子關係。

◆ **健康**：生活習慣有所節制，配合適當的療方，就能完全免於病痛的侵擾。

◆ **旅遊**：謹慎做好事前準備，過程中知所節制，旅途就能一帆風順，沒有咎害。

◆ **考運**：對玩樂進行適當的節制，在讀書與放鬆中取得平衡，加上謹慎的執行讀書計畫，就能在考試時有極佳的表現。

◆ **人際**：以適當的態度與他人互動，謹慎地拓展人脈，就能受到他人的敬重。

◆ **訴訟**：態度與手段都要恰如其分，依循正軌而行，最終的結果會對你有利。

◆ **遷居**：若能謹慎地進行，對搬遷的要求有所節制，則不會有阻礙發生，能夠覓得完美的居所。

362【上六】苦節，貞凶，悔亡。

◆ **事業**：過於節制而不敢展現自我，吃虧的只會是自己，必須調整目前的作法，才有機會往上發展。

◆ **創業**：做決策時過於保守，將使事業在原地踏步，必須保持靈活的思維，才能帶領公司不斷成長。

◆ **錢財**：太過保守的態度會使你的獲益受限，在做好評估之後，勇敢的做出嘗試，才可能有額外的收穫。

◆ **愛情**：謹慎過頭使對方感受不到你的心意，必須拿出勇氣積極追求，才有機會改變現在的關係。

◆ **婚姻**：過度保守而不願積極行動，將使兩人的關係每況愈下，必須主動有所作為，才能使婚姻關係獲得改善。

◆ **子女**：想要突破目前的僵局，必須拋棄保守被動的方式。唯有積極進行溝通，才能改變現狀。

◆ **健康**：要改變保守的心態，放寬心胸接受最新科技研發的專業治療，才能邁開康復的第一步。

◆ **旅遊**：過於保守的態度將使旅途窒礙難行，若不改變目前的心態，最後只是徒留悔恨。

◆ **考運**：過於苛求自我將適得其反，適時的休息才能在正式上場時有好的表現。

◆ **人際**：保守的態度容易讓他人產生距離感，故拓展人際時必定會遇見阻礙，要能主動積極，才能突破困境。

◆ **訴訟**：保守節制的心態使你的處境更加艱難，若不做出改變，則失敗是必然的結果。

◆ **遷居**：謹慎過頭使良機從手中溜走，必須改變目前的作法，才能使搬遷順利進行。

節卦 卦理

「節」卦，有調節、拘束、控制、節制之意，後來又有適可而止的用法。卦序上節卦是在渙卦之後，兩卦為相綜的一對對卦，《序卦》曰：「渙者，離也。物不可以終離，故受之以節。」不可以一直渙散下去，勢必要透過節卦來終止。這兩卦雖然都有化險為夷的含意，但是方法上卻不同，渙卦手段雖然也是積極，又不怕涉險，但卻是透過耐心來度過危難，而解卦是以積極的手段，透過自我約束來擺脫難關，因此渙卦之後就有節卦的出現。

卦辭：「亨。苦節不可貞。」節卦，亨通。不要節制過了頭，要適可而止。卜得節卦者凡事都需要懂得節制，但也要知道適可而止的道理。不懂得控制、節制，那慾望將會侵蝕人心而恣意妄為，這樣只會踏上悔恨之路；若是過分節制，將把自己困在如紫禁城般的牢籠裡，失去活力，這樣也是踏上失敗之旅。所以一定要學會適當地控制，謹慎的思考，這樣才能夠得到真正的吉祥。所謂「苦節不可貞」，意指「節制」本身也應當適可而止，這就是中庸之道，否則節制太過，就變成苦節，苦節就變成吝嗇，這是窮困之道，無法長久。

「節」卦六爻的爻辭：初九時表示一定要約束自己，深入淺出，盡量不要出門，這樣才能夠避免一些災禍；九二時表示這時候適合向外發展，透過結交朋友來完成自己想要做的事情，這樣一來對自己會相當有利；六三表示謹言慎行很重要，知道自己的缺失，懂得接納他人的諫言，這樣才會有所幫助與成長；六四表示各個層面都能夠掌握住，知所進退，如此一來就能夠亨通；一定要懂得自我約束，這樣才能成為好的領導者或為人父母，身體力行並成為榜樣，此為九五之意；上六時表示過度的約束反而會得到反效果，要知道平衡點在哪，無論是對自己或對他人，都應當如此，否則後悔莫及。

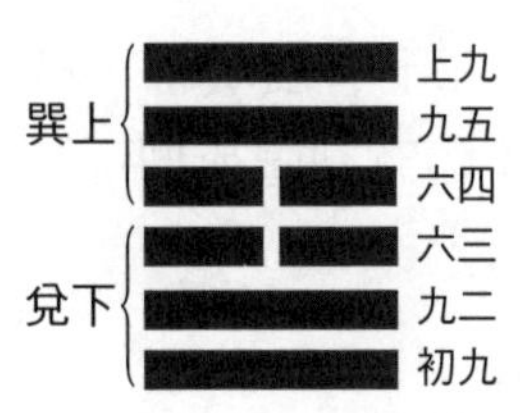

中孚卦

卦序▶61　錯卦▶雷山小過
卦數▶51　綜卦▶風澤中孚
卦向▶東北　互卦▶山雷頤

卦揭

孚，誠信之意。其為「孵」的本意字，宋代徐鍇曰：「鳥之孚卵皆如其期，不失信也。」

早年，尼泊爾的喜馬拉雅山南麓很少有外國人涉足。後來，許多日本人到這裡觀光旅遊，據說這是源於一位少年的誠信。一天，幾位日本攝影師請當地一位少年代買啤酒，這位少年為之跑了三個多小時。第二天，那個少年又自告奮勇地再替他們買啤酒。這次攝影師們給了他很多錢，但直到第三天下午那個少年還沒回來。於是，攝影師們議論紛紛，都認為那個少年把錢騙走了。第三天夜裡，那個少年卻敲開了攝影師的門。原來，他只購得四瓶啤酒，爾後，他又翻了一座山，繞過一條河才購得另外六瓶，返回時摔壞了三瓶。他哭著拿著碎玻璃片，向攝影師交回零錢，在場的人無不動容。這個故事使許多外國人深受感動。後來，到這兒的遊客就愈來愈多……

【卦辭】豚魚吉，利涉大川，利貞。

用小豬小魚來當祭品，雖然簡單，但心存誠信，依舊是吉祥的，利於有所前往並守正道。

〈彖〉「中孚，柔在內而剛得中。說而巽，孚，乃化邦也。豚魚吉，信及豚魚也。利涉大川，乘木舟虛也。中孚以利貞，乃應乎天也。」中孚卦，看似柔順的內在卻隱含剛毅在其中；和悅且謙遜，這樣的誠信是可以感染大眾的。用小豬小魚來當祭品，雖然簡單，但心存誠信，依舊是吉祥的，利於有所前往是因為有好的交通工具，利於守正道，則是因為順應天意的緣故。

〈象〉「澤上有風，中孚。君子以議獄緩死。」水澤上有風吹拂，就是中孚卦的象徵，君子得到啟發，以正道來審問犯人，不隨意判處死刑。

爻辭

【初九】虞吉，有他不燕。

虞，思考、評估之意。燕，同「宴」，安也。凡事思考完善才會吉祥，心中有其他的猜忌則會造成內心不安。

〈象〉「初九虞吉，志未變也。」初九思考完善而帶來吉祥，是因為自始至終都沒有改變志向。

遇事要謹慎思考再做決定，而做了決定後也要相信自己。

【九二】鳴鶴在陰，其子和之，我有好爵，吾與爾靡之。

爵，本指酒杯，此借稱酒。靡，美好之意。鶴在睡下鳴叫，小鶴也跟著應和，我有好酒，願與你分享美好。

〈象〉「其子和之，中心願也。」小鶴與其應和，這是心之所願阿！

無論長輩與晚輩抑或是平輩之間，只要互有誠信，就能相互應和，達到理想。

【六三】得敵，或鼓或罷，或泣或歌。

敵人來臨時，有的敲鑼準備作戰，有的棄械投降；有的人哭泣，有的人大聲歌唱。

〈象〉「可鼓或罷，位不當也。」有的敲鑼準備作戰，有的棄械投降，兩方立場不一，則是因為處在不當的位子。

對於目標必須要堅定，不可立場游移，否則會帶來不好的結果。

【六四】月幾望，馬匹亡，無咎。

月亮即將到了滿月時刻，比喻事情接近圓滿，就不需要再四處奔走了，沒有災禍。

〈象〉「馬匹亡，絕類上也。」不需要四處奔走，是因為離開同伴而和上者相應和。

無論做人處事，如何選擇身邊的人物是很重要的。

【九五】有孚攣如，無咎。

攣如，結合、牽引在一起的樣子。用誠信的心，把天下人牽引在一起，沒有災禍。

〈象〉「有孚攣如，位正當也。」用誠信的心，把天下人牽引在一起，這是因為居於正當之位的緣故。

【上九】翰音登于天，貞凶。

翰，鳥羽也。翰音，即飛鳥鳴叫聲。飛鳥鳴叫聲響徹雲霄，雖守正道，但依舊有凶險。

〈象〉「翰音登于天，何可長也。」飛鳥鳴叫聲響徹雲霄，但如何能長久。

雖然守誠信正道，但曲高和寡，應和之人太少，則可能有危害。

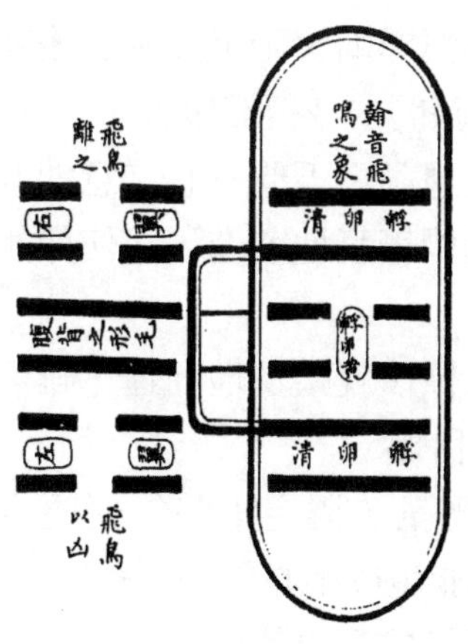

上卦為巽為風，下卦為兑為澤。上下皆誠信，也就是中孚。做人處事皆以誠信為原則，切莫孤高自賞、偏離群眾，與人相處和諧，不忘誠信為本，則不會招致災禍。

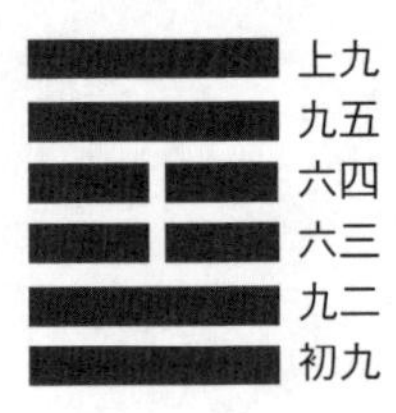

中孚卦 卦義

363【初九】虞吉，有他不燕。

- **事業**：確立目標後必須做好周全的計畫，只要謹慎地執行，就能建立好的功績。反之，若三心二意而無法專心在眼前的事物上，將使你的前途晦暗。
- **創業**：若周全的思考後立定志向，就積極向前邁進，不要對自己產生懷疑，如此自然能讓事業蓬勃發展。
- **錢財**：做財務決策前必須有周全的思考，不要朝三暮四地使自己躁動不安，才能避免災險上門。
- **愛情**：在實際行動之前，必須有完善的思考，當確定對方是對的人之後，就積極追求，自然能夠實現戀情。
- **婚姻**：不要讓自己陷入不安的情緒之中，事前要有周全的考量，做了決定之後就應堅定不移，才能使衝突圓滿落幕。
- **子女**：要脫離目前的困境，必須事先設想各種情況，再謹慎與對方做溝通，不要抱著猜忌的心態，才會讓彼此有共識並順利化解僵局。
- **健康**：接受治療之前做好完善的思考與準備，確定接受之後就不要猶豫，堅定的意志有助你在短時間內恢復健康。
- **旅遊**：行前必須做好完善的思考以及規劃，不要三心二意地改變行程，使自己疲累不堪，朝著目標筆直地前進，將使你的旅途順暢無礙。
- **考運**：事先做好完整的規劃，確立目標後就踏實地前進，雖然不至於突飛猛進，也能穩當地達成目標。
- **人際**：必須對自己的處境有周全的思量，擬定策略後便堅定地實行，如此人際就能逐漸拓展而能免於不必要的糾紛。
- **訴訟**：遇見困難時，完善的思考與謹慎的行事態度會幫你將風險減至最低。一旦確立目標就不要輕易更改，才能避免旁生枝節。

◆ **遷居**：出現喜歡的居所不要盲目地妄自行動，必須做好謹慎且周全的考慮。而確定目標後，就不要再騎驢找馬，如此只會讓自己疲憊不堪。

◆ **尋人**：往東北方尋找，必有所獲。

364【九二】鳴鶴在陰，其子和之，我有好爵，吾與爾靡之。

◆ **事業**：工作上若能以誠信平實的態度待人，別人自然也會以相同的態度與你合作，在互助的模式下，將能達到最大的成就。

◆ **創業**：一開始就展現出你最大的誠意，並且以正直誠信的態度做後續的處理，如此將能得到合作對象與顧客的支持，事業能夠穩定的成展。

◆ **錢財**：以誠信的態度賺取錢財，能夠吸引有同樣美德的貴人前來相助，使你有更大的收穫。

◆ **愛情**：必須以誠信篤實的態度與異性來往，則對方自然能與你產生共鳴，進而發展成戀情。

◆ **婚姻**：在婚姻中以誠信的態度與另一半相處，則能與對方相互應和。雙方都以誠信對待，婚姻自然能夠無災無咎。

◆ **子女**：展現出自己誠信的美德，則子女也能與你應和，自然能夠化解許多衝突。

◆ **健康**：以堅定篤實的心態面對自己的病情，能使身體復原得更有效率。

◆ **旅遊**：旅途中展現出誠信的一面，能使他人與你產生共鳴，與你共同享受這趟旅程。

◆ **考運**：誠實面對自己的處境，能夠吸引與你有相同目標的人一同努力，使讀書效率加乘，對準備考試大有幫助。

◆ **人際**：表現出你的誠信，將使周遭的人受你影響，前來與你交流往來，將有助你的人際快速拓展。

◆ **訴訟**：只要互有誠信，就能理解對方的處境，如此將能使紛爭以傷害最小的方式獲得解決。

◆遷居：平時以誠信待人，在困難之時就會有人前來給予協助，幫助你順利完成搬遷。

365【六三】得敵，或鼓或罷，或泣或歌。

◆事業：面對艱困的處境，內心沒有定見，持續舉棋不定對改善現況一點幫助都沒有，反而會使自己精疲力竭。

◆創業：若心無誠信，無法全力以赴，則創業路途必定更加艱險，最終落得勞而無獲的下場，。

◆錢財：沒有誠信而意志不專，動搖不安的心意將使你在錢財方面一無所獲。

◆愛情：想追求愛情卻沒有明確的目標，經營感情也沒有誠信，最終只能孤身一人而茫然自失，艱困的情況必須在你自我檢討並做出改變後，才能獲得改善。

◆婚姻：想努力經營婚姻關係卻意志不專，無法以誠信的態度對待另一半，如此只會使困境每況愈下，必須檢討自己的作為，才能重見光明。

◆子女：自己的志向無法堅定，對子女也無法維持誠信的態度，則信賴關係難以建立，親子之間自然疏遠，想改善現況必須從自身做起，才能使事情有轉機。

◆健康：因為心無誠信，面對病痛的侵擾感到憂慮不安，沒有勇氣克服困難，因而使健康每況愈下，必須重整旗鼓，建立起堅定的信念，才有機會戰勝病魔。

◆旅遊：當陷入困境時，沒有足夠的堅定意志而只是在原地哀嘆，則目標必定無法達成。必須心有誠信，立定目標後就避免猶疑不決，才能避免災禍來臨。

◆考運：無法堅定地往目標邁進，只是終日憂慮焦躁，將使自己陷入更艱險的處境。必須檢討自己的缺失，付出努力往目標筆直前進，才能有所成就。

◆人際：三心二意而欠缺誠信，只會使眾人與你保持距離。必須徹底改變目前的作為，重新建立與他人的信賴，人際關係才會逐漸改善。

◆ **訴訟**：面對艱險的現況，沒有堅定的信念跨越難關。若只是怨天尤人，則失敗是必然的結果，必須重振精神，確立目標後全力以赴，才可能反敗為勝。

◆ **遷居**：搬遷過程若心意游移不決、朝令夕改，則將使你自己與身旁的人身心俱疲。必須堅定自己的心意，才能使搬遷順利完成。

366【六四】月幾望，馬匹亡，無咎。

◆ **事業**：工作必須誠信以對，尤其在面臨抉擇時，要謹慎做出選擇，才能避開災險，使工作順利發展。

◆ **創業**：準備已經到了尾聲，此時的合作對象必須慎重選擇，並應捨棄不必要的憂慮，才能讓事業快速發展。

◆ **錢財**：必須專心投入眼前的事物，不要三心二意而到處奔走，如此就能免於無妄的錢財之災。

◆ **愛情**：要慎選對象，而選定了之後就專一經營，堅定的心意能使戀情圓滿無礙。

◆ **婚姻**：當婚姻出現困境，必須專心地解決問題，不要再旁生枝節，使處境更加艱難。

◆ **子女**：親子關係漸趨圓滿，此時更應以堅定的意志面對彼此，往後再有突發意外，親子間的感情也能不受動搖。

◆ **健康**：關於保健方面的施行計畫，事先的選擇是重要的，只要意志堅定地走在正確的道路上，就會為你帶來吉祥。

◆ **旅遊**：一切都將水到渠成，不要再讓無謂的擔心拖累你的腳步，選定目標後就往前邁進，才能使旅途順利無礙。

◆ **考運**：離開讓你分心的伙伴，因而能心無旁騖的往終點前進。必須秉持堅定地的意志，最終將能嚐到甜美的果實。

◆ **人際**：不應盲目拓展人際，而是要慎選來往的對象，在個性、喜好相互應和之下，才能更加拉近彼此的距離。

◆ **訴訟**：一切都漸成定局，不要再猶疑不定而四處奔走，只要堅信自己的目標正確，努力奮戰就會有成果

◆ **遷居**：目標確定之後就不要再坐這山望那山，如此只會增添煩惱。

搬遷已逐漸塵埃落定，維持目前的狀態就不會有災禍。

367【九五】有孚攣如，無咎。

- **事業**：以誠信的心使眾人齊心一同，面對再大的挑戰也能迎刃而解，工作會有很大的收穫。
- **創業**：經商之所以能夠順利，是因為有誠信的態度，再結合眾人之力，故能促進事業的發展。
- **錢財**：誠信的態度能為你帶來許多助力，幫助你在錢財方面有很大的獲得。
- **愛情**：與他人來往要以誠信相對，如此就能受到對方的青睞，促成戀情開展。
- **婚姻**：與另一半相處必須誠信以對，如此將使對方的心境與你相互應和，建立起充滿信賴與美滿的婚姻關係。
- **子女**：以誠信面對子女，將能牽繫起他們的心，即使有衝突發生，也能安然度過而沒有咎害。
- **健康**：誠信面對自己與他人，會使你受到許多協助，幫助你在復原的路上沒有阻礙。
- **旅遊**：能夠誠信待人，故即便在旅途中出現不愉快的事，因為先前無形之中累積了助力，在你需要幫忙的時候將有人伸出援手，助你度過難關。
- **考運**：對自己與他人都抱以誠信，在困頓之時，曾受你美德灌溉之人就會成為你的助力，幫助你達成目標。
- **人際**：與眾人相處以誠信待之，則這份善意也能使你自己獲得正面的力量，在拓展人際時成為你的助力。
- **訴訟**：面對困頓時以誠信待之，則事物的發展能夠朝向美好的方向，使衝突順利解決。
- **遷居**：用誠信的方式面對搬遷過程中的阻礙，將使困境一一化解，最終會有好的回報。

368【上九】翰音登于天，貞凶。

- **事業**：盛極必衰，聲望過大時就容易引起嫉怨，必須謹守正道，才能避免受邪佞之人的影響。

◆創業：事業剛有成就遇見瓶頸，若不予理會，可能逐漸走向衰敗。此時必須穩定軍心，以誠信的態度面對危機，才有可能扭轉劣勢。

◆錢財：無法維持誠信，可能逐漸失去他人對你的信賴，因而導致錢財的損失，必須持守正固，才能避免情況的惡化。

◆愛情：你的承諾若無法實現，則誠信的基礎便逐漸喪失，愛情將逐漸消散，想改變現況，必須花費更大的心力找回誠信。

◆婚姻：信賴的基礎逐漸受到損害，婚姻可能陷入極大的危機，必須以真摯的誠信態度面對另一半，才有可能扭轉劣勢。

◆子女：誠信不足將使你顯得虛偽不實，當信任關係受到衝擊，親子間也將衝突不斷，要花費更大的苦心才能讓子女對你重拾信心。

◆健康：誠信逐漸消亡，將使你內心脆弱難安，難以抵擋病痛的侵襲，必須檢討自己，以更加堅定的姿態繼續與病魔抗衡。

◆旅遊：原本的誠信受到質疑，旅途將會遇見許多阻礙，只能重新建立起他人對你的信任，才能避開災厄。

◆考運：無法遵守自己設下的限制，因而計畫開始崩毀，使你陷入混亂不堪的局面。要重振精神，更加堅定地往目標邁進，才能彌補這段期間的損失。

◆人際：失去他人對你的信任，使你的聲譽受到打擊，但也不要因此自暴自棄，從小地方開始重新建立信心，情況會逐漸改善。

◆訴訟：沒有誠信將使你的處境更加艱難，唯有改過自新，重拾正直誠實的自我，才有機會破除困境。

◆遷居：若只是空口說白話，則原本可能出現的助力也都會消失殆盡，要以真正的誠信待人，才能避免災險的降臨。

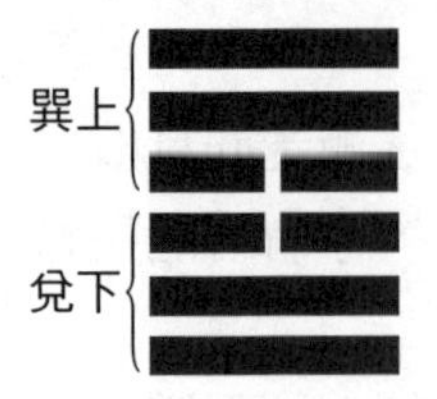

中孚卦 卦理

「中孚」卦，有誠實、值得信賴、誠信之意。卦序上中孚是在節卦之後，與小過卦為相錯的一對卦，中孚是屬於內者虛心，對外又誠實以待，以誠心誠意來互相信任，小過則是依照個人想法來行事。《序卦》曰：「節而信之，故受之以中孚。」節制後開始有了信任存在，所以節之後就是中孚。

卦辭：「豚魚吉，利涉大川，利貞。」中孚卦，以豬肉和魚肉來當祭品，雖然簡單，但因有誠信，所以得吉，利於渡過大河川及堅守正道。豚、魚分別是指豬肉、魚肉，在祭祀時的牲禮中，是最為簡單且單薄的，但祭品雖然簡單，只要心存誠信，虔誠對待，仍然可得吉。朱駿聲《六十四卦經解》：「中孚柔在內而剛在外，鳥卵之象。」中、孚二字可做為忠（誠）、孚（信），亦即為誠信；又可作為衷孚，表示誠信得來原必定是在內心；孚又可作孵，就像卵一般外實內虛，也就引申有信之意。卜得中孚卦者雖然遇事總是不順遂，不能順心如意，又常常碰壁，甚至遇到一些困阻，但只要腳踏實地，虛心求教，用誠信打動對方，一定能夠排除萬難，突破困境，最後仍能得吉。

「中孚」卦六爻的爻辭：初九時表示要把注意力集中在現在的事物上，不要三心二意，安於現狀並不是壞事，如此一來才會吉祥；九二時表示雖然地位並沒有和自己所想的一樣，但是只要順其自然，既來之則安之，調整好自己的心態，和其他人一起努力奮鬥，才有機會一起亨通；六三表示只想透過關係向上爬升，如此會讓身邊的人瞧不起，更可能惹上麻煩，這樣一來不但不會獲得吉祥，還可能招致凶險；六四時表示同一件事物上，可能會有兩種以上的選擇方法，如果不能當機立斷做出抉擇，就會錯過很多機會，做出最適合自己的選擇才能夠亨通；誠心相待才是亨通之道，上下和睦才能夠達成既定的目標，感情也才能夠長久，此為九五之意；上九時表示量力而為，不要勉強自己，為了在別人面前出風頭而虛張聲勢，這種氣魄是無法長久的，遲早會被人看破手腳，緊接而來就是悔恨之路。

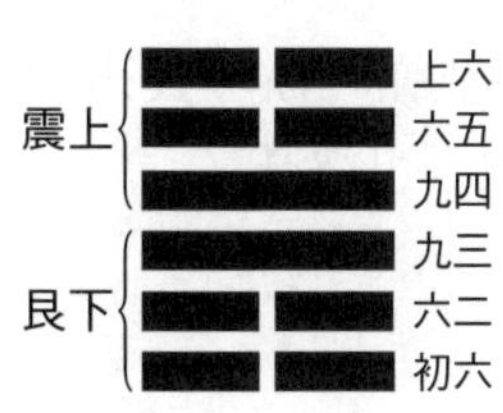

小過卦

卦序▶62 錯卦▶風澤中孚
卦數▶12 綜卦▶雷山小過
卦向▶西北 互卦▶澤風大過

卦揭

過，過度、超過之意。上經已有大過卦，而在此的小過卦象徵小的過度。

美國前總統雷根，在他十一歲時與朋友一起玩球時不慎將鄰居家的玻璃打破，遭到鄰居索賠，雷根告訴父親他並非故意，父親卻說：「玻璃是你打破的，你要負責賠償。」但當時的雷根並沒有錢，於是他的父親給了雷根賠償的費用並說：「這筆錢先借給你，一年之後要還我。」接下來的日子，雷根只好開始打工，半年後把錢還給父親。後來，雷根在回憶起這件事時表示，謝謝父親讓他透過勞力來承擔自己的過失，也讓他明白什麼是責任。

卦辭

【卦辭】亨，利貞，可小事，不可大事。飛鳥遺之音，不宜上宜下，大吉。

小過卦，亨通，守正道則有利；但僅止於生活小事，國家大事則不可。就像飛鳥飛上天，餘音不絕於耳，若是持續往上飛則愈窮困，向下飛則能帶來吉祥。

〈彖〉「小過，小者過而亨也。過以利貞，與時行也。柔得中，是以小事吉也。剛失位而不中，是以不可大事也。有飛鳥之象焉，有飛鳥遺之音，不宜上宜下，大吉；上逆而下順也。」小過卦，小的事情有所過，則可致亨通。小的過度，行正道有利，適時而行。因為柔爻居中位，所以生活小事皆吉祥。而剛爻失去中正之位，所以做大事則較不適宜。就像飛鳥飛上天，餘音不絕於耳，若是持續往上飛則愈窮困，向下飛則能帶來吉祥。這是因為往上是逆天行，往下則是順天意。

〈象〉「山上有雷，小過。君子以行過乎恭，喪過乎哀，用過乎儉。」山上有雷，是小過卦的徵兆。君子舉止應該非常恭謹，辦理喪事也極為哀痛，但費用卻很節省。所謂天下事過當者常有，但不可過甚。

【初六】飛鳥以凶。

飛鳥帶來了凶險。

〈象〉「飛鳥以凶，不可如何也。」飛鳥帶來凶險，是無可避免的。

說明像飛鳥一樣好高騖遠，這樣的凶險是無可避免的。

【六二】過其祖，遇其妣；不及其君，遇其臣；無咎。

妣，此指祖母。越過了祖父，遇到了祖母，但還是不能夠到達君王的面前，不過卻遇到了君王的臣子，雖然沒有得到原來期望的支援，但是仍然可以得到協助，所以沒有災禍。

〈象〉「不及其君，臣不可過也。」沒有超越君王，是因為臣子本來就不可僭越。

此說明成就雖高，但並未超越上位者，所以並不會帶來災禍。

【九三】弗過防之，從或戕之，凶。

沒有發生過失時，就應該要有防範之心，只知一味地跟從，可能招致傷害，凶險之兆。

〈象〉「從或戕之，凶如何也。」一味地跟從可能招致傷害，這種凶險是無可避免的。

時時有所防備，並要明辨君子與小人。

【九四】無咎，弗過遇之。往厲必戒，勿用永貞。

沒有災禍，別過於常相遇，往來一定要謹慎並有所戒備，不要太過執著守著正道。

〈象〉「弗過遇之，位不當也。往厲必戒，終不可長也。」別過於常相遇，是因為處在不當的位子。往來一定要謹慎並有所戒備，這樣的情況不會太長久的。

視情況應該有所變通，不可過於執著己見。

【六五】密雲不雨，自我西郊，公弋取彼在穴。

弋，音同「意」，用細繩繫於箭上而射。烏雲密布卻沒有下雨，從西邊的郊區而來，王公取箭射獵，在暗穴中發現獵物。

〈象〉「密雲不雨，已上也。」烏雲密布卻沒有下雨，這是因為陰氣過盛，而無陽氣調和的緣故。

萬事萬物皆有其平衡，過於強求或偏頗，則不見得會得到理想的結果。

【上六】弗遇過之，飛鳥離之，凶，是謂災眚。

災，天殃。眚，人禍。不加以制止而犯下過失，就像飛鳥被網子困住般的凶險，這就是所謂的天災人禍啊！

〈象〉「弗遇過之，已亢也。」不加以制止而犯下過失，此指上六爻來到極盡之地。

比喻像飛鳥一樣到達極盡之地，而無安身之處，以至於有被迫害的危險，這不僅是天災，也是人禍。

易學筆記

中孚小過卵翼生成圖

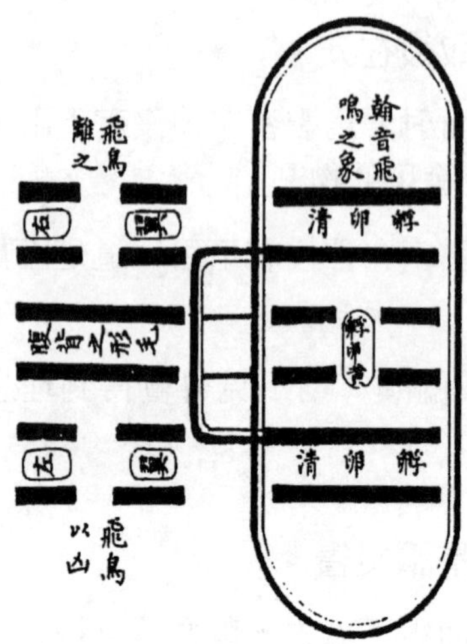

上卦為震為雷，下卦為艮為山。此卦闡釋人非聖賢，孰能無過，稍微過度是有益而無害的，但過於好高騖遠或是自不量力，則可招致凶險。

小過卦 卦義

369【初六】飛鳥以凶。

- **事業**：在能力尚不足的時候急於向上發展，只會讓自己深陷險境難以脫身，必須有自知之明，踏實向前才能獲得吉祥。
- **創業**：急於有所成就而忽略了評估自己的事業實力，如此好高騖遠將加速失敗。
- **錢財**：若急著獲利而做超出自己能力範圍的事，則不但不會有收穫，還可能造成更大的損失。
- **愛情**：最好能夠安於現狀，不要急著有所突破，過於急切只會使對方反感，感情經營應循序漸進，才能有穩定的根基。
- **婚姻**：想打破僵局，卻可能因一時心急而弄巧成拙，應該先安於現況，觀察情勢再擬定溝通方式。
- **子女**：目前的情況不適合太過急切表達自己的心意，過於心急只會適得其反，必須循序漸進地一步步改善關係，才能真正獲得成效。
- **健康**：不要為自己設下太遠大的目標，只要每天都比昨天進步一些，就應心滿意足，太過急於康復，只會有反效果。
- **旅遊**：過於急躁地進行，反而會衍生出不必要的事端，要讓旅途順利，只要事先做好規劃，依照計畫進行就不會有災禍。
- **考運**：要按部就班的逐漸累積實力，設下太高的目標只會打擊自己的信心，只要穩定的前進，就能獲得相對應的好成績。
- **人際**：不要妄想一開始就能掌握全場，從身邊的人逐漸累積人脈，才能使人際網絡更加穩固。
- **訴訟**：局勢不甚穩定，故不應過於心急而使當下情況、整體情勢往不好的方向發展，追求安穩反而是首要之務。
- **遷居**：不要為自己設下太難達到的目標，暫時收起野心，反而能遇見更好的物件，使搬遷過程更加順利。

◆ **尋人**：往西北方尋找，必有所獲。

370【六二】**過其祖，遇其妣；不及其君，遇其臣；無咎。**

◆ **事業**：工作會有大的進展，只要不是功高震主，就能在充沛的援助下有所成就。

◆ **創業**：與合作對象的往來只要謹慎而有分寸，就能得到對方給予最大的協助，幫助你的事業有所成長。

◆ **錢財**：不要為了自己的獲利而損害他人的利益，只要謹慎處理金錢的問題，就不至於陷入困厄之中。

◆ **愛情**：要以雙方的感受做考量，而不是一味獻殷勤，只要言行合乎禮節，感情就能慢慢加溫。

◆ **婚姻**：在婚姻關係中要盡好自己的本分，抓到最適切的距離，就能避免衝突的發生而擁有美滿的生活。

◆ **子女**：不要給予超出正常範圍的限制，唯有給彼此足夠的空間，才能避免關係產生損害。

◆ **健康**：為了恢復健康付出許多努力，只要在不超過身體負荷的範圍之下，努力都能獲得回報。

◆ **旅遊**：旅途中遇見困難時，必須謹慎而妥善地處理，避免過於高調的舉止，就能大事化小、小事化無。

◆ **考運**：只要在自己能力許可之內付出最大的努力，謹慎看待每一次「檢討自己哪方面不足」的機會，就能累積足夠的實力，在上場時有好的表現。

◆ **人際**：在展現自己的人際魅力時，必須注意他人的感受，不要搶過他人的風采，以免惹禍上身。

◆ **訴訟**：凡事應適可而止，若過於在乎自己的損失而窮追猛打，反而會使麻煩更加擴大。

◆ **遷居**：當計畫出現變化，只要大方向不變，就應朝著原本的規劃前進。搬遷的過程務必謹慎行事，就可以寬心，不用擔心災禍的降臨。

371【九三】弗過防之，從或戕之，凶。

◆ **事業**：對自己太有自信而疏於防備，將招致小人的攻訐而使先前的努力功虧一簣，必須注意防範可能陷害你的對象，提高警覺才能保全自身。

◆ **創業**：忽略了可能的風險，因而在危難來臨時無從防備，吃過苦頭之後應該加強戒備，才能避免事業再次受到損傷。

◆ **錢財**：自以為掌握了一切，不知道凶險就躲在暗處，時機一到，就可能因此兵敗如山倒。必須更嚴謹的掌握風險資訊，才能避免錢財大量損失。

◆ **愛情**：對於這段感情太有自信，因而疏於防範，當危機來臨就可能因此形同陌路，必須小心經營，才能免於最壞的結果。

◆ **婚姻**：踏入婚姻使你放鬆戒備，當危難介入時就可能釀成重大的傷害。必須好好經營婚姻關係，才能在阻礙出現時不因此而陷落。

◆ **子女**：若親子之間的情感沒有穩固的基礎，又沒有防範危難的意識，則關係的毀壞很可能就在一夕之間，要知所警惕才能免於困厄。

◆ **健康**：太高估自己的身體狀況而對病痛的來臨疏於防範，將難逃病魔的侵襲。必須檢討自我的心態並加以改進，才能避免同樣的情況再次發生。

◆ **旅遊**：要在危險找上門之前就做好防範，明辨局勢才能讓自己免於受困災厄。

◆ **考運**：對自己太有自信而不知大難臨頭，因此當災禍降臨可能會手足無措。即使目前已經有好成績也不能放棄努力，唯有穩紮穩打地前進，才能真正獲得勝利。

◆ **人際**：不要自視甚高而忽略了小人環伺，要能做好防範並明辨來往對象，才能免於小人帶來的災禍。

◆ **訴訟**：即使目前的局勢對你有利，也不要降低戒心，唯有從頭到尾謹慎以對，才能獲得最後的勝利。

◆ **遷居**：突發狀況可能隨時找上門，必須謹慎地做好周全計畫，才能免於意外，不致使進度延宕甚至停擺。

372【九四】無咎，弗過遇之。往厲必戒，勿用永貞。

- **事業**：可能遇到大好機會，但因自己的處境不當，前往不一定會有收穫，應該抱持更謹慎的態度，等待下次的機會再大展身手。
- **創業**：事業可以順利的發展，但仍必須對變動的局勢有所防備，面對良機應能審慎思量，避免誤踏歧途而使自己受害。
- **錢財**：不會有太大的災禍，但仍須保持謹慎的心態，保持想法的變通才能因應變動的情勢。
- **愛情**：目前遇見的好對象看似是不錯的人選，但仍須謹慎觀察，不要急著交往，對你與對方都是比較好的。
- **婚姻**：目前的婚姻關係良好，但不能因循苟且而忽略情感的經營，危機可能乘隙而入，不可不慎。
- **子女**：目前的關係尚稱平和，但情勢仍有可能產生變化，必須做好防範，多方溝通以免誤會導致更大的災厄。
- **健康**：症狀有可能發生改變，故應謹慎觀察目前的狀況，隨時做出醫療方式的改變，才能避免情勢惡化。
- **旅遊**：目前一切都能順利進行，但若放鬆戒備，可能就是危難發生之時。保持靈活的思緒與謹慎的態度，才能安然無礙地完成旅行。
- **考運**：會有好的表現，但不要因此忘卻本分，只有堅持到最後一刻，才能讓辛苦有所代價。
- **人際**：人際會有好的開展，但仍須花費心力維持與開拓，避免安於現況，才能免於受人攻訐的危機。
- **訴訟**：看似能夠扭轉劣勢的關鍵，背後可能隱藏著更大的害處。故進行訴訟時必須小心謹慎，要掌握真正的好時機，才能免於危害。
- **遷居**：不要過於固執不通，幫助你的對象也可能是披著羊皮的狼，必須審慎進行合作，並機敏地做出對的決策，才能使搬遷順利進行。

373【六五】密雲不雨，自我西郊，公弋取彼在穴。

◆ **事業**：可以主動解除工作上的危機，但要注意分寸，避免本末倒置，反而為你帶來災害。

◆ **創業**：競爭對手躲在暗處，要小心提防但不要因此裹足不前。事業穩紮穩打的前進，才能累積深厚的底蘊，不畏懼有心之人的危害。

◆ **錢財**：追求財富要保持中庸正直的心態，掌握適切的取財之道，將為你帶來豐足無礙的財富。

◆ **愛情**：桃花運不順之時，不要自怨自艾，也不要急於追求而喪失節度，保持平常心，愛情自然就會來到。

◆ **婚姻**：危機尚未解除，但可以主動從小處開始改善，過於急切反而會弄巧成拙。

◆ **子女**：僵局仍未破除，但本就不應妄想一步登天，只要願意付出心力積極改善，撥雲見日的一天終會到來。

◆ **健康**：雖然尚未完全康復，但已經從最危險的情況脫險而出，故應保持愉快的心情，放慢步調、切實地逐步康復，才能真正遠離病痛。

◆ **旅遊**：過程雖然不會太順遂，但只要謹慎行事，也不會有過大的災禍，只要持守正固，就能擁有愉快的旅程。

◆ **考運**：雖然還不能百分之百達成目標，但也不要忽略小小的進步，只要持續付出努力，終能有所回報。

◆ **人際**：小人尚未完全遠離，但只要提高警覺，也不至於受到侵害。只要循序漸進的主動推展人際，就會有正面的收穫。

◆ **訴訟**：局勢不完全對你有利，但已經脫離最艱險的階段，只要謹慎而努力的前進，就能免除重大的災禍。

◆ **遷居**：過程可能遇見一些阻礙，但不會有太大的傷害，抱持著正面的心態小心行事，搬遷就能圓滿落幕。

374【上六】弗遇過之，飛鳥離之，凶，是謂災眚。

◆ **事業**：在局勢變動之時不能知所進退，妄想不屬於自己的成就，只是讓自己暴露在險境而容易招來災禍。

◆ **創業**：市場局勢不安，此時應該避免過於大膽而不知節制的決策，以免自取其禍而難以翻身。

◆ **錢財**：貪求不屬於自己的財富，只會為自己招來災禍，最終會自食惡果。

◆ **愛情**：情感可能有所變動，故應退守而並非積極前進，要遵守應有的界線，才能免於困厄。

◆ **婚姻**：不知危難即將來臨而恣意放縱不知節制，自然會使婚姻關係蒙受風險，因而產生衝突、難以挽回。

◆ **子女**：若一意孤行想強迫對方接受你的作法，只會招來相反的效果，必須站在對方立場，以同理心進行溝通，才能免於造成親子間的鴻溝。

◆ **健康**：在身體狀態不佳時，還不知節制地危害健康，則後果必定不堪設想，凡事應知所進退，避免盲目耗損健康而悔不當初。

◆ **旅遊**：可能陷入危難的窘境，此時若不懂收斂保全自己，反而過度妄求，只會加快困境的來臨。

◆ **考運**：若對目標過於貪求，因而超過自己能承受的範圍，只會造成反效果而讓自己的苦心白費。

◆ **人際**：情況雖然艱難，但只要自己知所進退就不會有凶險。反之，若有過度的野心且化為行動，則大難必定臨頭。

◆ **訴訟**：在時局對你不利時，切勿勉強前進。懂得適時退守，才能免於災禍降臨。

◆ **遷居**：眼前有所阻礙，必須懂得退守避禍，而非積極前進，才能避免陷入極大的困境之中，而使先前的辛苦都化烏有。

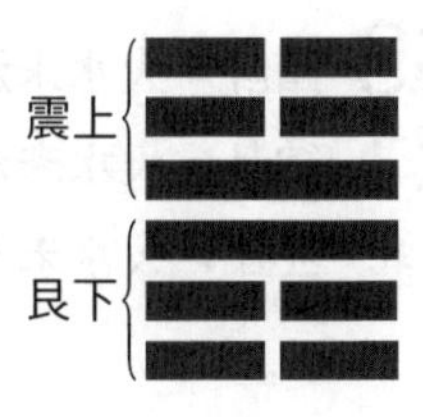

小過卦 卦理

卦序上小過卦是在中孚卦之後，且兩卦為相錯的一對對卦，《序卦》：「有其信者必行之，故受之以小過。」有誠信者一定會有所行動，所以可能就會有小過的發生。「必行之」若是指小事，中孚卦是指緩不濟急，而小過卦則是很快就看到成效。不過如果遇到大事，中孚卦則有長遠之計，能成大事，小過卦則只能應付現況，所以有凶象。

小過卦又屬於象形卦，中間兩個陽爻被上下四個陰爻包住，如同一隻飛鳥，兩個陽爻為鳥身，四個陰爻為展翅拍打的翅膀，就像在翱翔的小鳥，因此會用飛鳥來比喻此卦。卦辭：「亨，利貞，可小事，不可大事。飛鳥遺之音，不宜上宜下，大吉。」小過，亨通，利於堅守正道，小事可成，但不可進行大事。飛鳥悲鳴尋找可棲息的地點時，不適合向上飛翔，應該要往下尋找，這樣才能得大吉。

卜得小過卦者小事可成，大事不可為，居安思危，不妄加行動，謹慎小心，不冒險行事，不可好高騖遠，堅守正道，循序漸進，知所進退，以靜制動，謙遜謙卑，懂得退讓方能得吉。

「小過」卦六爻的爻辭：初六時表示做事要將自己的能力考慮進去，量力而為，不要為了站得更高、跑得更遠而忽略了這一點，不懂得按部就班，循序漸進，將來只會跌得更重；六二時表示凡事除了有先後順序，也有輕重緩急，務必遵守制度，不要逾矩，懂得尊重，這樣才能吉祥；九三表示不可因為有人撐腰就膽大妄為，要知道分寸，堅守正道，居安思危，時時警惕自己才能夠免除危難；九四表示凡事都應該要等待時機的到來，這時候的你，不適合積極行動，一切要等待最恰當的時機到了，再一舉達成目標，否則只會自找麻煩；雖然地位已經高人一等，但在能力上卻無法全盤掌握，請務必尋求有才之人的協助，耐心共事，一起解決當下的事物，此為六五之意；上六時表示謙虛內斂是成功的不二法門，能力再高，但和其他人的關係不好也是枉然，多聽取他人的意見，相互信任方能得吉。

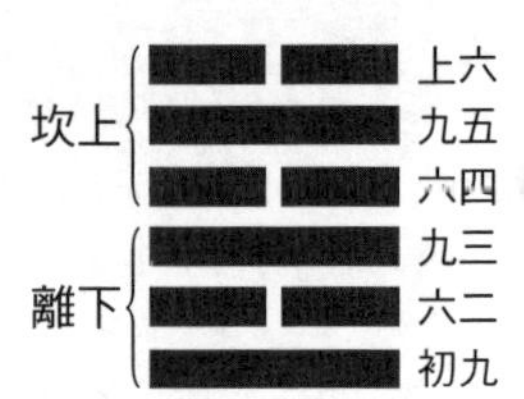

既濟卦

卦序▶63　錯卦▶火水未濟
卦數▶21　綜卦▶火水未濟
卦向▶東北　互卦▶火水未濟

卦揭

既，已經、完成之意。濟，此為過河、渡河之意。此卦有渡河通過、完成之意。

西元前473年，在范蠡和文種的幫助下，句踐臥薪嚐膽，終於滅掉了吳國，自此句踐當了霸主。句踐得勝後擺宴祝賀，群臣皆十分高興。此時，只有句踐一人面無喜色，范蠡看到後感嘆說：「越王不想將功勞與大臣分享，只能同患難，不能共享樂，猜忌之心已露，我若不走，必有不測。」范蠡出走之後，給文種寫了一封信，信上說道：「狡兔死，走狗烹；飛鳥盡，良弓藏；敵國破，謀臣亡。」勾踐這樣的人只能共患難，不能同享樂。我已經走了，你若不走，定有殺身之禍，望你接到信後，盡快離開。文種不信。某天，句踐派人給他送來一把劍。文種一看，正是當年夫差叫伍子胥自殺的那把寶劍。此時文種後悔沒聽范蠡的話，只好自殺了。

【卦辭】亨，小利貞，初吉終亂。

既濟卦，小有亨通，守正道則有利，開始雖然吉祥，卻要小心最終會有紛亂產生。

〈彖〉「既濟，亨，小者亨也。利貞，剛柔正而位當也。初吉，柔得中也。終止則亂，其道窮也。」既濟卦，小有亨通，守正道則有利，起初的吉祥來自於剛爻和柔爻都處在中正之位。而結束時的紛亂則是因為天地運行之道已經窮盡。

〈象〉「水在火上，既濟。君子以思患而預防之。」有水在火上是既濟卦的徵兆，君子得到啟發，要生於憂慮，防範未然。

【初九】曳其輪，濡其尾，無咎。

比喻車輪被拖住，車尾被浸溼，只是行動較緩慢，不至於有災害。

〈象〉「曳其輪，義無咎也。」比喻車輪被拖住，因為謹慎小心的緣故，不至於有災害。

有窒礙產生時，要心存正道，謹慎小心，則會免於受害。

【六二】婦喪其茀，勿逐，七日得。

茀，音同「服」，此指婦女首飾。婦人遺失了首飾，別慌張地找尋，七日後，便會失而復得。

〈象〉「七日得，以中道也。」七日後便會失而復得，這都是因為守持正道的緣故。

有所得失時切勿慌張，有時以靜制動，會有意想不到的收穫。

【九三】高宗伐鬼方，三年克之，小人勿用。

殷商時期的高宗征伐鬼方這個地方，征戰三年才獲得勝利，小人雖有功勞，卻不能重用，否則會滋長小人勢力。

〈象〉「三年克之，憊也。」征戰了三年的時間才獲得勝利，這是令人疲憊的戰事。

切記莫取用小人，另外疲於征戰也會造成人心向背。

【六四】繻有衣袽，終日戒。

繻，彩色布絨，比喻華美服裝。袽，指破舊的衣服。比喻再美的服裝都有變破舊的一天，提醒人們要時時警戒。

〈象〉「終日戒，有所疑也。」人們時時有所戒備，這是因為心裡充滿疑慮。

成功之時也要充滿危機感，所謂生於憂患，死於安樂，太過安逸只會招致禍害。

【九五】東鄰殺牛，不如西鄰之禴祭，實受其福。

禴，音同「月」，微薄的祭禮。東區的人們殺牛祭祀，卻不如西區的人簡單卻虔誠的祭祀而能獲福澤。

〈象〉「東鄰殺牛，不如西鄰之時也；實受其福，吉大來也。」東區的人們殺牛祭祀，卻不如西區的人簡單卻虔誠的祭祀而能獲福澤，這都是虔誠帶來吉祥啊！

所謂心誠則靈，人心守正，即使簡單也能吉祥。

【上六】濡其首，厲。

涉水渡河時，不小心浸溼了頭，危險之兆。

〈象〉「濡其首厲，何可久也。」涉水渡河時，不小心浸溼了頭，危險之兆。這樣的混亂的狀況，是無法平安長久的。

做人處事都須謹慎，若不小心有所閃失，要避免其危害擴大，否則難保平安。

濟未濟既

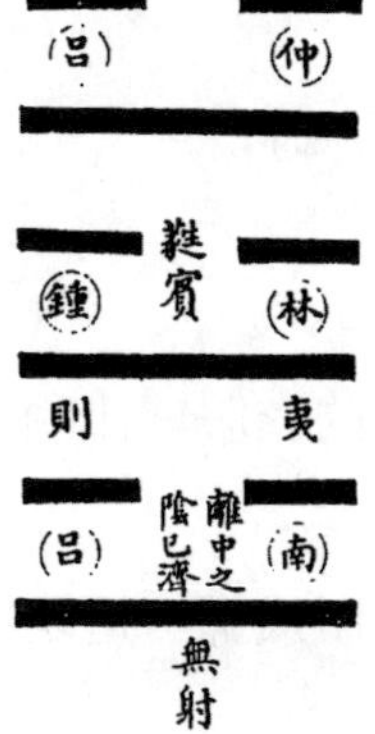

上卦為水，下卦為火。水在火上，即有烹煮完成之意。此卦剛柔平衡，各稱其位，但互相制衡，雖似成功，但卻不能有更大突破，故須守正道，否則無法得到好的結果。

既濟卦 卦義

375【初九】曳其輪，濡其尾，無咎。

◆事業：工作會遇見阻礙，拖慢你的腳步，但不必因此憂慮，只要謹慎行事，終究會沒有災險地度過難關。

◆創業：雖然被多事纏身而使企業發展腳步無法加快，但總體來說並不會為你帶來太大的災禍，只要謹慎以對，就能免於咎害。

◆錢財：當財運受阻，雖然減緩了獲利的速度，卻不會有所損失，以謹慎的態度面對，就不會損失錢財。

◆愛情：桃花運不順遂，但不代表愛情不會萌芽，只要謹慎對待心儀之人，還是有機會使戀情開展。

◆婚姻：儘管面臨阻礙，也要依循正道與對方溝通，只要小心尋求解決之道，就不會對婚姻關係有所危害。

◆子女：與子女的關係有些變動，但只要以正面的態度積極面對，就能避免情勢往負面的方向走去。

◆健康：復原的速度不如預期，但仍是緩慢地前進中，故不必過於憂慮，保持正面的心態，終能完全脫離疾病的束縛。

◆旅遊：路途中可能遇見某些阻礙，但只會拖慢你的速度，並不會中止你的計畫，只要謹慎處理，就能安然完成旅行。

◆考運：最近可能有點力不從心，但步調雖然緩慢，卻並非完全靜止不動，故不必過於憂慮。

◆人際：人際的拓展不如你想像中的快速輕鬆，但只要不灰心喪志，緩慢但切實的前進，終會有不錯的收穫。

◆訴訟：官司纏身暫時看不見進展，但切勿急躁妄動，只要心存正念，小心行事，就能免於災禍的侵襲。

◆遷居：不會有大的災害，但可能過程會遇見一些阻礙，只要多付出一些心力，就能克服難關。

◆ 尋人：往東北方尋找，必有所獲。

376【六二】婦喪其茀，勿逐，七日得。

◆ 事業：工作上會有所過失，但不必急於彌補，過一段時間便會有戴罪立功的機會，幫助你化解先前的危機。

◆ 創業：事業會有部分損失，但此時著急不安會導致更壞的局面，不妨靜觀其變，待時機成熟，自然會有所獲得。

◆ 錢財：只要持守正固，即使一時有所損失，也不必過於擔心，冷靜以對反而有助於失而復得。

◆ 愛情：只要依循正道追求愛情，即使一時遇見困境，也要懂得以退為進，最終還是能夠贏得心儀之人的心。

◆ 婚姻：婚姻只是暫時出現阻礙，只要不自亂陣腳，釐清來龍去脈，就能在不釀成災害的情況下回復往日情誼。

◆ 子女：目前的處境可能看似有點艱難，但只要你不因慌亂而迷失方向，找到對的時機積極行動，受到損害的情感還是有機會修復。

◆ 健康：健康出現狀況只是暫時的，若能趁此讓自己放慢腳步，反而對身體有好處，不必過於擔憂。

◆ 旅遊：若在旅途中有所失，則往後必在某處有所得，因此當危難的情況發生，不要因慌張驟下決定，觀察情勢並從長計議，就能躲過無妄之災。

◆ 考運：眼前的失敗並不代表以後的失敗，故應從失敗中記取教訓，如此現在的損失都將在重要關頭化為助力。

◆ 人際：人際上遇見困厄，不要慌張地盲目前進，應該暫退一步釐清困窘的原因，反而有助你往後快速拓展人際。

◆ 訴訟：暫時居於弱勢也不需慌亂，應藉此使對方放鬆戒心。只要是依循正道而行，最終就能獲得勝利。

◆ 遷居：搬遷過程中會遇見阻礙，使你寸步難行，但此時不應不顧後果的向前進，而是要退守一步，等待更好的時機，事情將能以更圓滿的方式落幕。

377【九三】高宗伐鬼方，三年克之，小人勿用。

- **事業**：眼前的挑戰相當艱難，即使成功了也會耗費許多心力，若非自認做好萬全準備，不要輕易嘗試。
- **創業**：要花費一番苦心才能咬牙度過眼前的難關，且過程中會耗損許多精力與財力，必須抱有一定的心理準備才能克服。
- **錢財**：將遇上難以克服的關卡，以不迎戰為上策，但若必須面對，則必定會有所損失，要做好周密的思慮再前進。
- **愛情**：要花上一段時間才能有所收穫，過程中可能使你心力交瘁，甚至可能因為形勢變動而一無所獲，要有極大的決心才能克服艱險。
- **婚姻**：目前的困窘並非短時間內可以獲得改善，要等待更好的時機，且必須有莫大的決心逐步克服難關。
- **子女**：溝通的困難使你感到疲憊不堪，應該退守一步，在自己能夠承受時才採取行動。
- **健康**：未來的路會漫長且辛苦，但只要咬牙撐過最艱困的時期，終究能夠戰勝病魔，恢復健康的身體。
- **旅遊**：旅程中避免勞師動眾，增加他人的負擔，萬一在不得已的情況下必須如此，則必須對衍生出的問題有所戒備。
- **考運**：過程中可能會相當艱辛，要避免過於勞累而產生的負面效應。撐過最低潮的時刻，辛勞就會有所回報。
- **人際**：身旁的人可能因為幫助你執行一項困難的任務，過於勞累而背棄你。必須防微杜漸，以免最後陷入孤立無援的窘境。
- **訴訟**：情況不利於你，必須在漫長的抗爭中找尋喘息的空間，以免生理與心理上的勞累成為壓倒駱駝的最後一根稻草。
- **遷居**：請他人協助必須有所節制，以免為了搬遷而引發糾紛就得不償失。

378【六四】繻有衣袽，終日戒。

- **事業**：工作有成就之時更要注意藏於暗處的惡意，要具備危機感，才能安然享受成功的甜美。

- ◆ **創業**：篳路藍縷的建立事業，卻可能在有所成就而無防備之時受到小人的陷害，故必須隨時保持警戒，以維護辛苦建立的基業。
- ◆ **錢財**：有所獲時更須提高警覺，避免因一時的安逸而使外力有機可乘，反而造成更大的錢財損失。
- ◆ **愛情**：當戀情有所進展，就必須更加小心呵護，才能在目前的感情基礎上順利發展而不為外力所阻。
- ◆ **婚姻**：當婚姻生活沒有風波，就要避免因為過於安逸而疏忽了潛藏的危機，要用心經營才能使幸福平淡且恆久。
- ◆ **子女**：平和的關係不代表不會有突發的危機，平時就應多做溝通，建立起良好的溝通橋梁，才能在困厄來臨時安然無害。
- ◆ **健康**：即便身體沒有任何症狀，平時也需注重身體保健，以免病痛找上門而難以招架。
- ◆ **旅遊**：旅途中即使一切順遂，也不應放低戒備，保持謹慎的態度，才能順利無礙地完成這趟旅程。
- ◆ **考運**：即使有好表現也不應安於現狀。在抵達終點前必須持續付出努力，那麼有突發狀況也能不受其擾地有所成就。
- ◆ **人際**：在人際逐漸開展時，反而應提高警覺，避免引發小人的攻訐，而使人際關係受到影響。
- ◆ **訴訟**：儘管一時居於上風，此時放鬆戒備只會使自己涉入險境，必須保持謹慎的態度，不到最後一刻絕不鬆懈。
- ◆ **遷居**：一切順利之時也不要因此感到安逸，很可能在下一刻就出現阻礙使你前功盡棄。故搬遷過程要始終小心謹慎，以免災厄突然降臨。

379【九五】東鄰殺牛，不如西鄰之禴祭，實受其福。

- ◆ **事業**：與其繁複的進行，倒不如簡約的方法來得有效率，只要合於正道，事情自然能夠水到渠成。
- ◆ **創業**：不必耗費多餘的心力，只要依循正軌使產品品質優良，聲名自然能夠遠播而使你的事業蓬勃發展。
- ◆ **錢財**：只要心有所向，即使不耗盡心思，財富也會自然來到。

◆ **愛情**：用盡心機、想方設法要獲得心儀之人的青睞。其實只要有真誠的心，展現出篤實的本性，就能贏得對方的心。

◆ **婚姻**：不必耗費大筆金錢，只要有最真摯的心意，就能取得對方的諒解，使婚姻關係恢復美好與圓滿。

◆ **子女**：與其向外求援，不如自己真切地面對子女，用誠信的態度進行溝通，就能化解僵局，使親子關係有所進展。

◆ **健康**：不必食用昂貴的營養食品，只要生活規律，注重飲食與運動，自然能夠擁有百病不侵的身體。

◆ **旅遊**：不用絞盡腦汁做太多詳盡的規劃而使自己精疲力竭，有時只要給自己一段空檔好好放鬆，就已經是旅行中最大的收穫。

◆ **考運**：不需要昂貴的教材，只要志向堅定，努力往目標邁進，就能達成心中理想的目標。

◆ **人際**：不必探究眾多人際相處之道，若能以真誠的心意待人，他人自然能夠以同樣的態度與你往來，人際關係自然能夠延展。

◆ **訴訟**：不必想方設法陷對方於不義，只要掌握正道，據理力爭，就能獲得應有的正義判局。

◆ **遷居**：不用費盡心力找尋華美的房屋，只要簡約舒適、適合自己的，就是好房子。

380【上六】濡其首，厲。

◆ **事業**：好運到了盡頭，若不知危險將近而沒有防範，則前方的路途將相當凶險。

◆ **創業**：事業發展到一定的程度，接下來會是下墜的趨勢，必須謹慎行事，以免危難無法控制而導致難以挽回的結果。

◆ **錢財**：目前旺盛的財運將無法持久，必須有憂患意識，才能避免巨大的錢財損失。

◆ **愛情**：戀情將遇上瓶頸，要謹慎處理這段關係，以免造成難以弭平的傷害。

◆ **婚姻**：婚姻關係將出現變動，必須做好準備以面對之後的困厄，但只要謹慎以對，就能免於過大的情感耗損。

◆ **子女**：親子間的情感將出現轉變，要小心看待這段時期，艱辛的過程在所難免，但黑暗終會過去，必須耐心等待黎明來臨。

◆ **健康**：面對健康的困境必須認真看待，只要專心調養，終能回復健康的狀態。

◆ **旅遊**：往前走可能會有凶險，若不能避免，則要相當謹慎面對，以免造成更大的損失，使旅途蒙上一層陰影。

◆ **考運**：要謹慎面對目前的困境，在脫困的時機到來之前，不要放棄努力。

◆ **人際**：人際的運勢可能開始走下坡，因而必須更加注意與人來往的應對，只要安守本分，就不至於惹禍上身。

◆ **訴訟**：將面臨最大的危機，但不要輕言放棄，若能謹慎處理，還是有機會扭轉劣勢。

◆ **遷居**：順利的情況無法維持太久，一不小心就會使計畫受到阻礙而勞心傷財。必須謹慎以對，在適當的時機就能免於災禍，繼續完成搬遷。

既濟卦 卦理

「既濟」卦，有成功、完成、萬事具備之意。卦序上既濟卦是接在小過卦之後，和未濟卦為相綜的一對對卦，兩卦陰爻皆互為相反，《序卦》：「有過物者必濟，故受之以既濟。」小的過失經改正後即可成功，因此小過卦後就是既濟卦。既濟卦就是小泰之卦，成功到來，守成就是一大課題，如何讓最完美的一面長長久久就是既濟卦之後要遇到的問題。

既濟卦卦象為上坎水，下離火，水火相濟而調和，水將火熄滅而完成任務，表示事情獲得成功。〈象〉曰：「水在火上，既濟。君子以思患而預防之。」用水在火上來比喻煮食物，煮熟後才表示成功，君子應該要有遠大的思維，在事情達成前，要將種種的可能性沙盤推演過，防患於未然，這樣才能得吉。初九、九四相呼應，六二、九五相呼應，九三、上六相呼應，六二柔居當位且承接於剛，九五剛中當位承於柔，每個爻皆當位，所以稱為既濟卦，且為最完美的一卦。

卦辭：「亨，小利貞，初吉終亂。」既濟卦，小亨通，利於堅守正道才得到吉祥，但如果不能有效維持，最終仍然會混亂。凡事都是物極必反，當一切都達到完美後，如何維持是一個課題，不過接下去一定又會開始下滑，此為一個循環。卜得此卦者一定要有防患於未然的思維，不可因成功而自滿，仍然要時時刻刻警惕自己，盛極必衰就是這個道理。

「既濟」卦六爻的爻辭：初九時表示行事首要謹慎，三思而後行，欲速則不達，不可輕易為之，如此則能得吉；六二時表示做事總是受到困阻，但如果堅守正道，不輕舉妄動，等到時機到來，甜美的果實也將隨之而來；九三表示不要貪功，該是自己的就不會跑掉，若太過度表現，則可能會有反效果；六四表示要學會如何居安思危，防患於未然才是吉祥之道；不可以因為現在自己地位崇高，所以什麼事情都講求排場，過於高調不見得能夠得到好處，謙遜低調行事，只要真誠，一定能得到更棒的結果，此為九五之意；上六時表示不可安於現況，要隨時做好改變的準備，這樣才能順應變化，方能得吉。

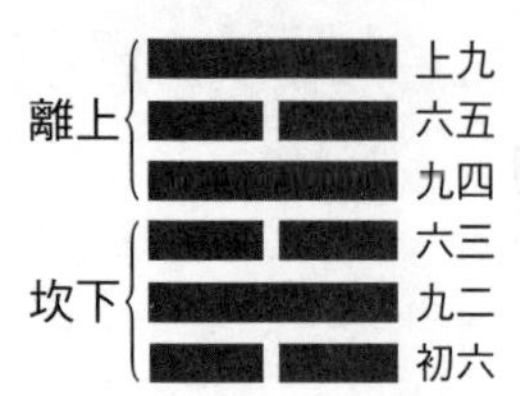

未濟卦

卦序▶64　錯卦▶水火既濟
卦數▶42　綜卦▶水火既濟
卦向▶西南　互卦▶水火既濟

卦揭

未濟，還未渡河之意。引申為未完成、未度過之意。

一青年老是埋怨自己時運不濟，生活不幸，終日愁眉不展。有一天，走過一個鬚髮俱白的老人，問：「年輕人，幹嘛不高興？」年輕人答說：「我不明白我為什麼老是這麼窮？」「窮？我看你很富有嘛！」老人由衷地說。「這從何說起？」年輕人問。老人沒有正面回答，反問道：「假如今天，我折斷你的一根手指頭，給你一萬元，你願不願意？」「不願意。」年輕人回答。「假如讓你馬上變成80歲的老翁，給你一億元，你願不願意？」「假如讓你馬上死掉，給你一億元，你願不願意？」年輕人通通回答「不願意。」

此時老人說：「這就對了，你身上的錢已超過了一億元啊！」看來，感嘆自己不幸的人，並不是由於幸福之神未眷顧，而是因為他們心靈的空間擠滿了物欲，無法因自己的擁有而感到幸福。

卦辭

【卦辭】亨，小狐汔濟，濡其尾，無攸利。

汔，音同「氣」，幾乎、將近。未濟卦，亨通之兆，小狐狸幾乎都快過河了，卻沾溼了尾巴，沒有什麼利益。

〈彖〉「未濟，亨；柔得中也。小狐汔濟，未出中也。濡其尾，無攸利；不續終也。雖不當位，剛柔應也。」未濟卦，亨通之兆，這是因為柔爻居於中位的緣故。小狐狸幾乎都快過河了，卻在還沒過完河前沾溼了尾巴，這是沒有什麼利益的，也代表沒有貫徹始終。雖然不得其位，但依舊做到剛柔互應的平衡。

〈象〉「火在水上，未濟。君子以慎辨物居方。」火在水面上，這是未濟卦的徵兆。君子應藉此謹慎辨認事物的分類與走向。

【初六】濡其尾，吝。

沾溼了尾巴，恐有憾恨之事產生。

〈象〉「濡其尾，亦不知極也。」不知極，不知道結果可能不利。即使尾巴都沾溼了，卻還沒體會可能有不好的結果產生。

勇往直前固然勇氣可嘉，但量力而為才能真的有好的結果。

【九二】曳其輪，貞吉。

拉著輪子，穩健前進，堅守正道，則能得吉。

〈象〉「九二貞吉，中以行正也。」九二爻堅守正道，則能得吉，這是因為此爻處在居中的位置，並且踏著穩定的腳步前進。

適當的尋求協助，並且適時的運用工具，不勉強、不躁進，站穩腳步，按步就班，才是正確之道。

【六三】未濟，征凶，利涉大川。

沒有辦法渡河，單槍匹馬前往則有凶險，但得到周遭的幫助，則能跋涉成功。

〈象〉「未濟征凶，位不當也。」沒有辦法渡河，單槍匹馬前往則有凶險，這是因為處在不當之位的緣故。

有時靠個人力量無法完成時，適時地尋求周遭協助就非常重要。

【九四】貞吉，悔亡，震用伐鬼方，三年有賞于大國。

堅持守正道，則無悔恨，努力不懈的討伐鬼方這個地區，經過三年的征戰後成功，得到大國的賞識。

〈象〉「貞吉悔亡，志行也。」堅持守正道，則無悔恨，這是因為下定決心，勢在必行。

成功是靠努力不懈的精神和堅忍的心，正所謂有志者，事竟成。

【六五】貞吉，無悔，君子之光，有孚，吉。

堅守正道，則吉祥沒有悔恨，就像君子的光芒來自於誠信，吉祥之徵兆。

〈象〉「君子之光，其暉吉也。」在君子的光芒照耀下，得吉。

君子的誠信就像光輝一樣，眾人受其感召則能得到吉祥。

【上九】有孚于飲酒，無咎，濡其首，有孚失是。

帶著誠信飲酒，沒有損失；但若是將酒淋於頭，則誠信也會消失。

〈象〉「飲酒濡首，亦不知節也。」酒喝多了，致使頭都浸溼，這就是不知節制的後果。

凡事適可而止，過於相信人或是不知有所節制，則會失去誠信，招來損害。

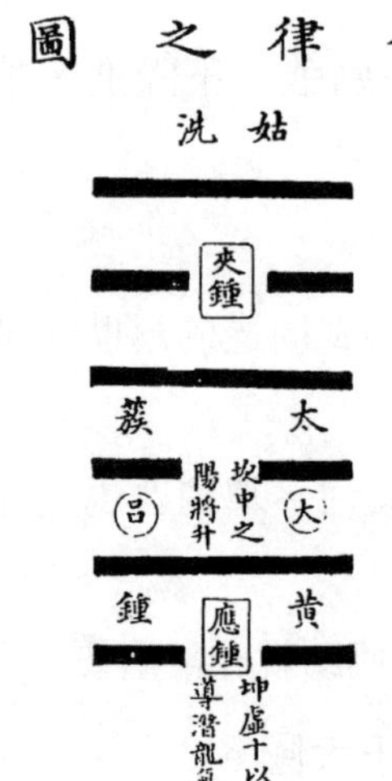

上卦為離為火，下卦為坎為水。未濟卦象徵事業未成，正因如此，則可促其成，且卦象剛柔相應，只要堅持誠信，適當尋求協助，則有成功之日。

未濟卦 卦義

381【初六】濡其尾，吝。

- **事業**：在工作完全進入狀況之前，宜謹慎行事，倘若冒進前往，會因自身能力不足導致挫敗收場。
- **創業**：創業維艱，在進入軌道前，如不能謹慎小心，急著想要有所作為的話，則會欲速則不達，遭致失敗。
- **錢財**：目前宜按兵不動，現階段任何投資行為都是不智之舉，只能等到完全掌握資訊流向後再行動，方能免於破產危機。
- **愛情**：急著找對象的話，反而會招到爛桃花，現階段宜以充實內在、提升條件、培養自我能力為主要目標，一邊靜待時機，方能遇上好對象。
- **婚姻**：婚姻狀態有些不穩定，但若要以強勢的方法加以扭轉，反而致使情況惡化，建議在找到適當的時機之前，先想想讓雙方回歸初衷的辦法。
- **子女**：目前雖然親子互動不密切，也不宜強勢冒進。現階段雙方都已習慣這樣的相處模式，你的強勢介入，只會導致對方反感，放慢步調以尋求改善之道。
- **健康**：過猶不及都不可，不要認為過量的運動就更加健康，適度適量才是保養良方。
- **旅遊**：這個行程因計畫不周將出現問題，但現在已經來不及重新規劃，只能在過程中謹慎地應對迎面而來的麻煩，才能安然度過這趟旅程。
- **考運**：你現在的程度還有待加強，為了迎向接下來的挑戰，即刻起丟棄不良的習慣，以步步為營的心境盡力衝刺，方能不留下遺憾。
- **人際**：跟人交往的狀態有些波瀾，不是很穩定，心情因此受到影響。但有時候稍稍的遠離人群，給自己一段能沉澱心靈的時間，也不是那麼糟糕的事情。

- ◆ **訴訟**：這次的官司對你不利，強行突破只會招致更糟的打擊，此時只能轉攻為守，靜待良機降臨。
- ◆ **遷居**：不要急著往前進展，會看不清物件好壞，給自己多一點時間，或許就能避免遺憾發生。
- ◆ **尋人**：往西北方前進，必有所獲。

382【九二】曳其輪，貞吉。

- ◆ **事業**：工作上尚在磨合的階段，如果能有自知之明，不好高騖遠，了解自己能力的極限，以穩健的步伐踏出每一步，工作就能順利。
- ◆ **創業**：自知條件稍嫌不足，因此能放慢發展的步調，一邊調整企業的體質，一邊強化內部的實力，按部就班的前進，就能帶動事業的發展。
- ◆ **錢財**：宜尋找適當的協助，適時的運用工具，仔細評估後再行動，就會有不錯的成效。
- ◆ **愛情**：若能清楚你的優缺長短，平心靜氣地看待異性對自己的態度，並隨時調整自己、做好萬全準備，那麼一定能遇到不錯的對象。
- ◆ **婚姻**：夫妻相處必然需要彼此處處包容退讓，想想看你自認為在包容對方的時候，對方也可能在某處包容著你，將心比心，不要將苛求與理想當作生活的一部分。
- ◆ **子女**：為了維持良好的親子關係，不應該將理想強加諸在子女身上，每個人都是獨立的個體，好好理解對方的想法與志向，配合他們一起成長，才是王道。
- ◆ **健康**：可能有些小病痛，但不會有太大的妨礙，只要找出適合自己體質的方式，一步一步地調養，就能常保安康。
- ◆ **旅遊**：恐有問題發生，但絕不要因突然而來的麻煩而驚慌失措。保持泰然，冷靜分析以找出正確的解決方案，就能平安度過這趟旅程。

◆ **考運**：世上沒有快速提升成績的妙方，端賴你自己循序漸進的努力，最終才能獲得你希冀的成果。

◆ **人際**：了解自己個性上的優缺點，優點將其發揚光大，缺點就盡力改善，做好自己能力所及的部分，漸漸會有欣賞你的人出現。

◆ **訴訟**：即便情況超乎你的預期，也不要因此感到焦躁，急著破除現狀，這樣反而會欲速則不達，對情況毫無助益。

◆ **遷居**：不要衝太快，如果沒有擬定計畫就匆忙執行，必然會失敗，謹慎行事方為上策。

383【六三】未濟，征凶，利涉大川。

◆ **事業**：有時候勢單力薄，一個人無法單獨完成工作，此時需要借助同事與下屬的力量，同舟共濟，方能度過難關，順利推動工作上的進展。

◆ **創業**：在大環境與自身條件都有限的情況下，實在難以順利創業，此時宜以退為進，先把實力培養好再出發，必要時員工與合作夥伴都會是你的助力。

◆ **錢財**：這段時期你所做的任何投資都具有相當大的風險，在缺乏資源與他人協助的情況下，實在不宜進行盲目躁進的財務投資等舉動。

◆ **愛情**：當你覺得跟對方的關係難以再更進一步時，不妨跟周遭的親友談談，透過閒聊或許能激盪出出乎意料的追求手法。

◆ **婚姻**：要改變現狀光靠你個人的力量實在不足，家庭的組成除了夫妻兩人，還有子女這個潤滑劑，有時候依賴一下孩子的力量，或許能修復逐漸消逝的夫妻情感。

◆ **子女**：或許你已經認為善盡你的責任，做好為人父母的本分，卻還是得不到相對應的回報。親子相處本來就是一門極深奧的學問，建議跟另一半好好學習如何當個好父母。

◆ **健康**：身體上遭受的傷害還未痊癒，不要一廂情願的認為傷口會自然而然隨時間過去而被療癒，輕忽懈怠只會讓你的健康狀態瓦解。

◆ **旅遊**：如果有同伴同行，要明白團結力量大的道理，如此一來，遇到問題時，集體激發出的想法將是解除危機最好的辦法。

◆ **考運**：離目標還有一段距離，千萬不可就此鬆懈，一個人獨自奮戰容易感到疲乏的話，不如跟志同道合的朋友一起，將有機會得到意想不到的效果。

◆ **人際**：與人交際上有些不順遂，想被認同的心情將逼迫你結交志不同道不合的對象。不要心急，這時候放慢步調慢慢來才是正確的做法。

◆ **訴訟**：雖然你極力避免紛爭找上門，然而這是你現階段不得不面對的情況。處境棘手時，尋求朋友的意見也是一項不賴的選擇。

◆ **遷居**：遇到困難時，找朋友來幫忙，就能打破目前的僵局。

384【九四】貞吉，悔亡，震用伐鬼方，三年有賞于大國。

◆ **事業**：事情開始有了轉機，因為經過長期的努力與付出，明亮的曙光終於透出雲層顯露出來，你的仕途也將如這道曙光，開始綻放光彩。

◆ **創業**：一開始的創業之路如同布滿小石子的泥巴路，由於你的堅持與投入，用心經營之下，現在的公司已經步入佳境，走在一條平坦的大道上。

◆ **錢財**：正處於倒吃甘蔗、苦盡甘來的轉折點，只要持續努力，你的財庫將會從空虛逐漸轉為盈滿的狀態。

◆ **愛情**：在你鍥而不捨的攻勢下，對方終於將目光轉向了你，這是你努力之下獲得的成果，如要更進一步，就要再接再厲，直到成功為止。

◆ **婚姻**：有破冰的跡象，雙方的感情慢慢產生變化，不再像以往一般冷冷冰冰。但尚未恢復到最初的溫度，只能繼續奮戰，局勢必然漸入佳境。

◆ **子女**：親子感情開始回溫，你的犧牲有了回報，逐漸有更多時間與子女相處。這還只是開端，要懂得把握這樣的機會，如此一來方能鞏固親子關係。

◆ **健康**：一直困擾你的病痛開始有了好轉的跡象，持續保持現在的生活作息，善待你的身體，最終必有甜美的果實等你品嘗。

◆ **旅遊**：雖然過程會充滿波折，假若能坦然面對旅程中問題，不要逃避，最終暴雨必過，只留一片晴天。

◆ **考運**：你的耕耘開始有了收成的機會，不要因此鬆懈，現在還未到成功的時刻，持續你的付出，將能在考場上取得先機。

◆ **人際**：之前的烏雲密布彷若隔世，你身邊開始聚集人潮，你要有所表現，讓自己更上層樓，這樣才能得到該有的報酬。

◆ **訴訟**：出現轉機，蟄伏許久所等到的契機終於來到，把握良機開始行動，必能扭轉頹勢，讓好運站在你身邊。

◆ **遷居**：你等了許久的時機終於來臨，現在就展開行動，你將心想事成。

385【六五】**貞吉，無悔，君子之光，有孚，吉。**

◆ **事業**：情況正在好轉當中，但現在還未達到高峰，除了做好分際的事情之外，懷著謙遜誠信的態度來處世待人，讓下屬與同事都能受你感召，如此一來，做事將更具效率，工作上更為一帆風順。

◆ **創業**：氣勢開始向上攀升，營運狀態愈來愈好，過去所付出的努力與面對的問題都將成為你一飛沖天的助力。

◆ **錢財**：已經逐漸脫離無錢可用的窘境，雖然不到上第一流餐館吃香喝辣的程度，但生活上已經能夠衣食無虞，不用再為錢財到處奔走。

◆ **愛情**：因為你的努力，會遇到對你抱有好感的對象，你個人獨特的特質與品德是持續吸引對方的關鍵。

◆ **婚姻**：雙方互動頻繁，感情更加深厚，如果想維持這樣的狀態，就要持續展現關懷對方的心，如此一來，對方也將對你的付出有所回應。

◆ **子女**：漸漸獲得子女的敬重與信賴，全都有賴你之前的努力與付出，為了不讓這一切歸零，持續下去將是你畢生的課題。

◆ **健康**：身體背負重量的壓迫感已經快一掃而空，取而代之的是清爽俐落的心境與體態，持續保持，你將獲得前所未有的健康舒暢感。

- ◆ **旅遊**：之前遮蔽天空的烏雲已漸漸散去，陽光颯爽的露出臉來，意味者你將踏上順利而無阻礙的一趟旅程。
- ◆ **考運**：困擾你的因素逐一散去，你將持續開發潛在的能力，領悟作學問的訣竅，這次的考運是你憑藉以往累積的實力所得到最豐碩的成果。
- ◆ **人際**：廣受歡迎，你那尋求被認同的心理將獲得滿足，但不要因此自滿而改變了現在的自己。
- ◆ **訴訟**：不用擔心受到攻擊，也不要用卑鄙的手段試圖打擊對方士氣，現在的情況都對你有利。
- ◆ **遷居**：一路順遂，不論起點、過程還是結束，都能心想事成。

386【上九】有孚于飲酒，無咎，濡其首，有孚失是。

- ◆ **事業**：工作步入軌道，也受到上司與下屬的認同，但若因此而開始處於安逸，不思遠憂，將有後患。
- ◆ **創業**：艱辛的創業之路終於步上坦途，在市場也逐漸打響名聲。但仍需秉持居安思危的精神努力下去，才能避免到頭來一場空的下場。
- ◆ **錢財**：有餘裕去購置物件，但仍須謹慎小心。過於揮霍的結果，等待你的就是傾家蕩產的下場。
- ◆ **愛情**：有情人終成眷屬，陷入熱戀期的你還是要保持理性，不要被愛沖昏頭，否則將變得患得患失或可能遭受無情的打擊。
- ◆ **婚姻**：是眾人眼中完美的夫妻模範，須注意不要讓外在的眼光影響你們夫妻的相處模式，繼續做好你們能做的事，畢竟婚姻是你們兩人的事。
- ◆ **子女**：感情和樂融融，或許仍會出現一點爭執與衝突，不過這都是平凡家庭中會出現的景象，完全的放任或輕忽才會導致嫌隙產生。
- ◆ **健康**：狀態良好，但不要因此而忽略身體的保養，適度做些擴展身體的運動或詳密的身體檢查，健康狀態才能長久維持。

◆ **旅遊**：基本上可以說是一帆風順，只要能在放鬆之餘維持一定的警戒，就不會發生掃興的事情。

◆ **考運**：狀況極佳，集中力與吸收的能力都算得上顛峰，只要你想，就能達成，唯一需注意的是，自恃過高或放任安逸就有可能導致悲劇。

◆ **人際**：常常跟三五好友聚在一起，適度地放鬆享樂是無可厚非的，不過若是夜夜笙歌而不思長進，將會樂極生悲。

◆ **訴訟**：原則上局勢將一面倒向你，你掌有決勝的關鍵，然而事情尚未結束，仍需持續正直的心態走到最後，才能避免局勢逆轉，步上衰途。

◆ **遷居**：可以請值得信賴的人來協助，對進度與發展是有利的。

未濟卦 卦理

「未濟」卦，有事情未完成且終止之意。未濟卦為六十四卦中的最終卦，是接在既濟掛之後，兩卦為一對相綜的對卦，《序卦》：「物不可窮也，故受之以未濟，終焉。」所有事物都不可能會有終點，一定會有新的開始，所以既濟卦之後就會是未濟。既濟卦不排在第六十四卦是因為萬物不會有終點，所以不能放在最後一卦，要有循環才正確，也因此將未濟卦放在最終卦，不是一個真正的結束，而是一個新的開始。

〈彖〉曰：「未濟，亨；柔得中也。小狐汔濟，未出中也。濡其尾，無攸利；不續終也。雖不當位，剛柔應也。」未濟卦可以亨通，其六五陰爻得中庸之位才有此象，小狐狸想要渡河，雖然沒有偏離中道，因而到了對岸，但是卻將尾巴弄溼，表示其不能持之以恆，有始無終，雖然六爻皆不當位，但是剛柔仍相呼應，所以仍然有事情可成之象。此卦從外在看似很安全，沒什麼困難，但實際上卻是暗藏危機。卜得此卦者，凡事都要以退為進，三思而後行，不要輕舉妄動，了解自己的處境再下決定，全盤的思考後才有機會得吉。

「未濟」卦六爻的爻辭：初六時表示在困難之際，一定要相互幫忙，一起度過難關，懂得團結合作才能得吉；九二時表示欲速則不達，穩紮穩打，一步一腳印，切勿貪快，這樣才能夠有好的結果；六三表示目前形勢對自己極為不利，很容易就陷入危險之中，這時候一定要找有能力的朋友來協助，或是直接轉換別的方法來執行，才有機會化險為夷；九四表示成功並非一蹴可及，解決困境也不可能立刻見效，因此必須果決的採取行動，持續努力才有機會得吉；自己的能力有限，所以一定要尋求他人的協助，但記住務必要謙遜，否則將不得人緣，平時的品德在這時就可以看得出來，因此平日的修德也是成功的條件之一，此為六五之意；上九時表示雖然曾經立下汗馬功勞，但畢竟已是過去事，好漢不提當年勇，現在應該要淡薄名利，繼續努力，如果仍然頤指氣使，那一定會遇到困阻。

第肆篇

附錄

附錄一

《易經》　原文

第一卦　乾卦

乾：元，亨，利，貞。

初九：潛龍，勿用。

九二：見龍再田，利見大人。

九三：君子終日乾乾，夕惕若厲，無咎。

九四：或躍在淵，無咎。

九五：飛龍在天，利見大人。

上九：亢龍有悔。

用九：見群龍無首，吉。

第二卦　坤卦

坤：元，亨，利牝馬之貞。君子有攸往，先迷，後得主，利西南得朋，東北喪朋。安貞，吉。

初六：履霜，堅冰至。

六二：直、方、大，不習無不利。

六三：含章可貞。或從王事，無成有終。

六四：括囊；無咎，無譽。

六五：黃裳，元吉。

上六：戰龍於野，其血玄黃。

用六：利永貞。

第三卦　屯卦

屯：元，亨，利，貞，勿用，有攸往，利建侯。

初九：磐桓，利居貞，利建侯。

六二：屯如邅如，乘馬班如。匪寇婚媾，女子貞不字，十年乃字。

六三：既鹿無虞，惟入于林中，君子几不如舍，往吝。

六四：乘馬班如，求婚媾，往吉，無不利。

九五：屯其膏，小貞吉，大貞凶。

上六：乘馬班如，泣血漣如。

第四卦　蒙卦

蒙：亨。匪我求童蒙，童蒙求我。初噬告，再三瀆，瀆則不告。利貞。

初六：發蒙，利用刑人，用說桎梏，以往吝。

九二：包蒙，吉。納婦，吉。子克家。

六三：勿用娶女，見金夫，不有躬，無攸利。

六四：困蒙，吝。

六五：童蒙，吉。

上九：擊蒙，不利為寇，利御寇。

第五卦　需卦

需：有孚，光亨，貞吉。利涉大川。

初九：需于郊。利用恆，無咎。

九二：需于沙。小有言，終吉。

九三：需于泥，致寇至。

六四：需于血，出自穴。

九五：需于酒食，貞吉。

上六：入于穴，有不速之客三人來，敬之終吉。

第六卦　訟卦

訟：有孚窒。惕中吉。終凶。利見大人，不利涉大川。

初六：不永所事，小有言，終吉。

九二：不克訟，歸而逋，其邑人三百戶，無眚。

六三：食舊德，貞厲，終吉，或從王事，無成。

九四：不克訟，復自命，渝安貞，吉。

九五：訟元吉。

上九：或錫之鞶帶，終朝三褫之。

第七卦　師卦

師：貞，丈人，吉無咎。

初六：師出以律，否臧凶。

九二：在師中，吉無咎，王三錫命。

六三：師或輿屍，凶。

六四：師左次，無咎。

六五：田有禽，利執言，無咎。長子帥師，弟子輿屍，貞凶。

上六：大君有命，開國承家，小人勿用。

第八卦　比卦

比：吉。原筮元永貞，無咎。不寧方來，後夫凶。

初六：有孚比之，無咎。有孚盈缶，終來有他，吉。

六二：比之自內，貞吉。

六三：比之匪人。

六四：外比之，貞吉。

九五：顯比，王用三驅，失前禽。邑人不誡，吉。

上六：比之無首，凶。

第九卦　小畜卦

小畜：亨。密云不雨，自我西郊。

初九：復自道，何其咎，吉。

九二：牽復，吉。

九三：輿說輻，夫妻反目。

六四：有孚，血去惕出，無咎。

九五：有孚攣如，富以其鄰。

上九：既雨既處，尚德載，婦貞厲。月幾望，君子征凶。

第十卦　履卦

履：履虎尾，不咥人，亨。

初九：素履，往無咎。

九二：履道坦坦，幽人貞吉。

六三：眇能視，跛能履，履虎尾，咥人，凶。武人為于大君。
九四：履虎尾，愬愬終吉。
九五：夬履，貞厲。
上九：視履考祥，其旋元吉。

第十一卦　泰卦

泰：小往大來，吉亨。
初九：拔茅茹，以其滙，征吉。
九二：包荒，用馮河，不遐遺，朋亡，得尚于中行。
九三：無平不陂，無往不復，艱貞無咎。勿恤其孚，于食有福。
六四：翩翩不富，以其鄰，不戒以孚。
六五：帝乙歸妹，以祉元吉。
上六：城復于隍，勿用師。自邑告命，貞吝。

第十二卦　否卦

否：否之匪人，不利君子貞，大往小來。
初六：拔茅茹，以其滙，貞吉，亨。
六二：包承。小人吉，大人否亨。
六三：包羞。
九四：有命無咎，疇離祉。
九五：休否，大人吉。其亡其亡，系于苞桑。
上九：傾否，先否後喜。

第十三卦　同人卦

同人：同人于野，亨。利涉大川，利君子貞。
初九：同人于門，無咎。
六二：同人于宗，吝。
九三：伏戎于莽，升其高陵，三歲不興。
九四：乘其墉，弗克攻，吉。
九五：同人，先號咷而後笑。大師克相遇。
上九：同人于郊，無悔。

第十四卦　大有卦

大有：元亨。

初九：無交害，匪咎，艱則無咎。

九二：大車以載，有攸往，無咎。

九三：公用亨于天子，小人弗克。

九四：匪其彭，無咎。

六五：厥孚交如，威如，吉。

上九：自天祐之，吉無不利。

第十五卦　謙卦

謙：亨，君子有終。

初六：謙謙君子，用涉大川，吉。

六二：鳴謙，貞吉。

九三：勞謙君子，有終吉。

六四：無不利，撝謙。

六五：不富，以其鄰，利用侵伐，無不利。

上六：鳴謙，利用行師，征邑國。

第十六卦　豫卦

豫：利建侯行師。

初六：鳴豫，凶。

六二：介于石，不終日，貞吉。

六三：盱豫，悔。遲有悔。

九四：由豫，大有得。勿疑。朋盍簪。

六五：貞疾，恆不死。

上六：冥豫，成有渝，無咎。

第十七卦　隨卦

隨：元亨利貞，無咎。

初九：官有渝，貞吉。出門交有功。

六二：系小子，失丈夫。

六三：系丈夫，失小子。隨有求，得，利居貞。

九四：隨有獲，貞凶。有孚在道，以明，何咎。

九五：孚于嘉，吉。

上六：拘系之，乃從維之。王用亨于西山。

第十八卦　　蠱卦

蠱：元亨，利涉大川。先甲三日，後甲三日。

初六：幹父之蠱，有子，考無咎，厲終吉。

九二：幹母之蠱，不可貞。

九三：幹父之蠱，小有晦，無大咎。

六四：裕父之蠱，往見吝。

六五：幹父之蠱，用譽。

上九：不事王侯，高尚其事。

第十九卦　　臨卦

臨：元，亨，利，貞。至于八月有凶。

初九：咸臨，貞吉。

九二：咸臨，吉無不利。

六三：甘臨，無攸利。既憂之，無咎。

六四：至臨，無咎。

六五：知臨，大君之宜，吉。

上六：敦臨，吉無咎。

第二十卦　　觀卦

觀：盥而不荐，有孚顒若。

初六：童觀，小人無咎，君子吝。

六二：窺觀，利女貞。

六三：觀我生，進退。

六四：觀國之光，利用賓于王。

九五：觀我生，君子無咎。

上九：觀其生，君子無咎。

第二十一卦　噬嗑卦

噬嗑：亨。利用獄。

初九：屨校滅趾，無咎。

六二：噬膚滅鼻，無咎。

六三：噬臘肉，遇毒，小吝，無咎。

九四：噬乾胏，得金矢，利艱貞，吉。

六五：噬乾肉，得黃金，貞厲，無咎。

上九：何校滅耳，凶。

第二十二卦　賁卦

賁：亨。小利有所往。

初九：賁其趾，舍車而徒。

六二：賁其須。

九三：賁如濡如，永貞吉。

六四：賁如皤如，白馬翰如，匪寇婚媾。

六五：賁于丘園，束帛戔戔，吝，終吉。

上九：白賁，無咎。

第二十三卦　剝卦

剝：不利有攸往。

初六：剝床以足，蔑貞凶。

六二：剝床以辨，蔑貞凶。

六三：剝之，無咎。

六四：剝床以膚，凶。

六五：貫魚，以宮人寵，無不利。

上九：碩果不食，君子得輿，小人剝廬。

第二十四卦　復卦

復：亨。出入無疾，朋來無咎。反復其道，七日來復，利有攸往。

初九：不復遠，無祇悔，元吉。

六二：休復，吉。

六三：頻復，厲無咎。
六四：中行獨復。
六五：敦復，無悔。
上六：迷復，凶，有災眚。用行師，終有大敗，以其國君，凶；至于十年，不克征。

第二十五卦　　無妄卦

無妄：元，亨，利，貞。其匪正有眚，不利有攸往。
初九：無妄，往吉。
六二：不耕獲，不菑畬，則利有攸往。
六三：無妄之災，或系之牛，行人之得，邑人之災。
九四：可貞，無咎。
九五：無妄之疾，勿藥有喜。
上九：無妄，行有眚，無攸利。

第二十六卦　　大畜卦

大畜：利貞，不家食吉，利涉大川。
初九：有厲利已。
九二：輿說輻。
九三：良馬逐，利艱貞。曰閑輿衛，利有攸往。
六四：童牛之牿，元吉。
六五：豶豕之牙，吉。
上九：何天之衢，亨。

第二十七卦　　頤卦

頤：貞吉。觀頤，自求口實。
初九：舍爾靈龜，觀我朵頤，凶。
六二：顛頤，拂經，于丘頤，征凶。
六三：拂頤，貞凶，十年勿用，無攸利。
六四：顛頤吉，虎視眈眈，其欲逐逐，無咎。
六五：拂經，居貞吉，不可涉大川。

上九：由頤，厲吉，利涉大川。

第二十八卦　大過卦

大過：棟橈，利有攸往，亨。
初六：藉用白茅，無咎。
九二：枯楊生稊，老夫得其女妻，無不利。
九三：棟橈，凶。
九四：棟隆，吉；有它吝。
九五：枯楊生華，老婦得士夫，無咎無譽。
上六：過涉滅頂，凶，無咎。

第二十九卦　坎卦

坎：習坎，有孚，維心亨，行有尚。
初六：習坎，入于坎窞，凶。
九二：坎有險，求小得。
六三：來之坎坎，險且枕，入于坎窞，勿用。
六四：樽酒簋貳，用缶，納約自牖，終無咎。
九五：坎不盈，祇既平，無咎。
上六：系用徽纆，置于叢棘，三歲不得，凶。

第三十卦　離卦

離：利貞，亨。畜牝牛，吉。
初九：履錯然，敬之無咎。
六二：黃離，元吉。
九三：日昃之離，不鼓缶而歌，則大耋之嗟，凶。
九四：突如其來如，焚如，死如，棄如。
六五：出涕沱若，戚嗟若，吉。
上九：王用出征，有嘉。折首，獲其匪丑，無咎。

第三十一卦　咸卦

咸：亨，利貞，取女吉。

初六：咸其拇。

六二：咸其腓，凶，居吉。

九三：咸其股，執其隨，往吝。

九四：貞吉悔亡，憧憧往來，朋從爾思。

九五：咸其脢，無悔。

上六：咸其輔，頰，舌。

第三十二卦　恆卦

恆：亨，無咎，利貞，利有攸往。

初六：浚恆，貞凶，無攸利。

九二：悔亡。

九三：不恆其德，或承之羞，貞吝。

九四：田無禽。

六五：恆其德，貞，婦人吉，夫子凶。

上六：振恆，凶。

第三十三卦　遯卦

遯：亨，小利貞。

初六：遯尾，厲，勿用有攸往。

六二：執之用黃牛之革，莫之勝說。

九三：系遯，有疾厲，畜臣妾吉。

九四：好遯，君子吉，小人否。

九五：嘉遯，貞吉。

上九：肥遯，無不利。

第三十四卦　大壯卦

大壯：利貞。

初九：壯于趾，征凶，有孚。

九二：貞吉。

九三：小人用壯，君子用罔，貞厲。羝羊觸藩，羸其角。

九四：貞吉悔亡，藩決不羸，壯于大輿之輹。

六五：喪羊于易，無悔。

上六：羝羊觸藩，不能退，不能遂，無攸利，艱則吉。

第三十五卦　　晉卦

晉：康侯用錫馬蕃庶，晝日三接。

初六：晉如摧如，貞吉。罔孚，裕無咎。

六二：晉如愁如，貞吉。受茲介福，于其王母。

六三：眾允，悔亡。

九四：晉如碩鼠，貞厲。

六五：悔亡，失得勿恤，往吉無不利。

上九：晉其角，維用伐邑，厲吉無咎，貞吝。

第三十六卦　　明夷卦

明夷：利艱貞。

初九：明夷于飛，垂其翼。君子于行，三日不食，有攸往，主人有言。

六二：明夷，夷于左股，用拯馬壯，吉。

九三：明夷于南狩，得其大首，不可疾，貞。

六四：入于左腹，獲明夷之心，出于門庭。

六五：箕子之明夷，利貞。

上六：不明，晦，初登于天，後入于地。

第三十七卦　　家人卦

家人：利女貞。

初九：閑有家，悔亡。

六二：無攸遂，在中饋，貞吉。

九三：家人嗃嗃，悔厲吉；婦子嘻嘻，終吝。

六四：富家，大吉。

九五：王假有家，勿恤吉。

上九：有孚威如，終吉。

第三十八卦　　睽卦

睽：小事吉。

初九：悔亡，喪馬勿逐，自復；見惡人無咎。

九二：遇主于巷，無咎。

六三：見輿曳，其牛掣，其人天且劓，無初有終。

九四：睽孤，遇元夫，交孚，厲無咎。

六五：悔亡，厥宗噬膚，往何咎。

上九：睽孤，見豕負涂，載鬼一車，先張之弧，後說之弧，匪寇婚媾，往遇雨則吉。

第三十九卦　　蹇卦

蹇：利西南，不利東北；利見大人，貞吉。

初六：往蹇，來譽。

六二：王臣蹇蹇，匪躬之故。

九三：往蹇來反。

六四：往蹇來連。

九五：大蹇朋來。

上六：往蹇來碩，吉；利見大人。

第四十卦　　解卦

解：利西南，無所往，其來復吉。有攸往，夙吉。

初六：無咎。

九二：田獲三狐，得黃矢，貞吉。

六三：負且乘，致寇至，貞吝。

九四：解而拇，朋至斯孚。

六五：君子維有解，吉；有孚于小人。

上六：公用射隼，于高墉之上，獲之，無不利。

第四十一卦　　損卦

損：有孚，元吉，無咎，可貞，利有攸往？曷之用，二簋可用享。

初九：已事遄往，無咎，酌損之。
九二：利貞，征凶，弗損益之。
六三：三人行，則損一人；一人行，則得其友。
六四：損其疾，使遄有喜，無咎。
六五：或益之十朋之龜，弗克違，元吉。
上九：弗損益之，無咎，貞吉，利有攸往，得臣無家。

第四十二卦　　益卦

益：利有攸往，利涉大川。
初九：利用為大作，元吉，無咎。
六二：或益之十朋之龜，弗克違，永貞吉。王用享于帝，吉。
六三：益之用凶事，無咎。有孚中行，告公用圭。
六四：中行，告公從。利用為依遷國。
九五：有孚惠心，勿問元吉。有孚惠我德。
上九：莫益之，或擊之，立心勿恆，凶。

第四十三卦　　夬卦

夬：揚于王庭，孚號，有厲，告自邑，不利即戎，利有攸往。
初九：壯于前趾，往不勝為咎。
九二：惕號，莫夜有戎，勿恤。
九三：壯于頄，有凶。君子夬夬，獨行遇雨，若濡有慍，無咎。
九四：臀無膚，其行次且。牽羊悔亡，聞言不信。
九五：莧陸夬夬，中行無咎。
上六：無號，終有凶。

第四十四卦　　姤卦

姤：女壯，勿用取女。
初六：系于金柅，貞吉，有攸往，見凶，羸豕孚蹢躅。
九二：包有魚，無咎，不利賓。
九三：臀無膚，其行次且，厲，無大咎。
九四：包無魚，起凶。

九五：以杞包瓜，含章，有隕自天。
上九：姤其角，吝，無咎。

第四十五卦　萃卦

萃：亨。王假有廟，利見大人，亨，利貞。用大牲吉，利有攸往。
初六：有孚不終，乃亂乃萃，若號，一握為笑，勿恤，往無咎。
六二：引吉，無咎，孚乃利用禴。
六三：萃如，嗟如，無攸利，往無咎，小吝。
九四：大吉，無咎。
九五：萃有位，無咎。匪孚，元永貞，悔亡。
上六：齎咨涕洟，無咎。

第四十六卦　升卦

升：元亨，用見大人，勿恤，南征吉。
初六：允升，大吉。
九二：孚乃利用禴，無咎。
九三：升虛邑。
六四：王用亨于岐山，吉無咎。
六五：貞吉，升階。
上六：冥升，利于不息之貞。

第四十七卦　困卦

困：亨，貞，大人吉，無咎，有言不信。
初六：臀困于株木，入于幽谷，三歲不見。
九二：困于酒食，朱紱方來，利用亨祀，征凶，無咎。
六三：困于石，據于蒺藜，入于其宮，不見其妻，凶。
九四：來徐徐，困于金車，吝，有終。
九五：劓刖，困于赤紱，乃徐有說，利用祭祀。
上六：困于葛藟，于臲卼，曰動悔。有悔，征吉。

第四十八卦　井卦

井：改邑不改井，無喪無得，往來井井。汔至，亦未繘井，羸其瓶，凶。

初六：井泥不食，舊井無禽。

九二：井谷射鮒，瓮敝漏。

九三：井渫不食，為我心惻，可用汲，王明，並受其福。

六四：井甃，無咎。

九五：井冽，寒泉食。

上六：井收勿幕，有孚元吉。

第四十九卦　革卦

革：己日乃孚，元亨利貞，悔亡。

初九：鞏用黃牛之革。

六二：己日乃革之，征吉，無咎。

九三：征凶，貞厲，革言三就，有孚。

九四：悔亡，有孚改命，吉。

九五：大人虎變，未占有孚。

上六：君子豹變，小人革面，征凶，居貞吉。

第五十卦　鼎卦

鼎：元吉，亨。

初六：鼎顛趾，利出否，得妾以其子，無咎。

九二：鼎有實，我仇有疾，不我能即，吉。

九三：鼎耳革，其行塞，雉膏不食，方雨虧悔，終吉。

九四：鼎折足，覆公餗，其形渥，凶。

六五：鼎黃耳，金鉉，利貞。

上九：鼎玉鉉，大吉，無不利。

第五十一卦　震卦

震：亨。震來虩虩，笑言啞啞。震驚百里，不喪匕鬯。

初九：震來虩虩，後笑言啞啞，吉。

六二：震來厲，億喪貝，躋于九陵，勿逐，七日得。
六三：震蘇蘇，震行無眚。
九四：震遂泥。
六五：震往來厲，億無喪，有事。
上六：震索索，視矍矍，征凶。震不于其躬，于其鄰，無咎。婚媾有言。

第五十二卦　艮卦

艮：艮其背，不獲其身，行其庭，不見其人，無咎。
初六：艮其趾，無咎，利永貞。
六二：艮其腓，不拯其隨，其心不快。
九三：艮其限，列其夤，厲薰心。
六四：艮其身，無咎。
六五：艮其輔，言有序，悔亡。
上九：敦艮，吉。

第五十三卦　漸卦

漸：女歸吉，利貞。
初六：鴻漸于干，小子厲，有言，無咎。
六二：鴻漸于磐，飲食衎衎，吉。
九三：鴻漸于陸，夫征不復，婦孕不育，凶；利御寇。
六四：鴻漸于木，或得其桷，無咎。
九五：鴻漸于陵，婦三歲不孕，終莫之勝，吉。
上九：鴻漸于逵，其羽可用為儀，吉。

第五十四卦　歸妹卦

歸妹：征凶，無攸利。
初九：歸妹以娣，跛能履，征吉。
九二：眇能視，利幽人之貞。
六三：歸妹以須，反歸以娣。
九四：歸妹愆期，遲歸有時。
六五：帝乙歸妹，其君之袂，不如其娣之袂良，月幾望，吉。

上六：女承筐無實，士刲羊無血，無攸利。

第五十五卦　　豐卦

豐：亨，王假之，勿憂，宜日中。
初九：遇其配主，雖旬無咎，往有尚。
六二：豐其蔀，日中見斗，往得疑疾，有孚發若，吉。
九三：豐其沛，日中見沬，折其右肱，無咎。
九四：豐其蔀，日中見斗，遇其夷主，吉。
六五：來章，有慶譽，吉。
上六：豐其屋，蔀其家，窺其戶，闃其無人，三歲不見，凶。

第五十六卦　　旅卦

旅：小亨，旅貞吉。
初六：旅瑣瑣，斯其所取災。
六二：旅即次，懷其資，得童仆貞。
九三：旅焚其次，喪其童仆，貞厲。
九四：旅于處，得其資斧，我心不快。
六五：射雉一矢亡，終以譽命。
上九：鳥焚其巢，旅人先笑後號啕。喪牛于易，凶。

第五十七卦　　巽卦

巽：小亨，利攸往，利見大人。
初六：進退，利武人之貞。
九二：巽在床下，用史巫紛若，吉無咎。
九三：頻巽，吝。
六四：悔亡，田獲三品。
九五：貞吉悔亡，無不利。無初有終，先庚三日，後庚三日，吉。
上九：巽在床下，喪其資斧，貞凶。

第五十八卦　　兌卦

兌：亨，利貞。

初九：和兌，吉。
九二：孚兌，吉，悔亡。
六三：來兌，凶。
九四：商兌，未寧，介疾有喜。
九五：孚于剝，有厲。
上六：引兌。

第五十九卦　渙卦

渙：亨。王假有廟，利涉大川，利貞。
初六：用拯馬壯，吉。
九二：渙奔其機，悔亡。
六三：渙其躬，無悔。
六四：渙其群，元吉。渙有丘，匪夷所思。
九五：渙汗其大號，渙王居，無咎。
上九：渙其血，去逖出，無咎。

第六十卦　節卦

節：亨。苦節不可貞。
初九：不出戶庭，無咎。
九二：不出門庭，凶。
六三：不節若，則嗟若，無咎。
六四：安節，亨。
九五：甘節，吉；往有尚。
上六：苦節，貞凶，悔亡。

第六十一卦　中孚卦

中孚：豚魚吉，利涉大川，利貞。
初九：虞吉，有他不燕。
九二：鳴鶴在陰，其子和之，我有好爵，吾與爾靡之。
六三：得敵，或鼓或罷，或泣或歌。
六四：月幾望，馬匹亡，無咎。

九五：有孚攣如，無咎。
上九：翰音登于天，貞凶。

第六十二卦　小過卦

小過：亨，利貞，可小事，不可大事。飛鳥遺之音，不宜上宜下，大吉。
初六：飛鳥以凶。
六二：過其祖，遇其妣；不及其君，遇其臣；無咎。
九三：弗過防之，從或戕之，凶。
九四：無咎，弗過遇之。往厲必戒，勿用永貞。
六五：密雲不雨，自我西郊，公弋取彼在穴。
上六：弗遇過之，飛鳥離之，凶，是謂災眚。

第六十三卦　既濟卦

既濟：亨，小利貞，初吉終亂。
初九：曳其輪，濡其尾，無咎。
六二：婦喪其茀，勿逐，七日得。
九三：高宗伐鬼方，三年克之，小人勿用。
六四：繻有衣袽，終日戒。
九五：東鄰殺牛，不如西鄰之禴祭，實受其福。
上六：濡其首，厲。

第六十四卦　未濟卦

未濟：亨，小狐汔濟，濡其尾，無攸利。
初六：濡其尾，吝。
九二：曳其輪，貞吉。
六三：未濟，征凶，利涉大川。
九四：貞吉，悔亡，震用伐鬼方，三年有賞于大國。
六五：貞吉，無悔，君子之光，有孚，吉。
上九：有孚于飲酒，無咎，濡其首，有孚失是。

附錄二

《彖傳》、《象傳》　原文

第一卦　　乾卦

乾：元，亨，利，貞。

彖曰：大哉乾元，萬物資始，乃統天。雲行雨施，品物流形。大明始終，六位時成，時乘六龍以御天。乾道變化，各正性命，保合大和，乃利貞。首出庶物，萬國咸寧。

象曰：天行健，君子以自強不息。

初九：潛龍，勿用。

象曰：潛龍勿用，陽在下也。

九二：見龍再田，利見大人。

象曰：見龍在田，得施普也。

九三：君子終日乾乾，夕惕若厲，無咎。

象曰：終日乾乾，反復道也。

九四：或躍在淵，無咎。

象曰：或躍在淵，進無咎也。

九五：飛龍在天，利見大人。

象曰：飛龍在天，大人造也。

上九：亢龍有悔。

象曰：亢龍有悔，盈不可久也。

用九：見群龍無首，吉。

象曰：用九，天德不可為首也。

第二卦　坤卦

坤：元，亨，利牝馬之貞。君子有攸往，先迷，後得主，利西南得朋，東北喪朋。安貞，吉。

彖曰：至哉坤元，萬物資生，乃順承天。坤厚載物，德合無疆。含弘光大，品物咸亨。牝馬地類，行地無疆，柔順利貞。君子攸行，先迷失道，後順得常。西南得朋，乃與類行；東北喪朋，乃終有慶。安貞之吉，應地無疆。

象曰：地勢坤，君子以厚德載物。

初六：履霜，堅冰至。

象曰：履霜堅冰，陰始凝也。馴致其道，至堅冰也。

六二：直、方、大，不習無不利。

象曰：六二之動，直以方也。不習無不利，地道光也。

六三：含章可貞。或從王事，無成有終。

象曰：含章可貞；以時發也。或從王事，知光大也。

六四：括囊；無咎，無譽。

象曰：括囊無咎，慎不害也。

六五：黃裳，元吉。

象曰：黃裳元吉，文在中也。

上六：戰龍於野，其血玄黃。

象曰：戰龍於野，其道窮也。

用六：利永貞。

象曰：用六永貞，以大終也。

第三卦　屯卦

屯：元，亨，利，貞，勿用，有攸往，利建侯。

彖曰：屯，剛柔始交而難生，動乎險中，大亨貞。雷雨之動滿盈，天造草昧，宜建侯而不寧。

象曰：雲雷屯。君子以經綸。

初九：磐桓，利居貞，利建侯。

象曰：雖磐桓，志行正也。以貴下賤，大得民也。

六二：屯如邅如，乘馬班如。匪寇婚媾，女子貞不字，十年乃字。

象曰：六二之難，乘剛也。十年乃字，反常也。

六三：既鹿無虞，惟入于林中，君子几不如舍，往吝。

象曰：既鹿無虞，以縱禽也。君子舍之，往吝窮也。

六四：乘馬班如，求婚媾，往吉，無不利。

象曰：求而往，明也。

九五：屯其膏，小貞吉，大貞凶。

象曰：屯其膏，施未光也。

上六：乘馬班如，泣血漣如。

象曰：泣血漣如，何可長也。

第四卦　蒙卦

蒙：亨。匪我求童蒙，童蒙求我。初噬告，再三瀆，瀆則不告。利貞。

彖曰：蒙，山下有險，險而止，蒙。蒙亨，以亨行時中也。匪我求童蒙，童蒙求我，志應也。初筮告，以剛中也。再三瀆，瀆則不告，瀆蒙也。蒙以養正，聖功也。

象曰：山下出泉，蒙。君子以果行育德。

初六：發蒙，利用刑人，用說桎梏，以往吝。

象曰：利用刑人，以正法也。

九二：包蒙，吉。納婦，吉。子克家。

象曰：子克家，剛柔接也。

六三：勿用娶女，見金夫，不有躬，無攸利。

象曰：勿用娶女，行不順也。

六四：困蒙，吝。

象曰：困蒙之吝，獨遠實也。

六五：童蒙，吉。

象曰：童蒙之吉，順以巽也。

上九：擊蒙，不利為寇，利御寇。

象曰：利用御寇，上下順也。

第五卦　需卦

需：有孚，光亨，貞吉。利涉大川。

彖曰：需，須也。險在前也。剛健而不陷，其義不困窮矣。需有孚，光亨，貞吉。位乎天位，以正中也。利涉大川，往有功也。

象曰：雲上於天，需。君子以飲食宴樂。

初九：需于郊。利用恆，無咎。

象曰：需于郊，不犯難行也。利用恆，無咎；未失常也。

九二：需于沙。小有言，終吉。

象曰：需于沙，衍在中也。雖小有言，以終吉也。

九三：需于泥，致寇至。

象曰：需于泥，災在外也。自我致寇，敬慎不敗也。

六四：需于血，出自穴。

象曰：需于血，順以聽也。

九五：需于酒食，貞吉。

象曰：酒食貞吉，以中正也。

上六：入于穴，有不速之客三人來，敬之終吉。

象曰：不速之客來，敬之終吉。雖不當位，未大失也。

第六卦　訟卦

訟：有孚窒。惕中吉。終凶。利見大人，不利涉大川。

彖曰：訟，上剛下險，險而健，訟。訟有孚窒，惕中吉，剛來而得中也。終凶，訟不可成也。利見大人；尚中正也。不利涉大川；入于淵也。

象曰：天與水違行，訟。君子以作事謀始。

初六：不永所事，小有言，終吉。

象曰：不永所事，訟不可長也。雖有小言，其辯明也。

九二：不克訟，歸而逋，其邑人三百戶，無眚。

象曰：不克訟，歸而逋也。自下訟上，患至掇也。

六三：食舊德，貞厲，終吉，或從王事，無成。

象曰：食舊德，從上吉也。

九四：不克訟，復自命，渝安貞，吉。

象曰：復即命，渝安貞；不失也。

九五：訟元吉。

象曰：訟元吉，以中正也。

上九：或錫之鞶帶，終朝三褫之。

象曰：以訟受服，亦不足敬也。

第七卦　師卦

師：貞，丈人，吉無咎。

彖曰：師，眾也，貞，正也，能以眾正，可以王矣。剛中而應，行險而順，以此毒天下，而民從之，吉又何咎矣。

象曰：地中有水，師。君子以容民畜眾。

初六：師出以律，否臧凶。

象曰：師出以律，失律凶也。

九二：在師中，吉無咎，王三錫命。

象曰：在師中吉，承天寵也。王三錫命，懷萬邦也。

六三：師或輿屍，凶。

象曰：師或輿屍，大無功也。

六四：師左次，無咎。

象曰：左次無咎，未失常也。

六五：田有禽，利執言，無咎。長子帥師，弟子輿屍，貞凶。

象曰：長子帥師，以中行也。弟子輿師，使不當也。

上六：大君有命，開國承家，小人勿用。

象曰：大君有命，以正功也。小人勿用，必亂邦也。

第八卦　　比卦

比：吉。原筮元永貞，無咎。不寧方來，后夫凶。

彖曰：比，吉也，比，輔也，下順從也。原筮，元永貞，無咎，以剛中也。不寧方來，上下應也。後夫凶，其道窮也。

象曰：地上有水，比。先王以建萬國，親諸侯。

初六：有孚比之，無咎。有孚盈缶，終來有他，吉。

象曰：比之初六，有他吉也。

六二：比之自內，貞吉。

象曰：比之自內，不自失也。

六三：比之匪人。

象曰：比之匪人，不亦傷乎！

六四：外比之，貞吉。

象曰：外比於賢，以從上也。

九五：顯比，王用三驅，失前禽。邑人不誡，吉。

象曰：顯比之吉，位正中也。舍逆取順，失前禽也。邑人不誡，上使中也。

上六：比之無首，凶。

象曰：比之無首，無所終也。

第九卦　小畜卦

小畜：亨。密雲不雨，自我西郊。

彖曰：小畜，柔得位，而上下應之，曰小畜。健而巽，剛中而志行，乃亨。密雲不雨，尚往也。自我西郊，施未行也。

象曰：風行天上，小畜。君子以懿文德。

初九：復自道，何其咎，吉。

象曰：復自道，其義吉也。

九二：牽復，吉。

象曰：牽復在中，亦不自失也。

九三：輿說輻，夫妻反目。

象曰：夫妻反目，不能正室也。

六四：有孚，血去惕出，無咎。

象曰：有孚惕出，上合志也。

九五：有孚攣如，富以其鄰。

象曰：有孚攣如，不獨富也。

上九：既雨既處，尚德載，婦貞厲。月幾望，君子征凶。

象曰：既雨既處，德積載也。君子征凶，有所疑也。

第十卦　履卦

履：履虎尾，不咥人，亨。

彖曰：履，柔履剛也。說而應乎乾，是以履虎尾，不咥人，亨。剛中正，履帝位而不疚，光明也。

象曰：上天下澤，履。君子以辨上下，安民志。

初九：素履，往無咎。

象曰：素履之往，獨行願也。

九二：履道坦坦，幽人貞吉。

象曰：幽人貞吉，中不自亂也。

六三：眇能視，跛能履，履虎尾，咥人，凶。武人為于大君。

象曰：眇能視，不足以有明也。跛能履，不足以與行也。咥人之凶，位不當也。武人為于大君，志剛也。

九四：履虎尾，愬愬終吉。

象曰：愬愬終吉，志行也。

九五：夬履，貞厲。

象曰：夬履貞厲，位正當也。

上九：視履考祥，其旋元吉。

象曰：元吉在上，大有慶也。

第十一卦　泰卦

泰：小往大來，吉亨。

彖曰：泰，小往大來，吉亨。則是天地交而萬物通也；上下交而其志同也。內陽而外陰，內健而外順，內君子而外小人，君子道長，小人道消也。

象曰：天地交，泰。后以財成天地之道，輔相天地之宜，以左右民。

初九：拔茅茹，以其滙，征吉。

象曰：拔茅征吉，志在外也。

九二：包荒，用馮河，不遐遺，朋亡，得尚于中行。

象曰：包荒，得尚于中行，以光大也。

九三：無平不陂，無往不復，艱貞無咎。勿恤其孚，于食有福。

象曰：無往不復，天地際也。

六四：翩翩不富，以其鄰，不戒以孚。

象曰：翩翩不富，皆失實也。不戒以孚，中心願也。

六五：帝乙歸妹，以祉元吉。

象曰：以祉元吉，中以行願也。

上六：城復于隍，勿用師。自邑告命，貞吝。

象曰：城復于隍，其命亂也。

第十二卦　否卦

否：否之匪人，不利君子貞，大往小來。

彖曰：否之匪人，不利君子貞。大往小來，則是天地不交而萬物不通也；上下不交，而天下無邦也。內陰而外陽，內柔而外剛，內小人而外君子。小人道長，君子道消也。

象曰：天地不交，否。君子以儉德辟難，不可榮以祿。

初六：拔茅茹，以其滙，貞吉，亨。

象曰：拔茅貞吉，志在君也。

六二：包承。小人吉，大人否亨。

象曰：大人否，亨，不亂群也。

六三：包羞。

象曰：包羞，位不當也。

九四：有命無咎，疇離祉。

象曰：有命無咎，志行也。

九五：休否，大人吉。其亡其亡，系于苞桑。

象曰：大人之吉，位正當也。

上九：傾否，先否後喜。

象曰：否終則傾，何可長也。

第十三卦　　同人卦

同人：同人于野，亨。利涉大川，利君子貞。

彖曰：同人，柔得位得中，而應乎乾，曰同人。同人曰：同人于野，亨。利涉大川，乾行也。文明以健，中正而應，君子正也。唯君子為能通天下之志。

象曰：天與火，同人。君子以類族辨物。

初九：同人于門，無咎。

象曰：出門同人，又誰咎也。

六二：同人于宗，吝。

象曰：同人于宗，吝道也。

九三：伏戎于莽，升其高陵，三歲不興。

象曰：伏戎于莽，敵剛也。三歲不興，安行也。

九四：乘其墉，弗克攻，吉。

象曰：乘其墉，義弗克也，其吉，則困而反則也。

九五：同人，先號咷而後笑。大師克相遇。

象曰：同人之先，以中直也。大師相遇，言相克也。

上九：同人于郊，無悔。

象曰：同人于郊，志未得也。

第十四卦　　大有卦

大有：元亨。

彖曰：大有，柔得尊位，大中而上下應之，曰大有。其德剛健而文明，應乎天而時行，是以元亨。

象曰：火在天上，大有。君子以遏惡揚善，順天休命。

初九：無交害，匪咎，艱則無咎。

象曰：大有初九，無交害也。

九二：大車以載，有攸往，無咎。

象曰：大車以載，積中不敗也。

九三：公用亨于天子，小人弗克。

象曰：公用亨于天子，小人害也。

九四：匪其彭，無咎。

象曰：匪其彭，無咎；明辨晰也。

六五：厥孚交如，威如，吉。

象曰：厥孚交如，信以發志也。威如之吉，易而無備也。

上九：自天祐之，吉，無不利。

象曰：大有上吉，自天祐也。

第十五卦　謙卦

謙：亨，君子有終。

彖曰：謙，亨，天道下濟而光明，地道卑而上行。天道虧盈而益謙，地道變盈而流謙，鬼神害盈而福謙，人道惡盈而好謙。謙尊而光，卑而不可逾，君子之終也。

象曰：地中有山，謙。君子以裒多益寡，稱物平施。

初六：謙謙君子，用涉大川，吉。

象曰：謙謙君子，卑以自牧也。

六二：鳴謙，貞吉。

象曰：鳴謙貞吉，中心得也。

九三：勞謙君子，有終吉。

象曰：勞謙君子，萬民服也。

六四：無不利，撝謙。

象曰：無不利，撝謙，不違則也。

六五：不富，以其鄰，利用侵伐，無不利。

象曰：利用侵伐，征不服也。

上六：鳴謙，利用行師，征邑國。

象曰：鳴謙，志未得也。可用行師，征邑國也。

第十六卦　　豫卦

豫：利建侯行師。

彖曰：豫，剛應而志行，順以動，豫。豫順以動，故天地如之，而況建侯行師乎？天地以順動，故日月不過，而四時不忒；聖人以順動，則刑罰清而民服。豫之時義大矣哉！

象曰：雷出地奮，豫。先王以作樂崇德，殷荐之上帝，以配祖考。

初六：鳴豫，凶。

象曰：初六鳴豫，志窮凶也。

六二：介于石，不終日，貞吉。

象曰：不終日，貞吉，以中正也。

六三：盱豫，悔。遲有悔。

象曰：盱豫有悔，位不當也。

九四：由豫，大有得。勿疑。朋盍簪。

象曰：由豫，大有得；志大行也。

六五：貞疾，恆不死。

象曰：六五貞疾，乘剛也。恆不死，中未亡也。

上六：冥豫，成有渝，無咎。

象曰：冥豫在上，何可長也。

第十七卦　隨卦

隨：元亨利貞，無咎。

彖曰：隨，剛來而下柔，動而說，隨。大亨貞，無咎，而天下隨時，隨之時義大矣哉！

象曰：澤中有雷，隨。君子以嚮晦入宴息。

初九：官有渝，貞吉。出門交有功。

象曰：官有渝，從正吉也。出門交有功，不失也。

六二：系小子，失丈夫。

象曰：系小子，弗兼與也。

六三：系丈夫，失小子。隨有求，得，利居貞。

象曰：系丈夫，志舍下也。

九四：隨有獲，貞凶。有孚在道，以明，何咎。

象曰：隨有獲，其義凶也。有孚在道，明功也。

九五：孚于嘉，吉。

象曰：孚于嘉，吉，位正中也。

上六：拘系之，乃從維之。王用亨于西山。

象曰：拘系之，上窮也。

第十八卦　蠱卦

蠱：元亨，利涉大川。先甲三日，後甲三日。

彖曰：蠱，剛上而柔下，巽而止，蠱。蠱，元亨而天下治也。利涉大川，往有事也。先甲三日，後甲三日，終則有始，天行也。

象曰：山下有風，蠱。君子以振民育德。

初六：幹父之蠱，有子，考無咎，厲終吉。

象曰：幹父之蠱，意承考也。

九二：幹母之蠱，不可貞。

象曰：幹母之蠱，得中道也。

九三：幹父之蠱，小有晦，無大咎。

象曰：幹父之蠱，終無咎也。

六四：裕父之蠱，往見吝。

象曰：裕父之蠱，往未得也。

六五：幹父之蠱，用譽。

象曰：幹父之蠱；承以德也。

上九：不事王侯，高尚其事。

象曰：不事王侯，志可則也。

第十九卦　臨卦

臨：元，亨，利，貞。至于八月有凶。

彖曰：臨，剛浸而長。說而順，剛中而應，大亨以正，天之道也。至于八月有凶，消不久也。

象曰：澤上有地，臨。君子以教思無窮，容保民無疆。

初九：咸臨，貞吉。

象曰：咸臨貞吉，志行正也。

九二：咸臨，吉無不利。

象曰：咸臨，吉無不利，未順命也。

六三：甘臨，無攸利。既憂之，無咎。

象曰：甘臨，位不當也。既憂之，咎不長也。

六四：至臨，無咎。

象曰：至臨無咎，位當也。

六五：知臨，大君之宜，吉。

象曰：大君之宜，行中之謂也。

上六：敦臨，吉無咎。

象曰：敦臨之吉，志在內也。

第二十卦　觀卦

觀：盥而不荐，有孚顒若。

彖曰：大觀在上，順而巽，中正以觀天下。觀，盥而不荐，有孚顒若，下觀而化也。觀天之神道，而四時不忒，聖人以神道設教，而天下服矣。

象曰：風行地上，觀。先王以省方，觀民設教。

初六：童觀，小人無咎，君子吝。

象曰：初六童觀，小人道也。

六二：窺觀，利女貞。

象曰：窺觀女貞，亦可丑也。

六三：觀我生，進退。

象曰：觀我生，進退；未失道也。

六四：觀國之光，利用賓于王。

象曰：觀國之光，尚賓也。

九五：觀我生，君子無咎。

象曰：觀我生，觀民也。

上九：觀其生，君子無咎。

象曰：觀其生，志未平也。

第二十一卦　噬嗑卦

噬嗑：亨。利用獄。

彖曰：頤中有物，曰噬嗑，噬嗑而亨。剛柔分，動而明，雷電合而章。柔得中而上行，雖不當位，利用獄也。

象曰：雷電，噬嗑。先王以明罰敕法。

初九：屨校滅趾，無咎。

象曰：屨校滅趾，不行也。

六二：噬膚滅鼻，無咎。

象曰：噬膚滅鼻，乘剛也。

六三：噬臘肉，遇毒，小吝，無咎。

象曰：遇毒，位不當也。

九四：噬乾胏，得金矢，利艱貞，吉。

象曰：利艱貞吉，未光也。

六五：噬乾肉，得黃金，貞厲，無咎。

象曰：貞厲無咎，得當也。

上九：何校滅耳，凶。

象曰：何校滅耳，聰不明也。

第二十二卦　賁卦

賁：亨。小利有所往。

彖曰：賁，亨；柔來而文剛，故亨。分剛上而文柔，故小利有攸往。剛柔交錯，天文也；文明以止，人文也。觀乎天文，以察時變；觀乎人文，以化成天下。

象曰：山下有火，賁。君子以明庶政，無敢折獄。

初九：賁其趾，舍車而徒。

象曰：舍車而徒，義弗乘也。

六二：賁其須。

象曰：賁其須，與上興也。

九三：賁如濡如，永貞吉。

象曰：永貞之吉，終莫之陵也。

六四：賁如皤如，白馬翰如，匪寇婚媾。

象曰：六四，當位疑也。匪寇婚媾，終無尤也。

六五：賁于丘園，束帛戔戔，吝，終吉。

象曰：六五之吉，有喜也。

上九：白賁，無咎。

象曰：白賁無咎，上得志也。

第二十三卦　剝卦

剝：不利有攸往。

彖曰：剝，剝也，柔變剛也。不利有攸往，小人長也。順而止之，觀象也。君子尚消息盈虛，天行也。

象曰：山附于地，剝上以厚下，安宅。

初六：剝床以足，蔑貞凶。

象曰：剝床以足，以滅下也。

六二：剝床以辨，蔑貞凶。

象曰：剝床以辨，未有與也。

六三：剝之，無咎。

象曰：剝之無咎，失上下也。

六四：剝床以膚，凶。

象曰：剝床以膚，切近災也。

六五：貫魚，以宮人寵，無不利。

象曰：以宮人寵，終無尤也。

上九：碩果不食，君子得輿，小人剝廬。

象曰：君子得輿，民所載也。小人剝廬，終不可用也。

第二十四卦　　復卦

復：亨。出入無疾，朋來無咎。反復其道，七日來復，利有攸往。

彖曰：復亨；剛反，動而以順行，是以出入無疾，朋來無咎。反復其道，七日來復，天行也。利有攸往，剛長也。復其見天地之心乎？

象曰：雷在地中，復。先王以至日閉關，商旅不行，后不省方。

初九：不復遠，無祇悔，元吉。

象曰：不遠之復，以修身也。

六二：休復，吉。

象曰：休復之吉，以下仁也。

六三：頻復，厲無咎。

象曰：頻復之厲，義無咎也。

六四：中行獨復。

象曰：中行獨復，以從道也。

六五：敦復，無悔。

象曰：敦復無悔，中以自考也。

上六：迷復，凶，有災眚。用行師，終有大敗，以其國君，凶；至于十年，不克征。

象曰：迷復之凶，反君道也。

第二十五卦　　無妄卦

無妄：元，亨，利，貞。其匪正有眚，不利有攸往。

彖曰：無妄，剛自外來，而為主於內。動而健，剛中而應，大亨以正，天之命也。其匪正有眚，不利有攸往。無妄之往，何之矣？天命不祐，行矣哉？

象曰：天下雷行，物與無妄。先王以茂對時，育萬物。

初九：無妄，往吉。

象曰：無妄之往，得志也。

六二：不耕獲，不菑畬，則利有攸往。

象曰：不耕獲，未富也。

六三：無妄之災，或系之牛，行人之得，邑人之災。

象曰：行人得牛，邑人災也。

九四：可貞，無咎。

象曰：可貞無咎，固有之也。

九五：無妄之疾，勿藥有喜。

象曰：無妄之藥，不可試也。

上九：無妄，行有眚，無攸利。

象曰：無妄之行，窮之災也。

第二十六卦　大畜卦

大畜：利貞，不家食吉，利涉大川。

彖曰：大畜，剛健篤實，輝光日新，其德剛上而尚賢。能止健，大正也。不家食吉，養賢也。利涉大川，應乎天也。

象曰：天在山中，大畜。君子以多識前言往行，以畜其德。

初九：有厲利已。

象曰：有厲利已，不犯災也。

九二：輿說輹。

象曰：輿說輹，中無尤也。

九三：良馬逐，利艱貞。曰閑輿衛，利有攸往。

象曰：利有攸往，上合志也。

六四：童豕之牿，元吉。

象曰：六四元吉，有喜也。

六五：豶豕之牙，吉。

象曰：六五之吉，有慶也。

上九：何天之衢，亨。

象曰：何天之衢，道大行也。

第二十七卦　　頤卦

頤：貞吉。觀頤，自求口實。

彖曰：頤貞吉，養正則吉也。觀頤，觀其所養也；自求口實，觀其自養也。天地養萬物，聖人養賢，以及萬民；頤之時義大矣哉！

象曰：山下有雷，頤。君子以慎言語，節飲食。

初九：舍爾靈龜，觀我朵頤，凶。

象曰：觀我朵頤，亦不足貴也。

六二：顛頤，拂經，于丘頤，征凶。

象曰：六二征凶，行失類也。

六三：拂頤，貞凶，十年勿用，無攸利。

象曰：十年勿用，道大悖也。

六四：顛頤吉，虎視眈眈，其欲逐逐，無咎。

象曰：顛頤之吉，上施光也。

六五：拂經，居貞吉，不可涉大川。

象曰：居貞之吉，順以從上也。

上九：由頤，厲吉，利涉大川。

象曰：由頤厲吉，大有慶也。

第二十八卦　　大過卦

大過：棟橈，利有攸往，亨。

彖曰：大過，大者過也。棟橈，本末弱也。剛過而中，巽而說行，利有攸往，乃亨。大過之時義大矣哉！

象曰：澤滅木，大過。君子以獨立不懼，遯世無悶。

初六：藉用白茅，無咎。

象曰：藉用白茅，柔在下也。

九二：枯楊生稊，老夫得其女妻，無不利。

象曰：老夫女妻，過以相與也。

九三：棟橈，凶。

象曰：棟橈之凶，不可以有輔也。

九四：棟隆，吉；有它吝。

象曰：棟隆之吉，不橈乎下也。

九五：枯楊生華，老婦得士夫，無咎無譽。

象曰：枯楊生華，何可久也。老婦士夫，亦可丑也。

上六：過涉滅頂，凶，無咎。

象曰：過涉之凶，不可咎也。

第二十九卦　　坎卦

坎：習坎，有孚，維心亨，行有尚。

彖曰：習坎，重險也。水流而不盈，行險而不失其信。維心亨，乃以剛中也。行有尚，往有功也。天險不可升也，地險山川丘陵也，王公設險以守其國，坎之時用大矣哉！

象曰：水洊至，習坎。君子以常德行，習教事。

初六：習坎，入于坎窞，凶。

象曰：習坎入坎，失道凶也。

九二：坎有險，求小得。

象曰：求小得，未出中也。

六三：來之坎坎，險且枕，入于坎窞，勿用。

象曰：來之坎坎，終無功也。

六四：樽酒簋貳，用缶，納約自牖，終無咎。

象曰：樽酒簋貳，剛柔際也。

九五：坎不盈，只既平，無咎。

象曰：坎不盈，中未大也。

上六：係用徽纆，置于叢棘，三歲不得，凶。

象曰：上六失道，凶三歲也。

第三十卦　　離卦

離：利貞，亨。畜牝牛，吉。

彖曰：離，麗也；日月麗乎天，百谷草木麗乎土，重明以麗乎正，乃化成天下。柔麗乎中正，故亨，是以畜牝牛吉也。

象曰：明兩作離，大人以繼明照于四方。

初九：履錯然，敬之無咎。

象曰：履錯之敬，以辟咎也。

六二：黃離，元吉。

象曰：黃離元吉，得中道也。

九三：日昃之離，不鼓缶而歌，則大耋之嗟，凶。

象曰：日昃之離，何可久也。

九四：突如其來如，焚如，死如，棄如。

象曰：突如其來如，無所容也。

六五：出涕沱若，戚嗟若，吉。

象曰：六五之吉，離王公也。

上九：王用出征，有嘉。折首，獲其匪丑，無咎。

象曰：王用出征，以正邦也。

第三十一卦　咸卦

咸：亨，利貞，取女吉。

彖曰：咸，感也。柔上而剛下，二氣感應以相與，止而說，男下女，是以亨利貞，取女吉也。天地感而萬物化生，聖人感人心而天下和平；觀其所感，而天地萬物之情可見矣！

象曰：山上有澤，咸。君子以虛受人。

初六：咸其拇。

象曰：咸其拇，志在外也。

六二：咸其腓，凶，居吉。

象曰：雖凶，居吉，順不害也。

九三：咸其股，執其隨，往吝。

象曰：咸其股，亦不處也。志在隨人，所執下也。

九四：貞吉悔亡，憧憧往來，朋從爾思。

象曰：貞吉悔亡，未感害也。憧憧往來，未光大也。

九五：咸其脢，無悔。

象曰：咸其脢，志末也。

上六：咸其輔，頰，舌。

象曰：咸其輔，頰，舌，滕口說也。

第三十二卦　恆卦

恆：亨，無咎，利貞，利有攸往。

彖曰：恆，久也。剛上而柔下，雷風相與，巽而動，剛柔皆應，恆。恆亨無咎，利貞；久於其道也，天地之道，恆久而不已也。利有攸往，終則有始也。日月得天而能久照，四時變化而能久成，聖人久于其道而天下化成。觀其所恆，而天地萬物之情可見矣！

象曰：雷風，恆。君子以立不易方。

初六：浚恆，貞凶，無攸利。

象曰：浚恆之凶，始求深也。

九二：悔亡。

象曰：九二悔亡，能久中也。

九三：不恆其德，或承之羞，貞吝。

象曰：不恆其德，無所容也。

九四：田無禽。

象曰：久非其位，安得禽也。

六五：恆其德，貞，婦人吉，夫子凶。

象曰：婦人貞吉，從一而終也。夫子制義，從婦凶也。

上六：振恆，凶。

象曰：振恆在上，大無功也。

第三十三卦　遯卦

遯：亨，小利貞。

彖曰：遯亨，遯而亨也。剛當位而應，與時行也。小利貞，浸而長也。遯之時義大矣哉！

象曰：天下有山，遯。君子以遠小人，不惡而嚴。

初六：遯尾，厲，勿用有攸往。

象曰：遯尾之厲，不往何災也。

六二：執之用黃牛之革，莫之勝說。

象曰：執用黃牛，固志也。

九三：系遯，有疾厲，畜臣妾吉。

象曰：系遯之厲，有疾憊也。畜臣妾吉，不可大事也。

九四：好遯，君子吉，小人否。

象曰：君子好遯，小人否也。

九五：嘉遯，貞吉。

象曰：嘉遯貞吉，以正志也。

上九：肥遯，無不利。

象曰：肥遯，無不利；無所疑也。

第三十四卦　大壯卦

大壯：利貞。

彖曰：大壯，大者壯也。剛以動，故壯。大壯利貞；大者正也。正大而天地之情可見矣！

象曰：雷在天上，大壯。君子以非禮勿履。

初九：壯于趾，征凶，有孚。

象曰：壯于趾，其孚窮也。

九二：貞吉。

象曰：九二貞吉，以中也。

九三：小人用壯，君子用罔，貞厲。羝羊觸藩，羸其角。

象曰：小人用壯，君子罔也。

九四：貞吉悔亡，藩決不羸，壯于大輿之輹。

象曰：藩決不羸，尚往也。

六五：喪羊于易，無悔。

象曰：喪羊于易，位不當也。

上六：羝羊觸藩，不能退，不能遂，無攸利，艱則吉。

象曰：不能退，不能遂，不祥也。艱則吉，咎不長也。

第三十五卦　晉卦

晉：康侯用錫馬蕃庶，晝日三接。

彖曰：晉，進也。明出地上，順而麗乎大明，柔進而上行。是以康侯用錫馬蕃庶，晝日三接也。

象曰：明出地上，晉。君子以自昭明德。

初六：晉如摧如，貞吉。罔孚，裕無咎。

象曰：晉如摧如；獨行正也。裕無咎；未受命也。

六二：晉如愁如，貞吉。受茲介福，于其王母。

象曰：受之介福，以中正也。

六三：眾允，悔亡。

象曰：眾允之，志上行也。

九四：晉如碩鼠，貞厲。

象曰：碩鼠貞厲，位不當也。

六五：悔亡，失得勿恤，往吉無不利。

象曰：失得勿恤，往有慶也。

上九：晉其角，維用伐邑，厲吉無咎，貞吝。

象曰：維用伐邑，道未光也。

第三十六卦　明夷卦

明夷：利艱貞。

彖曰：明入地中，明夷。內文明而外柔順，以蒙大難，文王以之。利艱貞，晦其明也，內難而能正其志，箕子以之。

象曰：明入地中，明夷。君子以蒞眾，用晦而明。

初九：明夷于飛，垂其翼。君子于行，三日不食，有攸往，主人有言。

象曰：君子于行，義不食也。

六二：明夷，夷于左股，用拯馬壯，吉。

象曰：六二之吉，順以則也。

九三：明夷于南狩，得其大首，不可疾，貞。

象曰：南狩之志，乃大得也。

六四：入于左腹，獲明夷之心，出于門庭。

象曰：入于左腹，獲心意也。

六五：箕子之明夷，利貞。

象曰：箕子之貞，明不可息也。

上六：不明，晦，初登于天，後入于地。

象曰：初登于天，照四國也。後入于地，失則也。

第三十七卦　家人卦

家人：利女貞。

彖曰：家人，女正位乎內，男正位乎外，男女正，天地之大義也。家人有嚴君焉，父母之謂也。父父，子子，兄兄，弟弟，夫夫，婦婦，而家道正；正家而天下定矣。

象曰：風自火出，家人。君子以言有物，而行有恆。

初九：閑有家，悔亡。

象曰：閑有家，志未變也。

六二：無攸遂，在中饋，貞吉。

象曰：六二之吉，順以巽也。

九三：家人嗃嗃，悔厲吉；婦子嘻嘻，終吝。

象曰：家人嗃嗃，未失也；婦子嘻嘻，失家節也。

六四：富家，大吉。

象曰：富家大吉，順在位也。

九五：王假有家，勿恤吉。

象曰：王假有家，交相愛也。

上九：有孚威如，終吉。

象曰：威如之吉，反身之謂也。

第三十八卦　睽卦

睽：小事吉。

彖曰：睽，火動而上，澤動而下；二女同居，其志不同行；說而麗乎明，柔進而上行，得中而應乎剛；是以小事吉。天地睽，而其事同也；男女睽，而其志通也；萬物睽，而其事類也；睽之時用大矣哉！

象曰：上火下澤，睽。君子以同而異。

初九：悔亡，喪馬勿逐，自復；見惡人無咎。

象曰：見惡人，以辟咎也。

九二：遇主于巷，無咎。

象曰：遇主于巷，未失道也。

六三：見輿曳，其牛掣，其人天且劓，無初有終。

象曰：見輿曳，位不當也。無初有終，遇剛也。

九四：睽孤，遇元夫，交孚，厲無咎。

象曰：交孚無咎，志行也。

六五：悔亡，厥宗噬膚，往何咎。

象曰：厥宗噬膚，往有慶也。

上九：睽孤，見豕負涂，載鬼一車，先張之弧，後說之弧，匪寇婚媾，往遇雨則吉。

象曰：遇雨之吉，群疑亡也。

第三十九卦　蹇卦

蹇：利西南，不利東北；利見大人，貞吉。

彖曰：蹇，難也，險在前也。見險而能止，知矣哉！蹇利西南，往得中也；不利東北，其道窮也。利見大人，往有功也。當位貞吉，以正邦也。蹇之時用大矣哉！

象曰：山上有水，蹇。君子以反身修德。

初六：往蹇，來譽。

象曰：往蹇來譽，宜待也。

六二：王臣蹇蹇，匪躬之故。

象曰：王臣蹇蹇，終無尤也。

九三：往蹇來反。

象曰：往蹇來反，內喜之也。

六四：往蹇來連。

象曰：往蹇來連，當位實也。

九五：大蹇朋來。

象曰：大蹇朋來，以中節也。

上六：往蹇來碩，吉；利見大人。

象曰：往蹇來碩，志在內也。利見大人，以從貴也。

第四十卦　　解卦

解：利西南，無所往，其來復吉。有攸往，夙吉。

彖曰：解，險以動，動而免乎險，解。解利西南，往得眾也。其來復吉，乃得中也。有攸往夙吉，往有功也。天地解，而雷雨作，雷雨作，而百果草木皆甲坼，解之時義大矣哉！

象曰：雷雨作，解。君子以赦過宥罪。

初六：無咎。

象曰：剛柔之際，義無咎也。

九二：田獲三狐，得黃矢，貞吉。

象曰：九二貞吉，得中道也。

六三：負且乘，致寇至，貞吝。

象曰：負且乘，亦可丑也，自我致戎，又誰咎也。

九四：解而拇，朋至斯孚。

象曰：解而拇，未當位也。

六五：君子維有解，吉；有孚于小人。

象曰：君子有解，小人退也。

上六：公用射隼，于高墉之上，獲之，無不利。

象曰：公用射隼，以解悖也。

第四十一卦　　損卦

損：有孚，元吉，無咎，可貞，利有攸往？曷之用，二簋可用享。

彖曰：損，損下益上，其道上行。損而有孚，元吉，無咎，可貞，利有攸往。曷之用？二簋可用享；二簋應有時。損剛益柔有時，損益盈虛，與時偕行。

象曰：山下有澤，損。君子以懲忿窒欲。

初九：已事遄往，無咎，酌損之。

象曰：已事遄往，尚合志也。

九二：利貞，征凶，弗損益之。

象曰：九二利貞，中以為志也。

六三：三人行，則損一人；一人行，則得其友。

象曰：一人行，三則疑也。

六四：損其疾，使遄有喜，無咎。

象曰：損其疾，亦可喜也。

六五：或益之十朋之龜，弗克違，元吉。

象曰：六五元吉，自上佑也。

上九：弗損益之，無咎，貞吉，利有攸往，得臣無家。

象曰：弗損益之，大得志也。

第四十二卦　　益卦

益：利有攸往，利涉大川。

彖曰：益，損上益下，民說無疆，自上下下，其道大光。利有攸往，中正有慶。利涉大川，木道乃行。益動而巽，日進無疆。天施地生，其益無方。凡益之道，與時偕行。

象曰：風雷，益。君子以見善則遷，有過則改。

初九：利用為大作，元吉，無咎。

象曰：元吉無咎，下不厚事也。

六二：或益之十朋之龜，弗克違，永貞吉。王用享于帝，吉。

象曰：或益之，自外來也。

六三：益之用凶事，無咎。有孚中行，告公用圭。

象曰：益用凶事，固有之也。

六四：中行，告公從。利用為依遷國。

象曰：告公從，以益志也。

九五：有孚惠心，勿問元吉。有孚惠我德。

象曰：有孚惠心，勿問之矣。惠我德，大得志也。

上九：莫益之，或擊之，立心勿恆，凶。

象曰：莫益之，偏辭也。或擊之，自外來也。

第四十三卦　　夬卦

夬：揚于王庭，孚號，有厲，告自邑，不利即戎，利有攸往。

彖曰：夬，決也，剛決柔也。健而說，決而和，揚于王庭，柔乘五剛也。孚號有厲，其危乃光也。告自邑，不利即戎，所尚乃窮也。利有攸往，剛長乃終也。

象曰：澤上于天，夬。君子以施祿及下，居德則忌。

初九：壯于前趾，往不勝為吝。

象曰：不勝而往，咎也。

九二：惕號，莫夜有戎，勿恤。

象曰：有戎勿恤，得中道也。

九三：壯于頄，有凶。君子夬夬，獨行遇雨，若濡有慍，無咎。

象曰：君子夬夬，終無咎也。

九四：臀無膚，其行次且。牽羊悔亡，聞言不信。

象曰：其行次且，位不當也。聞言不信，聰不明也。

九五：莧陸夬夬，中行無咎。

象曰：中行無咎，中未光也。

上六：無號，終有凶。

象曰：無號之凶，終不可長也。

第四十四卦　姤卦

姤：女壯，勿用取女。

彖曰：姤，遇也，柔遇剛也。勿用取女，不可與長也。天地相遇，品物咸章也。剛遇中正，天下大行也。姤之時義大矣哉！

象曰：天下有風，姤。后以施命誥四方。

初六：系于金柅，貞吉，有攸往，見凶，羸豕孚蹢躅。

象曰：系于金柅，柔道牽也。

九二：包有魚，無咎，不利賓。

象曰：包有魚，義不及賓也。

九三：臀無膚，其行次且，厲，無大咎。

象曰：其行次且，行未牽也。

九四：包無魚，起凶。

象曰：無魚之凶，遠民也。

九五：以杞包瓜，含章，有隕自天。

象曰：九五含章，中正也。有隕自天，志不舍命也。

上九：姤其角，吝，無咎。

象曰：姤其角，上窮吝也。

第四十五卦　萃卦

萃：亨。王假有廟，利見大人，亨，利貞。用大牲吉，利有攸往。

彖曰：萃，聚也；順以說，剛中而應，故聚也。王假有廟，致孝享也。利見大人亨，聚以正也。用大牲吉，利有攸往，順天命也。觀其所聚，而天地萬物之情可見矣。

象曰：澤上於地，萃。君子以除戎器，戒不虞。

初六：有孚不終，乃亂乃萃，若號，一握為笑，勿恤，往無咎。

象曰：乃亂乃萃，其志亂也。

六二：引吉，無咎，孚乃利用禴。

象曰：引吉無咎，中未變也。

六三：萃如，嗟如，無攸利，往無咎，小吝。

象曰：往無咎，上巽也。

九四：大吉，無咎。

象曰：大吉無咎，位不當也。

九五：萃有位，無咎。匪孚，元永貞，悔亡。

象曰：萃有位，志未光也。

上六：齎咨涕洟，無咎。

象曰：齎咨涕洟，未安上也。

第四十六卦　升卦

升：元亨，用見大人，勿恤，南征吉。

彖曰：柔以時升，巽而順，剛中而應，是以大亨。用見大人，勿恤；有慶也。南征吉，志行也。

象曰：地中生木，升。君子以順德，積小以高大。

初六：允升，大吉。

象曰：允升大吉，上合志也。

九二：孚乃利用禴，無咎。

象曰：九二之孚，有喜也。

九三：升虛邑。

象曰：升虛邑，無所疑也。

六四：王用亨于岐山，吉無咎。

象曰：王用亨于岐山，順事也。

六五：貞吉，升階。

象曰：貞吉升階，大得志也。

上六：冥升，利于不息之貞。

象曰：冥升在上，消不富也。

第四十七卦　困卦

困：亨，貞，大人吉，無咎，有言不信。

彖曰：困，剛掩也。險以說，困而不失其所，亨；其唯君子乎？貞大人吉，以剛中也。有言不信，尚口乃窮也。

象曰：澤無水，困。君子以致命遂志。

初六：臀困于株木，入于幽谷，三歲不見。

象曰：入于幽谷，幽不明也。

九二：困于酒食，朱紱方來，利用亨祀，征凶，無咎。

象曰：困于酒食，中有慶也。

六三：困于石，據于蒺藜，入于其宮，不見其妻，凶。

象曰：據于蒺藜，乘剛也。入于其宮，不見其妻，不祥也。

九四：來徐徐，困于金車，吝，有終。

象曰：來徐徐，志在下也。雖不當位，有與也。

九五：劓刖，困于赤紱，乃徐有說，利用祭祀。

象曰：劓刖，志未得也。乃徐有說，以中直也。利用祭祀，受福也。

上六：困于葛藟，于臲卼，曰動悔。有悔，征吉。

象曰：困于葛藟，未當也。動悔，有悔吉，行也。

第四十八卦　井卦

井：改邑不改井，無喪無得，往來井井。汔至，亦未繘井，羸其瓶，凶。

彖曰：巽乎水而上水，井；井養而不窮也。改邑不改井，乃以剛中也。汔至亦未繘井，未有功也。羸其瓶，是以凶也。

象曰：木上有水，井。君子以勞民勸相。

初六：井泥不食，舊井無禽。

象曰：井泥不食，下也。舊井無禽，時舍也。

九二：井谷射鮒，甕敝漏。

象曰：井谷射鮒，無與也。

九三：井渫不食，為我心惻，可用汲，王明，并受其福。

象曰：井渫不食，行惻也。求王明，受福也。

六四：井甃，無咎。

象曰：井甃無咎，修井也。

九五：井冽，寒泉食。

象曰：寒泉之食，中正也。

上六：井收勿幕，有孚元吉。

象曰：元吉在上，大成也。

第四十九卦　革卦

革：己日乃孚，元亨利貞，悔亡。

彖曰：革，水火相息，二女同居，其志不相得，曰革。己日乃孚；革而信也。文明以說，大亨以正，革而當，其悔乃亡。天地革而四時成，湯武革命，順乎天而應乎人，革之時義大矣哉！

象曰：澤中有火，革。君子以治歷明時。

初九：鞏用黃牛之革。

象曰：鞏用黃牛，不可以有為也。

六二：己日乃革之，征吉，無咎。

象曰：己日革之，行有嘉也。

九三：征凶，貞厲，革言三就，有孚。

象曰：革言三就，又何之矣。

九四：悔亡，有孚改命，吉。

象曰：改命之吉，信志也。

九五：大人虎變，未占有孚。

象曰：大人虎變，其文炳也。

上六：君子豹變，小人革面，征凶，居貞吉。

象曰：君子豹變，其文蔚也。小人革面，順以從君也。

第五十卦　鼎卦

鼎：元吉，亨。

彖曰：鼎，象也。以木巽火，亨飪也。聖人亨以享上帝，而大亨以養聖賢。巽而耳目聰明，柔進而上行，得中而應乎剛，是以元亨。

象曰：木上有火，鼎。君子以正位凝命。

初六：鼎顛趾，利出否，得妾以其子，無咎。

象曰：鼎顛趾，未悖也。利出否，以從貴也。

九二：鼎有實，我仇有疾，不我能即，吉。

象曰：鼎有實，慎所之也。我仇有疾，終無尤也。

九三：鼎耳革，其行塞，雉膏不食，方雨虧悔，終吉。

象曰：鼎耳革，失其義也。

九四：鼎折足，覆公餗，其形渥，凶。

象曰：覆公餗，信如何也。

六五：鼎黃耳，金鉉，利貞。

象曰：鼎黃耳，中以為實也。

上九：鼎玉鉉，大吉，無不利。

象曰：玉鉉在上，剛柔節也。

第五十一卦　震卦

震：亨。震來虩虩，笑言啞啞。震驚百里，不喪匕鬯。

彖曰：震，亨。震來虩虩，恐致福也。笑言啞啞，后有則也。震驚百里，驚遠而懼邇也。出可以守宗廟社稷，以為祭主也。

象曰：洊雷，震。君子以恐懼修身。

初九：震來虩虩，後笑言啞啞，吉。

象曰：震來虩虩，恐致福也。笑言啞啞，後有則也。

六二：震來厲，億喪貝，躋于九陵，勿逐，七日得。

象曰：震來厲，乘剛也。

六三：震蘇蘇，震行無眚。

象曰：震蘇蘇，位不當也。

九四：震遂泥。

象曰：震遂泥，未光也。

六五：震往來厲，億無喪，有事。

象曰：震往來厲，危行也。其事在中，大無喪也。

上六：震索索，視矍矍，征凶。震不于其躬，于其鄰，無咎。婚媾有言。

象曰：震索索，未得中也。雖凶無咎，畏鄰戒也。

第五十二卦　艮卦

艮：艮其背，不獲其身，行其庭，不見其人，無咎。

彖曰：艮，止也。時止則止，時行則行，動靜不失其時，其道光明。艮其止，止其所也。上下敵應，不相與也。是以不獲其身，行其庭不見其人，無咎也。

象曰：兼山，艮。君子以思不出其位。

初六：艮其趾，無咎，利永貞。

象曰：艮其趾，未失正也。

六二：艮其腓，不拯其隨，其心不快。

象曰：不拯其隨，未退聽也。

九三：艮其限，列其夤，厲薰心。

象曰：艮其限，危薰心也。

六四：艮其身，無咎。

象曰：艮其身，止諸躬也。

六五：艮其輔，言有序，悔亡。

象曰：艮其輔，以中正也。

上九：敦艮，吉。

象曰：敦艮之吉，以厚終也。

第五十三卦　漸卦

漸：女歸吉，利貞。

彖曰：漸之進也，女歸吉也。進得位，往有功也。進以正，可以正邦也。

其位剛，得中也。止而巽，動不窮也。

象曰：山上有木，漸。君子以居賢德，善俗。

初六：鴻漸于干，小子厲，有言，無咎。

象曰：小子之厲，義無咎也。

六二：鴻漸于磐，飲食衎衎，吉。

象曰：飲食衎衎，不素飽也。

九三：鴻漸于陸，夫征不復，婦孕不育，凶；利御寇。

象曰：夫征不復，離群丑也。婦孕不育，失其道也。利用御寇，順相保也。

六四：鴻漸于木，或得其桷，無咎。

象曰：或得其桷，順以巽也。

九五：鴻漸于陵，婦三歲不孕，終莫之勝，吉。

象曰：終莫之勝，吉；得所願也。

上九：鴻漸于逵，其羽可用為儀，吉。

象曰：其羽可用為儀，吉；不可亂也。

第五十四卦　　歸妹卦

歸妹：征凶，無攸利。

彖曰：歸妹，天地之大義也。天地不交，而萬物不興，歸妹人之終始也。說以動，所歸妹也。征凶，位不當也。無攸利，柔乘剛也。

象曰：澤上有雷，歸妹。君子以永終知敝。

初九：歸妹以娣，跛能履，征吉。

象曰：歸妹以娣，以恆也。跛能履吉，相承也。

九二：眇能視，利幽人之貞。

象曰：利幽人之貞，未變常也。

六三：歸妹以須，反歸以娣。

象曰：歸妹以須，未當也。

九四：歸妹愆期，遲歸有時。

象曰：愆期之志，有待而行也。

六五：帝乙歸妹，其君之袂，不如其娣之袂良，月幾望，吉。

象曰：帝乙歸妹，不如其娣之袂良也。其位在中，以貴行也。

上六：女承筐無實，士刲羊無血，無攸利。

象曰：上六無實，承虛筐也。

第五十五卦　　豐卦

豐：亨，王假之，勿憂，宜日中。

彖曰：豐，大也。明以動，故豐。王假之，尚大也。勿憂宜日中，宜照天下也。日中則昃，月盈則食，天地盈虛，與時消息，而況于人乎？況於鬼神乎？

象曰：雷電皆至，豐。君子以折獄致刑。

初九：遇其配主，雖旬無咎，往有尚。

象曰：雖旬無咎，過旬災也。

六二：豐其蔀，日中見斗，往得疑疾，有孚發若，吉。

象曰：有孚發若，信以發志也。

九三：豐其沛，日中見沬，折其右肱，無咎。

象曰：豐其沛，不可大事也。折其右肱，終不可用也。

九四：豐其蔀，日中見斗，遇其夷主，吉。

象曰：豐其蔀，位不當也。日中見斗，幽不明也。遇其夷主，吉；行也。

六五：來章，有慶譽，吉。

象曰：六五之吉，有慶也。

上六：豐其屋，蔀其家，窺其戶，闃其無人，三歲不見，凶。

象曰：豐其屋，天際翔也。窺其戶，闃其無人，自藏也。

第五十六卦　旅卦

旅：小亨，旅貞吉。

彖曰：旅，小亨，柔得中乎外，而順乎剛，止而麗乎明，是以小亨，旅貞吉也。旅之時義大矣哉！

象曰：山上有火，旅。君子以明慎用刑，而不留獄。

初六：旅瑣瑣，斯其所取災。

象曰：旅瑣瑣，志窮災也。

六二：旅即次，懷其資，得童仆貞。

象曰：得童仆貞，終無尤也。

九三：旅焚其次，喪其童仆，貞厲。

象曰：旅焚其次，亦以傷矣。以旅與下，其義喪也。

九四：旅于處，得其資斧，我心不快。

象曰：旅于處，未得位也。得其資斧，心未快也。

六五：射雉一矢亡，終以譽命。

象曰：終以譽命，上逮也。

上九：鳥焚其巢，旅人先笑後號咷。喪牛于易，凶。

象曰：以旅在上，其義焚也。喪牛于易，終莫之聞也。

第五十七卦　巽卦

巽：小亨，利攸往，利見大人。

彖曰：重巽以申命，剛巽乎中正而志行。柔皆順乎剛，是以小亨，利有攸往，利見大人。

象曰：隨風，巽。君子以申命行事。

初六：進退，利武人之貞。

象曰：進退，志疑也。利武人之貞，志治也。

九二：巽在床下，用史巫紛若，吉無咎。

象曰：紛若之吉，得中也。

九三：頻巽，吝。

象曰：頻巽之吝，志窮也。

六四：悔亡，田獲三品。

象曰：田獲三品，有功也。

九五：貞吉悔亡，無不利。無初有終，先庚三日，後庚三日，吉。

象曰：九五之吉，位正中也。

上九：巽在床下，喪其資斧，貞凶。

象曰：巽在床下，上窮也。喪其資斧，正乎凶也。

第五十八卦　兌卦

兌：亨，利貞。

彖曰：兌，說也。剛中而柔外，說以利貞，是以順乎天，而應乎人。說以先民，民忘其勞；說以犯難，民忘其死；說之大，民勸矣哉！

象曰：麗澤，兌。君子以朋友講習。

初九：和兌，吉。

象曰：和兌之吉，行未疑也。

九二：孚兌，吉，悔亡。

象曰：孚兌之吉，信志也。

六三：來兌，凶。

象曰：來兌之凶，位不當也。

九四：商兌，未寧，介疾有喜。

象曰：九四之喜，有慶也。

九五：孚于剝，有厲。

象曰：孚于剝，位正當也。

上六：引兌。

象曰：上六引兌，未光也。

第五十九卦　渙卦

渙：亨。王假有廟，利涉大川，利貞。

彖曰：渙，亨。剛來而不窮，柔得位乎外而上同。王假有廟，王乃在中也。利涉大川，乘木有功也。

象曰：風行水上，渙。先王以享于帝立廟。

初六：用拯馬壯，吉。

象曰：初六之吉，順也。

九二：渙奔其機，悔亡。

象曰：渙奔其機，得願也。

六三：渙其躬，無悔。

象曰：渙其躬，志在外也。

六四：渙其群，元吉。渙有丘，匪夷所思。

象曰：渙其群，元吉；光大也。

九五：渙汗其大號，渙王居，無咎。

象曰：王居無咎，正位也。

上九：渙其血，去逖出，無咎。

象曰：渙其血，遠害也。

第六十卦　節卦

節：亨。苦節不可貞。

彖曰：節，亨，剛柔分，而剛得中。苦節不可貞，其道窮也。說以行險，當位以節，中正以通。天地節而四時成，節以制度，不傷財，不害民。

象曰：澤上有水，節。君子以制數度，議德行。

初九：不出戶庭，無咎。

象曰：不出戶庭，知通塞也。

九二：不出門庭，凶。

象曰：不出門庭，失時極也。

六三：不節若，則嗟若，無咎。

象曰：不節之嗟，又誰咎也。

六四：安節，亨。

象曰：安節之亨，承上道也。

九五：甘節，吉；往有尚。

象曰：甘節之吉，居位中也。

上六：苦節，貞凶，悔亡。

象曰：苦節貞凶，其道窮也。

第六十一卦　中孚卦

中孚：豚魚吉，利涉大川，利貞。

彖曰：中孚，柔在內而剛得中。說而巽，孚，乃化邦也。豚魚吉，信及豚魚也。利涉大川，乘木舟虛也。中孚以利貞，乃應乎天也。

象曰：澤上有風，中孚。君子以議獄緩死。

初九：虞吉，有他不燕。

象曰：初九虞吉，志未變也。

九二：鳴鶴在陰，其子和之，我有好爵，吾與爾靡之。

象曰：其子和之，中心願也。

六三：得敵，或鼓或罷，或泣或歌。

象曰：可鼓或罷，位不當也。

六四：月幾望，馬匹亡，無咎。

象曰：馬匹亡，絕類上也。

九五：有孚攣如，無咎。

象曰：有孚攣如，位正當也。

上九：翰音登于天，貞凶。

象曰：翰音登于天，何可長也。

第六十二卦　小過卦

小過：亨，利貞，可小事，不可大事。飛鳥遺之音，不宜上宜下，大吉。

彖曰：小過，小者過而亨也。過以利貞，與時行也。柔得中，是以小事吉也。剛失位而不中，是以不可大事也。有飛鳥之象焉，有飛鳥遺之音，不宜上宜下，大吉；上逆而下順也。

象曰：山上有雷，小過。君子以行過乎恭，喪過乎哀，用過乎儉。

初六：飛鳥以凶。

象曰：飛鳥以凶，不可如何也。

六二：過其祖，遇其妣；不及其君，遇其臣；無咎。

象曰：不及其君，臣不可過也。

九三：弗過防之，從或戕之，凶。

象曰：從或戕之，凶如何也。

九四：無咎，弗過遇之。往厲必戒，勿用永貞。

象曰：弗過遇之，位不當也。往厲必戒，終不可長也。

六五：密雲不雨，自我西郊，公弋取彼在穴。

象曰：密雲不雨，已上也。

上六：弗遇過之，飛鳥離之，凶，是謂災眚。

象曰：弗遇過之，已亢也。

第六十三卦　既濟卦

既濟：亨，小利貞，初吉終亂。

彖曰：既濟，亨，小者亨也。利貞，剛柔正而位當也。初吉，柔得中也。終止則亂，其道窮也。

象曰：水在火上，既濟。君子以思患而預防之。

初九：曳其輪，濡其尾，無咎。

象曰：曳其輪，義無咎也。

六二：婦喪其茀，勿逐，七日得。

象曰：七日得，以中道也。

九三：高宗伐鬼方，三年克之，小人勿用。

象曰：三年克之，憊也。

六四：繻有衣袽，終日戒。

象曰：終日戒，有所疑也。

九五：東鄰殺牛，不如西鄰之禴祭，實受其福。

象曰：東鄰殺牛，不如西鄰之時也；實受其福，吉大來也。

上六：濡其首，厲。

象曰：濡其首厲，何可久也。

第六十四卦　未濟卦

未濟：亨，小狐汔濟，濡其尾，無攸利。

彖曰：未濟，亨；柔得中也。小狐汔濟，未出中也。濡其尾，無攸利；不續終也。雖不當位，剛柔應也。

象曰：火在水上，未濟。君子以慎辨物居方。

初六：濡其尾，吝。

象曰：濡其尾，亦不知極也。

九二：曳其輪，貞吉。

象曰：九二貞吉，中以行正也。

六三：未濟，征凶，利涉大川。

象曰：未濟征凶，位不當也。

九四：貞吉，悔亡，震用伐鬼方，三年有賞于大國。

象曰：貞吉悔亡，志行也。

六五：貞吉，無悔，君子之光，有孚，吉。

象曰：君子之光，其暉吉也。

上九：有孚于飲酒，無咎，濡其首，有孚失是。

象曰：飲酒濡首，亦不知節也。

《文言傳》　原文

乾卦

《文言》曰：「元者，善之長也，亨者，嘉之會也，利者，義之和也，貞者，事之干也。君子體仁，足以長人；嘉會，足以合禮；利物，足以和義；貞固，足以干事。君子行此四者，故曰：乾：元亨利貞。」

初九曰：「潛龍勿用。」何謂也？

子曰：「龍德而隱者也。不易乎世，不成乎名；遯世而無悶，不見是而無悶；樂則行之，憂則違之，確乎其不可拔，乾龍也。」

九二曰：「見龍在田，利見大人。」何謂也？

子曰：「龍德而正中者也。庸言之信，庸行之謹，閑邪存其誠，善世而不伐，德博而化。《易》曰：『見龍在田，利見大人』，君德也。」

九三曰：「君子終日乾乾，夕惕若，厲無咎。」何謂也？

子曰：「君子進德修業，忠信，所以進德也。修辭立其誠，所以居業也。知至至之，可與几也。知終終之，可與存義也。是故，居上位而不驕，在下位而不憂。故乾乾，因其時而惕，雖危而無咎矣。」

九四：「或躍在淵，無咎。」何謂也？

子曰：「上下無常，非為邪也。進退無恆，非離群也。君子進德修業，欲及時也，故無咎。」

九五曰：「飛龍在天，利見大人。」何謂也？

子曰：「同聲相應，同氣相求；水流濕，火就燥；云從龍，風從虎。聖人作，而萬物睹，本乎天者親上，本乎地者親下，則各從其類也。」

上九曰：「亢龍有悔。」何謂也？

子曰：「貴而無位，高而無民，賢人在下而無輔，是以動而有悔也。」乾龍勿用，下也。見龍在田，時舍也。

終日乾乾，行事也。或躍在淵，自試也。飛龍在天，上治也。亢龍有悔，窮之災也。乾元用九，天下治也。乾龍勿用，陽氣潛藏。見龍在田，天下文明。終日乾乾，與時偕行。或躍在淵，乾道乃革。飛龍在天，乃位乎天德。亢龍有悔，與時偕極。乾元用九，乃見天則。乾元者，始而亨者也。利貞者，性情也。乾始能以美利利天下，不言所利。大矣哉！大哉乾乎？剛健中正，純粹精也。六爻發揮，旁通情也。時乘六龍，以御天也。云行雨施，天下平也。君子以成德為行，日可見之行也。潛之為言也，隱而未見，行而未成，是以君子弗用也。君子學以聚之，問以辯之，寬以居之，仁以行之。易曰：「見龍在田，利見大人。」君德也。九三，重剛而不中，上不在天，下不在田。故乾乾，因其時而惕，雖危無咎矣。九四，重剛而不中，上不在天，下不在田，中不在人，故或之。或之者，疑之也，故無咎。夫大人者，與天地合其德，與日月合其明，與四時合其序，與鬼神合其吉凶。先天下而天弗違，后天而奉天時。天且弗違，而況於人乎？況於鬼神乎？亢之為言也，知進而不知退，知存而不知亡，知得而不知喪。

坤卦

《文言》曰：「坤至柔，而動也剛，至靜而德方，后得主而有常，含萬物而化光。坤其道順乎？承天而時行。」

積善之家，必有餘慶；積不善之家，必有餘殃。臣弒其君，子弒其父，非一朝一夕之故，其所由來者漸矣，由辯之不早辯也。《易》曰：「履霜堅冰至。」蓋言順也。直其正也，方其義也。君子敬以直內，義以方外，敬義立，而德不孤。「直，方，大，不習無不利」；則不疑其所行也。陰雖有美，含之；以從王事，弗敢成也。地道也，妻道也，臣道也。地道無成，而代有終也。天地變化，草木蕃；天地閉，賢人隱。易曰：「括囊；無咎，無譽。」蓋言謹也。君子黃中通理，正位居體，美在其中，而暢於四支，發於事業，美之至也。陰疑於陽，必戰。為其嫌於無陽也，故稱龍焉。猶未離其類也，故稱血焉。夫玄黃者，天地之雜也，天玄而地黃。

《易經・繫辭上傳》 原文

第一章

天尊地卑，乾坤定矣。卑高以陳，貴賤位矣。動靜有常，剛柔斷矣。方以類聚，物以群分，吉凶生矣。在天成象，在地成形，變化見矣。

鼓之以雷霆，潤之以風雨，日月運行，一寒一暑，乾道成男，坤道成女。乾知大始，坤作成物。乾以易知，坤以簡能。

易則易知，簡則易從。易知則有親，易從則有功。有親則可久，有功則可大。可久則賢人之德，可大則賢人之業。易簡，而天下矣之理矣；天下之理得，而成位乎其中矣。

第二章

聖人設卦觀象，系辭焉而明吉凶，剛柔相推而生變化。

是故，吉凶者，失得之象也。悔吝者，憂虞之象也。變化者，進退之象也。剛柔者，晝夜之象也。六爻之動，三極之道也。是故，君子所居而安者，易之序也。所樂而玩者，爻之辭也。

是故，君子居則觀其象，而玩其辭；動則觀其變，而玩其占。是故自天佑之，吉無不利。

第三章

彖者，言乎象也。爻者，言乎變者也。吉凶者，言乎其失得也。悔吝者，言乎其小疵也。無咎者，善補過也。

是故，列貴賤者，存乎位。齊小大者，存乎卦。辯吉凶者，存乎辭。憂悔吝者，存乎介。震無咎者，存乎悔。是故，卦有小大，辭有險易。辭也者，也各指其所之。

第四章

易與天地准，故能彌綸天地之道。

仰以觀於天文，俯以察於地理，是故知幽明之故。原始反終，故知死生之說。精氣為物，游魂為變，是故知鬼神之情狀。

與天地相似，故不違。知周乎萬物，而道濟天下，故不過。旁行而不流，樂天知命，故不憂。安土敦乎仁，故能愛。

范圍天地之化而不過，曲成萬物而不遺，通乎晝夜之道而知，故神無方而易無體。

第五章

一陰一陽之謂道，繼之者善也，成之者性也。

仁者見之謂之仁，知者見之謂之知，百姓日用不知；故君子之道鮮矣！

顯諸仁，藏諸用，鼓萬物而不與聖人同憂，盛德大業至矣哉！

富有之謂大業，日新之謂盛德。

生生之謂《易》，成象之謂乾，效法之謂坤，極數知來之謂占，通變之謂事，陰陽不測之謂神。

第六章

夫易，廣矣大矣！以言乎遠，則不御；以言乎邇，則靜而正；以言乎天地之間，則備矣！

夫乾，其靜也專，其動也直，是以大生焉。夫坤，其靜也翕，其動也辟，是以廣生焉。

第七章

子曰：「易其至矣乎！」夫易，聖人所以崇德而廣業也。知崇禮卑，崇效天，卑法地，天地設位，而易行乎其中矣。成性存存，道義之門。

第八章

聖人有以見天下之賾，而擬諸其形容，象其物宜；是故謂之象。聖人有以見天下之動，而觀其會通，以行其禮。系辭焉，以斷其吉凶；是故謂之爻。

言天下之至賾，而不可惡也。言天下之至動，而不可亂也。擬之而后言，議之而后動，擬議以成其變化。

「鳴鶴在陰，其子和之，我有好爵，吾與爾靡之。」子曰：「君子居其室，出其言，善則千里之外應之，況其邇者乎？居其室，出其言，不善千里之外違之，況其邇乎？言出乎身，加乎民；行發乎遠；言行君子之樞機，樞機之發，榮辱之主也。言行，君子之所以動天地也，可不慎乎？」

「同人，先號咷而后笑。」子曰：「君子之道，或出或處，或默或語，二人同心，其利斷金；同心之言，其臭如蘭。」

「初六，藉用白茅，無咎。」子曰：「苟錯諸地而可矣；席用白茅，何咎之有？慎之至也。夫茅之為物薄，而用可重也。慎斯朮也以往，其無所失矣。」

「勞謙君子，有終吉。」子曰：「勞而不伐，有功而不德，厚之至也，語以其功下人者也。德言盛，禮言恭，謙也者，致恭以存其位者也。」

「亢龍有悔。」子曰：「貴而無位，高而無民，賢人在下位而無輔，是以動而有悔也。」

「不出戶庭，無咎。」子曰：「亂之所生也，則言語以為階。君不密，則失臣；臣不密，則失身；几事不密，則害成；是以君子慎密而不也。」

子曰：「作易者其知盜乎？易曰：『負且乘，致寇至。』負也者，小人之事也；小人而乘君子之器，盜思奪矣！上慢下暴，盜思伐之矣！慢藏誨盜，冶容誨淫，《易》曰：『負且乘，致寇至。』盜之招也。」

第九章

天一地二，天三地四，天五地六，天七地八，天九地十。天數五，地數五，五位相得而各有合。天數二十有五，地數三十，凡天地之數，五十有五，此所以成變化而行鬼神也。

大衍之數五十，其用四十有九。分而為二以象兩，掛一以象三，揲之以四以象四時，歸奇於扐以象閏，故再扐而後掛。

乾之策，二百一十有六。坤之策，百四十有四。凡三百有六十，當期之日。二篇之策，萬有一千五百二十，當萬物之數也。

是故，四營而成易，十有八變而成卦，八卦而小成。引而伸之，觸類而長之，天下之能事畢矣。

顯道神德行，是故可與酬酢，可與佑神矣。子曰：「知變化之道者，其知神之所為乎！」

第十章

是有聖人之道四焉，以言者尚其辭，以動者尚其變，以制器者尚其象，以卜筮者尚其占。

是以君主子將以有為也，將以有行也，問焉而以言，其受命也如向，無有遠近幽深，遂知來物。非天下之至精，其孰能與於此。

參伍以變，錯綜其數，通其變，遂馬天地之文；極其數，遂定天下之象。非天下之致變，其孰能與於此。

易無思也，無為也，寂然不動，感而遂通天下之故。非天下之致神，其孰能與於此。

夫易，聖人之所以極深而研几也。惟深也，故能通天下之志；惟几也，故能成天下之務；惟神也，故不疾而速，不行而至。子曰：「易有聖人之道四焉」者，此之謂也。

第十一章

子曰：「夫易何為者也？夫易開物成務，冒天下之道，如斯而已者也。是故，聖人以通天下之志，以定天下之業，以斷天下之疑。」

是故，蓍之德，圓而神；卦之德，方以知；六爻之義，易以貢。聖人以此洗心，退藏於密，吉凶與民同患。神以知來，知以藏往，其孰能與於此哉！古之聰明睿知神武而不殺者夫？

是以，明於天之道，而察於民之故，是與神物以前民用。聖人以此齋戒，以神明其德夫！

是故，闔戶謂之坤；辟戶謂之乾；一闔一辟謂之變；往來不窮謂之通；見乃謂之象；形乃謂之器；制而用之，謂之法；利用出入，民咸用之，謂之神。

是故，易有太極，是生兩儀，兩儀生四象，四象生八卦，八卦定吉凶，吉凶生大業。

是故，法象莫大乎天地；變通莫大乎四時；懸象著明莫在乎日月；崇高莫大乎富貴；備物致用，立成器以為天下利，莫大乎聖人；探賾索隱，鉤深致遠，以定天下之吉凶，成天下之亹亹者，莫大乎蓍龜。

是故，天生神物，聖人執之。天地變化，聖人效之。天垂象，見吉凶，聖人象之。河出圖，洛出書，聖人則之。易有四象，所以示也。系辭焉，所以告也。定之以吉凶，所以斷也。

第十二章

《易》曰：「自天佑之，吉無不利。」子曰：「佑者助也。天之所助者，順也；人之所助者，信也。履信思乎順，又以尚賢也。是以自天佑之，吉無不利也。」

子曰：「書不盡言，言不盡意；然則聖人之意，其不可見乎？」子曰：「聖人立象以盡意，設卦以盡情偽，系辭焉以盡其言，變而通之以盡利，鼓之舞之以盡神。」

乾坤其易之縕邪？乾坤成列，而易立乎其中矣。乾坤毀，則無以見易；易不可見，則乾坤或几乎息矣。

是故，形而上者謂之道；形而下者謂之器；化而裁之謂之變；推而行之謂之通；舉而錯之天下之民，謂之事業。

是故，夫象，聖人有以見天下之賾，而擬諸形容，象其物宜，是故謂之象。聖人有以見天下之動，而觀其會通，以行其典禮，系辭焉，以斷其吉凶，是故謂之爻。極天下之賾者，存乎卦；鼓天下之動者，存乎辭；化而裁之，存乎變；推而行之，存乎通；神而明之，存乎其人；默而成之，不言而信，存乎德行。

《易經・繫辭下傳》 原文

第一章

八卦成列，象在其中矣。因而重之，爻在其中矣。剛柔相推，變在其中矣。系辭焉而命之，動在其中矣。

吉凶者，貞勝者也。天地之道，貞觀者也。日月之道，貞明者也。天下之動，貞夫一者也。

夫乾，確然示人易矣。夫坤，聵然示人簡矣。爻也者，效此者也。象也者，像此者也。

爻象動乎內，吉凶見乎外，功業見乎變，聖人之情見乎辭。

天地之大德曰生，聖人之大寶曰位。何以守位曰仁。何以聚人曰財。理財正辭，禁民為非曰義。

第二章

古者包羲氏之王天下也，仰則觀象於天，俯則觀法於地，觀鳥獸之文，與地之宜，近取諸身，遠取諸物，於是始作八卦，以通神明之德，以類萬物之情。

作結繩而為網罟，以佃以漁，蓋取諸離。

包羲氏沒，神農氏作，斲木為耜，揉木為耒，耒耨之利，以教天下，蓋取諸益。

日中為市，致天下之貨，交易而退，各得其所，蓋取諸噬嗑。

神農氏沒，黃帝、堯、舜氏作，通其變，使民不倦，神而化之，使民宜之。易窮則變，變則通，通則久 是以自天佑之，吉無不利，黃帝、堯、舜，垂衣裳而天下治，蓋取諸乾坤。

刳木為舟，剡木為楫，舟楫之利，以濟不通，致遠以利天下，蓋取諸渙。

服牛乘馬，引重致遠，以利天下，蓋取諸隨。

重門擊柝，以待暴客，蓋取諸豫。

斷木為杵，掘地為臼，臼杵之利，萬民以濟，蓋取諸小過。

弦木為弧，剡木為矢，弧矢之利，以威天下，蓋取諸睽。

上古穴居而野處，后世聖人易之以宮室，上棟下宇，以待風雨，蓋取諸大壯。

古之葬者，厚衣之以薪，葬之中野，不封不樹，喪期無數，后世聖人易之以棺槨，蓋取諸大過。

上古結繩而治，后世聖人易之以書契，百官以治，萬民以察，蓋取諸夬。

第三章

是故，易者象也。象也者，像也。彖者材也。爻也者，效天下之動也。是故，吉凶生，而悔吝著也。

第四章

陽卦多陰，陰卦多陽，其故何也？陽卦奇，陰卦耦。其德行何也？陽一君而二民，君子之道也。陰二君而一民，小人之道也。

第五章

《易》曰：「憧憧往來，朋從爾思。」子曰：「天下何思何慮？天下同歸而殊途，一致而百慮，天下何思何慮？」

「日往則月來，月往則日來，日月相推而明生焉。寒往則暑來，暑往則寒來，寒暑相推而歲成焉。往者屈也，來者信也，屈信相感而利生焉。」

「尺蠖之屈，以求信也。龍蛇之蟄，以存身也。精義入神，以致用也。利用安身，以崇德也。過此以往，未之或知也。窮神知化，德之盛也。」

《易》曰：「困于石，據于蒺藜，入于其宮，不見其妻，凶。」子曰：「非所困而困焉，名必辱。非所據而據焉，身必危。既辱且危，死期將至，妻其可得見邪？」

《易》曰：「公用射隼，于高墉之上，獲之無不利。」子曰：「隼者禽也，弓矢者器也，射之者人也。君子藏器於身，待時而動，何不利之有？動而不括，是以出而不獲。語成器而動者也。」

子曰：「小人不恥不仁，不畏不義，不見利而不勸，不威不懲；小懲而大誡，此小人之福也。易曰：『履校滅趾，無咎。』此之謂也。」

「善不積，不足以成名；惡不積，不足以滅身。小人以小善為無益，而弗為也，故惡積而不可掩，罪大而不可解。《易》曰：『履校滅耳，凶。』」

子曰：「危者，安其位者也；亡者，保其存者也；亂者，有其治者也。是故，君子安而不忘危，存而不忘亡，治而不忘亂；是以，身安而國家可保也。易曰：『其亡其亡，系于包桑。』」

「天地絪縕，萬物化醇。男女構精，萬物化生。易曰：『三人行，則損一人；一人行，則得其友。』言致一也。」

子曰：「君子安其身而后動，易其心而后語，定其交而后求。君子修此三者，故全也。危以動，則民不與也；懼以語，則民不應也；無交而求，則民不與也。莫之與，則傷之者至矣。《易》曰：『莫益之，或擊之，立心勿恆，凶。』」

第六章

子曰：「乾坤其易之門邪？乾陽物也，坤陰物也。陰陽合德，而剛柔有體，以體天地之撰，以通神明之德。其稱名也，雜而不越。於稽其類，其衰世之意邪？」

子曰：「夫易，彰往而察來，而微顯闡幽，開而當名，辨物正言，斷辭則備矣。其稱名也小，其取類也大，其旨遠，其辭文，其言曲而中，其事肆而隱，因貳以濟民行，以明失得之報。」

第七章

易之興也，其於中古乎？作易者，其有憂患乎？

是故，履，德之基也；謙，德之柄也；復，德之本也；恆，德之固也；損，德之修也；益，德之裕也；困，德之辨也；井，德之地也；巽，德之制也。

履，和而至；謙，尊而光；復，小而辨於物；恆，雜而不厭；損，先難而后易；益，長裕而不設；困，窮而通；井，居其所而遷；巽，稱而隱。

履，以和行；謙，以制禮；復，以自知；恆，以一德；損，以遠害；益，以興利；困，以寡怨；井，以辨義；巽，以行權。

第八章

易之為書也，不可遠；為道也，屢遷。變動不居，周流注虛，上下無常，剛柔相易，不可為曲要，唯變所適。

其出入以度，外內使知懼，又明於憂患與故，無有帥保，如臨父母。

初率其辭，而揆其方，既有曲常。茍非其人，道不虛行。

第九章

易之為書也，原始要終，以為質也。六爻相雜，唯其時物也。

其初難知，其上易知，本末也。初辭擬之，卒成之終。若夫雜物撰德，辨是與非，則非其中爻不備。

噫！亦要存亡吉凶，則居可知矣。知者觀其彖辭，則思過半矣。

二與四位，同功而異位，其善不同，二多譽，四多懼，近也。柔之為道，不利遠者，其要無咎，其用柔中也。三與五，同功而異位，三多凶，五多功，貴賤之等也。其柔危，其剛勝邪？

第十章

易之為書也，廣大悉備，有天道焉，有人道焉，有地道焉。兼三才而兩之，故六；六者非它也，三才之道也。道有變動，故曰爻；爻有等，故曰物；物相雜，故曰文；文不當，故吉凶生焉。

第十一章

易之興也，其當殷之末世，周之盛德邪？當文王與紂之事邪？是故其辭危。危者使平，易者使傾，其道甚大，百物不廢。懼以終始，其要無咎，此之謂易之道也。

第十二章

夫乾，天下之至健也，德行恆，易以知險。夫坤，天下之至順也，德行恆簡以知阻。

能說諸心，能研諸侯之慮，定天下之吉凶，成天下之亹亹者。是故，變化云為，吉事有祥，象事知器，占事未來。天地設位，聖人成能，人謀鬼謀，百姓與能。

八卦以象告，爻彖以情言，剛柔雜居，而吉凶可見矣！

變動以利言，吉凶以情遷。是故，愛惡相攻而吉凶生；遠近相取而悔吝生，情偽相感而利害生。凡易之情，近而不相得則凶；或害之，悔且吝。

將叛者，其辭慚，中心疑者其辭枝，吉人之辭寡，躁人之辭多，誣善之人其辭游，失其守者其辭屈。

附錄六

《易經・序卦傳》　原文

有天地，然後萬物生焉。盈天地之間者唯萬物，故受之以《屯》。

《屯》者，盈也。屯者，物之始生也。物生必蒙，故受之以《蒙》。

《蒙》者，蒙也，物之稚也。物稚不可不養也，故受之以《需》。

《需》者，飲食之道也。飲食必有訟，故受之以《訟》。

訟必有眾起，故受之以《師》。

《師》者，眾也。眾必有所比，故受之以《比》。

《比》者，比也。比必有所畜，故受之以《小畜》。

物畜然後有禮，故受之以《履》。

履而泰然後安，故受之以《泰》。

《泰》者，通也。物不可以終通，故受之以《否》。

物不可以終否，故受之以《同人》。

與人同者，物必歸焉，故受之以《大有》。

有大者不可以盈，故受之以《謙》。

有大而能謙必豫，故受之以《豫》。

豫必有隨，故受之以《隨》。

以喜隨人者必有事，故受之以《蠱》。

《蠱》者，事也。有事而後可大，故受之以《臨》。

《臨》者，大也。物大然後可觀，故受之以《觀》。

可觀而後有所合，故受之以《噬嗑》。

嗑者，合也。物不可以苟合而已，故受之以《賁》。

《賁》者，飾也。致飾然後亨則盡矣，故受之以《剝》。

《剝》者，剝也。物不可以終盡剝，窮上反下，故受之以《復》。

復則不妄矣，故受之以《无妄》。

有无妄，然後可畜，故受之以《大畜》。

物畜然後可養，故受之以《頤》。

《頤》者，養也。不養則不可動，故受之以《大過》。

物不可以終過，故受之以《坎》。

《坎》者，陷也。陷必有所麗，故受之以《離》。

《離》者，麗也。

有天地然後有萬物，有萬物然後有男女，有男女然後有夫婦，有夫婦然後有父子，有父子然後有君臣，有君臣然後有上下，有上下然後禮義有所錯。

夫婦之道不可以不久也，故受之以《恆》。

《恆》者，久也。物不可以久居其所，故受之以《遯》。

《遯》者，退也。物不可以終遯，故受之以《大壯》。

物不可以終壯，故受之以《晉》。

《晉》者，進也。進必有所傷，故受之以《明夷》。

夷者，傷也。傷於外者必反於家，故受之以《家人》。

家道窮必乖，故受之以《睽》。

《睽》者，乖也。乖必有難，故受之以《蹇》。

《蹇》者，難也。物不可以終難，故受之以《解》。

《解》者，緩也。緩必有所失，故受之以《損》。

損而不已必益，故受之以《益》。

益而不已必決，故受之以《夬》。

《夬》者，決也。決必有遇，故受之以《姤》。

《姤》者，遇也。物相遇而後聚，故受之以《萃》。

《萃》者，聚也。聚而上者謂之升，故受之以《升》。

升而不已必困，故受之以《困》。

困乎上者必反下，故受之以《井》。

井道不可不革，故受之以《革》。

革物者莫若鼎，故受之以《鼎》。

主器者莫若長子，故受之以《震》。

《震》者，動也。物不可以終動，止之，故受之以《艮》。

《艮》者，止也。物不可以終止，故受之以《漸》。

漸者，進也。進必有所歸，故受之以《歸妹》。

得其所歸者必大，故受之以《豐》。

《豐》者，大也。窮大者必失其居，故受之以《旅》。

旅而无所容，故受之以《巽》。

《巽》者，入也。入而後說之，故受之以《兌》。

《兌》者，說也。說而後散之，故受之以《渙》。

《渙》者，離也。物不可以終離，故受之以《節》。

節而信之，故受之以《中孚》。

有其信者必行之，故受之以《小過》。

有過物者必濟，故受之以《既濟》。

物不可窮也，故受之以《未濟》，終焉。

《易經・說卦傳》 原文

第一章

昔者，聖人之作易也，幽贊神明而生蓍。

觀變於陰陽，而立卦；發揮於剛柔，而生爻；和順於道德，而理於義；窮理盡性，以至於命。

第二章

昔者聖人之作易也，將以順性命之理。是以立天之道，曰陰與陽；立地之道，曰柔與剛；立人之道，曰仁與義。兼三才而兩之，故易六畫而成卦。分陰分陽，迭用柔剛，故易六位而成章。

第三章

天地定位，山澤通氣，雷風相薄，水火不相射，八卦相錯，數往者順，知來者逆；是故，易逆數也。

第四章

雷以動之，風以散之，雨以潤之，日以烜之，艮以止之，兌以說之，乾以君之，坤以藏之。

第五章

帝出乎震，齊乎巽，相見乎離，致役乎坤，說言乎兌，戰乎乾，勞乎坎，成言乎艮。萬物出乎震，震東方也。齊乎巽，巽東南也，齊也者，言萬物之潔齊也。離也者，明也，萬物皆相見，南方之卦也，聖人南面而聽天下，向明而治，蓋取諸此也。坤也者地也，萬物皆致養焉，故曰致役乎坤。兌正秋也，萬物之所說也，故曰說；言乎兌。戰乎乾，乾西北之卦也，言陰陽相薄也。坎者水也，正北方之卦也，勞卦也，萬物之所歸也，故曰勞乎坎。艮東北之卦也，萬物之所成，終而所成始也，故曰成言乎艮。

第六章

神也者，妙萬物而為言者也。動萬物者，莫疾乎雷；橈萬物者，莫疾乎風；燥萬物者，莫熯乎火；說萬物者，莫說乎澤；潤萬物者，莫潤乎水；終萬物始萬物者，莫盛乎艮。故水火相逮，雷風不相悖，山澤通氣，然后能變化，既成萬物也。

第七章

乾，健也；坤，順也；震，動也；巽，入也；坎，陷也；離，麗也；艮，止也；兌，說也。

第八章

乾為馬，坤為牛，震為龍，巽為雞，坎為豕，離為雉，艮為狗，兌為羊。

第九章

乾為首，坤為腹，震為足，巽為股，坎為耳，離為目，艮為手，兌為口。

第十章

乾天也，故稱父，坤地也，故稱母；震一索而得男，故謂之長男；巽一索而得女，故謂之長女；坎再索而男，故謂之中男；離再索而得女，故謂之中女；艮三索而得男，故謂之少男；兌三索而得女，故謂之少女。

第十一章

乾為天、為圜、為君、為父、為玉、為金、為寒、為冰、為大赤、為良馬、為瘠馬、為駁馬、為木果。

坤為地、為母、為布、為釜、為吝嗇、為均、為子母牛、為大輿、為文、為眾、為柄、其於地也為黑。

震為雷、為龍、為玄黃、為敷、為大涂、為長子、為決躁、為蒼莨竹、為萑葦。其於馬也，為善鳴、為馵足，為的顙。其於稼也，為反生。其究為健，為蕃鮮。

巽為木、為風、為長女、為繩直、為工、為白、為長、為高、為進退、為不果、為臭。其於人也，為寡發、為廣顙、為多白眼、為近利市三倍。其究為躁卦。

坎為水、為溝瀆、為隱伏、為矯輮、為弓輪。其於人也，為加憂、為心病、為耳痛、為血卦、為赤。其於馬也，為美脊、為亟心、為下首、為薄蹄、為曳。其於輿也，為丁躓。為通、為月、為盜。其於木也，為堅多心。

離為火、為日、為電、為中女、為甲冑、為戈兵。其於人也，為大腹，為乾卦。為鱉、為蟹、為蠃、為蚌、為龜。其於木也，為科上槁。

艮為山、為徑路、為小石、為門闕、為果蓏、為閽寺、為指、為狗、為鼠、為黔喙之屬。其於木也，為堅多節。

兌為澤、為少女、為巫、為口舌、為毀折、為附決。其於地也，剛鹵。為妾、為羊。

《易經．雜卦傳》　原文

《乾》剛《坤》柔。《比》樂《師》憂。

《臨》《觀》之義，或與或求。《屯》見而不失其居。

《蒙》雜而著。《震》，起也。《艮》，止也。

《損》《益》，盛衰之始也。《大畜》，時也。

《无妄》，災也。《萃》聚而《升》不來也。

《謙》輕而《豫》怠也。《噬嗑》，食也。

《賁》，无色也。《兌》見而《巽》伏也。

《隨》，无故也。《蠱》則飭也。《剝》，爛也。

《復》，反也。《晉》，晝也。《明夷》，誅也。

《井》通而《困》相遇也。《咸》，速也。

《恆》，久也。《渙》，離也。《節》，止也。

《解》，緩也。《蹇》，難也。《睽》，外也。

《家人》，內也。《否》《泰》，反其類也。

《大壯》則止，《遯》則退也。《大有》，眾也。

《同人》，親也。《革》，去故也。《鼎》，取新也。

《小過》，過也。《中孚》，信也。《豐》，多故也。

親寡《旅》也。《離》上而《坎》下也。《小畜》，寡也。

《履》，不處也。《需》，不進也。《訟》，不親也。

《大過》，顛也。《姤》，遇也，柔遇剛也。《漸》，女歸待男行也。

《頤》，養正也。《既濟》，定也。《歸妹》，女之終也。

《未濟》，男之窮也。《夬》，決也，剛決柔也。君子道長，小人道憂也。

〈周易正義序〉 原文

夫易者象也，爻者效也。聖人有以仰觀俯察，象天地而育群品。雲行雨施，效四時以生萬物，若用之以順則兩儀序而百物和。若行之以逆則六位傾而五行亂。故王者動必則天地之道，不使一物失其性，行必叶陰陽之宜，不使一物受其害，故能彌綸宇宙，酬酢神明，宗社所以无窮，風聲所以不朽，非夫道極玄妙，孰能與於此乎？斯乃乾坤之大造，生靈之所益也。

若夫龍出於河則八卦宣其象，麟傷於澤則十翼彰其用，業資九聖，時歷三古，及秦亡，金鏡未墜斯文，漢理珠囊，重興儒雅。其傳易者，西都則有丁、孟、京、田，東都則有荀、劉、馬、鄭，大體更相祖述，非有絕倫。唯魏世王輔嗣之注，獨冠古今，所以江左諸儒，並傳其學，河北學者，罕能及之。

其江南義疏，十有餘家，皆辭尚虛玄，義多浮誕。原夫易理難窮，雖復玄之又玄，至於垂範作則，便是有而教有，若論住內住外之空，就能就所之說，斯乃義涉於釋氏，非為教於孔門也。既背其本，又違於注，至若復卦云七日來復，並解云，七日當為七月，謂陽氣從五月建午而消，至十一月建子始復，所歷七辰，故云七月。今按輔嗣注云，陽氣始剝盡至來復，時凡七日，則是陽氣剝盡之後凡經七日始復，但陽氣雖建午始消，至建戌之月陽氣猶在，何得稱七月來復。故鄭康成引《易緯》之說，建戌之月以陽氣既盡，建亥之月純陰用事，至建子之月陽氣始生，隔此純陰一卦，卦主六日七分，舉其成數言之而云七日來復。

仲尼之緯，分明輔嗣之注。若此康成之說，遺跡可尋。輔嗣注之於前，諸儒背之於後。考其義理，其可通乎？又蠱卦云「先甲三日，後甲三日」，輔嗣注云「甲者創制之令」，又若漢世之時，甲令乙令也。輔嗣又云「令洽乃誅，故後之三日」。又巽卦云「先庚三日，後庚三日」，輔嗣注云「申命令謂之庚」，輔嗣又云「甲庚皆申命之謂也」。諸儒同於鄭氏之說，以為甲者，宣令之日，先之三日而用辛也。欲取改新之義，後之三日而用丁也。取其丁寧之義。王氏注意，本不如此。而又不顧其注，妄作異端，今既奉勑刪定，考案其事，必以仲尼為宗。義理可詮，先以輔嗣為本。

去其華而取其實，欲使信而有徵，其文簡，其理約，寡而制眾，變而能通，仍恐鄙才短見，意未周盡，謹與朝散大夫行太學博士。臣馬嘉運，守太學助教。臣趙乾叶等，對共參議，詳其可否，至十六年，又奉勑與前修疏人及給事郎守四門博士上騎都尉。臣蘇德融等，對勑使趙弘智覆更詳審，為之正義。凡十有四卷，庶望上裨聖道，下益將來，故序其大略，附之卷首爾。

〈卜筮全書・啟蒙節要〉 原文

六十甲子歌

甲子乙丑海中金，丙寅丁卯爐中火，戊辰己巳大林木，庚午辛未路旁土，壬申癸酉劍鋒金，
甲戌乙亥山頭火，丙子丁丑澗下水，戊寅己卯城頭土，庚辰辛巳白蠟金，壬午癸未楊柳木，
甲申乙酉井泉水，丙戌丁亥屋上土，戊子己丑霹靂火，庚寅辛卯松栢木，壬辰癸巳長流水，
甲午乙未砂中金，丙申丁酉山下火，戊戌己亥平地木，庚子辛丑壁上土，壬寅癸卯金箔金，
甲辰乙巳覆燈火，丙午丁未天河水，戊申己酉大驛土，庚戌辛亥釵釧金，壬子癸丑桑柘木，
甲寅乙卯大溪水，丙辰丁巳沙中土，戊午己未天上火，庚申辛酉石榴木，壬戌癸亥大海水。

五行相生相剋

金生水，水生木，木生火，火生土，土生金。
金剋木，木剋土，土剋水，水剋火，火剋金。

六親相生相剋

生我者為父母，我生者為子孫，剋我者為官鬼，我剋者為妻財，比和者為兄弟。

八宮所屬

乾兌屬金，震巽屬木，坎屬水，離屬火，坤艮屬土。

以錢代蓍法

以錢三文，熏於爐上，致敬而祝。

祝曰：

天何言哉，叩之即應，神之靈矣，感而遂通，今有某人，有事關心，罔知休咎，罔釋厥疑，惟神惟靈，望垂昭報，若可若否，尚明告之。

祝畢擲錢，一背為單，畫▬▬，二背為拆，畫▬ ▬，三背為重，畫口，純字為交，畫×。自下而上，三擲內卦成。

再祝曰：

某宮三象，吉凶未判，再求外象三爻，以成一卦，以決憂疑。

祝畢復如前法，再擲合成一卦，而斷吉凶。至敬至誠，無不感應。

訣曰：「兩背繇來拆，雙眉本是單，渾眉交定位，總背是重安。」

單單單曰 乾，拆拆拆曰 坤，或單拆單曰 離，拆單拆曰 坎，餘卦倣此。

單變為重，拆變為交。

六十四卦名

乾宮八卦　屬金

乾為天　天風姤　天山遁　天地否

風地觀　山地剝　火地晉　火天大有

坎宮八卦　屬水

坎為水　水澤節　水雷屯　水火既濟

澤火革　雷火豐　地火明夷　地水師

艮宮八卦　屬土

艮為山　山火賁　山天大畜　山澤損

火澤睽　天澤履　風澤中孚　風山漸

震宮八卦　屬木

震為雷　雷地豫　雷水解　雷風恒　地風升、水風井、澤風大過、澤雷隨。

巽宮八卦　屬木

巽為風　風天小畜　風火家人　風雷益
天雷无妄　火雷噬嗑　山雷頤　山風蠱
離宮八卦　屬火
離為火　火山旅　火風鼎　火水未濟
山水蒙　風水渙　天水訟　天火同人
坤宮八卦　屬土
坤為地　地雷復　地澤臨　地天泰
雷天大壯　澤天夬　水天需　水地比
兌宮八卦　屬金
兌為澤　澤水困　澤地萃　澤山咸
水山蹇　地山謙　雷山小過　雷澤歸妹

六十四卦次第歌

乾坤屯蒙需訟師，比小畜兮履泰否。
同人大有謙豫隨，蠱臨觀兮噬嗑賁。
剝復无妄大畜頤，大過坎離三十備。
咸恒遁兮及大壯，晉與明夷家人睽。
蹇解損益夬姤萃，升困井革鼎震繼。
艮漸歸妹豐旅巽，兌渙節兮中孚至。
小過既濟兼未濟，是為下經三十四。

繫辭八卦象類歌

乾為君兮首與馬，卦屬老陽體至剛。
坎雖為耳又為豕，艮為手狗男之詳。
震卦但為龍與足，三卦皆名曰少陽。
陽剛終極資陰濟，造化因知不易量。
坤為臣兮腹與牛，卦屬老陰體至柔。
離雖為目又為雉，兌為口羊女之流。
巽卦但為雞與股，少陰三卦皆相侔。
陰柔終極資陽濟，萬象搊羅靡不週。

十天干

甲乙東方木　丙丁南方火　戊己中央土　庚辛西方金　壬癸北方水

十二地支

子水鼠　丑土牛　寅木虎　卯木兔　辰土龍　巳火蛇　午火馬　未土羊　申金猴　酉金雞　戌土狗　亥水豬

納甲歌

乾金甲子外壬午（辰寅子，戌申午），坎水戊寅外戊申（午辰寅，子戌申），
艮土丙辰外丙戌（申午辰，寅子戌），震木庚子庚午臨（辰寅子，戌申午），
巽木辛丑並辛未（酉亥丑，卯巳未），離火己卯己酉尋（亥丑卯，巳未酉），
坤土乙未加癸丑（卯巳未，酉亥丑），兌金丁巳丁亥憑（丑卯巳，未酉亥）。
右訣每句下小註，凡學者皆宜熟讀，然自下升上，一如點畫卦爻法。

安放世應歌

八卦之首世六當
謂八純卦世都在第六爻。
已下初爻輪上颺
若各宮之第二卦，世在初爻。
游魂八位四爻立
每宮第七卦謂之游魂，世在四爻。
歸魂八位三爻詳
各宮第八卦為歸魂，世在三爻。
世初應四，世二應五，世三應六，世四應初，世五應二，世六應三。

安身訣

子午持世身居初，丑未持世身居二，
寅申持世身居三，卯酉持世身居四，
辰戌持世身居五，巳亥持世身居六。

起月卦身訣

陰世則從五月起，陽世還從子月生
子月乃十一月也
欲得識其卦中意，從初數至世方真，

看世在爻拆，爻為陰，在重單，爻為陽。俱從初爻上數至世，便知何月卦，即是卦身也。吉神照臨則吉，凶煞剋害則凶。假如乾卦世爻是單，便以十一月從初爻數上去，到第六爻世上，即是四月卦也。又如明夷卦，世爻是拆，從初爻以五月數起至世，即八月卦也。

起六神訣

甲乙起青龍，丙丁起朱雀，戊日起勾陳，
己日起螣蛇，庚辛起白虎，壬癸起玄武。
俱從下起至上

附例：今以甲乙丙丁日，附載為式，餘倣此。

	六爻	五爻	四爻	三爻	二爻	初爻
甲乙日例	玄武	白虎	螣蛇	勾陳	朱雀	青龍
丙丁日例	青龍	玄武	白虎	螣蛇	勾陳	朱雀

飛伏神歌

乾坤來往換
乾卦伏神從坤卦尋，坤卦伏神從乾卦取，兩宮互相交換，下六宮一如此例。
艮兌兩邊求，震巽相抽取，坎離遞送流。

假如乾卦六爻，是子寅辰午申戌，其伏神用坤卦未巳卯丑亥酉。又如天風姤卦，外三爻是本宮出現，不必看其伏神，內三爻是巽宮來，方要察其本宮子寅辰，伏在丑亥酉內也。至風地觀、山地剝、火地晉，內外卦皆是別宮。其本宮六爻皆伏藏於內，至火天大有、歸魂卦，外三爻是伏藏，內三爻是出現，餘宮各卦可以類推。

凡看伏神，因用爻不上卦，或被衝剋，不得已，而搜索之，學者自宜變通，不可拘泥。

不全爻象各卦歌

試論泰復夬需旅，鼎解大畜豫賁推，
十卦本來無父母，若卜父母非所宜。（以上無父母爻）
更有觀剝恒升井，大過六卦兄弟虧，
若占兄弟切須忌，縱無大患主災危。（以上六卦無兄弟爻）
遁履姤孚漸謙渙，屯睽既濟革明夷，
小過咸蒙并蹇卦，十六卦中妻財虧。（以上無妻財爻）
無子亦有十六卦，二過否蠱并頤隨，
大畜賁觀中孚井，遁升歸妹晉損兒。（以上無子孫爻）
小畜未濟家人卦，更逢旅訟渙益頤，
八者之中都無鬼，求官謁貴豈相宜。（以上無官鬼爻）

五件俱全各卦歌

五位各爻兼備者，二十之卦報君知，
八純節豐及大有，比臨無妄大壯師
萃卦噬嗑同人困，財官父子兄皆宜。

游魂八卦歌

明夷與頤晉，需訟及中孚，
小過并大過，游魂應在初。

歸魂八卦歌

歸妹及同人，師隨蠱漸輪，
比還兼大有，八卦是歸魂。

定寅時法

正九五更二點徹，二八五更四點歇，三七平光是寅時，四六日出寅無別。五月日高三丈地，十月十二四更二，仲冬（十一月也）纔到四更初，便是寅時君須記。

卦序歌　朱熹著

乾坤屯蒙需訟師，比小畜兮履泰否，
同人大有謙豫隨，蠱臨觀兮噬嗑賁。
剝復無妄大畜頤，大過坎離三十備。
咸恆遯兮及大壯，晉與明夷家人睽，
蹇解損益夬姤萃，升困井革鼎震繼。
艮漸歸妹豐旅巽，兌渙節兮中孚至，
小過既濟兼未濟，是為下經三十四。

附錄十一

姜太公《乾坤萬年歌》　原文

太極未判昏已過。風后女媧石上坐。
三皇五帝已相承。承宗流源應不錯。
而今天下一統周。禮樂文章八百秋。
串去中直傳天下。卻是春禾換日頭。
天下由來不固久。二十年間不能守。
卯坐金頭帶直刀。削盡天下木羊首。
一土臨朝更不祥。改年換國篡平床。
泉中涌出光華主。興復江山又久長。
四百年來更世界。日上一曲懷毒害。
一枝流落去西川。三分社稷傳兩代。
四十年來又一變。相傳馬上同無半。
兩頭點火上長安。委鬼山河通一占。
山河既屬普無頭。離亂中分數十秋。
子中一朱不能保。江東復立作皇洲。
相傳一百五十載。釗到兔兒平四海。
天命當頭六十年。肅頭蓋草生好歹。
都無真主管江山。一百年前擾幾番。
耳東入國人離亂。南隔長安北隔關。
水龍木易承天命。方得江山歸一定。
五六年來又不祥。此時天下又紛爭。
木下男兒火年起。一掃煙塵木易已。
高祖世界百餘年。雖見干戈不傷體。
子繼孫承三百春。又遭離亂似瓜分。
五十年來二三往。不真不假亂為君。
金豬此木為皇帝。未經十載遭更易。
肖郎走出在金猴。穩穩清平傳幾世。
一汴二杭事不巧。卻被胡人通占了。
三百年來棉木終。三閩海內去潛蹤。

一兀為君八十載。淮南忽見紅光起。
八雙牛來力量大。日月同行照天下。
土猴一兀自消除。四海衣冠新彩畫。
三百年來事不順。虎頭帶土何須問。
十八孩兒跳出來。蒼生方得蘇危困。
相繼春秋二百餘。五湖云擾又風顛。
人丁口取江南地。京國重新又一遷。
兩分疆界各保守。更得相安一百九。
那時走出草田來。手執金龍步玉階。
清平海內中華定。南北同歸一統排。
誰知不許乾坤久。一百年來天上口。
木邊一兔走將來。自在為君不動手。
又為棉木定山河。四海無波二百九。
王上有人雞上火。一番更變不須說。
此時建國又一人。君正臣賢乘輔拔。
平定四海息干戈。二百年來為社稷。
二百五十年中好。江南走出釗頭卯。
大好山河又二分。幸不全亡莫嫌小。
兩人相見百忙中。治世能人一張弓。
江南江北各平定。一統山河四海同。
二百年來為正主。一渡顛危猴上水。
別枝花開果兒紅。復取江山如舊許。
二百年來衰氣運。任君保重成何濟。
水邊田上米郎來。直入長安加整頓。
行仁行義立乾坤。子子孫孫三十世。
我今只算萬年終。剝復循環理無窮。
知音君子詳此數。今古存亡一貫通。

《易經》國學字典

元：開始的、第一的。見爾雅釋詁。九家易曰：元者、氣之始也。如：「元年」、「元旦」。

亨：通達、順利。如：「萬事亨通」。〈易經・坤卦・彖曰〉：「含弘光大，品物咸亨。」

利：⑴好處、益處。如：「利益」、「福利」、「漁翁得利」。〈論語・里仁〉：「君子喻於義，小人喻於利。」

⑵鋒銳。如：「銳利」、「鋒利」。〈孟子・公孫丑〉下：「兵革非不堅利也，米粟非不多也。」

⑶祥瑞、順利。如：「大吉大利」。〈史記・卷八・高祖本紀〉：「東陽君、沛公引兵西，與戰蕭西，不利。」

貞：⑴守正道的、效忠的。如：「貞士」、「貞臣」。〈荀子・子道〉：「子從父命，孝乎？臣從君命，貞乎？」

⑵卜問之事。〈周禮・春官・大卜〉：「凡國大貞，卜立君，卜大封。」

⑶堅定的、穩固的。如：「貞石」、「貞木」。

⑷女子不失身、不改嫁的懿行。唐・劉叉・古怨詩：「君莫嫌醜婦，醜婦死守貞。」

潛龍勿用：蛟龍隱藏蟄伏，不為世所知。比喻賢才遭埋沒，不受重用。〈易經・乾卦・初九〉：「潛龍勿用。」〈藝文類聚・卷四十六・職官部二・太傅引周王褒太傅燕文公于謹碑銘〉：「函崤重險，鍾鼎淪覆，潛龍勿用，瞻烏在室。」

君子：⑴在位者或君王。〈易經・乾卦・九三〉：「君子終日乾乾，夕惕若厲，無咎。」〈禮記・曲禮上〉：「故君子式黃髮。」〈孔穎達・正義〉：「君子謂人君也。」

⑵才德出眾的人。〈論語・子路〉：「故君子名之必可言也。」禮記・曲禮上：「博聞彊識而讓，敦善行而不怠。」

⑶稱謂。妻子對丈夫的稱呼。〈詩經・召南・草蟲〉：「未見君子，憂心忡忡。」

夕惕若厲：謂終日戒懼謹慎，如處憂危之地，不敢稍加懈怠。語出〈易經・乾卦・九三〉：「君子終日乾乾，夕惕若厲，無咎。」〈周書・卷五・武帝紀上〉：「洎予小子，弗克遵行，惟斯不安，夕惕若厲。」

亢龍有悔：龍為君位，亢是至高，言處於極尊之位，應當以亢滿為戒，否則會有敗亡之禍。語出〈易經・乾卦・上九〉：「亢龍有悔。」

坤：易經卦名，象女德之義；引申有柔順之意。

牝：雌性動物。〈說文解字〉：「牝，畜母也。」如：「牝牡」。〈淮南子・時則〉：「游牝別其群。」

攸：目標、處所。有攸往：有朝著目標方向邁進。

咸：⑴都、皆、全。如：「老少咸宜」。〈書經・舜典〉：「殛鯀于羽山，四罪而天下咸服。」〈唐・王昌齡・塞下曲四首之二〉：「昔日長城戰，咸言意氣高。」

⑵六十四卦之一，感應之意。

履：⑴本意為鞋子，此指踐踏、踩之意。〈詩經・小雅・小旻〉：「如臨深淵，如履薄冰。」〈宋・蘇軾・後赤壁賦〉：「予乃攝衣而上，履巉巖，披蒙茸。」

⑵實行。如：「履行」、「履約」。〈禮記・表記〉：「處其位而不履其事，則亂也。」

⑶六十四卦之一。

馴：馬順從。〈說文解字〉：「馴，馬順也。」〈淮南子・說林〉：「馬先馴而後求良。」

習：反覆演練、鑽研。如：「溫習」、「研習」。〈論語・學而〉：「學而時習之，不亦說乎？」

含章：蘊含文采。章：文采、花彩。〈左傳・僖公二十四年〉：「目不別五色之章為昧，心不則德義之經為頑。」〈唐・柳宗元・捕蛇者說〉：「永州之野，產異蛇，黑質而白章。」

括囊：括，打結。括囊指閉口不言。〈易經・坤卦・六四〉：「六四括囊，無咎無譽。」

黃裳：黃，地之色，中色能通四方；裳，古代下身穿的衣服稱為。〈毛亨・傳〉：「上曰衣，下曰裳。」古稱穿黃裳有吉利之意。

建侯：廣納人才之意。

十年乃「字」：女子出嫁之意；字形宀表示內，屋內育子，表示女子嫁做人婦。

班如：⑴在原地打轉

⑵往回走，如「班」師回朝。

草昧：世界未開化的原始狀態。〈易經・屯卦・彖曰〉：「天造草昧，宜建侯而不寧。」〈南朝梁・劉勰・文心雕龍・史傳〉：「開闢草昧，歲紀綿邈，居今識古，其載籍乎？」

經綸：本義為整理蠶絲。引申為規劃、治理。〈禮記・中庸〉：「惟天下至誠，為能經綸天下之大經。」〈後漢書・卷八十九・南匈奴傳・論曰〉：「自後經綸失方，畔服不一。」

磐桓：通「盤桓」徘徊、留連不前。〈文選・陶淵明・歸去來辭〉：「景翳翳以將入，撫孤松而盤桓。」

屯邅：邅，音同「沾」。處境險厄，前進困難。〈易經・屯卦・六二〉：「屯如邅如，乘馬班如。」亦用以比喻人之困頓不得志。文選・左思・詠史詩八首之七：「當其未遇時，憂在填溝壑。英雄有屯邅，由來自古昔。」西遊記・第十五回：「只因累歲屯邅，遭喪失火，到此沒了下梢。」亦作「迍邅」。

匪寇：不是敵人。「匪」：不。〈詩經・大雅・烝民〉：「夙夜匪懈，以事一人。」〈詩經・邶風・柏舟〉：「我心匪石，不可轉也。」

媾：原指表親相互締結為婚，後泛指婚姻。〈易經・屯卦・象曰〉：「乘馬班如，匪寇婚媾。」

屯其「膏」：本指肥肉、油脂。此喻恩澤。〈孟子・離婁下〉：「今也為臣諫則不行，言則不聽，膏澤不下於民。」

泣血漣如：形容悲痛異常。〈易經・屯卦・上六〉：「乘馬班如，泣血漣如。」後漢書・卷五十七・劉瑜傳：「臣在下土，聽聞歌謠，驕臣虐政之事，遠近呼嗟之音，竊為辛楚，泣血漣如。」

蒙：⑴覆蓋、遮著。如：「蒙上一張紙。」

⑵遭受、遭遇。如：「蒙難」。〈易經・明夷卦・彖曰〉：「內文明而外柔順，以蒙大難。」〈元史・卷六十五・河渠志二〉：「黃河決溢，千里蒙害。」

⑶昏昧無知的心智。如：「啟蒙」。〈黃帝內經素問・卷十一・舉痛論〉：「令驗於己而發蒙解惑，可得而聞乎？」

⑷孩童。如：「童蒙」。

筮：占卜。〈唐・王勃・益州夫子廟碑〉：「鳳德鉤深，玉策筮亡秦之兆。」

桎梏：腳鐐手銬，現引申為束縛。為古代的刑具，在足曰桎，在手曰梏，主要用來拘繫犯人。〈後漢書・卷四十一・鍾離意傳〉：「意遂於道解徒桎梏，恣所欲過，與剋期俱至，無或違者。」初刻拍案驚奇・卷二十九：「既藩籬之已觸，總桎梏而自甘。」

子「克」家：能夠。如：「不克分身」。〈書經・大禹謨〉：「克勤於邦，克儉於邦。」〈唐・柳宗元・封建論〉：「人不能搏噬，而且無毛羽，莫克自奉自衛。」

吝：憾恨。〈說文解字〉：「吝，恨惜也。」〈後漢書・卷二十四・馬援傳〉：「援與妻子生訣，無悔吝之心。」貪戀。〈新唐書・卷九十六・杜如晦傳〉：「玄齡身處要地，不吝權，善始以終，此其成令名者。」

巽：⑴音「訊」。卑順、謙恭。〈論語・子罕〉：「巽與之言，能無說乎？」唐・韓愈・答魏博田僕射書：「位望益尊，謙巽滋甚。」

⑵六十四卦之一，代表風。

御寇：御同「禦」；防禦盜賊。

孚：誠信。〈詩經・大雅・下武〉：「成王之孚，下土之式。」

須：等待。〈後漢書・卷四十七・班超傳〉：「長史亦於此西歸，可須夜鼓聲而發。」

犯難：冒險。〈戰國策・燕策一〉：「而王以全燕制其後，此燕之所以不犯難也。」

咎：⑴災禍。如：「咎由自取」。〈書經・大禹謨〉：「民棄不保，天降之咎。」

⑵過失。如：「引咎辭職」、「難辭其咎」。〈文選・諸葛亮・出師表〉：「責攸之、禕、允等咎，以彰其慢。」

「衍」在中：散布、分布。〈文選・張衡・東京賦〉：「仁風衍而外流，誼方激而遐騖。」

不速之客：沒邀請就自己來的客人。〈易經・需卦〉：「上六入于穴，有不速之客三人來，敬之終吉。」孔穎達・正義：「速，召也。不須召喚之客有三人。」〈聊齋志異・卷一・青鳳〉：「生突入，笑呼曰：『有不速之客一人來。』群驚奔匿。」或作「不肅之客」。

訟：⑴爭辯是非。〈說文解字〉：「訟，爭也。」如：「聚訟紛紜」。

〈淮南子・俶真〉：「周室衰而王道廢，儒墨乃始列道而議，分徒而訟。」

⑵雙方打官司以爭論曲直。如：「訴訟」。〈周禮・大司寇〉：「以兩造禁民訟。」〈鄭玄・注〉：「訟，謂以財貨相告者。」

窒：⑴阻塞、充填。如：「窒息」。〈呂氏春秋・季秋紀・季秋〉：「季秋行夏令，則其國大水，冬藏殃敗，民多鼽窒。」〈明・張居正・辛未會試程策〉：「下流壅則上溢，上源窒則下枯。」

⑵抑制、停止。〈易經・損卦・象曰〉：「君子以懲忿窒慾。」

歸而「逋」：逋音為「ㄅㄨ」，逃走、逃亡。〈說文解字〉：「逋，亡也。」〈左傳・僖公十五年〉：「六年其逋，逃歸其國而棄其家。」〈明・徐弘祖・徐霞客遊記・卷十上・滇遊日記十三〉：「訊其來何以故？曰：『悉檀長老命來候相公者。』余知僕逋。」

患至「掇」：音同「奪」。拾取。〈詩經・周南・芣〉：「采采芣，薄言掇之。」〈韓非子・五蠹〉：「鑠金百溢，盜跖不掇。」

渝：變更、改變。如：「信守不渝」、「此情不渝」。〈詩經・鄭風・羔裘〉：「彼其之子，舍命不渝。」

鞶帶：音同「盤」，古代男子所繫的腰帶，因以皮革製成，故稱為「鞶」帶。

褫：剝奪、革除。如：「褫奪公權」。

丈人：長老或老成的人。〈論語・微子〉：「子路從而後，遇丈人以杖荷蓧。」

師：易經卦名；象君子以容民畜眾。

以此「毒」天下：通「督」，監察、考核、審視。如：「監督」、「督導」、「督戰」。〈管子・心術上〉：「故事督乎法，法出乎權。」〈尹知章・注〉：「督，察也。謂以法察事。」

否臧：不善也。「臧」，善。〈爾雅・釋詁上〉：「臧，善也。」〈詩經・邶風・雄雉〉：「不忮不求，何用不臧。」〈唐・柳宗元・與呂道州溫論非國語書〉：「輒乃黜其不臧，究世之謬。」

「錫」命：通「賜」，給予，上級賞給下級。〈說文解字〉：「賜，予也。」如：「賞賜」。〈唐・李白・古風詩五十九首之四十一〉：「呼我遊太素，玉杯賜瓊漿。」

輿屍：指戰敗而以車載屍。語出〈易經・師卦・六三〉：「師或輿屍，凶。」〈梁書・卷一・武帝本紀上〉：「行產盈路，輿屍竟道，母不及抱，子不遑哭。」〈三國演義・第三十五回〉：「偏裨既有輿屍辱，主將重興雪恥兵。」

左「次」：臨時駐紮或止宿。〈楚辭・屈原・離騷〉：「夕歸次於窮石兮，朝濯髮乎洧盤。」〈左傳・僖公四年〉：「師進，次於陘。」

「弟子」輿屍：次子之意。

原筮：原來的占卜辭。

不寧：不安、混亂。〈三國演義・第六回〉：「丞相若欲遷都，百姓騷動不寧矣。」〈紅樓夢・第七十九回〉：「睡夢之中猶喚晴雯，或魘魔驚怖，種種不寧。」

缶：盛酒漿的瓦器，腹大口小，有蓋。〈說文解字〉：「缶，瓦器，所以盛酒漿。」

匪人：行為不正的人。〈唐・李朝威・柳毅傳〉：「淑性茂質，為九姻所重，不幸見辱於匪人。」亦稱為「匪徒」、「匪類」。

邑人：⑴鄉邑中的人。易經・比卦・象曰：「邑人不誡，上使中也。」

⑵同鄉的人。左傳・定公九年：「盡借邑人之車，鍥其軸，麻約而歸之。」史記・卷一一七・司馬相如傳：「臣邑人司馬相如，自言為此賦。」

小畜：易經卦名。表示小有所畜之象。

懿：美好、美善的。〈詩經・大雅・烝民〉：「民之秉彝，好是懿德。」〈唐・白居易・除裴度中書舍人制〉：「以茂學懿文，潤色訓詁，體要典麗，甚得其宜。」

牽復：牽引而回到原處。

輿說輻：「輿」，大車。「說」同「脫」，脫落之意。「輻」，車輪中連接車轂和輪圈的直木。〈老子・第十一章〉：「三十輻共一轂，當有無，有車之用。」整句意思是：車輪中的直木脫離了車子。

「血」去惕出：血此處同「恤」，憂心、顧慮。〈易經・晉卦・六五〉：「失得勿恤，往吉無不利。」國語・周語上：「勤恤民隱而除其害。」

「攣」如：牽繫、連繫。〈說文解字〉：「攣，係也。」〈易經・中孚・九五〉：「有孚攣如，無咎。」〈孔穎達・正義〉：「攣如者，相牽繫不絕之名也。」〈明・陸采・懷香記・第四十齣〉：「赤繩早攣雙踵，並締茲蘿。」

月幾望：幾乎是滿月時刻。「望」：滿月。

咥：音同「跌」。咬。〈廣雅疏證・卷三下・釋詁〉：「咥，齧也。」〈易經・履卦〉：「履虎尾，不咥人，亨。」

眇：瞎了一隻眼。亦指全盲。〈南史・卷十二・后妃傳下・梁元帝徐妃傳〉：「妃以帝眇一目，每知帝將至，必為半面妝以俟。」〈宋・蘇軾・日喻〉：「生而眇者不識日。」

愬愬：音為「素」。恐懼的樣子。〈易經・履卦・象曰〉：「履虎尾，愬愬終吉。」

夬履：果斷實行。

茅茹：茅，白茅。茅茹比喻互相引荐。〈易經・泰卦〉：「拔茅茹以其彙。」〈王弼・注〉：「茅之為物，拔其根而相牽引者也。茹，相牽引之貌也。」

馮河：徒步渡河。比喻有勇而無謀。〈論語・述而〉：「暴虎馮河，死而無悔者，吾不與也。」

「遐」遺：遠方。

祉：幸福。如：「福祉」。〈詩經・小雅・六月〉：「吉甫燕喜，既多受祉。」

隍：圍繞在城牆外沒有水的壕溝。〈易經・泰卦・上六〉：「城復于隍，勿用師，自邑告命貞吝。」〈文選・班固・兩都賦序〉：「京師脩宮室，浚城隍，起苑囿，以備制度。」〈李善・注引說文〉：「城池無水曰隍。」

告命：宣布命令。

否：易經卦名。象天地不交，萬物不通之義。

滙：⑴水流會合。集韻・去聲・隊韻：「滙，水回合也。」〈唐・柳宗元・柳州山水近治可游者記〉：「（柳州）南北東西皆水滙。」

⑵聚集、整合。如：「滙整」、「滙刊」、「滙編」。

包承：包容之意。

包羞：容忍羞愧、恥辱。〈唐・杜牧・題烏江亭詩〉：「勝敗兵家事不期，包羞忍恥是男兒。」〈明・汪廷訥・獅吼記・第十齣〉：「在家中做小伏低，好似啞子喫了黃連在心裡苦。到人前包羞忍恥。」

「疇」離祉：種類、類別。如：「範疇」。〈戰國策・齊策三〉：「夫物各有疇，今髡賢者之疇也。」

苞桑：桑樹的根。比喻根深蒂固。〈易經・否卦・九五〉：「休否，大人吉。其亡其亡，繫于苞桑。」

同人：易經卦名。意為與人和協。

同人于「宗」：家族。〈左傳・僖公五年〉：「晉吾宗也，豈害我哉？」南朝宋・〈劉義慶・世說新語・規箴〉：「卿一宗在朝有幾人？」

伏戎：「伏」，埋伏，「戎」，兵戎。

「三歲」不興：三年。

乘其「墉」：高牆。〈詩經・召南・行露〉：「誰謂鼠無牙，何以穿我墉？」唐・崔融・登東陽沈隱侯八詠樓詩：「旦登西北樓，樓峻石墉厚。」

「大師」相遇：指大部隊。

同人于「郊」：城市周圍的地區。如：「市郊」、「荒郊野外」。〈禮記・曲禮上〉：「四郊多壘。」〈唐・杜甫・野望詩〉：「跨馬出郊時極目，不堪人事日蕭條。」

無交害：沒有交往就沒有壞處。

公用「亨」于天子：同「饗」，宴饗之意。

匪其彭：不自大驕傲。「彭」，聲勢浩大的樣子。

「厥」孚交如：他的、那個。同「其」。如：「大放厥詞」、「允執厥中」。〈書經・禹貢。：「厥土惟白壤，厥賦惟上上錯，厥田惟中中。」〈文選・賈誼・弔屈原文〉：「遭世罔極兮，乃殞厥身。」

逾：越過、超過。同「踰」。如：「逾牆」、「逾時不候」、「年逾六十」。〈唐・柳宗元・哭連州凌員外司馬詩〉：「著書逾十年，幽頤靡不推。」〈宋・蘇轍・六國論〉：「秦人不敢逾韓魏以窺齊楚燕趙之國。」

「裒」多：音為「ㄆㄡˊ」聚集。〈詩經・小雅・常棣〉：「原隰裒矣，兄弟求矣。」毛亨・傳：「裒，聚也。」〈續資治通鑑・卷八十六・哲宗元符三年〉：「盡裒所編類文書，納之禁中。」

撝：音同「輝」。

⑴指揮。〈公羊傳・宣公十二年〉：「莊王親自手旌，左右撝軍，退舍七里。」〈後漢書・卷十八・吳漢傳〉：「曾以漢無備，出迎於

路，漢即撝兵騎，收曾斬之，而奪其軍。」

⑵擺動、揮動。如：「撝手」。〈宋・程公許・念奴嬌・曉涼散策詞〉：「誰與冰輪撝玉斧，恰好今宵圓足。」

⑶謙讓。〈南朝梁・江淹・宋建平王太妃周氏行狀〉：「躬謹蘭閨，身撝椒第。」〈唐・呂溫・凌煙閣勛臣頌・房梁公元齡〉：「閒居台輔，撝默自處。」

行師：行軍打戰。

豫：安樂、逸樂。六十四卦之一，〈爾雅・釋詁上〉：「豫，樂也。」〈邢昺・疏〉：「豫者，逸樂也。」〈新五代史・卷三十七・伶官傳・序〉：「憂勞可以興國，逸豫可以亡身，自然之理也。」

不忒：⑴忒，音同「特」，不變。〈文選・顏延年・赭白馬賦〉：「齒歷雖衰而藝美不忒。」唐・〈元稹・鶯鶯傳〉：「鄙薄之志，無以奉酬；至於終始之盟，則固不忒。」

⑵沒有差錯。易經・豫卦：「日月不過而四時不忒。」〈文選・王融・永明十一年策秀才文五首之二〉：「是以五正置於朱宣，下民不忒。」

殷荐：豐富的進獻。「殷」，富足、富裕。如：「殷富」、「殷實」。〈後漢書・卷三十一・杜詩傳〉：「廣拓土田，郡內比室殷足。」「荐」同「獻」，奉獻之意。

時義：因時而生的作用與價值。〈易經・遯卦・彖曰〉：「小利貞浸而長也，遯之時義大矣哉。」

祖考：祖先、遠祖。〈書經・君牙〉：「纘乃舊服，無忝祖考。」〈詩經・小雅・信南山〉：「祭以清酒，從以騂牡，享于祖考。」

「介」于石：堅毅。如：「耿介」。〈聊齋志異・卷一・王成〉：「王雖故貧，然性介，遽出授之。」

盱：音同「虛」，睜開眼睛凝視。〈唐・王勃・滕王閣序〉：「山原曠其盈視，川澤盱其駭矚。」〈唐・韓愈・謁衡嶽廟遂宿嶽寺題門樓詩〉：「廟令老人識神意，睢盱偵伺能鞠躬。」

由豫：從心中產生安樂之感。「由」，自、從。表示所從出。如：「言不由衷」、「由北到南」。〈孟子・盡心下〉：「由堯、舜至於湯，五百有餘歲。」

盍簪：朋友相聚。語出〈易經・豫卦・九四〉：「由豫大而有得，勿疑，朋盍簪。」〈王弼・注〉：「故勿疑，則朋合疾也。盍，合也。簪，疾也。」朋盍簪指朋友的聚合很快。後省「朋」作盍簪。〈唐・杜甫・杜位宅守歲詩〉：「盍簪喧櫪馬，列炬散林鴉。」

冥豫：愚昧的沉迷於喜樂。「冥」，愚昧、不明事理。如：「冥頑不靈」。

渝：變更、改變。如：「信守不渝」、「此情不渝」。〈詩經・鄭風・羔裘〉：「彼其之子，舍命不渝。」

嚮晦：傍晚。〈易經・隨卦・象曰〉：「澤中有雷，隨。君子以嚮晦入晏息。」

系小子：與小人親近、聯繫。系同「繫」，此指聯綴、連接。如：「聯繫」、「維繫」。〈周禮・天官・大宰〉：「以九兩繫邦國之名。」

拘系：拘禁並綑綁。系同「繫」，此指逮捕、監禁。〈漢書・卷七十六・王章傳〉：「書遂上，果下廷尉獄，妻子皆收繫。」〈元・關漢卿・裴度還帶・第二折〉：「累及好人，無故繫獄。」

蠱：⑴易經卦名。象上下不交之象。

⑵毒害人的小蟲。〈新唐書・卷二〇四・方技傳・甄權傳〉：「腹有蠱，誤食髮而然。」

⑶以符咒等詛咒、害人的邪術。〈漢書・卷四十五・江充傳〉：「是時，上春秋高，疑左右皆為蠱祝詛，有與亡，莫敢訟其冤者。」

幹父之蠱：兒子能繼承父親的志業。語出〈易經・蠱卦・初六〉：「幹父之蠱，有子，考咎，厲，終吉。」

「裕」父之蠱：寬容。〈書經・洛誥〉：「彼裕我民，無遠用戾。」宋・蘇軾・代張方平諫用兵書：「太宗仁聖寬厚，克己裕人，幾至刑措。」

可則：可當作準則。〈左傳・襄公三十一年〉：「進退可度，周旋可則。」

無疆：無止境、無窮盡。詩經・豳風・七月：「稱彼兕觥，萬壽無疆。」〈南朝梁・劉勰・文心雕龍・祝盟〉：「『多福無疆』，布於少牢之饋。」

咸：〈說文〉「悉也」，即從心有所感，感應。

「敦」臨：質樸、篤厚。如：「敦厚」。〈孟子・萬章下〉：「故聞柳下惠之風者，鄙夫寬，薄夫敦。」〈漢・王符・潛夫論・實貢〉：「夫修身慎行，敦方正直，清廉潔白，恬淡無為，化之本也。」

盥而不薦：在祭祀前就把手清洗乾淨了。「盥」，洗手。〈說文解字〉：「盥，澡手也。」〈漢・王充・論衡・譏日〉：「且沐者，去首垢也；洗，去足垢；盥，去手垢；浴，去身垢，皆去一形之垢，其實等也。」「薦」，祭品。〈禮記・祭義〉：「仲尼嘗奉薦而進親也。」

「顒」若：音為「ㄩㄥˊ」。嚴正的樣子。〈易經・觀卦〉：「觀盥而不薦，有孚顒若。」

「童」觀：本義為男僕，此指淺見無知之人。

窺：從隱密處或孔隙中偷看。〈說文解字〉：「窺，小視也。」如：「偷窺」、「以管窺天」。〈孟子・滕文公下〉：「鑽穴隙相窺。」

噬：音同「示」。咬、吃。如：「吞噬」。〈左傳・哀公十二年〉：「國狗之瘈，無不噬也。」

嗑：音同「合」。

⑴話多。說文解字：「嗑，多言也。」

⑵閉、合。〈抱朴子・外篇・守塉〉：「口張不能嗑，首俛不能仰。

⑶喝、食。〈儒林外史・第三回〉：「我一天殺一個豬還賺不得錢把銀子，都把與你去丟在水裡，叫我一家老小嗑西北風。」

噬嗑：引申為刑罰之意。

「頤」中有物：指鼻子下面腮頰部分。〈莊子・漁父〉：「左手據膝，右手持頤以聽。」〈新唐書・卷八十三・諸帝公主傳・高宗三女傳〉：「主方額廣頤，多陰謀。」

敕法：「敕」音同「赤」。修飭法令。〈文選・王融・永明九年策秀才文五首之五〉：「改憲敕法，刑德之原。」南朝梁・劉勰・文心雕龍・詔策：「明罰敕法，則辭有秋霜之烈。」

屨校：腳上的刑械。〈易經・噬嗑卦・象曰〉：「屨校滅趾，不行也。」

噬膚：像咬嚙柔嫩的皮膚一樣。比喻用刑恰當、順利無礙。〈易經・噬嗑卦・六二〉：「噬膚滅鼻，無咎。」鄭玄・注：「噬，齧也。齧者，刑克之謂也。處中得位，所刑者當，故曰噬膚也。」

胏：音同「紫」。有骨的乾肉。〈易經・噬嗑卦・九四〉：「噬乾胏，得金矢，利艱貞，吉。」

矢：箭。如：「流矢」、「無的放矢」。〈漢書・卷五十四・李廣傳〉：「廣出獵，見草中石，以為虎而射之，中石沒矢。」

何校：帶著刑具。何通「荷」負載之意。「校」音為「叫」，代的刑具。枷械的統稱。〈說文解字〉：「校，木囚也。」〈資治通鑑・卷二六九・後梁紀四・均王乾化三年〉：「庚辰，晉王發幽州，劉仁恭父子皆荷校於露布之下。」

賁：音同「必」。美飾。〈易經・賁卦・上九〉：「白賁，無咎。」〈孔穎達・正義〉：「以白為飾而無憂患。」

庶政：國家的一切政務。書經・周官：「庶政惟和，萬國咸寧。」

賁其「須」：同「鬚」，鬍鬚之意。

濡：浸溼、潤澤。〈詩經・邶風・匏有苦葉〉：「濟盈不濡軌，雉鳴求其牡。」〈宋・蘇軾・飲酒詩四首之四〉：「雷觴淡於水，經年不濡脣。」

皤：音同「柏」。白。〈元・呂止庵・後庭花・儒冠兩鬢皤曲〉：「儒冠兩鬢皤，青衫老淚多。」

翰：白色的馬。〈禮記・檀弓上〉：「戎事乘翰，牲用白。」〈鄭玄・注〉：「翰，白色馬也。」

束帛「戔戔」：大量積聚的樣子。〈唐・白居易・秦中吟・買花〉：「灼灼百朵紅，戔戔五束素。」

「蔑」貞凶：拋棄。〈左傳・襄公二十五年〉：「今陳忘周之大德，蔑我大惠。」〈國語・周語中〉：「不奪民時，不蔑民功。」

貫魚：依次排列的樣子。〈北史・卷十三・后妃傳・序〉：「宮闈有貫魚之美，戚里無私溺之尤，可謂得君人之體也。」

小人剝廬：小人失去住所。「廬」，簡陋的房舍。

后不省方：君王亦不至各地巡查。后，此指君王。〈詩經・商頌・玄鳥〉：「商之先后，受命不殆，在武丁孫子。」〈左傳・僖公三十二年〉：「其南陵，夏后皋之墓也。」「省方」，四處巡查。

祇悔：大的悔恨。「祇」音同「其」，大。〈易經・繫辭下〉：「不遠復，無祇悔。」

自「考」：稽核、檢查。如：「考查」、「考核」。〈書經・舜典〉：「三載考績，三考，黜陟幽明。」〈孔安國・傳〉：「三年有成，故以考功。」

災眚：禍患災難。〈後漢書・卷五・孝安帝紀〉：「消救災眚，安輯黎元。」「眚」音同「醒」。

菑畬：「菑」音同「資」；「畬」音同「於」。耕田種植。〈易經・無妄卦・象曰〉：「六二不耕穫，不菑畬，則利有攸往。」

邑人：⑴鄉邑中的人。〈易經・比卦・象曰〉：「邑人不誡，上使中也。」

⑵同邑的人。左傳・定公九年：「盡借邑人之車，鍥其軸，麻約而歸之。」史記・卷一一七・司馬相如傳：「臣邑人司馬相如，自言為此賦。」

畜：培養。〈易經・大畜・象曰〉：「君子以多識前言往行，以畜其德。」

篤實：純厚樸實。如：「他做人非常篤實敦厚，從不欺騙別人。」

童牛之「牿」：音同「故」，圈養牛馬的地方。〈說文解字〉：「牿，牛馬牢也。」

「豶」豕之牙：「豶」音同「焚」；閹割過的豬。〈說文解字〉：「豶，羠豕也。」〈段玉裁・注〉：「羠，騬羊也；騬，犗馬也；犗，騬牛也。皆去勢之謂也。」〈北史・卷六十九・陸通傳〉：「郡界有豕生數子，經旬而死。其家又有豶，遂乳養之。」

衢：四通八達的大路。如：「通衢」、「康衢」。〈荀子・勸學〉：「行衢道者不至，事兩君者不容。」〈唐・駱賓王・與博昌父老書〉：「所恨企予望之，經途密邇，佇中衢而空軫，巾下澤而莫因。」

口實：⑴糧食。〈易經・頤卦〉：「自求口實。」〈晉・江統・徙戎論〉：「且關中之人，百餘萬口，率其少多，戎狄居半，處之與遷，必須口實。」

⑵俸祿。〈左傳・襄公二十五年〉：「君臣者，豈為其口實，社稷是養。」

⑶談話、批評的內容、資料或依據。〈三國志・卷三十五・蜀書・諸葛亮傳〉：「其秋病卒，黎庶追思，以為口實。」

朵頤：朵，動。頤，下巴。朵頤指動著腮頰，嚼食的樣子。如：「大快朵頤」。

「顛」頤：倒置。〈詩經・齊風・東方未明〉：「東方未明，顛倒衣裳，顛之倒之，自公召之。」〈楚辭・劉向・九歎・愍命〉：「今反表以為裡兮，顛裳以為衣。」

拂經：違背常理。

棟橈：「棟」，木頭。「橈」，彎曲。〈列子・湯問〉：「汨流之中，綸不絕，鉤不伸，竿不橈。」〈新唐書・卷一三二・吳兢傳〉：「橈直就曲，斲方為刓。」

枯楊生稊：枯萎的楊樹長出嫩芽。比喻老人娶年少的妻子。〈易經・大過卦・九二〉：「枯楊生稊，老夫得其女妻。」「稊」，音同「提」。

枯楊生華：枯萎的楊樹開花。比喻老婦得到少男為夫。〈易經・大過卦・九五〉：「枯楊生華，老婦得其士夫。」

坎：⑴易經卦名；象重重險難之義。〈易經・坎卦・彖曰〉：「習坎，重險也。」〈孔穎達・正義〉：「兩坎相重，謂之重險。」

⑵坑穴，地面凹陷處。〈禮記・檀弓下〉：「其坎深不至於泉。」〈漢書・卷五十四・蘇建傳〉：「鑿地為坎，置煴火，覆武其上，蹈其背以出血。」

窞：音同「但」，地窖。〈易經・坎卦・初六〉：「習坎入于坎窞，凶。」

簋：音同「軌」，古代祭祀時盛黍稷的圓形器皿。〈周禮・地官・舍人〉：「凡祭祀，共簠簋，實之陳之。」鄭玄・注：「方曰簠，圓曰簋，盛黍稷稻粱器。」

納約自牖：「牖」音同「有」，此指由心從簡，不浮誇、不虛榮，回歸本質。

徽纆：音同「輝莫」，捆綁犯人的繩索。〈唐・駱賓王・在獄詠蟬詩・序〉：「僕失路艱虞，遭時徽纆。」

昃：音為「ㄗㄜˋ」，太陽向西傾斜。〈易經・豐卦・彖曰〉：「日中則昃，月盈則食。」

耋：音同「跌」，高齡、高壽。〈說文解字〉：「耋，年八十曰耋。」

腓：音同「肥」，脛後肌肉突出之處。俗稱為「腿肚」

憧憧：⑴音同「充」，往來不停的樣子。〈易經・咸卦・九四〉：「憧憧往來，朋從爾思。」

⑵心神不定的樣子。〈漢・桓寬・鹽鐵論・刺復〉：「方今為天下腹居郡，諸侯並臻，中外未然，心憧憧若涉大川，遭風而未薄。」

咸其「輔」：臉頰。〈漢・張衡・七辯〉：「靨輔巧笑，清眸流眄。」

「浚」恆：深。〈詩經・小雅・小弁〉：「莫高匪山，莫浚匪泉。」毛亨・傳：「浚，深也。」

遯：⑴音同「遁」，易經卦名。表隱退之象。

⑵逃。同「遁」。如：「遯走」、「遯跡山林」。

君子用罔：「罔」意義同「無」，指君子不用力，言下之意則是君子用腦不用蠻力。

羝羊觸藩：羝，音同「低」，公羊。藩，藩籬，籬笆。暴怒的公羊以角衝撞抵觸籬笆。

羸其角：羸，音「雷」，又作「纍」，也就是綁起來的意思。要使公羊不亂撞籬笆，其方法就是綁住它的角。

明夷：易經卦名。六十四卦之一，象徵賢者不得志，憂讒畏譏。〈易經・明夷卦・彖曰〉：「明入地中，明夷，內文明而外柔順以蒙大難，文王以之；利艱貞，晦其明也。」

嗃嗃：音同「賀」，嚴肅冷酷的樣子。〈易經・家人卦・象曰〉：「家人嗃嗃，未失也；婦人嘻嘻，失家節也。」

睽：音同「葵」，易經卦名。六十四卦之一。象睽違乖異之義。

睽孤：離群孤獨。〈漢書・卷十四・諸侯王表〉：「大者睽孤橫逆，以害身喪國。」

掣：音同「徹」，牽引、牽動。〈文選・潘岳・西征賦〉：「掣三牽兩。」

劓：音同「意」，比喻鏟除，去除。〈北史・卷十二・隋恭帝本紀〉：「誅鋤骨肉，屠劓忠良。」

噬膚：⑴像咬嚙柔嫩的皮膚一樣。比喻用刑恰當、順利無礙。〈易經・噬嗑卦・六二〉：「噬膚滅鼻，無咎。」

⑵自咬其肌膚。比喻關係親密。〈漢書・卷九十三・佞幸傳・董賢傳〉：「有司致法將軍請獄治，朕惟噬膚之恩未忍。其上票騎將軍印綬，罷歸就第。

蹇：⑴音同「檢」，易經卦名。表處難時，應修身養德，以渡難關。

⑵跛腳、行動不便。〈史記・卷三十九・晉世家〉：「郤克僂而魯使蹇。」

⑶遲鈍、不流利。如：「蹇澀」、「蹇滯」。〈北周・庾信・謝滕王集序啟〉：「言辭蹇吃，更甚揚雄。」

隼：音同「準」，禽類動物名。頭頸部有羽毛，外鼻孔方形，各爪下方有溝，尾為角尾、圓尾或楔。性情敏銳，飛行速度極快，獵人常養來幫助捕獵鳥兔。亦稱為「鶻鴝」。

曷：音義同「何」，書經・盤庚中：「曷虐朕民？」

遄：音同「船」，疾速。〈易經・損卦・初九〉：「巳事遄往，無咎。」

夬：音同「怪」，易經卦名。象徵決斷之義。

頄：音同「葵」，顴骨。〈易經・夬卦・九三〉：「壯于頄，有凶。」〈王弼・注〉：「頄，面權也。」

慍：音同「運」，怨恨。〈論語・學而〉：「人不知而不慍，不亦君子乎？」

次且：進退遲疑的樣子。〈聊齋志異・卷一・畫壁〉：「入一小舍，朱次且不敢前。」

莧：音同「現」，植物名。莖細長，葉可食。亦稱為「莧菜」。

夬夬：果決不猶豫。〈易經・夬卦〉：「君子夬夬，獨行遇雨，若濡有慍，無咎。」

柅：音同「你」，置於車下阻止車子行進的木頭。〈易經・姤卦・初六〉：「繫于金柅。」

踟躕：音同「持除」，往復徘徊的樣子。〈詩經・邶風・靜女〉：「愛而不見，搔首踟躕。」

萃：草叢生茂盛的樣子。〈集韻・去聲・泰韻〉：「萃，草盛貌。」

禴：音同「月」，古代宗廟祭祀的名稱。夏、商二代為春祭，周代則改稱夏祭。同「礿」。

齎咨：齎，音同「機」，懷持、挾帶之意。咨，音同「資」，嘆息的聲音。帶著嘆息之意。

涕洟：鼻涕和眼淚。

紱：音同「服」，古代祭祀用的服飾。〈易經・困卦・九二〉：「困于酒食，朱紱方來，利用享。」

蒺藜：植物名。果實有刺。種子可入藥，具滋補作用。生長於海濱沙地。或稱為「升推」。

刖：音同「月」，古代一種砍斷雙腳的刑罰。〈漢書・卷二十三・刑法志〉：「刖罪五百。」

臲卼：音同「鎳物」，動搖不安的樣子。〈唐・韓愈・祭馬僕射文〉：「適彼甌閩，臲卼跋躓。」「汔」至：音同「氣」，幾乎、將近。〈詩經・大雅・民勞：「民亦勞止，汔可小康。」

繘：音同「玉」，汲水用的繩索。〈玉篇・糸部〉：「繘，綆也，用以汲水也。索也。」

鞏：⑴以皮革綑束東西。〈說文解字〉：「鞏，以韋束也。」

⑵牢固。如：「鞏固國防」。詩經・大雅・瞻卬：「藐藐昊天，無不克鞏。」

餗：音同「素」，鼎中的食物。〈易經・鼎卦・九四〉：「鼎折足，覆公餗。」孔穎達・正義：「餗，糝也，八珍之膳，鼎之實也。」

其形「渥」：沾潤、沾濡。〈說文解字〉：「渥，霑也。」

虩虩：音同「系」，恐懼的樣子。〈易經・震卦〉:「震來虩虩，笑言啞啞。」

矍矍：音同「決」，倉皇不專心的樣子。〈易經・震卦・上六〉：「索索視矍矍，征凶。」〈孔穎達・正義〉：「矍矍，視不專之容。」

夤：音同「銀」，背脊肉。

磐：音同「盤」，大石頭。

逵：音同「葵」，四通八達的大道。〈爾雅・釋宮〉：「九達謂之逵。」〈郭璞・注〉：「四道交出，復有旁通。」〈詩經・周南・兔罝〉：「肅肅兔罝，施于中逵。」毛亨・傳：「逵，九達之道。」

娣：古代女子同事一夫，年長者稱年幼者為「娣」。

蔀：用來遮蔽光線的東西。〈易經・豐卦・九四〉：「豐其蔀，日中見斗。」

資斧：資財與器用。泛指旅費。〈易經・旅卦〉：「旅于處，得其資斧。」

田獲三品：打獵打到三種獵物。

兌：易經卦名，象徵亨通而利於守正之義。

逖：遙遠的、遠方的。〈說文解字〉：「逖，遠也。」〈隋書・卷十四・音樂志〉：「百蠻非眾，八荒非逖，同作堯人，俱包禹跡。」

虞：思考、猜想之意。

好爵：精美的酒器。借指美酒。

靡：音同「米」，美好之意。

攣如：結合、牽引在一起的樣子。

翰音：翰，鳥羽也。飛鳥鳴叫聲。

弋：音同「亦」，用帶有繩子的箭射獵。〈詩經・鄭風・女曰雞鳴〉：「將翱將翔，弋鳧與鴈。」

茀：此指婦女首飾。

繻：音同「需」，彩色的絲織品。〈說文解字〉：「繻，繒采色也。」

袽：破舊的衣服，古人用來堵塞舟船的漏洞。〈易經・既濟卦・六四〉：「繻有衣袽。」

附錄十三

《易經》相關古原文圖

上水井井養而不窮也上時掌反○以卦象釋卦名義改邑不改井乃以剛中也汔至亦未繘井未有功也羸其瓶是以凶也以卦體釋卦辭无喪无得往來井井兩句意與不改井同故不復出剛中以二五而言未有功而敗其瓶所以凶也○象曰木上有水井君子以勞民勸相上如字又時掌反勞力報反相息亮反○木上有水津潤上行井之象也勞民者以君養民勸相者使民相養皆取井養之意○初六井泥不食舊井无禽泥乃計反○井以陽剛為泉上出為功初六以陰居下故為此象蓋井不泉而泥則人所不食而禽鳥亦莫之顧也象曰井泥不食下也舊井无禽時舍也舍音捨○言為時所棄○九二井谷射鮒甕敝漏谷余六反音育射石

欽定四庫全書　周易本義　卷二　二十六

亦反鮒音附○九二剛中有泉之象然上无正應下比初六功不上行故其象如此象曰井谷射鮒无與也○九三井渫不食為我心惻可用汲王明並受其福渫息列反○渫不停汙也井渫不食而使人心惻可用汲矣王明則汲井以及物而施者受者並受其福也九三以陽居陽在下之上而未為時用故其象占如此象曰井渫不食行惻也求王明受福也行惻者行道之人皆以為惻也○六四井甃无咎甃側救反○以六居四雖得其正然陰柔不泉則但能脩治而无及物之功故其象為井甃而占則无咎占者能自脩治則雖无及物之功而亦可以无咎矣象曰井甃无咎脩井也○九五井洌寒泉食洌音列○洌潔也陽剛中正功及於物故為此象占者有其德則契其象也象曰

寒泉之食中正也○上六井收勿幕有孚元吉收詩救反又如字幕音莫○收汲取也晁氏云收鹿盧收繘者也亦通幕蔽覆也有孚謂其出有源而不窮也井以上出為功而坎口不揜故上六雖非陽剛而其象如此然占者應之必有孚乃元吉也象曰元吉在上大成也

䷰ 離下兌上

革已日乃孚元亨利貞悔亡革變革也兌澤在上離火在下火然則水乾水決則火滅中少二女合為一卦而少上中下志不相得故其卦為革也變革之初人未之信故必已日而後信又以其內有文明之德而外有和說之氣故其占為有所更革皆大亨而得其正所革皆當而所革之悔亡也一有

欽定四庫全書　周易本義　卷二　二十七

不正則所革不信不通而反有悔矣○彖曰革水火相息二女同居其志不相得曰革以卦象釋卦名義大畧與睽相似然以相違而為睽相息而為革也息滅息也又為生息之義滅息而後生息也已日乃孚革而信之文明以說大亨以正革而當其悔乃亡說音悅當去聲以卦德釋卦辭○天地革而四時成湯武革命順乎天而應乎人革之時大矣哉極言而贊其大也○象曰澤中有火革君子以治歷明時治平聲○四時之變革之大者○初九鞏用黃牛之革鞏九勇反○雖當革時居初无應未可有為故為此象鞏固也黃中色牛順物革所以固物亦取卦名而義不同也其占為當堅確固守而不可以有為聖人之於變革

（擷取自朱熹・周易本義）

☵☱ 坎下兌上

困亨貞大人吉无咎有言不信 困者窮而不能自振之義坎剛為兌柔所揜九二為二陰所揜四五為上六所揜所以為困坎險兌說處險而說是身雖困而道則亨也二五剛中又有大人之象占者處困能亨則得其正矣非大人其孰能之故曰貞又曰大人者明不正之小人不能當也有言不信又戒以當務晦默不可尚口益取困窮 ○彖曰困剛揜也 以卦體釋卦名 險以說困而不失其所亨其唯君子乎貞大人吉以剛中也有言不信尚口乃窮也 說音悅○以卦德卦體釋卦辭 ○象曰澤无水困君子以致命遂志 水下漏則澤上枯故曰澤无水致命猶言授命言持以與人而不之有也

能如是則雖困而亨矣 ○初六臀困于株木入于幽谷三歲不覿 臀物之底也困于株木傷而不能安也初六以陰柔處困之底居暗之甚故其象占如此 象曰入于幽谷幽不明也○九二困于酒食朱紱方來利用亨祀征凶无咎 紱音弗亨讀作享○困于酒食厭飫苦惱之意酒食人之所欲然醉飽過宜則是反為所困矣朱紱方來上應之也九二有剛中之德以處困時雖无凶害而反困于得其所欲之多故其象如此而其占利以享祀若征行則非其時故凶而於義為无咎也 象曰困于酒食中有慶也 ○六三困于石據于蒺藜入于其宮不見其妻凶 陰柔而不中正故有此象而其占則凶石指四蒺藜指二宮謂三而妻則六也其義則繫辭備矣 象曰據于

第陳人事下三爻爲革者謀初未可革二許其革三愼于革黃牛也嘉也孚也一而已也皆謂革之本也上三爻爲革者美四有德而佐革五極盛而主革上旣革而功成然亦同歸有孚居貞則革之道可知矣

☲☴ 巽下離上

卦有鼎象初爲足二三四爲腹五爲耳上爲鉉又巽木離火互乾金兌澤烹飪之象也序卦革物者莫若鼎故受之以鼎變腥爲熟易堅爲柔水火同處相爲用而不相害能革物也

鼎元吉亨

養人莫大于水火井鼎是也但火必假器以成用故鼎爲最重而占得此卦者大吉亨謂推之凡事皆可亨通也

彖曰鼎象也以木巽火亨飪也聖人亨以享上帝而大亨以養聖賢巽而耳目聰明柔進而上行得中而應乎剛是以元亨

卦體自具足腹耳鉉之象因象命名故曰鼎象也下巽上離以巽木入離火之中而致烹飪鼎之用也烹者熟食也烹飪之用賓祭爲重而祭莫大于享帝賓莫大于聖賢享帝尚質故止言亨享聖賢貴豐故曰大亨此言鼎之爲用大也巽而以下又推廣其義以明元吉亨之故離爲目互坎爲耳耳目之所以聰明木火之生氣貫之也卦體以木巽火人心體之內而此心巽順于理外而耳目聰明則可以無所不可又下卦一陰進而上行爲六五則文明得其位以六五得中而下應九二之剛則得其輔以此擬天下之重器是以大亨而吉不待

（節取自朱熹・周易本義）

周易集解序

予觀唐藝文志稱李鼎祚集註周易十七卷據鼎祚自序云十卷而首尾俱全初無亡失不知唐史何所據而云十七卷也崇文總目及邯鄲圖書志亦稱七篇逸葢承唐史之誤耳鼎祚解經多避唐諱又取序卦冠於各卦之首所引有子夏孟喜焦贛京房馬融荀爽鄭玄劉表何晏宋衷虞翻陸績干寶王肅王弼姚信王廙張璠向秀王凱沖侯果蜀才翟玄韓康伯劉巘何妥崔憬沈驎士盧氏崔覲伏曼容孔穎達凡三十二家又引九家易乾鑿度諸說義有未詳鼎祚乃加增削予嘗綜其義例蓋宗鄭學者也自商瞿之後註易者百家而鄭氏玄王氏弼為最顯鄭之學主象數王之學主名理漢晉以來二氏學竝立至劉宋初顏延之為祭酒黜鄭置王時陸澄王濟輩皆以為不可自是河汾諸儒多主于鄭江左及青齊多主于王唐興孔穎達受詔譔定五經正義于易獨取王傳而鄭學遂廢先代專門之業亦復不傳

（節取自周易集解序）

地之先聖人弗之論也故其所法象必自天地而還○老子曰有物混成先天地生吾不知其名彊字之曰道上繫曰法象莫大乎天地○莊子曰六合之外聖人存而不論春秋穀梁傳曰不求知所不可知者智也而今後世浮華之學彊支離道義之門求入虛誕之域以傷政害民豈非讒說殄行大舜之所疾者也

盈天地之間者唯萬物故受之以屯屯者盈也

羔女使皆取位賤故為羔舊讀以震駹為龍艮拘為狗兌羔為羊皆已見上此為再出非孔子意也震已為長男又言長子謂以當繼世守宗廟主祭祀故詳舉之三女皆言長中少明女子各當外成故別見之此其大例者也此上虞義

周易序卦

有天地然後萬物生焉

干寶曰物有先天地而生者矣今正取始於天地天

（節取自周易序卦傳）

（節取自周易說卦傳）

欽定四庫全書　周易集解　九

坤也者地也萬物皆致養焉故曰致役乎坤
坤陰無陽故道廣布不主一方含弘光大養成萬物
兌正秋也萬物之所説也故曰説言乎兌
兌三失位不正故言正秋兌象不見西故不言西方
之卦與坤同義兌為雨澤故説萬物震為言震二動
成兌言從口出故説言也
戰乎乾乾西北之卦也言陰陽相薄也
乾剛正五月十五日晨象西北故西北之卦薄入也

欽定四庫全書　卷十七

坤十月卦乾消剝入坤故陰陽相薄也
坎者水也正北方之卦也勞卦也萬物之所歸也故曰
勞乎坎
歸藏也坎二失位不正故言正北方之卦與兌正秋
同義坎月夜中故正北方此上虞義○崔憬曰以坎
是正北方之卦立冬已後萬物歸藏於坎又陽氣伏
於子潛藏地中未能浸長勞局衆陰之中也
艮東北之卦也萬物之所成終而所成始也故曰成言

（節取自周易恆解）

夫子恐人誤以磐桓爲遲疑建侯爲威服故曰雖磐桓
乃心存濟世行欲安民志行正也建侯者俯從民望以
貴下賤大得斯民願治之心也

六二屯如邅如乘馬班如匪寇婚媾女子貞不字十年乃字

如擬其資之詞屯言其境邅言其心班布也乘馬震於
馬爲馵足爲作足故曰班如列布有待將行之貌謂九
五也坎險故疑爲寇然五爲二之正應以陽應陰故有
婚媾之象女子謂二字許嫁也貞不字以其險未可乘
十年則數之盈女乃從男二乃應五也六二陰位在濟
屯爲用柔之時故言時方屯如濟屯者亦邅如雖九五
陽爻與二相應有乘馬班如之象非欲爲寇乃婚媾也
二亦何憚而不從之然時將可爲所應尚遠正宜守正
以俟之如女子守貞不字十年乃字蓋我得其正
而數窮勢極乃相應以成大功此六二之義也

牝馬實本地類故能行地無疆占者體之有柔順之德
而不失其貞此乃君子之所行也其謂先迷者以自用
而失柔順之道後得主者後則順道而得其常西南之
得朋以其類皆在此與之偕行也東北喪朋者本非其
類喪之而適得其耦乃終有慶也至於安貞之吉所以
應地德之無疆蓋地本至安至正故能承天人道亦猶
是也

象曰地勢坤君子以厚德載物

天以氣運故曰天行地以形成故曰地勢地自高而趨
下高下相因於無窮其勢至順故以象重坤然惟其體
至厚所以順而不失其德能持重載物君子體之亦以
至厚之德容受萬物使事無不順乎理物莫不遂其生

初六履霜堅冰至

六陰象初六一陰之象霜陰氣所凝冰則陰益盛而凍
也在下故象履冰曰堅陰氣凝結之甚也奇耦之畫皆

（節取自五經正義表）

五經正義表

臣无忌等言臣聞混元初闢三極之道分焉醇德既醨六籍之文著矣於是龜書浮于温洛爰演九疇龍圖出於榮河以彰八卦故能範圍天地埏埴陰陽道濟四溟知周萬物所以七教八政垂炯戒於百王五始六虚貽徽範於千古詠歌明得失之跡雅頌表興廢之由實刑政之紀綱乃人倫之隱括昔雲官司契之后火紀建極之君雖步驟不同質文有異莫不開茲膠序樂以典墳敦稽古以弘風闡儒雅以立訓啓含靈之耳目贊神化之丹青姬孔發揮於前荀孟抑揚於後馬鄭迭進成均之望鬱興蕭戴同昇石渠之業愈峻歷夷險其教不隊經隆替其道彌尊斯乃邦家之基王化之本者也伏惟

皇帝陛下得一繼明通三撫運乘天地之正齊日月之暉敷四術而緯俗經邦藴九德而辨方軌物

（節取自五經正義表）

御紫宸而訪道坐玄扈以裁仁化被丹澤政洽幽陵三秀六穗之祥府無虛月集囿巢閣之瑞史不絕書照金鏡而泰階平運玉衡而景宿麗可謂鴻名軼於軒昊茂績冠於勳華而垂拱無爲遊心經典以爲聖教幽賾妙理深玄訓詁紛綸文疏蹐駁先儒競生別見後進爭出異端未辨三豕之疑莫袪五日之惑故祭酒上護軍曲阜縣開國子孔穎達宏才碩學名振當時貞觀年中奉

勅修撰雖加討覈尚有未周爰降絲綸更令刊定勅太尉楊州都督監修國史上柱國趙國公臣無忌司空上柱國英國公臣勣尚書右僕射兼太子少師監修國史上柱國燕國公臣志寧尚書右僕射兼太子少傅監修國史上護軍曲阜縣開國公臣行成光祿大夫侍中兼太子少保監修國史上護軍蓚縣開國公臣季輔光祿大夫吏部尚書監修國史上柱國河南郡開國公臣褚遂良銀青光

六十四卦象圖

序號	卦名	畫法	代表	現象	含義
第一卦	乾上乾下	乾為天	吉	顛峰之象	無形的主宰
第二卦	坤上坤下	坤為地	吉	保守之象	造化的根源
第三卦	坎上震下	水雷屯	凶	艱難之象	創發之艱難
第四卦	艮上坎下	山水蒙	中凶	啟蒙之象	啟蒙的教育
第五卦	坎上乾下	水天需	中凶	等待之象	飲食宴樂以待時
第六卦	乾上坎下	天水訟	凶	相爭之象	作事謀始以防訟
第七卦	坤上坎下	地水師	凶	征戰之象	領導統禦之學
第八卦	坎上坤下	水地比	吉	親和之象	相輔相親之道
第九卦	巽上乾下	風天小畜	中吉	養精蓄銳之象	畜小而未見大用
第十卦	乾上兌下	天澤履	中吉	化險為夷之象	克己復禮之道
第十一卦	坤上乾下	地天泰	吉	安泰之象	通泰安福的現象
第十二卦	乾上坤下	天地否	中凶	閉塞不通之象	閉塞不通之現象
第十三卦	乾上離下	天火同人	吉	同心協力之象	通天下之志
第十四卦	離上乾下	火天大有	吉	盛運之象	文明富足之象
第十五卦	坤上艮下	地山謙	吉	謙虛之象	內縕其德以自牧
第十六卦	震上坤下	雷地豫	吉	喜悅之象	豫樂的人生
第十七卦	兌上震下	澤雷隨	吉	隨和之象	隨緣不變，不變隨緣
第十八卦	艮上巽下	山風蠱	凶	蠱惑廢弛之象	腐敗固振與之道
第十九卦	坤上兌下	地澤臨	吉	更生發揚之象	至誠臨民教民
第二十卦	巽上坤下	風地觀	吉	靜觀之象	省察周邊以正風氣
第二十一卦	離上震下	火雷噬嗑	凶	含剛之象	治獄之道
第二十二卦	艮上離下	山火賁	吉	粉飾之象	文飾與文明
第二十三卦	艮上坤下	山地剝	凶	脫序之象	外華內虛之勢
第二十四卦	坤上震下	地雷復	吉	復蘇回春之象	復見天地之心
第二十五卦	乾上震下	天雷無妄	吉凶參半	無妄之象	至誠合天德

第二十六卦	艮上乾下	山天大畜	吉	勤勉致富之象	畜德養賢之道
第二十七卦	艮上震下	山雷頤	中和	養身之象	慎言語、節飲食
第二十八卦	兌上巽下	澤風大過	凶	過度之象	獨立不懼、避世無悶
第二十九卦	坎上坎下	坎為水	凶	艱難之象	處險習教之道
第三十卦	離上離下	離為火	吉	明智之象	明德照四方
第三十一卦	兌上艮下	澤山咸	吉	交感共鳴之象	交感而生化不息
第三十二卦	震上巽下	雷風恆	吉	恆久安定之象	立不易方之恆德
第三十三卦	乾上艮下	天山遯	凶	隱遁之象	退避自保以待時
第三十四卦	震上乾下	雷天大壯	中凶	崛起壯大之象	正大壯盛之態勢
第三十五卦	離上坤下	火地晉	吉	晉升之象	光明磊落，憤發以進
第三十六卦	坤上離下	地火明夷	凶	晦暗之象	黑暗憂患之世
第三十七卦	巽上離下	風火家人	吉	倫理齊家之象	齊家之道
第三十八卦	離上兌下	火澤睽	凶	相乖不和之象	乖違隔離之象
第三十九卦	坎上艮下	水山蹇	凶	躊躇艱難之象	克難匡時之道
第四十卦	震上坎下	雷水解	吉	解困之象	舒解和暢之象
第四十一卦	艮上兌下	山澤損	中吉	謹言慎行之象	損下益上之象
第四十二卦	巽上震下	風雷益	吉	順益之象	損上益下之象
第四十三卦	兌上乾下	澤天夬	凶	決斷之象	決去其所當決
第四十四卦	乾上巽下	天風姤	凶	邂逅之象	防微于陰始明
第四十五卦	兌上坤下	澤地萃	吉	聚集之象	聚集歸附之象
第四十六卦	坤上巽下	地風升	吉	上升之象	積小以致高大
第四十七卦	兌上坎下	澤水困	凶	困頓之象	處困而致命遂志
第四十八卦	坎上巽下	水風井	中凶	付出之象	民生相養之道
第四十九卦	兌上離下	澤火革	中吉	革新之象	改婪革新之道
第五十卦	離上巽下	火風鼎	吉	協力之象	凝重安定以新命
第五十一卦	震上震下	震為雷	中凶	震驚激動之象	震起以除逸惰
第五十二卦	艮上艮下	艮為山	中凶	停滯阻止之象	知止與贍養之道
第五十三卦	巽上艮下	風山漸	中吉	進展之象	遠行自近，登高自卑
第五十四卦	震上兌下	雷澤歸妹	凶	注意進退之象	婚姻與人生
第五十五卦	震上離下	雷火豐	中吉	盈虛之象	日中是昊，月盈則蝕
第五十六卦	離上艮下	火山旅	中凶	流浪不安之象	居不安而道不廢

第五十七卦	巽上巽下	巽為風	吉	順從隱忍之象	柔弱之道
第五十八卦	兌上兌下	兌為澤	吉	喜悅之象	悅順之道
第五十九卦	巽上坎下	風水渙	吉	渙散之象	舒散消解之道
第六十卦	坎上兌下	水澤節	吉凶參半	節制之象	調和節制之道
第六十一卦	巽上兌下	風澤中孚	吉	誠意互信之象	誠信感物之道
第六十二卦	震上艮下	雷山小過	凶	過度之象	過與不及調適之道
第六十三卦	坎上離下	水火既濟	吉凶參半	維持安定之象	思守成而豫防之
第六十四卦	離上坎下	火水未濟	中吉	希望之象	貞上啟元，生生不息

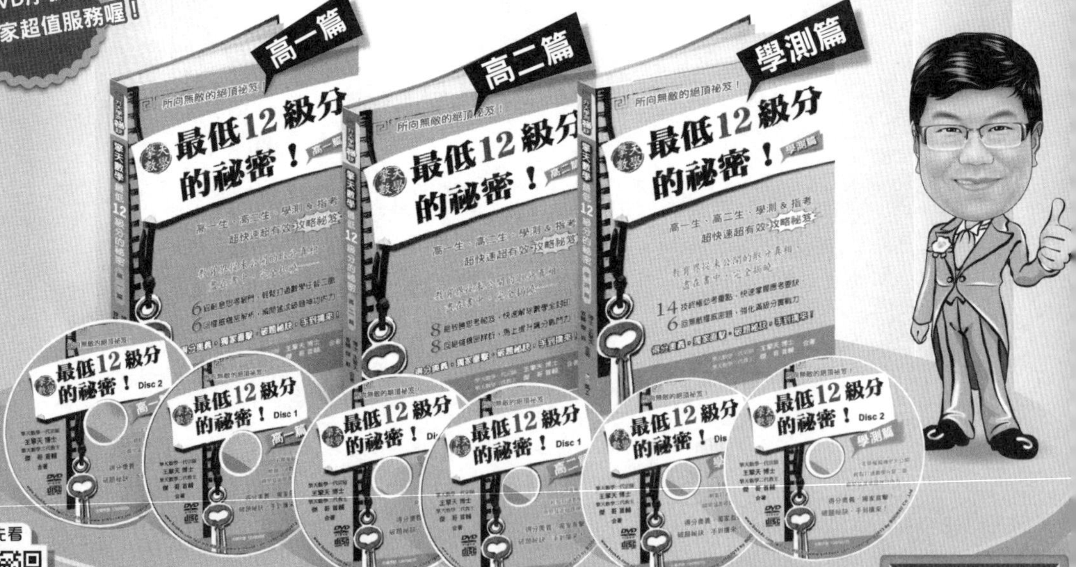

附錄十五

原來這些成語都是出於《易經》

成語	意義
潛龍勿用	蛟龍隱藏蟄伏，不為世所知。比喻賢才遭埋沒，不受重用。
飛龍在天	比喻帝王在位。
亢龍有悔	龍為君位，亢是至高，言處於極尊之位，應當以亢滿為戒，否則會有敗亡之禍。
群龍無首	本指群賢俱興之際，切勿強出頭當領袖。後轉喻為烏合之眾，缺少領袖。
進德修業	增進品德，修習學業。
一朝一夕	朝，早晨。夕，傍晚。一朝一夕形容時間短暫。
不速之客	沒邀請就自己來的客人。
密雲不雨	比喻事情已經醞釀成熟，但還沒有發作。
夫妻反目	夫妻不和睦。
謙謙君子	謙虛有禮、嚴以律己的人。
卑以自牧	以謙虛的態度修養自己。
明罰勑法	申明刑罰，端正法律。
無妄之災	比喻意外的災禍。
虎視眈眈	如老虎般貪狠的注視。比喻心懷不軌，伺機掠奪。
無咎無譽	既無禍害，亦無稱譽。
月盈則食	月亮到了最圓的時候，就會開始虧食。比喻物盛極必衰。
天尊地卑	天在上而尊，地在下而卑。
方以類聚	天下人各以其道而按類別相聚合。
智者見智	對同一事物，各人的觀察角度不同，見解也因人而異。
兩人同心，其利斷金	假如兩人心意相同，其力量就像鋒利的刀一樣可以切斷金屬。
書不盡言	指內心的意思，難以用文字完全表達。
言不盡意	言語無法把所有的心意表達出來。今常用於書信的結尾，以表情深不盡之意。

易學筆記

附錄十六

《易經》相關人物介紹

伏羲氏

傳說伏羲坐於方壇之上，聽八風之氣，乃做八卦。八卦衍生《易經》，開華夏文明。因其製造八卦，人奉之為神，尊其為八卦祖師。

神農氏

又稱連山氏，是中國神話人物、華夏太古三皇之一，被世人尊稱為「藥王」、「五穀王」、「五穀先帝」、「神農大帝」等。傳說中的農業和醫藥的發明者，他遍嘗百草，教人醫療與農耕。有一說為其重新演化八卦而為六十四卦，著作為《連山易》。

黃帝

相傳《歸藏易》在黃帝時代所作，在商代卜筮時所用。相較於《易經》，《歸藏》的內容很早已散佚而不完整。據說《歸藏易》是以「坤卦」作為八卦、六十四卦之首卦為特色。

周文王

又稱為西伯，是商紂王時期周方國的領袖。由於他廣施仁政，大力發展生產而使周方國日愈強盛，之後便到達可與商紂王抗衡的程度，當然也因此引起了商紂王的妒忌和猜疑，於是受到囚禁。

周文王被囚七年，他在先天八卦的基礎上創造了後天八卦，也叫文王八卦，跟伏羲的先天八卦相比，文王八卦進一步把八卦引申為構成宇宙萬

物的八種基本物質，用以推演無窮無盡的物質。就是《易經》記載的「引而伸之，觸類而長之」。八卦又稱為經卦，把八個經卦互相疊加進行排列組合，就組成了六十四卦，六十四卦又叫重卦。也因六十四卦的發明，使《易經》運用的普遍性和便利性得到了很大的提升和突破。

周公

周公，名姬旦，是輔佐周國三代國君的大功臣。周公以仁德著稱，被後世尊為「德聖」，周公對《易經》作了三百八十六爻的爻辭，使得易經文字更加確定。

老子

宗法黃帝的《歸藏易》，以坤卦為首，尚柔，且主張清靜無為。

孔子

《史記・孔子世家》說：「讀易，韋編三絕。」孔子為了深入研究《易經》，並給弟子講解，不知翻閱了多少遍。這樣讀來讀去，把串連竹簡的繩子也給磨斷了好多次，孔子把《易經》列入六經（詩、書、禮、易、樂、春秋），從此《易經》成為了中國人思想文化的主幹，影響中國幾千年。

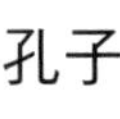

孔子的時代是《易經》寫作的一個重要時代，目前普遍認為，《易經》非一人所寫。因為孔子把《易經》作為教材列入「六經」之一，他當然會對《易經》有所闡發及補充，相傳孔子作《十翼》等篇章，來為《易經》作註解。

鄭玄

東漢鄭玄的著作〈易論〉認為「易一名而含三義：易簡一也；變易二也；不易三也。」這句話總括了易的三種意思：「簡易」、「變易」和「恆常不變」。即是說宇宙的事物存在狀能的是：順乎自然的，表現出易和簡兩種性質。

董仲舒

董仲舒其學以儒家宗法和周易思想為中心，雜以陰陽五行說，把神權、君權、父權、夫權貫串在一起，形成帝制神學體系，從而提出了天人感應、三綱五常等重要儒家理論。

張衡

以周易之象而撰有天文學著作《靈憲》，敘述宇宙生成論。他提出宇宙形成的三個階段，一是「溟涬」，是氣的原始狀態，什麼都沒有，是「無」的階段，道的根本；第二是「龐鴻」，是元氣開始發動、連結在一起、混沌不分的狀態；第三是「太元」，元氣分化，有剛柔清濁之分，天地各自形成，陰陽四時變化而生萬物。他指出宇宙是無窮無極的，肯定時間與空間的無限性，提出以「氣」為基本的自然觀，人是元氣的聚合，如水之凝結為冰，人死是元氣消散，如冰塊融化為水，復歸於元氣，與自然成為一體。

諸葛亮

三國時代人，字孔明，以黃帝所作八陣法及伏羲氏的六十四卦，衍生出八陣圖，實際運用於戰場上，唐詩中，「功蓋三分國，名成八陣圖」即出於此。

虞翻

三國時期著名經學家、哲學家，為吳國重臣，字仲翔。虞翻是一個文武全才，既能統兵打仗又著書立說，在學術上，他集當時及前代易學之大成，對易學的發展起到了很重要的作用。

蕭衍

即梁武帝，他融合佛理解《易經》，撰有《周易講疏》、《春秋答問》、《孔子正言》等二百餘卷。史書稱他：「六藝備閑，棋登逸品，陰陽緯候，卜筮占決，並悉稱善。……草隸尺牘，騎射弓馬，莫不奇妙。」

孔穎達

唐初著名經學家、天文學家（574～648），字冲遠，一字仲達。孔子三十二世孫。孔穎達悟性極高，八歲上學時候，就已經能「日誦千餘言」；稍長，通曉服虔注解的《左氏傳》、王弼注解的《周易》，以及鄭玄注解的《尚書》、《禮記》與《毛詩》，此外諸子、曆算、屬文，亦皆擅長。孔穎達著述甚豐，最大的成就，就屬其奉詔主持編撰、解釋儒家經典的一百八十卷官書——《五經正義》。

陳摶

陳摶，字圖南，號扶搖子，賜號白雲先生、希夷先生，北宋著名的隱士和易學家。從事易學研究，著有《麻衣道者正易心法注》、《易龍圖序》、《太極陰陽說》、《火珠林》和《太極圖》、《先天方圓圖》等。

邵雍

邵雍對易經極有研究，開拓了「象數」學的領域。邵雍繼承並發揚了陳摶的「周易先天圖說」朱震說：「陳摶以《先天圖》傳种放，种放傳穆修，穆修傳李之才，之才傳邵雍。」朱熹則認為邵雍傳自陳摶，陳摶亦有所承傳：「邵子發明先天圖，圖傳自希夷，希夷又自有所傳。」邵雍說：道生一，一為太極；一生二，二為兩儀；二生四，四為四象；四生八，八為八卦；八卦生六十四，六十四具而後天地之數備焉。天地萬物莫不以一為本原，於一而演之以萬，窮天下之數而復歸於一。邵雍是真正能繼承先秦與兩漢以來易學象數派之理論精粹，並能融合儒家經學之道德價值觀之人。

張載

北宋著名易學儒學家，其易學屬於義理學派，以《中庸》為本體，以孔孟為其宗法。

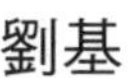

劉基

劉伯溫是中國歷史上一位著名的政治家、思想家和文學家。他在政治、軍事、天文、地理、文學等方面有很深的造詣，其用易經之學替朱元璋算出妙計，協助朱元璋建立了統一的明王朝，是易經的實用大師。

來知德

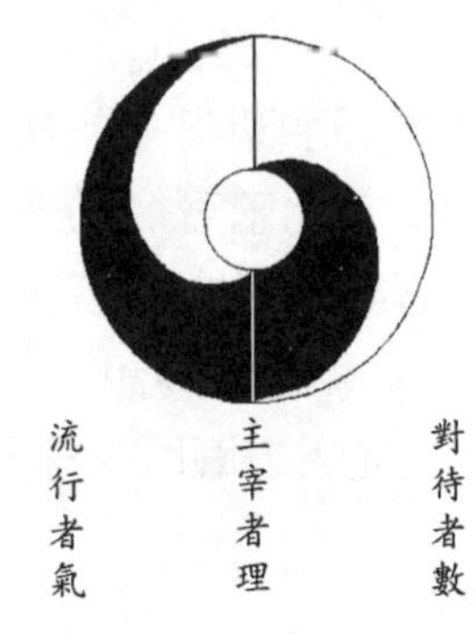

字矣鮮，別號瞿塘。來知德因父母病而辭官未士，深居以自學易，六年完全一無所獲，後無師自通，《周易集註》歷時29年始成。

《周易集註》專以錯卦與綜卦以及「中爻」（即互卦）論易象，並以兩錯卦為同一卦，以此而持論：上經只十八卦，下經亦只十八卦。自云：「是自孔子沒而易亡已至今日矣，四聖之易，如長夜者二千餘年，不其可長歎也哉。」來知德此說後世頗多議論，提要曰：「上下經各十八卦，本稅與權之舊說。而所說中爻之象，亦即漢以來互體之法。」

王夫之

王夫之的研究領域包括天文、曆法、數學、地學，專精於經、史、文學。批評程朱理學的唯心主義，總結古代唯物主義思想。

著有《周易外傳》、《黃書》、《尚書引義》、《永曆實錄》、《春秋世論》、《噩夢》、《讀通鑒論》、《宋論》等等。其作品在生前皆未刊行。道光十九年，其裔孫王世全與鄧顯鶴開始搜集散佚，刻成《船山遺書》一百五十卷，稱鄧顯鶴刻本。

朱熹

南宋儒學易學家，集兩宋之大成，以程頤、程顥理論為支架，且融合了各家學說，作有《四書集注》、《四書或問》、《太極圖說解》、《通書解》、《西銘解》、《周易本義》、《易學啟蒙》等。

附錄十七

新絲路網路書店於強敵環伺下的突破創新策略

1991 年底，教育部電算中心以 64kbps 數據專線將 TANet 連結到美國普林斯頓大學的 JVNCNET，台灣正式成為網際網路的一員。二十多年來，網路發展一再改變人們的生活，產生了新的商業模式，也帶動了新的商業發展。

在還是撥接上網的年代，當你正聽著嘟嘟的撥接號上網時，新絲路科技公司便已成立。1999 年起，新絲路科技公司正式轉型為新絲路網路書店，是從網路石器時代起便創立的最早一批網路商店之一，也是最早推出線上付款機制（Payment Gateway）的網路書店，可以跨越不同銀行信用卡的刷卡方式，在當時可以說是全亞洲最強悍的功能。

恰巧也是在同年，中華電信與資策會相繼推出 ADSL 寬頻上網服務，多家業者競爭下，2000 年以後 ADSL 價格已降到一般家庭民眾都可以負擔得起，網路商業各領域開始進入龍頭爭霸戰，網路書店這塊餅，亦無法置身事外。

網路商業模式中，有一個「winner takes all」的特性，即在這場爭霸戰中獲勝的一方，將能吃下這塊市場大餅中最大的一塊，且幾乎占據全部市場，因為網路使用者們，只會認定這個龍頭的「網站品牌」，尤其當消費者的你，周遭親朋好友都在這個網站上消費、都在討論這個網站的服務，你不使用，就彷彿落伍了般。

就好比當大家都在使用臉書（Facebook）的社群服務時，又有多少人知道友人網（Friendster）才是社交網站的第一個創始網站，甚至連臉書 Facebook 都承認他們有向友人網 Fraiendster 購買了18 個專利來使用。

而網路書店在台灣，winner takes all 原則下，最大的贏家便是博客來網路書店。

博客來網路書店成立於 1995 年，但其真正的崛起，卻是在2000年統一集團投資博客來，博客來加入統一流通次集團之後。它整合了統一集團的物流，以台灣展店最多（1999 年便已突破 2000 家門市）的統一便利商店 7-Eleven 為後盾，推出「博客來訂書，7-11 付款取貨」服務，成為了網路書店爭市占率中的最大利器，甚至擊敗所有實體書店的銷售量，不到十年便成為台灣圖書市場銷售的第一大通路。而統一集團，也在 2001 年取得博客來過半股權，正式將博客來併入旗下集團，更於 2011 年正名為「博客來」，不再強調其網路書店的身分，而是如美國亞馬遜 Amazon 一般，轉型為大型購物網站，跨足零售百貨業。

只是，如同一開始所言，雖然 winner takes all，但博客來在一般民眾心中，還是「網路書店」，民眾只要有網路購書需求，第一個想到的還是「博客來網路書店」，第二個可能就是金石堂網路書店或誠品網路書店或三民書局等由實體書店規劃經營的網路書店。

在這場網路書店序位排名戰中，曾經被兩岸三地出版人評論為最具品味，擁有強大品牌形象的誠品書店，最終輸給了同樣由實體書店經營網路書店的金石堂。這非是因為誠品的實體門市數量少於金石堂（金石堂於台灣擁有 60 多家門市，誠品於台灣擁有 40 多家門市），而是由於誠品書店販賣的，除了書之外，更是那股人文氛圍，少了實體門市的裝潢、擺設，甚至流動在空氣中的音樂、書香，使得誠品網路書店的優勢驟降，並因其一貫堅持不輕易打折扣的硬價格受到打壓。反觀金石堂網路書店，卻能以各種低價優惠、促銷活動與產品區隔來吸引讀者注意，進而成功打敗誠品，躍升為台灣第二大網路書店。

目前台灣的網路書店銷售額，排名第一的博客來與第二的金石堂便占據了八成五的市占，剩餘的，才由其他網路書店瓜分。

在此情況下，新絲路網路書店 15 年來篳路藍縷，堅持著「期許成為全球華文文化與知識傳遞的新絲路」的精神，在沒有任何財團支持以及實體門市的奧援中，仍舊能於台灣網路書店業排名第三名，年營收三億餘，YAHOO ！奇摩、PC home、Happy go、momo、udn 等大型知名網站所售之書也都是由新絲路網路書店隱名承包。雖然與博客來的營收差異相距甚大（博客來年營收五十億餘），但新絲路網路書店的 EPS（年度每股盈餘），每年卻均高於包含博客來在內的其他競爭者。這又是為什麼呢？

究其原因，實際上新絲路網路書店背後有著台灣前五大出版集團之一的采舍國際集團在支援著。迥異於博客來透過統一集團投資，新絲路網路書店與采舍國際集團實為一體，於新絲路網路書店上販售之書籍，有相當高的比例為采舍國際集團旗下出版社的自有產品，毛利率遠高於其他「買來再賣」的轉售商品。而其他網路書店卻沒有如新絲路網路書店這般，縱向與橫向兼顧整合的事業結構。

可以說，新絲路網路書店，是目前華文出版界最完整的出版體系，也是台灣少數能夠水平與垂直發展的出版集團。新絲路網路書店的電子商務平台，讓他橫向能賣書和其他商品；新絲路網路書店的出版單位，讓他縱向涵蓋所有出版與書籍內容相關的技術範疇。並且，新絲路網路書店利用其完整的出版體系，加上數位時代的潮流趨勢，推出了包含 EP 同步的紙本書及電子書出版系統、兼顧了傳統出版社的出書方式與自資出版（自費出版）模式等服務，提供了文化創意人在歷經傳統出版社無數次的退稿後，另外一條新的出路。

透過這條「自資出版」管道發聲的書籍與作家，極有可能便是下一本《戰爭與和平》或《彼得兔》，甚至於下一個近代台灣詩人夏宇。

眾所皆知《戰爭與和平》，這本世界名著是俄國大作家托爾斯泰的作品，但卻極少人知道，這本世界經典居然是托爾斯泰自己出資出版的作品。而風靡世界的《彼得兔》圖畫書，也是由作者畢翠克絲・波特（Beatrix Potter）個人先自行印製 250 本《小兔彼得的故事》頗受好評後，才交由出版社正式發行。

台灣詩人夏宇，在 1984 年自費出版詩集《備忘錄》，從此於文壇打響名號，因為自費印刷的書量有限，甚至造成了一書難求的收藏熱潮。由於夏宇的作品風格獨特，出版社可能會判定非廣大市場能輕易接受而不敢替他出版，如果夏宇沒有自費出版自己的作品，那麼我們可能將無緣看到這位天賦異稟的詩人作品了！

基於不讓珍珠蒙塵，新絲路網路書店推出的自資出版服務，不僅能協助這些素人作家，甚至還能替他拋光打亮，散發更耀眼的光芒，也因此讓新絲路網路書店於自資出版這塊領域，成為全球繁體（正體）華文出版之翹楚。

新絲路網路書店又於 2008 年架構了華文圖書市場中，唯一雙向免費的電子書城，提供讀者免費下載電子書，也提供作者免費在網路平台上連載自己的作品，若是讀者反映良好，當然亦可掏錢購買實體書。

這又提供了在後 PC 時代成長的新人作家一個全新渠道。就好像《羊毛記》作者休豪伊（Hugh Howey），他利用讀書社群網站、部落格、臉書及推特與讀者互動，並聽從建議修改文稿，把出版的過程當作「作品」的一部分，從而締造了以電子書自費出版成為 2012 年全亞馬遜書店評價最高的傳奇出書故事。

在現今這個後 PC 時代，像這樣的寫作方式將會愈來愈多，休豪伊只是打響了第一槍，因此新絲路網路書店提供了一個作者與讀者雙向溝通的渠道，讓作者能第一時間知道讀者反應，也是為了幫助作者能更貼近讀者的心。

像這樣的雙向免費服務，對新絲路網路書店來說，單純只是為了讓「書」回歸到最初傳承思想、開啟智慧之窗的理想，而非基於商業營利的出發點。新絲路電子書城唯一可能的直接收入，只有來自認同此理念的愛書人小額捐款，如此帶有些許浪漫色彩的行為，會出現在網路書店與電子書這激烈的商業戰場上，還多虧了新絲路網路書店的文藝背景，這讓新絲路網路書店在一片由大財團挹注資金經營的網站中，走出了與眾不同的專業清新風格。

與許多小眾書店都是由熱愛閱讀的文化人開辦，以吸引相同調性的讀者前來購買相似，新絲路網路書店的經營者也是一位作家，並且是一位非文學類書籍的暢銷作家，因此在書籍上架時，新絲路網路書店比起其他網路書店，更著重於其強項類別的選書，在財經、保健等專業書籍項目上，新絲路網路書店的藏書甚為豐富，選書也極為專業，這對於相關專業的人士而言，是非常好的購書選擇處，往往能在新絲路網路書店發現其他網路書店甚至實體書店沒有陳列或推薦的好書。

但新絲路網路書店雖然兼營出版，背後有采舍國際出版集團為倚仗，卻又有別於那些由出版集團、出版社自體兼營的網路書店，如時報悅讀網、遠流博識網、天下網路書店與港資城邦網等，新絲路並非只是出版社的官方專屬網站，只販售自家出版的書籍刊物，而是一家真正的全方位「書店」。

台灣由於出版事業蓬勃發展，小眾大眾出版社林立，當各家出版社都成立自己的網路販售通路，卻又只單純販賣自家圖書，對於消費者而言，不啻為一項選購時的負擔。因此，新絲路網路書店抓住顧客心理，在采舍出版編輯單位的支持下，除了自家書籍刊物外，更廣納全台各家出版社的圖書，提供買書人真正多元的選擇。

在新絲路網路書店成立之初，是以「網路書店」的經營型態來切入市場。然而，在省思到科技必須回歸到使用者端後，新絲路網路書店提出「知識服務」概念，除了要讓知識的消費者透過網路尋求獲得、量身訂做他所需要的知識外，還要讓知識的生產者跨過出版門檻，讓自己的知識內容用不同的方式流通。

多年的網際網路服務經驗（ISP），以及完整的電子商務平台技術（EC）、線上付款機制（Payment Gateway），新絲路網路書店用堅強的技術做後盾，加上自家出版社經營多年的人脈資源，結合經營者本身的人文教育觀念，計畫將更多知識用不同方式帶給會員讀者。於是，新絲路網路書店邀請財經界、商務界、行銷界等業界知名作家、大學教授開課，讓作家們不僅是透過文字，更是親身上陣，透過口語傳達，使得原先只能從書中學習的讀者轉為課堂下聽講的學員，最終正式開辦一連串相關培訓課程。

例如結合采舍國際出版集團旗下資源，推出獨一無二的出版&出書保證班，獲得極大迴響與好評，並在每年規劃易學課程，並籌備許多相關系列課程與商務交流平台，協助讀者會員們擁有更多機會！幫助更多有需要的會員創業、致富、出書，一步步邁向成功、達成夢想！

身處於後 PC 時代，新絲路網路書店以科技來建立對讀者知識服務的基礎，除了既有的雙向電子書城，更積極規劃適用於不同行動載具的 APP，讓讀者能隨時隨地的在查詢書籍資料與價格後，直接於手機、平板上購書結帳，並由新絲路的物流網立即發貨送達。

試想當傳統買書顧客還在書店內聞著書香，穿梭於書架間，猶豫在購書價格以及攜帶回程的重量時，新一代的購書者已經用新絲路 APP 掃描確認價格、立即下單結帳，毫無負擔的領著包包回家等待書籍自動送上門。

隨著閱讀軟體與硬體的多元發展，人們的生活習慣受到了重大衝擊，索求知識的方式發生變化，在古騰堡的印刷革命之後，新一波的數位閱讀變革已悄悄展開序幕。2011 年 10 月 18 日，已故蘋果 apple 公司創辦人賈伯斯的自傳上市，出版繁體中文實體書的出版業者，清晨便把一疊疊的書本用貨櫃車送到各家書店、便利商店等通路，好在早上開賣。但購買原文版電子書的讀者，卻早在書還在編輯的階段，就透過亞馬遜或蘋果網路下訂，出書當日，全台灣還在睡夢中時，海底電纜便將那串流而來的資訊位元送來，當讀者起床後打開手機，就可以邊喝咖啡吃早餐邊閱讀賈伯斯傳了。

這是閱讀出版時代的變革，新絲路網路書店自然不會落於人後。在現有電子書城閱讀平台的基礎上，預計推出雲端閱讀紀錄服務，配合不同的閱讀平台紀錄讀者的歷程記錄。想像一下，當你邊吃早餐邊用手機中的新絲路閱讀 APP 翻閱剛購買的賈伯斯傳，當看到第 20 頁便需要出門上班，只好關掉手機 APP 離開家，在你到達公司打開電腦，趁著還有一段空檔時，打開新絲路電子書城平台，登入會員，再次點選賈伯斯傳，電子書便會自動翻至你早上看到的第 20 頁，連你不經意留下的筆記重點也絲毫不落，讓你接續閱讀沒有任何負擔。這就是新絲路網路書店想要帶給讀者的閱讀新生活！

在 web2.0 的時代，網路商店的廠商必須寄望用戶主動產生的內容與資訊來賺錢，但如今的後 PC 時代，他們不再被動的等待，而是將所有用戶的足跡、訊息與互動紀錄下來，鉅細靡遺的匯總分析，理出各種調理脈絡，並能據以產生各式各樣的新營收，這便是巨量資訊的彙整與運用。新絲路網路書店，於此塊早已默默耕耘多年，在書籍的基礎資料網頁上，為讀者推薦相關可購買的其他圖書，並掌握讀者的購書喜好，在同意式行銷的前提下，推薦更多符合他閱讀口味的書籍產品與課程服務給他。

未來，新絲路網路書店將更妥善的利用社群力量，透過網路、社群人脈的連結，打造一個以分享為主要價值觀的嶄新服務。就如美國 BookMooch 的二手書交換平台，假想新絲路網路書店提供類似出租書籍的服務，讓書籍在不同讀者之間流通，你不需要站在書店內辛苦的閱讀，也不需要花錢買下一本看簡介很吸引人但入手閱讀卻後悔的書，最後只有堆在書架上生灰塵，或拉去舊書攤回收，可能所得還不及購書的十分之一。當你用低廉的價格借閱後，若是喜歡並想擁有的讀者，將可上新絲路網路書店購買實體新書，讓自己擁有真正想要的書籍。

在網路商業已如此流通的今日，傳統商業機制持續受到挑戰，新絲路網路書店雖然在網路書店這塊餅中，輸給了掠奪速度極快的大財團經營之網路書店，但卻因為新絲路網路書店「文人創辦・獨立經營・專業選書」的特性，如同《易經》中的「離卦」之象，在對的時局依循光明之道，替自己打開另外一扇窗，致力於有別於博客來的綜合性商城路線之外，更多元但專業而利基的發展。

Q:自助出版是什麼？

A：一種由作者自費，交給自費出版平台負責製作；著作印妥後，作者可自行銷售，亦可委託自費出版平台代為發行上架事宜的出版方式。

Q:自資出版的特色為何？

A：相較於傳統出版自資出版之特點為

- 權利屬於作者
- 作者有100%自主權
- 彈性大、出版門檻較低
- 獲利大多數歸作者

Q:出版流程如何進行？

A：

上網填寫出版報價申請表 → 初步報價 溝通出書細節 → 簽約 → 書籍製作 版型、封面設計、潤稿、排版、三次校對，書審委員會與總編輯增、刪、修、訂、贊後完稿 → 印製 → 入庫 → 發行 → 拆帳

Q:只有自己出書一種方式嗎？

A：你還有以下幾種出版方式可選擇：

- 企劃出版
- 協作出版
- 合資出版
- 加值出版

附錄十八

創業致富，開啟嶄新成功人生

網路上流傳著這麼一句話：「事業的最高境界是無悔；幸福的最高境界是無求；人生的最高境界是無欲。」人生在世，很難做到完全無欲，每個人都在追求自己想要的生活、無悔無愧的人生，為了活得更精彩、更有意義，不斷地尋求各種自我充實與學習的機會，讓自己更加成長，人生更為豐盛。因此，坊間充斥著許多自我提升或自我增值的課程，但其內容與師資品質良窳不齊，價錢又相差甚多，誤人子弟者亦時有所聞，使得許多人都苦於不知該如何選擇質優又高 CP 值的課程。

為了提供華人最優質的講師陣容及課程品質，亞洲八大名師首席王擎天博士特於 2013 年 9 月 26 日正式合併台灣實友圈等六大菁英組織，建構「王道增智會」，冀望能培育出更多有志於成為優秀講師的華人，站上國際舞台。也祈望熱愛學習的人，能用更實惠的價格，與單一的管道，一次就學習多元化的課程，不論是致富、創業、募資、成功、開創美麗人生新境界、易經、探訪台灣不為人知的祕境之旅等等，不只教你理論，更逐步帶著你執行，朝理想前進。在王道增智會裡，你完全可以找到想聽的課題、想結識志同道合的朋友，無論對於講師或學員而言，都是一大福音！

王道增智會簡介

「王道增智會」是什麼？就是「聽見王擎天博士說道，就能增智慧！」本會係由「王道培訓講師聯盟」、「王道培訓平台」、「台灣實友圈」、「自助互助直效行銷網」、「創業募資教練團」和每季舉辦的「商務引薦大會」合併而成立。

【王道培訓講師聯盟】由各界優秀並有潛力講師群組成，凡已經是或想要成為國際級講師的朋友們均極為適合加入。

【王道培訓平台】開辦各類公開招生的教育與培訓課程，提升學員的競爭力與各項核心能力，官網設於新絲路網路書店 www.silkbook.com。

【台灣實友圈】由企業主及兩岸各省市領導圈與白領菁英們組成，喜歡結交各界菁英、拓展人脈與想到大陸發展的朋友們一定要參加。

【自助互助直效行銷網】為一「本身沒有產品」的直銷組織，大家互助為會員們行銷其產品或服務。可提供會員們業務引薦與異業合作的優良媒合環境。

【創業募資教練團】幫助想創業的會員朋友圓夢，教練團以專業的知識與豐富的經驗提供給會員朋友最大的協助，客制化服務可以精準到一對一或多對一。

【商務引薦大會】以晚間（下班後）BNI 的形式，提供王道增智會會員們極佳的自助互助機會，由會長王擎天博士主持，每人均可介紹自己與自己的產品與服務給他人認識。希望大家互相幫助，天助自助者。本會最大的特色是鼓勵並協助會員們當場成交！並與企業參訪結合，B2C 與 B2B 並進，引薦業績非常驚人。

創會會長

王道增智會的創會會長一王擎天博士為台灣知名出版家、成功學大師、行銷學大師。獨創的「創意統計創新學」與「ARIMA 成功學」享譽國際，被尊為當代的拿破崙・希爾（Napoleon Hill）。深入研究「LT 智慧教育法」，並榮獲英國 City & Guilds 國際認證。首創的「全方位思考學習法」，已令六萬人徹底顛覆傳統填鴨式教育，成為社會菁英。著作有《王道：成功 3.0》、《王道：業績 3.0》、《王道：未來 3.0》、《王道：行銷 3.0》、《王道：創富 3.0》、《四大品牌傳奇：柳井正 UNIQLO 等平價帝國崛起全紀錄》、《讓貴人都想拉你一把的微信任人脈術》、《懂的人都不說的社交心理詭計》、《用聽的學行銷》、《決勝 10 倍速時代》、《讓老闆裁不到你》、《祕密背後的祕密》、《赤壁青史，誰與爭鋒？》、《風起雲湧 一九四九》、《賽德克巴萊一史實全紀錄》、《都鐸王朝一英國史實全紀錄》、《反核？擁核？公投？》等逾百種，為華人世界非文學類暢銷書最多的本土作家。

王擎天老師具博士學位與豐富的實戰經驗，他是台灣地區第一位，也是唯一一位以 100 單位比特幣「挖礦」成功者。其一生至今於兩岸三地創辦了 19 家公司，每一家的經營狀況都很不錯！最重要的是：王博士願意將自己的智慧貢獻出來，本著《易經》中「謙卦」的原則創立王道增智會，他開班授課完全是出於熱情與使命感和自我挑戰，並非想要再賺更多的錢（王博士目前才將台北與北京各一棟房產信託贈與給旗下員工）。他既能坐而思、坐而言也會起而行，有本事將自己的 know how、know what 與 know why 整合成一套大部分的人可以聽得懂並具實務上可操作性極強的創富系統。

王擎天老師一直期許自己能成為他人生命中的貴人與最佳的教練，近年全力投入指導並協助王道增智會的會員們完成他們的理想或夢想！由於王博士極重視每一次課程之後的輔導與追蹤（有點兒類似研究所的指導教授般），故接受他輔導與協助的終身會員也與日俱增。

註：比特幣（Bitcoin，簡稱 BTC）非政府發行的現實貨幣，而是一種網民自治、全球通用的加密電子虛擬貨幣。BIT（位元）是計算構成電腦資料的最基本單位，即二進制數中的一個位數，其值可為 0 或 1。二進位數的一位所包含的信息就是一比特，如二進位數 0100 就是 4 比特。一般投資者是「買賣」比特幣，而王博士是在網上「挖取」比特幣，即所謂的「挖礦」，所以獲利甚豐！

王道增智會入會須知

若想創業致富，開啟新的成功人生，只要成為王道增智會的終身會員，王擎天博士就會成為您一輩子的導師，不僅毫無保留的傳授出他成功的祕訣，就連他的資源也可以盡情享用！而且加入「王道增智會」為會員，等於同時一次就加入了「王道培訓講師聯盟」、「王道培訓平台」、「台灣實友圈」與「自助互助直效行銷網」等多個優質組織，並擁有「商務引薦大會」每季可以不斷地把陌生人變成客人，甚至貴人的機會，以及「創業募資教練團」最完備的創業輔導服務，並且享有多重好處。全球會員總人數以 500人為上限，為維護服務品質，額滿即不再收！

入會辦法

【入會費】新台幣 10,000 元

【年費】新台幣 6,000 元（效期起算日為第一次參加增智會之活動當日起一年）

【終身年費】新台幣 60,000 元

加入王道增智會前，需先登入或加入成為新絲路網路書店會員，可享受各種優惠。

繳費內容	金額
王道增智會入會費＋年費 （效期起算日為第一次參加增智會之活動當日起一年）	16,000
王道增智會入會費＋終身年費	70,000
王道增智會入會費＋特惠終身年費（限有報名參加世界華人八大明師大會者，憑票券序號優惠）	45,000
非終身會員入會後之年費（限已繳入會費的會員，效期起算日為當期參加增智會之活動當日起算一年）	6,000

會員權利與福利

- 凡會員參加王博士主持或主講之課程皆完全免費！
- 凡會員皆享有本會推出各類課程或服務之優惠，並獨享「王道微旅行」之旅遊祕境。非王擎天老師主講之課程只要原價 1 折起的費用即可參加。
- 凡會員參加王擎天博士主持，何建達教授主講的「美國巴布森學院教我的創業成功知識：世界頂尖 創業教育的學習菁華與實戰經驗」與網路開店班者，除可享有特別優惠之學費外，另

王道增智會有多樣培訓課程

可整學期免費旁聽王博士和教授在大學和研究所所開相關課程。

- 終身會員即為王博士入室弟子，享有個別指導與客製化服務。
- 王道增智會會員可優先將其產品或服務上架新絲路網路書店 www.silkbook.com 與華文網 www.book4u.com.tw 販售。
- 加入王道增智會即可接受本會「創業募資教練團隊」之個別指導。終身會員無指導時數上限，保證輔導您至創業成功為止。
- 入會會員若有優質課程要推廣或欲出版其著作，王道增智會可協助招生與出書出版發行等業務。新絲路網路書店之培訓課程官網會有課程廣告露出及強烈推薦書之各項給力的行銷推廣活動。
- 加入王道增智會即自然成為台灣實友圈成員，可快速認識兩岸知名人士，並與大陸各省市實友圈接軌。
- 王道增智會不定期聚會活動或充電之旅，會員可提出優質產品或服務，以便讓會員們了解並推廣之。

王道會員微旅行

凡王道增智會之會員可免費閱讀優質講師之精選文章及影片，並有機會以極優惠的方式參加采舍國際集團、世界華人講師聯盟名師群與中華價值鏈管理學會舉辦的各項活動。

- 凡會員將不定時收到王道增智會與王博士主撰之加值電子報，掌握各種資訊，增加知識。

- 商務引薦大會：若有特強之產品、服務或內容可預先告知本會。將安排專題介紹或微型演講會。

以上十二大福利將成為你創造人生新境界的最大助力，其中第一項福利其實就是王博士將其往後終身所有的課程一次性地以「終身年費、終身上課完全免費」的方式送給您了！而王博士基於其研究熱情與知識分子的使命感，也為了勇於自我挑戰與自我突破，每年都研發新課程！對熱愛學習的人來說，將是終身學習的大好機會；而對想開班授課或想出書的人來說，則是提供了最優質的舞台，供其盡情揮灑！

※ 本會相關活動訊息請上新絲路書店 www.silkbook.com〈培訓課程〉或〈王道增智會〉查詢。

王博士所開課程班班爆滿，一位難求

資源共享，共創人生高峰

「王道增智會」所屬「培訓講師聯盟」與「培訓平台」以提升個人核心能力與創富、健康人生、心理勵志等範疇，持續開辦各類教育與培訓課程，極歡迎各界優秀或有潛質的講師們加入。此外，除了熱愛學習、想開班授課者一定要加入王道增智會，王擎天博士為橫跨兩岸之大型出版集團總裁，下轄數十家出版社與全球最大的華文自資出版平台，若您想寫書、出書，加入王道增智會，王博士即成為您的教練，協助您將王博士擁有的寶貴資源轉為您所用，與貴人共創 Win Win 雙贏模式！

「商務引薦」讓你貴人不斷

「王道增智會」的另一重要功能便是有效擴展你的人脈！ 透過台灣及大陸各省市「實友圈」，您可結識各領域的白領菁英與大陸各級政府與企業之領導，大家互助合作，可快速提升企業規模與您創業及個人的業務半徑。此外，王道增智會也是一「自己沒有產品」的直銷組織，每季一次舉辦「商務引薦大會」，由會長王擎天博士主持，每位會員均可向大家推薦自己的產品與服務，例如王擎天博士自身就將新購房屋的裝潢設計與其個人的理財規劃，交由商務引薦大會中的參與者負責，為對方帶來不少的收入！「商務引薦」短短一年就創造出了超過六千萬的業績，本年將持續上看一億元。原每季一次之商務引薦大會，由於成員反應熱烈，頻頻要求加開場次，應成員需求，將於 2016 年度擴增為每月舉辦一次。歡迎大家踴躍參與。

註：王道增智會商務引薦大會，全體會員皆可免費參與。非會員亦可參加，但酌收一千元場地及餐飲費。

如果您願意！王博士將傾囊相授！

擁有平台、朋友 貴人!!

您的抉擇，將決定您的未來!!!

成功的捷徑——加入貴人圈：商務引薦大會

為了貫徹王道增智會是一個自助互助的直效行銷組織，所有的王道會員都可以免費參加此商務引薦大會。大會的任務是透過王道增智會的另五個彼此交織的組織架構，以正面的力量、專業的輔導團隊、「口碑式」引薦，幫助會員增加生意倍數擴展的機會，並讓會員們能發展出長期的商務人際網絡，就如同《易經》中的「同人卦」，和同於人，共同創造亨通的未來。每季一次的 BNI 式商務引薦會議，皆由有現代拿破崙・希爾之稱的創會會長王擎天博士主持，每位與會者約有三分鐘的時間介紹自己、自己的產品與服務給在場的會員。

商務引薦大會的理念

成功的網路行銷有這麼一條公式：潛在客戶總體人數×他們平均對你的信任感。這點充分體現在商務引薦大會的中心理念：「互信互助，共創財富」。會員間形成一個有共識、相扶持的 TEAM（Together Everyone Achieve More）。目前大會成員數呈倍數擴張，而這些來自各行各業的菁英，從事業有成的經營者、各個領域的中高階主管到最具有戰鬥力的年輕族群。雖然職業形形色色，但他們都有一個共同的身分一皆為王道增智會的會員。因此他們的身分除了是商業上的潛在合作夥伴外，同時也可能是共同追求成為國際級講師的朋友或一起上培訓課程的同學……。甚至在會長王博士的帶領下，不定期舉辦聚會或充電之旅。成員彼此不僅是認識，而是深入了解，生活緊密相連結，在同類型組織中，彼此成員之間信任強度最高。

大會進行模式

每次的商務引薦大會聚會時間為晚間下班後或例假日，聚會時間約為三個小時。所有的成員均須隨身攜帶名片（建議至少準備 100 張以上的名片）、所想要推薦的產品或服務的簡介、DM 以及簡潔有力的 slogan。只要是合法的產品、完全不限領域，都歡迎會員帶來銷售。會員可邀請嘉賓來共襄盛舉，一起來激盪出更精彩的火花（非會員每次參與含精美餐點，僅需繳交 1,000 元之入場與餐飲費）。

在大會進行中，每個人都有大約 3 分鐘的時間，介紹自我的產品或服務，可攜帶任何輔佐說明的道具、簡報、文宣……。但最重要的是，一定要有一句可以代表自己商品的口號。根據過去的經驗，多數人皆能在會場中「當場成交」！在現場藉由觀摩，您也能學習到更多的銷售技巧。

手中沒有產品的朋友也不用擔心，因為「你」就是最好的產品。「自我行銷」這個觀念是極為重要的，因為在現今這個生產爆炸的年代，其實每個領域的產品都具有一定程度的同質性，而顧客決定向 who 消費的最關鍵因素是「人」，你所展現的特質與長處，才是決定對方是否願意找上你的最大原因！每個人都有別人無可取代的優點，只要你具備別人沒有的特色，你就能打造自己成為自動賺錢機器。因此即使你手中暫時沒有產品，一定要把握這個展現自我的絕佳機會，一段簡單而有特色的自我介紹，就能在適當的時機把自己推銷出去。尤其是有志朝向業務範疇或講師界發展、邁向大中華或世界舞台的朋友，更是千萬不能錯過！

而在大會的中場休息時間，成員可交換彼此的名片，當你遇到某些可能使用您的產品或服務的人時，就能拿出您的名片自我推薦，透過與對方交換名片來蒐集名單，盡量當場成交。

創業、文案、銷講培訓課程

3 分鐘的產品、服務介紹時間看似簡短，但經過實證，這個時間長短，是觀眾訊息接收能力最強、銷講效率最高的黃金時期。而針對有志精進行銷、業務能力乃至於充電創業新知的朋友，大會已開發出一套系統課程，藉定期舉辦的培訓班，開發會員的業務發展潛能與技巧。會員僅需負擔極低的費用，即可成為頂尖的行銷人才，了解如何進行市場研究與分析，鎖定潛在客戶群、引發客戶的極大興趣、讓銷講的內容生動且吸引人、讓客戶對你產生信任感……。舉例來說：在這 3 分鐘發表時間裡，你的主題必須要明確，若你今天要介紹的是婚姻仲介服務，那麼「認識女孩子」與「認識漂亮的女孩子」效果可就天差地遠了！而課程中與課後，皆有專業教練團輔導，協助您創造財富的高峰，建構自動創富系統。

台灣、大陸實友圈

有志將自己的事業半徑延伸至中國大陸，在兩岸三地拓展事業版圖的朋友更一定要加入商務引薦大會。在會中，會員可以做到的生意，不只是在這個大會裡進行銷售，服務大會會員，真正的價值更在於成員背後的龐大人脈。單就創會會長王擎天博士來說，旗下集團資源豐富，他在中國大陸與港澳等地的政商界皆有豐沛的人脈。而加入會員，就自動成為台灣實友圈、大陸 18 個主要城市實友圈的一份子！等於直接接收圈內人的人脈，站在巨人的肩膀上。對於有意將自己的

理念、產品、作品推廣至中國大陸者，絕不能與此機會錯過。

成為會員好處很多！

「引薦帶來業務，業務帶來收益」，我們相信業務的拓展建立在互信互助之上，贈人玫瑰，手留餘香。如果你給我提供商機，那麼我就為你帶來業務引薦。另外，會員們不僅分享商機還分享他們的關係網絡、人脈和知識—而所有這些都無償的！加入會員，您能夠擁有

不只以下所列的好處：

1. 與許多優質專業人士發展人際關係的機會；
2. 讓各行各業「董事長級」的精英成為您的業務銷售人員；
3. 建立起穩固的、終身的合作關係；
4. 更有效拓展人脈的工具，包括培訓研討會和相關面對面的指導；
5. 學習到寶貴且新的行銷技能和商業發展模式；
6. 獲得具有可見性、可信性和可盈利模式的業務引薦；
7. 親身體驗後才能知道的很多、很多……!!!

加入商引會＝抓住拓展銷售的契機。

投入商引會＝推進事業版圖的成長。

融入商引會＝建立龐大的合作團隊。

「機會絕不會憑空而降！」期待在下一季的商務引薦大會與您見面，並為您帶來源源不絕的生意！更多資訊請上 www.silkbook.com。

加入王道增智會 加入商務引薦大會

台灣、中國大陸實友圈兩個貴人圈

立刻搜尋「王道增智會」獲得最新資訊！

王道增智會

王道增智會官網

地址：新北市中和區中山路二段 366 巷 10 號 3 樓

聯絡電話：02-82458786 分機 101

聯絡信箱：ting@book4u.com.tw

附錄二十

一場大師級盛會，改變你的命運！

2014 世界華人八大明師（台北場）現場實況

您是否……

- 動過創業念頭？
- 希望財富自由？
- 想掌握行銷祕訣？
- 想擁有廣大人脈？
- 期望得知成功的捷徑？
- 想讓事業快速發展茁壯？
- 想打造自己成為創錢機器？
- 想進軍（或轉職）中國大陸？
- 想進入貴人圈？
- 想學會超越 EMBA 的經營絕學？

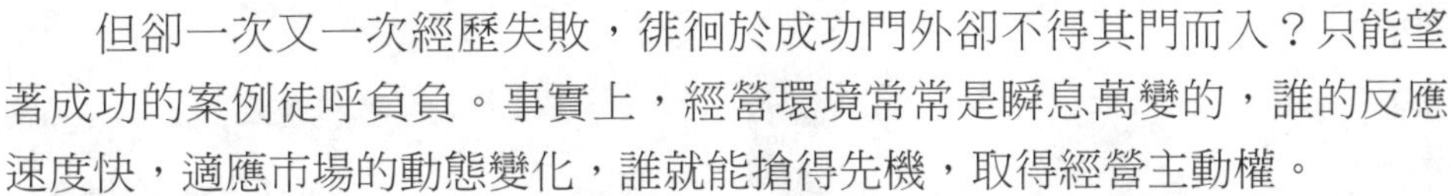

但卻一次又一次經歷失敗，徘徊於成功門外卻不得其門而入？只能望著成功的案例徒呼負負。事實上，經營環境常常是瞬息萬變的，誰的反應速度快，適應市場的動態變化，誰就能搶得先機，取得經營主動權。

小本經營並不一定必然處處得受大企業壓制，其實小公司「船小掉頭快」，只要時刻保持清醒的頭腦，及時對市場變化作出靈敏快捷的反應，搶先抓住稍縱即逝的機遇，一定能夠實現小本博大利。筆者在《王道：創富 3.0》「成功創業致富十大鐵律」說到，想要靠創業來致富，除了要有良好的心理因素外，就是要具備足夠的創業經驗與知識，這點除了從實戰中磕磕碰碰，以代價極高的「學費」來獲得教訓外，事實上，透過深度閱讀的累積與參加優質的培訓課程，更能加速學習創業心法與避免您在創業路途中走上冤枉路。

市面上以教導創業要訣的培訓課程雖然眾多，但品質多良莠不齊。筆者曾受邀演講的「亞洲八大名師」大會，至今已邁入第 18 屆，在過去算是首選。其每年與會學員規模逾萬人，影響了超過百萬人的命運！唯一的遺憾是「亞洲八大名師」多年來皆在 ASEAN 會員國舉辦，始終未來到台灣。

2014 年，華盟攜手采舍國際將八大名師演講會擴展為「世界華人八大明師 & 創業家論壇」，並在台灣台北舉行，提供想創業、創富的朋友一個邁向成功的階梯！無須花費額外的機票、酒店錢，就能獲得更超值的課程。

以筆者的演講為例，在 2014 年「世界華人八大明師」的課程中介紹了美國哈佛大學成功創業模式的八大板塊，惟時間有限，僅能深入精析八個板塊中的「價值訴求」。但其餘的七大板塊如資本運營、營利模式、團隊管理、合縱連橫、利基……事實上對成功創業來說也是缺一不可的重要因素。舉例來說，隨著科技的進步，人們的需求就愈細緻化，一個個大市場一定存在著大企業無暇顧及的「縫隙市場」，這就是所謂的「利基」，它提供了中小企業的經營空間。因此，中小企業的創業主應跳出固有、狹窄、僵化的思維模式，獨闢蹊徑，致力於經營「人無我有」的商品和服務，搶占市場盲點。如經營與大商店商品的配套、補充的商品，以新奇、意料之外為號召的特色商店等等，為消費者提供多層次的便利服務。

在這場大會中包含筆者在內的八位明師傾囊相授，獲得極大迴響！學員在此找到一個新觀念、新的創業想法，更找到眾多人脈與資源，而學員熱烈回饋每年都應該要有這樣創意、創業、創新、創富的學習盛會。

有鑑於此，2015 年的「世界華人八大明師」大會台北場將以「打造自動賺錢機器，建構自動創富系統」為題，更盛大舉辦！筆者在 2014 年「世界華人八大明師」大會中，很榮幸地被學員評選為表現最優、最高分的講師。因此，我將在 2015 年的大會中揭開完整版的成功事業 Business Model 的面紗。除此之外，2015 年度台北場的講師還有轟動網路行銷界的小 Max 老師、史上最強的操盤手訓練史托克老師、享譽兩岸三地的網路行銷名家 William Chang 老師、中國最頂尖行銷培訓大師王紫杰老師、超越巔峰扭轉人生的超級演說家林裕峯老師、網路行銷魔術師 Terry Fu 老師、營銷鬼才陳帝豪老師、廣受企業歡迎的培訓名師吳佰鴻老師、史上五術學費繳得最多的鍾曜陽老師、兩岸公認的培訓大師 Max 老師、快速學習力與知識整合力川大師王鼎琪老師、掌握打造賺錢事業體祕辛的洪豪澤老師等。演說主題包含Business Model、微行銷、建構極速行銷系統、創業的天時地利人和……絕對精彩、肯定超值，聽完這些演講，保證讓您天下所有的生意都可以做、所有的錢都可以賺！

2015 世界華人八大明師大會可以帶給你：

★八位明師深具理論與實務經驗，內容完整深入（史上第一次有五天完整且充裕的時間），超強舞台魅力，絕對讓你不虛此行！

★世界級大師精心授課，傳授給你最精華創富獨門訣竅。

★上萬元精美贈品，內容豐富到你可能要擔心帶不走！

★完整的五天系統課程，CP 值最高，讓你掌握成功的版圖。

★ 人脈變貴人的絕佳契機就在此，讓貴人直接助你邁入成功殿堂！

別再獨自盲目摸索，懂得借力，

才能搭上通往成功的直達車！

成功機會不等人，立即報名！

2015 世界華人八大明師台北場

【日期】2015 / 6 / 6、6 / 7、6 / 13、6 / 14、6 / 27

【時間】9：00 ～ 18：00

【地點】台北矽谷（新北市新店區北新路三段 223 號）

附錄二十一

擷取穿越時空的祕密——在先人智慧中覓出新路

得知我著手研究千年經典文獻《易經》，熟識的親友一遇到我，總要我為他們算上一卦。來者當中，有些人純粹出於對未來的好奇心，企盼在他們的愛情或事業之路點出令人期待的邂逅（貴人或情人）；但大部分的人，則會壓低聲音，向我訴說近日遇到的煩惱與瓶頸，渴望從這本先人的古籍中，獲得人生煥然一新的救贖。不論何者，我都根據卦象，坦然分析現況，保守地給予建議的作法，結果獲得始料未及的迴響，再三上門的人讓我應接不暇。是故，讓我產生了「開個易經班」的想法。而且，要每年都開。

作出此決定後，我開始埋進書堆，更深一層鑽研古籍。我買進大批兩岸研究易書的資料，同時四處蒐羅與《易經》相關的大師經典剖析。歲月遷移，轉眼間已十年有餘。某次，一位在工作不停觸礁的年輕人來訪，我為他卜出了「訟卦」，卦象顯示他內在有著將其帶入危險境地的想法，加上顯露於外的強硬作風，無怪乎工作糾紛不斷。當我直言不諱地問：「你常主導局勢，卻總是不被支持，對吧？」從他驚異的、一副「你怎麼可能知道！」的眼神，我曉得，距離夢想開課時間，已經不遠。

為了召開首次的《易經》研究成果公開大會，我與特別成立的易經研究小組殫精竭慮、反覆開會討論，究竟要如何將文本中艱澀的內容，化為一般大眾易懂的文字；如何將千年古人的智慧，簡單應用到現實生活中，讓結業的學員都能驕傲地說出：「我，懂易經！」無數個夙興夜寐的日子過去，始有易經研究班的閃耀登場。

課程設計中，納入我統計學、成功學的專業，以淺顯易懂的說明，更將一切內容科學化。豐富的課程除了《周易》以外，還有傳聞早已亡軼的《連山易》、《歸藏易》，珍貴機簽一舉問世。最超值的是在課後開設解讀易經五行八卦，讓學員應證自己所學，並從先人點滴匯聚的智慧中，汲取珍貴的活水。

此外，為了學員能持續進行自我練習，進而成為易經專家，此課程精心設計 386 張易經占卜牌、聖持絨布桌布、專用絨布袋，只要保持易經占卜牌的整潔，並謹守「心誠則靈」、「一事不二問」、「儀態莊重且清淨」、「客觀理性的心態」、「切勿迷信與卸責」、「勿靠卜卦貪財」、「占卜不宜在子時」、「勿使用二手牌」、「月事期間盡量避免使用」等原則，便能在《易經》中擷取不可思議的未來診斷。

2014 年起的每年秋天，《易經》研究班將與你一同穿越時空，擷取古人智慧的祕密，開啟你，以及你周遭有緣人另一起嶄新的生命之路。

附錄二十二

從古自今，占卜方法博大精深且眾說紛紜，本書總論已說明多種方式，但在當代最能夠有效且迅速的方法就是透過「易經占卜牌」（如右圖）。

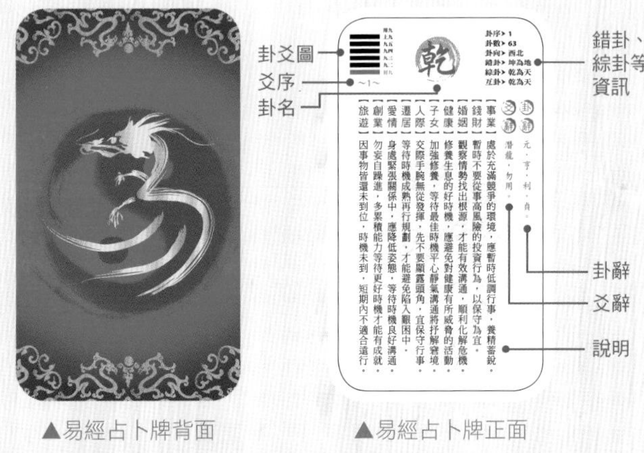

▲易經占卜牌背面　▲易經占卜牌正面

有別於坊間的易經占卜牌，王擎天博士研發的易經占卜牌具有以下特點：

1. 每張牌均標示出卦名及卦序。
2. 市售占卜牌多數只將卦辭或爻辭印在牌上，並沒有明確針對問題進行解析；王博士研發的占卜牌則針對最常有疑的十種問題分門別類解說。
3. 市售占卜牌只針對六十四卦做占卜，因此最多只有64張牌；王博士的占卜牌會針對386爻進行分析且每一爻自成一張牌，因此共有386張牌。
4. 市售占卜牌普遍沒有提供絨布袋或桌布；王博士的占卜牌組包含專用絨布袋，可以進行簡易占卜及方便攜帶。另外附有聖持絨布桌布，可進行較為莊重虔誠的占卜。
5. 市售占卜牌普遍以大量圖案來掩飾文字說明的不足；王博士的占卜牌捨棄大量圖案，為的是讓使用者能更清楚占卜結果及應注意的事宜，避免產生不得其解的狀況。
6. 市售占卜牌如同撲克牌般製作，大量但無變化；王博士的占卜牌為了能夠增加感應與天地進行對話，特別在牌上增加特效來加強信度與效度。

【易經占卜牌使用注意事項】

① 保持易經占卜牌的整潔

每次使用都保持牌面整潔以示尊重，發自內心對待可增加卜卦準確性。

② 心誠則靈

詢問前保持儀態莊重，雙手合十誠心詢問，誠心誠意心事才有機會上達天聽。占卦時必須誠心冥想，心中有雜念或想其他事情則容易產生誤解。請以認真態度面對，切勿嬉笑怒罵或抱持懷疑與姑且試試的想法。

③ 一事不二問

同一件事情不重複或換個方式詢問，此為禁忌。仔細思考為何執著在同個問題，因結果不是你要的或是不相信占卜？那請先調整心態，而不是一直問到心滿意足的答案才收手，這樣就失去了占卜的意義與本質；若不相信占卜，請一開始就不要進行占卜，否則只是浪費時間和褻瀆易經。

④ 儀態莊重且清淨

詢問重要事項前請先齋戒或沐浴此為對占卜的尊敬；若上述方式有困難之處，最基本也要將雙手洗淨再進行與牌的接觸。

⑤ 客觀理性的心態

卜卦者要根據占卜牌中的說明與自身處境做客觀理性判斷，不要期待卜卦能預知未來，準或不準端看你是否誠心及信與不信。

⑥ 切勿迷信與卸責

卜卦目的為讓卜卦者與天地進行交流對話，切勿迷信或推卸責任，沒有實際作為無論是多麼好的卦都只是虛像。

⑦ 勿靠卜卦貪財

不要期待靠卜卦得意外之財，如樂透明牌、偷搶拐騙、投機取巧。

⑧ 占卜不宜在子時

卜卦時間不推薦在子時（晚上11點至凌晨1點），因為這段時間的磁場為一天中最不穩定的時段，準確度自然下降。

⑨ **勿使用二手牌**

二手商品不能保證前使用者是否妥善保存該副牌，如前述要先尊重占卜才會得到回應，若牌已遭不敬則降低與天地間溝通的感應或準確性。

⑩ **月事期間盡量避免使用**

許多女孩子在月事期間，身體容易不舒服使精神不集中而無法專注在卜卦上。這點非絕對，若仍可堅定意志，將疼痛拋諸腦後則可繼續進行。

【易經牌卜卦方法】

王博士的占卜牌可分為兩種方法，一種簡易方便，另一種莊重嚴謹。

簡易占卜：

❶ 將386張牌稍加洗亂後放入絨布袋。
❷ 閉眼誠心冥想問題，可於心中默念弟子〇〇〇為何事問卦。
❸ 用心及手感應，從袋中抽取磁場最強的一張牌後，即可觀看結果。
❹ 占卜完畢請收拾整齊放回袋中。

傳統古典占卜：

❶ 將聖持絨布攤開，亮澤面朝上置於平整桌面。
❷ 將386張牌稍加洗亂後背面向上均分四落擺放整齊。
❸ 閉眼誠心冥想問題，可於心中默念弟子〇〇〇為何事問卦。
❹ 用心及手感應從當下磁場最強的一落，抽取一張即可觀看結果。
❺ 占卜完畢請收拾整齊放入盒內並妥善放置，請保持內容物及外盒的清潔以示尊重。

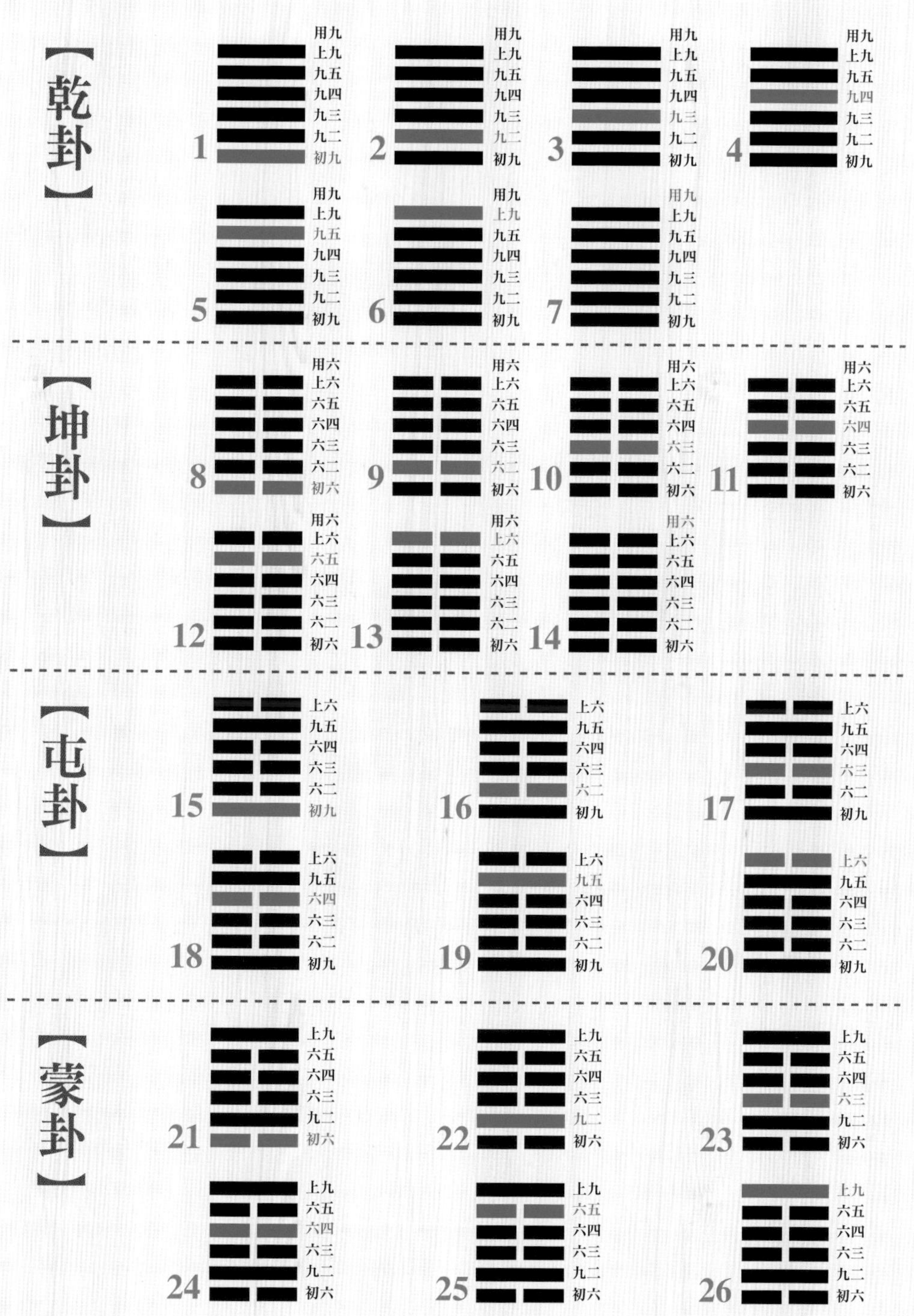
【乾卦】
1
用九
上九
九五
九四
九三
九二
初九
2
3
4
5
6
7
【坤卦】
8
用六
上六
六五
六四
六三
六二
初六
9
10
11
12
13
14
【屯卦】
15
上六
九五
六四
六三
六二
初九
16
17
18
19
20
【蒙卦】
21
上九
六五
六四
六三
九二
初六
22
23
24
25
26

【需卦】

【訟卦】

【師卦】

【比卦】

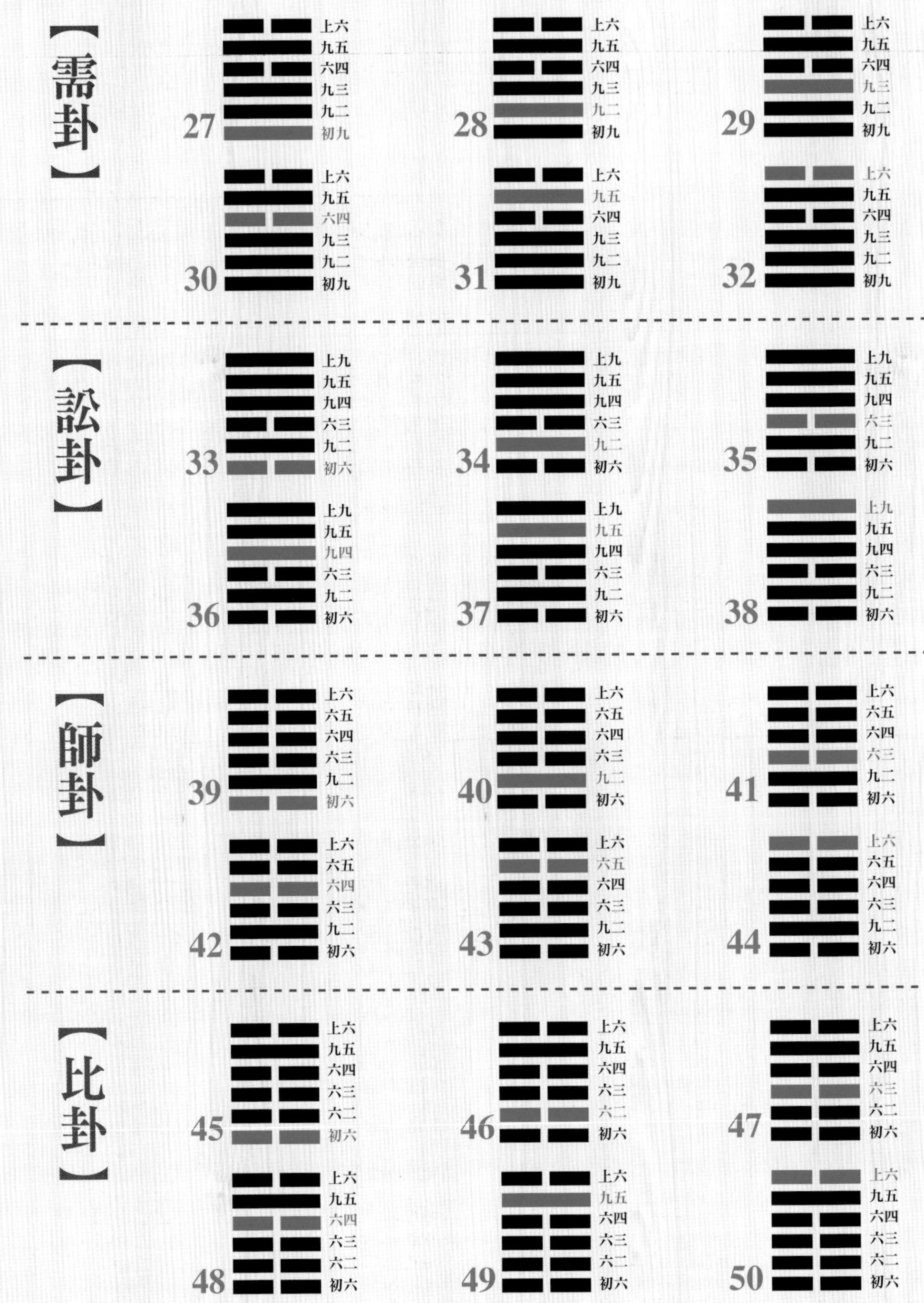
27
上六
九五
六四
九三
九二
初九
28
上六
九五
六四
九三
九二
初九
29
上六
九五
六四
九三
九二
初九
30
上六
九五
六四
九三
九二
初九
31
上六
九五
六四
九三
九二
初九
32
上六
九五
六四
九三
九二
初九
33
上九
九五
九四
六三
九二
初六
34
上九
九五
九四
六三
九二
初六
35
上九
九五
九四
六三
九二
初六
36
上九
九五
九四
六三
九二
初六
37
上九
九五
九四
六三
九二
初六
38
上九
九五
九四
六三
九二
初六
39
上六
六五
六四
六三
九二
初六
40
上六
六五
六四
六三
九二
初六
41
上六
六五
六四
六三
九二
初六
42
上六
六五
六四
六三
九二
初六
43
上六
六五
六四
六三
九二
初六
44
上六
六五
六四
六三
九二
初六
45
上六
九五
六四
六三
六二
初六
46
上六
九五
六四
六三
六二
初六
47
上六
九五
六四
六三
六二
初六
48
上六
九五
六四
六三
六二
初六
49
上六
九五
六四
六三
六二
初六
50
上六
九五
六四
六三
六二
初六

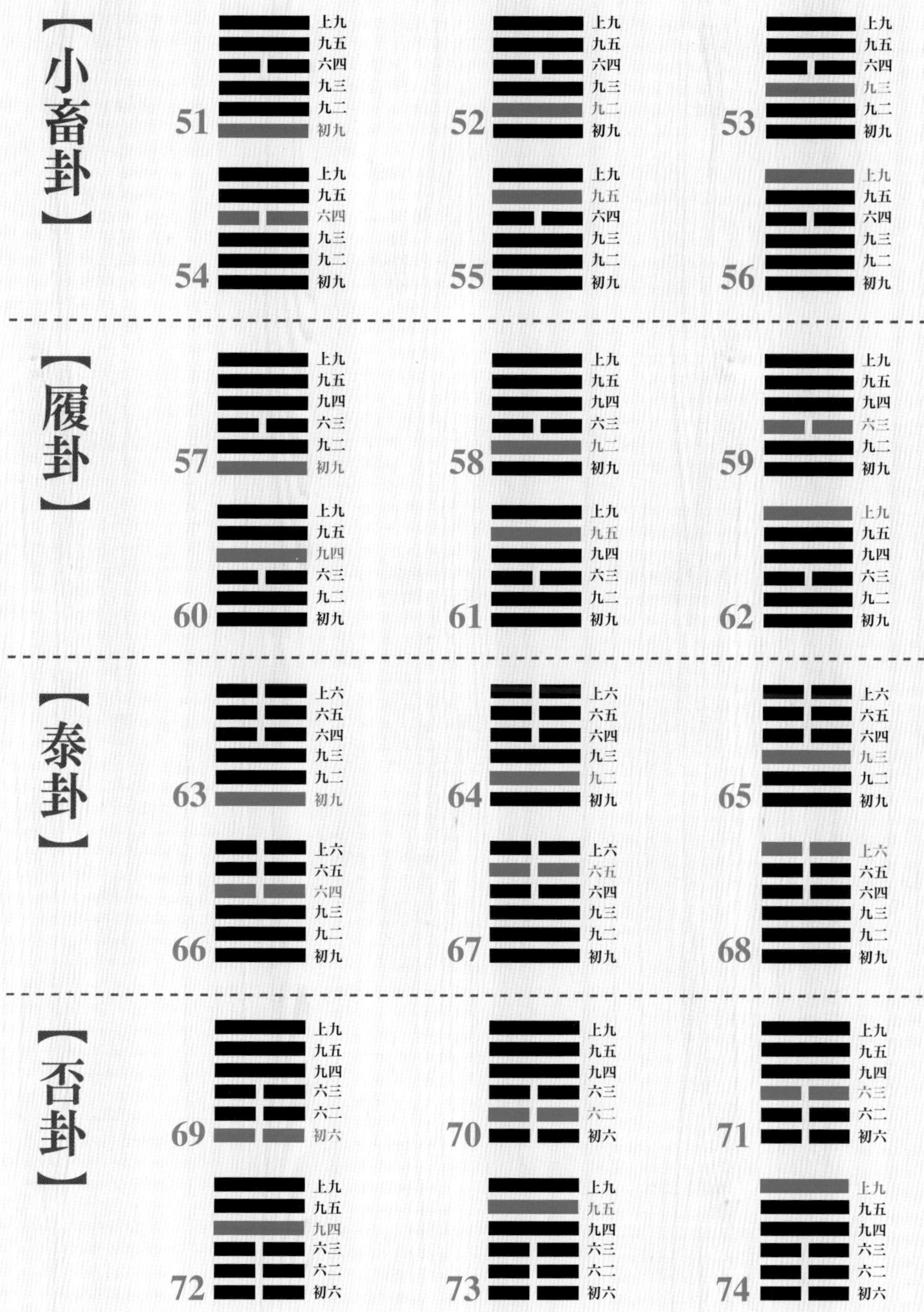
【小畜卦】
51 上九 九五 六四 九三 九二 初九
52 上九 九五 六四 九三 九二 初九
53 上九 九五 六四 九三 九二 初九
54 上九 九五 六四 九三 九二 初九
55 上九 九五 六四 九三 九二 初九
56 上九 九五 六四 九三 九二 初九
【履卦】
57 上九 九五 九四 六三 九二 初九
58 上九 九五 九四 六三 九二 初九
59 上九 九五 九四 六三 九二 初九
60 上九 九五 九四 六三 九二 初九
61 上九 九五 九四 六三 九二 初九
62 上九 九五 九四 六三 九二 初九
【泰卦】
63 上六 六五 六四 九三 九二 初九
64 上六 六五 六四 九三 九二 初九
65 上六 六五 六四 九三 九二 初九
66 上六 六五 六四 九三 九二 初九
67 上六 六五 六四 九三 九二 初九
68 上六 六五 六四 九三 九二 初九
【否卦】
69 上九 九五 九四 六三 六二 初六
70 上九 九五 九四 六三 六二 初六
71 上九 九五 九四 六三 六二 初六
72 上九 九五 九四 六三 六二 初六
73 上九 九五 九四 六三 六二 初六
74 上九 九五 九四 六三 六二 初六

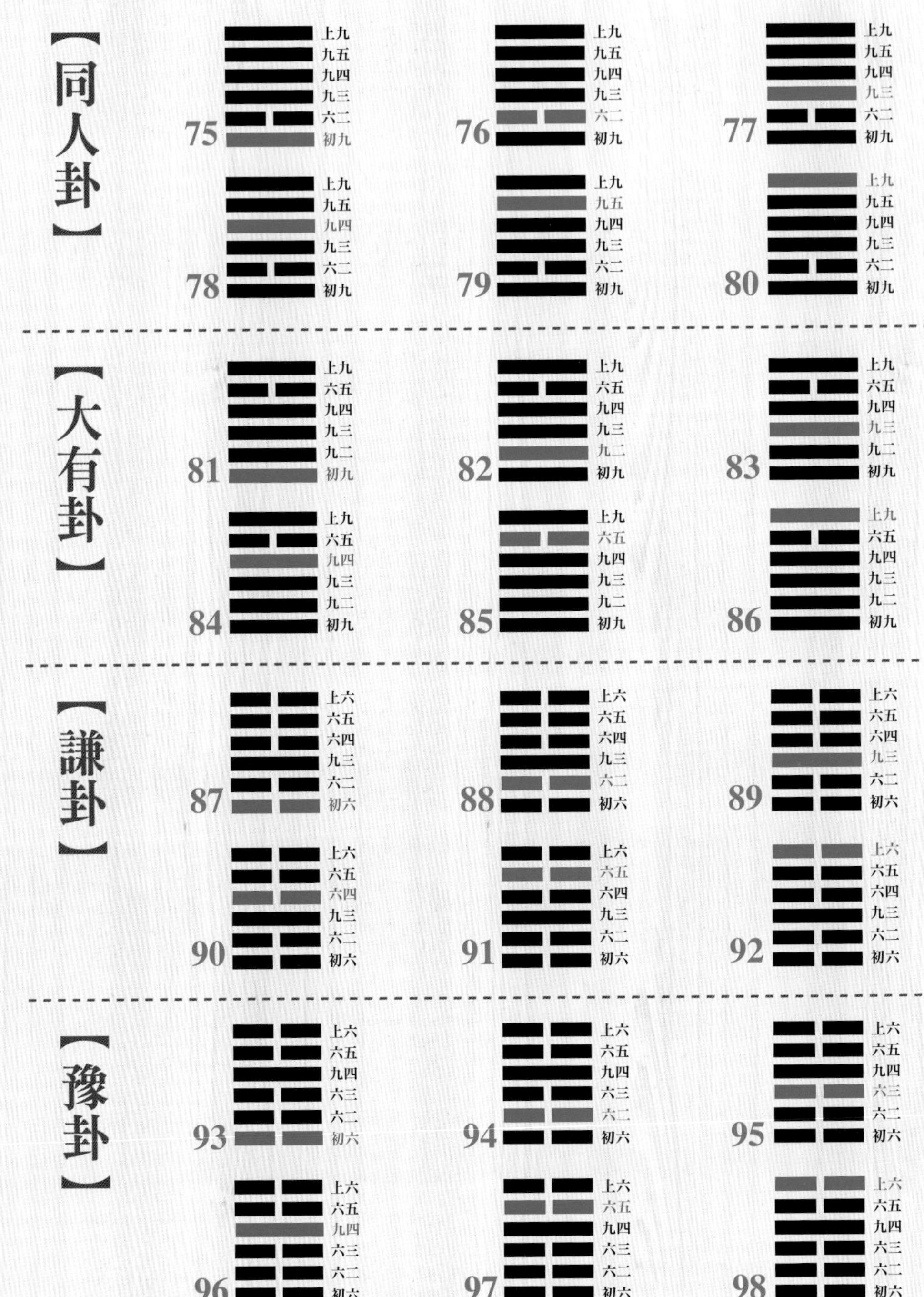
【同人卦】
75 上九 九五 九四 九三 六二 初九
76 上九 九五 九四 九三 六二 初九
77 上九 九五 九四 九三 六二 初九
78 上九 九五 九四 九三 六二 初九
79 上九 九五 九四 九三 六二 初九
80 上九 九五 九四 九三 六二 初九
【大有卦】
81 上九 六五 九四 九三 九二 初九
82 上九 六五 九四 九三 九二 初九
83 上九 六五 九四 九三 九二 初九
84 上九 六五 九四 九三 九二 初九
85 上九 六五 九四 九三 九二 初九
86 上九 六五 九四 九三 九二 初九
【謙卦】
87 上六 六五 六四 九三 六二 初六
88 上六 六五 六四 九三 六二 初六
89 上六 六五 六四 九三 六二 初六
90 上六 六五 六四 九三 六二 初六
91 上六 六五 六四 九三 六二 初六
92 上六 六五 六四 九三 六二 初六
【豫卦】
93 上六 六五 九四 六三 六二 初六
94 上六 六五 九四 六三 六二 初六
95 上六 六五 九四 六三 六二 初六
96 上六 六五 九四 六三 六二 初六
97 上六 六五 九四 六三 六二 初六
98 上六 六五 九四 六三 六二 初六

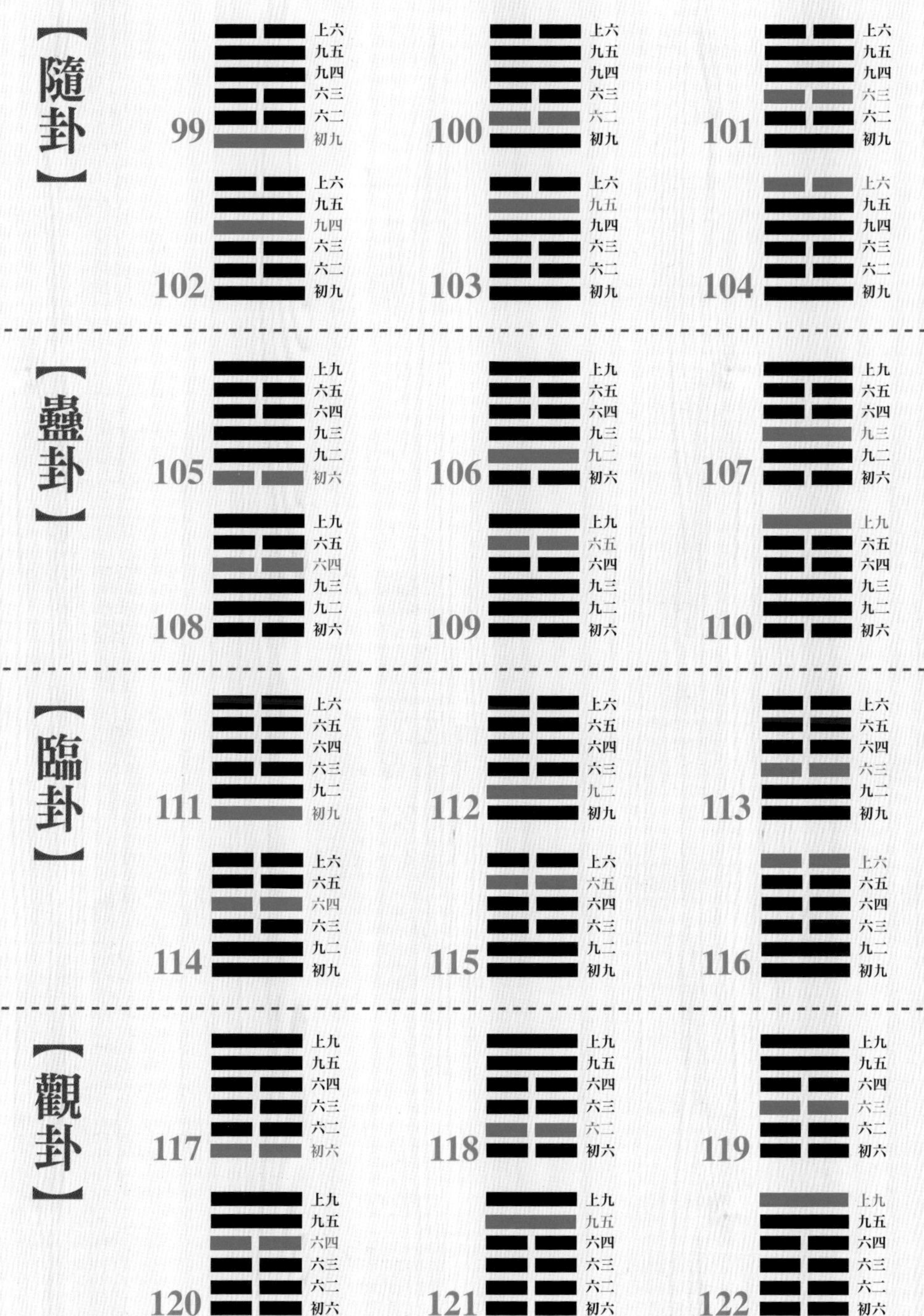
【隨卦】
99 上六 九五 九四 六三 六二 初九
100 上六 九五 九四 六三 六二 初九
101 上六 九五 九四 六三 六二 初九
102 上六 九五 九四 六三 六二 初九
103 上六 九五 九四 六三 六二 初九
104 上六 九五 九四 六三 六二 初九
【蠱卦】
105 上九 六五 六四 九三 九二 初六
106 上九 六五 六四 九三 九二 初六
107 上九 六五 六四 九三 九二 初六
108 上九 六五 六四 九三 九二 初六
109 上九 六五 六四 九三 九二 初六
110 上九 六五 六四 九三 九二 初六
【臨卦】
111 上六 六五 六四 六三 九二 初九
112 上六 六五 六四 六三 九二 初九
113 上六 六五 六四 六三 九二 初九
114 上六 六五 六四 六三 九二 初九
115 上六 六五 六四 六三 九二 初九
116 上六 六五 六四 六三 九二 初九
【觀卦】
117 上九 九五 六四 六三 六二 初六
118 上九 九五 六四 六三 六二 初六
119 上九 九五 六四 六三 六二 初六
120 上九 九五 六四 六三 六二 初六
121 上九 九五 六四 六三 六二 初六
122 上九 九五 六四 六三 六二 初六

【噬嗑卦】

【賁卦】

【剝卦】

【復卦】

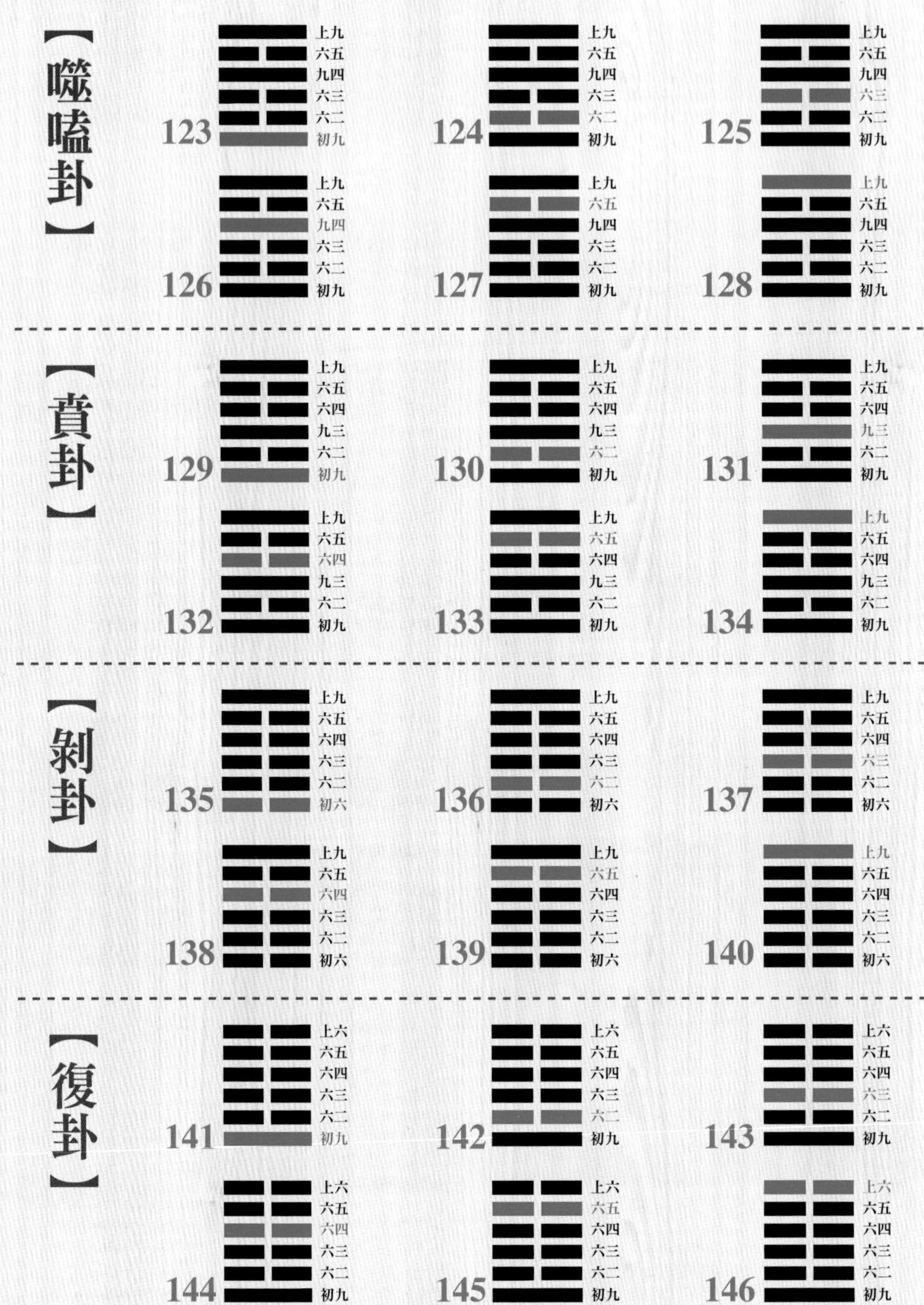

123
上九
六五
九四
六三
六二
初九
124
125
126
127
128
129
130
131
132
133
134
135
初六
136
137
138
139
140
141
上六
142
143
144
145
146

【無妄卦】

【大畜卦】

【頤卦】

【大過卦】

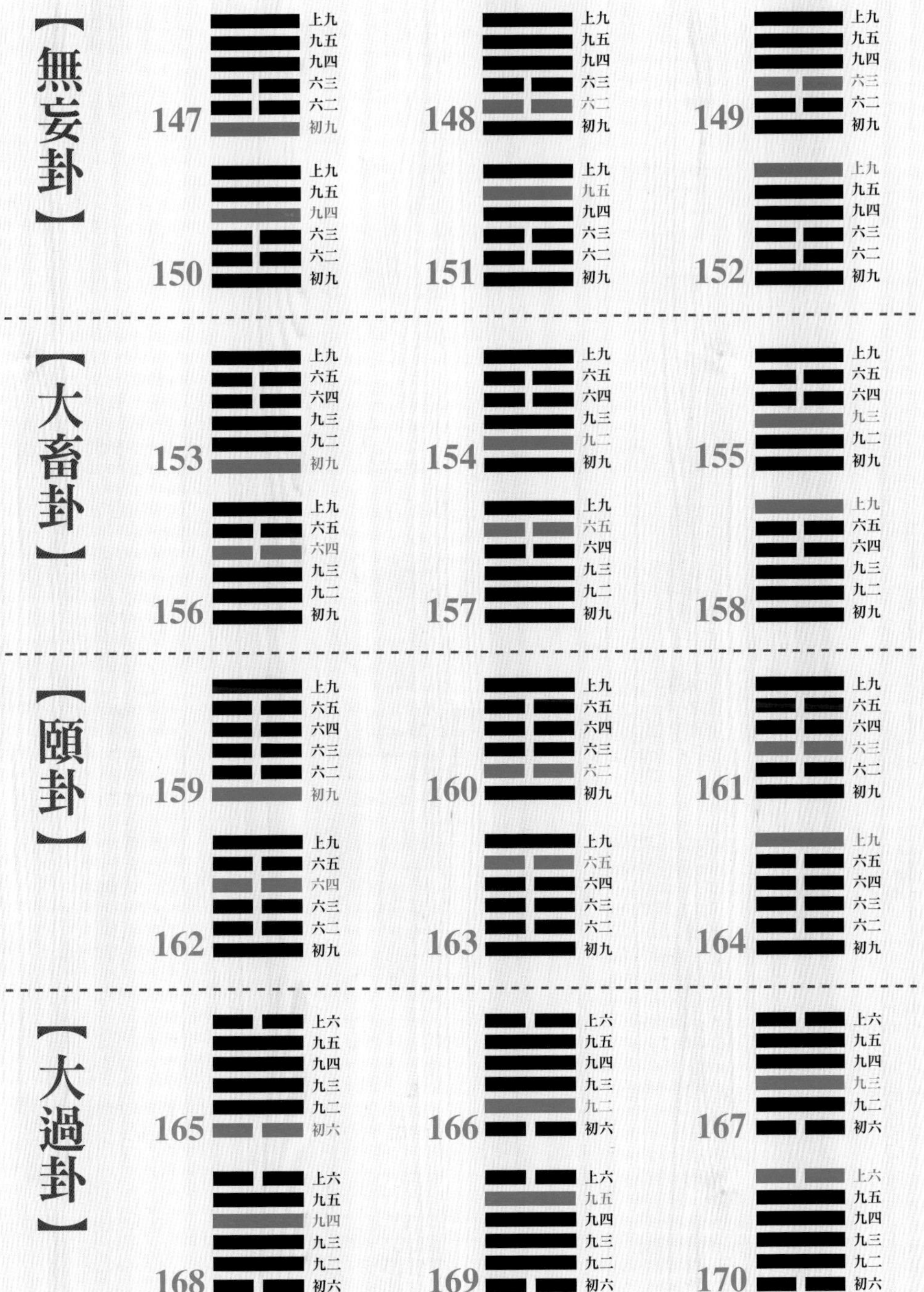
147
上九
九五
九四
六三
六二
初九
148
上九
九五
九四
六三
六二
初九
149
上九
九五
九四
六三
六二
初九
150
上九
九五
九四
六三
六二
初九
151
上九
九五
九四
六三
六二
初九
152
上九
九五
九四
六三
六二
初九
153
上九
六五
六四
九三
九二
初九
154
上九
六五
六四
九三
九二
初九
155
上九
六五
六四
九三
九二
初九
156
上九
六五
六四
九三
九二
初九
157
上九
六五
六四
九三
九二
初九
158
上九
六五
六四
九三
九二
初九
159
上九
六五
六四
六三
六二
初九
160
上九
六五
六四
六三
六二
初九
161
上九
六五
六四
六三
六二
初九
162
上九
六五
六四
六三
六二
初九
163
上九
六五
六四
六三
六二
初九
164
上九
六五
六四
六三
六二
初九
165
上六
九五
九四
九三
九二
初六
166
上六
九五
九四
九三
九二
初六
167
上六
九五
九四
九三
九二
初六
168
上六
九五
九四
九三
九二
初六
169
上六
九五
九四
九三
九二
初六
170
上六
九五
九四
九三
九二
初六

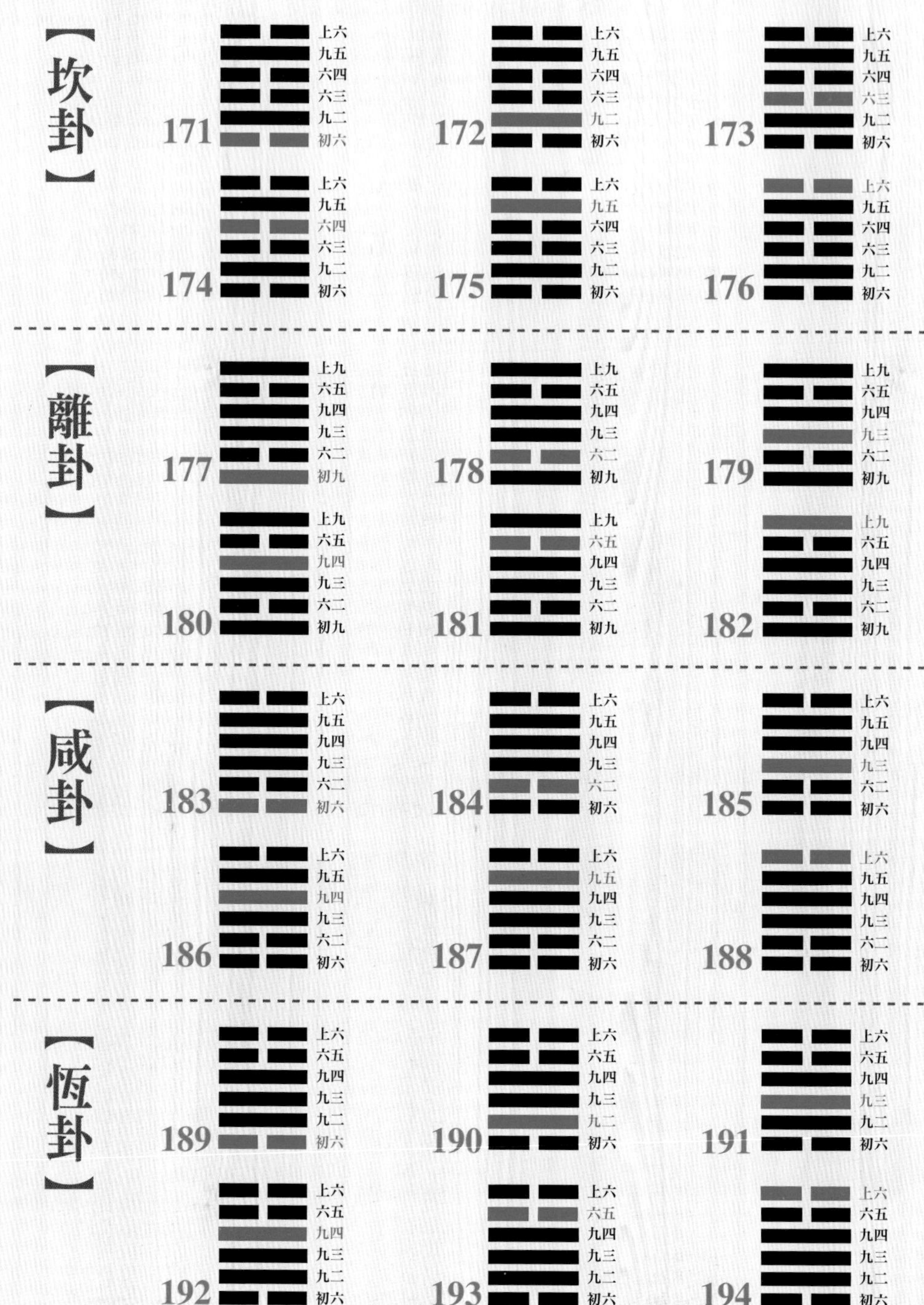
【坎卦】
171 172 173 174 175 176
上六 九五 六四 六三 九二 初六
【離卦】
177 178 179 180 181 182
上九 六五 九四 九三 六二 初九
【咸卦】
183 184 185 186 187 188
上六 九五 九四 九三 六二 初六
【恆卦】
189 190 191 192 193 194
上六 六五 九四 九三 九二 初六

【遯卦】

【大壯卦】

【晉卦】

【明夷卦】

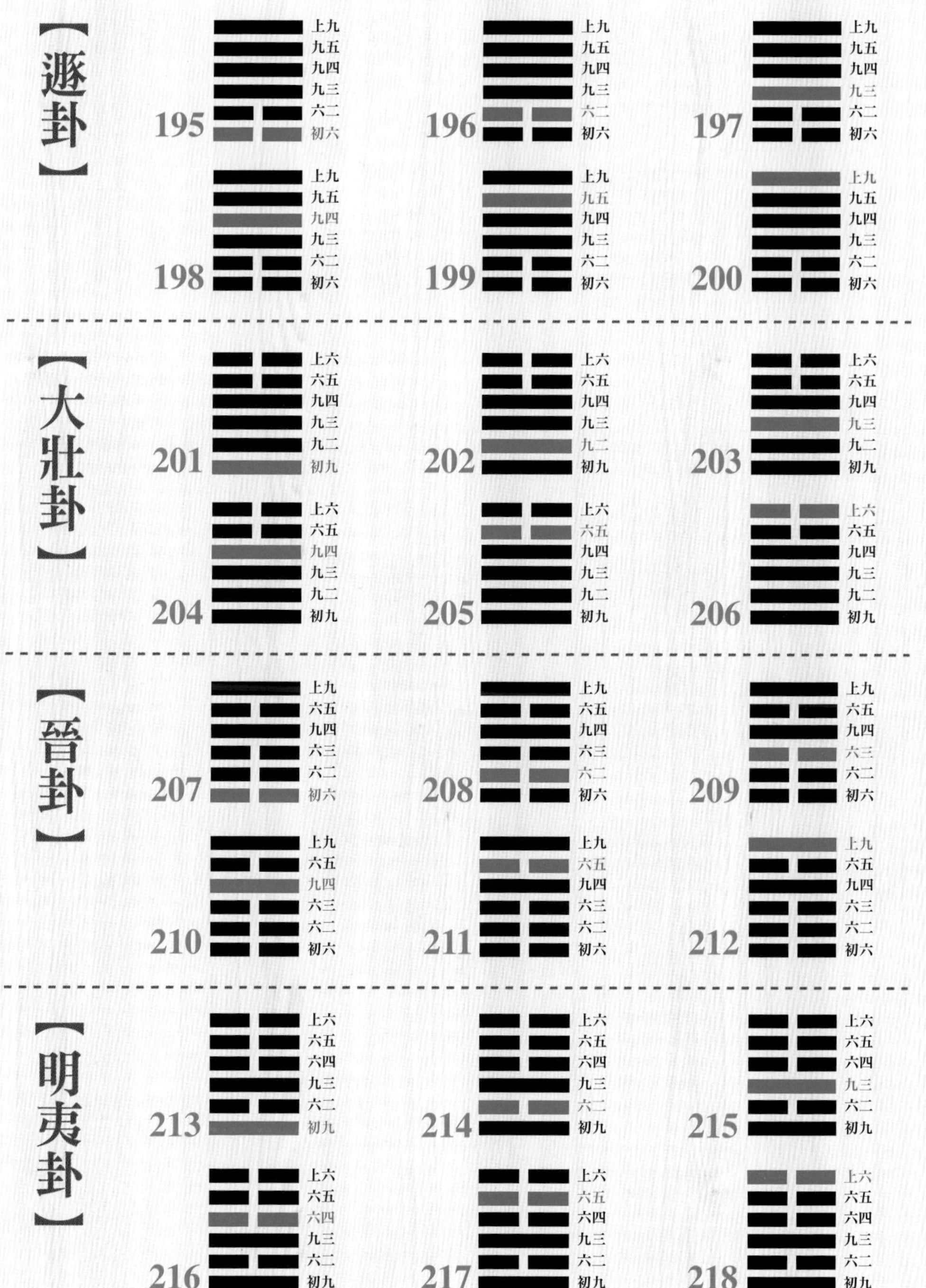

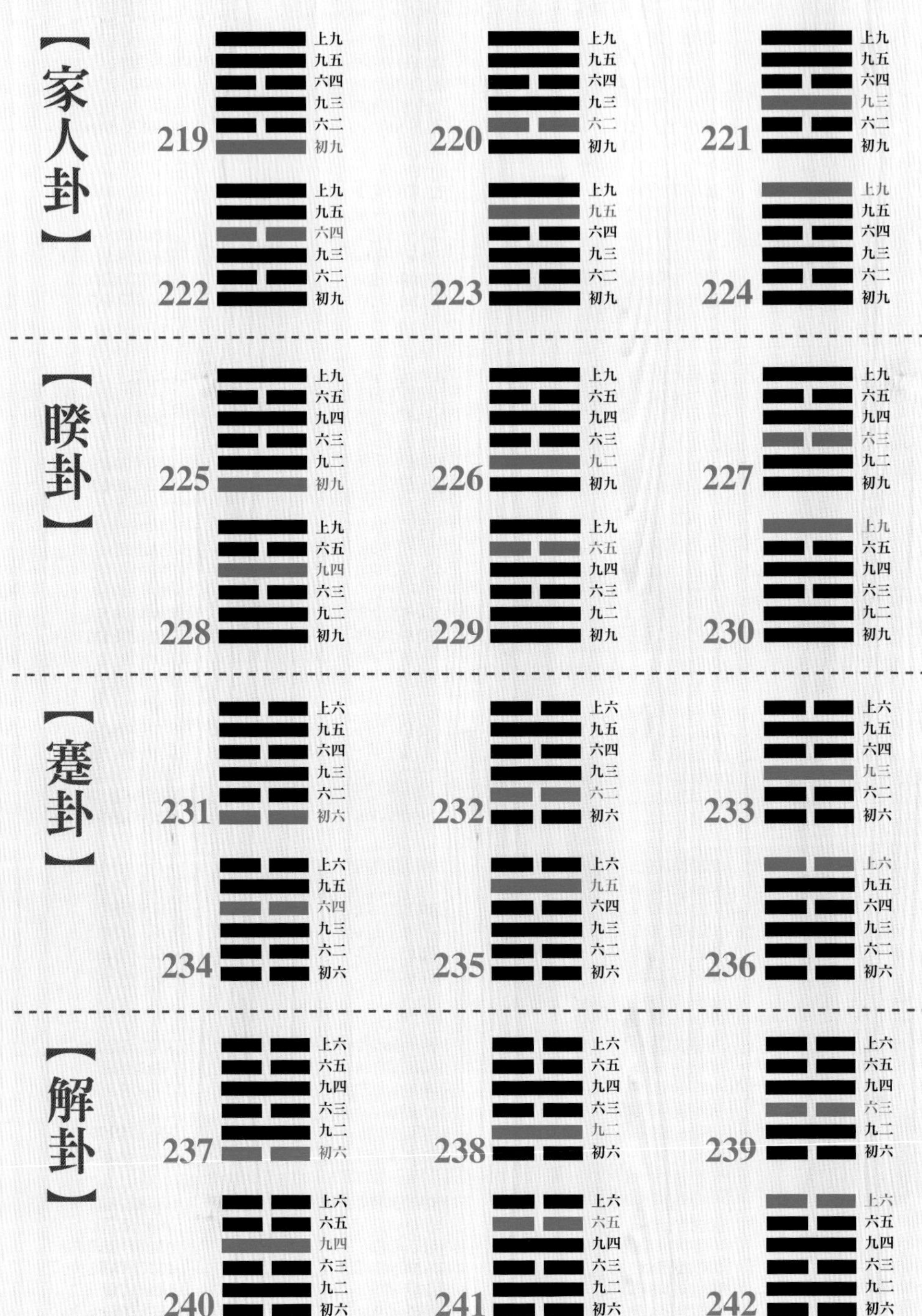
【家人卦】
219
220
221
222
223
224
【睽卦】
225
226
227
228
229
230
【蹇卦】
231
232
233
234
235
236
【解卦】
237
238
239
240
241
242

【損卦】

【益卦】

【夬卦】

【姤卦】

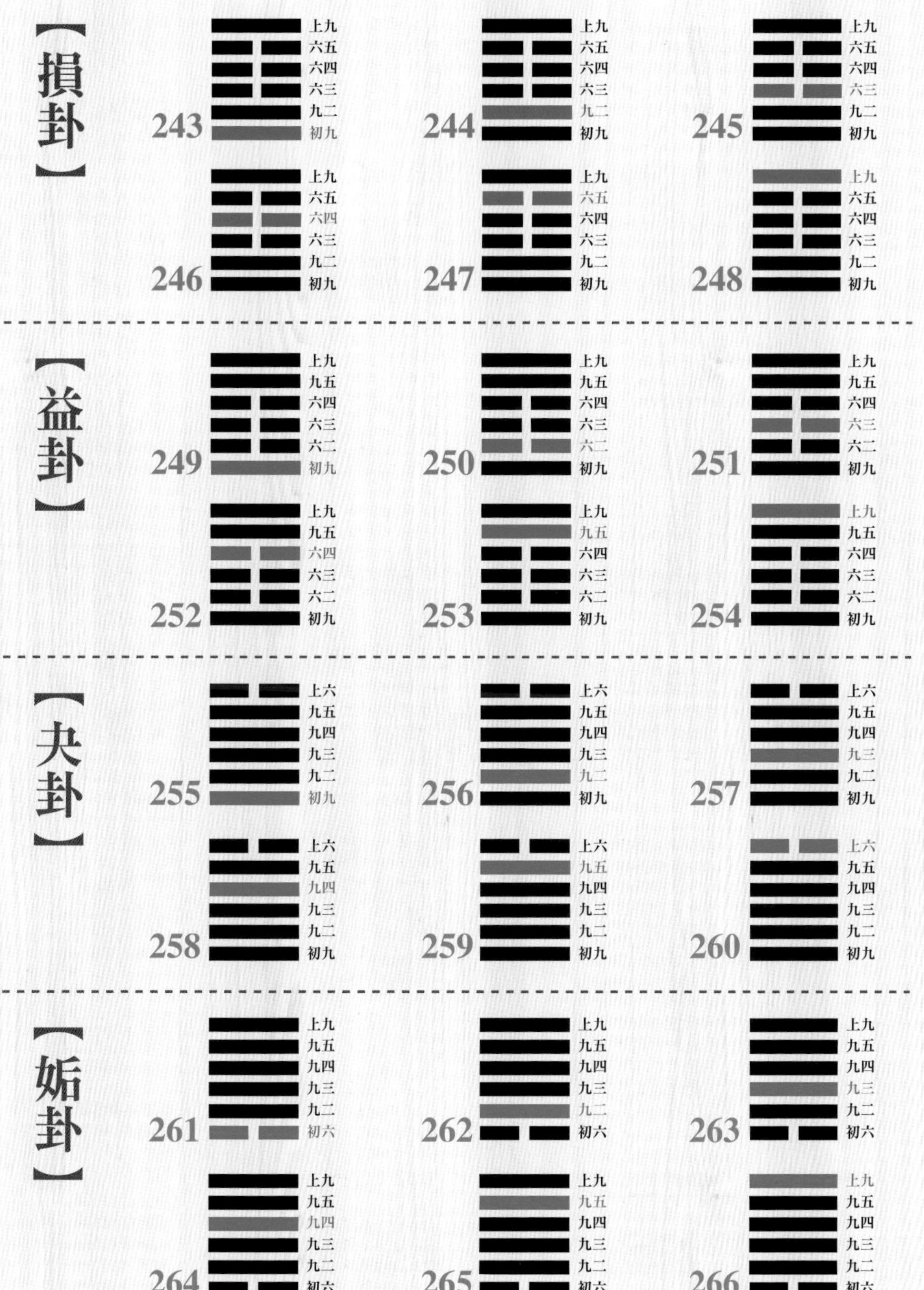
243
上九
六五
六四
六三
九二
初九
244
245
246
247
248
249
上九
九五
六四
六三
六二
初九
250
251
252
253
254
255
上六
九五
九四
九三
九二
初九
256
257
258
259
260
261
上九
九五
九四
九三
九二
初六
262
263
264
265
266

【萃卦】

【升卦】

【困卦】

【井卦】

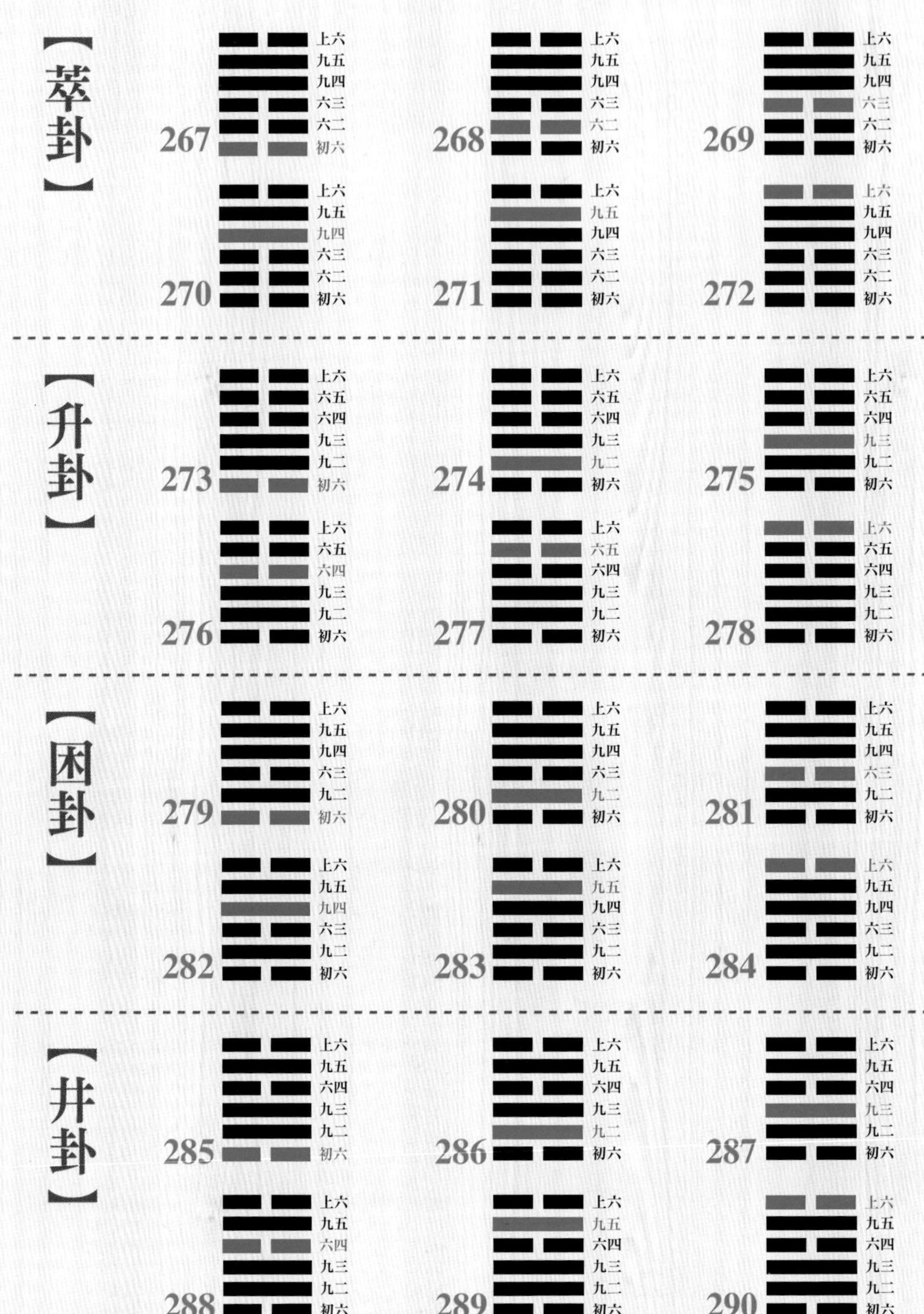

267
上六
九五
九四
六三
六二
初六
268
上六
九五
九四
六三
六二
初六
269
上六
九五
九四
六三
六二
初六
270
上六
九五
九四
六三
六二
初六
271
上六
九五
九四
六三
六二
初六
272
上六
九五
九四
六三
六二
初六
273
上六
六五
六四
九三
九二
初六
274
上六
六五
六四
九三
九二
初六
275
上六
六五
六四
九三
九二
初六
276
上六
六五
六四
九三
九二
初六
277
上六
六五
六四
九三
九二
初六
278
上六
六五
六四
九三
九二
初六
279
上六
九五
九四
六三
九二
初六
280
上六
九五
九四
六三
九二
初六
281
上六
九五
九四
六三
九二
初六
282
上六
九五
九四
六三
九二
初六
283
上六
九五
九四
六三
九二
初六
284
上六
九五
九四
六三
九二
初六
285
上六
九五
六四
九三
九二
初六
286
上六
九五
六四
九三
九二
初六
287
上六
九五
六四
九三
九二
初六
288
上六
九五
六四
九三
九二
初六
289
上六
九五
六四
九三
九二
初六
290
上六
九五
六四
九三
九二
初六

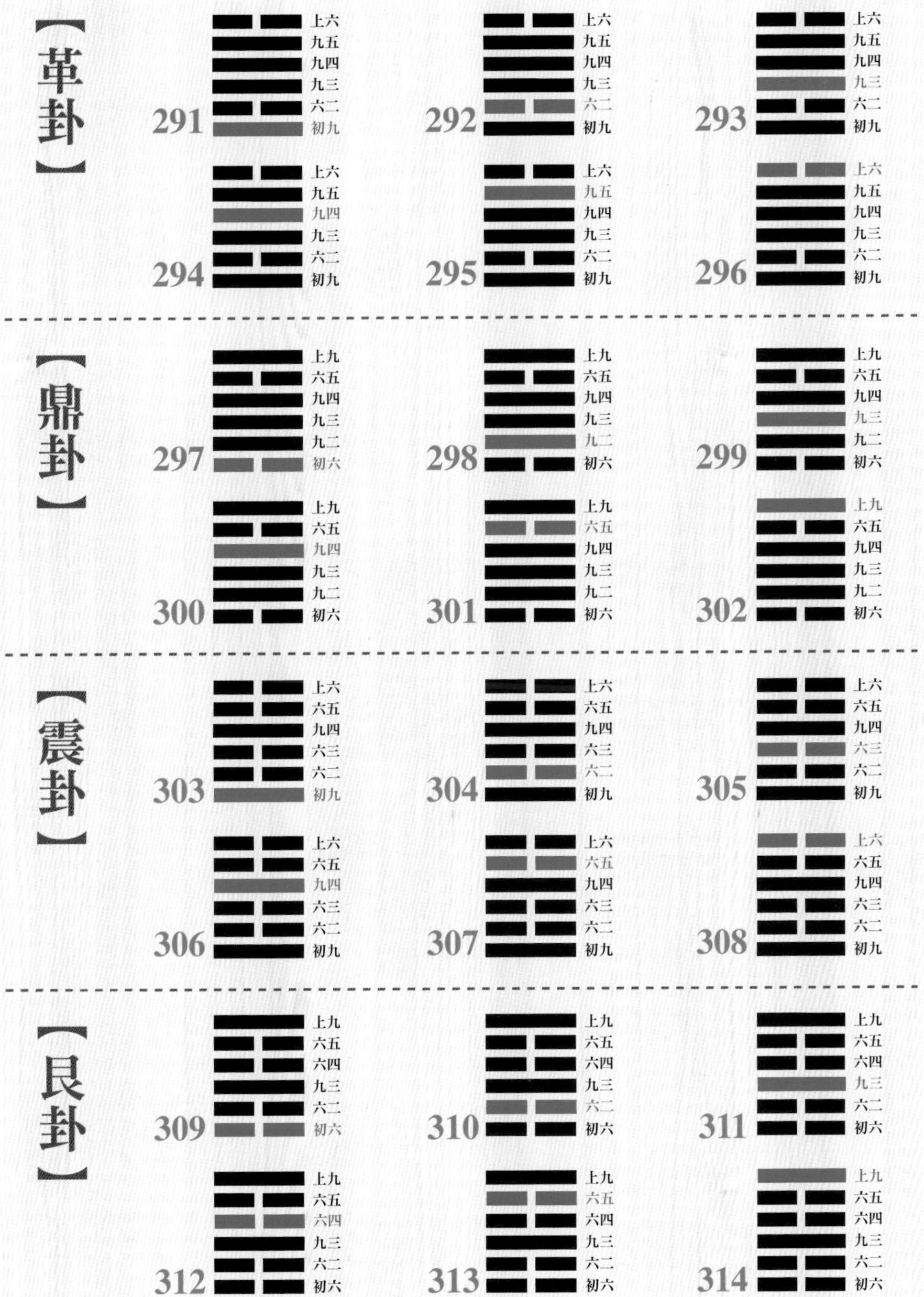
【革卦】
291 上六 九五 九四 九三 六二 初九
292 上六 九五 九四 九三 六二 初九
293 上六 九五 九四 九三 六二 初九
294 上六 九五 九四 九三 六二 初九
295 上六 九五 九四 九三 六二 初九
296 上六 九五 九四 九三 六二 初九
【鼎卦】
297 上九 六五 九四 九三 九二 初六
298 上九 六五 九四 九三 九二 初六
299 上九 六五 九四 九三 九二 初六
300 上九 六五 九四 九三 九二 初六
301 上九 六五 九四 九三 九二 初六
302 上九 六五 九四 九三 九二 初六
【震卦】
303 上六 六五 九四 六三 六二 初九
304 上六 六五 九四 六三 六二 初九
305 上六 六五 九四 六三 六二 初九
306 上六 六五 九四 六三 六二 初九
307 上六 六五 九四 六三 六二 初九
308 上六 六五 九四 六三 六二 初九
【艮卦】
309 上九 六五 六四 九三 六二 初六
310 上九 六五 六四 九三 六二 初六
311 上九 六五 六四 九三 六二 初六
312 上九 六五 六四 九三 六二 初六
313 上九 六五 六四 九三 六二 初六
314 上九 六五 六四 九三 六二 初六

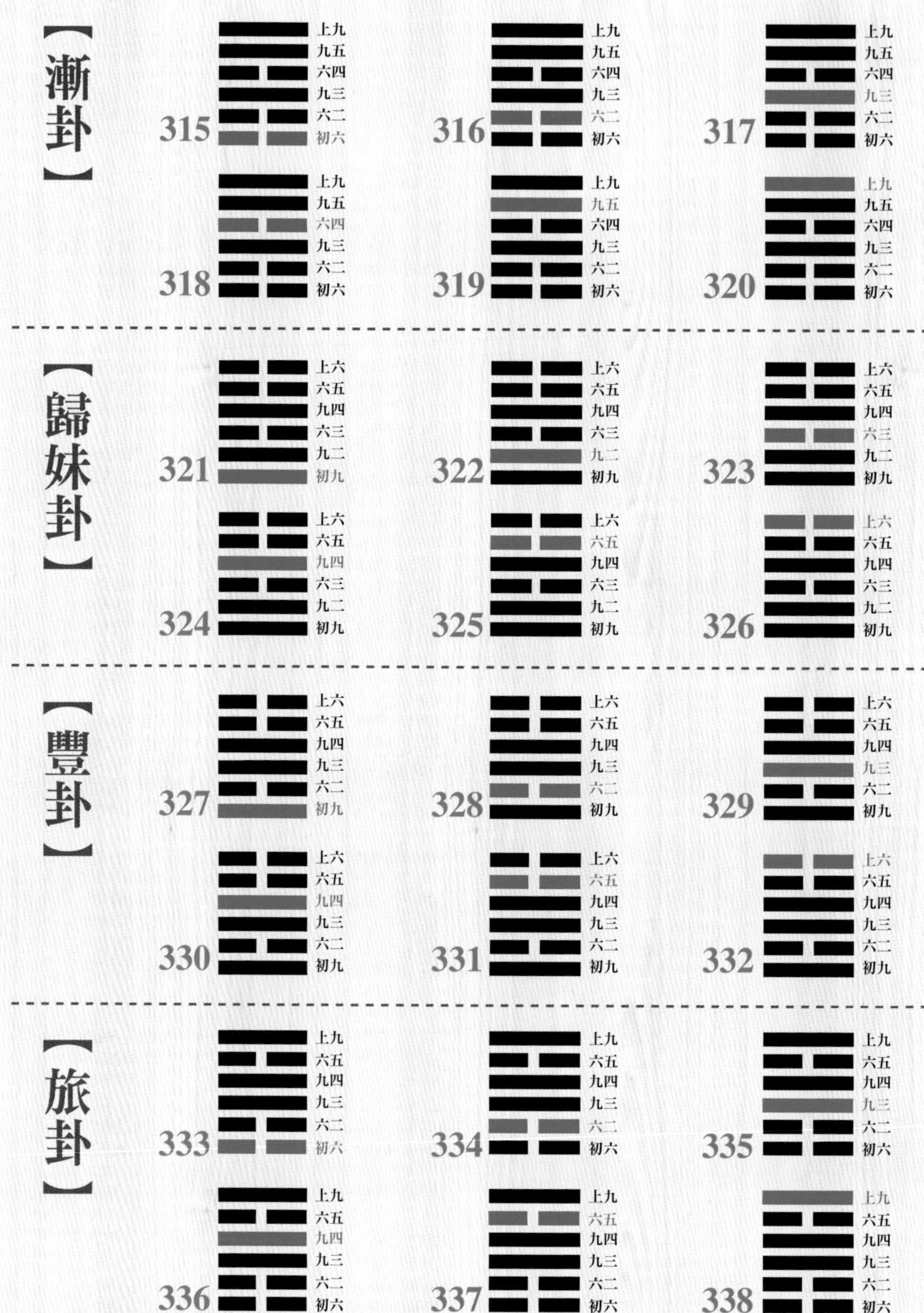
【漸卦】
315
316
317
318
319
320
【歸妹卦】
321
322
323
324
325
326
【豐卦】
327
328
329
330
331
332
【旅卦】
333
334
335
336
337
338

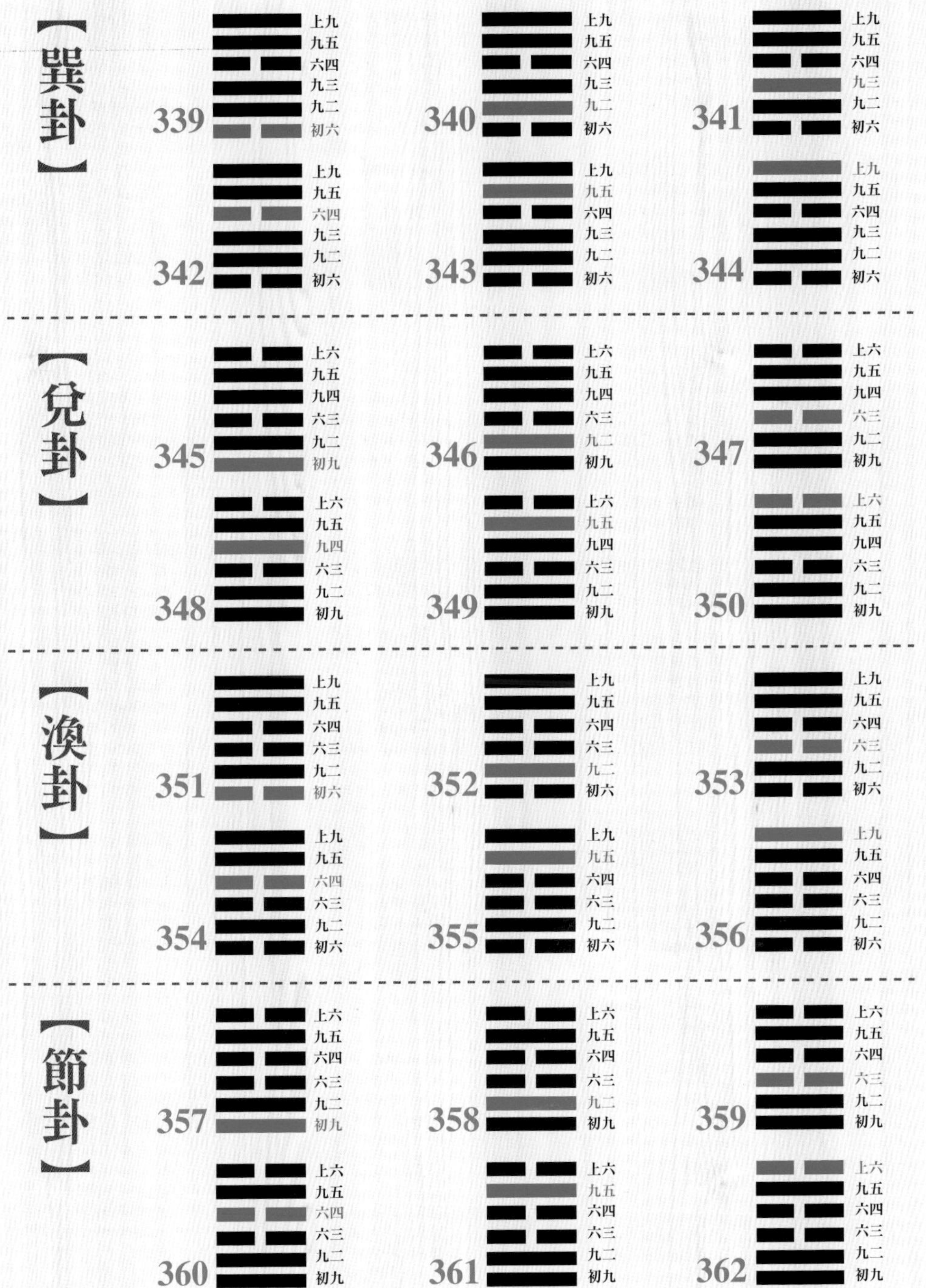
【巽卦】
339 上九 九五 六四 九三 九二 初六
340 上九 九五 六四 九三 九二 初六
341 上九 九五 六四 九三 九二 初六
342 上九 九五 六四 九三 九二 初六
343 上九 九五 六四 九三 九二 初六
344 上九 九五 六四 九三 九二 初六
【兌卦】
345 上六 九五 九四 六三 九二 初九
346 上六 九五 九四 六三 九二 初九
347 上六 九五 九四 六三 九二 初九
348 上六 九五 九四 六三 九二 初九
349 上六 九五 九四 六三 九二 初九
350 上六 九五 九四 六三 九二 初九
【渙卦】
351 上九 九五 六四 六三 九二 初六
352 上九 九五 六四 六三 九二 初六
353 上九 九五 六四 六三 九二 初六
354 上九 九五 六四 六三 九二 初六
355 上九 九五 六四 六三 九二 初六
356 上九 九五 六四 六三 九二 初六
【節卦】
357 上六 九五 六四 六三 九二 初九
358 上六 九五 六四 六三 九二 初九
359 上六 九五 六四 六三 九二 初九
360 上六 九五 六四 六三 九二 初九
361 上六 九五 六四 六三 九二 初九
362 上六 九五 六四 六三 九二 初九

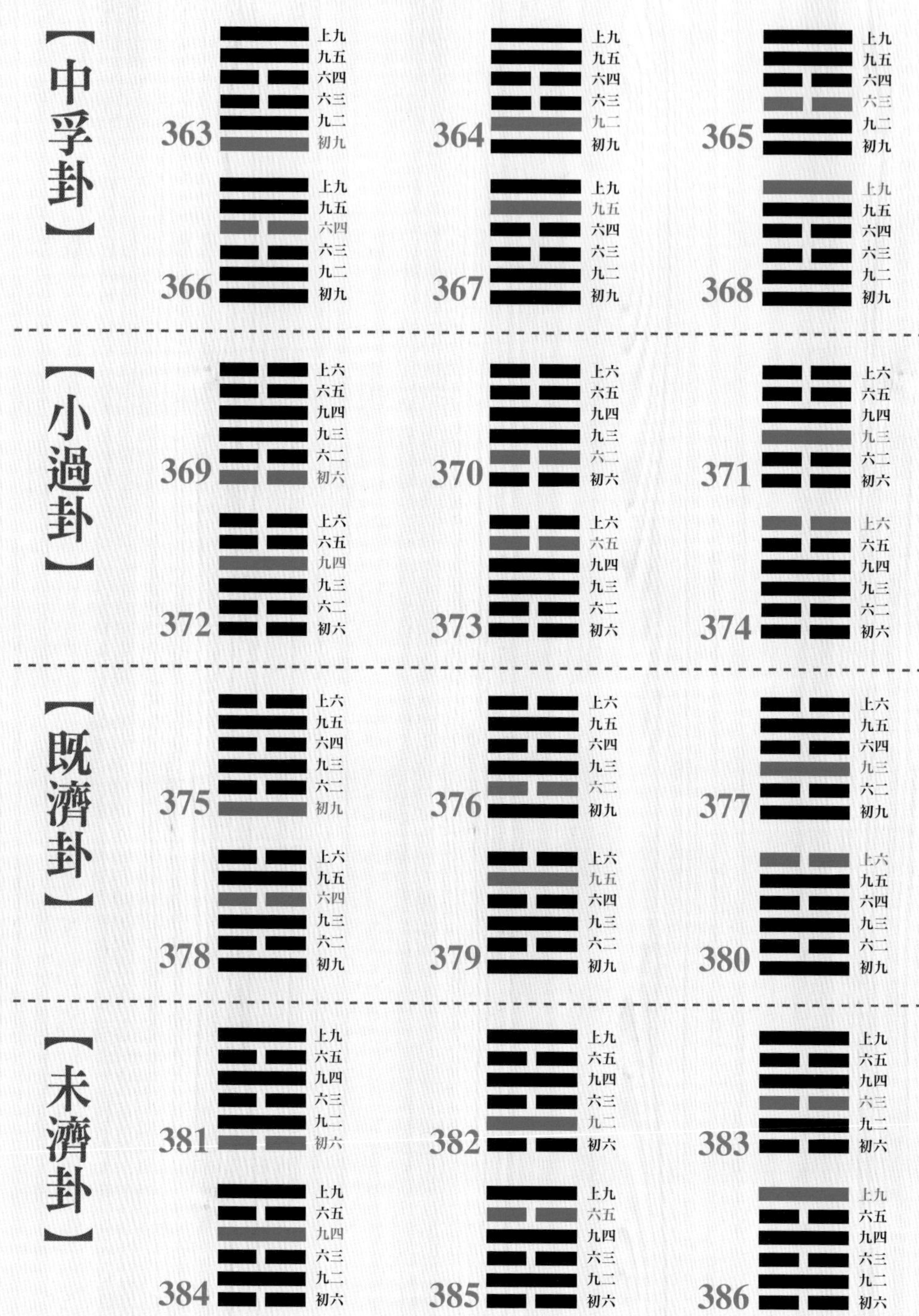
【中孚卦】
363
上九
九五
六四
六三
九二
初九
364
上九
九五
六四
六三
九二
初九
365
上九
九五
六四
六三
九二
初九
366
上九
九五
六四
六三
九二
初九
367
上九
九五
六四
六三
九二
初九
368
上九
九五
六四
六三
九二
初九
【小過卦】
369
上六
六五
九四
九三
六二
初六
370
上六
六五
九四
九三
六二
初六
371
上六
六五
九四
九三
六二
初六
372
上六
六五
九四
九三
六二
初六
373
上六
六五
九四
九三
六二
初六
374
上六
六五
九四
九三
六二
初六
【既濟卦】
375
上六
九五
六四
九三
六二
初九
376
上六
九五
六四
九三
六二
初九
377
上六
九五
六四
九三
六二
初九
378
上六
九五
六四
九三
六二
初九
379
上六
九五
六四
九三
六二
初九
380
上六
九五
六四
九三
六二
初九
【未濟卦】
381
上九
六五
九四
六三
九二
初六
382
上九
六五
九四
六三
九二
初六
383
上九
六五
九四
六三
九二
初六
384
上九
六五
九四
六三
九二
初六
385
上九
六五
九四
六三
九二
初六
386
上九
六五
九四
六三
九二
初六

COUPON優惠券免費大方送！

2019 The World's Eight Super Mentor

世界華人八大明師會台北

創業培訓高峰會　人生由此開始改變

Startup Weekend @ Taipei

就由重量級的講師，指導傳授給你創業必勝術，
為你解析創業的秘密，保證讓你獲得最終的勝利、絕對致富

地點 台北矽谷國際會議中心（新北市新店區北新路三段 223 號）
時間 2019 年 6/22、6/23，每日上午 9：00 到下午 6：00
票價 年度包套課程原價 49,800 元　推廣特價 19,800 元
注意事項 更多詳細資訊請洽（02）8245-8318 或上官網新絲路網路書店 www.silkbook.com 查詢

★★憑本票券可免費入場★★
6/22 當日核心課程或
加價千元搶先取得 VIP 席位
擁有全程入場資格

入場票券

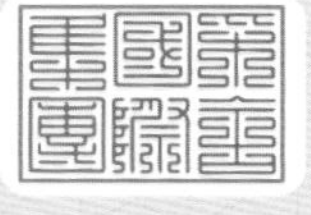

2018 世界華人八大明師 The World's Eight Super Mentors

CP值最高的創富致富機密， Startup Weekend 會台北

世界級的講師陣容指導業務必勝術，
讓你站在巨人肩上借力致富，
保證獲得絕對的財務自由！

入場票券

定價▶ 19800元
（憑本券免費入場6/23單日核心課程）

時間 2018年6/23，6/24每日上午9:00至下午6:00　**地點** 台北矽谷國際會議中心（新北市新店區北新路三段223號）
票價 單年度課程原價49800元　**推廣特價19800元**

憑本票券可直接入座6/23單日核心課程一般席，或加價千元入座VIP席並取得全程入場資格！

注意事項 更多詳細資訊請洽(02)8245-8318或上官網新絲路網路書店www.silkbook.com查詢！

COUPON優惠券免費大方送！

2019 The World's Eight Super Mentor
世界華人八大明師會台北

創業培訓高峰會　人生由此開始改變

Startup Weekend @ Taipei

就由重量級的講師，指導傳授給你創業必勝術，
為你解析創業的秘密，保證讓你獲得最終的勝利、絕對致富

地點 台北矽谷國際會議中心（新北市新店區北新路三段 223 號）
時間 2019 年 6/22、6/23，每日上午 9：00 到下午 6：00
票價 年度包套課程原價 49,800 元　推廣特價 19,800 元
注意事項 更多詳細資訊請洽（02）8245-8318 或上官網新絲路網路書店 www.silkbook.com 查詢

★★憑本票券可免費入場★★
6/22 當日核心課程或
加價千元搶先取得 VIP 席位
擁有全程入場資格

入場票券

2018 世界華人八大明師 The World's Eight Super Mentors

CP值最高的創富致富機密， Startup Weekend 會台北

世界級的講師陣容指導業務必勝術，
讓你站在巨人肩上借力致富，
保證獲得絕對的財務自由！

入場票券

定價▶ 19800元
（憑本券免費入場6/23單日核心課程）

時間 2018年6/23，6/24每日上午9:00至下午6:00　**地點** 台北矽谷國際會議中心（新北市新店區北新路三段223號）
票價 單年度課程原價49800元　**推廣特價19800元**
憑本票券可直接入座6/23單日核心課程一般席，或加價千元入座VIP席並取得全程入場資格！
注意事項 更多詳細資訊請洽(02)8245-8318或上官網新絲路網路書店www.silkbook.com查詢！

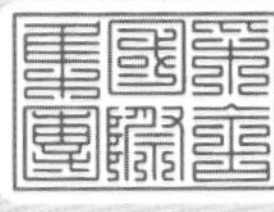